国 际 贸 易 经 典 译 丛

商务统计

（第二版）

诺琳・R・夏普（Norean R. Sharpe）
理查德・D・德沃（Richard D. De Veaux）／著
保罗・F・维尔曼（Paul F. Velleman）
张　燕／译

Business Statistics:
A First Course，Second Edition

中国人民大学出版社
・北京・

序 言

我们为商科学生编著此书，是要回答一个简单的问题："如何能做出更好的决策?"与具有统计学家与企业家或咨询顾问双重身份的人相似，我们认为统计学知识的核心是在现今的市场竞争环境中生存并繁荣发展。与教师们一样，我们发现统计学课程教授给学生的方法与商务决策中所运用的方法之间的联系并不紧密。在《商务统计（第二版）》，我们通过展示既重要又有趣的统计学方法，努力缩小理论与实践之间的差距。数据往往提示一项商务决策可以作为一个故事来陈述，统计学的作用在于帮助我们清晰地倾听故事及与他人沟通交流。

与其他教科书一样，《商务统计（第二版）》也讲授方法和概念。但是，与其他教科书的不同之处在于此书也讲授"为什么"以及商务决策背景下的结论证明。学生们将能够理解如何运用统计思维思考问题，如何运用统计方法更好地做出商务决策，以及如何有效地与他人交流上述分析。我们的方法需要最近的、现实的案例与最新的数据。因此，我们始终努力将我们的教学内容不但置于现实商务问题的情境下，而且通过最新的案例阐释各种概念。

本版教材的新颖之处

我们编撰《商务统计（第二版）》的首要目的在于将各章节内容富有条理地组织起来，并提供了大量的案例与练习，以使得我们讲述的故事总是与统计学所提到的合理商务决策的方法紧密联系起来。

案例：在本版教材中，几乎各章节都是通过集中关注一个核心案例的方式来陈述和展现本章节的概念与方法。

练习题：在本版教材配套的《习题手册》中，每一章的练习题部分均以单一概念练习开始，这些练习题直接针对各节的核心主题。此种方式的目的在于便于学生检查自己对各个主题的理解。除此之外，我们在每章最后部分提供了其他一般的练习题，这些需要学生在不同情况下分辨恰当的程序与概念。

最新的数据与案例：我们尽可能用最新的数据讲授课程。为了使案例和练习题新颖，我们已经通篇更新了数据。新案例反映的都是新闻与最近的经济、商业事件中的故事。

各章结论重新修订：在“小结”中，重新修订了学习主题的详细说明，并在这些详细说明中列出了关键概念与技巧。这些能够更为有效地帮助学生准备考试。

统计案例学习：每一章仍以一个或两个小的案例学习结尾，本版教材称之为“微型案例”。除此之外，本版教材每个重要部分都包括一个由较大数据量（可在所配光盘*中查找）组成的、较长的学习案例与能够运用数据和计算机回答的开放式问题。

改进型 Excel 使用方法的附录：“技术帮助”一节现在讲授了如何便利地编制数据列表。Excel 截图和 Excel 2010 使用方法在全书中适时出现。“技术帮助”一节运用 XLSTAT 和嵌入的 Excel 方式展现了每章的学习指南。

第二版与第一版的相同之处：统计思想

对于《商务统计（第二版）》所有的完善、案例和更新，我们没有遗忘初始使命——编撰一本现代的商务统计教材，这不但能够体现在商务决策中统计思想的重要性，而且能够展现在现实商务活动中如何运用统计学方法。

第二版教材对于我们所了解到的讲授了一个学期课程的教师们反映良好的结构框架没有改变。我们保留了“数据优先”陈述的主题，其原因在于我们发现这一内容既增强了学生学习的积极性，而且为学生建立了在现实商务决策中如何更好地理解统计思想的基础。

现今，统计学通过各种技术方法得到了实际应用。这一观点提示我们从方程形式的选择（对直觉形式的偏好超过了计算形式）到大量真实数据的应用都可以采用有关技术方法。但最为重要的是，通过理解技术方法的作用，我们认识到应将重点置于统计思想的讲解上而非简单计算上。本书提供数百个案例的真正目的不是在于解决“你如何找到答案?”的问题，而是在于解决“对于答案，你有什么想法？如何有助于你做出更好的决策?”的问题。本书的核心是将统计思想与各章内容紧密联系。这本基础入门型的商务统计学教材包含了大量的新术语、概念和方法。我们将这些内容很好地组织起来以便于提高学习。但是，对于学生而言，认识到本书的核心内容至关重要：如何能够对世界了解得更深刻与通过理解数据做出更好的决策。

* 文中提到的光盘中的相关内容，请登录 www. crup. com. cn/jingji 下载。

从这个角度而言，容易发现在图表中探寻的模式与那些当我们准备作出推断时的思考相同。与此同时，也容易发现从数据作出推断的各种方式是相同核心概念的多种应用。从而，自然而然地当我们将这些基本思想应用到更多复杂的（甚至更为现实的）情况时，同样的基本推理仍存在于我们分析的核心内容之中。

我们的目的：阅读此书！

如果不被阅读，世界上最好的教材也是没有价值的。为了便于更容易地学习《商务统计（第二版）》，我们采用了如下一些方式：

易读性。我们努力通过可交流的、易于接受的方式，并引入奇闻轶事，以保证阅读本书的趣味性。讲授第一版教材的教师们反映（教师们很惊讶）他们的学生在做作业之前非常自觉地温习教材。学生们写信向我们反映（学生们也很惊讶）他们真的非常喜欢这本教材。

关注假设与条件。与其他教材不同，《商务统计》强调当采用统计程序时必须对假设进行检验。我们在全书的案例和练习中反复提到这一核心观点。我们尽全力提供了关于强化检验假设和前提条件的模板，而并非仓促完成一个现实问题的简单计算。

强调画图与探索数据。我们一直在强调展现数据的重要性是显而易见的，从关于理解数据的第 1 章到关于创建复杂模型的最后一章。不但案例部分在不断地阐释用图表检查数据的重要作用，而且练习部分也在强调这一点。精美的图表能够展示结构、模式和容易被忽视的偶然异常现象。这些模式经常既反映新问题，又展现形成统计分析与商务决策的路径。全书中的图表也证明了基于最复杂的统计推断的简单结构与我们在最简单的案例中所探寻的一样。这有助于将书中的概念与陈述一个连贯的故事紧密联系起来。

一致性。本书尽力避免出现“所说与所做不同”的现象。通过讲解描绘数据与检验假设、前提条件的重要性，我们通篇细致地阐释了如何创建模型。（如果检查“多元回归”一章的练习题，读者将发现仍然需要并证明前几章所介绍的画图和检验。）一致性不但有助于强化这些基本原则，而且为学习更加复杂的内容提供了一个牢固的基础。

阅读的必要性。在本书中，重要的概念、定义和案例分析并非总是被框在方格里。必须全书阅读，为此我们想方设法使阅读此书非常令人愉快。一般阅读方法如浏览定义、从练习题开始或者查阅案例对于此书都是不可取的。（这些方法对于学习统计学是没有效果的；对于学习本教材也是不切实际的。）

本教材的范围

商务统计课程基本涵盖了学生必须学习的和他们未来职业生涯遇到的各种内容。

但这些内容的顺序与相互之间的相对重要性并不是固定的。《商务统计（第二版）》阐释的一些内容或早于或晚于其他教材。尽管许多章节可以以不同的顺序讲授，但是我们希望你们认同我们安排的顺序。通过设计一个将概念与方法有机结合的一致性课程的基础目标，我们确立了本书讲授的顺序，以便于展现如何运用能够揭示新而重要的事实的数据进行推理分析的新思路。每讲授一个新主题必须与学生在学习本教材过程中理解结构的提升相适应。例如，在我们讲解推断的概念时，首先用比例来解释，而后直接讲解内涵。大多数人对于比例不陌生，因为它经常出现在民意调查和广告上。从讲解比例开始，我们可以先运用一般模型介绍推断，然后通过学生 t 分布介绍其内涵。

在《商务统计（第二版）》的前面几章，我们介绍了关联、相关性和回归。通过在课堂上的讲课，我们总结出经验，在授课之初介绍这些基本概念有助于学生理解统计学的作用与重要性。在学期的后半部分，当我们讨论推断时，在早期学习基本概念的基础上，运用所学方法探索数据将变得既自然又相对简单。

GAISE Report（《统计学教育的评估与教学指南》）作为学生们最好的学习统计学的扩展性材料（www. amstat. org/education/gaise/），将我们所强调的讲授的内容顺序专门给予了报道。现在美国统计学会将我们的建议正式地采纳并积极推广，（在其他详细的建议之中）强烈要求统计学教育的目标应包括以下几个方面：

1. 强调统计文化与发展统计思想；
2. 运用真实的数据；
3. 强调概念性理解，而非简单的程序知识；
4. 培养主动的学习兴趣；
5. 运用技术方法加深概念性理解与分析数据；
6. 将学习效果评估作为学习过程的一部分。

从这一角度看，本教材绝对是很现代的。

本教材的特点

一本教材不能仅仅是写在纸上的文字。一本教材应该由许多特点共同构成一幅巨画。《商务统计（第二版）》的特点在于展现了现实世界背景下的概念，以帮助学生运用这些概念、提高处理问题的能力以及整合技术方法——所有这些有助于学生真正理解和感受到商务统计学这幅巨画。

启发性小故事（Motivating Vignette）。每章以一个有趣的小故事开头，这些故事均源自作者们的咨询经历。这些关于公司的描述——如 Amazon 公司、Zillow 公司和 Keen 公司——完善和阐释了每章的故事，并且展现了统计思想对于现代商务决策如何及为什么如此关键。我们各章所分析的数据均取自上述公司，或与这些公司有关。

举例（For Example）。每章的各节基本均包含了一个核心案例，这一案例阐释或应用了相应各节所提到的概念或方法。理解和记住一个新理论概念或方法的最好方法是观察其在现实商务环境中的应用。这就是全书列举这些案例的重要原因。

分步指导性案例（Step-by-Step Guiding Cases）。统计问题的答案从来都不仅仅是一个数字。统计学是一门关于理解现实世界与应用数字做出更好决策的学科。基于这一点，各章中的一些案例都可以作为指导性案例。完整的解决方案与相应的注释分别置于右边和左边的栏中。全面的分析放在我们独创的计划（Plan）、实施（Do）、报告（Report）的模板的后面。各模板均以一个关于商务决策与可获得数据检查（Plan）的问题开始分析。接下来是计算精选的统计资料（Do）。最后是以一个明确地陈述问题的报告（Report）结束。需要强调的是，我们的目的在于阐释有趣的问题，我们展现报告（Report）的步骤与一个总结了案例的结果并提出可获得数据支持的建议的商务备忘录类似。为了确保案例的真实性，无论其合适与否，我们都充分考虑了分析或者备忘录模型的局限性，这与总结报告是相同的。

计算机软件包（Brief Cases）。每章包含一个或几个可以采用真实数据的计算机软件包，要求学生进一步探寻问题或者做出决策。学生们可以明确目标、制定计划、完成分析和总结报告。计算机软件包的数据可以从光盘、互联网和 MyStatLab 获取，这些数据已经通过多种技术进行了格式化。

案例研究（Case Studies）。本教材的各部分均以一个案例研究结束。我们提供给学生们大量真实的数据集（可以从光盘、互联网和 MyStatLab 获取），他们采用这些数据回答开放式的商务问题会极具挑战性。学生们有机会将他们从某些章节（甚至是全书）学到的方法整合起来，用于回答被提问的问题。学生们在学习案例研究的同时，必须借助于计算机处理大量的数据集。

可能出现的错误（What Can Go Wrong?）。各章包含称为“可能出现的错误”的独创性小节，用于强调最为普遍的统计上的错误与统计学的误解。对于统计学的新手而言，最容易出错的地方是错误地采用一种方法——而非错误地计算一个统计量。我们所讨论的大多数错误作者们都在商务活动或课堂上遇到过。我们的一个目标即是用工具武装我们的学生来发现统计错误和提供发现统计学误用的实践经验，不论这些错误是否为全球普遍的。本着这种精神，一些练习题也有助于发现对这些错误的理解。

动手计算（By Hand）。尽管我们鼓励运用技术方法计算统计量，但是我们认为偶尔动手做一下计算对教学是大有裨益的。动手计算部分将一些比较简单的公式计算单独展示出来，有助于学生动手做一下样例中的计算。

可行性检验（Reality Check）。我们不断地提醒统计学是关于理解现实世界与运用数据做出决策的学科。毫无意义的结果可能是错误的，无论我们认为我们有多认真地思考我们的计算过程。如果思考得较少，错误将会容易出现，因而我们要求学生在解释结果之前做一下可行性检验。

标识符提示（Notation Alert）。全书强调了清晰交流的重要性。恰当的注释是统计学词汇的一部分，但是它容易令人气馁。我们都知道在代数学中 n 能够代表任何变量，但令人惊讶的是在统计学中 n 总是或仅是一个样本量。统计学家们专门为许多字母和符号规定了特定的意义（b，e，n，p，q，r，s，t 和 z 及许多希腊字母表示特定的内涵）。学好统计学的关键是明白统计学家对这些字母和符号的运用。

快速测试（Just Checking）。因为很容易出现在尚未真正理解的情况下就点头表示同意，所以我们在各章针对知识点提出了相关问题。这些问题是一种快速的检查；大多数问题很少包含计算。问题的答案置于每章的最后，以便于学生们检查。这些问题也可以用于引发课堂讨论。

数学专栏（Math Boxes）。在许多章节中，我们提供了关于统计方法和概念的数学基础。不同的学生可以用不同的方法学习，但是一些读者最好能够掌握一种以上的方法来理解有关内容。除了陈述故事之外，我们还提供了证明、来源和理由，因而数学基础是针对于那些深入学习的学生，但教材本身集中展现了每一主题直接的逻辑论证。

小结（What Have We Learned?）。每章小结强调了本章主要的学习内容。在小结中，我们回顾概念、明确各章介绍的术语并列举构成各章核心内容的技术方法。这些可以作为极佳的学习指南：学生们在此引导下理解小结中的概念，了解术语并掌握很好地应对考试的各种技术方法。

实践中的伦理（Ethics in Action）。统计学不仅仅是将数字插入公式；多数统计分析需要大量的判断。对于这些判断最好的指引就是以诚实的和合乎道德的态度去发现事情的真相。任何不诚实和不道德的行为将导致差的甚至有害的决策。本书每一章的“实践中的伦理”阐释了一些用于统计分析、辨别可能性错误、联系《美国统计学会道德指南》的有关问题与提出符合伦理和统计要求的可选择性方法的必要判断。

各节练习题（Section Exercises）。针对各章的有关主题，每章练习题均以单一概念练习开始。其作用在于检查对特定主题的理解情况。其原因在于这些主题由各节标注出来，以便于很容易地转换到各章合适的位置阐明一个概念或复习一个方法。（见配套的《习题手册》。）

各章练习题（Chapter Exercises）。这部分练习题不但设计得比各节练习题更贴近现实，而且类似于总结现实情况。这些练习将各不同节中的概念与方法联系起来。我们努力确保这些练习题包含重要的、现代的和现实的问题。许多练习题来自新闻故事；一些练习题源于最新的研究论文。只要可能，所采用的数据都可以在光盘、互联网和 MyStatLab 上（总是以多种格式）找到，以便于学生们深入地研究。标有Ⓣ符号的练习题表明数据保存在光盘（和本书教学辅助专用网站，www. pearsonhighered. com/sharpe）上。奇数序号练习题（答案见配套的《习题手册》）与其之后的偶数序号练习题都是关于同一统计学主题的。每章练习题的顺序都是大体按照主题和难易程度安排的。（见配套的《习题手册》。）

数据与来源（Data and Sources）。案例与练习题中的大部分数据来自现实问题。只要可能，我们展现的都是收集到的原始数据。尽管有时考虑到保密性或隐私性，我们必须稍微改变一下数据的量值或变量的名称，但是尽可能地保证其现实性或真实性。只要能够做到，我们尽最大努力引用互联网数据源。就像互联网用户所知道的，随着互联网的发展统一资源定位符（URL）可能无效。为了将这种变化带来的影响最小化，书中尽量给出地址树的最高层，因而有必要为搜索到的数据建立一个网址。再者，当新的数据可得时，互联网上的数据能够更新。我们所采用的数据通常保存在光盘与本书教学辅助专用网站上（www.pearsonhighered.com/sharpe）。

配图视频（Videos with Optional Captioning）。由《商务统计》作者们主讲的视频帮助学生复习各章的主要内容。所讲解的内容不但有助于学生学习，而且与教材一样强调批判性思维。除此之外，10个"商务洞察力视频"（概念视频）讲述Deckers、Southwest Airlines、Starwood及其他公司的案例，并聚焦于这些公司适用的统计学概念。这些视频都是配有图片说明的，可以从在线MyStatLab课程中找到。

技术帮助（Technology Help）。在商务中，统计学通过计算机的实践应用是利用大量的统计软件包。然而，在商学院的统计学课程中，Excel是最经常被用到的软件。在本教材中，我们展示了运用Excel输出的各种案例和一些不常用的方法。在每章的结尾，通常通过带有注释的输出结果的方式，我们总结了学生们能够发现的最普通的软件的使用方法。我们同时以易读项目列表的方式提供了Excel、JMP、Minitab、SPSS和XLSTAT（Excel加载宏）详细的使用指南。上述指南并非用于替代任何一款软件的使用说明，而是指明方法和提供初期使用的帮助。

关于教学辅助专用光盘（On the CD）。《商务统计（第二版）》的光盘包含相关教学辅助材料，主要包括：

- 标有Ⓣ符号的练习题中适合多数统计学软件的、多种格式的数据。
- 可选主题：补充本教材内容的8个可选主题。

致谢

如果没有David Bock的许多贡献，编著本书将是非常困难的，David Bock也是其他几本教材的合作者。本书中的许多解释与练习题均得益于Dave富有天赋和专业的教学方法。我们非常荣幸能有他这样的一位同事和朋友。

从本书开始孕育到最终出版，许多人都给予了大力帮助。如果没有培生集团强大的工作团队的支持，《商务统计》将永远无法面世。自始至终总编辑Deirdre Lynch都是帮助、完善和完成本书出版的核心。资深编辑Chere Bemelmans尽可能地使我们坚持完成任务。PreMediaGlobal公司的资深出版项目经理Peggy McMahon、资深项目经理Andrea Stefanowicz和Tracy Duff对于该书的面世做了大量工作。我们对他们感激不尽。市场经理 Erin Lane、市场专员 Kathleen DeChavez 和高级市场开发经理 Dona Kenly 负责了大量必要的幕后工作。媒体设计师 Aimee Thorne 为本书创作了一流的多媒体资料。资深设计师 Barbara Atkinson 和 Montage 工作室为本书设计了极为漂亮的装帧。由于采购经理 Evelyn Beaton 和采购专员 Linda Cox、Ginny Michaud 的辛苦工作，此书和光盘才能及时送到读者手中。此外，在本书出版全过程中，董事长 Greg Tobin 给予了各方面的无私帮助和支持。

我们感谢为本书精度检查付出心血的克莱姆森大学的 Ellen Breazel 和伊萨卡学院的 Stan Seltzer，正是他们的工作确保了本书内容的准确性。

我们感谢提供关于小组讨论、课堂测试和评论情况反馈的所有人。

最后，我们要感谢我们的家人。编著此教材是一项巨大的工程，占用了我们许许多多的夜晚和周末时光。正是由于我们的家人牺牲了很多，我们才能编著出符合我们预期的教材。

诺琳·R·夏普（Norean R. Sharpe）

理查德·D·德沃（Richard D. De Veaux）

保罗·F·维尔曼（Paul F. Velleman）

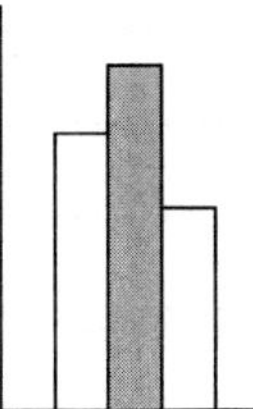

目 录

第一篇

数据探索与数据收集

第 1 章 统计学与变异

请看一下《金融时报》(*Financial Times*)网站，到处都有“统计学”。很显然，《金融时报》的作者们认为这些信息都是重要的，但这就是统计学所包含的所有内容吗？是的，但也不完全对。某一页可能讲述了大量事实，可正如我们所看到的，文章主题比各种电子表格有趣和丰富得多。

“我为什么要学习统计学?”你可能会问，“毕竟我并不打算从事这类工作。实际上，我将雇人帮我做这些工作。”听起来很不错。但是，你根据数据做出决定的工作太重要了，以至于无法委托给其他人。为此，你需要具备能够解释相关数据的能力，从而独立地得出结论。此外，你将发现学习统计学比你想象的要重要且更令人愉快。

1.1 统计学是什么?

为统计学而心动是真正聪明的人的标志。

——乔治·萧伯纳

问题：什么是统计学?

答案：统计学是运用工具和方法的集合进行论证的方法，用于帮助我们更好地理解世界。

问题：什么是统计?

答案：统计是基于数据的数量计算。

问题：那什么是数据?

答案：你的意思是“什么是 data?”data 是一个复数形式，单数形式是 datum。

问题：那什么是数据?

答案：数据是基于一定环境的数值。

当我们每次回首的时候，总会发现有人正在收集关于我们的数据，从我们在杂货店的每次购买记录到网上冲浪时的每次鼠标点击。美国 UPS 国际快递追踪从一个地方送到世界另一个地方的包裹记录，并将这些记录存储在一个巨大的数据库中。如果你通过 UPS 邮寄或接收包裹，就可以了解到部分情况。UPS 的数据库大概有 17 兆字节——容量大小与美国国会图书馆保存所有书的数据容量差不多。（但是，我们猜想并非很有趣。）有人希望对所有这些数据做些什么呢？

统计学有助于我们理解复杂的世界。统计工作者评估转基因食物或者一种经过美国食品药品监督管理局（FDA）认证的新药的风险。统计工作者预测某些地区新增的艾滋病例数量或者到超级市场购买打折商品的顾客数量。统计工作者帮助科学家、社会科学家和商界领袖理解为何失业与环境控制密切相关、是否丰富的早期教育影响学生的后期行为、是否维生素 C 真的可以预防疫病。只要你掌握数据且必须理解现实世界，就需要统计学。

如果想要分析一下学生们对商务伦理学的认知情况（在后面的章节中将要讨论的问题），我们是否应该向全美国的学生开展调查——或者向全世界的学生开展调查？这种做法既不切实际又成本畸高。那么我们应该怎么做呢？放弃调查吗？也许我们应该努力从较小范围、有代表性的学生群体中获取调查信息。统计学能够帮助我们实现从可掌握有限数据到最大限度地理解现实情况的跨越。我们将在第 3 章讨论抽样的特点，并且本书自始至终都在回顾从抽样特点归纳一般情况这一主题。我们希望本书有助于增强你从数据中得出结论与做出正确商务决策的能力，比如回答下面这些问题：

- 世界不同地方的大学生对于商务伦理学的认知是否不同？
- 特价销售的广告效果如何？
- 积极“成长”型共同基金是否真的比稳健型基金的回报率高呢？
- 你公司的营业收入与利润是否存在季节性周期？
- 货架摆放与谷物食品销售之间有什么关系？
- 对于你公司的季度预测是否可靠？
- 你的顾客是否具有相同的特征以及为什么他们选择你的商品——更为重要的是，你的顾客之外的人是否也同样具有这些特征？

我们回答上述类似问题与从数据中得出结论的能力很大程度上取决于我们理解变异的能力。该词可能并非你希望从上句末尾看到的术语，但它是统计学的精髓。从数据中学习的关键是理解我们周围的各种变异。

数据是会变化的。每个人是不相同的。每个月的经济环境也是不相同的。我们无法了解所有的事情，我们来逐个评估它们吧。再者，即使我们评估，结果也是不完美的。因而，对于我们认真观察的数据与基于数据做出的决定，展现的充其量都是现实世界不完美的图画。变异是统计学的核心。如何理解变异是学习统计学所面临的最重要的挑战。

1.2 本书有何用处

这是一个普通的问题。最为可能的是，本书并非将呈现你所期望的内容。本书强调的是图表与理解，而非计算与公式。相对应的，你学习的并不是将数字代入公式，而是学习创建模型的程序以及理解所分析的数据和采用的方法的局限性。各章都采用真实数据和真实商业方案，以便于学生们能够了解如何运用数据做出决策。

图表

随意地闭上你的眼睛，打开本书。页面上是否有图示或表格？再做一次，或者十次。你可能看到数据以不同方式展现出来，甚至在本书的结尾部分和练习题中。图示和表格帮助你理解数据说明了什么问题。为此，每一个案例、数据集和新的统计技术方法均以图表的形式阐释，以便于你既理解方法又理解数据。

过程

为了帮助你运用统计学做出商务决策，我们将通过完整程序引导你如何思考问题，发现和展示结论，并且告诉其他人你发现了什么。统计学在商务活动中的应用分为三个简单的步骤：计划（Plan）、实施（Do）与报告（Report）。

计划：第一步是计划。明白你的方向在哪里，并且知道为什么。清晰地限定和理解你的目标有助于节省大量的工作。

实施：大多数学生认为统计学是关于计算的科学。计算统计数据的技术方法与画图演示是很重要的，但是计算通常是该步骤中最不重要的环节。实际上，我们通常将计算转交给技术方法，然后理解结果的含义。

报告：报告我们所学到的知识。直到你将所计算的某情况的结果解释得让其他人能够理解，你的工作才不是无用功。

首先掌握事实，然后可以如你所愿地使其失真。（事实很顽固，但统计学更圆滑。）

——马克·吐温

举例

在大多数节次的结尾部分，我们展现了一个简短的例子，以帮助你能够将学到的内容快速地进行运用。在阅读完案例之后，做一下习题册每章最后对应于各节内容的练习题。这些练习题有助于你运用本章学到的所有技术方法做好其他练习题。

指导性案例

每一章通过讲授有解案例即引导性案例引入了新的概念。这些案例引导你如何通过“制定计划—完成任务—总结报告”框架解决问题。它们阐释了如何制定分析计划、采用合适的技术方法与总结报告其含义。逐步引导的案例展示了如何获得多种解决方法，案例研究报告也是老师和经理甚至是客户期望看到的。解决方案模型在右边一栏里，备注和讨论在左边一栏里。

快速测试

在各章的中间位置，你可以发现称为快速测试的一节，这一节提出了若干不需要太多计算即可回答的小问题。通过回答这些问题可以检查你是否理解了各章的基本内容。你将在各章最后的练习题中找到这些小问题的答案。

实践中的伦理

统计学经常需要判断，基于统计分析的决策可以影响人们的健康甚至生命。政府决策能够影响人们福利的政策制定。在科技和产业领域，有关数据的说明能够影响消费者的安全与环境。在商务领域，对数据错误的理解将导致灾难性的决策。统计判断的核心基本原则是符合伦理标准地探寻能够充分展示现实世界的正确理解。在社会的任一角落，数据统计分析符合伦理标准和采用公正的方法是极其重要的。允许先入为主的观念、不公正的数据收集或故意的倾向影响统计结论，对商务或社会都是有害无益的。

在全书很多不同的地方，你将在标题为“实践中的伦理”的部分阅读到一个关于伦理的观点，并在这部分下面发现一个方案。考虑一下伦理观点以及你将如何对待它。接着阅读一下观点的总结与方案之后的问题的解决方法。我们将关于伦理的观点与美国统计学会提出的指南[①]联系起来。这些方案可以作为很好的讨论主题。我们已经提出了一个解决方法，同时希望你能思考一下其他的解决方法。

可能出现的错误

与一些数学和自然科学课程不同，统计学往往不止一项正确答案，这是学习统计学的一个有趣的挑战。这是为什么两个统计学家能够诚实地证明一个诉讼案件的两个相反结论。这也是为什么一些人认为通过统计学能够证明任何事情。但是，这都是错误的。人们运用统计学得出了错误的结论，有时人们错误地运用统计学误导了其他人。大多数错误都是可以避免的。我们不是在讨论算法。其错误通常体现在将一个方法应用到错误的情况上或错误地解释结论。为此，本书每章包含一个称为“可能出现的错误”的部分，以帮助你避免出现一些极为常见的错误，这些错误是我们在咨询和教学过程中发现的。

> 太多科学家只掌握和应用了统计技术方法的冰山一角。他们就像业余厨师使用菜谱一样运用统计技术方法，自认为不需要真正理解秘笈即可以做出美味佳肴。这种佼佼者的态度……可能埋没统计技术方法。
>
> ——《经济学家》，2004 年 6 月 3 日，《有限的统计数据使科学蒙羞》

---

① http：//www. amstat. org/about/ethicalguidelines. cfm.

微型案例

在每一章的最后部分，你都可以看到一个或两个运用真实数据集提出的问题，用于引导你研究问题或做出决策。这些“微型案例”是检验你解决开放式（更为现实的）问题的能力的一个好方法。你需要明确目标、制定计划、完成分析与总结报告。这是将指导性案例中的模板进行实际应用的良好机会。与此同时，这些也是通过书面形式练习总结报告，进而锻炼统计报告所要求的沟通能力的好机会。这些案例研究中的数据集能够在本教材配套的光盘中找到。

案例研究

在每一节的最后部分，你将看到一个有助于你把整节所学内容整合归纳的栏目。这些更为开放式的栏目能够帮助你培养将所学知识应用于现实商务领域的必备能力。

你将在文中的注释中发现各种各样的材料，如故事和引证。例如：“计算机是无用的。它们只能给你答案。”

——巴勃罗·毕加索

尽管毕加索低估了功能强大的统计软件的价值，他仍然懂得想方设法并非仅仅是“完成任务”——其内涵是你也必须“制定计划”和“总结报告”。

技术帮助：运用计算机

尽管我们阐释了你需要理解计算的所有公式，但是我们通常运用计算器或计算机完成统计学问题的计算。运用计算机计算统计数据的最简单方法是采用统计学软件。有几款统计学软件应用得比较广泛。尽管这些软件具体使用的细节并不相同，但是它们都是基于相同的基本信息并探寻相同结果。本书并未只采用一种统计学软件，我们不但展示了一般的计算结果，而且指出了你能发现的共同特征。我们在说明表格里指导你开始学习四种统计学软件：Excel、Minitab、SPSS和JMP。

有时候我们花时间讨论一个有趣或者重要的非核心问题。我们将非核心问题通过单独列举的形式①展示出来。

小结

在每章的最后部分，你将在称为“小结”的一节中看到一个关于各章所学主要内容的简短总结。这一节也包括你在各章中遇到的一系列术语。你不能将这些总结作为学习素材，但是你可以通过它们检查你在各章中所学到的要点知识。如果你具

① 或者置于脚注上。

备了理解相关术语和概念的能力，你就做好了充分的准备运用统计学。

* 选学部分

本书的部分章节标有 * 符号。这些章节属于选学部分，其后面的内容不直接与其相关。我们希望你无论如何也要阅读一下选学部分，就像学习本节内容一样。

开始行动

现在直接提醒你：在学习过程中，你不能只挑选关键性的语句和总结性的内容。本书有所不同。学习本书不能仅仅侧重于记住定义和学会方程计算。本书的内容更深入丰富，并且更为有趣生动。但是……

你必须学习全书内容！

第 2 章 数　据

亚马逊公司

亚马逊公司于 1995 年 7 月开始商业运作，广告宣传自己就像“地球上最大的书店”，并且具有不同寻常的商业计划：它们不打算在 4～5 年内快速盈利。当网络泡沫破灭的时候尽管一些股东有所抱怨，但亚马逊公司继续保持低速、稳健的增长，并于 2002 年首次出现盈利。至此之后，亚马逊公司保持盈利和增长。截至 2004 年，它已经在 200 多个国家或地区拥有超过 4 100 万消费者，同时被《商业周刊》评为全球最具品牌价值企业的第 74 位。它提供的商品已经扩展到几乎你能想象到的所有东西，从价值 400 000 美元的项链，到中国西藏的牦牛奶酪，甚至世界上最大的图书。2010 年，亚马逊公司通过网络在全球销售了大约 350 亿美元的商品。

亚马逊公司的研究与开发部门不断地调整和改进它们的网络，以便于为顾客提供最好的服务和扩大销售业绩。为了改进网络，它们收集数据并进行分析，以发现如何才能运作得最好。数据挖掘与个性化需求部门的前任负责人 Ronny Kohavi 曾说过：“数据胜于直觉。除了发挥我们直觉的作用，我们通过不断对网络进行现实实验，让顾客告诉我们如何为他们更好地服务。”亚马逊公司最近提出：“我们对亚马逊网络做出的许多重要决策都是通过数据分析。这里有正确的答案或者错误的答案，也有更好的答案或者更糟糕的答案，数据分析可以告诉我们应该怎样。通过数据分析做出的决策是我们最喜欢的。”①

数据就是亚马逊公司的国王。顾客点击网站与购买的数据就像皇冠上的宝石。数据帮助我们使网站具备了符合顾客个性化需求的典型特征。

——亚马逊公司数据挖掘与个性化需求部门的前任负责人 Ronny Kohavi

很久以前，小镇店铺的老板几乎认识每一位顾客。如果你到业余爱好者商店，

① 摘自《2010 年亚马逊公司年度报告》。

老板可能告诉你可以通过一个新的渠道购进莱昂内尔火车和铁路模型。裁缝了解你父亲的衣服尺寸，理发师知道你母亲喜欢的发型。在现代社会，我们周围仍然存在一些这样的店铺，但我们逐渐地倾向于通过电话或网络到大型商场购物。甚至当你拨打800购买一双新运动鞋时，顾客服务代表可能在电话中叫出你的名字或者问起你六周之前购买的短袜。或者公司可能在10月份发出关于提供冬天跑步所需保暖帽子的电子邮件。这家公司拥有成千上万的顾客，但你不需自我介绍也可以被辨识出来。推销员是如何知道你是谁、你住在哪里和你买过什么呢?

所有这些问题的答案就是数据。收集有关顾客、交易和销售的数据，以便于公司监测库存的情况和了解顾客的喜好。这些数据帮助它们预测未来顾客可能购买的商品以及了解每种商品应保持多大库存。商店可以运用数据与数据分析的结果改进对顾客的服务，并逐步仿制出50年来顾客所形成的个性化需求。

2.1 什么是数据

商务活动总是基于数据制定计划以及提高效率和质量。现今，商务活动比以前更依赖数据信息以参与全球市场竞争。多数现代商务活动通过组织机构收集现实的交易信息，包括购买或者销售的每一件商品。这些数据记录和储存于被称为数据库的巨大数据仓库里。

在过去的几十年里，这些数据库的存储量被大幅度扩大，但是由于运用功能强大的计算机，被存储的信息能够很容易地获取并用于帮助决策，有时是用于几乎瞬间做出的决策。比如当你用信用卡支付时，相关交易信息将被传输到一台中央计算机并进行处理和分析。将你所做的是赞同或否决的购买决策传输到销售终端只需要几秒钟。

公司通过数据分析做出其他商务领域的决策也是类似的。通过研究顾客过去的行为和预测顾客的反应，他们希望更好地服务于顾客以及更有效地参与竞争。有时将运用和分析数据特别是交易数据（为了记录公司交易而收集的数据）做出其他决策和预测称为数据挖掘或预测分析。一个更为常用的术语——商务分析（有时称为简单分析）阐释了以预测或简单描述为目的，通过数据分析做出商务决策的统计分析的任何作用。

领先型企业信奉商务分析。第一资本公司（Capital One）的CEO和创始人Richard Fairbank在意识到通过信用卡交易能够掌握顾客消费行为的关键之处后，掀起了信用卡产业革命。原来从事计算机科学专业的Reed Hastings是网飞公司（Netflix）的创始人和CEO。网飞公司将分析的顾客信息不断用于推广宣传新电影，而且用于根据顾客的个人喜好调整网络电影内容。网飞公司拿出100万美元用于奖励那些能够提高推广准确率10个百分点的人。2009年，一个由统计学家和计算机科学家组成的团队通过运用预测分析和数据挖掘技术获得此项奖励。奥克兰体育队运用统计分析方法评判运动员，取代了过去100年少年运动和棒球运动专家所采用的传统方法。名为“点球成金”（Moneyball）的书和电影证明，尽管从管理部门获得资源极为有限，但是通过商务分析组成的一个团队能够与更富有的团队抗衡。

通过更好地理解什么是数据，我们看一些亚马逊公司可能收集的假设公司记录（见表 2.1）。

表 2.1　　无背景数据举例（在不了解背景的情况下，无法说出这些数据的含义）

105-2686834-3759466	B0000010AA	10.99	克里斯 G.	902	波士顿	15.98	堪萨斯州	伊利诺伊州
塞缪尔 P.	Orange County	105-9318443-4200264	105-1872500-0198646	N	B000068ZVQ	Bad Blood	Nashville	凯瑟琳 H.
加拿大	加尔巴热	16.99	俄亥俄州	N	芝加哥	N	11.99	曼彻斯特
B000002BK9	312	莫妮可 D.	Y	413	B0000015Y6	440	103-2628345-9238664	Let Go

试着猜想这些数据表示什么。为什么如此之难？那是因为这些数据没有任何背景资料。无论这些数据是数字的（只包含数字）、字母的（只包含字母），还是字母数字混合的（数字与字母混合在一起），它们都是无用的，除非我们了解它们表示什么。新闻记者们明白每个故事的第一段应该包括“5W”要素：who、what、when、where 和 why（如果可能的话）。通常情况下，我们也会把 how 加入上述要素。通过回答这些问题，可以为数据提供一个背景情况并解释其内涵。前两个问题的答案是最重要的。如果你不能回答 who 和 what，你就相当于既不掌握这些数据，也无法得到任何有用的信息。

如果我们将 who（数据是什么）和 what（数据的作用）的背景情况添加进来，并且将值组织成类似于表 2.2 的形式，我们就可以清楚地了解这些数据的含义。

表 2.2　　数据表格举例（变量名称在上面一行；一般情况下，最左侧一列是“who”）

序号	名称	州/国家	价格	电话区号	以前下载的唱片	赠品？	ASIN 编码	艺术家
105-2686834-3759466	凯瑟琳 H.	俄亥俄州	10.99	440	Nashville	N	B0000015Y6	堪萨斯
105-9318443-4200264	塞缪尔 P.	伊利诺伊州	16.99	312	Orange County	Y	B000002BK9	波士顿
105-1872500-0198646	克里斯 G.	曼彻斯特	15.98	413	Bad Blood	N	B000068ZVQ	芝加哥
103-2628345-9238664	莫妮可 D.	加拿大	11.99	902	Let Go	N	B0000010AA	加尔巴热
002-1663369-6638649	凯瑟琳 H.	俄亥俄州	10.99	440	Best of Kansas	N	B002MXA7Q0	堪萨斯

看一下表 2.2 的各行。现在我们能够发现这些数据包含 5 个关于从亚马逊网站

下载唱片的交易记录。通常情况下，数据表格的各行对应于不同的个案（case），我们记录了关于个案的一些特征，这些特征称为变量（variable）。

根据情况不同，案例被赋予了不同的名称。回答调查问卷的每个人被称为调查对象。参与调查研究实验的人称为主体或者参与者（积极了解他们在实验中的作用），但是动物、植物、网站和其他无生命的主体经常被称为实验单位。通常情况下，我们直接称呼案例的名称，如顾客、经济季度或公司。在数据库里，行被称作记录（record）——比如在上面例子中即称为购买记录。也许最常见的术语就是案例。在表 2.2 中，案例都是独立的记录。

在表格中，列的名称（变量名称）阐释记录的内容。表 2.2 的每一行表示什么？要认真思考。尽管与人有关，但这些案例并非针对人。如在表 2.2 中，每一行都是不同的记录，而且并非购买光盘的顾客（注意，对同一个人做了两个不同的记录）。可以在表格中找到 who 的相同位置是最左边一列。这通常是案例中配有标识的变量，如本例中的序号。

如果你收集数据，你将了解到案例是什么以及如何确定变量。但是，你经常看到的是其他人收集的数据。数据信息被称为元数据，只能从公司数据库执行官或者公司信息技术部获取。典型的元数据包含了所收集数据的 how、when 和 where（可能还有 why）信息；每一个案例表示的 who；所有变量的定义。

在表 2.2 中可看到一个有关数据表格的常用术语，即电子表格（spreadsheet），其名称源于金融信息的分类记账。相关数据通常被记录在装订式分类账的对开页，账簿用于会计记录支出与收入来源。对于会计而言，在列中记录支出和收入的类型，在案例中记录交易，一般是发票或收据。现在，即使没有需要记录的账单，一般也在电子数据表格中保留中小型数据集。无论是以直接的方式，还是通过复制数据并粘贴到统计程序中，将一个数据表格从电子表格程序转换到统计制表和分析程序通常都比较容易。

尽管对于相对小型的数据集而言，数据表格和电子表格都是巨大的，但是相对于公司必须每天维护的复杂数据集而言，它们又属于难处理的。试着想象一下亚马逊公司的电子表格，其行与列分别记录顾客和商品。亚马逊公司拥有数以千万计的顾客与无数的商品。但是很少顾客能购买几十件商品，因而多数点击项目都是空白——对于存储信息而言并非是有效率的方法。为此，其他多种数据库结构被用于存储数据。最常见的是关系型数据库。

在一个关系型数据库（relational database）中，两个或更多的独立性数据表格联系在一起，便于将有关信息合并起来。对于所有（或者至少大部分）变量（数据库专业术语是“字段”）而言，由于每个数据表格都是列举每个案例信息的特定案例组，因而每个数据表格就是一种关系。例如，一个阐明人口信息的顾客表格就是一种关系。展示不同案例集信息的表格是一种不同的关系。比如，某家公司包含价格、存货和销售记录信息的所有商品的数据表格也是一种关系（如表 2.3 所示）。最后，每日交易信息可以存储在第三方数据，在此数据库中每个顾客的购买商品信息都作为案例列举出来。在一个关系型数据库中，可以将上述三种关系有机联系起来。例如，你能够查询某个顾客购买了什么商品或者查询某个商品被哪些顾客所购买。

在统计学中，大多数分析都是基于单独的数据表格。但通常要求这些数据可以从一个关系型数据库中检索到。从这些数据库检索数据一般需要通晓软件的专业人士。在本书下面的章节，我们假设所有的数据已经被下载到一个数据表格或电子数据表格中了，且列与行分别是变量与案例。

表 2.3　一个展示将顾客与产品序号联系起来的三个独立关系的相关信息的关系型数据库

客户

客户编号	姓名	城市	州	邮编	成为客户时间	是否金卡会员
473859	R. De Veaux	Williamstown	MA	01267	2007	No
127389	N. Sharpe	Washington	DC	20052	2000	Yes
335682	P. Velleman	Ithaca	NY	14580	2003	No
…						

商品

产品编号	姓名	价格	是否有库存
SC5662	Silver Cane	43.50	Yes
TH2839	Top Hat	29.99	No
RS3883	Red Sequined Shoes	35.00	Yes
…			

交易

客户编号	日期	客户编号	产品编号	质量	送货方式	是否免运费
T23478923	9/15/08	473859	SC5662	1	UPS 2nd Day	N
T23478924	9/15/08	473859	TH2839	1	UPS 2nd Day	N
T63928934	10/20/08	335682	TH2839	3	UPS Ground	N
T72348299	12/22/08	127389	RS3883	1	Fed Ex Ovnt	Y

□ 举例

标识变量与若干 W

Carly 是某个信用卡银行的销售经理，她想了解三个月前的提示邮件对顾客使用其信用卡的影响。为了找到答案，她要求信息技术部将每个客户的信息汇总整理一下。这些信息包括：在收到提示邮件之前的三个月内使用信用卡的总支出（Pre Spending）；在收到提示邮件之后的三个月内使用信用卡的总支出（Post Spending）；顾客的年龄（顾客分类）；支出用于何种用途（Segment）；客户是否在网站注册（Enroll?）；他们收到了什么提示（Offer）；每个客户使用信用卡在不同用途上的支出数量（Segment Spend）。她得到了前 6 行如下所示的电子表格：

账户编号	收到提示邮件之前的总支出	收到提示邮件之后的总支出	年龄	用途	是否注册	提示邮件	该用途的支出
393371	$2 698.12	$6 261.40	25～34	Travel/Ent	NO	None	$887.36
462715	$2 707.92	$3 397.22	45～54	Retail	NO	Gift Card	$5 062.55
433469	$800.51	$4 196.77	65+	Retail	NO	None	$673.80
462716	$3 459.52	$3 335.00	25～34	Services	YES	Double Miles	$800.75
420605	$2 106.48	$5 576.83	35～44	Leisure	YES	Double Miles	$3 064.81
473703	$2 603.92	$7 397.50	<25	Travel/Ent	YES	Double Miles	$491.29

问题：识别案例与变量。对这个数据集尽可能多地描述 W。

答案：这些案例都是信用卡银行的个人客户。数据来源于过去六个月内信用卡银行的国内记录（客户收到提示邮件的前三个月与后三个月）。变量不仅包括客户的账户 ID（Account ID），而且包含收到提示邮件前三个月（Pre Spending）与后三个月（Post Spending）的支出数量。此外，还包括客户的年龄、用途类型与是否在网站注册（Enroll?）、收到何种提示邮件（offer）以及在其用途类型上支出多少（Segment Spend）等信息。

2.2 变量类型

定性数据或定量数据？

认真是比较明智的。区号的 what 与 why 并非像它们初看起来那样简单。

当区号首次被引入时，所有电话都有转动键。为了降低损耗和加快接通拨打最多的电话号码，最浅的数字号码（最容易按拨）分配给了最大的城市。因此，纽约市区号是 212，芝加哥的区号是 312，洛杉矶的区号是 213，费城的区号是 215，但是偏远的纽约州北部的区号是 607，乔利埃特的区号是 815，圣迭哥的区号是 619。反过来看，通过电话号码区号的值，可以猜出这个地区的人口数量。但是在按键取代了转动键之后，新的电话号码区号已经与人口数量没有关系了，而仅与地区分类有关。

变量具有不同的作用，辨别变量的类型是关键的，这样就可以了解如何处理它与它表示什么。当一个变量可分类且回答了有关案例如何分类的问题时，我们称其为定性变量*或定量变量。其中，当一个变量属于含有单位的、可用于计量的数值，且告诉我们数量是多少时，我们称其为定量数据。将变量区别为定性变量或定量变量有助于我们决定如何处理变量，但是区别变量类型通常是我们希望从变量得到的东西多于变量本身。我们回答有关变量（分析中的 why）问题的过程就是帮助我们探索思考与处理它们的有效方式。

* 也可以称为分类变量。——译者注

以描述性方式回答问题通常属于分类。例如，回答这样的问题："你投资何种类型的共同基金?"和"你们公司采用何种类型的广告?"可以发现分类的值。一类重要的、特殊的定性变量只有两种可能的答案（通常是"是"或"否"），这类变量通常来源于类似的问题："你投资股票市场吗?"或者"你通过网络购买商品吗?"

如果变量的值不是数字，那么一定是定性变量（或者需要记录）。然而，如果值是数字，就必须小心一些了。当值精确地表达了其数量内涵时，这类变量就是定量变量。否则，就是定性变量。举例而言，电话号码区号是数字的，但其值是用于区别不同地区的电话号码。因而，我们将电话号码区号看作定性变量。

对于定量变量，其单位显示其值是如何计量的。更为重要的是，像日元、腕尺、克拉、埃、纳秒、英里/小时、摄氏度等单位展现了计量的规模，因而我们明白如何将两类变量区分开来。如果没有单位，用于计量变量的值也是毫无意义的。如果你不知道是用欧元、美元、日元还是用爱沙尼亚克朗支付，对于承诺一年加薪5 000的意义并不大。

有意义的变量名称

目前一些地方仍在沿用的传统就是用大写字母构成的隐含性缩写为变量命名。这一传统可以追溯到将控制计算机程序的说明穿孔打印在卡片上的20世纪60年代。最早穿孔打印卡片的设备只能采用大写字母，统计学程序也限定于由6个或8个字母构成，因而变量具有像PRSRF3一样的名称。现代程序已经没有这些限制了，也没有理由必须用上述方式为变量命名了。

有时候变量的类型显而易见。但是一些变量可以回答两个方面的问题，需要根据它们的用途进行排序。比如，如果"年龄"变量对应的是数值且有单位，也可能被看作是定量变量。医生一般将"年龄"作为定量变量。"年龄"变量的单位是年，但对于婴儿而言，医生通常需要更为精确的单位，如月，甚至天。另一方面，如果亚马逊公司询问你的"年龄"，该公司可能将各种年龄大小进行归类，比如"儿童（12岁及以下）"、"少年（13～19岁）"、"成人（20～64岁）"、"老年人（65岁及以上）"。为了达到许多工作要求，如了解送给你哪种光盘，亚马逊公司需要尽可能掌握所有信息。在本案例中，亚马逊公司将"年龄"作为定性变量。

表 2.4　　一些定性变量的例子

问题	分类或答案
你投资股票市场吗?	__是__否
你采用何种广告?	__报纸__互联网__直接邮寄
你在哪个年级学习?	__大学一年级__大学二年级__大学三年级__大学一年级
我愿意将此课程推荐给其他学生。	__强烈反对__部分反对__部分赞同__强烈赞同
你对此商品的满意程度怎样?	__非常不满意__不满意__满意__非常满意

当亚马逊公司考虑是否将一件特定商品邮递给顾客时，它可能首先分析一下过去如何邮递顾客购买的商品。它从统计各种方式邮递商品的数量开始：陆地运输、次日空运和连夜空运。计数是归类定性变量（如运输方式）的常用方法。第4章将更为充分地讨论归类和阐释定性变量。第5章讨论定量变量，需要不同的归类和阐

释方法。

表 2.5　　一个包含各种邮递方式的计数或案例数量的定性变量归类

邮递方式	购买数量
陆地运输	20 345
次日空运	7 890
连夜空运	5 432

标识

你的学生编号是多少？学生编号是数字的，但它是定量变量吗？不是的，它没有单位。那么它是定性变量吗？是的，但它是一种特殊的类型。看一下有多少类型，每种类型又包括多少个案。确实像个案一样有许多类型，且每种类型仅包括一个个案。这是一种标识符变量。当你在网站再次注册的时候，亚马逊公司想要知道你是谁，并且不希望把你与其他顾客搞混了。为此，它为你配发一个独一无二的标识符。

标识变量本身并不能告诉我们任何有关分类的信息，因为我们清楚每个标识符变量只包含一个个案。然而，它们对于大型数据集是非常关键的，其原因在于通过辨识案例的特定方式，标识符变量可以将挖掘自不同来源的数据结合起来，确保机密性并提供独一无二的标识。实际上，大多数公司的数据库属于关系型数据库。在关系型数据库中，对于将一个数据表与其他数据表联系起来，标识至关重要。表 2.3 的标识符分别是客户序号、产品编号和交易序号。像 UPS 的查询号、社会保险号与亚马逊公司的 ASIN 变量都是其他标识的典型例子。

当某个变量仅是标识的时候，你可能想要辨识它，因而你不须分析它。了解到 2007—2008 年亚马逊公司的平均 ASIN 提高 10%并不能真正告诉你什么——就像分析具有数据外形的定性变量一样。

在区别变量类型的时候一定要足够认真。根据我们提出的问题的不同，变量的作用也大有不同，严格地区别变量的类型也容易被误导。举例来讲，在亚马逊公司的年报中，该公司提供了其数据库且可以看到销售与年份两个变量。当一些分析者询问 2005 年亚马逊公司销售了多少书，其中年份的作用是什么？对于 2005 年的描述仅有一行，年份将其与其他变量区分开来，因而年份就是标识符变量。当作为标识的时候，对于同一年份，你可以将标识符与亚马逊公司的其他数据或一般经济数据匹配起来。但是分析者也可能查询过去一段时期的销售增长情况。在此情况下，年份是用来计量时间的。这时候年份作为单位就应被看作是定量变量。

其他数据类型

某项调查可能提出这样的问题：

“你对享受到的服务有多满意呢？”

1）不满意；2）有点满意；3）一般满意；4）相当满意。

这一变量是定性的还是定量的呢？这里表达的是感知价值的顺序；越大的数字对应越大的感知价值。如果顾客对某个职员的评价平均为 4 左右，那么他做的工作要好于评价平均为 2 左右的职员，但是前者工作好的程度是后者的两倍吗？因为这个问题的答案并非是严格的数值，所以我们确实不能这么认为，而且我们对于将顾客满意度看做单纯的数值必须更加谨慎。与上述例子一样，当定性变量的值是固有的顺序时，我们可以将这些定性变量作为定序。相反地，如果某个定性变量的值并不是定序，我们有时称之为定类。只可以逐个排序（如根据职工在公司工作的时间来确定级别）或者按年级排序（如大学一年级、大学二年级、大学三年级、大学四年级）。排序不是绝对的，需要根据排序的目的对序号赋值。例如，关于幼儿、儿童、少年、成人和老人的分类是定序吗？如果我们按照年龄排序，它们确实是定性变量，而且如何排序也是显而易见的。但是，如果我们按照购买量来排序（就像亚马逊公司采用的方式），那么极有可能少年或者成人是排在最前面的组别。①

截面数据与时间序列数据

在表 2.6 中，总收入这一定量变量是时间序列的例子。一个时间序列是一定时间内在有规则的时间间隔计量的单独变量。在商务中时间序列很常见。典型的计量时间点是月、季度或年度，但任何固定的时间间隔都是可能的。一定时间内收集的变量对于统计分析具有特别的挑战性，但是特别针对于时间序列的设计方法超出了本书研究的范围。

相反的，本书所展现的方法更适合于截面数据，即同一时间点计量的多个变量。另一方面，如果我们及时在每个时间点收集销售收入、顾客数量和上个月每家星巴克的支出（2010 年星巴克营业点超过了 16 000 个）的数据，这就是截面数据。截面数据可能包含一些时间信息（如日期），但它不属于时间序列，其原因在于该类数据并非是在有规则的时间间隔计量的。由于采用不同的方法分析这些不同类型的数据，因而能够区分出时间序列数据与截面数据非常重要。

表 2.6　　2002—2009 年星巴克总收入（百万美元）

年份	总收入（百万美元）
2002	3 288.9
2003	4 075.5
2004	5 294.2
2005	6 369.3
2006	7 786.9

① 部分人判定某变量是否为定量变量的方法是根据变量的可计量值是否可为零。这属于技术性的辨别方法，通常情况下我们不需要采用。（例如，认为 80 华氏摄氏度是 40 华氏摄氏度的两倍并不正确，其原因在于零摄氏度是一个任意值。按照摄氏温度标，80 华氏摄氏度与 40 华氏摄氏度分别是 26.67 摄氏度、4.44 摄氏度——两者之比是 6。）有时候术语等距量表会运用于上述类似的数据，术语比率量表适合运用于可计算的比率。

续前表

年份	总收入（百万美元）
2007	9 441.5
2008	10 383.0
2009	9 774.6

□ 举例

辨别变量类型

问题：在 Carly（同前面的例子）能够继续进行她的分析之前，她既要辨别出各个变量是定量变量还是定性变量（或者同属两种类型），又要辨别出是时间序列数据还是截面数据。如果是定量变量，单位是什么？如果是定性变量，它们属于定类还是定序？

答案：

账号名字——定性的（定类、标识）

之前的消费——定量的（单位：美元）

之后的消费——定量的（单位：美元）

年龄——定性的（定序）。如果我们掌握了更为准确的信息，就是定量的。

用途——定性的（定类）

注册？——定性的（定类）

提示——定性的（定类）

不同用途的消费——定量的（单位：美元）

这些数据是截面数据。我们没有掌握一定时间内每个变量的连续值。

2.3 数据来源：where、how 和 when

为了分析数据，我们必须了解 who、what 和 why。如果不知道这三个方面，我们在开始分析数据之前就未能做好准备。当然，我们总是希望了解得更多，因为我们了解得越多，我们的理解也将越深刻。如果可能，我们同样也希望了解数据的 where、how 和 when。1947 年记录的值可能与上一年记录的相似值的意义并不相同。阿布达比酋长国计量的值可能与墨西哥计量的相似值的意义也不相同。

数据是如何收集的会对数据有无价值有重要影响。就像在后面我们将发现的，来自网上自愿调查所获得的数据多数通常是没有价值的。最近的一项网上调查显示，对于次级借款人是否应该被保释的问题，84%的被调查者的回答都是“否”。共计23 418名被调查者中的 84%回答“否”也许是真实的，但是如果设想这些被调查者可以代表任意更大规模的民意，那么这种情况将是很危险的。为了通过参考手中获得的数据推断实际情况，你必须确保获得的数据可以代表更大规模的民意。第 3 章讨论设计调查或民意调查的合适方法，以便于确保你所获得的参考信息是有效的。

另一个收集有效数据的方式是做实验，在实验中你可以主动掌握变量（也可以称之为因素）的变化情况。你收到的大多数有关信用卡的“垃圾邮件”其实都是一些公司的市场部进行的实验。他们通过寄送不同版本的提示邮件收集到各种客户组群的数据，进而了解哪种工作方式可以获得最好的效果，以便于将此种工作方式在所有客户中开展。

有的时候，你所问问题的答案可以在某些人或者更为典型的某些组织收集的数据中发现。在一些公司内部，他们可能分析本公司数据库中的数据。他们也补充或者依靠本公司收集的数据。许多公司、非营利组织和政府机构通过互联网收集了大规模的数据。一些组织对于查询或下载其数据收取一定的费用。美国政府收集本国各方面的信息，既包括社会的也包括经济的（如可在 www. census. gov 查询信息，或在 www. usa. gov 查询更为全面的信息），欧盟的做法也是如此（可在 ec. europa. eu/eurostat 查询信息）。世界卫生组织（www. who. org）等国际组织与盖洛普（www. gallup. com）等调查机构也可以提供关于各种主题的信息。这些典型的数据并非来源于设计的调查或实验。收集大部分数据是基于不同的目的，而非仅仅为了便于你想要开展的分析。尽管这些数据量很大，但是当你想从这些数据的分析中得出结论的时候一定要十分谨慎。关于信息的 how、when、where 和 why 等数据并不见得可以收集到。除非收集的这些数据正好来源于你感兴趣的有代表性的人群，否则你从这些数据的分析中得出结论时是会被误导的。第 16 章讨论数据挖掘，在此章将尝试运用“发现”的大量数据进行假设和推论。该章内容是吸引人的、有趣的，甚至可以用于分析那些偶发性的数据，记住，唯一可以确定正确的是，如果数据来源于一个设计合理的调查或实验，结论就会是有效的。

互联网上的数据世界

当今时代，最丰富的数据来源之一即为互联网。只需要简单地动动手，你就能从互联网上发现几乎各方面的数据信息。通过在互联网上查询，我们发现了被本书采用的许多数据集。作为一种数据来源，互联网的优势与劣势并存。其优势之一是我们通常能够找到比我们所展现的更为新颖的数据。其劣势之一在于随着网站的变化、转移和消失，我们从互联网上获得的信息可能“中断”。另一个劣势是对于重要的元数据——收集、质量与数据的意图等信息——可能消失。

对于应对上述挑战的解决方法，无论这些数据存在于什么地方，我们提供能够帮助你查找数据的最好建议。我们通常指点给你具体的网址。我们有时候建议查找术语和提供其他指南。

需要提醒几句，在互联网上所发现的数据可能并不是应用于统计学软件的最好格式。尽管你可以看到数据表格的标准形式，但是尝试复制这些数据可能只得到单独的一列数据值。你可能必须在喜欢的统计学或电子表格程序中将这些数据重新格式成变量。你也可能想要从大量的数据中移除逗号与货币指标等特殊符号；很少有统计学软件包可以进行这些处理。

在全书中，无论何时引入数据，我们都会在边角注释一些有关数据的 W 信息，并尽可能在一些地方标明数据来源。这是我们推崇的一种习惯做法。任何数据分析的第一步都是了解为什么要检查数据（你想要了解什么）、数据表格的每一行代表什么和变量（表格的列）记录什么内容。这些就是 why、who 和 what。辨别这些信息是任何分析计划中重要的环节。在花费时间分析数据之前确保了解了全部三个方面。

□ 举例

辨别数据来源

根据 Carly 先前分析的基础，她请她的同事 Ying Mei 向旅游与娱乐部门的一组客户样本发送电子邮件，希望了解这些客户的信用卡使用与家庭人口结构情况。Carly 请另一位同事 Gregg 设计一项双倍里程积分的调查研究。在此项调查研究中，一个随机的样本客户收到了三种优惠之一：标准的双倍里程积分；任意航线的双倍里程积分；或者没有优惠。

问题：对于三个数据集——Carly 的原有数据集、Ying Mei 的数据集和 Gregg 的数据集——说明这些数据集是否来自一项设计的调查或实验或其他方式。

答案：Carly 的数据集来自交易数据，并不是调查或实验的一部分。Ying Mei 的数据集来自一项设计的调查，Gregg 的数据集来自一项设计的实验。

□ 快速测试

专业从事商业财产保险的一家保险公司拥有关于教堂和学校保险单的单独数据库。下面是该数据库的一小部分。

保单编号	无索赔年数	净资产溢价（美元）	净负债溢价（美元）	财产总价值（1 000 美元）	同一邮编地区的年龄中位数	是否在校	属地	承保范围
4000174699	1	3 107	503	1 036	40	FALSE	AL580	BLANKET
8000571997	2	1 036	261	748	42	FALSE	PA192	SPECIFIC
8000623296	1	438	353	344	30	FALSE	ID60	BLANKET
3000495296	1	582	339	270	35	TRUE	NC340	BLANKET
5000291199	4	993	357	218	43	FALSE	OK590	BLANKET
8000470297	2	433	622	108	31	FALSE	NV140	BLANKET
1000042399	4	2 461	1 016	1 544	41	TRUE	NJ20	BLANKET
4000554596	0	7 340	1 782	5 121	44	FALSE	FL530	BLANKET
3000260397	0	1 458	261	1 037	42	FALSE	NC560	BLANKET
8000333297	2	392	351	177	40	FALSE	OR190	BLANKET
4000174699	1	3 107	503	1036	40	FALSE	AL580	BLANKET

1. 列出此数据集尽可能多的 W 信息。

2. 对每个变量归类，无论你认为它应该看作定性的还是定量的（或者两种类型都是）；如果是定量的，确定其单位。

可能出现的错误

- 如果不考虑数据及其代表性，千万不要随意将变量标注成定性的或定量的。同一个变量有时可发挥不同的作用。
- 不要因为某变量的值是数字，就认为该变量是定量的。定性变量也经常会有数字标识。不要让这些迷惑住你，错误地认为数字标识是定量的。认真看看背景情况。
- 始终保持怀疑态度。分析数据的一个重要原因就是为了发现真实情况。甚至当你被告知数据的背景情况时，可能发现真实情况有一点（或者甚至很多）不同。背景情况像是为我们对数据的理解做了粉饰，因此那些想要影响你思考的人可能歪曲背景情况。一个看起来似乎是关于所有学生的调查实际上可能仅仅代表了那些浏览过某个所喜欢的网站的学生的观点。被调查者对问题的回答可能在一定程度上影响了调查者。

实践中的伦理

Sarah Potterman 是一位教学心理学专业的博士研究生，她正在研究各种被推荐的介入治疗方法对于帮助具有学习障碍的孩子们提升学习能力的效果。被调查的方法中有一种交互软件系统，可以利用相似的发音。Sarah 联系了开发此软件的 RSPT 公司，希望可以免费获得此软件系统，并应用于她开展的调查研究。RSPT 公司表示它对于 Sarah 开展的关于将该公司产品与其他介入治疗方法比较的研究很感兴趣，而且非常自信地认为该公司的产品是最为有效的。RSPT 公司不但免费提供给 Sarah 软件，而且也慷慨地赞助了 Sarah，这些赞助用于支持 Sarah 在数据收集与分析上的支出。

伦理观点 调查者与公司都必须谨慎对待所赞助的数据来源，其原因在于这些数据来源具有既定倾向的调查结果（与《美国统计学会道德指南》第 H 条款相关）。

伦理解决方案 RSPT 公司不应该强压 Sarah Potterman 得到特定的结果。在调查研究开始之前，双方应该达成书面协议，明确调查研究的结果可以公开，即使结果显示 RSPT 公司的交互软件系统并不是最有效的。

Jim Hopler 是一家口碑极好、提供全方位服务的经纪公司的地区分公司的业务经理。随着折扣降低与网上经纪人的竞争日益加剧，Jim 所在的公司再次转向专注于通过直接面向客户的职员（即经纪人）为独特的客户提供服务。特别地，他们希望强调经纪人提供的是优良的咨询服务。向客户开展的调查结果显示，客户从地区分公司的经纪人获得的咨询服务中的 20%属于差的、5%在平均水平以下、15%属于平均水平、10%在平均水平以上、50%属于优秀水平。经过公司总部同意，Jim 和他的管理团队提出实施几项改进措施，在地区分公司努力提供最好的可能的咨询服务。他们的目标是提高认为所获得的咨询服务属于优秀水平的客户比率。在实施改进措施之后，发起的调查结果显示：5%属于差的、5%在平均水平以下、20%属于平均水平、40%在平均水平以上、30%属于优秀水平。在讨论这些结果时，管理团队对于所获得的咨询服务属于优秀水平的客户比率从50%下降到30%表示担忧。团队的一个成员建议将总结归纳数据作为另一个选择方案。对定性变量赋值，其取值范围是1～5，即差=1、优秀=5，然后计算其平均值，进而他们发现改进实施措施之后平均值从3.65提高至3.85。Jim很高兴看到在地区分公司提供的咨询服务水平得到了提高，证明他们实施的改进措施也是成功的。在他提交给公司总部的报告中，他只是提到了关于客户调查满意度的平均值。

伦理观点 通过计算平均值，Jim能够证明提高了客户满意度。然而，他们原来的目标是提高优秀水平的比率。Jim在看到实际情况之后，为了支持某个观点，他重新确定了其调查研究目标（与《美国统计学会道德指南》第H条款相关）。

伦理解决方案 Jim应该报告每个级别类型的比例。他也可以报告平均值。他可能希望报告中提出关于通过不同方式观察数据与得到不同结论的讨论。他也可能想要通过调查参与者探究“平均水平以上”与“优秀”之间可感知到的不同。

小结

学习目标

■ 理解无论是定量的还是定性的，具有背景情况的数据都有值。

● who、what、why、where、when（与how）——这些W信息——帮助明确数据的背景情况。

● 根据数据，我们必须懂得who、what和why能够表达的意思。who是指个案。what是指变量。每个变量提供了所对应的每个案例的信息。why帮助我们决定采用何种方式处理变量。

● 无论何时掌握了数据，必须停下来辨别关于W的信息，并且确定你能够辨别出个案与变量。

■ 辨别出某个被采用的变量是定性的还是定量的。

● 定性变量可以辨别出每个个案的类型。通常情况下，我们思考可以归入不同类型的个案的数量。（一种特殊情况是标识变量就是所对应的个案的名称。）

● 定量变量记录了某项实物的测量值或总量；定量变量必须有单位。

● 根据我们想要从某变量获得的信息，有时我们可能将相同的变量看作定性的或定量的，其意思是一些变量并不能只归为一种类型。

■ 认真考虑你所掌握的数据来源与收集数据的原因。这有助于你理解你可能从数据中获得的信息。

术语

商务分析：运用统计分析方法与形成商务决策的过程。

个案：个案的实质是指通常在表格的某行中我们所掌握的数据对应的某人或某物。

分类（或定性变量）：为某个类别命名（无论用字符还是数字）的变量称为分类变量或定性变量。

背景：从理想意义上讲，背景表明谁被测量、测量的是何事、数据如何收集、数据来源、研究在何时进行以及为什么进行研究。

截面数据：从一个随着时间变化的状况中选取一个不变的单一时间点进行测量得到的数据就称为时间序列的一个截面。

数据：无论是数字还是标识，以及它们的背景情况被系统记录下的信息称为数据。

数据挖掘：运用多种不同的统计学工具分析大型数据库或数据仓库的过程。

数据表：数据的一个排列，其中的行表示一个个案，列表示一个变量。

数据仓库：一个公司或其他组织收集的一个大型数据库的信息，通常用于记录组织所做的交易，但是通过数据挖掘也用于统计分析。

实验单位：在一项研究中，其数值被记录下来的个体。与人有关的实验单位通常称为受试者或参与者。

标识变量：记录每个个案唯一取值的定性变量，其中的取值用来命名或标识该个案。

元数据：数据库中变量的辅助信息，一般包括所收集数据的 how、when 和 where（可能还包括 why）；who 即指每个个案；以及所有变量的定义。

定类变量：术语“定类”是指其值仅被用来命名各个类别的数据。

定序变量：术语“定序”适用于可以得到某种顺序的定性变量。

参与者：与人有关的实验单位，也称为受试者。

定量变量：值为可计量的数值并有单位的变量。

记录：数据库中关于独立个案的信息。

关系型数据库：一个关系型数据库可以存储和检索信息。在数据库中，置于数据表格中的信息能够互相关联。

应答者：对调查进行回答或者做出反应的人。

电子表格：电子表格设计用于记录经常被储存和管理的数据。Excel 是一种典型的电子表格程序。

受试者：作为实验单位的人，也被称为参与者。

时间序列：一段时间内被计量的数据。通常时间间隔是平均确定或者固定的（例如每周、每季度或每年）。

交易数据：被收集的用于记录某个公司或组织的单独交易。

单位：作为计量数量或总量的标准，如美元、小时或克。

变量：变量包含了许多个案的相同特征的信息。

技术帮助：计算机上的数据

大多数时候，我们通过某个程序或软件包在计算机上查找统计数据，其中软件包是专门根据此目的设计出来的。有很多不同的统计学软件包，但是它们基本上都具有相同功能。如果你了解优惠机需要知道你想要做的与接下来将展现的内容，就可以非常容易地指出大多数软件包的特定功能。

例如，将你的数据输入计算机的统计学软件包，你需要告诉计算机：

● 去哪里找到数据。这通常意味着指示计算机到你存储在计算机光盘上的文件或数据库中的数据中去查找。或者，这仅仅表示你已经从电子表格程序或互联网网站拷贝了数据，并且正放在你计算机的剪贴板上。一般情况下，数据应该做成数据表格的形式。大多数计算机统计学软件包倾向于采用标记数据表格的要素划分的定界符作为制表符，采用标记某个个案结束的定界符作为回车符。

● 在哪里输入数据。(通常这一问题可以获得自动处理。)

● 如何命名变量。一些数据表格在数据的第一行包含变量名称，并且通常统计学软件包能够自动从第一行提取变量名称。

□ 微型案例：信用卡银行

与所有信用卡和付款卡公司一样，本案例中的信用卡公司也通过持卡人交易获利。因而，该公司的盈利水平直接与信用卡的使用情况相联系。为了提高客户使用信用卡的支付量，该公司向持卡客户寄送许多不同的优惠信息，并通过市场研究员分析哪种优惠信息可以促进平均支付水平得到最大幅度的提高。

光盘（文件 Credit _ Card _ Ban）上保存了市场研究员所采用的数据库的部分数据。对于每一个客户，一个电子表格都包含了多种变量。

检查一下数据文件中的数据。尽你所能列出这些数据尽可能多的 W 信息，并将每个变量分成定性变量或定量变量。如果是定量变量，确定其单位。

□ 快速测试答案

1. Who——关于教堂和学校的保单

What——保单编号、无索赔年数、净资产溢价（美元）、净负债溢价（美元）、财产总价值（千美元）、同一邮编地区的年龄中位数、是否在校、属地、承保范围

How——公司记录

When——未给出

2. 保单编号：标识变量（分类变量）

无索赔年数：定量变量

净资产溢价：定量变量（美元）

净负债溢价：定量变量（美元）

财产总价值：定量变量（千美元）

同一邮编地区的年龄中位数：定量变量

是否在校：定性变量（是/否）

属地：定性变量

承保范围：定性变量

第 3 章

调查与抽样

洛普民意调查

公共民意调查是一个相对新的现象。1948 年，根据对选民的电话调查结果，像盖洛普（Gallup）、洛普（Roper）和克罗斯利（Crossley）这样的所有大型组织从夏季到秋季一致预测托马斯·杜威（Thomas Dewey）会在 11 月的总统选举中击败哈里·杜鲁门（Harry Truman）。到 10 月时，结果已经十分明显，当时《财富》杂志断言："大量的证据表明，《财富》和洛普先生并不打算对即将到来的总统大选做更为详细的改变观点的报告……"

当然，哈里·杜鲁门（Harry Truman）赢得了 1948 年的总统选举，在选举结束后的当天早晨，杜鲁门拿着印有"杜威是赢家"标题的《芝加哥先驱论坛报》（前一天晚上印出）的照片成了传奇。

在总统大选结束之后，公众对民意调查的信服度出现下降，但是埃尔默·洛普（Elmo Roper）仍积极维护民意调查工作者。洛普是第一批市场调查公司之一 Cherington，Wood，and Roper 的负责人和创始人，也是第一个使用科学抽样技术的全面性民意调查项目"财富调查"的主管。他认为，公司领导应该找出 1948 年民意调查的问题所在，而不是放弃民意调查，这样才能帮助市场调查不断改进。他坦率承认那些民意调查中出现的错误，这使公众对将民意调查作为一个商业工具重建了信心。

在洛普职业生涯余下的时间里，他主要致力于两个方面的工作：商业调查与民意调查。他在威廉姆斯学院建立了洛普民意调查研究中心，把它作为存放民意调查档案的场所，并且成功说服了民意调查领袖盖洛普和克罗斯利加盟。现在位于康涅狄格州大学的洛普中心是世界上社会科学数据主要的档案馆之一。洛普最初建立了洛普调查协会来开展市场研究工作，随后改名为洛普组织，并在 2005 年被 GfK 收购。GfK（Gesellschaft für Konsumforschung，字面上可理解为"消费研究协会"）

于 1934 年在德国成立，现在倡导“从知识中成长”。该公司是世界第四大国际市场研究组织，拥有分布于 70 个国家的 130 多家企业和 7 700 多名员工。

GfK 洛普咨询公司提供一套年度的全球化研究，涵盖文化、经济和社会等方面的信息，这些信息可能对于那些全球经营的公司至关重要。这些公司利用 GfK 洛普咨询公司提供的信息帮助它们对世界范围的不同市场做出营销和广告决策。

GfK 洛普咨询公司的研究者是怎么知道他们得到的调查结果可以正确反映消费者的真实态度的？毕竟他们并没有调查所有人，但是他们又不想仅限于从被调查者反馈的信息中得出结论。将手头的数据推广到世界范围内适用是市场研究者、投资者和民意调查者每年都在从事的工作。为了做好这项工作，他们需要具备三个基本信念。

3.1 抽样调查三原则

原则 1：样本——调查整体中的部分对象

我们想要了解被称为总体的所有个体的信息，但是对每个个体进行调查通常不是不可能的，就是不切实际的。因而，我们先从总体中选取一小组对象——样本开展调查。对于洛普研究者而言，他们感兴趣的总体是整个世界，但调查整个总体是不实际、不划算或不可行的。为此，他们从总体中选取一部分作为调查样本。

W 信息与抽样

我们感兴趣的总体通常由研究中的“why”决定。我们选取样本的参与者或个案就是“who”。选取样本的“why”和“who”取决于实际情况。

你每天都会从一个大的总体中抽取样本。例如，如果你想知道今天晚餐准备的蔬菜汤尝起来味道如何，你会用汤匙盛出一勺，然后品尝一下。你当然不用把整锅汤喝下去。但是，你相信你品出的味道可以代表总体——整锅汤的味道。品尝的例子说明，如果样本选择得合适，它可以代表整个总体。

GfK 洛普全球民意报告是抽样调查（sample survey）的一个例子，它是通过设计向一小群人提问的方式获得整个总体的一些信息。多数情况下，你可能从未被选为全国民意调查的调查对象。对于大多数人来说都是如此。那么民意调查者通过什么方式来证明一个样本可以代表整个总体呢？在理论上选取一个样本代表一个总体极为简单，但在实践中确实比听起来难得多。多数民意测试或调查失败的原因就在于未能正确选取出可代表整体的样本。例如，电话调查可能无法得到拥有来电显示人群的调查结果，而青睐其他人群，如当调查者打电话时坐在电话旁边的更有可能是退休人员或家庭主妇。样本过高或过低地估计了总体的某些特征称为有偏（biased）。当一个样本有偏时，样本的总体特征与其努力要反映的总体特征是不相同的。基于有偏样本得出的结论就不可避免地是虚假的。一般在样本选取之后，就无法修正它的偏差或从中提取有用信息了。

为了尽可能地使样本具有代表性，你也许会试图精选每一个个体放入样本中。

但是，最好的策略与此做法有很大不同：我们应该随机地抽取个体作为样本。

原则 2：随机化

回想一下我们抽样品尝汤味道的例子。假设你向锅（总体）中添加了一些盐。如果你在搅拌前从上面的汤中盛出一部分品尝，那么你会得到错误的信息，认为整锅汤都是咸的。如果你在搅拌前从底部盛出汤进行品尝，那么你同样会得到错误的信息，认为整锅汤都是淡的。但是当把汤搅匀后，你就会使放入的盐在整锅汤中随机化，这时候任意品尝的味道都能代表整锅汤的咸度。随机性是统计学中的一大工具。

随机性可以使你免受数据中你未注意到的和了解到的因素的影响。假如在你未注意时，一个朋友向汤中加了一把豌豆。豌豆沉到了锅底，与其他蔬菜混合在一起。如果你不把整锅汤搅匀就从上面的汤中取出一些品尝，那么无法发现任何豌豆。通过搅匀盐，你同样也使豌豆在锅中随机化了，即使你不知道有豌豆在里面，这也会使你抽取的样本品尝起来更具有代表性。因而，随机化可以使我们在即使未注意一些因素的情况下也能让样本具有代表性。

对于一项调查，我们通过随机地挑选参与者的方式把总体“搅匀”了。通过确保样本平均而言看起来像总体剩余的其他部分，随机化可以使我们免受总体所有特征的影响。

随机的最主要特征是选取样本的“一般化”。我们将在第 7 章讨论随机的许多方面，但是确保样本一般化的方法在于每个参与者被选择的几率都是相同的。

● 为什么不把某样本与总体匹配起来？除了随机化，我们还需要努力将设计出的样本尽可能包含每一个相关的特征：收入水平、年龄、政治面貌、婚姻状况、子女数量、家庭住址等。显而易见，我们不可能将所有可能重要的信息都考虑到。即使我们可以考虑到，我们选取的与总体匹配的样本也不可能包含所有这些特征。

一个从总体中选取的样本对该总体的代表性如何呢？这里有一个使用美国残疾退伍军人（Paralyzed Veterans of America）组织数据库的例子，该组织是一个拥有 350 万个捐赠者名单的公益组织。我们抽取了两个样本，每个样本中的 8 000 个个体都是随机从总体中抽取的。表 3.1 给出了 7 个变量的均值和比例。

表 3.1 给出了选自美国残疾退伍军人数据库的两个包含 8 000 个个体的样本的 7 个变量的均值和比例（运用 Excel 2010 建立）。这两个样本变量的汇总非常相似，使我们确信任何一个样本都可以代表整个总体。

表 3.1

	A	B	C	D	E	F	G	H
1		年龄（岁）	白人（%）	女性（%）	子女数量	收入等级（1—7）	财富等级（1—7）	自己拥有住房（%）
2	样本 1	61.4	85.12	56.2	1.54	3.91	5.29	71.36
3	样本 2	61.2	84.44	56.4	1.51	3.88	5.33	72.3

这两个样本在每个变量上的特征都非常相近。你可以发现随机性是如何很好地把总体搅匀的。我们没有为这些变量预先选择样本，但是随机化使这些结果都非常相近。由于这两个样本彼此间的差异很小，我们可以认为它们与总体剩余部分的差异也不是很大。

即使一个调查会提供很多随机样本，样本间也会有差异，因而回答也会有差异。我们将这些样本与样本之间的差异称为抽样误差（sample error），即使没有出现错误。

原则 3：样本容量最重要

你可能不会因为样本可以代表总体而感到惊奇。也不会觉得随机抽取的样本就是一般性的样本有何不正确。但是，关于样本的第三个重要原则往往让人感到疑惑。第三个原则是，无论总体容量有多大，样本容量决定了可以从数据中得到怎样的结论。许多人认为一个对于总体而言具有很好代表性的样本必须是该总体的一个较大比例或部分，但事实上最关键的因素是样本容量。总体的容量根本无关紧要。[①] 就像 100 名选民的随机样本可以代表美国的全体选民一样，一个大学的 100 名学生的随机样本可以代表整个大学的学生。这也许是设计调查中最令人惊奇的思想了。

我们再次回顾一下品尝一锅汤的例子。如果你正在为一个宴会准备晚餐而不仅仅是几个人，你的锅就会更大一些，但你并不需要用一个更大的汤匙来品尝汤的味道。不管锅有多大，同样大小的汤匙对于确定整锅汤的味道来说已经足够了——只要汤经过充分搅拌。这就是随机的作用所在。样本是总体的多大部分并不重要。样本容量本身才是最重要的。这个思想是设计任何样本调查的最重要的思想，因为它决定了这个调查可以在多大程度上衡量总体与调查成本之间的平衡。

你需要多大的样本？取决于想要估计什么，但是一个太小的样本是不能代表总体的。为了了解汤里到底有什么，你需要一个从整锅汤里取出的有足够代表性的样本进行品尝，比如包括选取其中的蔬菜。对于一个想找出总体的一部分属于某一类别的调查，你通常至少需要几百个受访者。[②]

● 专业人员都做些什么？专业民意调查和市场研究公司怎样开展工作？今天最普遍使用的民意调查方式是通过电话联系受访者。计算机为电话交换机生成包含住宅用户的随机电话号码，所以调查者可以联系上未公开电话号码的人。接电话的人被邀请接受调查——如果这个人符合条件的话。（例如，只有成年人被经常调查，受访者通常必须在接电话的住处居住。）如果接电话的人不符合条件，打电话的人会要求换一个合适的人接电话。当他们进行调查时，调查者经常随机地列出可能的答案（如产品的名称）以避免受访者倾向于选择列出的第一个选项而产生偏差。

这些方法有效吗？皮尤公众和媒体研究中心（The Pew Research Center for the People and the Press）在一项调查报告中写道：

---

① 事实上，这并不是完全正确的。如果样本量超过总体的 10%，总体的容量就会对结果产生影响了。通常我们的样本是总体非常小的一部分，因而一般是无关紧要的。

② 第 9 章给出了这一结论的详细解释，并告诉我们如何决定一个调查的样本容量。

通过5天的调查，今天的调查可以与大多数（76%）家庭取得某种形式的联系，并且在过去的7年中联系率并没有下降。但是由于繁忙的日程安排、怀疑态度和当场拒绝的存在，在接通电话的家庭中，调查者按标准调查程序只完成了38%家庭的调查。

然而，研究表明，实际被调查的样本能够真实反映大型总体的基本情况，而被调查的家庭正是从总体中抽取的。

普查——是否有意义?

为什么要花费精力确定适当的样本容量？如果你想在一个新社区开商店，为什么要抽取一部分居民来了解他们的兴趣和需要？把每个人都包括进来，让“样本”就是整个总体不是更好吗？这种特殊的样本称为普查（census）。虽然普查似乎可以提供总体的最好信息，但是也有许多理由说明并非如此。

首先，完成一项普查是很困难的。总是有一些个体难以找到或难以计量。你收集数据时是否真的需要联系哪些出去度假的人？对于那些没有电话和寄信地址的人呢？以上几种情况中的数据收集成本会大大超出预算。进行普查也可能是完全不切实际的。Hostess Twinkies 的质量控制经理并不会对生产线上所有的 Twinkies 蛋糕进行普查以确定它们的质量。除了没有人可以吃那么多 Twinkies 蛋糕这个事实外，这也会破坏他们的目的：将没有 Twinkies 蛋糕可供销售了。

其次，你正在研究的总体可能会发生变化。例如，在花费时间完成人口普查的过程中，新生儿会出生，人们会旅行，有些人会死亡。新闻事件和广告竞争会引起观点和偏好的突然转变。一个在更短时间内就能全部被调查的样本，也许会得到更准确的信息。

最后，开展普查是非常麻烦的。普查经常需要一组调查者或总体的合作。即使两个要素都具备，完全不出错也是不可能的。由于美国人口普查试图把每个人都包括进来，导致该项普查记录了太多大学生。许多学生既包含在他们的家庭报告中，也包含在学校的报告中。在美国人口普查中可以发现这种过低或过高的统计错误。

□ 举例

辨别抽样术语

一个非营利组织接管了著名的国家剧院，希望通过安排精彩的演出与资金募集两种方式结合起来保护剧院。该组织请一群学生帮助他们设计一项调查，以更好地了解观众倾向于购买哪些演出的门票。幸运的是，剧院的电子票务系统记录了购票观众的联系方式与相关信息，该数据库可查询到 7 345 位观众的信息。

问题：涉及的总体是什么？

本案例中普查会是怎样的？是否可行？

答案：总体是所有潜在的购票观众。

普查需要联系所有的潜在购票观众。我们不知道他们是谁或者如何联系他们。

3.2 总体与参数

参数：总体模型参数并不仅是未知的——它们通常是不可知的。我们需要选取样本，并使用样本统计量来估计它们。

GfK 洛普全球报告（GfK Roper Reports Worldwide）指出 60.5%的 50 岁以上的人担心食品安全，而只有 43.7%的少年担心这一问题。这个结论意味着什么？我们可以确信洛普研究者并未进行普查，因而他们不可能知道担心食品安全的年轻人的精确百分比，那么“43.7%”意味着什么？

为了把一个样本的结论扩展到总体，我们需要一个现实的模型。这样的模型并不需要是完整或完美的。就像一个在风洞试验中的飞机模型可以告诉工程师们需要知道哪些空气动力学知识一样，即使飞机模型中没有包含真实飞机中的每个铆钉。我们可以学习和使用数据模型的一些结论，即使它们并不是与每个数据值都匹配。记住它们仅是现实的模型而非现实本身，这一点非常重要。但是如果没有模型，我们了解的世界信息只能局限于从我们手中的数据获得的信息。

统计量：从数据中计算出来的任何数量都可以称为“统计量”。但是在实践中，我们经常从样本中得到统计量，并用它来估计总体参数。

模型通过数学方法来展现现实情况。我们将那些模型中的关键数字称为参数（parameter）。有时一个总体模型中使用的参数（勉强地）称为总体参数（population parameter）。

但是不要忘记数据。我们使用数据来试图估计总体参数的值。从数据得到的任一汇总就是统计量（statistic）。这些估计总体参数的统计量都是非常有趣的。有时——尤其是当我们把统计量和它们要估计的总体参数联系在一起时——我们使用术语样本统计量（sample statistic）。

我们之所以选取样本，是因为无法处理整个总体。我们希望从样本中计算出的统计量可以精确估计对应的参数。一个样本如果能做到精确估计就称其具有代表性（representative）。

□ 快速测试

1. 调查经常会做出不同的论断。为什么下面每个论断都是不正确的？

a）普查总是比抽样调查好。

b）在顾客将要离开餐馆时进行拦截调查是调查对餐馆食物意见的一种好的抽样方式。

c）我们从一个有 3 000 名学生的学校抽取了包含 100 名学生的样本。对于一个拥有 30 000 个居民的城镇，为了得到同样的精确度，需要抽取一个包含 1 000 个居民的样本。

d）一个流行网站（www.statsisfun.org）进行了一项调查，收集了12 357个受访者的信息。大多数受访者都说他们喜欢从事统计工作。由于这个样本足够大，我们可以确信大多数美国人都喜欢从事统计工作。

e）喜欢统计学的所有美国人的真实比例称为“总体统计量”。

3.3 一般样本设计

我们曾经提到过总体中的每个个体都有相同概率被选入样本。这样可以确保样本的一般性，但是并不能足够保证样本的代表性。例如，考虑一个市场分析员从商品登记表格中随机地选取样本，这些商品登记表格的一半通过信件邮寄得到，另一半通过网上注册获得。她通过抛硬币确定样本选择的范围。如果硬币的正面朝上，她将从信件中选择100个；如果硬币的反面朝上，她将从网上注册中选择100个。每一个消费者都有相同的被选中的概率，但是如果对高新科技很在行的消费者是不同的，那么这个样本很难具有代表性。

简单随机样本（SRS）

为了确保样本的代表性，我们必须使得选取样本的方法能够保证每个相关个体都有相同的被选中的概率。通过这种方法选取的样本称为简单随机样本（simple random sample），经常简写为SRS。SRS是以抽样数据为理论基础的抽样方法，也是衡量其他抽样方法的标准。

我们希望从总体中抽取样本，但是我们通常不能掌握总体中各个个体的名单。我们抽取的样本名单称为样本框（sample frame）。一个商店想要调查它的所有老顾客。但是该商店不能从所有老顾客中选取样本，因为没有老顾客的名单。该商店可能有一个记录为“经常购物者”的顾客名单。这一名单即可以作为商店选取样本的样本框。

当然，无论样本框与总体有何不同（两者之间通常不相同），我们必须对这些差别进行处理。注册为“经常购物者”的顾客与其他老顾客的观点不相同吗？那些以前是老顾客但是最近没有购物的顾客的观点是什么？这些关于样本框的问题的答案取决于调查的目的，并可能影响我们得出的结论。

一旦我们有了一个样本框，我们就需要通过将其随机化而选取出一个SRS。幸运的是，如今我们可以通过电子表格、统计学程序，甚至在互联网上轻松地获取随机的数量。在这些技术出现之前，人们通过类似于抓阄的方式随机地提取样本。但是现在，最简单的将样本框随机化的方法就是给每一个名单随机地编号，接着对这些随机编号进行排序，提取这些个案并“填满”随机序列。然后，你可以从随机清单的最前面抽取个案，直到得到足够的样本。

随机抽取的样本一般来说都是互不相同的。即使通过相同的程序抽取的样本，每次抽取的随机编号也对应于我们样本选取的不同人。这些差异就会使要度量的变量有不同的值。我们称这些样本间的差异为抽样变异性（sampling variability）。令人惊奇之处在于，抽样变异性并不是一个问题，而是一个机会。如果样本间存在很大的抽样变异性，那么可能潜在的总体也存在很大的变异性。如果样本间显示出较大的抽样差异性，则潜在总体就可能存在很大的差异。在后面的几章，我们将用更多的时间和精力来探讨抽样变异性，以更好地理解要度量的东西。

每次的答案都不相同

Excel 中的 RAND（）函数能使你感到很惊奇。每次你打开电子表格的时候，将得到一列新的随机数字。但是不要担心。一旦你搅乱了各行，你可以忽略掉新的数字。搅乱之后得到的序数将保持不变。（上面的技术图像通过 Microsoft Excel 2010 创建。）

□ 举例

选取随机样本

继续探讨 3.1 节的例子，学生咨询顾问从数据库中随机选取了 200 个购票者。首先，将国家剧院数据库做成电子表格的形式。接着，学生们采用 Excel 命令 RAND（）抽取了随机编号。（在紧邻数据的一列的最上面表格中输入“=RAND ()”，然后使用“向下填充”将该列移动到最下面。）接着他们通过将随机列排序以对电子表格进行排序，并从随机化的电子表格的上面选取购票者，直到他们完成 200 个调查为止。当他们选择的一些购票者无法打通电话或拒绝参与调查时，采用上述方法可以容易地选取到更多的受试者。

问题：样本框是什么?

如果消费者数据库包含 30 000 个记录，而并非 7 345 个记录，我们需要多大的样本才能得到相同的信息?

如果我们接着选取了包含 200 个消费者的不同样本，并在调查中得到了对问题的不同答案，我们如何参考这些差异呢?

答案：样本框是消费者数据库。

最重要的是样本容量，而并非总体容量。我们需要一个包含 200 个消费者的样本。

答案之间的区别称为抽样误差，或抽样变异。

抽样误差与有偏

我们在本章前面内容提到样本之间的差异称为抽样误差，使之听起来像是某种错误。其实不是。我们明白样本会变化，因而“抽样误差”并不是我们希望出现的。有偏是我们必须竭力避免的。有偏意味着我们的抽样方法扭曲了我们对总体的观点。当然，有偏导致错误发生。即使有偏不易察觉，它仍然能够引发我们无法在随后的分析中修正的错误。

简单随机抽样并不是进行抽样的唯一公平方式。更复杂的设计也许会节省时间、节省金钱或避免抽样问题。所有统计抽样设计都有同样的思想，即随机地而不是人工选择来选取样本。

分层抽样

从大型的总体（特别是分布在广大区域中的总体）中抽取样本时，经常使用比简单随机抽样更复杂的抽样设计。有时我们把总体分成同质的组，称为层（strata），然后在每一层里再使用简单随机抽样，最后把所有结果组合起来。这种方法称为分层随机抽样（stratified random sampling）。

我们为什么要分层呢？假设我们想要调查顾客对在一个城郊大型购物中心建立一个新的旗舰店会有怎样的想法。顾客总体有60%的女性和40%的男性，我们猜想女性和男性顾客对旗舰店有不同的看法。如果我们使用简单随机抽样的方式选取100名顾客进行调查，样本中最终可能会有70名男性和30名女性，也可能有35名男性和65名女性。我们对新的旗舰店的吸引力的分析结果可能有很大不同。为了减少抽样变异性，我们可以人为地形成一个具有代表性的均衡，即随机选取40名男性和60名女性作为调查对象。这样可以保证样本中的男女比例与总体中的比例一致，并且使样本更准确地代表总体的观点。

你可以想象选择按种族、收入、年龄和其他特征进行分层是否有所帮助，这主要取决于调查的目的。当我们限定使用分层的随机抽样方法时，附加的样本彼此间都很相似，所以每个样本间通过样本值计算的统计量间就会有更小的差异。降低抽样变异性是分层抽样的最大优势，但是通过分层抽样的样本数据分析超出了本书的讨论范围。

整群抽样与多级抽样

有时候将样本分成同质的层是不切实际的，甚至进行简单随机抽样有可能也是比较困难的。例如，假设要根据句子的长度对产品使用手册的阅读水平进行评估。简单随机抽样可能是麻烦的；我们必须将每个句子进行编号，然后再找到它们，如第576个句子或2 482个句子，等等。这样做听起来很有趣，不是吗？

通过随机地选择一些页码，然后数这些页上的句子长度，可以使我们的任务变得简单些。这比挑选单个句子更加简单，并且如果相信这些页在阅读水平上都是合理相似的，那么这个方法也是有效的。把总体都按这种方式分成可以代表总体的几部分或群（clusters）可以使抽样变得更可行。我们随机选择一个或几个群，然后对每个群进行普查。这样的抽样设计称为整群抽样（clusters sampling）。如果每个群都能完全代表总体，整群抽样就可以得到一个无偏样本。

分层或整群

我们将总体中相似的个体分成若干组，形成层，这些层与层间是互不相同的。（例如，我们经常根据年龄、种族或性别进行分层。）与之相反，我们分成的各群之间看起来很相似，每个群反映总体中不同类型的个体。

整群抽样与分层抽样之间的区别是什么？我们分层是为了保证得到的样本可以

代表总体中的不同群体，并且每层中的样本都是随机抽取的。这样降低了样本之间的变异性。层内的个体是同质的，但层与层之间是互不相同的。相反，群总是或多或少地相似，但每个群都是异质的。我们通过整群抽样节省成本或者甚至使研究工作变得切实可行。

有时我们同时使用多种抽样方法。在设法评估使用手册的阅读水平的时候，我们可能会担心“快速使用”部分的说明非常容易阅读，而“疑难解答”部分阅读起来更为困难。如果这样，就想尽可能避免从任何一部分抽取过量的样本。为了保证得到所有部分的公平组合，可以从手册中的每个章节中随机选取一部分。然后从每个部分中随机选取几页作为样本。如果合在一起后选取了太多的句子，可以在选中的几页中再随机选取一些句子。那么，我们抽样的策略是什么？首先，我们把手册按章节分层，然后在每层中随机选取一部分作为代表。在每个被选中的部分中，我再选取几页作为群。最后，在每个群中用简单随机抽样方法选取一些句子。将几种方法联系起来的综合抽样方法称为多级抽样（multistage samples）。由专业调查组织和市场研究公司开展的大多数调查都是将分层抽样、整群抽样和简单随机抽样方法结合起来使用的。

□ 举例

辨别更为复杂的设计

某剧院董事会想要吸引城外的居民来观看剧院表演。他们了解大体上 40%的购票者都来自城外。这些观众经常在当地饭馆吃晚餐或者在当地旅馆住一晚，可以带动城镇的商业增长。

剧院董事会希望这些信息可以促进当地商业机构在剧院节目中做广告，因而他们想要确保样本中包含城外的观众。数据库中包括邮编。学生咨询顾问决定从城外的邮编中选择 80 个购票者样本，并从城内的邮编中选择 120 个购票者样本。

问题：他们用那种抽样组合方法代替了随机抽样方法？

从城外选择 80 个样本和从当地选择 120 个样本的优点是什么？

答案：分层抽样，包含城外的 80 个观众样本和当地的 120 个观众样本。

通过分层抽样，他们能够保证 40%的样本是从城外观众中选取的，以反映购票者的总体比例结构。如果城外观众与当地购票者具有很大差异，分层抽样可以降低对每个群估计值的变异，因而联合方法的估计值就显得更为精确。

系统样本

我们有时候通过系统地选择个体来得到样本。例如，一个系统样本（systematic sample）可能是在按字母顺序排列的雇员名单上每隔 10 人进行抽取得到的。为了确保样本的随机性，我们仍必须以随机选择个体的方式开始系统抽取——不一定是从名单上的第一个开始的。当没有理由认为名单顺序可以与得到的回答以任何方式联系起来时，采用系统抽样方法能够得到一个代表性样本。系统抽样比真正的随机抽样的成本要低得多。当使用系统样本时，应该保证这样的假设，即系统方法与任何要度量的变量间没有任何联系。

重新回顾一下评估阅读水平的抽样案例。假设已经随机抽取手册的一部分，然后从这部分中又随机选出 3 页，现在要从这些包含 73 个句子的 3 页中选出 10 个句子。比起给每个句子进行编号然后选出一个简单随机样本，使用系统抽样方法更简单。可以很快计算出 73/10=7.3，因而我们能够通过每隔 7 个句子抽取一个句子的方式得到样本。但应该从哪个句子开始呢？当然要随机地开始抽取。用 10×7=70 计算出所需要的句子，把多出的 3 个句子放回初始组，并从前 10 个句子中随机抽取 1 个句子，然后在剩下的句子中，每隔 7 个句子就选取 1 个句子，且要记录选中句子的长度。

□ 快速测试

2. 我们要调查一个从旧金山到东京的航班上 300 名乘客中选出的随机样本。指出下面描述的每种抽样方法。

a）在乘客登机时，每隔 10 人挑选 1 位乘客。

b）从登记名单上，随机选出头等舱中的 5 名乘客和其他舱的 25 名乘客。

c）随机生成 30 个座位编号，然后调查坐在这些编号座位上的乘客。

d）随机选择一个座位（靠窗、中间、紧邻过道等），然后调查所有坐在这些位置上的乘客。

□ 指导性案例：市场需求调查

在美国一个商学院的一门课程中，学生组成商业团队，提出一种新产品，并且使用种子基金在大学中启动一项销售该产品的商业活动。

在为这项活动筹集基金之前，每个团队都必须完成下面的任务："通过调查来确定你将要出售的产品在大学中是否有潜在的市场需求。"假设你们团队的产品是一个由 500 块拼图组成的校园地图。设计一项市场调查，并讨论一下需要注意的有关重要事项。

计划	
准备：确定调查的目标和目的。	为了了解学校的学生有多大可能性会购买我们将要推出的产品——由 500 块拼图组成的校园地图，我们团队设计了一项调查。
总体与参数：确定要研究的总体与相关的样本框。感兴趣的参数是什么？	要调查的总体是学校的全体学生。我们将已经得到的一份全体学生名单作为样本框。感兴趣的参数是有多大比例的学生会购买产品。同时，我们也会收集受访者的一些人口统计信息。

抽样计划：明确抽样方法和样本容量 n。明确怎样抽取样本，样本框是什么？ 如果可能的话，描述应该尽量完整，使每个人都可以按照流程以同样的方式从同样的总体中抽取其他样本。对流程进行详细描述是必要的，即使在实际中不可能被完全重复。你要提出的问题是重要的，因而陈述问题的用词要清晰。要保证提出的问题可以帮助你实现调查的总体目标。	我们选取一个由200名学生组成的简单随机样本。样本框是我们从登记员那里获得的一个总名单。我们决定不按照性别或班级对学生进行分层，因为我们认为学生对产品的兴趣或多或少很相似。 我们将会询问我们接触到的学生： 你会通过拼图来寻找乐趣吗？ 然后会展示一个图片拼图给他们看，并问： 如果这个拼图卖10美元，你会买一个吗？ 同时也会记录受访者的性别和班级。
实施 抽样实践：确定将要实施的抽样的时间、地点和方式，同时把其他调查细节具体化，比如怎样和受访者联系，通过什么措施来鼓励他们接受调查，应该怎样对待拒访者等。	这项调查将会在秋季学期的中期即10月份进行。我们有一张注册学生的总名单，并且把它们和从www. random. org上得到的随机数进行匹配，并对带有名字的随机数进行排序。我们将通过打电话或发电子邮件的方式与他们联系，并安排与他们见面。如果一个学生不愿意参与调查，会由已经随机化的名单上的下一个学生替代，直到找足200名参与者组成的样本。 我们将在一间办公室和这些学生碰面，以保证每个学生都能在相似的情况下看到拼图。
报告 总结与结论：报告中应该包括对设计调查需要的所有因素的讨论。讨论任何一个需要注意的特定条件或其他问题都是非常好的实践。	备忘录 关于：调查计划 我们团队关于拼图市场调查的计划需要学生的一个简单随机样本。由于必须向受访者展示图片拼图，我们必须安排与被选定的参与者会面。为此我们安排了一间办公室。 同时，我们也会收集人口统计信息，从而可以确定现实中不同班级或不同性别的人对该拼图感兴趣的程度是否存在差异。

现实样本

我们前面讨论的样本多少都有些属于理想环境下的。在现实中，情况有点复杂。以下几个方面有待进一步讨论。

总体可能并不像看起来那么明确。例如，如果某企业想要了解典型的商场“购物者”观点，那么它应该从哪些人中抽样呢？它应该只询问拿着购买物品的购物者吗？它应该将商场餐饮区吃饭的人也包括在内吗？在商场里闲逛的少年属于总体吗？

甚至当总体的范围已经明确了，也不可能建立起合适的样本框。

> **什么是样本?**
>
> 我们想要研究的总体通过提问 why 来决定。当设计一项调查时，我们使用术语“样本”来推断选定的个体，从这些个体我们希望得到回应。遗憾的是，现实样本仅仅是那些我们能够联系并获得回应的——研究的对象。在两种情况下使用的术语“样本”有点不同。虽然背景情况通常可以将我们的意思界定清楚，但是理解两种样本的区别可能破坏设计完美的调查是非常重要的。

通常情况下，实际的样本框并不是我们真正想要了解的群组。例如，选举民意调查想要的样本来自于下一次选举中真正投票的选民——在选举当天之前这一群组是特别难以确定的。样本框限制了你的调查能够发现的问题。

接着是你的目标样本。目标样本中个体的选择是依据你想要从哪些人中得到回应而设计样本。你可能不会从每个人那里都得到回应。(“我知道这是晚餐时间，但是相信你不介意回答几个问题，只会耽误你 20 分钟左右的时间。哦，你很忙吗?”)无回应是很多调查中都存在的问题。

样本设计通常就是目标样本。但是在现实情况中，你不能从设计选择的每个人那里都获得回应。因而在实践中，样本包含的都是真实受访者。这些真实受访者是你取得数据和能够得出结论的个体。遗憾的是，他们也许不能代表样本框或总体。

在每一步，我们要研究的群体可能受到更多的限制。我们所研究的 who 一直在变化，并且每个限制都会产生偏差。一项认真的研究强调每个群体与感兴趣的总体是否能够很好匹配的问题。一个简单随机样本中的 who 就是我们感兴趣的总体，我们从中抽取具有代表性的样本。对于其他抽样方法而言，并不都是这样。

当人们(或委员们!)决定做一项调查时，他们经常会忘记思考一些重要问题：谁是这项研究的 who，并且对于他们来说答案是否有趣或有商业价值。这对于进行一项调查来说是非常关键的一步，因而不应该被忽略。

3.4 有效调查

截至目前，抽取样本和开始提问的准备还是不够充分。你想确认你的调查可以发现关于感兴趣的总体所需要的信息。我们需要一项有效调查。

为了有助于确保调查的有效性，你需要提出 4 个问题：

- 我想要了解什么?
- 谁是合适的受访者?
- 合适的问题是什么?
- 如何对结果进行处理?

这些问题的答案看起来很明显，但是需要避免一些特殊的陷阱：

明白自己想要了解什么。政策制定者经常在不确定他们希望了解什么的时候就开始一项调查。在考虑一项调查之前，你必须搞清楚你希望了解什么与从什么样的总体获得信息。如果你不知道这些，你甚至不能判断你的调查是否为有效调查。调查工具，即问卷本身可能就是错误的来源。也许最常见的错误就是问不必要的问题。调查问卷越长，答完问卷的受访者越少，就会导致更大的无回答偏差（nonresponse bias）。对于调查中的每个问题，你应该问自己是否真的想知道它的答案，以及如果你得到这些问题的答案该如何进行处理。如果你不能很好地使用某个问题的答案，就不要问这个问题。

使用合适的抽样框。一项有效调查可以从合适的受访者那里得到回答。你要确保有一个合适的抽样框。你确定了感兴趣的抽样框并从中合理地抽取样本了吗？一个想扩大市场基础的公司也许会调查那些返回保修登记卡的顾客——毕竟，那是一个现成的样本框——但是如果该公司想知道怎样使它的产品更吸引人，它就需要调查哪些拒绝其产品而喜欢其竞争对手产品的顾客。这个总体可以告诉该公司怎样改变它的产品来获取更大的市场份额。1948 年总统大选民意调查中误差产生的原因很可能要归咎于电话样本的使用，在那个时代不太富裕的家庭还负担不起电话，而这些人很可能会投选票给杜鲁门。

确保受访者真正明白你想获得的信息是同样重要的。你的顾客也许对竞争产品知道得并不多，因而让他们比较你们的产品与其他产品可能并不会得到有用的信息。

询问具体而不是一般性的问题。问题应尽可能具体化。询问“你经常会回想起电视广告吗？”不如问“你可以回想起昨天晚上的几个电视广告？”或者问“请向我描述一下你能回想起的昨晚看到的所有电视广告。”

注意偏差。即使有了合适的抽样框，也要注意样本中的偏差。如果购买更贵物品的消费者更不愿回答你的调查，这就会导致无回答偏差。尽管你不能期望所有寄出去的调查问卷都能得到回复，但如果那些不回复的个体有同样的特征，你的样本就不会代表你想要调查的总体了。对于那些自愿受访者参与的调查，如网上调查，就会存在自愿回答偏差（voluntary response bias）。对某时间的某一方面有强烈感受的人更有可能回答问卷，那些对每个方面都不在乎的人也许就不会理睬。

注意问题的措辞。问题必须措辞谨慎。一个受访者可能不明白某个问题，或者不能从调查者想让他理解的方面去理解。例如，问题“你们家中有人有福特汽车吗？”中“家”的概念就不明确。“家”是只包括配偶和孩子，还是也包括父母和兄弟姐妹，或也包括他们的配偶和第二代堂（表）兄弟姐妹？像“你的奶油蛋糕新鲜吗？”这样的问题也许不同的人会有不同的理解。

注意答案的措辞。受访者和接受调查者也许会给出不准确的答案，尤其在问题具有政治的或社会的敏感性时。在问题没有给出所有可能的答案时也是如此，如判断对错题或存在其他答案的多选题。受访者也许不知道调查中涉及问题的正确答案。1948 年，总统候选人有 4 位[①]，但一些受访者也许不能把他们的名字都说出来。调查中的一个问题仅询问“你计划投谁的票？”也许不能充分代表那些不太有名的候选人。另一个问题“你认为华莱士怎么样？”可能会从那些不知道华莱士是谁的投票者哪里获取不准确的信息。我们将不准确回答（有意的或无意的）称为测量误差

---

① 哈里·杜鲁门（Harry Truman）、托马斯·杜威（Thomas Dewey）、斯特罗姆·瑟蒙德（Strom Thurmond）和亨利·华莱士（Herry Wallace）。

(measurement errors)。减少测量误差的一种方法就是提供所有可能的答案。但是一定要确保使用中性的措辞。

对于一项调查，避免产生测量误差的最好方式就是进行试调查。在试调查（pilot test）中，要从抽样框中抽取一个小的样本，并使用策划的可控工具进行调查。试调查可以找出工具的缺陷。例如，在我们学校的一次裁员过程中，一个研究者对教员进行调查，询问他们对裁员问题的感受。答案范围从“这是个好主意”到“我非常不高兴”。幸运的是，试调查的结果表明每个人都很不高兴或更糟。为此，答案范围就转换为从“不高兴”到“准备辞职”。

□ 举例

调查设计

一个非营利组织招到一些学生咨询顾问帮助设计一项关于募集资金的调查。这些学生咨询顾问建议董事会重新考虑一下他们的调查计划。他们指出在总体、抽样框、电话联系的目标样本与真正的样本之间存在差异。

问题：总体、抽样框、目标样本与样本之间有多大差异呢?

答案：总体是所有潜在购票者。

抽样框只包括以前购买过票的消费者。任何以前没有兴趣购票的消费者不包括在调查范围内。这种方式将使董事会不会考虑如何为以前未曾购票的消费者安排更有吸引力的演出。

目标样本是从数据库中选取的能通过电话联系的消费者。那些没有编号或者拒绝提供电话号码的消费者无法联系上。联系拥有来电显示电话的消费者更为困难。

真正的样本是从数据库中随机抽取的以前购票的消费者，这些消费者可以通过电话联系且同意参与整个调查。

3.5 怎样使抽样变糟

不好的抽样设计会得到没有用处的数据。许多最便捷的抽样方式可能会产生严重的偏差。而且，没有办法在一个不好的样本中纠正偏差。因而，注意抽样设计是明智的选择，并且要注意基于不好样本的报告。

自愿回答样本

一项最常见的危险抽样方法就是自愿回答抽样。在自愿回答样本（voluntary response sample）中，邀请一大群个体来回答问题，并且所有回应的人都被计入样本中。这种方法被用于电话交谈节目、900 号码、网络调查和给国会成员写信的调查中。自愿回答样本几乎总是有偏差的，所以从中得到的结果几乎总是错误的。

为自愿回答研究确定抽样框通常是非常困难的。实际上，抽样框是诸如经常登录一个特殊网站的网络使用者或一个特殊电视节目的观众这样的群体。但是那些抽样框与你感兴趣的总体是不相符的。

即使抽样框是你感兴趣的，自愿回答样本也经常由于那些有强烈意见或有激烈动机的人而产生偏差——尤其会因为那些有强烈负面意见的人而产生偏差。当要求乘坐过当地机场航班的旅客在一个调查网站上说一下他们的经历时，我们更有可能听到那些等待时间过长、航班取消和丢失行李的旅客的意见，而不是那些航班准时且没有烦恼的旅客的意见。自愿回答偏差的结果是：这项调查是无效的。

便利抽样

另一种无效的抽样方法是便利抽样。与名称反映的一样，便利抽样（convenience sampling）中只包含那些比较便利获取的个体。遗憾的是，这个群体可能对于总体而言不具代表性。一项对加利福尼亚州奥兰治县 437 个潜在购房者的调查中有以下发现：

> 98%的购买者家中至少拥有一台电脑，62%的购买者拥有两台或更多。在那些家中拥有一台电脑的购买者中，99%的人接入了互联网（Jennifer Hieger，"Portrait of Homebuyer Household：2 kids and a PC，" *Orange Country Register*，July 27，2001）。

在这篇文章的后面部分，我们发现这项调查是通过互联网进行的。这是一种收集数据的便利方法，确实比简单随机抽样要容易得多，但是房屋建造者或许不应该从这项研究中得到这样的结论：每个家庭都有一台电脑且接入了互联网。

你使用电脑吗？

是的话点击这里◎

不是的话点击这里◎

网络调查

网络便利调查经常是没有价值的。与自愿回答调查一样，它们没有明确界定的抽样框（是否包括所有使用互联网并访问其网站的人?），因而不会得出有用的信息。切记，千万不要使用它们。

许多在购物中心开展的调查也会遇到同样的问题。在购物中心的人也许对于目标总体并不具有代表性。来购物中心的人大多比较富足，且比整个总体包含更大比例的青少年和退休人员。调查访问员倾向于选择那些看起来"安全"或容易访问的个体，这使情况变得更糟。

便利抽样不仅仅是初学者面临的问题。实际上，便利抽样是商务领域普遍存在的问题。当一个公司想要了解人们对其产品或服务的态度时，它可能会寻找最容易获取信息的人作为样本：它自己的顾客。但是，这个公司将永远无法了解到不购买其产品的顾客的想法。

抽样框糟糕吗?

一个从不完整抽样框中抽取的简单随机样本会由于样本框中包含的个体与不包含在其中的个体之间存在差异而产生偏差。从一个单一地点选取员工样本比较容易，但是如果一个公司有许多工作地点且这些地点在员工满意度、培训或工作描述等方面存在差异，那么得到的样本就会有偏差。只能通过手机联系到的人数增加也许会对基于电话的市场研究和调查产生偏差，这对专业的调查者而言是需要特别注意的问题。

不完全涵盖

许多调查设计都存在不完全涵盖（undercoverage）的问题，是指总体的一部分根本没有被抽到或在样本中比在总体中的代表性更小些。不完全涵盖是由许多原因造成的，但它总是抽样偏差的一个潜在来源。那些使用答录机筛选来电的人（这样市场研究者有更小的可能性获得盲呼方面的信息）与其他顾客在购买偏好方面存在差异吗?

□ 举例

调查设计中的普遍性错误

一个董事会成员提议不采用电话调查以前消费者的方式，而是直接在剧院门口询问消费者的看法。另一个董事会成员建议在剧院网站上放置问卷，并邀请消费者回答问题。第三个董事会成员建议不调查随机编号的消费者，而是直接通过电话对购票者名单上每 200 人调查 1 个。

问题：辨别三种建议方法，并解释各种方法的优点与不足。

答案：在剧院门口询问的消费者是便利样本。这种方法成本低且效率高，但是可能由于调查地点的特定演出的性质与质量导致偏差的出现。

在网站上邀请回答是自愿回答样本。只有那些经常浏览剧院网站且决定回答的消费者被调查。这种样本不能代表年龄较大或那些家中不方便上网的消费者。

从消费者名单中每隔 200 个名字抽取一个样本属于系统样本。这种抽样方法比随机抽样简单一些。如果名单上的名字序号与所问的任何问题都不相关，这种方法也是不可取的。但是，举例而言，如果名单保存的是第一次购买的消费者信息（这时消费者的名字和信息被添加到数据库中），那么消费者的观点与名单中的位置可能具有一定的相关性。

可能出现的错误

● 无人回答。没有一个调查能成功地从每个人那里都得到回答。问题是那些不回答的人可能与那些回答的人存在差异。如果他们在我们关心的变量方面存在不同，那么回答的缺失也会使结果存在偏差。与其寄出大量的回答率很低的调查问卷，不如设计一个可保证高回答率的小规模、随机化的调查。

● 费时而沉闷的调查。占用过长时间的调查遭到拒绝的可能性更大，会降低回答率并使结果出现偏差。切记，调查占用的时间一定要短。

● 回答偏差。回答偏差包括受访者倾向于故意调整自己的回答以讨好调查者，以及有倾向性的问题措辞所得到的结果。

● 偏向性民意调查。偏向性民意调查是指假装普通调查，在询问问题之前先抛出一方的观点。例如，像这样一个问题：

在购物中心旁边新开一家商店出售的多数商品是由海外血汗工厂的工人制造的事实是否影响你去这家商店购买而不是到市中心的商店购买标有"美国制造"的商品的决定?

这种调查设计不是用以收集信息，而是对新商店的恶意攻击。

如何看待偏差

● 在任何调查中都要寻找偏差。如果你为自己设计了一项调查，那么应该让其他人帮你寻找那些也许你自己不能明显发现的偏差。在收集数据之前就要完成这项工作。没有办法更正一个有偏样本或者一项询问有偏问题的调查。

一个有偏研究的更大样本只会带给你一个更大的无用研究。一个真正的大样本会带给你真正无用的研究。

● 用些时间与资源来降低偏差。将资源用在减少偏差上比用在其他方面更有价值。

● 如果可能的话，尽量开展预备调查或试调查。从打算抽取样本的总体中抽取一个小的样本，对这个小样本要用与正常抽取的样本完全一样的方式进行调查。找出误解、曲解、混淆或其他可能的偏差。然后重新设计你的调查问卷。

● 坚持详细汇报你的抽样方法。在你没有预想到会有偏差的地方，其他人可能会发现偏差。

实践中的伦理

拉科瓦克森河常年遭受工业和农业排放物污染，拉科瓦克森河小组（Lackawax River Group）打算申请国家基金来继续他们对拉克瓦克森河的修复和保护。尽管执行委员会设法通过教育和社区参与使他们提出的污染原因得到了显著支持，但是他们目前感兴趣的是向国家提出更令人信服的证据。他们决定对当地居民进行调查，以了解当地居民对建议扩大河流修复和保护工程的态度。在时间和财力有限（基金申请的最后期限马上就要到了）的情况下，执行委员会对其成员之一——Harry Greentree 自愿接受这一任务非常高兴。Harry 在当地拥有一个有机食品商店，他同意下一个星期在其商店顾客中选取样本进行调查。委员会唯一的要求是顾客样本应通过系统抽样方式抽取，如对进入商店的顾客每隔 5 人调查 1 人。Harry 对这一要求没有异议，并非常急切地想要帮助拉科瓦克森河小组。

伦理问题 结果中引入了偏差（即使并不是有意的）。一般而言有机食物的消费者比一般的人更关心环境（与《美国统计学会道德指南》的第C条款相关）。

伦理解决方案 Harry正在使用的是结果不能一般化的便利样本。如果拉科瓦克森河小组不能改进他们的抽样范围和调查设计（比如由于缺少经验和时间），他们应该在发布研究细节时公开讨论抽样方法的缺点。在报告结果的时候，他们应该注明他们的结果来自一个便利样本且包含适当的免责声明。

小结

学习目标

■ 了解三种抽样思想。

● 检查整体的一部分：一个样本能够反映总体的信息。

● 通过随机化抽样可以使样本具有代表性。

● 样本容量的大小很关键。样本容量而不是其占较大总体的比例决定了统计结果的精确度。

■ 能够从技术上或互联网站上使用随机数字表格或随机编号清单抽取简单随机样本。

● 在简单随机样本中，各个可能含有 n 个个体的群组都有同等机会成为样本。

■ 了解其他抽样方法的定义：

● 分层抽样可以通过确认同质的群组，然后在每个群组中随机抽样以降低抽样变异性。

● 整群抽样是在每个都类似于总体特征的异质群组中随机抽样，使抽样任务更容易做到。

● 系统抽样可以在某些情况下使用，且一般是所有抽样方法中最节省成本的方法。但我们在开始系统抽样的时候仍要保证随机性。

● 多级抽样融合了几种随机抽样方法。

■ 明确和避免产生偏差的原因。

● 无回答偏差会在抽样个体不愿回答或无法回答问题时产生。

● 回答偏差会在受访者的答案受到类似问题措辞或调查者行为等外部因素的影响时产生。

● 自愿回答样本几乎总是出现偏差，因而应该避免使用和不相信这样的样本。

● 便利样本很有可能因为相似的原因产生偏差。

● 当从总体的群组中抽取个体的可能性小于其应该被抽中的可能性时，就会产生不完全涵盖问题。

术语

偏差：一种抽样方法无法代表其对应的总体时出现的系统性失误。

普查：尽力收集感兴趣的整个总体的数据的方法。

群体：可以整合为更大的抽样单元的总体的子集。由于成本或实用性的原因，这些单元经常被选取为可以代表总体的自然群组。

整群抽样：抽样设计的一种，随机抽取可代表总体的组或群，然后对抽中的组或群进行普查。

便利抽样：包含可以便利抽取的个体的样本。

测量误差：源于任何受访者有意或无意的回答的不准确性。

多级抽样：融合几种抽样方法的抽样方案。

无回答偏差：当大部分被抽中的个体不回答问题时在样本中产生的偏差。

参数：总体模型的数值属性。我们很少期望知道某个参数的数值，但是我们希望通过样本数据对它进行估计。

试调查：一项研究的小范围调查，用以检验研究方法是否可行。

总体：我们希望了解的个体或样品的整个群体。

总体参数：总体模型的数值属性。

随机性：在样本选取过程中防止出现偏差的措施，每个个体都有公平的、随机的机会被抽取。

代表性样本：对样本统计量的计算结果可以准确地反映所对应总体参数的样本。

回答偏差：在一项调查设计中所有影响回答的偏差。

样本：总体的子集，通过对其进行研究以期了解总体的某些特征。

样本容量：样本中的个体数量。

抽样调查：对从总体选出的样本询问问题以期了解整个总体某些特征的调查。

抽样框：从中抽取样本的个体名单。在目标总体中但未包含在抽样框中的个体不会被任何样本抽中。

抽样变异（或抽样误差）：每个随机抽取的样本彼此间的本质的差异。

简单随机样本（SRS）：总体中任何包含 n 个个体的集合都有相同的机会被抽中的样本。

统计量、样本统计量：通过样本数据计算的数值，尤其是指与总体参数相对应因而可以对总体参数进行估计的数值。有时使用“样本统计量”这一术语，经常与术语“总体参数”相对应。

层：总体的子集，性质相同但彼此间有区别。

分层随机样本：总体被分成几个同质的群体或层，然后在每个层里选取随机样本的抽样设计。

系统样本：从抽样框中系统地选取个体而组成的样本。

自愿回答偏差：当样本中的个体子集可以选择是否参与调查时产生的偏差。

不完全涵盖：引起样本对总体中部分个体代表性较小而产生偏差的抽样方案。

技术帮助：随机抽样

计算机生成的随机编号通常可以很好地用于抽取随机样本。但是，我们没有理由不使用从网络上得到的真正的随机数。下面是使用基于计算机的抽样框抽取特定大小的简单随机样本的便利方法。抽样框可以是一张名单或排列好的身份证号码，可以作为电子表格、统计程序或数据库中的一列。

1. 生成足够位数的随机数，使每个随机数都比抽样框列表的容量大几位数。这样可以使重复抽样不雷同。(例如，在 Excel 中使用 RAND 函数将 0～1 这样的随机编号填满一列。如果位数足够多，可以确保它们都不相同。)

2. 将随机编号分配给抽样框列表中的个体。例如，把它们放到相邻列中。

3. 对带有抽样框列表信息的随机编号清单进行排序。

4. 现在已排序的抽样框列中的前 n 个值即是从整个抽样框中抽取的含有 n 个值的简单随机样本。

EXCEL/XLSTAT

- 在 Excel 区域的顶部选取 XLSTAT 表格。
- 在最左侧区域点击“Preparing data”。
- 选择数据抽样选项。
- 在单元格中输入你的数据。
- 从下拉菜单中选择抽样方式。XLSTAT 中可选择的抽样方式的介绍在 XLSTAT 使用说明中。

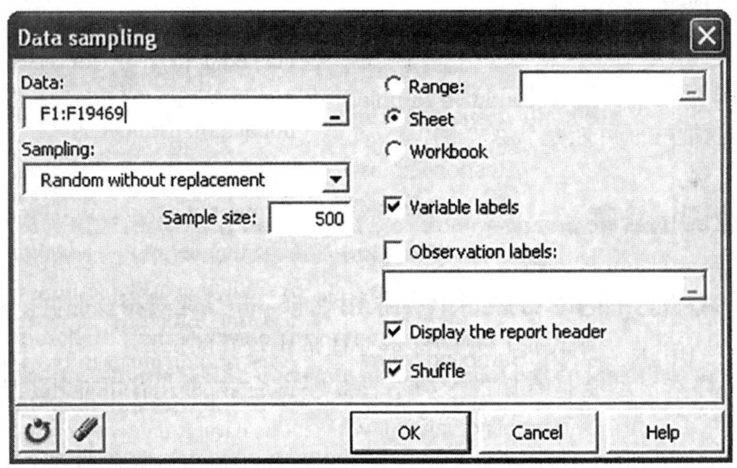

资料来源：培生集团的 XLSTAT。

□ 微型案例

市场调查研究

你们是营销团队的成员，需要研究一项新商品的潜在市场情况。你们团队决定对顾客的随机样本开展电子邮件互动调查。设计一个关于新产品的简短问卷，以期从中获得所需要的信息。使用简单随机抽样方法从你们的抽样框中抽取包含 200 个个体的样本。讨论如何收集数据以及受访者的回答如何帮助你开展市场研究。

GfK 洛普全球调查报告

GfK 洛普咨询公司为那些想要了解不同国家的不同态度的跨国公司开展市场研

究，以便于它们可以更有效地在不同文化背景下进行销售和广告宣传。每年它都进行一项世界范围的调查，在近 30 个不同国家向调查者询问几百个问题。受访者被问到关于食物的各种问题。其中一些问题是简单的是/否（同意/不同意）的问题：请告诉我你是否同意对于你外表的这些表述：(同意＝1；不同意＝2；不知道＝9)。

你的样子会影响你的感受。

我对新护肤品的突破非常感兴趣。

不关注外表的人对他们自己不关心。

其他问题采用 5 分制询问方式（请使用下面的得分来告诉我你不同意或同意的程度：完全不同意＝1；有些不同意＝2；一般＝3；有些同意＝4；完全同意＝5；不知道＝9)。

这种问题的例子包括：

我认真地读标签，以找出成分、脂肪含量和卡路里。

我尽量不吃快餐。

当谈论食物的时候，我经常设法发现新的东西。

考虑设计一项全球范围的调查：

- 目标总体是什么？
- 为什么从这个抽样框中抽取简单随机样本也许会很困难？
- 偏差的潜在来源有哪些？
- 为什么在一些国家里，要保证得到能代表男性和女性及所有年龄组的人数可能会很困难？
- 合理的抽样框可能是什么样的？

□ 快速测试答案

1. a）调查一个总体中的每个个体是很困难的，并且花费很长时间，以致环境发生变化而影响结果。一个设计很好的样本往往是比较好的选择。

b）这个样本很可能是有偏的——不喜欢餐馆食物的人有可能不会选择在那里吃饭。

c）不，只有样本容量影响结果，样本占总体的比例不会影响结果。

d）经常登录这个网站的学生可能比统计学专业的学生总体对统计学更感兴趣。一个大的样本不能弥补偏差。

e）这是总体“参数”，“统计量”是用于描述样本的。

2. a）系统抽样。

b）分层抽样。

c）简单抽样。

d）整群抽样。

第 4 章 展示与描述定性数据

KEEN 公司

KEEN 公司是以制造适合水上运动的凉鞋起家的。这些凉鞋很快便因为它们能够保护脚趾头的独特专利（当在河流和山涧中冒险时可以保护脚趾头的黑色缓冲器）而变得特别畅销。如今，KEEN 公司不但提供 300 种以上的不同户外运动和休闲鞋类商品，而且也提供包和短袜商品。

很少有公司能像 KEEN 公司那样在 9 年时间里实现如此快速的发展。令人惊奇的是，它取得如此好的成绩只做了少量的广告，并且除了通过网上商店销售之外，主要将商品销售给专业运动鞋和户外用品商店。

在 2004 年海啸灾难过后，KEEN 几乎完全砍掉了广告预算，捐献 100 万美元帮助受灾者，并成立 KEEN 基金来支持环境与社会事业。慈善事业和社区项目一直是 KEEN 品牌价值的一部分。实际上，KEEN 公司确立了一项公司回馈计划，致力于帮助涉及户外的环境、保护和社会运动等慈善事业。

调查对象（WHO)：KEEN 公司网站的访问者。

调查内容（WHAT)：KEEN 公司网站内容的来源（搜索引擎或其他）。

调查时间（WHEN)：2011 年 11 月。

调查地点（WHERE)：全球范围。

调查方式（HOW)：通过 Google Analytics 对 KEEN 网站进行数据汇编。

调查原因（WHY)：了解消费者对网站的使用情况及他们登录网站的方式。

与大多数公司一样，KEEN 公司也收集其网站访问的数据。访问者每次访问网站及其随后的行动（更改页面、输入数据等）都会在一个被称为使用档案或访问博客的文件里进行记录。这些日志里包含很多潜在的有价值的信息，但是使用起来并不容易。下面是一个日志中的一行记录：

```
245.240.221.71- - [14/Jan/2012: 15: 20: 06- 0800]“GET
http: //www.keenfootwear.com/us/en/product/ss12/shoes/men/wate
front/newport% 20h2/midnight% 20navy! daphne
“http: //www.google.com/”“Mozilla/5.0WebTV/1.2
(Compatible; MSIE 2.0)”
```

除非公司有分析资源来处理这些文件，否则必须依靠第三方来汇总这些数据。与其他小型和中型规模的公司一样，KEEN 公司也使用 Google Analytics 来收集和汇总其日志数据。

想象一下与上面一样的完整数据表格——每次访问都对应一行记录。2011 年 11 月，有 301 518 名访问者访问 KEEN 网站，这就会形成一个有许多行的表格。像这样的文件——实际上甚至是数据表格——存在的问题是我们不能看到里面是什么情况。而所看到的即是我们正想了解的。我们需要通过一些方法来展示数据，这样就可以看到数据的模式、关系、趋势和异常情况。

4.1 汇总定性变量

数据分析的 3 个原则

对数据通常要做 3 个方面的工作：

1. 作图。通过数据图展示数据，可以解释无法从数据表格中看到的信息，帮助你计划使用何种分析方法，并对隐藏在数据中的数据模式及其之间的关系进行清晰的思考。

2. 作图。一个设计很好的展示图可以对数据做很多分析工作。它可以显示重要的特征和模式。图同样可以显示出你并不期望看到的信息：特别的（可能是错误的）数据价值或意想不到的模式。

3. 作图。在向其他人汇报你从数据中得出的结论时，最好的方法就是通过精心制作的图。

上述就是数据分析的 3 个原则。如今，通过技术软件可以很容易地绘制出数据图，因而没有理由不遵循这 3 个原则。下面的几张表展示了对本书作者之一的网站的各种访问信息。

一些图表比其他图表可以更好地传递信息。在本章中，我们将讨论如实地展示信息的一些基本原则。

图 4.1 展示了一周内某厨房各种电器的能源消耗情况。

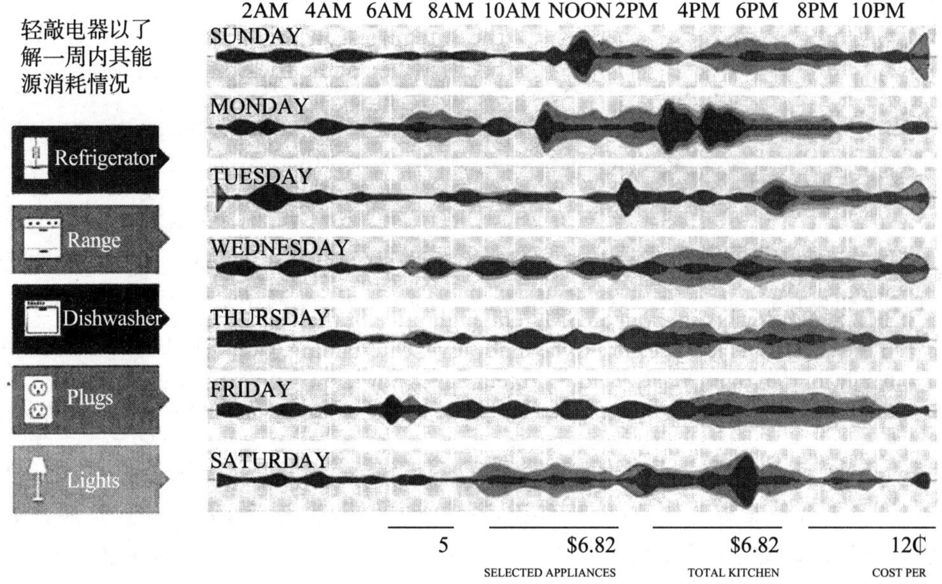

图 4.1 GE 数据可视化（visualization. geblogs. com/visualization/kitchen/）的图示展示了一周内某厨房各种电器的能源消耗情况

表 4.1 访问者使用各种搜索引擎访问 KEEN 公司网站的频数表

来源	访问量
Google	172 932
直接	61 258
E-mail	27 115
Bing	11 620
Bbs. lyve. cn	10 363
Yahoo	9 577
其他	8 653
合计	301 518

资料来源：KEEN 公司的私人交流信息。

表 4.2 相同数据的频率表

来源	访问量占比（%）
Google	57.35
直接	20.32
E-mail	8.99
Bing	3.85
Bbs. lyve. cn	3.44
Yahoo	3.18
其他	2.87
合计	100.00

频数表

KEEN公司可能对于了解人们如何查找到它的网站很感兴趣。该公司可以使用这些信息来决定在哪种搜索引擎投放广告，从而使多数潜在的消费者能够看到它的广告。对于每一个访问KEEN网站的访问者，"搜索引擎"变量记录了访问出现的位置。数据的类型是所有被使用的搜索引擎与标签"直接"(标签"直接"表明是消费者直接在浏览器地址栏或RUL里键入网址浏览KEEN网站)。为了理解KEEN公司掌握的301 518名访问者的数据信息，它可能汇总这些变量，并且以能够容易向其他人交流的方式展示相关信息。

为了给任一变量作图，我们首先需要组织它的变量值。对于一个定性变量，如"搜索引擎"，我们仅仅为其相应的每种类型的个案计数是很容易的。频数表（见表4.1）记录了各种变量的计数，并在类别名称下面列出了这些计数。通过按照计数的数字对类型进行排序，我们能够很容易得到像"最受欢迎的搜索引擎是Google"这样的发现。

各个类别的名称为频数表的每一行加上了标签。对于"搜索引擎"而言，就是"Google"、"直接"、"E-mail"等。即使个案有成千上万个，没有太多类型的变量构成的频数表也是易于阅读的。有几十个或成百个类别的频数表读起来会难度较大。注意，表中最后一行的标签——"其他"。当类别数量太多时，我们经常把一些变量值合并入"其他"中。虽然这样处理是一种主观判断，但将类别分成几类而不是几十类是一个不错的主意。

进行计数是有用处的，但是有时我们想了解每个类别中数据的分数或比例(proportion)，为此我们用各个类别的次数除以个案的总数得到分数或比例。通常我们会乘以100，将比例表示为百分数（percentages)。频率表（relative frequency table)（见表4.2）展示了每类变量的百分数而不是计数。两种类型的表格都显示了个案在各种类别之间是如何分布的。通过这种方式能够描述定性变量的分布（distribution）情况，因为它们对各个可能的类别进行了命名，并说明了每个类别出现的频率。

□ 举例

作频数表和频率表

对于美国人而言，美国橄榄球超级碗大赛（也被称作美国橄榄球联盟冠军大赛）是每年重要的社会事件。在比赛期间播出的广告费用都很昂贵：2012年美国橄榄球超级碗大赛期间的30秒广告费用大约350万美元。这些价格高昂的商业行为带来了巨额利润和更多参与者，并且广告公司感觉到了在创新性、娱乐性和幽默性等方面的压力。实际上，一些人观看美国橄榄球超级碗大赛主要是为了看广告。在最近的一次美国橄榄球超级碗大赛之前，盖洛普民意调查机构调查了1 008个美国成年人，询问他们对于观看比赛与广告，哪个更感兴趣。下面是40个受访者的回答（没回答/不知道=没回答或不知道)：

不打算观看	比赛	广告	不打算观看	比赛
比赛	不打算观看	广告	比赛	比赛
广告	广告	比赛	不打算观看	广告
比赛	没回答/不知道	广告	比赛	比赛
不打算观看	比赛	比赛	不打算观看	比赛
比赛	不打算观看	不打算观看	比赛	不打算观看
不打算观看	广告	广告	比赛	不打算观看
没回答/不知道	不打算观看	比赛	比赛	比赛

问题：为这个变量作一个频数表。请将百分数同时包含在频数表和频率表中进行展示。

答案：下面是关于观看美国橄榄球超级碗大赛的 4 种不同回答。对各种回答的受访者进行计数，并在下表中标明：

回答	计数	百分比
广告	8	20.0%
比赛	18	45.0%
不打算观看	12	30.0%
没回答/不知道	2	5.0%
合计	40	100.0%

4.2 展示定性变量

100.01%

有的时候，如果你认真地将所有类别的百分比加总起来，就会发现总数不正好是 100%，即使我们知道总数就应该是 100%。这种差异是由于单个百分比被四舍五入造成的。你会经常在百分比表格中发现这个问题，有时会有注释。

面积原则

现在我们有一个频数表，我们准备遵循下面所述的分析数据的 3 个原则。但是，不能任意地作图，不好的图不但不能帮助我们，而且会扭曲对数据的理解。例如，图 4.2 是频数表 4.1 的图示。你从各种方式访问量的频率中得到了怎样的印象呢？

尽管 KEEN 公司网站的大多数访问者来自 Google，图 4.2 显示好像几乎所有的访问者都是通过 Google 访问的。这看起来并不正确。哪里出问题了呢？凉鞋的长度确实与表中的频数是相匹配的。但是，我们的眼睛更多地被鞋的面积（甚至也许是体积）而不是其他方面所吸引，这方面正是我们在图片中注意到的。由于通过 Google 访问网站的人数是直接输入 URL 访问网站人数的两倍多，代表通过 Google 访问的凉鞋长度是下面代表直接登录的凉鞋长度的两倍多，但是前者的面积是后者的 4 倍多。正如你可以通过频数表看到的那样，这个印象是错误的。

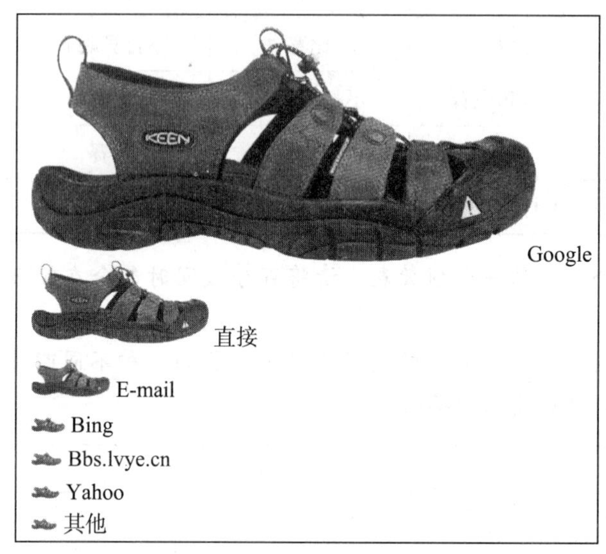

图 4.2　尽管各种凉鞋对应于正确的数值，但是由于我们观察的是凉鞋的整体面积，因而我们对该图的印象是错误的。实际上，只有一半多的访问者通过 Google 访问网站。

最好的数据展示是能够体现出数据作图的基本原则，即面积原则（area principle），其含义是指图中所占面积应和实际代表的值大小一致。

条形图

图 4.3 向我们展示了遵循面积原则的图示。与凉鞋带来的视觉效果不一样，该图使我们对数据的分布有了一个更准确的视觉印象。每个条的高度显示了每个类别的计数。所有条的宽度都是相同的，因而它们的高度决定了它们的面积，而且面积与每个类别的计数是成比例的。现在就可以很容易地看出，来自 Google 之外的网站点击数不超过一半——并不像图 4.2 显示的凉鞋给人的印象。我们也可以看出，通过 Google 搜索的访问量是直接登录网站访问量的两倍多。条形图使这些类别对比起来方便而自然。

条形图（bar chart）展示了定性变量的分布，并提供了各种相邻类别的计数，便于进行比较。条形图中的每个条之间应该留有小一些的空间来表明这些是可以重新排序的独立的条。这些条是基于共同的基础排列在一起的，而且每种类别都标注了标签。

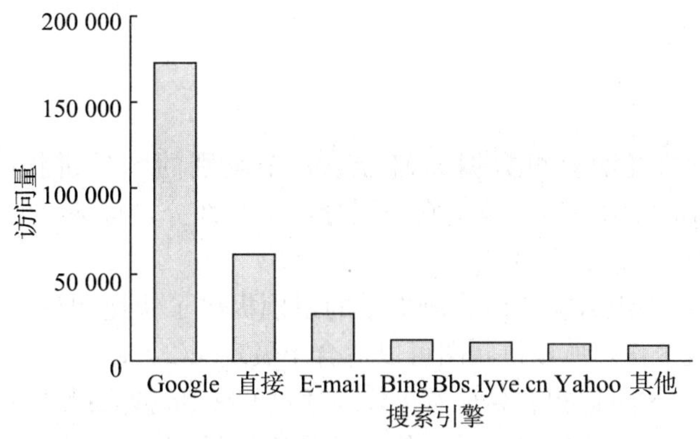

图 4.3　遵循面积原则的通过各种搜索引擎访问 KEEN 网站的访问量，分布清晰。

条形图经常被画成竖直状的，但是有时也会被画成水平的条状图，像这样。①

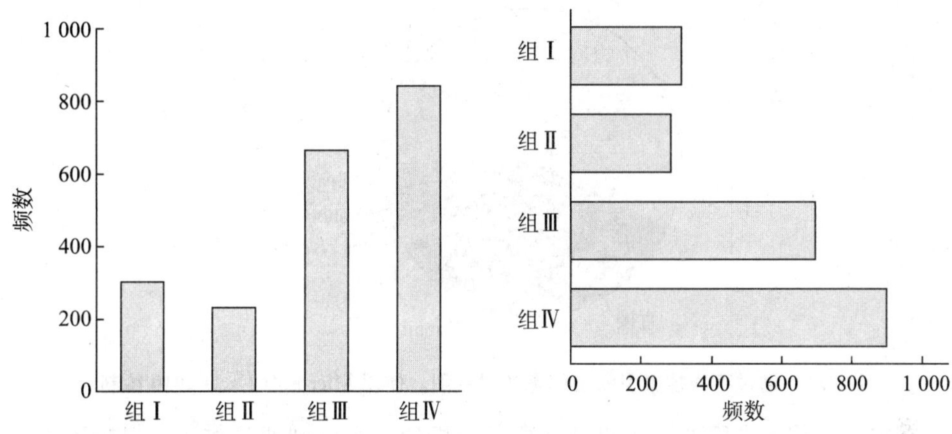

如果我们想关注通过每种搜索引擎的访问量的相对比例，就可以用百分比替换计数，即利用频率条形图（relative frequency bar chart），如图 4.4 所示。

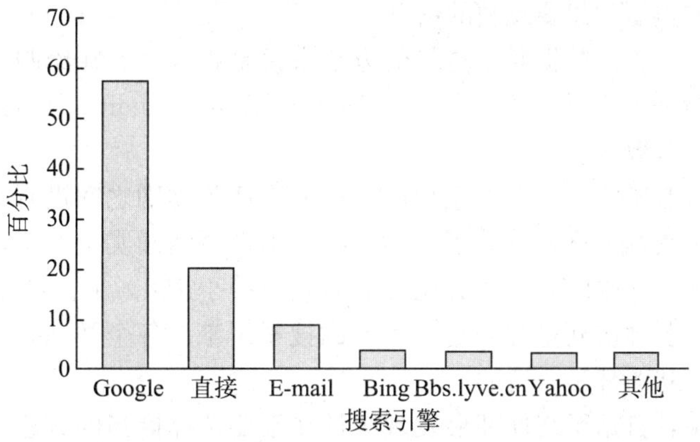

图 4.4　运用 Microsoft Excel 2010 制作的频率条形图，看起来与条形图（图 4.3）一样，但是显示了通过每种搜索引擎访问的比例而不是计数。

① 在 Excel 中，将这种垂直的和水平的条状图称为柱状图。

饼状图

另一个常用的展示整组数据如何分成几个类别的图是饼状图。饼状图（pie chart）用一个圆形表示整组个案。它把圆分成了几部分，每部分的大小与每个类别在总体中所占的比例是一致的。

饼状图对于将整组数据如何分成更小的组别提供了快速印象。由于我们习惯把饼图分成 2、4 或 8 份，所以饼状图可以适合于展现 1/2、1/4、1/8 这样的频率。例如，在图 4.5 中，你可以很容易地看出代表通过 Google 搜索的部分恰好略微多于总数的一半。遗憾的是，用饼状图做其他对比是比较困难的。通过 Yahoo 还是通过其他方式的访问量多呢？类似这样的比较使用条形图会更容易些（与图 4.4 做比较）。

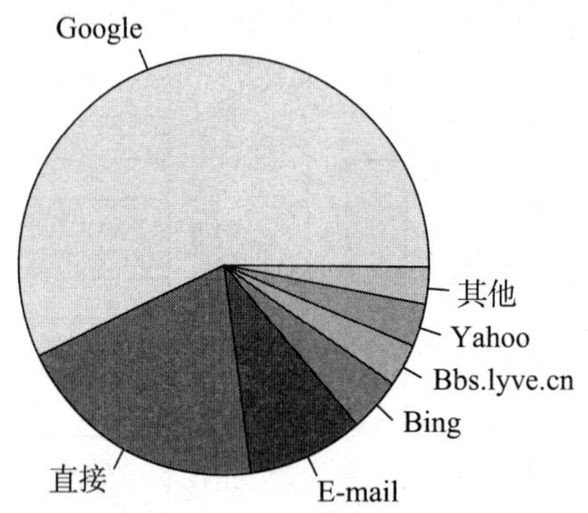

图 4.5　通过不同搜索引擎访问量的饼状图。使用 Microsoft Excel 2010 绘制。

在作图之前要先思考。我们进行数据分析的一个原则便是作图。但应该绘制什么类型的图呢？然而我们并没有很多的选择。除了饼状图和条形图，统计学中还有其他统计图，知道什么时候使用哪种图是数据分析非常关键的第一步。这个选择取决于拥有数据的类型和想要反映的信息。

我们经常需要验证数据对于选择的方法来说是否合适。在绘制条形图或饼状图之前，先要检验一下定性数据条件（Categorical Data Condition）：数据是各类中个体的总数还是百分数。

如果你想绘制饼状图或频率条形图，需要确认各类别之间没有重叠，这样就不会有个体在两个类别中重复计算了。如果各个类别之间确实重叠了，所绘制的饼状图就会引起误解，其原因在于百分比加起来就不等于 100%了。对于 KEEN 公司的数据而言，由于各种访问量都来自于不同的搜索引擎，各个类别并不会重复，那么绘制条形图或饼状图都是合适的。

在本教程中，自始至终你都会发现统计在于要选择恰当的方法。这就意味着你必须对手中掌握的情况进行认真思考。重要的第一步就是检验你计划采用的分析方法是否合适。定性数据条件便是这种检验中的首要检验内容。

□ 举例

绘制条形图

问题：请为 4.1 节 40 位受访者关于美国橄榄球超级碗大赛的回答绘制一个条形图。

答案：用 4.1 节案例表格中的频数表示条的高度：

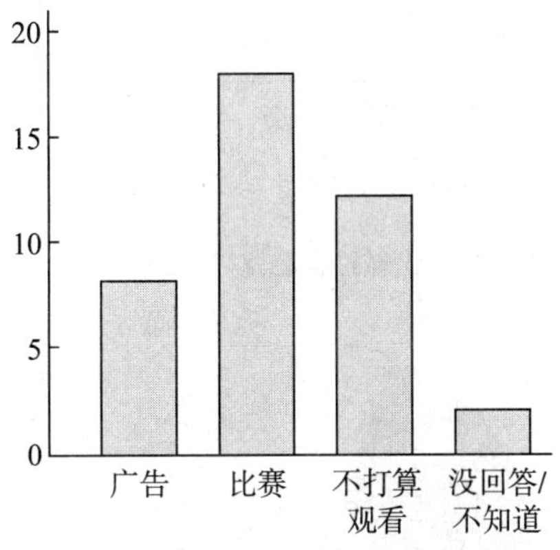

4.3 探索两个定性变量：列联表

调查对象（WHO）：GfK 洛普全球调查报告的被调查者。

调查内容（WHAT）：对食品和健康的认知等相关问题的回答。

调查时间（WHEN）：2005 年秋；2006 年发布。

调查地点（WHERE）：全球范围。

调查方式（HOW）：GfK 洛普咨询公司通过多级设计收集的数据。

调查原因（WHY）：了解购买的食品和美容产品的认知中的文化差异和它们对健康的影响。

在第 3 章，我们看到了 GfK 洛普咨询公司收集了消费者对健康、食品和保健产品态度的有关信息。为了有效地向不同文化背景的人群销售食品，了解不同文化背景下人们对食品的态度是有必要的。洛普调查询问被调查者的一个问题是，他们是否同意下面的陈述："我对来自我所在地区的区域性或传统产品及菜肴有强烈的偏好。"下面是各种回答的频数表（见表 4.3）。

表 4.3　对"我对来自我所在地区的区域性或传统产品及菜肴有强烈的偏好"的回答的频数与频率表

对区域食品偏好问题的回答	次数	频率
完全同意	2 346	30.51%
有些同意	2 217	28.83%

续前表

对区域食品偏好问题的回答	次数	频率
既不赞成也不反对	1 738	22.6%
有些不同意	811	10.55%
完全不同意	498	6.48%
不知道	80	1.04%
合计	7 690	100.00%

注：数据来自5个代表性的国家：中国、法国、印度、英国和美国。

饼状图（见图4.6）清晰地展示了超过一半的被调查者同意上述陈述。

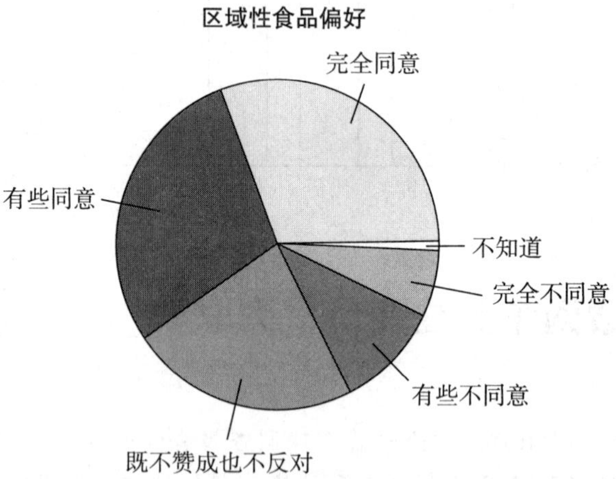

图 4.6　对洛普调查问题的回答的饼状图清晰地展示了大多数被调查者对来自所在地的食品有偏好。

但是如果我们想在不同的国家设定不同的营销目标，那么了解不同国家消费者的不同意见是不是更有意义呢？

为了找到这些不同之处，我们需要把数据放入一张二维表中来同时观察“区域偏好”（Regional Preference）和“国家”（Country）这两个定性变量。表4.4是“区域偏好”和“国家”这两个变量的二维表。由于该表展示了每个变量依赖于或取决于其他变量值的个体的分布情况，这类表被称作列联表（contingency table）。

列联表的边缘部分给出了合计值。在表4.4中的案例中，合计值显示在右边的列和底部的行中。底部行中的合计值展示了变量“区域偏好”的频数分布情况。右边列的合计值展示了变量“国家”的频数分布情况。当在列联表的边缘出现这样的标示时，两个变量各自的频数分布都被称为边缘分布（marginal distribution）。列联表中变量的边缘分布与我们考虑将每个变量单列出来所发现的频数分布是相同的。

表 4.4 “区域偏好”和“国家”的列联表，底部行中的“合计”的数值与表 4.3 中的相同

国家 \ 区域偏好	完全同意	有些同意	既不赞成也不反对	有些不同意	完全不同意	不知道	合计
中国	518	576	251	117	33	7	1 502
法国	347	475	400	208	94	15	1 539
印度	960	282	129	65	95	4	1 535
英国	214	407	504	229	175	28	1 557
美国	307	477	454	192	101	26	1 557
合计	2 346	2 217	1 738	811	498	80	7 690

列联表中的每个单元格（cell，表格中每行和每列的交叉部分）都给出了两个变量组合值的计数。例如表 4.4 中，你能在英国所在的行看到有 504 人的态度是既不赞成也不反对。在完全同意所在的列，你可以看到该列中最大的回答数（960）来自印度。英国人是不是可能比中国人或印度人更不倾向于持同意的态度呢？回答类似这样的问题用百分比更为合适。

我们知道来自印度的 960 人完全同意这个陈述。我们可以通过百分比来展示这个数字，但是要展示哪个数的百分比呢？是调查中的总人数(960 占总数的 12.5%)，调查的所有印度人数（960 是所在行数值加总的 62.5%），还是完全同意的总人数呢(960 是所在列数值加总的 40.9%)？所有这些都是有可能的，而且都是潜在有用的或有意思的。你也许最后会计算（或通过技术设备来计算）大量的百分数。大多数统计程序都为列联表提供总百分比（total percent）、行百分比（row percent）或列百分比（column percent）的选项。遗憾的是，它们经常会把这些结果放在一起，使列联表中每个单元格中都有几个数字。因而，生成的表格（见表 4.5）中包含很多信息，但是理解起来却很困难。

表 4.5　　另一个“区域偏好”和“国家”的列联表

国家 \ 区域偏好	完全同意	有些同意	既不赞成也不反对	有些不同意	完全不同意	不知道	合计
中国	518	576	251	117	33	7	1 502
行百分比（%）	34.49	38.35	16.71	7.79	2.20	0.47	100.00%
列百分比（%）	22.08	25.98	14.44	14.43	6.63	8.75	19.53%
总百分比（%）	6.74	7.49	3.26	1.52	0.43	0.09	19.53%
法国	347	475	400	208	94	15	1 539
行百分比（%）	22.55	30.86	25.99	13.52	6.11	0.97	100.00%

国家 \ 偏好 \ 区域	完全同意	有些同意	既不赞成也不反对	有些不同意	完全不同意	不知道	合计
列百分比（%）	14.79	21.43	23.01	25.65	18.88	18.75	20.01%
总百分比（%）	4.51	6.18	5.20	2.70	1.22	0.20	20.01%
印度	960	282	129	65	95	4	1 535
行百分比（%）	62.54	18.37	8.40	4.23	6.19	0.26	100.00%
列百分比（%）	40.92	12.72	7.42	8.01	19.08	5.00	19.96%
总百分比（%）	12.48	3.67	1.68	0.85	1.24	0.05	19.96%
英国	214	407	504	229	175	28	1 557
行百分比（%）	13.74	26.14	32.37	14.71	11.24	1.80	100.00%
列百分比（%）	9.12	18.36	29.00	28.24	35.14	35.00	20.24%
总百分比（%）	2.78	5.29	6.55	2.98	2.28	0.36	20.24%
美国	307	477	454	192	101	26	1 557
行百分比（%）	19.72	30.64	29.16	12.33	6.49	1.67	100.00%
列百分比（%）	13.09	21.52	26.12	23.67	20.28	32.50	20.24%
总百分比（%）	3.99	6.20	5.90	2.50	1.31	0.34	20.24%
合计	2 346	2 217	1 738	811	498	80	7 690
行百分比（%）	30.51%	28.83%	22.60%	10.55%	6.48%	1.04%	100.00%
列百分比（%）	100.00%	100.00%	100.00%	100.00%	100.00%	100.00%	100.00%
总百分比（%）	30.51%	28.83%	22.60%	10.55%	6.48%	1.04%	100.00%

在此表中，我们不仅可以看到两个变量每种组合的频数，也可以看到这些频数代表的百分比。对于每个频数的百分比都有 3 个：通过行、通过列和通过总和。此

表包含了太多的信息，以至于使用起来很困难。

为了简化表 4.5，我们将与总百分比匹配的数值罗列出来。

表 4.6　　仅展示总百分比的“区域偏好”和“国家”的列联表

国家＼区域偏好	完全同意	有些同意	既不赞成也不反对	有些不同意	完全不同意	不知道	合计
中国	6.74	7.49	3.26	1.52	0.43	0.09	19.53
法国	4.51	6.18	5.20	2.70	1.22	0.20	20.01
印度	12.48	3.67	1.68	0.85	1.24	0.05	19.96
英国	2.78	5.29	6.55	2.98	2.28	0.36	20.25
美国	3.99	6.20	5.90	2.50	1.31	0.34	20.25
合计	30.51	28.83	22.60	10.55	6.48	1.04	100.00

上述百分比告诉我们所有受访者的百分比都属于每列和每行类别的各种组合。例如，我们可以看到完全同意这个问题的美国人占到被调查者的 3.99%，比有些同意的印度人所占的百分比略多一些。这个事实有用吗？这真的是我们想要了解的信息吗？

请随时确保问清楚“占什么的百分比”，这将有助于确定调查对象（who），并帮助你确定需要的是行百分比、列百分比还是总百分比。

占什么的百分比？

当我们用英语讨论百分比的时候，可能会非常棘手。如果问：“那些回答‘不知道’的被调查者中来自印度的百分比是多少？”很显然，你应该关注不知道这一列。这个问题的对象（who）被限定在该列中，因而应该看每个国家回答“不知道”的人数占 80 个人的比例。你可以在列百分比中找到，其答案为 4/80或 5.00%。

但是，如果你被问到“回答‘不知道’的人中有多大比例是印度人?”你被问到了与上面不同的问题。千万要小心。这个问题的真实含义是“在整个样本中，有多大百分比的人既来自印度又回答‘不知道’”，因而，对象（who）是所有被调查者。现在的分母应该是 7 690，答案是总百分比 4/7 690＝0.05%。

最后，如果你被问到：“回答‘不知道’的印度人的百分比是多少?”这就成为与上述两个问题都不相同的第三个问题。现在的对象（who）是印度人。因而，分母是 1 535 个印度人，答案是行百分比 4/1 535＝0.26%。

条件分布

当问题的答案取决于一些条件时，这些问题就会变得更有趣。例如，我们想要了解回答“完全同意”的印度人的百分比与回答“完全同意”的英国人的百分比比较起来会怎样。此问题也等同于询问同意该说法的概率是否取决于被调查者的国籍。我们可以从两个方面考虑这个问题。首先，我们了解一下区域偏好的分布随国籍的变化情况。为此，我们可以观察行百分比。

表 4.7 "区域偏好"在印度和英国两个"国家"条件下的条件分布，此表展示了行百分比

国家＼区域偏好	完全同意	有些同意	既不赞成也不反对	有些不同意	完全不同意	不知道	合计
印度	960	282	129	65	95	4	1 535
	62.54	18.37	8.40	4.23	6.19	0.26	100%
英国	214	407	504	229	175	28	1 557
	13.74	26.14	32.37	14.71	11.24	1.80	100%

通过单独关注每行，我们可以看到"区域偏好"在所选"国家"条件下的分布。每行百分比的总和为100%，并通过回答将这个问题分开。实际上，我们可以暂时先把对象限定为印度人，然后看他们的回答是如何分布的。由于这可以显示那些个案的变量在满足其他条件下的分布情况，类似这样的分布称为条件分布（conditional distribution）。我们可以用饼状图（见图 4.7）来比较这两种条件分布。当然，也可以把这个问题转换一下。我们观察一下"国家"对于每个"区域偏好"类别的条件分布。为此，可以观察列百分比。

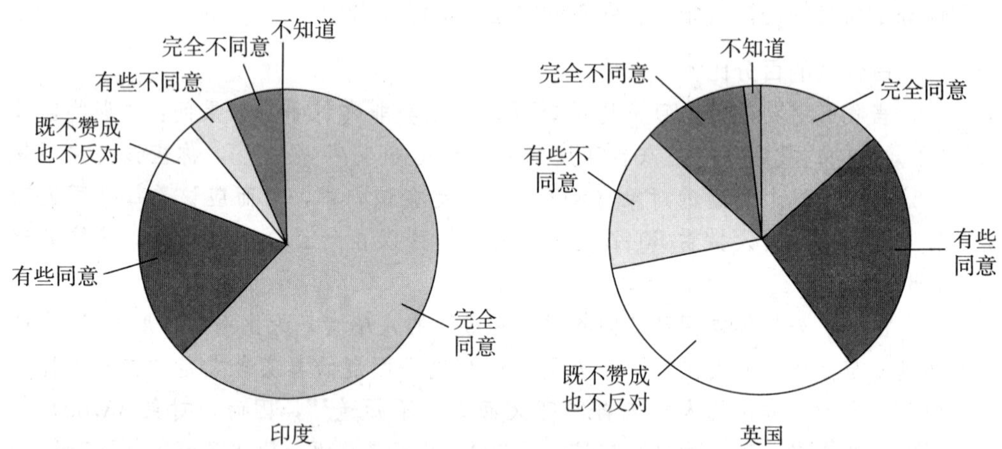

图 4.7 印度和英国的区域性食品偏好条件分布的饼状图。在印度持"完全同意"态度的百分比比在英国持"完全同意"态度的百分比大很多。

观察不同行百分比的变化情况，可以发现该问题答案的分布对于各个国家都是不同的。为了将这些不同展示得更生动，我们也可以绘制条件分布图。图 4.8 是并排条形图的例子，展示了印度人和英国人对该问题给出的答案。

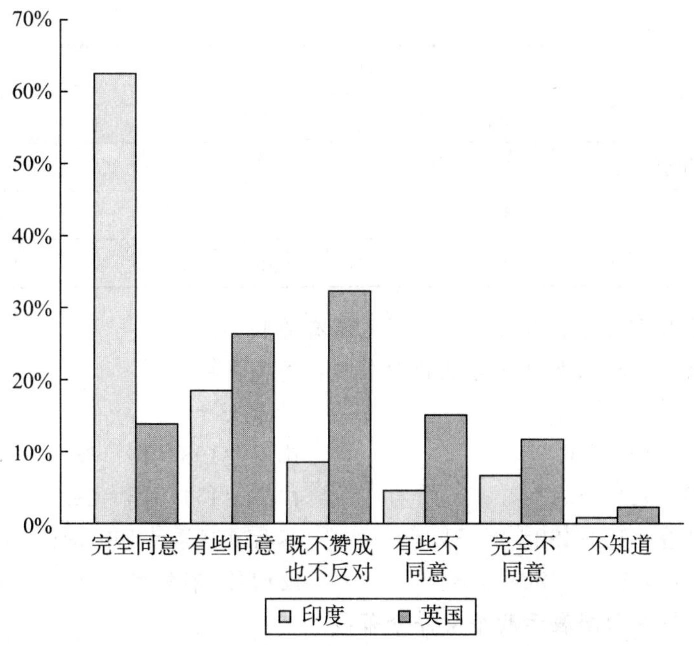

图 4.8　反映印度和英国区域性食品偏好条件分布的并排条形图。使用并排条形图比较各国百分比要比使用饼状图容易些。

从图 4.8 可以清晰地看出，印度人比英国人对本国菜肴的偏好更强烈。对于包括 GfK 洛普公司的客户在内的食品公司来说，这意味着印度人更不容易接受来自国外的食品，而英国人更容易接受“国外”的食品。对于产品营销而言，这无疑是非常有价值的信息。

变量可以在不同程度上以很多方式联系起来。看两个变量是否有关联的最好方法是看它们是否不相关。[①] 在列联表中，当一个变量与另一个变量的所有分类的分布都是相同的时，我们称这两个变量是独立的 (independent)。此种情况表明两个变量间没有关联。在本书后面的章节中，我们将会学习正式检验独立性的方法。现在，我们仅对比一下变量的分布。

□ 举例

列联表与并排条形图

下面是盖洛普公司询问女性和男性对美国橄榄球超级碗大赛问题的回答的列联表：

	性别		合计
	女性	男性	
比赛	198	277	475
广告	154	79	233

① 出乎我们意料，这种“倒推”形式的推理经常出现在科学和统计学中。

续前表

	性别		合计
	女性	男性	
没回答/不知道	4	4	8
不打算观看	160	132	292
合计	516	492	1 008

问题：是否有兴趣观看比赛与性别之间有关联吗？

答案：首先，找到女性和男性的四个回答的条件分布：

对于男性

比赛＝277/492＝56.3％

广告＝79/492＝16.1％

不打算观看＝132/492＝26.8％

没回答/不知道＝4/492＝0.8％

对于女性

比赛＝198/516＝38.4％

广告＝154/516＝29.8％

不打算观看＝160/516＝31.0％

没回答/不知道＝4/516＝0.8％

现在用并排条形图展示两个条件分布：

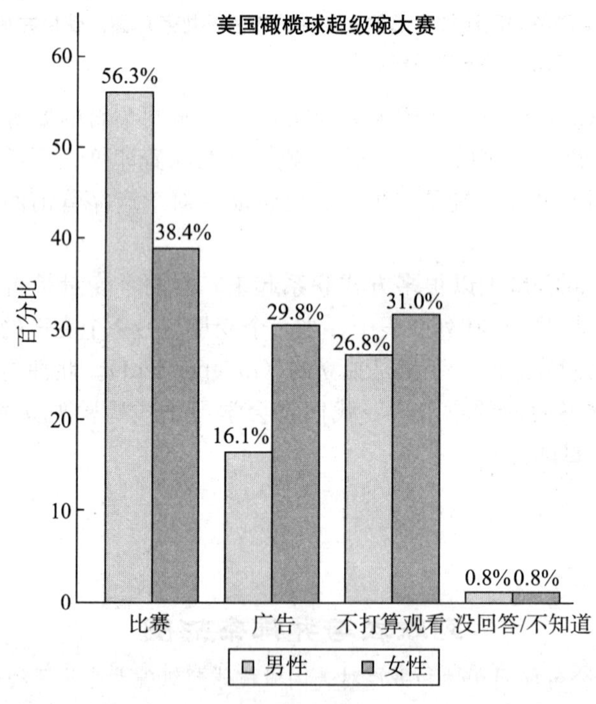

根据上述调查结果，我们发现女性对于美国橄榄球超级碗大赛电视节目的感兴趣程度仅略低于男性：相比于27％的男性回答不打算观看，31％的女性也回答不打算观看。然而，在回答打算观看比赛的人中，观看者的性别与观看者最期望的事情之间存在关联。尽管对观看比赛感兴趣的女性（38％）多于对广告感兴趣的女性（30％），但是给出这两个回答的男性比例差距更大：56％的男性回答希望观看比赛，而只有16％的男性提出对广告感兴趣。

□ 快速测试

一个眼镜店收集了来该店的顾客信息，以帮助它平衡库存。

视力状况 性别	近视眼	远视眼	需要近视远视两用眼镜	合计
男性	6	20	6	32
女性	4	16	12	32
合计	10	36	18	64

1. 有多大比例的女性是远视眼？
2. 近视眼的顾客中有多大比例是女性？
3. 所有顾客中女性远视眼的比例是多大？
4. 视力状况的分布是什么？
5. 男性视力状况的条件分布是什么？
6. 比较近视眼顾客中女性的百分比与所有顾客中女性的百分比。
7. 视力分布状况与性别看起来是独立的吗？请说明其理由。

分段条形图

我们可以通过将条形图中的条分段而不是在绘制饼状图时将圆分块的方式来展示洛普调查的有关信息。将每个条都作为“整体”，并根据每个组别的百分比按比例分成几个部分，就得到分段条形图（segmented bar charts）。从图 4.9 中，我们看到对问题回答的分布在两个国家是不相同的，再次说明“区域偏好”和“国家”不是相互独立的。

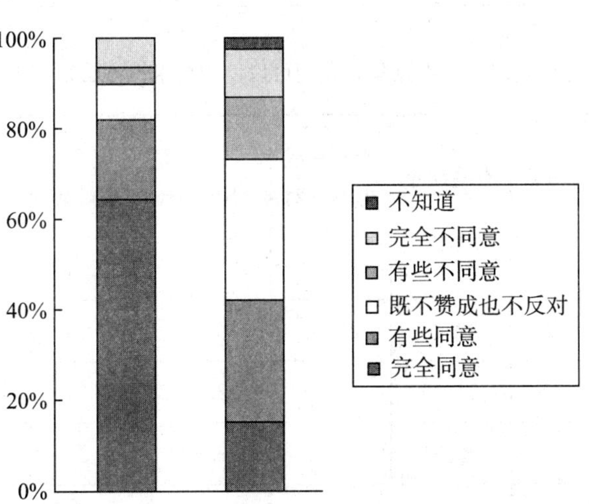

图 4.9　虽然印度和英国的合计数是不相同的，但是条的高度是相同的，其原因在于我们已经将所有数字都转换成了百分比。将此图（使用 Microsoft Excel 2010 绘制）与图 4.7 中的并排条形图进行比较。

□ 指导性案例：食品安全

食品存储与食品安全对于跨国食品公司而言都是主要问题。一个客户想要了解是否所有年龄段的人对于食品安全具有相同的关注度，为此 GfK 洛普咨询公司调查了 5 个国家的 1 500 个人是否同意下面的陈述："我对我购买的食品的安全感到担忧"。我们将向对食品安全与年龄存在怎样的关系感兴趣的客户报告有关结果。

计划 准备： 确定该项研究的对象和目标。 明确和定义变量。 提供数据收集过程的时间框架。 根据数据类型确定适当的分析方法。	客户想要了解对食品安全问题回答的分布，并看它们是否与被调查者的年龄相关。GfK 洛普咨询公司在 2005 年秋季为 2006 年的全球报告收集了该问题的数据。我们将使用从此项研究中得到的数据。 变量是食品安全。答案是无重叠的对同意程度的分类，分类从"完全同意"到"完全不同意"(也包含"不知道")。刚开始有 12 个年龄组，可以将它们归并为 5 个小组： 青少年　13～19 岁 青年　　20～29 岁 成年人　30～39 岁 中年人　40～49 岁 老年人　50 岁及以上 "食品安全"与"年龄"两个变量都是排好序的定性变量。绘制列联表和并排条形图对于检验不同年龄组的回答是否有差异是合适的方法。下面是"食品安全"与"年龄"两个变量的列联表。

实施

技术性方法：对于像这样的大数据集，我们可以使用技术性方法来制表和作图。

食品安全 / 年龄	完全同意	有些同意	既不赞成也不反对	有些不同意	完全不同意	不知道	合计
青少年	16.19	27.50	24.32	19.30	10.58	2.12	100%
青年	20.55	32.68	23.81	14.94	6.98	1.04	100%
成年人	22.23	34.89	23.28	12.26	6.75	0.59	100%
中年人	24.79	35.31	22.02	12.43	5.06	0.39	100%
老年人	26.60	33.85	21.21	11.89	5.82	0.63	100%

在对多个组别进行比较时，并排条形图特别有用。	并排条形图展示了不同年龄组对问题的每个回答所占的百分比。 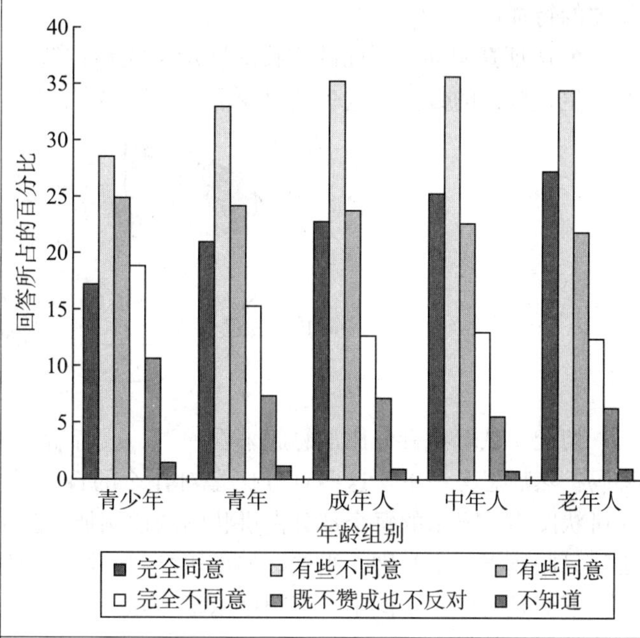
报告 总结与结论：结合上下文汇总案例的图和分析。如果可能的话，提出建议，并讨论需要做哪些进一步的分析。	备忘录 关于：不同年龄段的人对食品安全的关注。 我们对 GfK 洛普全球报告™中调查数据的分析结果表明，一般随着年龄从小到大，人们对食品安全越来越关心。 然而，到目前为止，我们尚未考虑在不同的国家是否都存在这一趋势。如果对此感兴趣，我们可以对每个国家做相似的分析。 附加的表和图都可以支持上述结论。

可能出现的错误

● 不要违背面积原则。这也许是作图时最容易出现的错误。违背面积原则经常是为了使图看起来美观些。例如，下面是关于"区域偏好"数据的两个版本的相同饼状图。

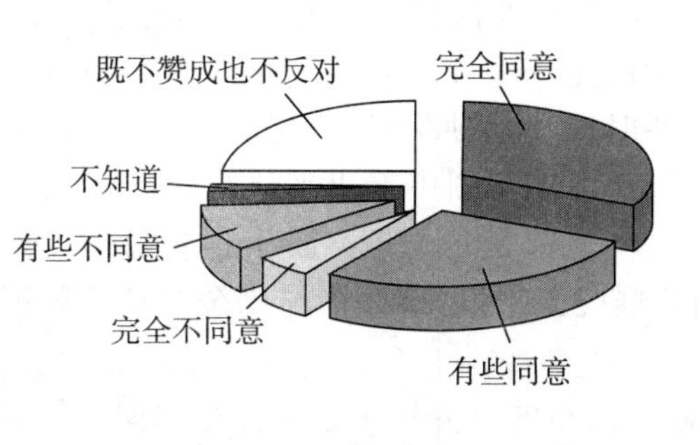

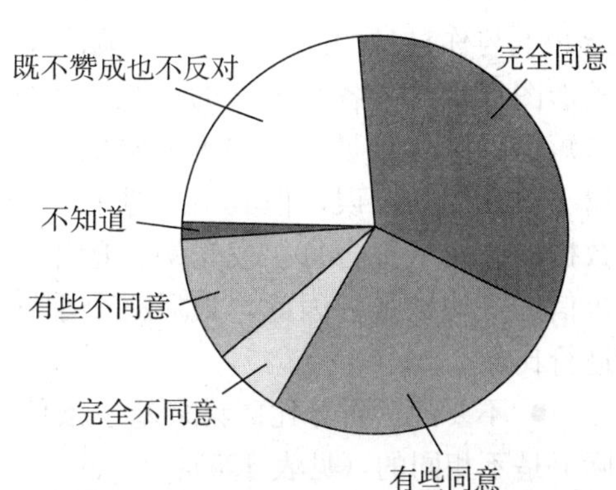

左边图的看起来很有意思，不是吗？但是倾斜的三维饼状图是违背面积原则的，并且使每个回答类别所占总体的比例比较起来更困难——这是饼状图应该显示的最重要的特征。

● 保证真实性。下面的饼状图展示了疾病控制中心报告的存在特定危险行为的高中生百分比的数据。这个图出现了哪些错误？

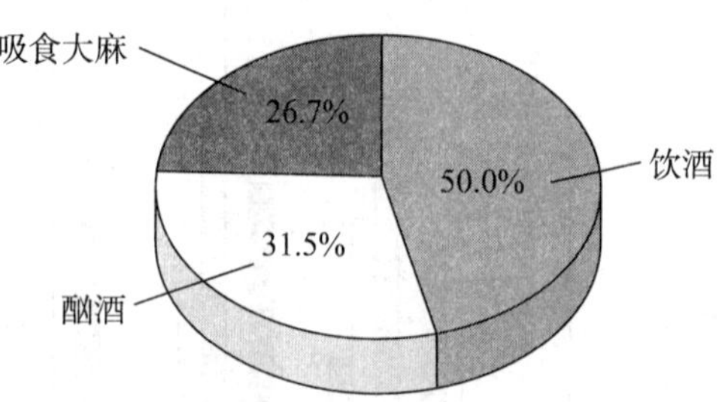

切记，试着将百分比加总起来看一下。或者看一下50％所占的部分。看起来正确吗？然后思考一下：这些百分比是对什么的百分比？是否已有确定好的“整体”？在饼状图中，显示的每个部分占饼状图的比例加总起来必须等于100％，且每个个体必须只归属于一个类别。当然，如果用倾斜的饼状图显示就会更难发现错误。

下面是另外一个例子。下图展示了2006—2011年在不同时间美国手机用户发送短信的平均数量。

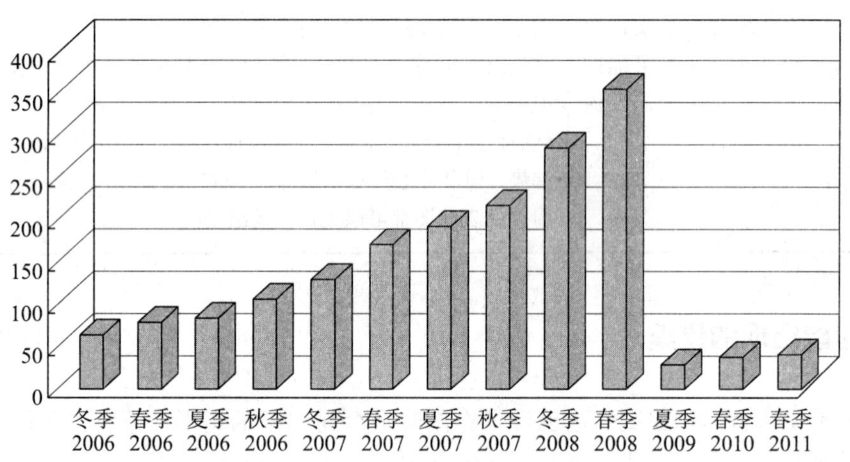

如上图所示，尽管在2010年前后发送短信的平均数量有时会突然减少，但可能并不与你自身的经历一致。实际上，该图存在几处错误。首先，它不是条形图。条形图展示的是各个类别的计数。该图显示的是一个在不同时间的定量变量（发送短信的平均数量）——更糟糕的是，一些时段还是缺失的。虽然上述错误已经属于致命性的错误，但其最严重的一个错误并不能从图中看出来。2010年，报告数据的公司从报告每年发送短信的平均数量（之前是每季度）转为报告每月发送短信的平均数量。因此，最后三个季度的数据应该乘以12才能与剩余的其他数据进行比较。

● 不要混淆百分比。许多基于条件和联合分布的百分比听起来都很相似，但实际上是不相同的（见表4.5）：

回答“完全同意”的法国人的百分比是 347/1 539 或 22.55%。

回答“不知道”的人中法国人的百分比是 15/80 或 18.75%。

法国人中回答“完全同意”的人的百分比是 347/7 690 或 4.51%。

每个例子中，在找出百分比之前，注意把范围限定在更小组别（分别是法国人、回答“不知道”的人和所有被调查者）的措辞。它会限定这个问题的调查对象和百分比中的分母。你对结果的讨论必须明确这些差异。

● 也不要忘记对变量进行分别观察。当你在做列联表或展示条件分布时，切记一定要检查边缘分布。了解每个类别中个案的数量是很重要的。

● 确保使用了足够多的个体。当你考虑百分比时，要注意它们是否基于足够多数量的个体（或个案）得出的。注意，不要像下面这样做报告：

我们发现调查的公司中有 66.67%的公司通过雇用外部顾问提升了各自公司的业绩。其他公司则最终破产了。

● 不要夸大你提出的个案。独立性是很重要的一个概念，但是两个变量完全独立是极为罕见的。我们不能轻易得出一个变量对另一个变量没有任何影响的结论。在通常情况下，我们所知道的是研究中只有一小部分影响被观察到了。在其他环境下对其他组别的其他研究可能会得到不同的结果。

● 不要使用不公正或不合适的百分比。有时百分比会出现误导性。有时甚至会毫无意义。注意，在计算不同类别的百分比时，不要对百分比进行不恰当的组合。下一节内容将给出一个这样的例子。

辛普森悖论

下面的例子展示了将非常不同的数值或不同组别的百分比进行组合会得出荒谬的结论。假设有两个销售代表 Peter 和 Katrina。Peter 认为他是更优秀的销售代表，因为他完成了过去 150 个任务中的近 83%，而 Katrina 只完成了 78%。但是我们来更为仔细地观察一下数据。表 4.8 是他们各自过去 120 个销售电话的结果，这些结果根据他们销售的产品进行了分解。观察一下每个产品类别的百分比。在打印纸的销售方面谁的成功率更高？在闪存盘的销售方面谁的成功率更高？总体来看谁的业绩更好？

表 4.8　　两个销售代表在每个产品类别中的成功率

销售代表	产品		
	打印纸	USB闪存盘	合计
Peter	100 个中的 90 个，90%	20 个中的 10 个，50%	120 个中的 100 个，83%
Katrina	20 个中的 19 个，95%	100 个中的 75 个，75%	120 个中的 94 个，78%

分别观察两种产品的销售量。对于打印纸销售，Katrina 的成功率为 95%，而 Peter 仅为 90%。对于闪存盘销售，Katrina 的成功率为 75%，而 Peter 仅为 50%。Peter 的“总体”业绩更好，但从每种产品的销售情况来看，都是 Katrina 的业绩更好。这是什么原因呢?

这个问题称为辛普森悖论（Simpson's Paradox），是根据 1960 年描述这一现象的统计学家而命名的。虽然这种现象是罕见的，但是仍有一些众所周知的例子。正如在这个例子中看到的那样，问题是由于将不同组别的百分比进行不恰当的组合造成的。Katrina 努力推销更难以销售的闪存盘，因而她的总体百分比受到了闪存盘销售均值的严重影响。Peter 卖了很多看起来更容易销售的打印纸。正是因为他们的销售模式存在差异，导致总体百分比出现了误导性。他们的经理应该谨慎考虑，不要轻易判断 Peter 是其中更优秀的销售代表。

从辛普森悖论中得出的教训是，要保证对可比个体的可比度量指标进行组合。在对第二个变量的不同水平进行组合时尤其要谨慎，在每个水平内部比较百分比比在水平之间比较百分比更好。

是歧视吗?

辛普森悖论最著名的一个例子是关于对加州大学伯克利分校研究生院男生和女生的录取比例的研究。在《科学》上刊登的一篇报告指出，大约有 45%的男生申请者被录取，但只有 30%的女生申请者被录取。这看起来似乎明显存在性别歧视。然而，当按照专业（工程学、法学、医药学等）将数据分类后进行分析发现，在同一所大学，每个专业的女生录取比例与男生录取比例基本相当，甚至有的专业女生录取比例高于男生。这是为什么呢? 其原因在于女生申请的专业大多录取比例都比较低（如法学和医药学专业的录取比例低于 10%），而男生更倾向于申请工程和科学专业。这些专业的录取比例都高于 50%。当所有申请者加总起来计算百分比时，女生的总体录取比例就很低了，但是这个组合的百分比是毫无意义的。

实践中的伦理

在过去的三年里，Lyle Erhart 一直在为一个领先的客户关系管理（CRM）软件供应商做销售工作。最近他注意到一项公开发布的研究成果，该项研究分析了金融服务公司成功执行 CRM 项目的相关因素有哪些。Lyle 饶有兴趣地阅读了研究报告，并且高兴地看到他所在公司的 CRM 软件产品也包含在内。对于 2012 年每个领先的产品，研究报告用表格的形式展示了基于 CRM 实施类型（操作型与分析型）的成功项目的数量。Lyle 很快发现了有关他所在公司的产品和其主要竞争对手的相关研究结果。他把相关研究结果汇总到下面的表格中：

	他所在公司	主要竞争对手
操作型	20 个中有 16 个成功	80 个中有 68 个成功
分析型	100 个中有 90 个成功	20 个中有 19 个成功

起初他感到有些失望，尤其是他们大多数的潜在客户都对操作型 CRM 感兴趣。他本来希望在销售人员中传阅这份报告的研究结果以便于他们在拜访潜在客户时可以参考。经过一段时间的思考，Lyle 发现他可以把这些研究结果组合起来，计算得出他所在公司的总成功率为 106/120（超过 88%），且高于其主要竞争对手。现在 Lyle 很高兴他发现并阅读了这份报告。

伦理问题 无论是有意还是无意，Lyle 都从辛普森悖论中受益了。通过将百分比进行组合，他可以把有利于他所在公司的调查结果展现出来（与《美国统计学会道德指南》）的第 A 条款相关）。

伦理解决方案 Lyle 不应该将百分比组合起来，因为这样得到的结果具有误导性。如果他决定向他所在的销售团队宣传这一信息，那么向他们宣传的不应该是组合起来的信息。

小结

学习目标

■ 能够绘制和解释定性变量的频数表。

● 通过计算每种类别的个案数量来汇总定性数据，有时用百分比来表示结果分布。

■ 能够绘制和解释条形图或饼状图。

● 可以用条形图或饼状图展示定性变量。

■ 能够绘制和解释列联表。

● 当我们想要观察两个变量间如何相关时，将计数（和/或百分比）放到称为列联表的二维表中。

■ 能够绘制和解释条形图和饼状图的边缘分布。

● 观察每个变量的边缘分布（在表格的边缘可以找到）。也要观察其他变量每个类别的变量的条件分布。

● 通过比较一个变量基于另一个变量的不同类别的条件分布，辨别出两个变量之间的相关性。如果一个变量基于另一个变量的任何类别的条件分布都（大致）相同，则两个变量是相互独立的。

术语

面积原则：在统计图中，每个数据值都在相同面积的区域内显示。

条形图（频率条形图）：每个条状都展示了定性变量每个类别的计数（或百分比）的图示。通过条形图，可以很容易地对各类别进行观察比较。

单元格：在列联表中展示两个定性变量的值的每一个位置称作单元格。

列百分比：频数表中单元格的数值占每列数值之和的比例。

条件分布：把对象限定在个体所在最小组别的变量的分布。

列联表：展示两个或更多个变量组合的频数（有时是百分比）的表格。

分布：一个变量的分布是关于下面所述内容的列表：

- 变量的所有可能值
- 每个值的频率

频数表（频率表）：展示定性变量所有类别并对每个类别都给出观测值（百分比）的表格。行百分比是频数表中每个单元格在每行中的比例，列百分比是频数表中每个单元格在每列中的比例。

独立变量：一个变量对另一个变量所有类别的条件分布都相同，这样的变量称为独立变量。

边缘分布：列联表中每个变量的单独分布。计数和百分比的合计数可以在表格的边缘部分（通常是最右边一列或最下面一行）找到。

饼状图：饼状图通过把圆分成几部分来展现“整体”如何分成类别，每个部分的面积与每个类别的比例一致。

行百分比：频数表中每个单元格在每行中的比例。

分段条形图：分段条形图展示了一个定性变量基于另一个变量所有类别的条件分布。

辛普森悖论：当在不同组别间取均值或百分比时会出现的现象，并且这些组别的均值与整体均值矛盾。

总百分比：频数表中每个单元格在总体中的比例。

技术帮助：在计算机上展示定性变量

尽管通过每个软件包做出的条形图都有一些不同，但是它们都有相似的特征：

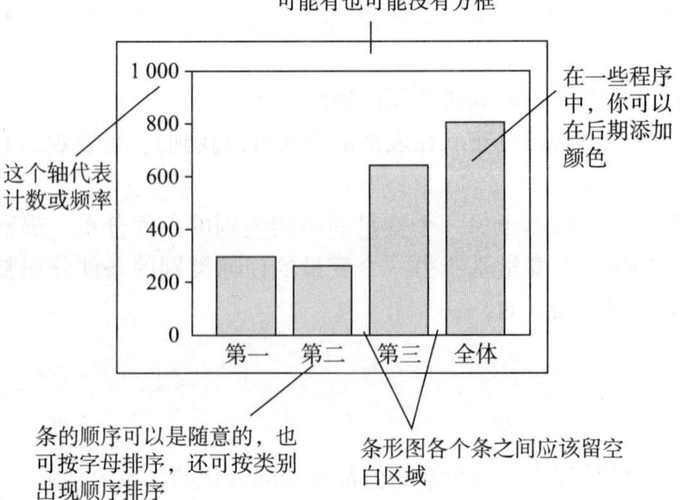

有的时候，为了显示更多的信息，会在每个条的上方或顶部标出计数或百分比。你可能发现所使用的统计软件包默认排列变量名顺序的方式令人恼火。例如，很多统计软件包按字母顺序或数据集中各类别出现的顺序来对各类别排序，通常这些都并不是最好的选择。

EXCEL

绘制条形图需要的步骤：

- 在 Excel 中选取你要处理的变量。
- 在功能区（Ribbon）的插入标签中选择“列”的命令。
- 从下拉对话框中选择适当的图。

将条形图转换为饼状图需要的步骤：

- 右击条形图，从菜单中选择“改变图表类型…”，图表类型对话框就打开了。
- 选择饼状图类型。
- 点击“OK”按钮。Excel 就把条形图转换成了饼状图。

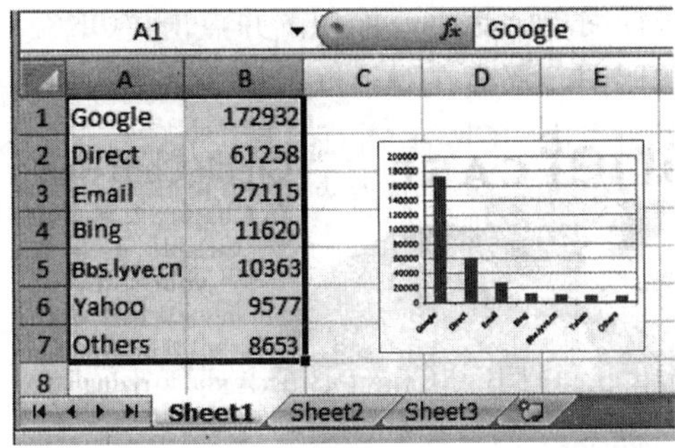

资料来源：Microsoft Excel 2010。

XLSTAT

绘制条形图或饼状图需要的步骤：

- 选择“Visualizing data”，然后选择“Univariate plots”。
- 在“Qualitative data”区域的单元格内输入数据。确保变量是定性变量。
- 在“Charts（2）”选项卡上选择图的类型。
- 绘制一个分段条形图或并排条形图，分别在“Qualitative variable”区域和“Subsamples”区域输入列变量和行变量；在“Charts（2）”选项卡上选择“Stacked bars”和“Cluster bars”。

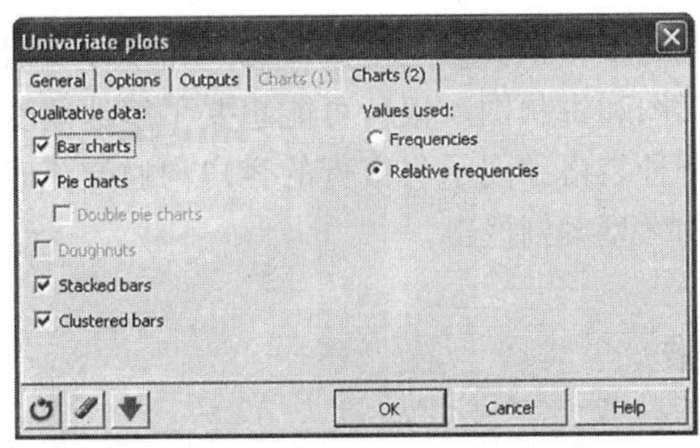

资料来源：培生集团 XLSTAT。

JMP

JMP 同时绘制条形图和制作频数表需要的步骤：

● 从“Analyze”菜单选择“Distribution”。

● 在分布对话框中，把变量名称拖入旁边标有“Y，Columns”的空变量窗口，点击“OK”。

● 如果绘制饼状图，从“Graph”菜单中选择“Chart”。

● 在图表对话框，从纵向列表中选择变量名称，点击按钮“Statistics”，并从下拉菜单中选择“N”。

● 点击“Categories，X，Level”按钮，可以为 X 轴分配同样的变量名称。

● 在选项中，点击第二个按钮——“Bar chart”，并从下拉菜单中选择“Pie”。

MINITAB

绘制条形图需要的步骤：

● 从“Graph”菜单下面选择“Bar Chart”。

● 然后从选项中选择简单、聚类或堆积图并点击“OK”。

● 如果绘制简单条形图，那么在对话框中输入图中使用的变量名称。

● 如果绘制频率图，点击“Chart Options”，然后选择“Show Y as Percent”。

● 在图表对话框的“定性变量”中输入想要显示的变量名称，然后点击“OK”。

SPSS

绘制条形图需要的步骤：

● 从“Graph”菜单下面打开“Chart Builder”。

● 点击“Gallery”标签。

● 从图表类型列表中选择“Bar Chart”。

● 把适当的条形图拖到绘图区域。

● 把分类变量拖到 X 轴拖放区。

● 点击“OK”。

点评：

绘制饼状图的步骤与上述步骤相似，只要从图表类型列表中选择“Pie Chart”即可。

□ 微型案例：信用卡银行

在第 2 章中，你确定了 Credit _ Card data 的 W 信息。运用软件绘制数据集中定性变量的频数表、条形图和饼状图。银行可能想要了解这些变量的哪些信息呢？对于上述，你发现使用哪种表格和图示与银行的客户沟通交流时最有用处？请写一份总结你的分析和结果的微型案例报告。

□ 快速测试答案

1. 50.0%。

2. 40.4％。

3. 25.0％。

4. 近视眼顾客占15.6％，远视眼顾客占56.3％，需要远视近视两用眼镜的顾客占28.1％。

5. 近视眼顾客占18.8％，远视眼顾客占62.5％，需要远视近视两用眼镜的顾客占18.8％。

6. 近视眼顾客中有40％是女性，所有顾客中有50％是女性。

7. 由于近视眼顾客中女性看起来更少，所以它们可能不是独立的。（但数字很小。）

第5章

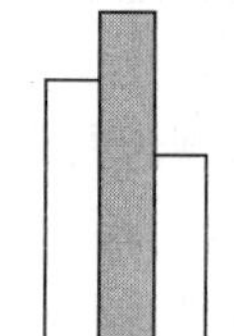

展示与描述定量数据

AIG

美国国际集团（AIG）曾经是18世纪世界上最大的公司。大约100年前，AIG由Cornelius Vander Starr创建，该创始人也在中国上海成立了保险公司。作为第一个在中国销售保险的西方人，在1949年毛泽东和人民解放军解放上海之前Starr的事业发展迅猛。Starr将公司搬迁到纽约继续发展，在全球范围内拓展市场。2004年，AIG股票价格达到76.77美元的历史最高水平，其市值高达近3 000亿美元。

根据该公司网站的信息，"截至2007年年初，AIG公司已经在130个国家和地区拥有1万亿美元资产、1 100亿美元销售收入、7 400万客户和116 000名员工。然而，仅仅18个月后，AIG发现自己处于破产的边缘，而且需要政府的紧急救援。"AIG是美国政府的不良资产救援计划（TARP）的最大受益者之一，TARP创立于2008年金融危机期间，用以购买金融机构的资产和股票。TARP试图增强金融部门的实力，以避免再次遭受像20世纪30年代那样严重的经济衰退。许多银行很快偿还了政府通过TARP项目提供给它们的资金，但是给予1 700亿美元资助的AIG并未偿还政府。

到2009年，AIG股票市值损失超过其价值的99%，当年3月初的股票价格只有0.35美元。在同一个月，当AIG裁撤掉其金融服务部门并为该部门员工支付了21 800万美元补偿金的时候，AIG陷入了广泛的争议之中。AIG股票价格的大幅降低表明投资者损失近3 000亿美元。证券投资经理们按照惯例检查股票价格和规模，判断股票价格波动，并帮助他们决定购买和出售哪只股票。AIG的数据是否存在早期预警的信号呢？

为了了解更多的AIG股票的变化情况，我们从观察表5.1开始吧。表5.1提供了AIG公司陷入危机之前的6年内每月的平均股票价格（以美元表示）。

表 5.1　　2002—2007 年 AIG 的月度股票价格（以美元表示）

	1月	2月	3月	4月	5月	6月	7月	8月	9月	10月	11月	12月
2002	77.26	72.95	73.72	71.57	68.42	65.99	61.22	64.10	58.04	60.26	65.03	59.96
2003	59.74	49.57	49.41	54.38	56.52	57.88	59.80	61.51	59.39	60.93	58.73	62.37
2004	69.02	73.25	72.06	74.21	70.93	72.61	69.85	69.58	70.67	62.31	62.17	65.33
2005	66.74	68.96	61.55	51.77	53.81	55.66	60.27	60.86	60.54	62.64	67.06	66.72
2006	68.33	67.02	67.15	64.29	63.14	59.74	59.40	62.00	65.25	67.02	69.86	71.35
2007	70.45	68.99	68.14	68.25	71.78	71.75	68.64	65.21	66.02	66.12	56.86	58.13

从表 5.1 中的数值很难发现很多信息。你可以得到关于股票价格的简单概念——一般是在 60 美元左右，仅此而已。

5.1　显示定量数据

与上述方法不同的是，我们遵循数据分析的第一条原则并绘图。我们应该绘制哪种图形？不能绘制条形图或饼状图。这两种只适用于定性变量，而且 AIG 的股票价格是定量数据，且其单位是美元。

调查对象（WHO）：月度。

调查内容（WHAT）：AIG 股票的月度平均价格（以美元表示）。

调查时间（WHEN）：2002—2007 年。

调查地点（WHERE）：纽约股票交易市场。

调查原因（WHY）：检验 AIG 股票的波动性。

直方图

AIG 股票的每月价格显示在图 5.1 的直方图中：

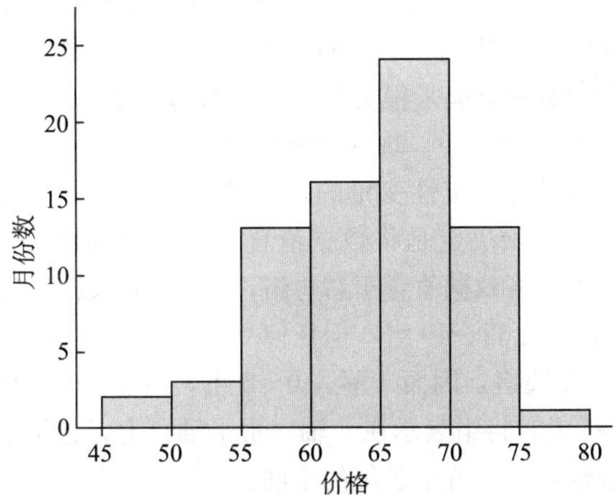

图 5.1　AIG 股票的每月平均价格。直方图通过每个“组”中的价格变化来反映股票价格变动分布，还显示了每组价格变化的月份数。

与条形图一样，直方图（histogram）通过条的高度来反映组的频数。直方图将个案的数量反映在每组中，并以相应条的高度来显示其频数。在这个反映月度平均股价的直方图中，每个组的宽度表示 5 美元，例如最高条的高度反映有 24 个月 AIG 的月度平均股价在 65～70 美元。通过这种方式，直方图形象地显示了整个股价变动的分布。与条形图中每个条之间都有一些间隔来分离各个类别不同，直方图中每个条之间没有间隔，除非数据本身有缺口。间隔意味着该区域没有数据值。间隔可能是分布的重要特征，因而要注意观察和指出它们。

对于定性变量，每个类别都有自己对应的条。唯一的选择是将各类别合并起来以便于显示。对于定量变量，我们必须选择各组的宽度。

□ 动手计算

● 亲自动手绘制直方图。尽管你很少亲自动手绘制直方图，但了解如何绘制是很有指导意义的。一些你必须亲自动手绘制直方图的相关选择，要么通过软件自动绘制，要么直接输入数据。

价格条	月份数
45～50	2
50～55	3
55～60	13
60～65	16
65～70	24
70～75	13
75～80	1

步骤 1。将数据整理到一个表格里。将数据划分到相同的间隔或组里，以保证涵盖所有的数值。条的数量由你拥有的数据数值的多少来决定。对于小型（少于或大约 25 个数据值）数据集，5 组就够了。对于大型数据集，可能需要 20 或更多的组。

你可能希望间隔的宽度看起来很美观（一般组的宽度的末尾数字是 5 或 0——例如 35～40、40～45、45～50 等）。现在创建两列——一列是组，另一列是频数。这样创建的频数分布更像是针对定性变量的，但是这里不是针对定性变量，我们创建的组的宽度都相同。你必须决定是将数据值置于左边组的尾端还是右边组的尾端。大多数软件的直方图程序将数据值置于右边组，右边组的数据值更大，因而 40 将落入 40～45 组，而不是落入 35～40 组，但任何一种选择也都是可能的。实际上，Excel 选择将数据值置于左边组，因而 5 落入 0～5 组，而非 5～10 组。

步骤 2。在一张纸上，将组表示在 x 轴（水平轴）上，且组之间没有空隙。将频数表示在 y 轴（垂直轴）上，置于各组的中间。

步骤 3。标出数据。对于每一组，在其恰当的频数位置画一条水平线。然后，在每组的旁边画一条垂直的条，与相应的频数相匹配。

从直方图中，我们可以看到这些月份的 AIG 股票价格都在 60 美元左右。并且可以看出，尽管股票价格有变动，但大多数月份的股票价格都在 55～75 美元。注意到直方图是一种静态图示是很重要的。我们将这些股票价格简单地作为月份数据的收集与分布的显示，而并未注意到时间变化。在本章随后介绍的内容中，我们将把时间变化融入到故事中。

分布情况与你预期的一样吗？通常在绘图之前想象一下分布可能如何是一个不错的主意。通过这种方式，你不太可能被绘图或数据本身的错误所愚弄。

如果我们关注的是数据值分布的总体规律，而不是关注于频数本身，那么绘制一个频率直方图可能更有用些，将纵轴中的频数用落在每组中的占总体的百分比来替代就可以得到（简单地将每组的频数除以数据值的总量）。直方图的形状也是完全相同的；只有标签不相同。频率直方图（relative frequency histogram）通过每组显示的百分比而不是频数来忠实地遵循面积原则。

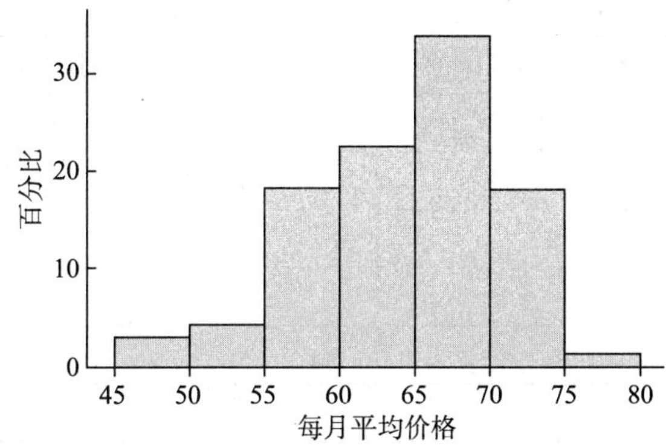

图 5.2　除了 y 轴在每组中显示的是各月的百分比之外，频率直方图看起来与频数直方图很像。

□ 举例

绘制直方图

1. 作为一个音乐下载网站的财务总监，你刚刚解决了版权问题以便可以对一个新唱片集提供下载。你想要了解这个唱片集的销售情况，因而你收集了最近 24 小时之内每小时的下载量：

小时	下载量	小时	下载量
12：00 a. m.	36	12：00 p. m.	25
1：00 a. m.	28	1：00 p. m.	22
2：00 a. m.	19	2：00 p. m.	17
3：00 a. m.	10	3：00 p. m.	18
4：00 a. m.	5	4：00 p. m.	20
5：00 a. m.	3	5：00 p. m.	23

续前表

小时	下载量	小时	下载量
6：00 a.m.	2	6：00 p.m.	21
7：00 a.m.	6	7：00 p.m.	18
8：00 a.m.	12	8：00 p.m.	24
9：00 a.m.	14	9：00 p.m.	30
10：00 a.m.	20	10：00 p.m.	27
11：00 a.m.	18	11：00 p.m.	30

问题：为这个变量绘制一个直方图。

答案：绘制一个各组的频数表，每组的宽度为5，频数为0～40，并将各组末端的变量放入右边的组：

下载量	小时数
0～5	2
5～10	2
10～15	3
15～20	5
20～25	6
25～30	3
30～35	2
35～40	1
合计	24

这个直方图如下：

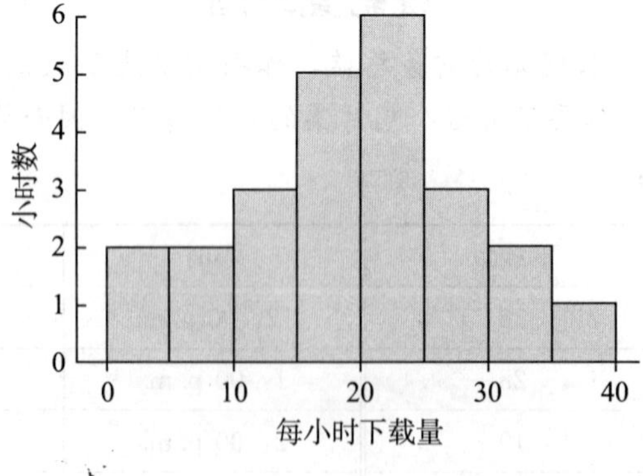

*茎叶图

直方图使我们很容易理解定量变量的分布概况，但是不能显示数值本身。茎叶图（stem-and-leaf display）与直方图一样，但也提供个体数值。如果数据集不是太大，手工绘制茎叶图很容易，所以可以很迅速地看出少量数据值的特征。[①] 下面是 AIG 股票价格数据的茎叶图，其旁边是用相同数据绘制的直方图：

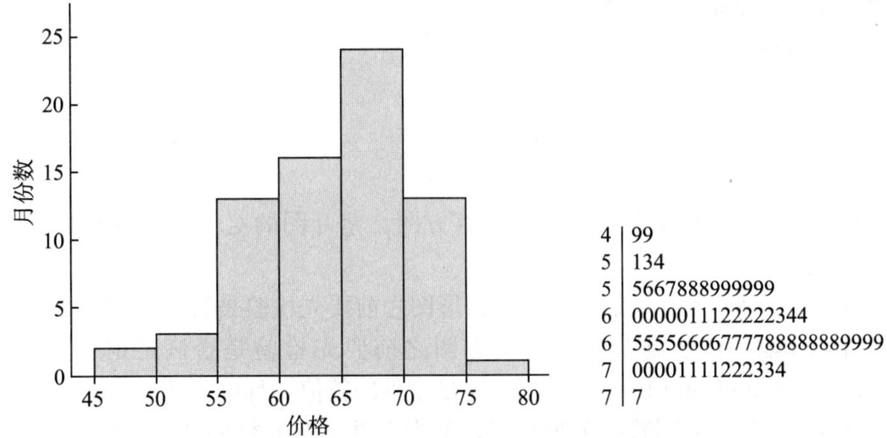

图 5.3　直方图（左）与茎叶图（右）均显示了 AIG 的月度平均股票价格。茎叶图一般通过手工绘制，因而我们多数将其应用于小型数据集。对于大型数据集，我们仍需要应用直方图。

□ 动手计算

绘制茎叶图

● 如何绘制茎叶图呢？茎叶图将每个数据划分成两部分：其中茎显示在左侧固定的一行，叶显示在右侧。对于 AIG 股票价格数据，每一个价格变化，如 67.02 美元，首先删除两位小数，变为 67 美元。然后将其分为两部分：6 | 7。因而，“5 | 134”行表示的是变量值 51 美元、53 美元和 54 美元，并对应于直方图中 50～55 美元的组。图 5.3 中茎叶图的组宽为 5。另一个选择就是增大组的规模，将所有价格落入到 50～60 美元的一行：

5 | 1345667888999999

这种做法将把组的数字缩减至 4，但是绘制 60～70 美元的组将显得过于拥挤：

4 | 99
5 | 1345667888999999
6 | 00000111222223445555566667777888888889999
7 | 00011112223347

有时茎叶图将更高的数字显示在顶端：

① 当数据提交（没有一个合适的显示方式）给委员会会议或工作组时，人们喜欢绘制茎叶图。从这种方式很快看出数据分布通常是很有价值的。

7	7
7	00001111222334
6	5555566667777788888889999
6	0000011122222344
5	5667888999999
5	134
4	99

尽管将更低些的数字置于顶端使得直方图与茎叶图的对应关系更容易被发现，但每种选择都是可能的。

在第 4 章，你学到在绘制饼状图或条形图之前要先检验是否满足定性数据条件。现在，相对应地，在绘制茎叶图或直方图之前要先检验是否满足定量数据条件（Quantitative Data Condition）：数据是定量变量的数值，且单位已知。

尽管条形图与直方图看起来很相似，但它们并不是同样的图形。你不能将定性数据绘制成直方图，或者将定量数据绘制成条形图。在作图之前要先检验数据类型满足哪种条件。

5.2 形状

众数（mode）在哪里?

众数一般被定义为出现次数最多的单个数值。对于定性变量而言，这一定义是很好的，因为我们只需要对每个类型中的个案进行计数就可以了。对于定量变量而言，众数的意思更为模糊。例如，AIG 数据的众数是什么？没有两个价格是完全相同的，但是有 7 个月的价格都在 68～69 美元。那么这应该就是众数吗？也许不是——听起来有一点武断。对于定量数据，使用更为一般意义上的“直方图中的尖峰”而不是单一的汇总值来表示众数更有意义一些。

如果你使用直方图或茎叶图来显示数据分布，可以通过图来说明什么？当你描述数据分布时，应该关注 3 个方面：形状、中心和离散。

我们通过术语——众数、对称性和是否有缺口或异常值来描述数据分布的形状。

众数

直方图有单一的中央凸起（或尖峰）还是有几个分散的凸起呢？这些凸起被称为众数（mode）。[①] 正式地讲，众数是单一的最常出现的值，但是我们很少这样使用

① 在技术上，众数是直方图最高峰处对应的 x 轴的数值，但是我们通常非正式地把尖峰或凸起本身称为众数。

这个概念。通常我们把众数看成凸起的中心的变量值。AIG 股票价格在 65 美元左右（见图 5.1）有单一的众数。我们经常使用众数来描述分布的形状。直方图中有一个主要凸起的称为单峰（unimodal），如 AIG 股票价格变动中的单一凸起；直方图中有两个凸起的称为双峰（bimodal），有 3 个及以上凸起的称为多峰（multimodal）。例如，图 5.4 就是一个双峰分布。

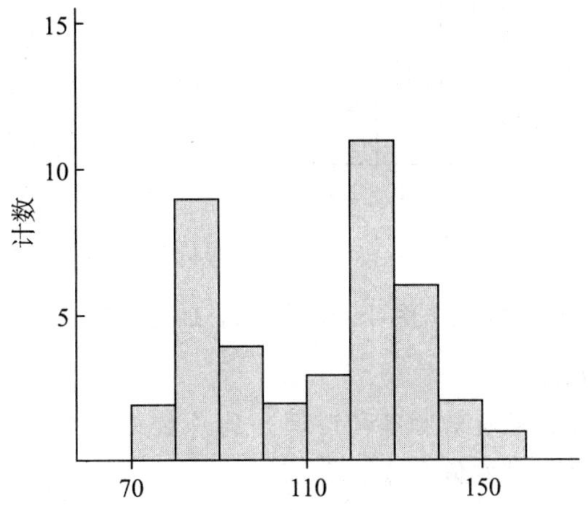

图 5.4　一个有两个明显众数的双峰分布

双峰直方图通常暗示数据分成了两组。当看到双峰时，核查一下数据是一个不错的主意。

如果直方图没有显示出任何众数，且每个条的高度都很相近，这样的分布称为均匀分布（uniform）。(第 8 章将给出一个更为正式的定义。)

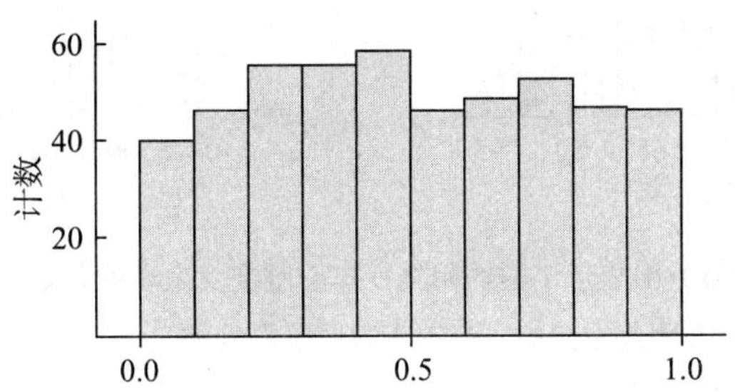

图 5.5　在均匀分布中，每个条大约都有相同的高度。直方图看起来并不存在众数。

Pie à la mode

派与分布的众数有联系吗？实际上二者存在联系！分布的众数是许多聚集在一起的数值中流行的数值。à la mode 的意思是“时髦的”，不是“加冰淇淋的”。这正好是 1900 年左右在巴黎的派的流行方式。

对称性

可以像图 5.6 中的直方图那样，在其中间用一条竖直线将该图分为两边边缘很相近的图形吗？还是像图 5.7 中的直方图那样，其中的一边有更多的变量值呢？如果某分布从中间分开的两边看起来至少很相近，就像照镜子一样，这种分布就是对称的（symmetric）。

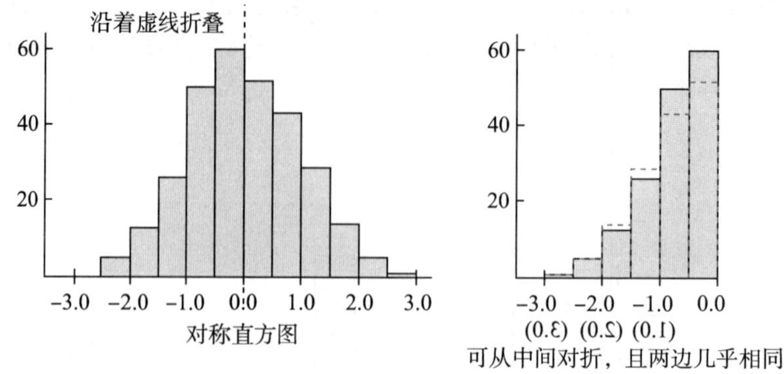

图 5.6　对称直方图可从中间对折，且其两边几乎相同。

总数（Amounts）

事物（美元数、雇员数和等候时间）的总数都不能为负值，且没有自然上限。因而，它们经常是右偏分布。

（通常）将分布的细长的末尾部分称为尾巴（tails）。如果一个尾巴比另一个更长，那么该分布就称为向更长尾巴的方向是有偏的（skewed）。

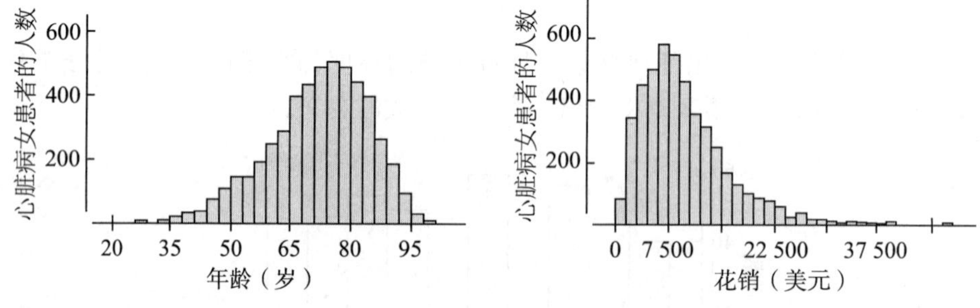

图 5.7　两个有偏的直方图显示了纽约州某一年心脏病女患者的年龄（左图）与医院花销（右图）。年龄直方图是左偏的，花销直方图是右偏的。

异常值

是否有些特征明显突出？这样的特征通常会告诉我们关于数据的一些令人感兴趣或使人兴奋的方面。你应该指出任何脱离分布的突出的点或异常值（outliers）。例如，如果你正在研究美国的个人财富，且比尔·盖茨在你的样本中，他肯定就是一个异常值。因为他的财富明显异常，你应该指出他是一个特殊点。

异常值多数情况下能够影响我们在本书中讨论的每个方法，因而我们总是得注意它们。一个异常值可能是数据中最具信息量的一部分或者仅是一个错误点。无论哪种情况，你都不应该不假思索地把它剔除掉。如果你发现它是一个错误，而且你能够修正它，这就是最好的。除此之外，当你报告结论时对其进行讨论。即使异常值是合理的，但是它也可能扭曲结果，因而需要剔除它，并在报告结论时提及或不提及它。下面我们将学到一个经验法则，可以用于判断一个值是否或何时可看作异常值，以及提供了遇到异常值时应该怎样处理的一些建议。

● 使用你的判断。如何描述一个分布经常需要主观判断。在直方图中看到的缺口真的反映出有两个组吗？还是稍微改变组宽就会使其消失？那些在直方图末端的观测值是真的例外，还是仅仅是长尾巴末端的一些最大值？对于判断，不同人可能会有合理的相反观点。并不存在帮助你做出决定的自动计算或经验法则。理解你掌握的数据及它们是如何产生的会对判断有所帮助。能够指导你做决定的应该是理解数据中反映情况的真实意愿。

对不同组宽的直方图进行观察能够帮助你发现其特征的一致性程度。一些技术提供交互式改变组宽的方法，以便于得到直方图的多种视图。如果每组中观测值的数量足够少，那么把三两个值移入下一组会改变对于有多少众数的估计，一定要谨慎小心。你一定要考虑数据的来源，以及你想从中回答何种问题。

□ 举例

描述分布的形状

问题：描述一下5.1节举例中下载分布的形状。

回答：该分布是对称和单峰的，且没有异常值。

5.3 中心

再次观察图5.1中AIG的股票价格。如果你必须从中选择一个数据来描述典型价格，你会选择哪个数据？当直方图是单峰和相当对称的，大多数人都会指出分布的中心，也就是直方图的顶峰。典型价格在65.00美元左右。

如果你希望更为精确和通过计算得到的数值，你可以将数据进行平均。在AIG案例中，月度平均股票价格是64.48美元，约等于从直方图中想得到的期望值。已经知道了平均值的计算方法，但在此有必要介绍一下我们在全书中使用的符号。我们称某一般的变量为 y，用希腊大写字母 $\sum$ 来表示“和”（$\sum$ 在希腊文中是“S”），并且写成[①]：

$$\bar{y}=\frac{\text{合计}}{n}=\frac{\sum y}{n}$$

根据这个公式，我们将变量 y 的所有数值加总起来，然后用和（合计或 $\sum y$）

① 你也会看到称为 x 的变量与方程 $\bar{x}=\frac{\text{合计}}{n}=\frac{\sum x}{n}$。我们倾向于称单一变量为 y，而不是 x，其原因在于在本书后面的内容中 x 将被用于命名一个可以预测其他变量（我们称为 y）的变量，但是当只有一个变量时，哪个变量名都是通用的。大多数计算机称单一变量为 x。

除以数值个数 n，将得到值称为 y 的均值（mean）。[①]

标识符提示！

符号上面的横线用来表示该数量的均值。

尽管均值是对单峰对称分布的自然概括，但是对于有偏数据或分布中有缺口或异常值的数据，均值会导致误导的出现。图 5.1 中 AIG 每月股票价格的直方图是单峰且近似对称的，但稍微有点左偏。观察相同 6 年内每月股票销售的总量我们会得到一个非常不同的故事。图 5.8 显示的是一个单峰但严重有偏且有两个缺口的分布。月度平均股票销售量是 170.1 百万股。将这一数值在直方图中标出来。这一数值作为典型月份的销售量概况看起来是不是有点高？事实上，超过 2/3 的月份的销售量都低于这一数值。这时候使用中位数（median）更好些——中位数是将直方图分成两个相等区域的数值。我们从数据的末端开始计数，直到得到中间值，这就是中位数。中位数通常被用于像成本或收入等容易有偏的变量。其原因在于它不受异常的观测值和分布形状的影响。对于 AIG 每月股票交易量，其中位数是 135.9 百万股，这一数值似乎是更为合理的概括。

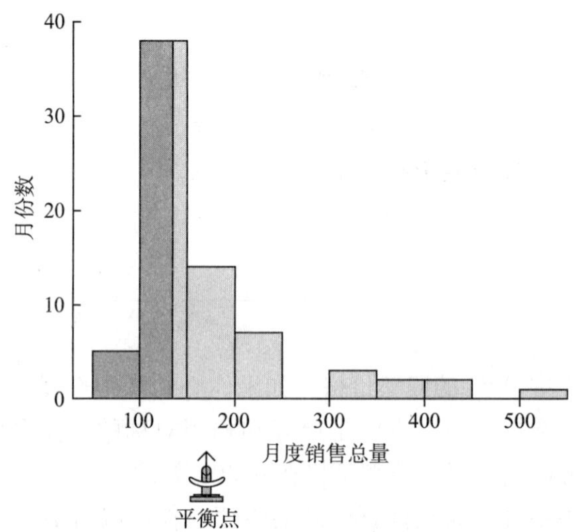

图 5.8　在 135.9 百万股的地方，中位数将直方图平均分成了两个区域。由于是有偏分布，均值 170.1 百万股高于中位数。右边的点把均值拉向它们，从而使它偏离了中位数。

我们选择均值和中位数真的有区别吗？AIG 的月度平均股票价格是 64.48 美元。由于 AIG 股票价格大体上是对称的，我们期望其均值和中位数也相近。实际上，我们计算出中位数是 65.23 美元。但是对于有偏分布的变量，情况是有很大区别的。对于像图 5.8 中月度股票交易量的右偏分布而言，均值比中位数大一些：170.1 与 135.9 比较。这两个数值给出了完全不同的概括。其差异是由分布的整体形状引起的。

① 一旦对数据进行了平均，你可能理所当然地希望将得到的结果称为平均数。但平均数是极为口语化的名称，就像“平均”购房者一样，并没有加总数据。即使有时平均数表示的是我们想要表达的东西，就像道琼斯工业平均指数（实际上是一个加权平均）或击球平均数，在本书中我们通常使用术语“均值”（mean）。

□ 动手计算

找出中位数

从 n 个数据中找出中位数是很容易的，只要你记住首先将数据进行排序。如果 n 是奇数，那么中位数就是中间的数值。从数据的末端开始计数，我们发现中位数就在 $(n+1)/2$ 的位置处。

当 n 是偶数时，就会有两个中间值。因此，在本例中，中位数就是位于 $n/2$ 与 $n/2+1$ 位置处的两个数值的平均数。

下面是两个例子：

假设一批数据的值依次是 14.1、3.2、25.3、2.8、－17.5、13.9 和 45.8。首先，我们对这些数值进行排序：－17.5、2.8、3.2、13.9、14.1、25.3 和 45.8。一共有 7 个数值，因而中位数为从头至尾数第 $(7+1)/2=4$ 个数值：13.9。

假设在上面的这批数据中增加一个数值 35.7。然后进行排序，即为－17.5、2.8、3.2、13.9、14.1、25.3、35.7 和 45.8。则其中位数是第 $8/2=4$ 个与第 $(8/2)+1=5$ 个数值的平均数。因而，中位数为 $(13.9+14.1)/2=14.0$。

均值所在的点是直方图的平衡点。就像一个孩子离开跷跷板的中心一样，远离直方图中心的条有更大的杠杆作用，会使均值更偏向它们。很难认为被几个异常值或长尾巴拉向一边的概括统计量就是我们所说的分布的中心。这就是为什么对于有偏数据而言，中位数通常是更好的选择。

然而，当分布是单峰且对称的时，均值通常可以提供更好的用于计算有用的数据的机会并得出更有意思的结论。在本书以后的章节中，均值将是我们讨论得更多的概括统计量。

□ 举例

找出均值与中位数

问题：在 5.1 节举例的数据中，每小时的典型下载量是多少？

答案：均值是每小时下载量 18.7。中位数是每小时下载量 19.5。由于该分布是单峰且大体对称的，对于两个数值如此接近，我们不应该感到惊讶。有几个小时（午夜时间）的下载量小而使得均值低于中位数，但是均值和中位数似乎是报告的合理概括。

5.4 分布的离散度

我们了解到 AIG 股票的典型价格在 65 美元左右，但是仅仅知道均值或中位数并不能了解整个分布的情况。价格不偏离其中心的股票是非常无趣的。[①] 数据变化越多，中心测度告诉我们的信息越少。为此，我们也需要了解数据是如何分散的。

测度离散度的简单统计量是极差（range），定义为两个极值的差值：

极差＝最大值－最小值

对于 AIG 股票价格数据，其极差为 77.26 美元－49.41 美元＝27.85 美元。注意，极差是描述数据离散度的单一数值，并不是数值区间——根据该词在日常对话中的使用所想到的。如果数据中有任何异常观测值，那么极差不会保持不变而会受到它们的影响。对中间数据的关注可以避免这个问题。

四分位数是反映中间 50％数据的数值。有四分之一的数据在低四分位数 Q1 的下面，四分之一的数据在高四分位数 Q3 的上面。四分位数间距（interquartile range，IQR）概括了集中于中间一段的数据的离散度。它被定义为两个四分位数之间的差额：

IQR＝Q3－Q1

□ 动手计算

找出四分位数

从理论上讲，找出四分位数很容易，但实践中却更难。3 个四分位数——Q1（低四分位数）、Q2（中位数）和 Q3（高四分位数）将数据分成了 4 部分。因而，例如 25％的数据属于或低于 Q1。但实际上存在一个问题，除非你的样本容量正好能被 4 整除，否则没有办法将一个数据分为 4 部分。统计软件包 SAS 提供了至少 5 种不同的计算四分位数的方法。这几种方法的差异通常很小，但也能带来干扰。下面是通过亲自动手或计算机找出四分位数的两种最常用的方法：

方法 1：图基方法（The Tukey Method）。

将数据从中位数处分成两部分。（如果 n 是奇数，则在每一部分中都包含中位数）。然后找出每一半的中位数——把它们当作四分位数。

举例：数据集｛14.1，3.2，25.3，2.8，－17.5，13.9，45.8｝。

首先，我们对数据进行排序：｛－17.5，2.8，3.2，13.9，14.1，25.3，45.8｝。

我们找出中位数是 13.9，接着形成了两个数据集：｛－17.5，2.8，3.2，13.9｝与｛13.9，14.1，25.3，45.8｝。两个新数据集的中位数分别是 3.0＝(2.8＋3.2)/2 与 19.7＝(14.1＋25.3)/2。因此，我们得到 Q1＝3.0 和 Q3＝19.7。

方法 2：TI 计算器法（The TI calculator method）。

除了我们不包括每一半数据的中位数外，其他与方法 1 相同。如下，对于｛14.1，3.2，25.3，2.8，－17.5，13.9，45.8｝，我们剔除了每一半的中位数，找到两个数据集：｛－17.5，2.8，3.2｝与｛14.1，25.3，45.8｝。

现在两个新数据集的中位数分别是 Q1＝2.8 与 Q3＝25.3。

---

① 与没有投资价值一样。

注意 IQR 的结果。对于图基方法：

IQR＝Q3－Q1＝19.7－3.0＝16.7，

但对于 TI 计算器法，

IQR＝25.3－2.8＝22.5。

对于上述两种方法，注意其四分位数并非两个数值之一或两个相邻数值的平均数。在 Excel 和其他软件中，四分位数是以内插值替换的（interpolated），因而它们不可能是两个数值的简单平均数。注意，这里存在差异，但其思路都是相同的：四分位数 Q1、Q2 和 Q3 将数据大体分成了 4 部分。

排除等候

为什么银行通常都让所有窗口的顾客排成一队，而不是每个窗口的顾客各排成一队呢？这种方式使得平均等候的时间缩短了一点，但是改进的程度极为有限。人们注意到其真正差别在于当排成一队时，预计等候的时间不容易变化，人们也更偏好这种一致性。

对于 AIG 股票价格数据，在中位数的两侧各有 36 个数值。把数据进行排序之后，我们将第 18 个和第 19 个数值进行平均得到 Q1＝(59.96＋60.26)/2＝60.11 美元。我们将第 54 个和第 55 个数值进行平均得到 Q3＝(68.99＋69.02)/2＝69.01 美元。因而，IQR＝Q3－Q1＝69.01 美元－60.11 美元＝8.90 美元。

IQR 通常是离散度的合理概括，但由于它只是用了数据中的两个四分位数，因而忽略了个体数值变化的大部分信息。

对离散度更强有力的测度统计量，也是我们更常用的概念，就是标准差，正如我们将要看到的，它计算了每个数值偏离均值的程度。与均值一样，标准差仅适用于对称数据并受异常观测值的影响。

就像名字中提示的那样，标准差用离差（deviation）体现了每个数值与均值的偏离。如果我们把所有离差进行平均，正离差与负离差将会相互抵消，并得到平均离差为 0——这并没有多大用处。作为替代的方法，我们把每个离差进行平方。离差平方的均值[①]称为方差（variance），表示为 s^2：

$$s^2=\frac{\sum(y-\bar{y})^2}{n-1}$$

方差在统计学中的作用非常重要，但作为离散度的测度统计量，它也存在一个难题。无论初始值的单位是什么，方差的单位都是初始值单位的平方。我们希望离散度的测度统计量与数据的单位相同，因而我们通常会计算方差的平方根，称其为标准差（standard deviation）。

$$s=\sqrt{\frac{\sum(y-\bar{y})^2}{n-1}}$$

对于 AIG 股票价格，s＝6.12 美元。

① 由于技术上的原因，我们通过除以 $n-1$ 而不是 n 来计算其平均数。

□ 举例

描述离散度

问题：对于5.1节举例中的数据，描述每小时下载量的离散度。

答案：下载量的极差是每小时下载量36－2＝34。

四分位数是13和24.5，因而IQR是每小时下载量24.5－13＝11.5。标准差是每小时下载量8.94。

□ 动手计算

找出标准差

为了计算标准差，首先计算均值 $\bar{y}$。然后计算每个数值与 $\bar{y}$ 的离差：$(y-\bar{y})$。再计算每个离差的平方：$(y-\bar{y})^2$。

现在你几乎快得到结果了。将这些离差的平方加总起来，再除以 $n-1$，即可得到方差 s^2。取方差的平方根即得到了标准差 s。

假设一批数据的值分别是4，3，10，12，8，9和3。

其均值为 $\bar{y}=7$。因而，将每个数值减去7即得到离差：

初始值	离差	标准差
4	4－7＝－3	$(-3)^2=9$
3	3－7＝－4	$(-4)^2=16$
10	10－7＝3	9
12	12－7＝5	25
8	8－7＝1	1
9	9－7＝2	4
3	3－7＝－4	16

将这些离差的平方相加：

9＋16＋9＋25＋1＋4＋16＝80。

现在，除以 $n-1$：80/6＝13.33。

最后，计算其平方根：$s=\sqrt{13.33}=3.65$。

□ 快速测试

对方差进行思考

1. 美国人口普查局在其普查数据的汇总中报告了中等家庭的收入情况。为什么你猜想他们使用的是中位数而不是均值？报告均值可能存在什么缺点？

2. 你刚买了一辆新车，据说其在高速公路上的油耗是每加仑油行驶31英里。当然，你的里程会发生"变化"。如果你必须进行推测，你预计所有与你相同的车的汽油里程数的 IQR 是 30 英里/加仑、3 英里/加仑，还是 0.3 英里/加仑？为什么？

3. 某公司正在销售一款新型 MP3 播放器，并在广告上说该产品的平均使用寿命为 5 年。如果你在该工厂负责质量控制，你希望你们生产的播放器产品寿命的标准差是 2 年还是 2 个月？为什么？

5.5 形状、中心与离散度——一个总结

对于定量变量应该报告哪些内容？要报告其分布形状、中心和离散度。但是中心和离散度分别用什么测度？指导方法非常简单。

如果形状是有偏的，应该指出来，并报告其中位数和 IQR。你可能也想包括均值和标准差，用以解释均值与中位数为什么不同。实际上，均值与中位数的不一致提示了分布是有偏的。直方图可以帮助你指出这一点。

如果形状是单峰且对称的，要报告其均值和标准差，可能也需要报告中位数和 IQR。对于单峰对称数据，IQR 通常比标准差大一些。如果你的数据集不符合这一点，再次观察一下，确保分布不是有偏的或多峰的且无异常值。

如果存在多个众数，努力理解其原因。如果你对于单独的众数有合理的解释，那么把这些数据分成几个独立的组是一个好主意。

如果存在一些明确的异常观测值，要指出它们。如果你正在报告均值和标准差，那么要报告计算包含和不包含异常值的两种结果。它们之间的差异可能反映一些问题。

始终将中位数与 IQR 放在一起、均值与标准差放在一起同时报告。只报告其中一个通常是毫无意义的。只报告中心而不给出离散度会导致你认为自己对分布的了解多于对分布的实际了解。仅报告离散度也会忽略重要的信息。

□ 举例

汇总数据

问题：报告下载量数据的形状、中心和离散度；见 5.1 节举例。

答案：最近 24 小时每小时下载量的分布是单峰且对称的。每小时下载量的均值是 18.7，标准差是 8.94。午夜有几个小时的下载量比较少，但没有数据看起来异常而被作为异常值。

5.6 五数概括与箱线图

只用几个数值就能对分布进行概括的好方法就是五数概括。一个分布的五数概括报告了其中位数、四分位数和极值（最大值和最小值）。例如，2002—2007 年

AIG 股票月度交易量的五数概括如表 5.2 所示（以百万股表示）：

表 5.2　　2002—2007 年 AIG 股票月度交易量的五数概括（以百万股表示）

最大值	515.62
Q3	182.32
中位数	135.87
Q1	121.04
最小值	83.91

五数概括提供了分布的整体概况。例如，由于四分位数反映的是一半数据中间位置的情况，所以我们可以看出在一半的天数里交易量在 121.04 百万～182.32 百万股。我们也能看出最高处的成交量高于 500 百万股，最低处的成交量小于 83.91 百万股。因为某种原因那些交易日不同寻常，还是仅仅因为是最繁忙和最清闲的交易日？为了回答这个问题，我们需要概括更多一些的内容。

一旦我们有了某（定量）变量的五数概括，就可以用箱线图（boxplot）来显示有关信息（见图 5.9）。

箱线图突出展现了变量分布的几个特征。箱线图中央的箱子显示处于两个四分位点间的一半数据中间的位置。因为箱子顶端位于 Q3，底端位于 Q1，箱子的高度等于 Q3－Q1，即等于 IQR。（对于 AIG 数据，IQR 等于 61.28。）中位数被绘制成一条水平直线。中位数大致处于四分位数的中间位置，因而一半数据的中间位置大体上是对称的。如果中位数不在中间，分布就是有偏的。在极端的例子中，中位数可能与四分位数之一相一致。

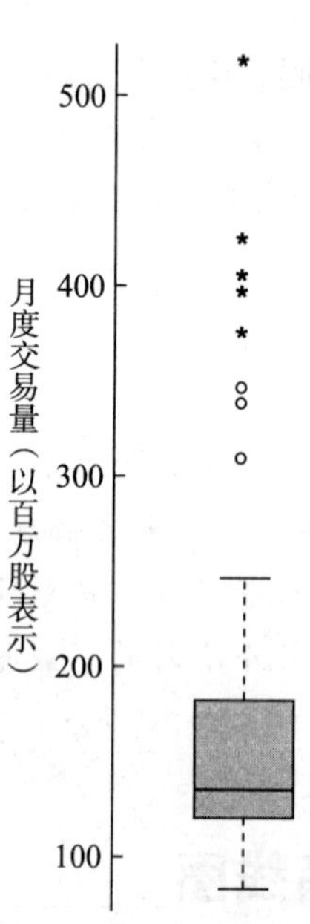

图 5.9　2002—2007 年 AIG 股票月度交易量的箱线图（以百万股表示）。

箱子与大多数极值相连的须并非被认为是异常值。在箱线图中，落入远于 1.5IQR 且越过任一四分位数（对于 AIG 数据，1.5IQR＝1.5×61.28＝91.92）的点被确定为异常值。异常值被单独显示，不仅为了避免对偏斜的判断造成干扰，而且鼓励你给予它们特别的关注。它们有可能是错误的，或者可能是你的数据中最有意义的个案。这一原则并不是使某点成为异常值的定义。它仅仅是为了指明需要给予特别关注的个案。但是，这并不是对仔细分析的替代，也并不是对一个值是否特殊的思考。

绘制箱线图很简单。首先，在轴上确定中位数和四分位数的位置，并画出三条短线。对于 AIG 数据，它们近似为 121（Q1）、136（中位数）和 182（Q3）。轴通常是垂直的（如图 5.9 所示），但也可以是水平的。连接四分位线，绘制成箱子。在位于 1.5IQR 且越过每个四分位数的位置竖起“栅栏”。对于 AIG 数据，栅栏分别是 121.04－1.5×61.28＝29.12（低处栅栏）与 182.32＋1.5×61.28＝274.24（高处栅栏）。这些栅栏不要在最终的图中画出来。它们被用于判断哪些点可以看作异常值。向栅栏中最远的极值数据处画须。在 AIG 数据中，因为极小值 83.91 大于 29.12，因此低处栅栏下面没有数值，但是在高处栅栏之上的 274.24 位置有 7 个点。最后，分别画出每一个异常值。如图 5.9 所示，一些箱线图用特殊符号将那些高于四分位数 3IQR 的“极端”异常值区别出来。

箱线图遗漏了分布的一些特征，但如我们下面马上看到的，当一起比较几个分布时，这些特征特别有用处。

从图 5.9 的箱线图形状看，它看起来像右偏的（在该图中是向上偏的）交易量分布的中央部分，且两条须的不同长度显示了分布的外围部分也是有偏的。我们也看到了几个高交易量和一些极高交易量的天数。箱线图可以很好地显示出异常值。这些异常的交易日可能需要多加关注。(它们什么时候出现以及为什么出现?)

确认异常值的 1.5IQR 法则

如果一个点位于与低四分位数（Q1）或高四分位数（Q3）的距离大于 1.5 IQR 的位置，那么这个点即可确认为异常值。如果点所在的位置与四分位数的距离超过 3IQR，一些箱线图也将其确定为“极端”异常值。著名的统计学家、箱线图创始人 John W. Tukey 曾经被人（本书作者之一）问到为什么异常值确认法则确定在每一个四分位数的 1.5IQR 之外的位置。他回答其原因在于 1IQR 太小，而 2IQR 太大。

□ 举例

确认异常值的箱线图法则

问题：从 5.1 节举例的直方图看，我们发现没有点看起来距离中心很远，以至于可被看作是异常值。运用 1.5IQR 法则来观察是否可以确认一些点为异常值。

答案：四分位数是 13 和 24.5，IQR 是 11.5。1.5×IQR＝17.25。点必须大于每小时下载量 24.5＋17.25＝41.25 或者小于每小时下载量 13－17.25＝－4.25。最大的数值是每小时下载量 36，且所有的数值必须非负，因而没有点可以确认为异常值。

□ 指导性案例：信用卡银行的顾客

为了关注特定顾客的需求，公司经常会根据相似的需求或支出规律将客户分为不同的组。某大型信用卡银行想了解某特定组的持卡人每月使用信用卡消费多少，以推测使用该公司信用卡的潜在客户增长量。每个客户的数据是最近三个月内他或她使用信用卡的消费额。对于将直方图与数值概况联系起来的变量而言，箱线图是特别有用的。我们来概括一下该组客户的支出情况。

计划

准备：确定变量、数据的时间范围和分析目标。

我们想要概括最近三个月内感兴趣的某组 500 位持卡人平均月度消费额（以美元表示）。数据是定量型的，我们将使用直方图和箱线图，同时也用到数值概括。

实施　　可行性检验→

技术性工具：想清楚你期望发现什么以及检查直方图与你所期望的是否相近，这总是一个不错的主意。你期望了解的数据是客户一个月的信用卡消费额吗？典型的数值是几百美元。这看起来是比较合理的数值。

注意，使用箱线图比直方图更容易发现异常值，但是直方图可以对分布的现状显示更详细的信息。在箱线图中，计算机程序将异常值分散开，因而它们不会叠加在一起，这样更容易看到它们。

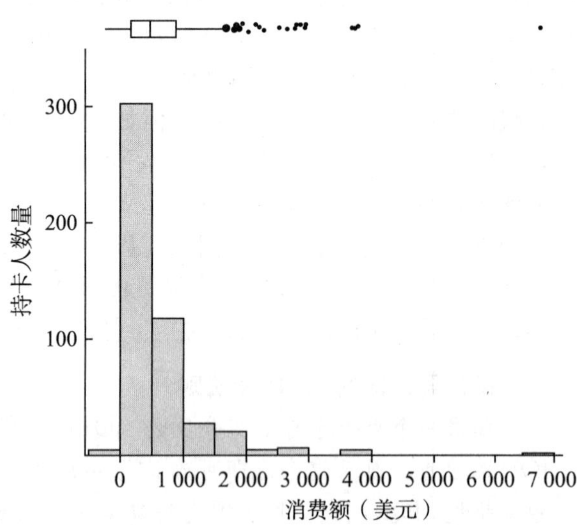

两个图都显示出存在几个异常值的严重右偏分布，且其中一个极端异常值约为 7 000 美元。

月度消费额概括	
合计	500
均值	544.749
中位数	370.65
标准差	661.244
IQR	624.125
Q1	114.54
Q2	738.665

均值比中位数大很多。数据并不是对称分布。

报告	备忘录
解释：描述分布的形状、中心和离散度。确保报告对称性、众数的数量和任何缺口或异常值。 建议：陈述结论和任何建议的行动或分析。	关于：报告部分客户的支出情况。 这部分客户在本时期的支出数据的分布是单峰且有偏的。正是由于这个原因，我们使用中位数和四分位数差（IQR）来概括数据。 中位数支出是 370.65 美元。一半持卡人的支出在 114.54～738.67 美元之间。 除此之外，有几个大的异常值，其中一个极端异常值为 6 745美元。 也有几个负值。我们推测可能是由于人们一个月内的还款额大于支出额，但是由于这些数值可能存在数据误差，我们建议对这些数据进行检查。 在下一步的分析中，需要观察这 3 个月内的支出情况与本年度剩余月份的支出情况是否相似。我们也倾向于调查是否存在季节性因素，如果是这样是否可以通过广告宣传或其他因素来解释。

5.7 组间比较

正如我们前面看到的那样，股票交易量每月甚至每天都有很大的变化，但是如果我们再退一步，就可能找到帮我们理解、建模和预测该变化的方法。在本章，我们从观察 AIG 股票价格和交易的月度概括开始。与之不同，如果我们考虑单一的日交易量，就可以把交易日按照如周、月度、季度或年度的时间间隔进行分组。根据我们分组依据的标准不同，分布图也会相应地变化。对分布进行比较，能够揭示真实的规律、差异和趋势。

我们以“大图”开始。不是取月度平均值，而是观察最初两年即 2002 年和 2003 年的每日收盘价的数据：

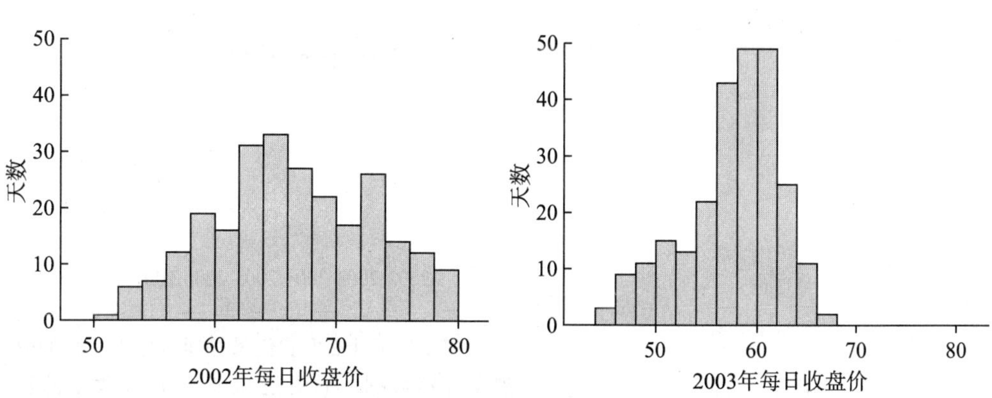

图 5.10　2002 年和 2003 年 AIG 股票在纽约证券交易所每日收盘价。两个分布呈现怎样的不同？

从图中不难看出 2003 年的价格一般低于 2002 年。2002 年的价格分布是对称的且中心高于 60 美元，而 2003 年的价格分布是左偏的且中心低于 60 美元。因为我们绘制的两个直方图大小相同，所以能够很容易地对它们进行比较。不同中心和离散度的直方图可能看起来很相似，除非你对其进行改动。

直方图适合于对两组数据进行比较，但是如果我们想要比较几年的数据怎么办？对于显示一个或两个分布，直方图是最好的方法。当我们比较几组数据时，使用箱线图更好些。箱线图可以使信息与简化达到理想的平衡，在显示整体概括信息时可以将细节忽略掉。我们可以并排作图，使箱线图更容易比较多组或分类数据。

当将箱线图并排排列时，我们可以很容易地指出哪组数据的中位数更大，哪组数据有更大的 IQR，中间 50%的数据位于哪里，以及哪组数据有更大的极差。我们也能够从中位数是否位于箱子的中心及两边须的长度是否一样来得出数据是否对称的总体结论。同等重要的是，在做这些比较时，我们可以看出舍弃了哪些异常值，其原因在于它们是被单独显示出来的。我们还可以从这些中位数和 IQR 中开始观察数据的趋势。

□ 指导性案例：AIG 股票价格与交易量

在 2008—2009 年金融危机期间，从我们已经研究的早期开始 AIG 股票价格发生了什么变化？绘制每月股票交易量数据的箱线图是观察其变化情况的好方法。我们感兴趣的不仅仅是分布的中心，而且也对分布的离散度感兴趣。每年交易量的波动性是相同的，还是在一些年份中更分散些呢？

计划 准备：确定变量，报告数据的时间范围并说明目标。	我们想要比较 2002—2009 年在纽约证券交易所的每日股票交易价格。 每日股票交易价格是定量变化并用美元来测度。我们可以通过年份分割数值并使用并排箱线图来比较不同年份的每日股票交易价格。
实施 技术性方法：绘制数据的并排箱线图。	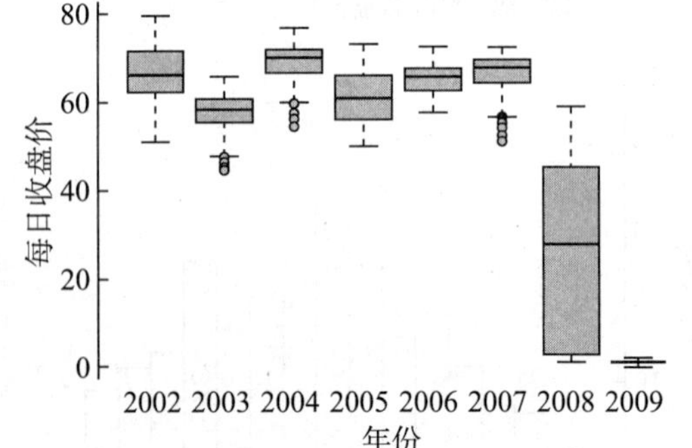 2008 年发生了什么？我们最好通过更为适宜的分割线观察数据。下图是 2008 年每月数据的箱线图。

绘制以前建议的其他图形。	
报告 结论：报告你从数据中得到的结论和任何建议的行动或分析。	备忘录 关于：AIG 股票价格的研究。 我们已经检查了 2002—2009 年纽约证券交易所 AIG 股票的每日收盘价。正如绘制的图所显示的，2002—2007 年股票价格相对变化不大。2003 年股票价格较低，但是在 2004—2007 年回升并大体上处于 60 美元以上。然后在 2008 年，股票价格突然剧烈地下降，而且在 2009 年 AIG 股票价格仅是其曾经的很小比例。2008 年逐月数据的箱线图显示当年全年股票价格持续下降，但 2008 年 9 月下降得更显著。大多数分析者指出 2008 年 9 月是金融危机开始爆发的时间，但是显然在此之前的更长时间 AIG 股票价格已经出现了剧烈下跌的迹象。到 2008 年 10 月及之后几个月，AIG 股票价格非常低且几乎没有变动。

□ 举例

比较箱线图

问题：对于 5.1 节举例中的数据，通过绘制两个分布的并排箱线图比较上午下载量与下午下载量。

答案：下午下载量一般多于上午下载量。下午下载量的中位数是 22 左右，与之相比，上午下载量的中位数是 14。下午下载量也更具有一致性。下午各小时下载量的整体极差是 15，与上午各小时的 IQR 规模大体相当。尽管上午各小时下载量分布有一些高位点，看起来有些不对称，但是两个分布仍都呈现出很好的对称性。

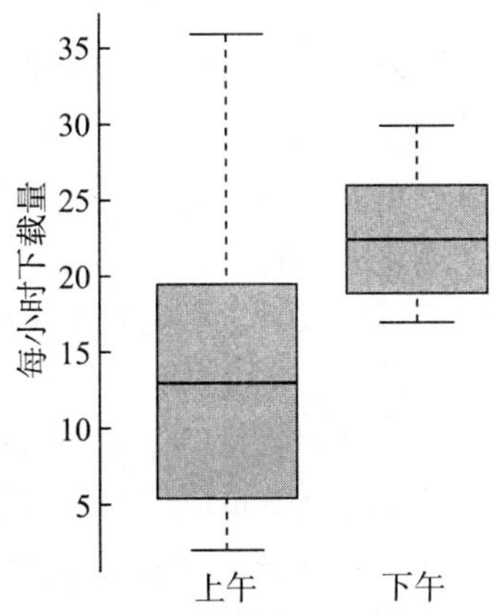

5.8 确认异常值

我们刚刚看到 2008 年 AIG 股票价格出乎意料地剧烈下跌。我们来观察一下各月日交易量箱线图是否存在相似的规律。

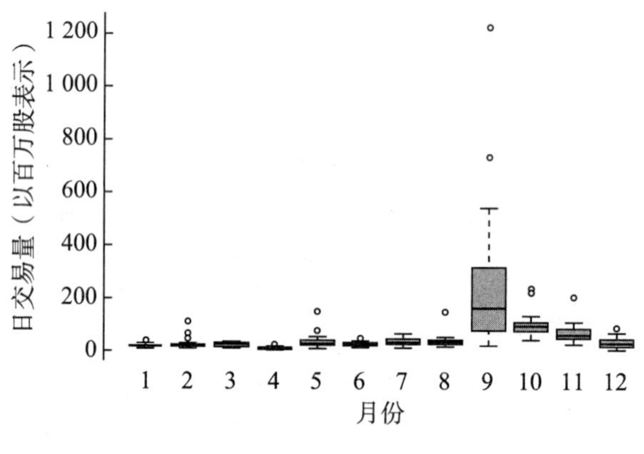

图 5.11

由图 5.11 可见，1 月份出现了一个高达 38 百万股的日交易量，并确认为该月的一个异常值。2 月份有 3 个异常值，且其中最大值超过 100 百万股的日交易量。在大多数月份里，一个或几个高的日交易量被确认为相应月份的异常值。但是这些异常值如果放到 9 月份就不会被认为不同寻常，当月 AIG 股票日交易量的中位数是 170 百万股。对于 9 月份而言，日交易量似乎都很正常，但如果将 9 月份的日交易量置于其他月份，看起来就极为异常，反之亦然。1 月份的高日交易量当然不会成为 9 月甚至 10 月或 11 月的异常值，但对于 1 月份而言，它就是显得很醒目。

数据中突出的观测值值得我们关注。箱线图将极端观测值显示为异常值是有一定确认法则的，但仅仅是一种经验法则——并非定义。该法则并不会说明对这些异常值应该如何处理。对于认真思考数据与它们的背景而言，该法则并不能作为替代方法。

因此，我们应该如何处理异常值呢？首先，应该在数据背景下试着理解它们。一旦你确认它们看起来像是异常值，你就应该坚持检查它们。有些异常值是不可信的以及可能仅仅是错误的。数据的小数点可能被放错了位置，数字间转换了位置，数字重复或被省略了。有时候是数字被抄写错了，也许是在原始数据页上复制了相邻的数据。或者，可能数据单位是错误的。如果你看到纽约证券交易所 AIG 股票交易量在某个特定交易日是 2 股，那么这时候你会发现肯定是有错误。有可能实际交易量是 2 百万股，但你必须通过检查以确定到底是什么问题。如果你能确定是错误的，那么你当然也应该对其进行修正。

许多异常值并非错误数值；它们仅是与其他数值不同。这些异常观测值通常值得你努力去理解它们。你可能会从异常观测值上获得比整体数据集概括统计量更多的信息。当面对一个（多个）能够该改变图示、概括统计量或结论的异常值时，最有效的方法是对包含与不包含异常值的数据都进行分析，并比较两种情况的差异。

你如何看待9月份两个显然可看作极端异常值、甚至在变化剧烈的月份也是如此的日交易量？这两个交易日分别是2008年9月15日和16日。在15日，AIG股票的交易量是740百万股。在随后的交易日，一个单一公司的股票交易量超过了10亿股，简直难以置信。下面是Barron对9月16日股票交易的描述：

记录纽约证券交易所的交易量，纳斯达克交易量激增且超过了其7月份的记录

昨天纽约证券交易所所有股票的交易量达到了创纪录的81.4亿股，但该记录被今天93.1亿股的纽约证券交易所综合交易量超过了。这些股票交易中最大的交易量是买卖AIG的股票，且截至今天下午4点AIG股票交易量达到11.1亿股。AIG交易量占到纽约证券交易所综合交易量总体的12%。

Source: From "Record Volume for NYSE Stocks, Nasdaq Trades Surge Beats Its July Record" *Barron's: The Dow Jones Business and Financial Weekly*, Copyright 2008 by Dow Jones&Company Inc. Reproduced with permission of Dow Jones & Company Inc., via Copyright Clearance Center.

□ 举例

确认异常值与概括数据

问题：一份房地产报告列举了弗吉尼亚州一个小镇的独栋房屋售价（精确到千美元）。写两句话描述该镇的房屋售价。

155 000	329 000	172 000	122 000	260 000
139 000	178 000	339 435 000	136 000	330 000
158 000	194 000	279 000	167 000	159 000
149 000	160 000	231 000	136 000	128 000

答案：箱线图可以显示出极端异常值。

极端点为一栋售价为339.4百万美元的房屋。

一项在互联网上的调查显示在美国曾经销售的房屋的最高售价是100百万美元，位于加利福尼亚州洛杉矶，销售时间是2011年2月。我们能够据此认定弗吉尼亚州339.4百万美元的房屋售价是一个错误数值。

忽略这一点，我们发现如下所示的直方图和概括统计量：

价格分布严重右偏。价格的中位数是160 000美元。最小值是122 000美元，最大值（不含异常值）是330 000美元。房屋售价中间的50%数值范围是144 000～212 500美元，其IQR为68 500美元。

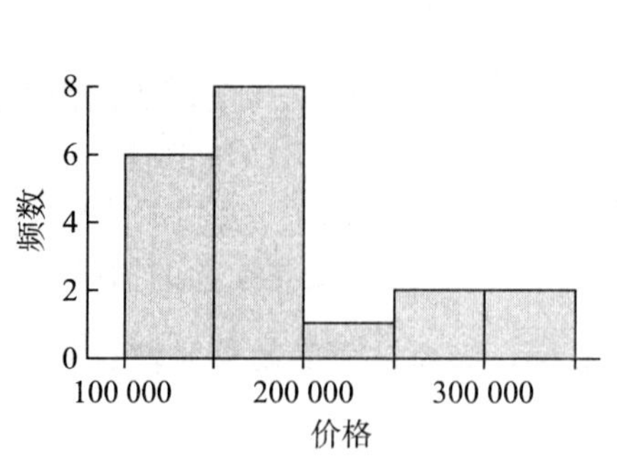

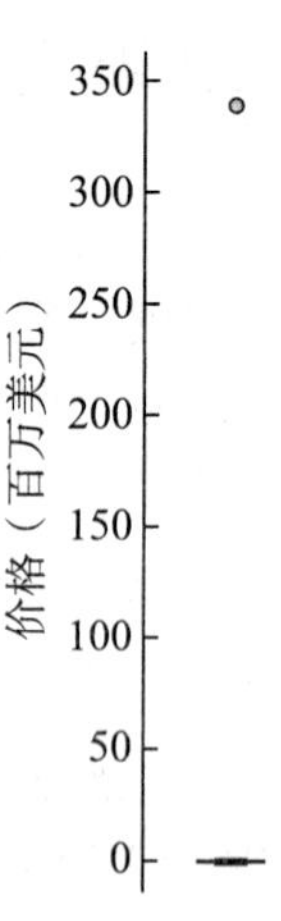

5.9 标准化

《福布斯》杂志列出了美国258家最大的私人公司。我们所说的“大”是指什么?《福布斯》提供了两个判断标准：业务收入（以10亿美元测度）与员工数量。《福布斯》的排名只依据业务收入，但为什么不能将员工数量同时作为判断公司规模的标准呢？我们如何比较这两个标准？如何比较拥有200亿美元业务收入的公司与拥有50 000名员工的公司呢？哪家公司“更大”？因为两个标准的单位不相同，所以我们无法直接比较它们。一个技巧是首先将每个变量标准化，然后比较它们。通过这种方式，我们可以避免将苹果与橙子比较。在本门课程中（或者在其他你可能学习的课程中），诸如“如何将该数值与平均数相比较?”或者“这两个数值相差多少?”这样的难题，都是通过用标准差测度其与均值的距离或差异来回答的。

下面是《福布斯》列出的两个公司：

美国食品服务公司（一家提供各种食品的公司，排名第11位）的业务收入为198.1亿元，拥有26 000名员工；

玩具反斗城（玩具连锁供应商，排名第21位）的业务收入为137.2亿元，拥有69 000名员工。

很容易看出哪家公司挣得更多与哪家公司拥有更多员工，但是在《福布斯》清单中哪家公司相对于另一家公司显得更为突出呢?

标准化如何发挥作用?

我们首先需要找到《福布斯》清单中全部258家公司的每个变量的均值和标准差：

	均值（全部公司）	标准差（全部公司）
业务收入（10亿美元）	6.23	10.56
员工数量	19 629	32 055

下一步，我们通过将每个变量减去均值后再除以标准差的方式来测度变量之间的差异有多大：

$$z=(y-\bar{y})/s$$

我们把计算的结果称为标准化值（standardized value），并用字母 z 表示。通常情况下，我们将其称为 z 得分（z - score）。z 得分告诉我们变量偏离其均值的距离有多少个标准差。

我们首先观察一下公司业务收入。

为了计算美国食品服务公司的 z 得分，我们先将其业务收入数值（19.81）减去其均值（6.23），再除以 10.56：

$$z=(19.81-6.23)/10.56=1.29$$

其含义是美国食品服务公司的业务收入偏离其均值 1.29 个标准差。该公司的员工数量呢？

$$z=(26\ 000-19\ 629)/32\ 055=0.20$$

因此，美国食品服务公司的员工数量并不像其业务收入的规模那样大（相对于清单上的其他公司而言）。该公司的员工数量与其均值的偏离只有 0.20 个标准差。

玩具反斗城公司的情况如何呢？

对于业务收入，$z=(13.72-6.23)/10.56=0.71$；对于员工数量，$z=(69\ 000-19\ 629)/32\ 055=1.54$。

可见，哪家公司更大？如果我们使用业务收入指标，美国食品服务公司胜出。如果我们使用员工数量指标，玩具反斗城公司获胜。

到底我们应该使用哪一个指标评判并不确定，但是标准化为我们提供了一种单位不相同的变量间比较的方法。在这一案例中，有人可能认为玩具反斗城公司规模较大。玩具反斗城公司的 z 得分为 0.71，而美国食品服务公司的 z 得分为 1.29，但是前者员工规模的 z 得分为 1.54，而后者员工规模的 z 得分为 0.20。

标准化 z 得分：

- 把均值转化为 0。
- 把标准差转化为 1。
- 不改变分布的形状。
- 去掉了单位。

尽管人们总是在做类似于综合变量的事情，但是如何将两个变量综合仍不明确。《财富》杂志在理想工作场所研究所（Great Places to Work Institute）的帮助下研究出有效地对最好的公司进行排名的方法。2009 年，软件公司 SAS 胜出。他们是如何获得荣誉的？总体而言，分析者们测度了 50 个不同领域的公司。SAS 比所有 50 个变量更好吗？当然不是，但是为了将变量综合起来，分析者们必须在综合变量之前将变量标准化，无论采用什么方法，这一点几乎是可以确定的。

□ 举例

通过标准化比较变量

问题：一个房地产分析者从5.8节举例中讨论的房屋销售例子中发现了更多的数据。在350个最近的房屋销售数据中，平均售价是175 000美元，标准差为55 000美元。房屋面积（用平方英尺表示）平均为2 100平方英尺，标准差为650平方英尺。对于此小镇一套售价为340 000美元的房屋，或面积为5 000平方英尺的房屋，哪个数据更为不寻常？

答案：计算出 z 得分进行比较。对于售价为340 000美元的房屋：

$$z=\frac{y-\bar{y}}{s}=\frac{340\,000-175\,000}{55\,000}=3.0$$

该房屋的售价偏离均值3个标准差。

对于面积为5 000平方英尺的房屋：

$$z=\frac{y-\bar{y}}{s}=\frac{5\,000-2\,100}{650}=4.46$$

该房屋的面积偏离均值4.46个标准差。面积为5 000平方英尺的房屋比价格为340 000美元的房屋更为不寻常。

5.10 时间序列数据

2007年AIG股票的每日收盘价直方图显示了股票价格的双峰分布，其中一个众数仅略小于70美元，另一个众数更小，约为57美元。一个直方图（见图5.12）能够提供变量分布的信息，但是对于类似的时间序列数据，找出一定时间内的数据规律总是一个好主意。图5.13显示了2007年每日收盘价随时间变化的散点图。

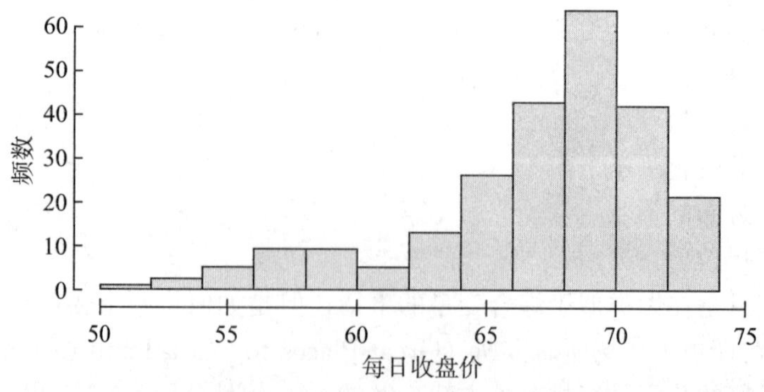

图5.12 直方图显示2007年AIG股票价格呈双峰分布，但是没有提供价格随时间变化的有关信息。

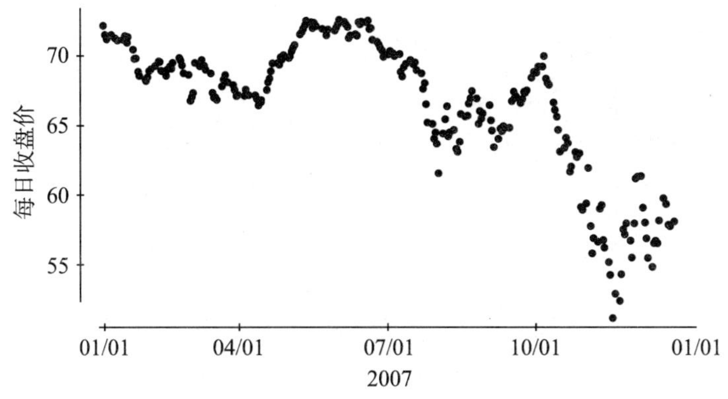

图 5.13　AIG 股票每日收盘价的时间序列图显示总体规律与变化趋势。

根据数值随时间变化的情况而画出的图称为时间序列图（time series plot）。该图反映了股票价格的变化规律，这一规律我们无法在直方图与箱线图显示的全年价格数据上看出来。现在，我们能看到尽管 2007 年春天股票价格有所回升，但是 7 月后已经出现了股票价格不可能维持在 60 美元的迹象。到了 10 月，这一变化规律更为清晰。

时间序列图通常会显示大量点对点的变异性，如图 5.13 所示，并且经常可以看到时间序列图中把点都连在了一起，尤其是在金融出版物中。

把点对点的局部变动进行平滑连接一般是比较好的做法。毕竟我们通常想通过该变动来理解潜在趋势及思考数值在该趋势周围是怎样变动的——时间序列的中心和离散度。对于计算机来说，有很多平滑时间序列图的方法。一些方法是根据局部凸点，一些方法是强调长期趋势。一些方法提供给出任意给定时间点对应的一个典型数值的方程，其他方法仅给出平滑轨迹。

平滑轨迹可以突出长期规律，并帮助我们从更小的局部变化中找出它们。图 5.15 显示了图 5.13 和图 5.14 中每日收盘价的典型平滑函数图，在很多统计程序中均可生成。通过平滑轨迹，可以更容易地看出数据变化的规律。平滑轨迹帮助我们关注主要趋势及那些并未拟合在变化轨迹上的点。

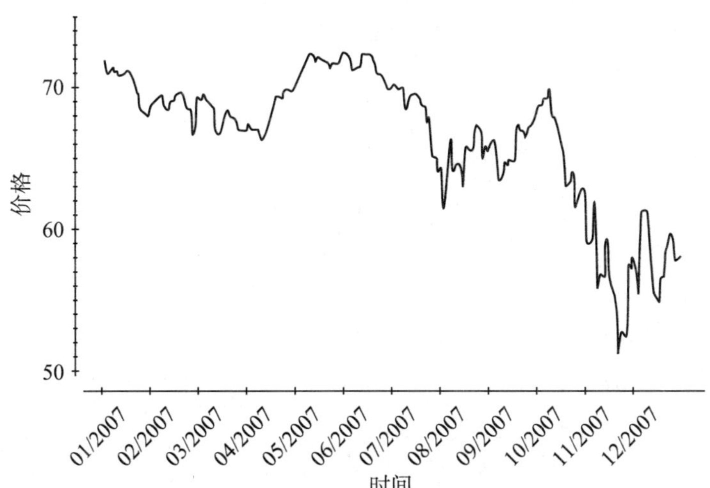

图 5.14　将图 5.13 中每日收盘价的所有点连起来。有时这种方法有助于我们发现潜在的变化规律。

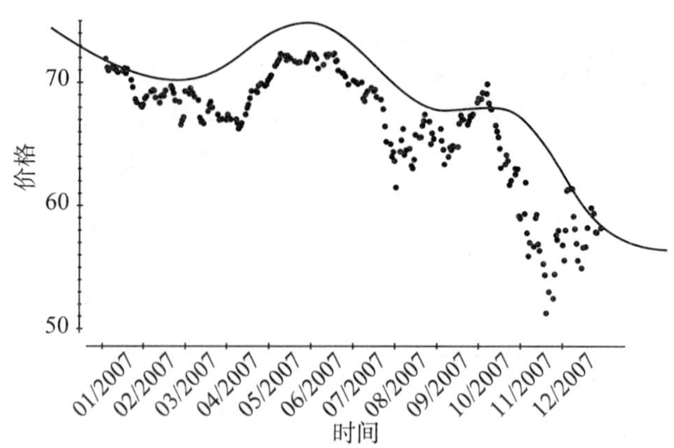

图 5.15　对图 5.13 中每日收盘价增加了平滑轨迹，有助于我们发现长期的变化规律。

尽量将在时间序列图中看到的规律扩展至未来总是很诱人的。有时这样做是很有意义的。纽约证券交易所的交易量很可能全年都遵循一定的规律。预测"三巫日"（当合同到期时）有更多的交易量及在圣诞节到新年的一周内有更少的活动是很可靠的。

将其他规律扩展至未来是比较有风险的。如果某只股票的价格上涨了，它会持续上涨多长时间？没有股票是无限上涨的，也没有股票分析者可以很准确地预测股票价格变化的时间。股票价格、失业率和其他经济、社会或心理指标都比物质数量更难预测。从一定高度以特定速度和方向投掷球遵循的轨迹是很容易被测算出来的。但是利率变化的轨迹却是较不清晰的。

除非我们有很好的（非统计的）理由来解释原因，否则我们应该坚持认为所看到的任何趋势都是可以无限持续下去的。使用统计模型的人经常受到将模型用于超出数据范围的诱惑。在本书的后面部分中，我们会更注重理解什么时候、怎样和多大程度上可以这样做。

我们再次观察一下图 5.13 和图 5.14 中的股票价格变化，试着猜想接下来一个月将发生什么变化。10—12 月的股票价格下跌是出现问题之前的预兆，还是 12 月上涨至 60 美元左右预示着 AIG 股票价格已经回升至几年来正常交易的平稳水平？也许那些在 11 月初以 51 美元买入股票的人确实获益颇多。我们来回顾一下 2008 年的情景（见图 5.16）。

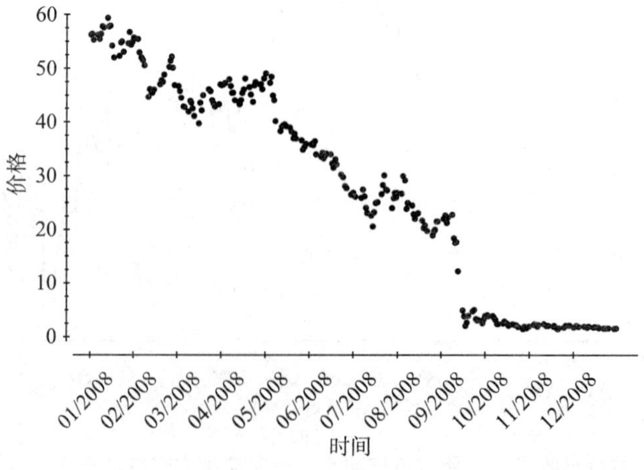

图 5.16　AIG 股票的每日收盘价时间序列图显示 2008 年该公司股票价格发生的变化。

甚至在2008年春天，尽管股票价格缓慢下滑，只根据时间序列图进行分析的交易者们没有开展任何有关随后如何操作的准备。当年秋天，AIG股票市值损失了99%。在获得政府紧急救助之后，AIG股票经历了10对1的反向分割，但是自2012年初开始股票交易价格等同于2.39美元/股的原始分拆前股权。

□ 举例

绘制时间序列图

问题：从5.1节举例中下载的数据属于时间序列数据。按每天各小时顺序绘制时间序列图，并描述你发现的任何规律。

答案：这一天午夜的下载量最大，下载速度达到每小时36，接着至早上5～6点，下载量剧烈下滑，此时下载速度达到其最小值即每小时2～3。到中午的时候，下载速度逐渐提高到每小时20，然后直到午夜一直保持在每小时20左右，且在晚上的时候下载速度略有提高。当我们将午夜和中午的数据分成两类时，就像我们早些时候的做法，我们将不会发现整个变化规律。

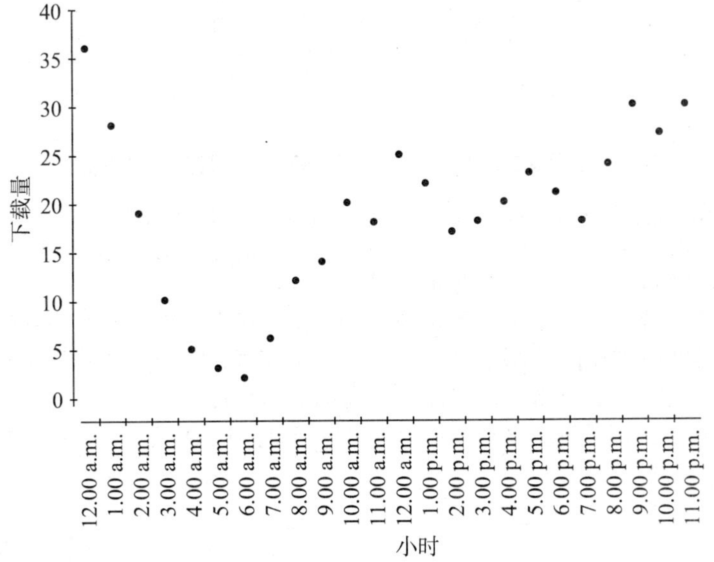

我们在本章开始部分看到的直方图（图5.1）对价格分布概括得非常恰当，其原因在于这一时期股票价格相当平稳。当时间序列数据是平稳的[①]（不存在明显的趋势和变化性），直方图能够提供非常有效的概括，特别是与时间序列图联系起来。然而，当时间序列数据变化很大，就像2007年AIG股票价格一样，直方图将不可能体现很多有用的信息。这个时候，时间序列图是用于描述数据变化情况的最好图形。大多数时间序列图展示数据变化规律以及由于季节和其他循环因素导致的规则性变动。

---

① 有时我们分析出数据的性质，并说这些时间序列数据相对于均值（如果不存在趋势）或相对于方差（如果离散度无变化）是平稳的，但是除非注明，否则我们就会认为在整个时间区间内一个平稳的时间序列数据的所有统计性质都是不变的。

可能出现的错误

数据图应该陈述有关数据的故事。为此，它必须用清晰的语言阐述，明确说明显示的是什么数据，任一轴表示什么及数据的值是什么。同时，它必须与决策保持一致。

概况定量数据的任务需要我们遵循一些原则。我们需要注意数据的某些特征，这些特征对于概括数据具有一定的风险性。下面是一些建议：

● 不要对定性变量绘制直方图。就是因为定性变量包含的数字并不是数量的。下面的直方图是关于一些员工的保单编号。此图并不能提供很多信息，因为保单编号是定性变量。使用直方图或茎叶图显示定性变量是毫无意义的。条形图或饼状图可能会更好些。

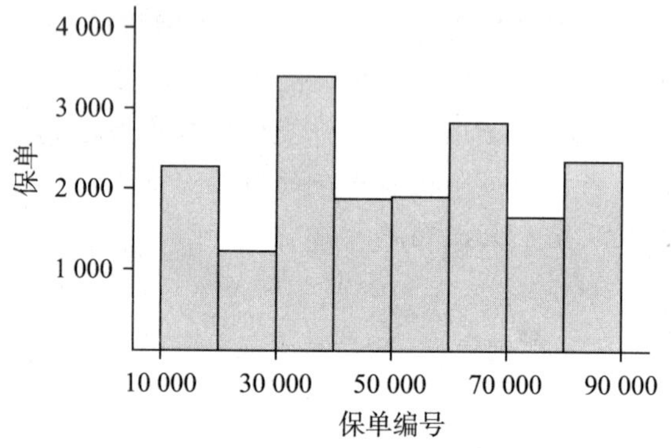

图 5.17　使用直方图显示类似于保单编号的定性数据是不恰当的。

● 对数据选择恰当的显示尺度。计算机程序通常在选择直方图组宽方面可以做得非常好。一般情况下，调整组宽是很容易的，有时是交互式的。图 5.18 显示 AIG 股票价格直方图对于组宽有另外两种选择方式。

● 避免不一致的显示尺度。图的不同部分应该保持相互一致——在图的中间不要更换显示尺度或者在同一图中对两个变量使用不同的显示尺度，而是使用相同的显示尺度。当比较两组数据时，确保用相同的显示尺度绘图。

● 清晰地标注。变量应该被清晰地标明，坐标轴也要进行标注，这样才能使读者理解图中显示的内容是什么。

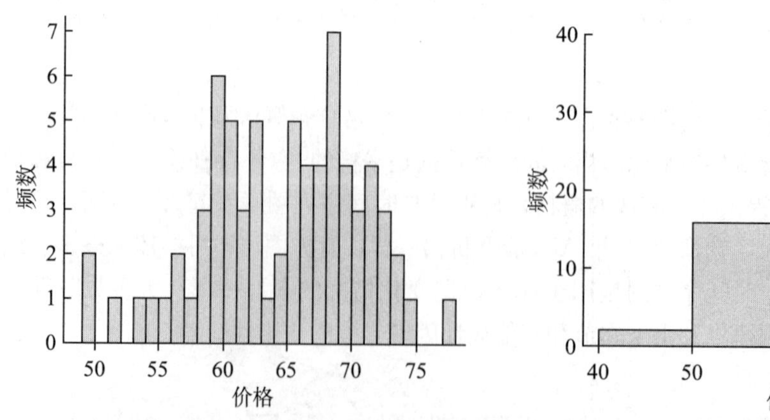

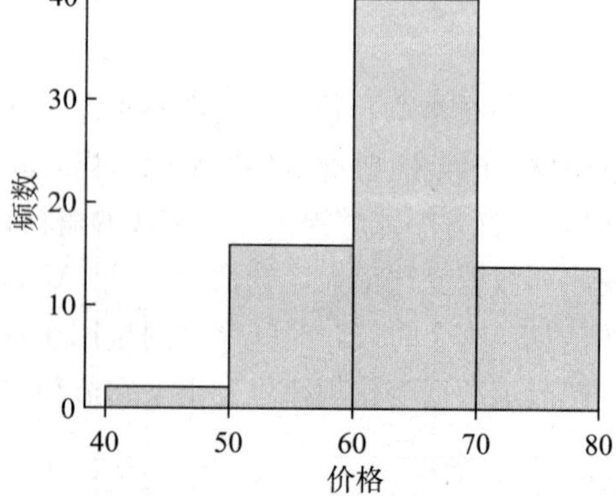

图 5.18　通过变动组宽观察直方图的变化。使用两种不同的组宽选择方式，AIG 股票价格看起来差别很大。

下面是绘图错误的典型例子。例子中说明了大学费用增加的新闻故事。它使用了时间序列图，但却给出了错误的印象。首先，考虑一下这幅图中讲的故事，然后试着找出其中的错误。

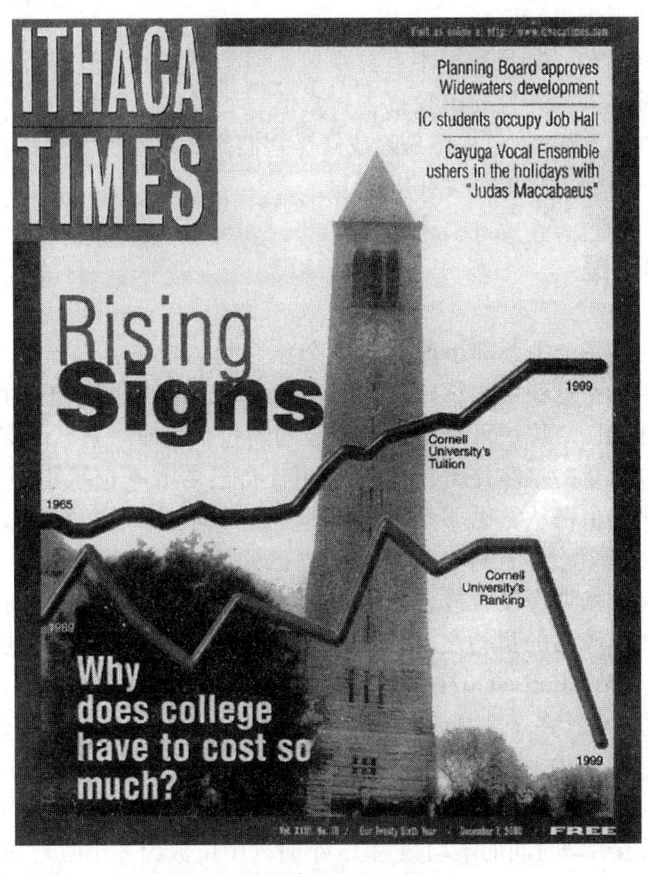

什么地方出错了？有可能每个做法都是错误的。

● 水平尺度不一致。两条线都显示了随时间变化的趋势，但这是对哪一年而言呢？学费序列起始于 1965 年，但排名却是从 1989 年开始的。把它们放在同一个（可见）尺度上使它们看起来是在相同的年份中。

● 竖直轴没有标注。这样做隐藏了两个变量使用不同尺度的事实。画出的是美元（学费）还是（康奈尔大学的）排名？

这个图违背了 3 条原则。甚至比这更糟糕。它违背了我们总是不厌其烦提到的一条原则。纵轴不一致的尺度的指向不同！康奈尔大学排名的线显示了其学术排名从第 15 位“跌”到了第 6 位。大多数人认为这是一种提高，但这并不是该图显示的信息。

● 要做现实性的检查。不要让计算机（或计算器）替你思考。要确定计算得到的概括统计量是有意义的。例如，均值看起来是否在直方图的中心？再考虑一下离散度。对家用汽车来说，50 英里/加仑的 IQR 明显是错误的。并且没有离散度会是负值。标准差的值可以为 0，但仅在所有数值都相等时才是这样，这种情况非常少见。如果你发现 IQR 或标准差等于 0，很可能预示着数据中某些地方出现了错误。

● 不要对定性变量计算数字概括。邮政编码的均值或社会保险号码的标准差是没有意义的。如果变量是定性变量，你应该报告像百分比这样的概括。在使用技术性工具来对数据作概括时容易犯这类错误，毕竟计算机不关心数据表示什么。

- 要注意多个众数。如果在分布中，就像在直方图中看到的那样，有多个众数，那么要考虑将数据进行分组。如果不能把数据用有意义的方式进行分组，就不能对变量的中心和离散度进行概括。

- 要注意异常值。如果数据中有异常值，但是单峰的，就要考虑在进一步计算时把异常值排除在外，并且要单独报告异常值。如果你可以找到出现异常值的简单原因（如数据录入错误），就应该剔除或修正它们。如果两种方法都行不通，就选择中位数和 IQR 来概括数据的中心和离散度。

实践中的伦理

Beth Tully 在一个中西部小城拥有一个独立的咖啡馆 Zenna's Café。自从 2002 年营业以来，她的生意稳步增长，并且现在已经把定制咖啡延伸到了当地的旅馆和市场中。她操作的微焙烧炉可以提供专业级的阿拉伯咖啡，被认为是当地最好的咖啡。除了提供高质量的咖啡之外，Beth 也想让自己的咖啡馆承担更多的社会责任。为此，她用公平的价格从农民那里收购咖啡豆，并向巴拿马、哥斯达黎加和危地马拉的慈善事业捐赠资金。此外，她还鼓励自己的员工参加当地的社工活动。最近，一个很有名的跨国咖啡连锁店打算在她所在的区域开店，该连锁店是少数可以提供自由贸易认证咖啡产品的机构之一，并且在全球为社会正义而战。最后，Beth 认为这是她开始把 Zenna's Café 承担社会责任的努力展现给大众的好机会，但是必须强调他们对当地社区的贡献。在 3 个月前，她开始收集她的员工每周做义务劳动的时间。她一共有 12 名员工，其中 10 名员工是全职。大多数员工每周的义务劳动时间都少于 2 小时，但是 Beth 注意到有一名兼职员工每周的义务劳动时间都在 20 小时以上，同时发现她的员工每周义务劳动时间的平均数为 15 小时（中位数为 8 小时）。她计划把平均数报告出来，并且相信很多人会对 Zenna's Café 对当地社区做出的贡献而感到震撼。

伦理问题 数据中的异常值影响了平均水平并使 Beth 和 Zenna's Café 均从中受益（与《美国统计学会道德指南》的第 C 条款相关）。

伦理解决方案 Beth 得到的数据是极为有偏的，异常值（兼职员工的义务劳动时间）把员工的义务劳动时间的平均数据提高了，所以仅报告平均数具有误导性。此外，因为异常值是兼职员工（12 名员工中有 10 名是全职员工）的义务劳动时间，所以将异常值从数据中剔除是很公正的。对 Beth 而言，下面的做法更符合常理：（1）报告平均数，同时也讨论异常值；（2）仅报告全职员工的平均数；（3）报告中位数，而不是平均数。

小结

学习目标

- 学会绘制和解释显示变量分布的直方图。

● 理解分布的形状、中心和离散度。

■ 学会描述分布的形状。

● 对称分布显示了围绕中心的大体相同形状。

● 有偏分布的一侧比另一侧延伸得较远。

● 单峰分布有单独一个显著的凸起或众数；双峰分布有两个显著的凸起或众数；多峰分布的凸起或众数更多。

● 异常值是与其他数据离得较远的数据值。

■ 学会计算分布的均值和中位数，了解何时使用其中一个概括中心是最好的。

● 均值是数据值的总和除以数据个数。它适用于概括单峰对称分布。

● 中位数是中间的数据值；一半的数据值大于中位数，另一半的数据值小于中位数。它可以用于较好地概括有偏的或有异常值的分布。

■ 学会计算标准差和四分位间距（IQR），并且懂得何时使用其中一个概括离散度最好。

● 标准差约等于每个数据值与均值之间的平均离差平方的平方根。它用于概括单峰、对称变量的离散度。

● IQR 是指四分位数之差。它通常适用于概括有偏的分布或有异常值的数据的离散度。

■ 学会找出五数概括，并使用它绘制箱线图。应用箱线图异常值确认法则辨别可能值得给予特殊关注的个案。

● 五数概括包括数据的中位数、四分位数和极值。

● 箱线图显示了作为中央盒子的上限和下限的四分位数，中位数是穿过盒子的线条，“须”延伸至那些不被确认为异常值的最大或最小的极值。

● 箱线图分布显示了超过每个四分位数多于 1.5IQR 的任一个案。

■ 学会使用箱线图比较分布。

● 箱线图使得比较几组数据很容易，比较中心（中位数）和离散度（IQR）很容易。

● 因为箱线图分别显示了可能的异常值，任何异常值都不会影响比较。

■ 学会标准化数据值，并使用它们比较不同的变量。

● 我们通过找出 z 得分对数据值进行标准化。将一个数据值转化为其 z 得分的方法是将数据值减去其均值再除以其标准差。

● z 得分没有单位，因而变量之间的 z 得分可以进行比较。

● 测度数据值与其均值距离的思想可以用术语标准差来表示，这是统计学中的基本概念，在后面的章节中我们将反复多次提到此概念。

■ 学会绘制和解释时间序列图。

● 寻找整个时间段数据离散度的趋势和任何变化。

术语

双峰：有两个众数的分布。

箱线图：可以显示五数概括的箱线图是一个两边带有延伸至非异常值处须的盒

子。箱线图在比较各组数据时特别有用。

中心：分布的中间，通常使用均值或中位数来概括。

分布：某变量的分布提供的信息包括：

- 变量的可能值；
- 每个数值的频数或频率。

五数概括：某个变量的五数概括包括：

- 最小值和最大值；
- 四分位数 Q1 和 Q3；
- 中位数。

直方图（频率直方图）：直方图使用相邻的条来显示定量变量的数值分布。每个条代表了数值落在数值区间的频数（频率）。

四分位数间距（IQR）：第一个四分位数与第三个四分位数的差。IQR＝Q3－Q1。

均值：中心的测度，计算公式为 $\bar{y} = \sum y/n$。

中位数：中间值，其上有一半数据，其下有一半数据。

众数：某变量分布形状的尖峰或局部最高点。众数的位置会随着直方图尺度的变化而变化。

多峰：有两个以上众数的分布。

异常值：看起来不属于其他剩余数据的极值。它们可能是值得进一步研究的非寻常值或者就是错误值；没有明确的方法可以确定它们。

四分位数：低四分位数（Q1）是 1/4 的数据小于该值的数值。高四分位数（Q3）是 1/4 的数据大于该值的数值。中位数和四分位数将数据分为相等的四部分。

极差：数据集中最大值和最小值的差：极差＝最大值－最小值。

重新表达或变换：使用取对数、平方根、倒数或其他数学运算来对整个数据集中的数据进行重新表达或变换。

形状：分布的视觉外观。为了描述形状，需要找出：

- 有单个还是多个众数；
- 对称还是有偏。

有偏的：如果某分布的一个尾巴延伸得比另一个尾巴长，则称为是有偏的。

离散度：关于聚集在分布中心紧密程度的描述。离散度的测度方式包括 IQR 和标准差。

标准差：离散度的测度方法，计算公式为 $s = \sqrt{\frac{\sum (y-\bar{y})^2}{n-1}}$。

标准化数值：我们通过将数值减去均值再除以变量的标准差来对变量进行标准化处理。计算得到的数值称为 z 得分，且该数值没有单位。

平稳：如果某时间序列的统计特征不随时间的变化而改变，那么称其是平稳的。

茎叶图：茎叶图通过数据分布的略图来显示定量变量的数据。通过例子可以很详尽地描述出来。

对称的：如果某分布的两半从中间看起来很相似，就像照镜子一样，那么该分布就是对称的。

尾巴：某分布的尾巴是在两边明显变小的部分。

时间序列图：显示数据随时间变化的图。一般情况下，连续的数据用线连接起来以更清晰地显示趋势。

均匀的：大体上平缓的分布称为均匀的。

单峰：仅有一个众数。它是描述大体上呈丘状的直方图形状的有用术语。

方差：标准差的平方。

z 得分：某数值离均值有多少个标准差的标准化数值；z 得分的均值为 0，标准差为 1。

技术帮助：显示与概括定量变量

能够显示数据的几乎所有程序都可以绘制直方图，但是有些程序在确定条的起始点和区间范围时比其他程序做得更好些。

很多统计软件包都提供了一系列数据概括方法。其结果可能与如下类似：

```
Variable: Weight
N= 234
Mean= 143.3                Median= 139
St.Dev= 11.1               IQR= 14
```

有时候，统计软件包可能将几个变量和概括统计量制成表格的形式：

Variable	N	mean	median	stdev	IQR
Weight	234	143.3	139	11.1	14
Height	234	68.3	68.1	4.3	5
Score	234	86	88	9	5

读懂结果和分辨出每个计算出的概括值通常是很容易的。你应该能够读懂任何计算机软件包生成的概括统计量。

统计软件包通常提供更多的概括统计量，超过了你的实际需要。当然，当数据有偏或存在异常值时有些概括统计量是不合适的。因此，检查直方图或茎叶图并决定使用哪些概括统计量是你的职责所在。

对于统计软件包而言，报告出很多“精确”小数位数的概括统计量是很常见的。当然，在数据的初始测度中很少能遇到这样高的精度。能计算出小数位后的六位或七位数并不意味着这些位数都有意义。通常情况下，对这些数值进行四舍五入是个好主意，也许允许比原始数据的小数位多一位的精确度足以。

显示和概括定量变量是利用大多数统计软件包能够做的最简单的事情。

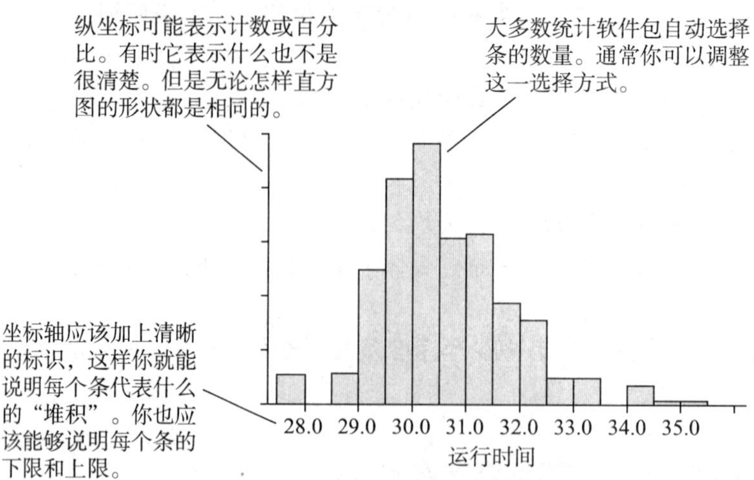

纵坐标可能表示计数或百分比。有时它表示什么也不是很清楚。但是无论怎样直方图的形状都是相同的。
大多数统计软件包自动选择条的数量。通常你可以调整这一选择方式。
坐标轴应该加上清晰的标识，这样你就能说明每个条代表什么的“堆积”。你也应该能够说明每个条的下限和上限。
28.0 29.0 30.0 31.0 32.0 33.0 34.0 35.0
运行时间

EXCEL

在 Excel 中绘制直方图，请使用“Data Analysis”插件。如果还没有安装这一程序，你必须先安装一个。

- 从“Data”功能区选择“Data Analysis”插件。
- 在其菜单中选择直方图。
- 指定你想要绘制直方图的数据范围。
- 指定组的范围，且要包含每组右端的点。
- 如果列的第一个单元格有变量名称，检查标签。
- 检查“Chart Output”，并点击“Ok”。
- 右击结果图的任一个条，从下拉菜单中选择“Format Data Series...”。
- 在打开的对话框中，从侧边框选择“Series Options”。
- 滑动“Gap Width”滑块至“No Gap”，并点击“Close”。
- 在左侧的数据透视表中使用你的指向工具滑动表格底部直到除掉“多余的”组。
- 在 A 列中编辑组的名称，以便于合理地分辨每一组的内容。

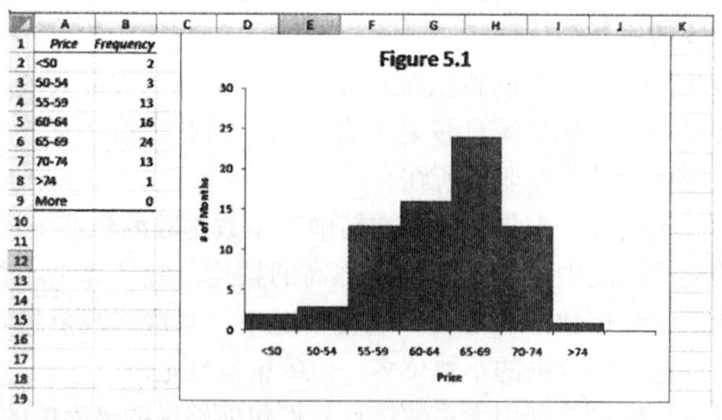

Price	Frequency
<50	2
50-54	3
55-59	13
60-64	16
65-69	24
70-74	13
>74	1
More	0

资料来源：Microsoft Excel 2010。

- 可以右击图例或轴的名称编辑或移除它们。
- 根据上述操作指南，可以使用 AIG 股票价格数据集重新绘制图 5.1。

有时候，你可以自己确立组的边界，并使用像“FREQUENCY（Data array、Bins array)”一样的 Excel 功能对观测值落入每组的数量进行计数。参考 Excel 使用指南或帮助文件以获得如何操作的详细说明。

XLSTAT

绘制直方图：

- 从 XLStat 功能区选项卡中选择“Visualizing data”，然后选择“Histograms”。
- 在“Data”区域内输入数据的单元格范围。

注释：你可以在“Options”选项卡中选择组的数量，也可以选择特定组的范围。如果你指定了组，那么 XLStat 要求组的数据包含第一组的下限，且接下来各组的连续上限如下图所示。

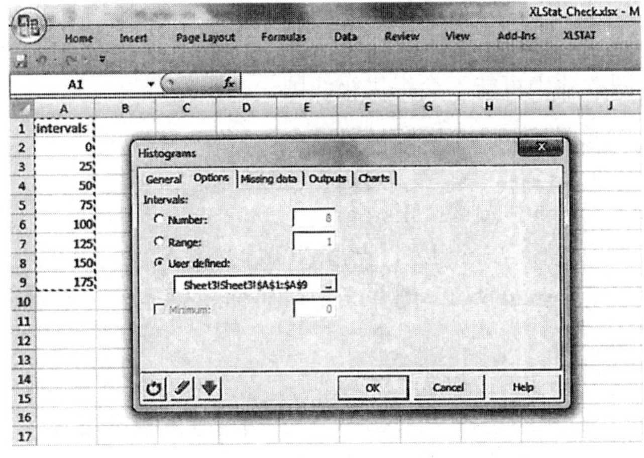

资料来源：培生集团的 XLSTAT。

直方图命令也报告了概括统计量；指明哪些统计量在对话框中的“Outputs”选项卡上被报告出来。

绘制箱线图或茎叶图：

- 选择“Visualizing data”，然后选择“Univariate plots”。
- 在“Quantitative data ”区域中输入数据的单元格范围。
- 在“Charts（1)”选项卡上选择图的类型。

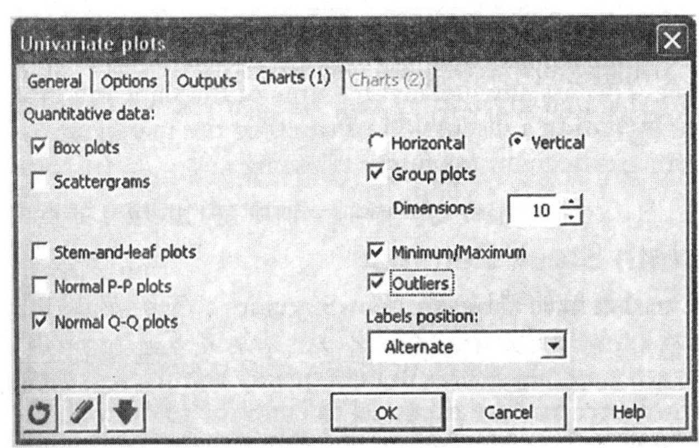

资料来源：培生集团的 XLSTAT。

注意，使用 XLStat 无法在相同的竖直尺度上绘制并排箱线图，就像本章比较各组或发现季节性规律时所做的一样。

JMP

绘制直方图并找出概括统计量：

- 从"Analyze"菜单中选择"Distribution"。
- 在"Distribution"对话框中，将你想要分析的变量名称拖入"Y，Columns"旁边的空白窗口中。
- 点击"OK"。JMP 在显示变量图的同时计算变量的标准概括统计量。

绘制箱线图：

- 选择"Fit y By x"。向"Y，Response"指定连续响应变量，并向"X，Factor"指定名义分组变量，点击"OK"。JMP 将会（在其他信息中）提供数据的点图。点击"Display Options"下方的红色三角，选择"Boxplots"。注意：如果变量的类型不正确，图选项中可能不会提供箱线图。

MINITAB

绘制直方图：

- 从"Graph"菜单中选择"Histogram"。
- 对于图表类型选择"Simple"，点击"OK"。
- 在标有"Graph variables"的盒子中，对你想要显示的定量变量输入变量名称。点击"OK"。

绘制箱线图：

- 从"Graph"菜单中选择"Boxplot"，并指定你的数据格式。

计算概括统计量：

- 从"Stat"菜单中选择"Basic Statistics"。从"Basic Statistics"下级菜单中选择"Display Descriptive Statistics"。
- 从变量清单框中指定变量到"Variables"框中。MINITAB 绘制了一个描述统计量表。

SPSS

使用 SPSS 绘制直方图或箱线图，从"Graphs"菜单中打开"Chart Builder"。

- 点击"Gallery"选项卡。
- 从图表类型清单中选择"Histogram"或者"Boxplot"。
- 将你想要绘制的图的图标拖到画布上。
- 将一个尺度变量拖到 y 轴所在的区域。
- 点击"OK"。

绘制并排箱线图，将一个定性变量拖到 x 轴所在的区域，并点击"OK"。

计算概括统计量：

- 从"Analyze"菜单的"Descriptive Statistics"下级菜单中选择"Explore"。在"Explore"对话框中，从来源清单中指定一个或多个变量到"Dependent List"，并点击"OK"。

□ 微型案例

酒店入住率

酒店业很多方面的需求都会遭遇剧烈的季节波动。为了在该行业取得成功，正确预测这种季节波动和了解需求变化规律是非常重要的。文件 Occupancy _ Rates 中包含了 2000 年 1 月至 2007 年 12 月夏威夷火奴鲁鲁酒店的月度酒店入住率（%）。

检查这些数据并准备一份向火奴鲁鲁连锁酒店经理汇报在此期间酒店入住规律的报告。报告中要包括数字概括和图示并总结出你发现的变化规律。讨论数据中的任何异常特征并尽你所能对其进行解释，同时包括讨论经理是否应该在未来计划中将这些特征考虑进来。

价值型和成长型股票的收益率

股票市场的投资者对他们的投资积极性会做出自己的选择。为了帮助投资者，股票被分为“成长型”和“价值型”两类。成长型股票一般是由高品质公司发行的，并有稳定的绩效和良好的预期。价值型股票是相对于它们的内在价值来说价格看起来比较低的股票（用账面价值与股价比率测算）。投资于这些股票的经理希望低价格仅仅是对近期负面事件的反应。

数据集 Returns① 包含了 1975 年 1 月至 1997 年 6 月被分为成长型股票和价值型股票的 2 500 只股票的月度收益率。检查这两种类型股票的分布情况并分别讨论它们的缺点和优点。可以很清楚地看出哪种类型的股票提供了最好的投资吗？并做简要讨论。

□ 快速测试答案

1. 收入有可能是右偏且非对称的，因而中位数更适合用于测度中心。均值会受高家庭收入的影响，所以不会像中位数那样反映“典型”家庭的收入。这使得典型收入看起来比实际值更大些。

2. IQR 为 30 英里/加仑意味着仅有 50%的汽车的耗油量会在间隔为 30 英里/加仑的区间内。燃油经济性的变化并没有那么大。3 英里/加仑是合理的。IQR 为 0.3 英里/加仑意味着一半汽车的耗油量的估计值变化很小。它并不像汽车、司机和驾驶条件那样具有一致性。

3. 我们更倾向于标准差是 2 个月。对于质量而言，保持产品的一致性很重要。消费者希望 MP3 的使用寿命接近 5 年、标准差为 2 年意味着其使用寿命是高度变化的。

---

① 数据来源：Independent International Associates 公司计算了涵盖 22 个股票市场的国际类型指数。从列表最上面开始逐个挑出账面价值与股价比率最高的股票。这些股票的前半部分构成了“价值型指数”，剩余股票构成了“成长型指数”。

第 6 章

相关性与线性回归

劳式公司（Lowe's）

1921 年，卢修斯·S·劳在北卡罗来纳州的北威克斯波罗开办了一家五金商店。在他去世后，他的儿子吉米和女婿卡尔·巴肯接管了这家商店。第二次世界大战结束之后，在巴肯的领导下，该公司大举扩张规模。通过直接从制造商购进材料，劳氏公司能够向顾客提供价格更低的商品，大多数顾客都与它签订了合同。截至 1955 年，劳氏公司已经拥有了 6 家商店。多数商店有一个很小的配有有限存货的零售店面，且在铁路附近设置了一个储藏室。到 20 世纪 60 年代晚期，劳氏公司发展到 50 家商店，销售额达到约 1 亿美元。当 20 世纪 70 年代后半期房屋建造几乎停滞的时候，劳氏公司对市场情况进行了调查研究，发现即使在房屋建筑业低迷的时期，服务于自己动手建造房屋的房主的五金商店运行得也很好。因此，他们开始转换了经营目标，并且进一步增加商店数量。

截至 20 世纪 80 年代后期，劳氏公司已经拥有 300 多家商店，但是那些商店仍然平均只有 20 000 平方英尺的经营面积，而家得宝公司领先开创了新型超级购物中心的大时代，对经营落后的劳氏公司给予致命一击。劳氏公司研究了新的市场情况，于 1989 年着手发展大型购物中心，并在 1991 年支出了 7 130 万美元重建费用，用于关闭、迁址和重新装修约一半的商店。到 1996 年，劳氏公司已经拥有 400 余家商店，现在每家商店的平均经营面积超过 75 000 平方英尺。在对商店进行重新修建之后，劳氏公司的销售额增长迅猛，从 31 亿美元增长到 86 亿美元。净收益在 1996 年达到 2.922 亿美元，不但稳定了其行业第二的位置，而且与家得宝公司的差距大幅缩小。

2000 年，劳氏公司董事长和 CEO 鲍勃·蒂尔曼提出一项承诺：劳氏公司销售的木制品的原材料绝不是来自热带雨林。劳氏公司由于在减少温室气体排放中的突出贡献从而于 2004 年荣获了“能源之星”零售商合作伙伴的称号，并于 2007

年荣获了美国环境保护署的智能交通运输伙伴计划的环境杰出贡献奖。截至2012年，劳氏公司是仅次于家得宝公司、位居美国和全球第二的大型五金商品连锁集团公司。

调查对象（WHO）：年度。
调查内容（WHAT）：劳氏公司的净销售收入与美国的住宅改善支出。
单位（UNITS）：均为百万美元。
调查时间（WHEN）：1985—2010年。
调查地点（WHERE）：美国。
调查原因（WHY）：检验劳氏公司的销售情况与住宅改善市场的关系。

劳氏公司不但向签订合同的客户出售商品，而且向房屋所有人出售商品。也许了解所有美国人在住宅改善上的支出有助于我们预测劳氏公司的销售收入。下面的时间序列图显示了劳氏公司的年度净销售收入与美国人口普查局所统计的房屋所有人对住宅改善和维护的支出总量的关系。①

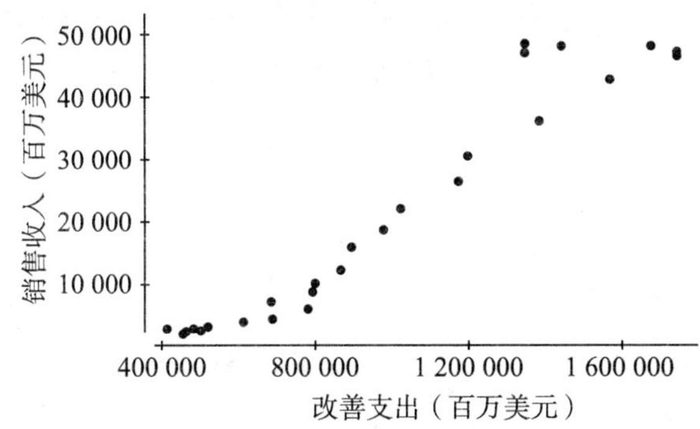

图 6.1　1985—2010 年劳氏公司的年度净销售收入（百万美元）与住宅改善和维护的年度支出总量（百万美元）。

如果你被要求概括一下上述关系，你会如何陈述呢？显然，随着住宅改善支出的增长，劳氏公司的销售收入也同步增长。该时间序列图就是散点图（scatterplot）的一个典型例子，显示了一个定量变量与另一个定量变量的对应关系。仅仅通过观察散点图，就可以了解点的排列规律、趋势、关系，甚至是远离其他值的异常值。散点图是观察两个定量变量关系的最好方式。

变量之间的关系往往是我们想要从数据中学到的中心内容。

- 消费者信心与石油价格是否相关?
- 随着销售收入的增加，顾客满意度会发生什么变化?
- 广告费用的增加与销售收入是否相关?
- 股票交易量与其价格之间的关系是什么?

对两个定量变量的关系，以它们之间是否相关提出问题。散点图是能够显示这种关联的理想方法。

① http://www.census.gov/construction/c30/privpage.html。该调查收集了所有新建和其他类型的私人住宅建造成本。我们将新建住宅的支出进行了扣除，得到了在已有住宅改善方面的支出总量。

6.1 观察散点图

调查对象（WHAT）：美国的城市。

调查内容（WHO）：每人的拥堵成本与高峰时高速公路的速度。

单位（UNITS）：每人的拥堵成本（每人每年的美元数）；高峰时高速公路的速度（英里/小时）。

调查时间（WHEN）：2000 年。

调查地点（WHERE）：美国。

调查原因（WHY）：为了检验高速公路拥堵与其对社会和商业的影响之间的关系。

得克萨斯交通研究所（Texas Transportation Institute）研究国家交通体系的灵活性，并每年发布关于交通拥堵及其给社会和商业带来的成本的报告。图 6.2 显示美国 65 个城市每人每年交通延误的拥堵成本（美元）相对于高峰时高速公路速度（英里/小时）的散点图。

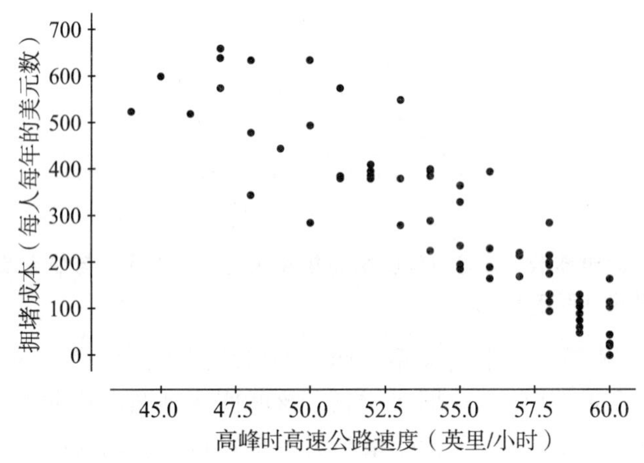

图 6.2 美国 65 个城市交通延误的拥堵成本（每人每年的美元数）相对于高峰时高速公路速度（英里/小时）的散点图。

每个人都能看懂散点图。但是，当被问及从中可以看出什么时，许多人会觉得很难对散点图进行描述。你能看到什么？请试着描述拥堵成本相对于高速公路速度的散点图。

寻找方向(Direction)：是什么符号——正、负，或者都不是？

你可能会说关联的方向（direction）很重要。随着高速公路速度的提高，拥堵成本会降低。从左上方到右下方形状的散点分布被称为负相关（negative）。与之相反，另一种形状的散点分布被称为正相关（positive）。

在散点图中要找的第二个特征是其形状（form）。如果存在直线线性相关关系，就会呈现出以云状或群状形式分布的点延伸成一条基本连续的直线。例如，尽管有一些点偏离直线，但是交通拥堵的散点图具有潜在的线性（linear）形状。

散点图可以显示出许多不同类型的形状。通常这些形状都不是直线形式的，但在统计学上直线形状的散点图是最普遍和最实用的。

寻找形状(Form)：直线、曲线、特别的形状或没有形状？

如果两个变量的关系不是直线形式的，只是稍微有些弯曲，但仍然是稳定上升或下降的，，我们经常能够找到使其转换为直线的方法。然而，如果弯曲的幅度很大——先升后降，比如——这种情况下，就需要更高级的方法了。

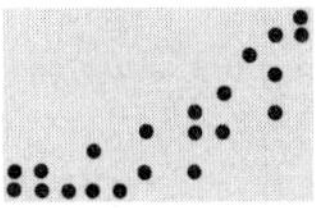

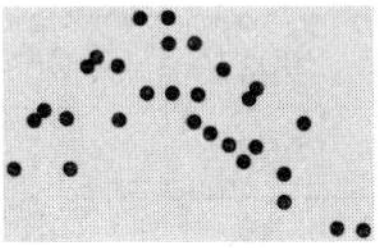

寻找强度(Strength)：点有多分散？

在散点图中要找的第三个特征就是关联的强度（strength）。有一种极端的情况，所有的点都紧密地聚集成一串（无论直线、曲线，或者任意的无规则曲线）。另有一种极端的情况，点的变动性很大，分布得非常凌乱，以至于无法辨别出任何趋势或形状，，交通拥堵图中的点较为紧密地分布在直线的周围，表明成本与速度之间存在中等强度的线性关系。

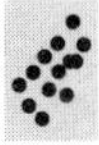

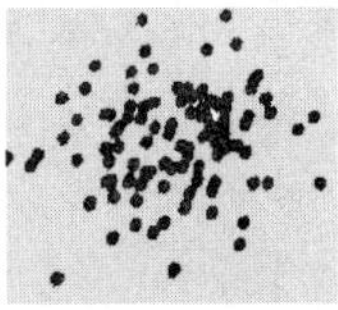

寻找异常的特征(Unusual Features)：图中是否有异常的观测值或子群？

最后，通常需要注意一下不可预测的情况。在散点图中发现以前从没有想过的问题是最有趣的事情。例如，偏离于散点图整体模式之外的异常观测值或异常值（outlier）就是一个惊奇的发现。这样的点总是能引起人们的兴趣，而且也值得关注。你可能会发现整个群或子群远离整体分布或与剩下的点呈相反的趋势。我们都应该追问为什么会出现不同的情况。这些想法能提示你应该将数据分成几个组，而不是将它们放在一起进行分析。

□ 举例

绘制散点图

美国的第一个汽车碰撞事故于 1896 年发生于纽约，当时机动车与一个“自行车”骑行者相碰撞。对于保险公司，非常关注机动车/自行车事故。自 1932 年以来，美国已有大约 53 000 名自行车骑行者在交通事故中丧生。类似于这样的人口统计信息通常可以很容易地从政府机构获得。这些信息对于保险公司很有用，它们可以用于计算合理的保费率；对于零售商店也很有用，便于它们安排用于库存和展示给顾客的安全性设备。当人口统计信息不断变化的时候，这些信息变得更为引人注目。

下面的数据是 1998—2008 年十年间每年在事故中丧生的自行车骑行者的平均年龄。(资料来源：国家高速公路交通安全局，www-nrd. nhtsa. dot. gov/Pubs/811156. PDF)

年份	平均年龄
1998	32
1999	33
2000	35
2001	36
2002	37
2003	36
2004	39
2005	39
2006	41
2007	40
2008	41

问题：绘制散点图，并对其进行概括。

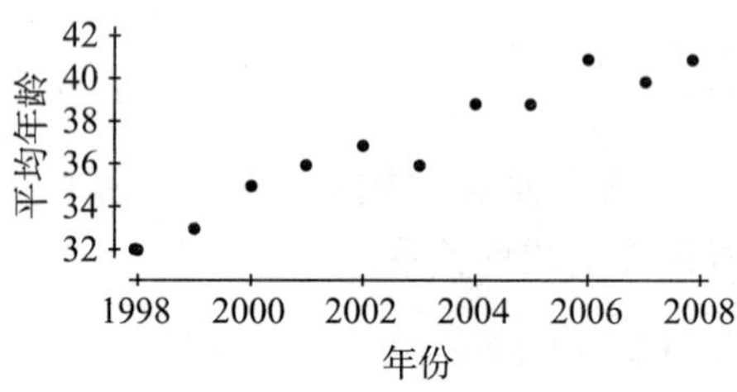

在此期间，自行车骑行者交通事故丧生的平均年龄几乎呈线性增长。其线性变化趋势非常明显。

6.2 在散点图中指定变量的角色

散点图是最早的现代数学展示方法之一。使用两个成直角的坐标轴来定义一个域，进而在坐标轴上现实数值，这种想法可以追溯到勒奈·笛卡儿（Reneé Descartes，1596—1650）。以这种方式定义的区域的正式名称是笛卡儿平面（Cartesian plane），以纪念笛卡儿。

笛卡儿

笛卡儿（Descartes）是一位哲学家，以他的一个观点而闻名，该观点是“我思，故我在”，也可以读作“我认为，这就是我”。

笛卡儿定义的两个坐标轴将散点图进行了特征化。垂直方向的坐标轴称为 y 轴，水平方向的坐标轴称为 x 轴，这是标准的术语。[①]

绘制两个定量变量的散点图，并指定其中一个变量为 y 轴，另一个变量为 x 轴。在任何图中，确保轴标签保持清楚，并且用数字标明轴的刻度。散点图显示的是定量变量。每个变量都有单位，应该在图中标出——通常置于每个坐标轴的附近。每个点在图中的位置都是与两个变量的值相对应的。点的水平位置由 x 值确定，垂直位置由 y 值确定。结合在一起就是我们熟悉的坐标（coordinates），记为（x，y）。

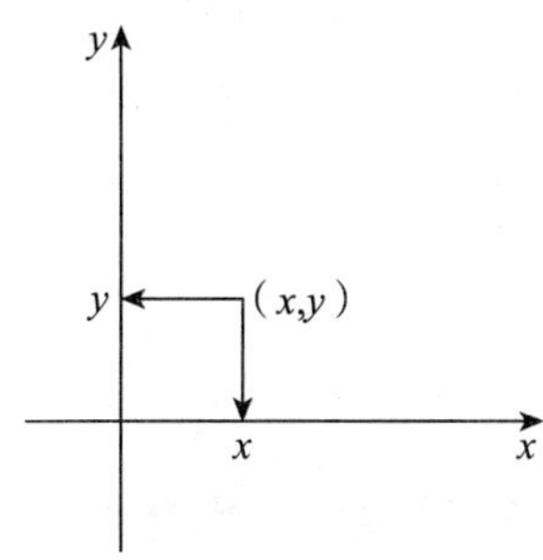

由计算机程序绘制的散点图（如在本章中见过的两个散点图），通常不会——也不应该标出原点——即 $x=0$，$y=0$ 的点，即两坐标轴相交的点。如果两个变量的值都接近 0 或是 0 附近的值，就会显示出原点。若所有的点都远大于 0，就没有必要包括原点了。实际上，所选取的笛卡儿平面最好能包含所有的数据点。在上述高速公路的例子中，任何地方的速度都不可能在 0 附近，因而由电脑绘制的散点图 6.2 没有显示两轴相交。

在绘制散点图时，哪个变量应被看成 x 轴，哪个变量被看成 y 轴？我们想要了解的两个变量之间的关系可以告诉我们如何作图。我们通常会有如下几个问题：

- 劳氏公司员工的满意度是否与生产率相关？
- 劳氏公司的销售额增长是否反映在股票价格中？
- 除了住房改善之外，还有哪些经济因素与劳氏公司的销售额有关？

标识符提示！

虽然 x 和 y 是保留的字母，但它们并不是只用来标注散点图的坐标轴。在统计学中，为 x 轴和 y 轴指定的变量（在公式中为它们选择的符号）经常会显示它们是预测变量还是响应变量。

在所有这些案例中，都是一个变量表示解释或预测变量（explanatory or predictor variable），而另一个作为响应变量（response variable）。我们将解释变量置于 x 轴，将响应变量置于 y 轴。在绘制散点图时，可以假设每个看到散点图的人都是这样认为的，因而在将哪个变量分配至哪个轴时一定要仔细考虑。

① 坐标轴也被称为纵坐标（ordinate）和横坐标（abscissa）——但是我们从不记住哪个表示什么轴，是因为统计学家一般不使用这些术语。在统计学（和所有的统计学计算机程序）中，这两个轴通常分别称为 x 轴（abscissa）和 y 轴（ordinate），并经常标出对应变量的名称。

怎样对变量进行思考比变量自身更能影响我们对变量的选择。仅仅将变量置于 x 轴上并不一定意味着该变量必须解释或预测什么，在 y 轴上的变量也不一定会对其做出回应。我们绘制出人均拥堵成本相对于高峰时高速公路速度的散点图后会发现，交通速度越慢，延误成本就越大。但是也许每人花费 500 美元用于改善高速公路将会提高速度。如果要检验这个观点，我们就应该选择将人均拥堵成本作为解释变量，而将高速公路速度作为响应变量。

有的时候，我们也会将 x 变量和 y 变量分别作为自变量（independent variable）和因变量（dependent variable）。这表示 y 变量会随 x 变量而变动，而 x 变量的变动独立于 y 变量的响应。然而，在统计学中一些名词会与其他相同术语的使用相冲突。与此相对应，虽然在讨论变量的角色时，我们有时会用术语“解释变量”或“预测变量”和“响应变量”，但是我们也经常仅仅说“x 变量”和“y 变量”。

□ 举例

对变量分配角色

问题：当检验自行车与机动车碰撞交通事故的受害者的年龄时，为什么要将年份绘制在 x 轴上，而将平均年龄绘制在 y 轴上？（见 6.1 节的案例。）

答案：我们对于整个时期内事故受害者的年龄变化很感兴趣，因而我们考虑将年份作为预测的基础，而对受害者的平均年龄进行预测。

6.3 理解相关关系

调查对象（WHO）：80 个中等规模的美国银行。

调查内容（WHAT）：公司价值（企业价值或 EV）的估计值与公司的投资数量（投入资本或 IC）。

单位（UNITS）：两个单位都是百万美元。

调查时间（WHEN）：2010 年。

调查地点（WHERE）：美国。

调查原因（WHY）：了解投资数量与美国银行总体规模之间的关系。

一个企业的企业价值（Enterprise Value，EV）是测度企业整体价值的指标。与只包括普通股权（stock）价值的股票市场价值（market cap）不同，EV 包括企业的所有组成部分。你可以将 EV 看作将与某企业相关的资产全部清算之后，你必须支付的用于购买该企业的价格。

投入资本（Invested Capital，IC）等价于所有持股人和债权人对某企业的投资总额。当然，企业规模越大（拥有较高的 EV），需要的 IC 也越高，但是这一关系并非总是正确的。下图显示的是美国 80 家中等规模银行的 IC 相对于 EV 的散点图。

标识符提示！

字母 r 总是被用作表示相关系数，因而在统计学上你不能将它用于表示其他方面。无论何时你看到“r”，都可以很确定地将其看做相关系数。

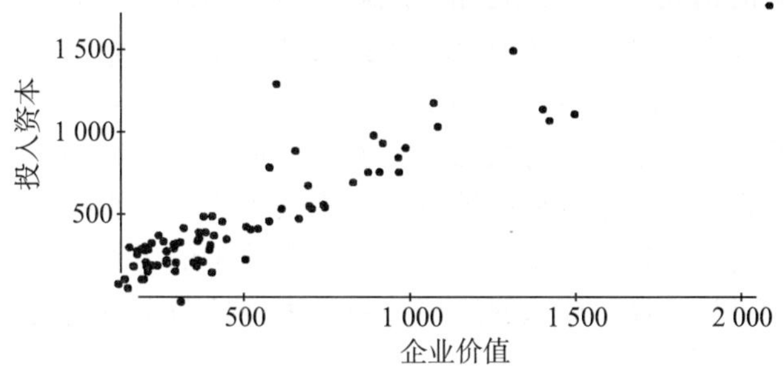

图 6.3　美国 80 家中等规模银行的投入资本（IC）相对于企业价值（EV）的散点图。总体上，银行规模越大，需要的投入资本越多，但该关系并不总是正确的。

在上一章中，我们看到去除单位的一种方法。我们可以将每个变量标准化，计算出 $z_x=\left(\frac{x-\bar{x}}{s_x}\right)$ 和 $z_y=\left(\frac{y-\bar{y}}{s_y}\right)$。通过这些指标，我们能够计算出你可能听说过的强度指标：相关系数（correlation coefficient）：

$$r=\frac{\sum z_x z_y}{n-1}$$

切记，x 变量与 y 变量总是成对出现的。在每个季度，我们都有重置成本支出与改善成本支出。为了计算相关系数，我们将每一个标准化值与其对应的标准化值相乘，并将这些交叉乘积加总起来。然后，我们除以成对变量总数减去 1，即 $n-1$。[①]

投入资本与企业价值的相关系数是 0.913。

对于变量 x 和变量 y 的相关系数还能够通过替代公式计算。两种方法存在很多相似之处：

$$r=\frac{\sum(x-\bar{x})(y-\bar{y})}{\sqrt{\sum(x-\bar{x})^2\sum(y-\bar{y})^2}}=\frac{\sum(x-\bar{x})(y-\bar{y})}{(n-1)s_x s_y}$$

这些公式能使手工计算相关系数具有更多的便利，但通过 z 得分是理解相关系数的最佳方式。

相关分析的条件

相关系数（correlation）被用于测度两个定量变量的线性关联的程度。在使用相关分析之前，必须检验 3 个条件：

- 定量变量条件（Quantitative Variables Condition）：相关分析只适用于定量变

① 与我们计算标准差所使用的 $n-1$ 相同。

量。不要将相关分析应用到伪装成定量变量的定性变量数据。检查你是否了解变量的单位及其代表的意义。

● 线性条件（Linearity Condition）：可以肯定的是，你可以计算出任意两个成对出现的变量之间的相关系数。但是相关系数仅能够测度线性关联程度的大小，如果两个变量之间的关系在散点图中看起来不是足够直，结果就具有误导性。什么才是“足够直”？对于统计条件而言，这个问题听起来很不正式，但这是真的需要关注的。我们不能证明一种关系是否是线性的。两个变量之间的关系很少是完全线性的，即使在理论上也不存在，真实数据的散点图也不是很完美的直线形式。怎样的散点图可以认为不符合这个条件呢？这是一个必须认真思考的主观判断。你认为潜在的关系是曲线吗？如果是这样，那么使用相关系数来概括两个变量的相关程度就具有误导性。

● 异常值条件（Outlier Condition）：异常的观测值会扭曲变量的相关关系，使弱相关看起来关联很强，或者在另一方面使强相关变得不明显。甚至使正相关得出负的相关系数（反之亦然）。当你看到一个异常值时，通常情况下的好方法是对包括异常值和不包括异常值的两种情况分别进行相关分析。

通过散点图可以很容易地对上述条件进行检验。许多报告的相关关系并没有支持数据或图。你仍需要考虑上述 3 个条件。当不能检验条件时，你在解释相关关系（或接受别人的解释）时必须小心谨慎。

□ 动手计算

计算相关系数

通过手工计算相关系数，我们应该采用原始单位的公式，而不是 z 得分的公式。这样可以避免把每个个体的数据进行标准化。先计算两个变量的概括统计量：$\bar{x}$，$\bar{y}$，s_x 和 s_y。然后像计算标准差时一样先计算出离差，这里要计算出 x 和 y 的离差：$(x-\bar{x})$ 和 $(y-\bar{y})$。对于每对数据，将其离差相乘：$(x-\bar{x})\times(y-\bar{y})$。将所有数据对的乘积相加。最后，将总和除以 $(n-1)\times s_x\times s_y$，便得到相关系数。

计算过程如下。

假设数据对是：

x	6	10	14	19	21
y	5	3	7	8	12

求出 $\bar{x}=14$，$\bar{y}=7$，$s_x=-6.20$ 和 $s_y=3.39$。

x 的离差	y 的离差	乘积
$6-14=-8$	$5-7=-2$	$(-8)\times(-2)=16$
$10-14=-4$	$3-7=-4$	16
$14-14=0$	$7-7=0$	0
$19-14=5$	$8-7=1$	5
$21-14=7$	$12-7=5$	35

然后把乘积加到一起：16＋16＋0＋5＋35＝72。

最后，除以 $(n-1)\times s_x\times s_y=(5-1)\times 6.20\times 3.39=84.07$。

这个比例就是相关系数：$r=72/84.07=0.856$。

□ 快速测试

2002—2011 年，两家半导体公司 Cypress 和 Intel 的季度股票价格的相关系数是 0.50。

1. 在从相关系数得出结论之前，你想知道什么？为什么？

2. 如果你的同事用欧元作为股票的单位，会对相关系数有何影响？为了得出结论，你是否需要知道欧元与美元的汇率？

3. 如果对两个价格数据进行标准化，会如何影响相关系数？

4. 一般而言，如果某个交易日 Intel 的股价相对较低，那么 Cypress 的股价是否也可能相对较低？

5. 如果某个交易日 Intel 的股价很高，那么 Cypress 的股价是否肯定也很高？

□ 指导性案例：客户支出

为了使客户更多地使用信用卡，一家大型信用卡公司会对最好的客户给予一定的奖励。他们要考虑的是给予奖励的频率。重复给予奖励是否能鼓励客户增加信用卡的使用？为了检验这一问题，分析人员从使用信用卡次数最多的部分客户中随机抽取了 184 名客户，然后研究他们接受奖励的两个月内的消费情况。

计划

准备：明确目标。确定要检验的定量变量。报告收集数据的时间框架，并定义变量。（明确 W 信息。）

我们的目标是研究客户在接受奖励的两个月内支出额之间的关系。所研究的客户是从使用信用卡最多的客户中随机抽取出来的。测度的变量是所研究的两个月内的信用卡支出额（美元）。

✓定量变量条件。两个变量都是定量变量。两个支出额的单位都是美元。

绘制散点图，并在坐标轴上标明刻度与变量单位。

因为我们要测度同一人群的两个定量变量，所以可以绘制散点图。

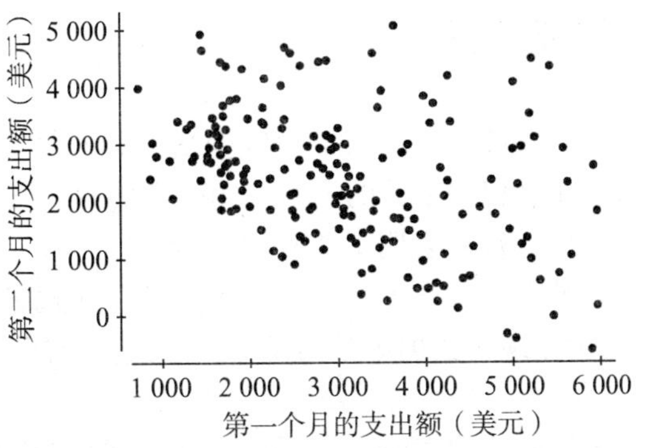

检验条件

✓线性条件。散点图是足够直的。

✓异常值条件。不存在明显的异常值。

实施 技术性工具：如果满足有关条件，使用技术性工具计算相关系数。	相关系数是－0.391。 负的相关系数使得从散点图获得的印象得到确定。
报告 结论：描述包括任何异常点或特征的散点图的方向、形状和强度，确保你的解释符合特定的背景。	备忘录 关于：信用卡消费。 我们已经检验了奖励计划的一些数据。特别是观察了实施该计划的前两个月的支出情况。我们注意到第一个月和第二个月的支出之间存在负相关。其相关系数是－0.391，仅仅是中等强度的相关，表明存在很大的变动性。 我们得到的结论是，尽管观测到的相关性是负的，但是这些数据不足以使我们知道这种现象的原因。很可能是一些受到奖励的消费者在第一个月增加了消费，但随后又回到了以前的消费水平。而另一些人可能在受到奖励之后的第二个月才会改变他们的消费行为——增加消费。而且我们没有关于客户受到奖励之前的数据，因此不能得到更多的结论。 我们建议开展进一步的研究，并建议下一个实验扩展到更长的时间，以帮助确定这种模式是否具有持续性。

多大的强度算强？

对于术语“弱”、“中等”或者“强”的确切含义没有一致的看法。同样的相关系数大小在一种情况下可能被认为是强相关，而在另一种背景下可能被认为是弱相关。你可能在看到经济指数和股票市场价格的相关系数是0.7时感到很激动，但是对于某制药公司而言，药物疗效与血压之间的相关系数仅为0.7则可以认为该药物是失败的。使用这些数据“弱”、“中等”或者“强”来描述线性关联是有用的，但是一定要报告相关系数并展示散点图，这样可以让其他人自己做出判断。

相关系数的性质

由于相关系数被广泛应用于测度变量的相关性，因而最好记住相关系数的一些基本性质。下面是相关系数的一些有用的性质：

- 相关系数的符号表明了关联的方向。
- 相关系数总是在－1与＋1之间。相关系数能够等于－1或＋1，但要特别注意。－1或＋1在现实数据中是很少见的，这要求所有的数据点都精确地落在一条直线上。
- 相关系数对称地看待 x 与 y。x 与 y 的相关系数和 y 与 x 的相关系数是一样的。
- 相关系数没有单位。这一性质非常重要，尤其是当变量单位比较模糊时（如顾客满意度、工人的效率、生产率等）更是如此。

● 相关系数不会因为每个变量中心或刻度的变化而受到影响。改变变量的单位或基准对相关系数没有影响，因为相关系数的大小只取决于 z 得分。

● 相关系数测度的是两个变量之间的线性相关强度。如果变量之间的关联是非线性的，那么即使关联性很强，其相关系数也会很小。

● 相关系数对异常观测值很敏感。一个单独的异常值的存在可能会使小的相关系数变大，或者使大的相关系数变小。

相关系数表

有时，你会看到所有变量的相关系数在同一个表中。表中的第一行和第一列是变量名，中间的单元格是相关系数。

表 6.1　1985—2007 年其他一些变量季度数据的相关系数。Volume＝劳氏公司贸易额数据，Close＝劳氏公司股票收盘价，Net Earnings＝劳氏公司报告的季度净收益。

	Volume	Close	Net Earnings
Volume	1.000		
Close	0.396	1.000	
Net Earnings	0.477	0.464	1.000

相关系数表格很紧凑，我们一眼就能看出大量的概括性信息。这些数据是开始研究一个大型数据集的有效方法。相关系数表对角线上的相关系数都是 1.000，而且表中上半部分与下半部分是对称相同的（你能看出这是为什么吗?），因而习惯上只显示下半部分的数据。这样的表用起来是很方便的，但是一定要检验线性条件和异常值条件，否则表中的相关系数就可能具有误导性或者无意义。观察表 6.1，你能确定这些变量是线性相关的吗？统计学软件包经常提供相关系数表。幸运的是，这些相同的软件包还常常提供了很简单的方法使我们得到需要观察的全部散点图。①

□ 举例

计算相关系数

问题：5.1 节中自行车骑行者事故数据中平均年龄与年份的相关系数是多少？

答案：手工计算：

$\bar{x}=2003, s_x=3.32$

$\bar{y}=37.18, s_y=3.09$

计算交叉乘积的离差之和如下：

① 像相关系数表这样排列的散点图数据表有时被称为散点图矩阵（scatterplot matrix），或者 SPLOM，很容易在统计学软件包中得到。

$$\sum(x-\bar{x})(y-\bar{y})=99$$

将交叉乘积之和作为分子，将 $(n-1)\times s_x\times s_y$ 作为分母，计算得到

$$\frac{99}{(11-1)\times 3.32\times 3.09}=0.965$$

对于平均年龄与年份，两个变量的相关系数是0.965。这表示两者存在很强的线性关联。因为这是一个时间序列数据，故而表示其趋势性很强。

6.4 潜在变量与因果关系

在一项全国范围的调查中，一名教育研究者发现小学生的身高与其阅读能力之间存在很强的关联。个子高的小学生往往获得较高的阅读得分。这是否意味着学生的身高是获得较高阅读得分的原因呢？无论两个变量的相关性有多强，都没有简单的方法通过观测数据来证明一个变量是引起另一个变量的原因。高相关关系仅仅能够激起我们尝试思考的兴趣，并且容易使我们认为 x 变量是 y 变量的原因。为了确认两者的关系，我们再次重述这些观点吧。

无论关联性有多强，无论 r 值有多大，无论形状有多近似于直线，都不能仅由两个变量的相关系数大就得出一个变量是另一个变量的原因。通常情况下，可能存在第三个变量——潜在变量（lurking variable）——对我们所观测到的两个变量均产生了影响。在上述阅读得分的例子中，你可能已经猜测出潜在变量是儿童的年龄。年龄较大的孩子往往身高较高且阅读技巧较好。但是，即使潜在变量不显著，也不能认为高度相关揭示了因果关系。下面是另外一个例子。

图6.4中的散点图显示了世界上40个国家人口的"预期寿命"（男女的平均值，单位为年）与每个国家"人均医生数"的对应关系。较强的正相关关系（$r=0.705$）看起来证实了我们的预测，即"人均医生数"越多，卫生保健改善得越多，那么将导致更长的寿命和更高的预期寿命。因而，也许我们应该向发展中国家派遣更多的医生，以提高居住在那里的人的预期寿命。

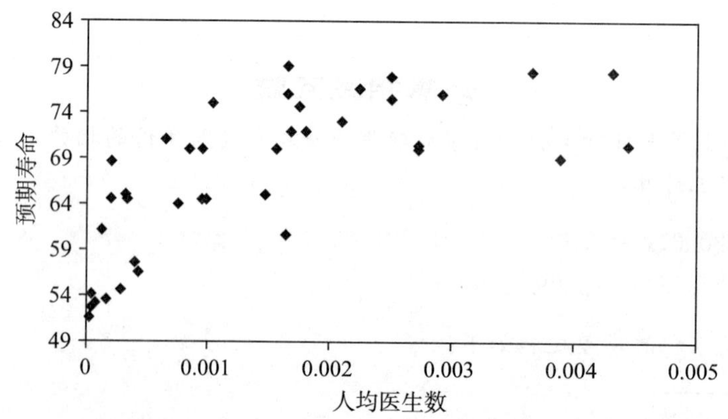

图6.4　40个国家的"预期寿命"与"人均医生数"之间存在相当强、正向且近乎线性的相关关系，其相关系数为0.705（用Microsoft Excel 2010绘制散点图）。

如果增加医生的数量，预期寿命一定会提高吗？也就是说，增加更多的医生是提高预期寿命的原因吗？还有对这种相关关系的其他解释吗？图 6.5 显示了另一个散点图，“预期寿命”仍然是响应变量，但预测变量不再是医生数量，而是每个国家的“人均电视拥有量”。在此散点图中，关联程度较上一幅散点图更强。如果想要计算相关系数，首先应将其直线化，但是直接观察散点图也能清晰地看出预期寿命越高，人均电视拥有量也越多。据此我们是否应该得出增加电视机数量可以延长寿命的结论呢？如果是这样，我们应该将更多的电视机而不是医生送到发展中国家。不仅因为人均电视拥有量与预期寿命之间的相关关系更强，而且电视机的成本要远低于医生。

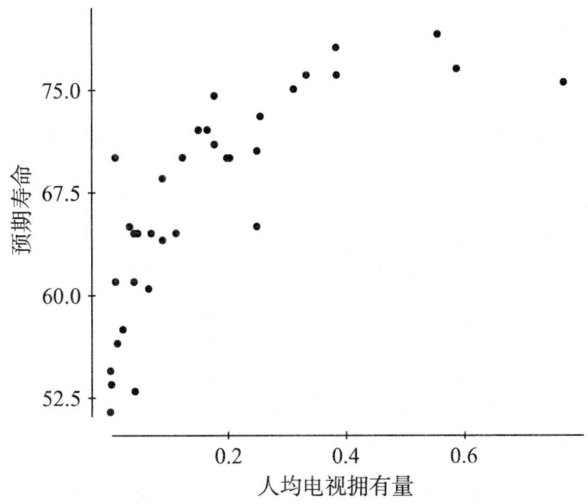

图 6.5 “预期寿命”与“人均电视拥有量”之间存在较强且正向（尽管并非完全线性）的相关关系。

这一推理有什么问题吗？也许是在开始的时候我们太草率地得出了医生数量是预期寿命提高的原因的结论。也许这里存在潜在变量。生活标准较高的国家的居民不但预期寿命较长，而且医生数量也较多。较高的生活标准是引起其他变量的原因吗？如果是这样，那么提高生活标准可能需要延长寿命、增加医生和电视机的数量。从这一例子中，你可以看出陷入根据相关性来推断因果关系的陷阱是多么地容易。众所周知，增加医生（或电视机）数量确实会延长预期寿命。但是，无论我们如何愿意，都不能从数据中得出这样的结论。无论对你来说结论有多么明显，都要抵制住根据相关关系作出 x 是引起 y 的原因这种结论的尝试。

□ 举例

理解因果关系

问题：一家保险公司的分析员认为，自行车骑行者事故死亡人员平均年龄的数据确实与所有自行车骑行者年龄变大且不愿意改变骑行习惯有关系（见 5.1 节举例）。如果我们能够得到变量的数据，如何命名自行车骑行者的平均年龄？

答案：这可能是一个潜在变量。如果所有的自行车骑行者都在变老，那么将引起自行车骑行者事故受害者的平均年龄提高。

6.5 线性模型

我们回顾一下 1985—2010 年劳氏公司销售收入与家庭改善支出之间的关系。在图 6.1（这里再次给出）中，我们看到两个变量存在关联度高、正向的线性关系，因而我们能够通过相关系数来总结其相关强度。对于该例，其相关系数达到 0.964。

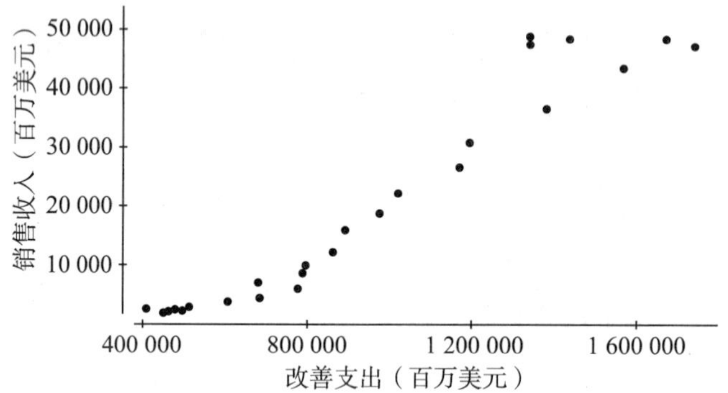

两者之间的关联确实很强，但关联强度仅仅是该图反映出来的部分信息。劳氏公司的管理层可能想要预测下一年度基于调查部门的对居民改善支出的估计值。这是一个符合常理的商业问题，但是要回答这一问题，我们需要一个反映变化趋势的模型。相关系数告诉我们变量之间似乎存在很强的线性关联，但并未告诉我们这一关联是什么。

当然，我们能知道得更多。我们能够使用直线对变量之间的关系进行建模并给出方程式。对于劳氏公司的案例，能够找到一个线性模型用以描述我们在图 6.1 中看到的劳氏公司的销售收入与居民改善支出之间的关系。线性模型（linear model）是指通过数据建立的直线方程。散点图中的点不全在一条直线上，但是一条直线可以通过少数几个参数概括数据的一般模式。这个模型能够帮助我们理解变量之间是如何关联的。

“统计学家像艺术家一样，其坏习惯就是对模型坠入爱河。”

——乔治·博斯　统计学家

残差

我们清楚模型不可能十分完美。无论直线怎么画，它都不会通过所有的点。最好的直线甚至可能不会通过任何一个点。那么怎样才是“最好”的直线呢？我们想要找到一条在一定程度上比其他所有直线更加接近所有点的直线。其中一些点可能在直线上方，一些点可能在直线下方。一个线性模型可以被写成 $\hat{y}=b_0+b_1x$，b_0 和 b_1 都是通过样本数据得到的估计值，$\hat{y}$ 是预测值（predicted value），我们用“^”来区

别 y 的预测值和观测值。两者之间的差异称为残差（residual）：

$$e = y - \hat{y}$$

残差的值告诉我们在一个点上模型预测值与样本观测值的偏离程度。为了求出残差，我们经常用观测值减去预测值。

现在的问题是如何找到这条合适的直线。

正或负?

负的残差表明预测值太大了——过高的估计。正的残差表明模型低估了实际值。乍看起来，这些可能确实似乎是颠倒的。

标识符提示!

“放一个帽子在变量上方”是标准的统计学符号，表明这个变量是通过模型预测出来的。无论你何时看到一个变量名或符号上方有个帽子，都可以认为它是变量或符号的预测值。

“拟合最好”的直线

当我们在散点图上画一条直线时，有些残差为正，有些残差为负。我们不能通过加总所有的残差来评价直线拟合的好坏——正的残差和负的残差会相互抵消。我们需要找到一条最接近所有点的直线，并且为了做到这一点，需要使所有的距离为正。当我们计算标准差来测度离散度时，遇到了相同的问题。这里我们使用相同的方法来处理：通过取残差的平方使之变为正值。残差平方和告诉我们画出的直线拟合数据的好坏——残差平方和越小，拟合越好。不同的直线会产生不同的残差平方和，可能更大，也可能更小。拟合最好的直线（line of best fit）就是残差平方和最小的直线——通常被称为最小二乘直线（least squares line）。

这条直线具有特殊的性质，正如在残差中所看到的那样，在这些数据能够得到的直线模型中，该直线模型周围数据的变异性是最小的。其他直线没有这种性质。从数学的角度而言，这条直线是残差平方和最小的直线。你可能认为找到“最小二乘直线”难度很大。但令人惊奇的是，找到它一点都不难，尽管勒让德（Legendre）在 1805 年发表这一成果时，它还是一个令人激动的数学发现。

6.6 相关性与直线

谁是第一个?

历史上最著名的著作权纠纷之一是高斯（Gauss）与勒让德关于“最小二乘法”的。勒让德于 1805 年第一个发表了关于通过数据发现最优拟合直线的解决方法的文章，那个时候高斯声称自己已经发现这一方法多年。一些证据表明，实际上高斯可能是正确的，但是他没有发表这些成果，也没能与其他科学家交流其重要性。[①] 之后高斯把“最小二乘法”称为“我们的方法”，但是这样做当然也不会有助于改善他与勒让德的关系。

任意一条直线都可以写成：

$$y = b_0 + b_1 x$$

如果我们将所有满足这一方程的数对（x，y）在图中绘制出来，那么所有的点都会完全落在一条直线上。我们将这种形式用于线性模型。当然，使用真实的数据，不是所有的点都会落在这条直线上。因而，我们将模型写成 $\hat{y} = b_0 + b_1 x$ ，用 $\hat{y}$ 表示预测值，因为它是落在直线上的预测值（不是数据值）。如果模型是一个好模型，数据值都会紧密地散落在一条直线的附近。

对于劳氏公司的销售收入数据，直线方程是：

$$\widehat{Sales} = -19\ 693 + 0.041\ 8 Improvements$$

这一方程意味着什么呢？斜率（slope）等于 0.041 8 表示平均而言美国居民每额外增加 1 百万美元改善支出与劳氏公司增加 0.041 8 百万美元或 41 800 美元相关联。斜率总是通过每单位 x 多少 y 来表示。它告诉我们在自变量变化一个单位时预测变量变化多少。因而，我们说斜率表示每百万美元的改善支出带来 0.041 8 百万美元的销售收入。

截距（intercept）表示当 x 变量为 0 时直线上点的预测值。此案例中截距等于 −19 693的意义是什么？截距通常被看成预测的起始值。我们往往不解释它，除非在特定环境下 0 值对应的预测变量具有一定的实际意义。劳氏公司模型建立在居民改善支出在 500 亿～1 000 亿美元的年度数据基础上。如果并不存在这样的支出数据，就不可能适用。在这个案例中，我们不能解释截距项。

□ 举例

解释线性模型方程

问题：有关自行车骑行者事故死亡人数的数据显示出线性特征。预测历年的自行车骑行者因事故死亡的平均年龄的线性方程是：

$$\widehat{MeanAge} = -1\ 765.52 + 0.90 Year$$

请解释模型所阐明的自行车骑行者因事故死亡的平均年龄与年份之间的关系。其截距的意思是什么？

答案：通过观察 10 年来的这些数据得出结论：每年自行车骑行者因事故死亡的平均年龄提高 0.9 岁（约 11 个月）。在此案例中，因为模型中没有年份是 0，所以其截距项没有任何含义。

---

① Stigler，Steven M.，“Gauss and the Invention of Least Squares，” *Annals of Statistics*，9 (3)，1981，pp. 465 - 474.

我们如何找到最小二乘直线的斜率和截距？公式很简单。模型建立在我们以前使用过的概括统计量的基础上。我们需要相关系数（告诉我们线性关联程度）、标准差（获得单位）和均值（告诉我们直线在哪里）。

□ 快速测试

一家大型计算机连锁公司每月销售额（千美元）相对于所有经销店员工数的散点图显示，两个变量之间的关系是一条适度分散、没有异常值的直线。销售额和员工数的相关系数是 0.85，最小二乘模型的方程为：

$$\widehat{Sales} = 9.564 + 122.74 Employees$$

6. 斜率 122.74 表示什么意思？

7. 斜率的单位是什么？

8. 得克萨斯州达拉斯市经销店的员工数比辛辛那提市经销店的员工数多 10 人。你预计前者的销售额会比后者多多少？

直线的斜率计算方法是：

$$b_1 = r\frac{s_y}{s_x}$$

我们已经看到相关系数反映了相关关系的符号和程度，因而对于斜率与其同号并不感到惊奇。如果相关关系是正的，散点图中的点就会显示为从左下方到右上方的分布，并且斜率是正的。

相关系数没有单位，但斜率有单位。x 和 y 如何测度——它们的单位是什么——并不影响它们的相关关系，但会影响斜率。两个标准差的比决定了斜率的单位。每个标准差与其相应变量的单位相同。因此，斜率的单位也是一个比例，并且总是以每单位 x 多少 y 表示。

我们如何找到截距项？如果必须预测在 x 均值水平下的 y 值，你会说什么呢？x 值是 $\bar{x}$ 时，最优拟合直线的预测值是 $\bar{y}$。将之代入方程并使用刚刚得到的斜率，就得到：

$$\bar{y} = b_0 + b_1\bar{x}$$

将之整理得到：

$$b_0 = \bar{y} - b_1\bar{x}$$

找到劳氏公司数据的回归系数

概括统计量：

$Sales$：$\bar{y}$=19 373.62；s_y=18 062.03

$Improvements$：$\bar{x}$=934 201.58；s_x=416 406.57

相关系数=0.976

第 6 章 相关性与线性回归

因而，$b_1 = r\frac{s_y}{s_x} = (0.964)\ \frac{18\ 062.03}{416\ 406.57}$

$= 0.0418$（百万美元销售收入/每百万美元改善支出）

$b_0 = \bar{y} - b_1\bar{x} = 19\ 373.62 - (0.041\ 8) \times 934\ 201.58 = -19\ 676$

计算机输出的方程的截距项为 −19 693。最终数据的差异是由舍入误差（rounding error）造成的。我们使用舍入概括统计量显示计算过程，但是如果你正在手工计算，就应该在所有中间步骤保留小数位。

对于任何数量的全国居民改善支出，很容易使用估计的线性模型预测劳氏公司的销售收入。例如，2007 年全国居民改善支出总额为 1 676 749 百万美元。为了估计劳氏公司的销售收入，我们在模型中用这个数值替代 x：

$$\widehat{Sales} = -19\ 693 + 0.041\ 8 \times 1\ 676\ 749 = 50\ 395$$

销售收入实际上是 48 283（百万美元），因而残差为 48 283 − 50 395 = −2 112（百万美元），告诉我们 2007 年劳氏公司的销售业绩比模型预测的要糟糕。

最小二乘直线通常被称作回归（regression）直线。尽管这个名字是由于历史上的意外而得来的（很快就将看到），“回归”几乎总是意味着“最小二乘的线性模型”。很显然，回归和相关是密切相关的。我们需要检查回归的相同条件，就像对相关所做的那样：

1. 定量变量条件（Quantitative Variables Condition）；
2. 线性条件（Linearity Condition）；
3. 异常值条件（Outlier Condition）。

本章稍后部分将增加两个条件。

从相关性理解回归

回归直线的斜率取决于 x 和 y 两个变量的单位。其单位为每单位 x 对应多少单位 y。由于 $b_1 = r\frac{s_y}{s_x}$，单位在斜率中表示出来。相关系数没有单位，但是每个标准差的单位就是相应变量的单位。对于我们建立的劳氏公司销售收入与家庭改善支出的回归模型，其斜率是每百万美元改善支出带来多少百万美元的销售收入。

如果我们想要将预测变量和响应变量均标准化处理，并将 z_y 对 z_x 进行回归。由于这两个标准化变量的标准差都是 1，均值都是 0。这意味着其斜率为 r、截距为 0（因为现在 $\bar{y}$ 和 $\bar{x}$ 都是 0）。

从而我们得到了标准化变量回归模拟的简单方程：

$$\hat{z}_y = rz_x$$

尽管我们通常不会为了做回归而对变量进行标准化，但仍然有助于我们思考其代表的含义。认真思考 z 得分是理解回归方程内涵的好方法。该方程告诉我们，x 每偏离其均值一个标准差，我们预测 y 将会偏离其均值 r 个标准差。

我们再具体化一些。对于劳氏公司的例子，其相关系数为 0.964。因而，我们立即知道：

$$\hat{z}_{Sales} = 0.964 z_{Improvements}$$

此等式的含义是在我们建立的模型中，1 个标准差的改善支出变化对应于 0.964 个标准差的销售支出变化。

6.7 向均值的回归

假设你被告知一个新的男同学将要加入班级，并且要求你猜测一下他的身高是多少英寸。你猜测是多少呢？一个好的猜测就是男生的平均身高。现在假设你又被告知这个学生的平均绩点数（GPA）是 3.9——大约比 GPA 均值高 2 个标准差（SD）。这会改变你的猜测吗？可能不会。GPA 与身高之间的相关系数接近于 0，因而知道了 GPA 的值不能告诉你任何有用的信息，也不会改变你的猜测。（同时，标准化的回归方程 $\hat{z}_y = rz_x$ 也告诉我们偏离均值的大小是 0×2SD。）

另一方面，如果你被告知以厘米来度量该学生的身高比均值高 2SD，就应该知道他的身高是多少英寸。以英寸为单位的身高与以厘米为单位的身高有着完全线性关系（$r=1$），因而你知道该学生以英寸为单位的身高也比平均身高高 2SD。

如果你被告知该学生的鞋子的尺寸比均值大 2SD，你会觉得怎样呢？你是否仍然猜测他的身高是学生身高的均值呢？你可能会猜测他的身高高于均值，因为身高和鞋子的大小存在正相关关系。但你是否会猜测他的身高也高于身高均值 2SD 呢？当两者之间不存在相关关系时，我们就会猜测均值。当存在完全线性关系时，我们改变猜测，使其发生 2SD 的变化。在两个极端之间的任一相关关系，都应该使我们改变猜测，认为会比均值高 0～2 倍的标准差。（更加精确地说，标准化回归方程告诉我们偏离均值 $r \times 2$SD。）

注意，如果 x 高于其均值 2SD，我们不能让 y 的变化多于 2SD，因为 r 不可能大于 1.0。因此，y 的每个预测值与相对应的 x 相比更倾向于接近其均值（用标准差度量）。线性模型的这一特征称为向均值的回归（regression to the mean）。这是直线称为回归直线的原因。

弗朗西斯·高尔顿是第一个提出“回归”说法的，尽管其他人在此之前已经通过相同的方法对数据进行了拟合。

第一个回归

弗朗西斯·高尔顿爵士将儿子们的身高与其父亲们的身高做了回归。回归直线的斜率小于 1。也就是说，高个子父亲的儿子也是高个子，但是儿子们身高高于均值的程度并没有父亲们身高高于均值的程度大。矮个子父亲的儿子也是矮个子，但是一般来说并没有他们父亲偏离均值那么多。高尔顿正确

弗朗西斯·高尔顿爵士

地解释了斜率，认为它是向身高均值的“回归”，并且“回归”也可以作为描述他寻找直线的方法。

□ 数学专栏

最优拟合直线方程

最优拟合直线方程来自哪里呢？为了写出任何一条直线的方程，我们需要知道直线上的一个点和斜率。期望 x 的均值与 y 的均值相对应是符合逻辑的，实际上，直线确实通过点（$\bar{x}$，$\bar{y}$）。(要阐明这一点并不困难。)

为了考虑斜率，我们再回顾一下 z 得分。需要记住如下几件事情。

(1) 任何一个 z 得分的均值为 0。这告诉我们拟合 z 得分得到的最优直线通过原点（0，0）。

(2) 任何一个 z 得分的标准差是 1，因此方差也是 1。这意味着 $\frac{\sum (z_y - \overline{z_y})^2}{n-1} = \frac{\sum (z_y - 0)^2}{n-1} = \frac{\sum {z_y}^2}{n-1} = 1$，很快我们会发现这一事实非常重要。

(3) 相关系数 $r = \frac{\sum z_x z_y}{n-1}$，很快会发现这一点也是非常重要的。

切记，我们的目标是寻找最优拟合直线的斜率。因为最优拟合直线的方程通过原点，它将会是这样的形式：$\hat{z}_y = mz_x$。我们想找到一个使残差平方和最小的 m。实际上，我们将残差平方和除以 $n-1$，然后使均方误差（MSE）最小化。

最小化：$MSE = \frac{\sum (z_y - \hat{z}_y)^2}{n-1}$

(4) 由于 $\hat{z}_y = mz_x$：$MSE = \frac{\sum (z_y - mz_x)^2}{n-1}$

二项式的平方：$= \frac{\sum (z_y^2 - 2mz_x z_y + m^2 z_x^2)}{n-1}$

总和可改写为：$= \frac{\sum z_y^2}{n-1} - 2m\frac{\sum z_x z_y}{n-1} + m^2\frac{\sum z_x^2}{n-1}$

由（2）和（3）中的公式得到：$= 1 - 2mr + m^2$

最后的表达式是一个二次方程。$y = ax^2 + bx + c$ 形式的抛物线在其拐点处达到最小值，此时 $x = \frac{-b}{2a}$。当选择 $m = \frac{-(-2r)}{2\times 1} = r$ 时，均方误差取最小值。

z 得分对应的最优拟合直线的斜率就是相关系数 r。这个事实立即让我们得到另外两个重要的结论：

● z 得分的斜率是 r，意味着 z_x 的 1 个标准差的差异与 $\hat{z}_y$ 的 r 个标准差的差异相对应。把这些转化为原始的 x 和 y 值：“x 值增加 1 个标准差，$\hat{y}$ 会增加 r 个标准差。”

- 回归直线的斜率是 $b = \frac{rs_y}{s_x}$ 。

我们知道选择 $m=r$ 时，能使残差平方和（SSE）最小化，但是如何得到这个最小的和呢?（4）中的方程告诉我们均方误差是 $1-2mr+m^2$ 。当 $m=r$ 时，$1-2mr+m^2=1-2r^2+r^2=1-r^2$ 。这是回归直线不能解释的变异性的百分比。因为有 $1-r^2$ 的变异性不能被解释，y 中被 x 解释的变异性的比例是 r^2 。这个重要的事实将会帮助我们评价模型的好坏。

我们还有另外一个收获。因为 r^2 是被模型解释的变异性的比例，r^2 最多是 100%。如果 $r^2 \leqslant 1$ ，那么 $-1 \leqslant r \leqslant 1$ ，说明相关系数总是在-1与 1 之间。

6.8 模型检验

线性模型可能是统计学中运用最广泛的模型。它拥有我们想要的模型的一切：两个容易估计的参数，模型拟合数据好坏程度的有意义标准，预测新值的能力。它甚至提供了残差图的自我检验，帮助我们避免各种错误。大部分模型只有在特定的假设（assumptions）成立的情况下才有用。当然，假设条件是很难——经常是不可能——被检验的。这就是我们为什么要假设它们成立。但是，我们需要检验看看假设是否合理。幸运的是，我们经常能够检验提供假设信息的条件。对于线性模型，我们像本章前述有关相关性检验一样开始检验。

线性模型只是对定量数据有意义。定量数据条件（Quantitative Data Condition）很容易检验，但是不要被用数字表示的定性变量愚弄。你可能并不想尝试用信用卡账号预测邮政编码。

实际上，线性回归模型假定变量之间的关系是线性的。如果你用一个直线来对曲线关系建立模型，往往会得到你应该得到的。我们不能核实两个变量间的潜在关系是否为真实的线性关系，但检查散点图会让你知道线性假定（Linearity Assumption）是否为合理的。我们用于分析相关性的线性条件（Linearity Condition）与之完全相同：如果散点图看起来是一条合理的直线，就会满足线性条件。如果散点图不是足够直，那么请停下来。不能对任意两个变量使用线性模型，即使它们是相关的。两个变量必须存在线性关系，否则模型是没有实际意义的。一些非线性关系可以通过变换数据使散点图更像直线。

检查散点图!

检查散点图。图形的形状必须是线性的，否则不能对变量现在的形式做回归。同时，要注意异常值。

注意异常值。线性假定也要求所有的点离直线较近，否则会扭曲最优拟合直线。检验异常值条件（Outlier Condition）以确保没有点需要特别的关注。离群值可能会有很大的残差，对其进行平方会使它们的影响变得更大。离群点能够显著地改变一个回归模型。异常的观测值甚至能够改变斜率的符号，误导我们对变量间的潜在关系方向的理解。

当我们拟合回归直线时，通常也需要做另一个假设，即每个残差之间都是相互独立的。我们拟合直线不需要这一严格的假设条件，但从数据中概括出它是一个非常关键的假设，且当我们讨论参数时需要对其重新审视。对于所有的假设条件，我们没有办法确保独立性假定（Independence Assumption）的正确性。然而，我们能够检验出这些个案是从总体中抽取的一个随机样本。

我们也能从回归残差的绘图中检验出形状、趋势或聚集的证据，这其中的任何信息都会成为独立性不成立的提示。一个特殊的案例是：当我们有一个时间序列时，违反独立性假定的通常情况是每个误差之间都存在相关性（自相关）。今天我们建立模型的误差可能与昨天建立模型的误差相似。我们能够通过绘制残差的时间序列图（通常是变量 x 的时间序列图）和寻找形状来检验其对假设条件的违反。

当我们的目标仅仅是探索和描述相关关系时，独立性并不是必要的（同时，我们也不用坚持正式检验其相关条件）。然而，当我们想要超出手中掌握的数据信息并为其他情形（如第 14 章）做参考时，这将成为一个关键的假设，因而即使现在考虑，特别是对于时间序列数据而言，这也是一个很好的实践。

我们总是用数据的散点图检验条件，但是在拟合了回归模型后，我们能学习到更多的知识。残差中有另外的信息，这个信息可以帮助我们确定一个模型的合理程度和模型的拟合优度。因而，我们绘制出残差图并再次检验它的条件。

为什么用 e 代表残差？

最简单的回答是：r 已经被用来表示相关系数，但 e 实际上代表“误差”。这不是说数据点本身有错误，而是统计学家经常把不能由模型解释的变异称为误差。

残差是数据的组成部分，并且没有被计入模型中。我们可以写为

数据＝预测值＋残差

或等价于，

残差＝数据－预测值

或者像以前一样，我们用符号表示为：

$$e = y - \hat{y}$$

残差对应于 x 变量值的散点图应该是一个没有固定模式的图形。它没有任何让人感兴趣的特征——没有方向、没有形状。它应该横向延伸，没有弯曲，并且它应该没有异常值。如果你看到非线性，有异常值，或残差出现了集聚，你就需要找出回归模型遗漏了什么。

我们检查一下建立的关于劳氏公司销售收入相对于居民改善支出的回归模型的残差。[①]

① 大多数计算机统计软件包绘制的残差对预测值的散点图与图 6.6 一样，而不是残差对变量 x 的散点图。当斜率为正时，除了坐标轴不同之外，两个散点图是相同的。当斜率为负时，两个散点图互为镜像。因为我们所关心的是图形中体现的模式（或没有模式更好），所以两个散点图都很有用。

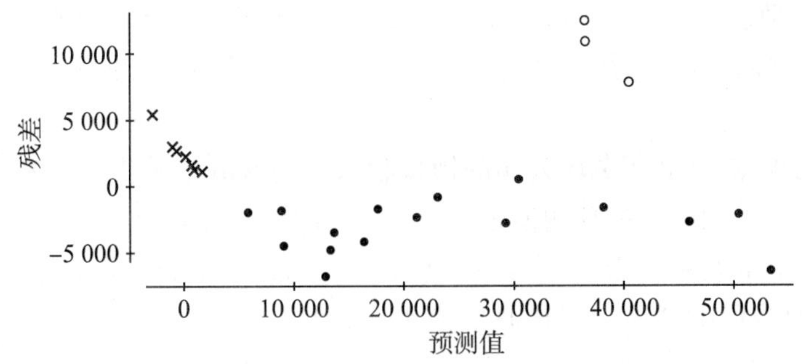

图 6.6　通过 1985—2010 年居民改善支出预测劳氏公司销售收入的回归模型的残差。现在我们能够看到确实有 3 个群组。我们能区别它们吗？

这些残差展示了一个惊奇的发现。它们看起来落入了三个不同的群组：第一个群组呈现出陡峭的下降趋势（表示随着居民改善支出的提高，劳氏公司销售收入没有像回归模型所预测的增长得那么快）；第二个群组呈现出相当平稳的趋势；第三个群组有三个明显高数值的异常值。如果我们辨别三个群组，我们发现"×"的 x 对应于 1985—1992 年，黑色圆点对应于 1993—2007 年，空心圆点对应于 2008—2010 年。回顾 1991 年，劳氏公司开始重新制定计划以发展成为超级购物中心。该分析提示这是一个成功的商业计划，但是我们应该对 1993—2007 年拟合一个单独的线性模型，原因是其符合线性条件。2008 年国际金融危机爆发，美国国内居民改善支出也出现了剧烈的下滑。一定程度上令人惊奇的是，我们没有看到劳氏公司的销售收入出现同步下降，而是其销售收入仍保持相当稳定。

残差不但能够帮助我们检验条件，而且也能够告诉我们模型的好坏。模型拟合得越好，残差在回归直线附近的变动就越小。残差的标准差 s_e 提供了一种度量数据点如何分散在回归直线附近的方法。当然，为了让这一结论有意义，残差都应该遵从相同的内在离散度。因而，为了使模型有用，我们必须假定直线附近的标准差是相同的。

等离散度条件

这个条件要求变量 x 所有值的离散度大致是等同的。通常使用残差与预测值的散点图进行检验。同方差的潜在假定也称为方差齐性（homoscedasticity）。

这个关于直线附近的标准差的新假定条件提出了一个新的条件，称为等离散度条件（Equal Spread Condition）。要问的相关问题是，这是否会使图形变得更加密集，或者更加分散？我们检查以确保全部的离散度是相同的。我们可以在 y 与 x 的散点图中进行检验，也可以在残差的散点图中进行检验（或者最好同时在两个图中进行检验）。我们几乎是以你所期望的方式来估计残差的标准差（standard deviation of the residual）：

$$s_e = \sqrt{\frac{\sum e^2}{n-2}}$$

我们不需要减去残差的均值，因为 $\bar{e} = 0$ 。为什么要除以 $n-2$ 而不是 $n-1$

呢？当估计均值时，我们利用 $n-1$ 去求 s。现在我们要估计截距和斜率。看起来像一个固定的模式——它其实就是一种模式。对于想要估计的每个参数，我们都多减去 1。

如果我们预测 1999 年劳氏公司的销售收入，当家庭改善支出总额为 892 825 百万美元时，回归模型给出的预测值是 17 627 百万美元。其真实值是约 15 906 百万美元。因而，我们的残差等于 15 906－17 627＝－1 721。通过回归模型计算的 s_e 值等于4 896，因而我们的残差仅仅比真实值小 1 721/4 896＝0.35 个标准差。对于残差而言，这是一个相当典型的大小，其原因在于它在 2 个标准差范围之内。

□ 举例

检验残差

下图表示 6.6 节案例中的线性模型的残差相对于预测值的散点图：

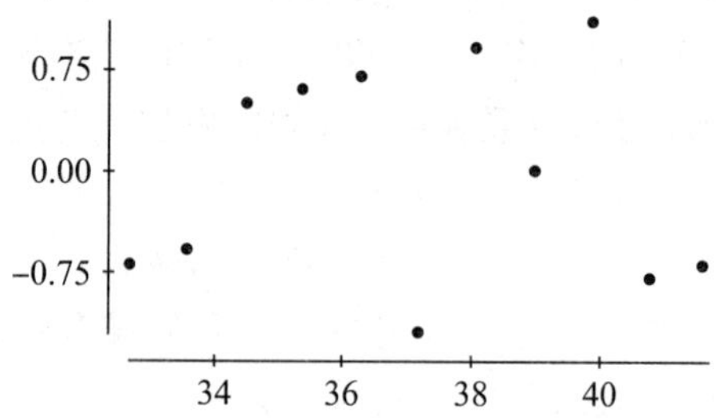

问题：展示所画数值是如何计算的。模型中的点表示什么？

答案：预测值等于历年 $\widehat{MeanAge}$ 的值，通过替代线性模型中的年度值而得到。残差等于历年的实际平均年龄与预测值之间的差额。

图中的点显示了三条近似平行的趋势变动所保留的一些形式。进行更进一步的分析可能是希望确定形成这一形式的原因。

6.9 模型的变异和 R^2

残差的变异是评估模型拟合好坏的关键。我们比较一下响应变量的变异与残差的变异。劳氏公司销售收入的标准差是 18 062（百万美元）。其残差的标准差仅为 4 896（百万美元）。如果相关系数是 1.0，且模型预测的销售收入数值非常精确，残差就全部为 0 且没有变异。我们不能比这做得更好了。

另一方面，如果相关系数为 0，无论改善支出是多少，模型只能预测出销售收入（均值）为 19 374（百万美元）。残差的预测值就是观测到的销售收入数值减去其均值。这些残差与原始数据有着相同的变异性，因为正如我们所知道的那样，只减去它们的均值并不会改变离散度。

r 与 R^2

相关系数为 0.8 是不是相关系数为 0.4 的相关性的 2 倍强。想一下 R^2 的含义你就不会这样认为了。相关系数为 0.8 意味着 $R^2=(0.8)^2=64\%$。相关系数为 0.4 意味着 $R^2=(0.4)^2=16\%$，变异的解释程度只有前者的 1/4。相关系数为 0.8 对应的 R^2 对变异的解释程度是相关系数为 0.4 对应的 R^2 的变异解释程度的 4 倍。

回归模型怎么样呢？观察一下图 6.7 中的箱线图。残差的变异性比数据的变异性要小，但是仍然大于 0。知道了这些就好了，但是到底有多少变异遗留在了残差之中呢？如果你必须在 0%～100%之间选择一个数来表示变异遗留在残差中的比例，你会选择多少呢？

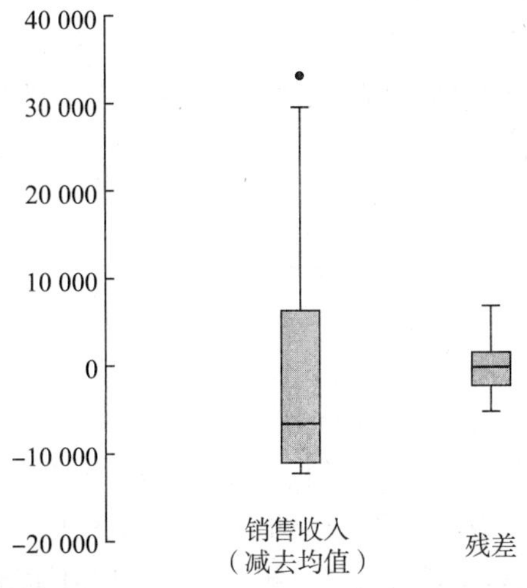

图 6.7　通过回归比较销售收入的变异与残差的变异。为了使离散度的比较更容易些，已减去了均值。残差所剩的变异不是由模型产生的，但是比原始数据中的残差要小。

所有的回归模型都落在相关系数为 0 与完全相关之间。我们喜欢判定模型落在什么位置。我们能不能使用相关系数做到这一点呢？当然，一个相关系数为 -0.5 的模型与一个相关系数为 0.5 的模型是一样好的，它们仅仅是方向不同。但是，如果我们取相关系数的平方，就会得到一个介于 0～1 之间的数值，并且对方向不会产生影响。相关系数的平方 r^2 给出了由模型能够解释的数据变异的比例，$1-r^2$ 是遗留在残差中原始变异的比例。对于劳氏公司销售收入的模型，$r^2=0.964^2=0.929$，$1-r^2=0.071$，因而销售收入数据的变异只有 7.1%遗留在残差之中。

所有的回归分析中都包括这一统计量，尽管在传统上它用大写字母 R^2 表示，读作“R 方”。R^2 为 0 表示数据的变异在模型中完全没有体现，所有的变异都在残差中。很难想象用这样的模型能分析什么情况。

因为 R^2 表示整体变异的一部分，所以它通常用百分比来表示。① 对于劳氏公司的销售收入数据，R^2 等于 92.9%。当解释一个回归模型时，你需要报告 R^2 表示的意

① 与此相对应，我们通常用 -1.0 与 1.0 之间的小数表示相关系数。

义。根据我们的线性模型，劳氏公司销售收入的 92.9%的变异可以由居民改善支出的变异来解释。

R^2 提供给我们关于模型的潜在有用性的重要信息。如果 R^2 的值非常小，模型对于预测 y 就不可能具有很大的实际作用。同时，一个 R^2 的值接近于 0，告诉我们将 y 的均值作为预测值就很好。残差标准差给出了关于其潜在作用的更多信息。正如在下面的内容中我们将看到的，通过 x 预测一个单独 y 的标准差从未小于 s_e（且当你努力预测远离均值的点时，它可能变得相当大）。因此，如果 s_e 比你可能预测的数值要大，你的模型就可能有问题。一个不错的经验法则是考虑偏离预测值 $\pm 2s_e$ 。如果这一间距太宽，那么模型对于实际应用不可能足够有意义。

● 我们如何能够知道 R^2 确实是由模型解释的数据变异的比例呢？这是一个很简单的计算。销售收入的变异是 $18\ 062^2 = 326\ 236\ 964$ 。如果我们将残差看作数据，残差的变异等于 23 009 562。[①] 作为销售收入变异的一定比例，其为 0.071 或 7.1%。这是不能被模型解释的变异的比例。由模型解释的变异的比例为 100%－7.1%＝92.9%，正好是 R^2 的值。

□ 快速测试

我们再次回到销售额对员工数回归的案例。

$\widehat{Sales} = 9.564 + 122.74 Employees$

其 R^2 值被报告为 71.4%。其残差标准差等于 0.51（千美元）。

9. 关于销售额和员工数的关系，R^2 的值表示什么意思？

10. 销售额和员工数是正相关还是负相关？你是如何知道的？

11. 如果我们将销售额的单位由千美元改为千欧元，R^2 的值是否会发生变化？斜率呢？

12. 如果我们想对一个拥有平均员工数的给定商店的销售额进行预测且误差在 2（千美元）以内，这个模型可能有用吗？请解释原因。

平方和

残差平方和 $\sum (y-\hat{y})^2$ 有时写成 SSE（sum of squared errors）。如果称 $\sum (y-\bar{y})^2$ 为 SST（总离差平方和），那么 $R^2 = 1 - \frac{SSE}{SST}$。

R^2 应该是多大？

R^2 的值总是在 0%～100%之间。但 R^2 的值是多少才“好”呢？答案取决于所分析的数据的类型和你想通过它做什么。像相关性一样，不存在一个 R^2 值能够自动地决定一个模型是“好”的。科学实验数据的 R^2 通常在 80%～90%之间，甚至更

---

① 这与前面讨论过的 s_e 的平方并不完全相同，但是非常接近。

高。调查和观察研究的数据通常显示出比较弱的相关性，因为很难得到可靠的回答。一个 R^2 只有 30%～50%甚至更低的模型也能用来进行回归。通过了解残差如何分散在直线附近，残差标准差能给予我们更多关于回归有用性的信息。

正如我们所看到的那样，R^2 等于 100%意味着完全拟合，所有的点都在直线上。s_e 会变成 0。模型将解释所有的方差，残差之中不包含任何方差。这听上去好像很好，但这太好了以至于对实际数据来说不可能是这样的。①

□ 举例

理解 R^2

问题：找出并解释 6.6 节举例中关于自行车骑行者事故死亡人员年龄与时间的回归中的 R^2 。（提示：这一计算过程很简单。）

答案：我们有相关系数，$r=0.965$。R^2 是此数值的平方，即 0.931 2。这一结果告诉我们自行车骑行者死亡人员平均年龄的 93.1%的变异能够由年龄随时间而增加的趋势所解释。

6.10 真实性检验：回归是否合理？

统计学并非无中生有。统计学是以数据为基础。统计学分析的结果应该加强我们的常识。如果分析的结果是出人意料的，要么是你得到了有关世界的新知识，要么分析是错误的。

无论你何时建立回归模型，认真考虑一下系数，并看看它们是否有意义。斜率是合理的吗？倾斜的方向看起来是正确的吗？问一下回归方程是否讲得通，这一小小的努力将会在你发现误差或避免说一些关于数据的愚蠢的、荒唐的事情时得到回报。得到一些来自计算机的表面数据值且假定它们有意义是很容易的。

□ 指导性案例：住宅大小与价格

房地产经纪人知道，决定房子价格的 3 个最重要的因素是位置、位置和位置。但是其他决定房子价格的因素（浴室的数量，院子的大小）是否应该列出来呢？一个学生收集了纽约州北部地区几千个住宅的公开数据。我们随机抽取了 1 057 个住宅作为样本来研究住宅的定价。她收集的变量包括总居住面积（平方英尺）、浴室的数量、卧室的数量、地块大小（英亩）和房龄（年）。我们将研究利用以居住面积计量的房子大小预测销售价格的好坏程度。

---

① 如果你看到 R^2 等于 100%，调查一下究竟发生了什么是一个明智之举。你可能不小心对度量同一个事情的两个变量进行了回归。

计划

准备：说明研究的目标。识别变量及其背景。

模型：我们需要像检验相关性一样检验回归的条件。为了做到这一点，绘制一个图。不要不观察散点图就拟合回归方程。

检查线性条件、等离散度条件和异常值条件。

我们想要弄明白在纽约州北部地区通过住宅的居住面积预测其销售价格的好坏程度。

我们有两个定量变量：居住面积（平方英尺）和销售价格（美元）。这些数据来自 2006 年纽约州北部地区公开的住宅记录。

✓定量变量条件。

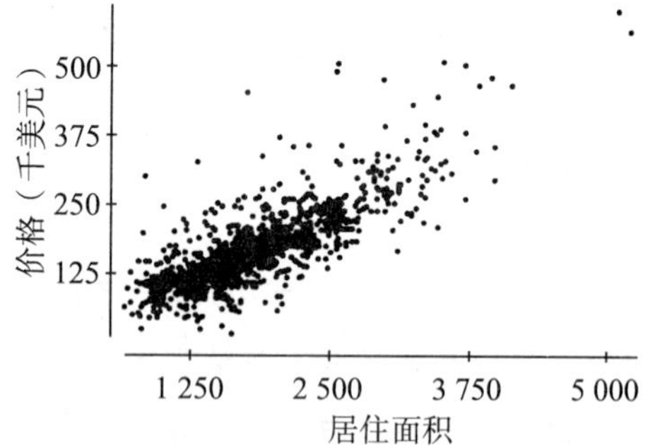

✓线性条件。散点图显示两个变量呈现非常强的正相关关系。图形十分接近线性。

✓等离散度条件。散点图显示出用来建模的所有的 x 值都有一致的离散度。

✓异常值条件。出现了一些可能的异常值，特别是对于大面积、相对昂贵的住宅。一些较小的住宅相对于其面积价格高。我们稍后将检验这些异常值对模型的影响。

我们有两个定量变量满足这些条件，因而我们将利用一条回归直线对这种关系建立模型。

实施

技术性工具：使用统计学软件包求出回归方程。记住，在写下模型方程时，使用有意义的变量名。

一旦建立了模型，画出残差图并且再次检验等离散度条件。

我们软件的输出结果如下：

```
Dependent Variable is: Price
1 057       total      cases
R      squared= 62.43%
s= 57930    with     1000- 2= 998  df
Variable             Coefficient
Intercept            6378. 08
Living Area          115. 13
```

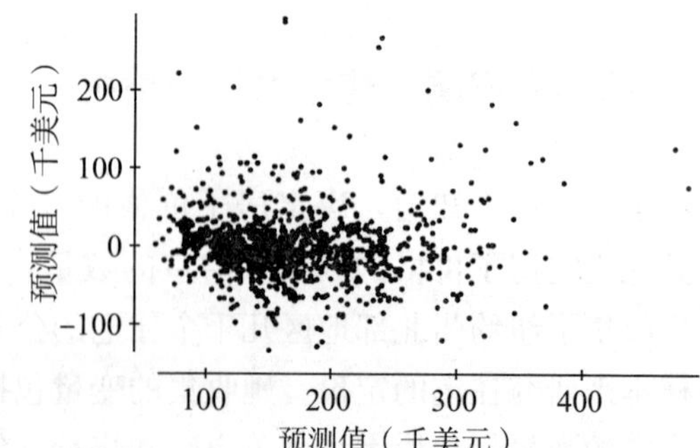

残差图表明数据没有规律。存在少数相对昂贵的小房子是显而易见的，但是将它们剔除再重新拟合模型并没有明显地改变斜率和截距，因而我们还保留这些数据。便宜的房子具有变异程度小的微弱趋势，但所有数据点的离散度是大致相同的。

报告	备忘录
结论：在适当的背景下解释你的结果。	关于：住宅价格。 我们研究了根据房子大小预测其销售价格的好坏程度。数据来自纽约州北部地区最近销售的 1 057 套住宅。模型是： $\widehat{Price}=6\ 376.08$ 美元 $+115.13\times LivingArea$ 换句话说，在 6 376.08 美元的基础上，纽约州北部地区的住宅价格是 115.13 美元/平方英尺。 无论是从统计学角度还是从房地产角度，这个模型看起来都是合理的。尽管我们知道住宅的大小并不是决定其价格的唯一因素，该模型对销售价格变异的解释程度为 62.4%。 作为一个现实性检验，我们检查了几个房地产报价网站（www.realestateabc.com)，发现这个地区住宅的价格是 100～150 美元/平方英尺，因此模型是合理的。 当然，不是所有的住宅价格都能被模型很好地预测。我们在计算模型时剔除了一些住宅的数据，但是它们对回归模型的影响很小。我们认为这是评估这个市场中住宅定价是否正确的一个合理的起点。通过考虑其他一些影响因素，未来的分析可能会更好。

可能出现的错误

● 当你是指“关联”时，不要说成“相关”。你听到“相关”这个词语的频率是多少？大多数时候你听到的这个词语都被误用了。“相关”是最广泛误用的统计术语之一，而且被误用的频率也很高。其中一个问题是，当人们指更一般的术语“关联”时，许多人经常会用特殊的术语“相关”。关联用于描述两个变量的关系时，是一个被有意含糊化的术语。

相关是一个精确的术语，用来描述定量变量之间线性关系的强度和方向。

● 不要对定性变量进行相关分析。一定要检验定量变量条件。计算定性变量之间的相关系数是没有意义的。

● 确定关联是线性的。定量变量之间的关联并非都是线性的。相关分析可能会遗漏强非线性关联的情况。一个线性回归模型从来都不适用于非线性关系的分析。某公司注意到消费者使用烤箱时温度控制器可能并不完美，于是进行了一系列实验[①]用以评估烘烤温度对它们冷却干燥后得到的巧克力蛋糕质量的影响。公司想要知道巧克力蛋糕质量对在 325°F 附近变化的烤箱温度的敏感性，其中 325°F 是推荐的烘

① 设计的用于评估不受公司控制的环境变量对公司产品质量的影响的实验，是由日本质量专家 Genichi Taguchi 博士提出的，并于 20 世纪 80 年代在美国启用。

烤温度。实验室报告经过训练的品尝测试者给出的得分与烘烤温度的相关系数是−0.05,回归斜率是−0.02，并告诉经理两个变量之间没有关系。决定在包装上印出告诉消费者不用担心温度的提示之前，一名知识渊博的实习生要求看一下散点图。

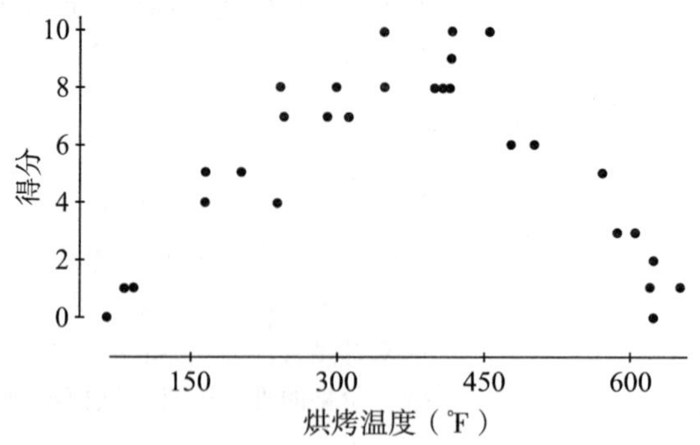

图 6.8　品尝测试者得分与烘烤温度之间的相关关系很强，但并非线性。

散点图确实显示存在强关联性，但不是线性的。不要忘记检验线性条件。

● 警惕异常值。如果没有对异常观测值进行背景调查，就不能可靠地解释相关系数或回归模型。下面是一个例子。喜剧演员的 IQ 与鞋的大小之间表现出令人惊奇的强正相关，相关系数为 0.5。为了检验这一假设，观察下面的散点图。

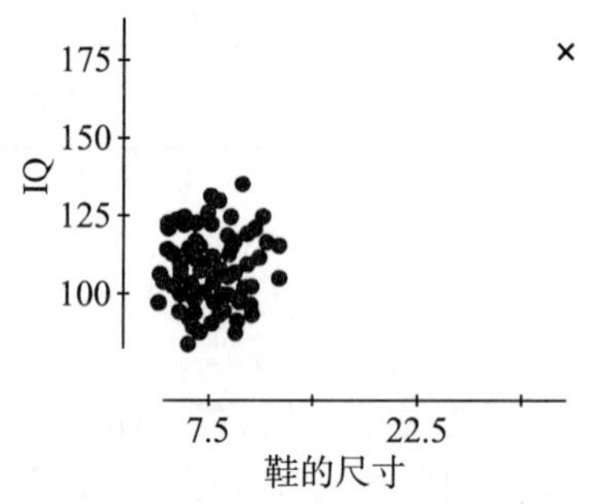

图 6.9　IQ 与鞋的尺寸

在这一“研究”中，可以看出两个变量之间的关系如何呢？相关系数是 0.5。但是右上角的那个点属于谁呢？这个异常值是小丑 Bozo，人们都知道他的大脚而且他也是公认的喜剧“天才”。把 Bozo 剔除后，相关系数几乎等于 0。

一个异常值甚至就能主导相关系数。这就是要检验异常值条件的原因。

● 不要将相关与因果关系混淆。一旦遇到强的相关关系，我们总是尝试通过想象来解释预测变量如何引起响应变量的变化，甚至更进一步在散点图中勾画出回归直线。人们总是这样：想知道每件事情的起因和结果。两个变量是相关的并不意味着一个变量是引起另一个变量的原因。

癌症导致抽烟吗?

即使两个变量之间的相关关系是由因果关系产生的，但仅凭相关分析是不能告诉我们谁引起谁的。

罗纳德·艾尔默·费希尔（1890—1962）是 20 世纪最伟大的统计学家之一。费希尔在法庭上作证（烟草公司支付报酬），认为因果关系可能会引起对吸烟和癌症的错误相关认识：

“肺癌……是否可能是引起抽烟的原因呢？我认为不能将其排除在外……由于轻微的慢性炎症引起的进一步恶化……

轻度发炎的原因……通常伴随着拔出一根香烟，并以此种方式作为小病的补偿……与更频繁的抽烟很可能相关联。”

具有讽刺意味的是，抽烟确实是许多癌症的原因，这一结论是根据实验设计的原则进行的实验及费希尔本人提出的分析方法得到的。

散点图、相关关系、相关系数和回归模型不能证明因果关系。举例而言，这就是美国外科联合会（U. S. Surgeon General）会花费那么长的时间才将警示标志印到香烟上的原因。虽然可以证明增加吸烟与增加的肺癌水平是相关联的，但是仍然花费了许多年的时间才证明吸烟确实会引起肺癌。（烟草公司利用了这个巨大的优势。）

● 注意潜在变量。房屋着火带来的损失相对当时在场的消防队员人数的散点图表明二者存在很强的相关关系。损失当然不是消防队员的原因。不过消防队员实际上确实会造成破坏，如到处喷水钻洞，但这是否意味着不应该叫来消防队？答案当然是否定的。这里存在一个潜在变量导致损失与消防队员的同时增加——火灾的大小。隐藏在表面关系背后，并能同时影响另外两个变量的隐藏变量，称为潜在变量(lurking variable)。经常可以通过找出幕后的潜在变量来揭示对数据的一些认识。

● 不用对非线性关系拟合直线。实际上，线性回归只适用于线性关系。

● 千万要注意异常点。在回归中数据值异常或不正常有两种方式。y 值可能会偏离由大多数数据决定的线性模式。我们将这样的数据称为异常值。尽管在回归中，一个点对应的 y 值不是最大的或最小的，但是如果它偏离线性模式很远，也就成了异常点。异常点也能体现在 x 值上。这些点会对直线产生很大的影响。这两种异常点都需要注意。

● 不要推算离原始数据很远的点的值。线性模型对观测的 x 值范围内关系的概括通常会比较合理。一旦我们建立了体现其相关关系的模型，就想尝试使用它。但是，相对于位于离原始数据范围太远的 x 值，预测 y 值一定要慎重。在此情况下，模型可能并不再成立，因而推算离原始数据很远的点的值是有风险的。

● 不要仅根据 R^2 来选择模型。尽管 R^2 度量的是线性关联的程度，但是一个高的 R^2 值并不能证明回归的适合程度。一个不正常的观测值或分成两组的数据，能够使 R^2 看起来非常大，但实际上线性模型却是不合理的。相反地，一个低的 R^2 值可能是由一个异常值造成的。可能是大多数数据点都落在直线附近，只有一个点是例外的。因此，我们经常需要观察散点图。

实践中的伦理

一家广告代理商被某全球著名的口腔卫生产品（电子牙刷、口腔冲洗器等）聘请组建了一只头脑风暴型的创意团队，以便为设计新的广告宣传活动集思广益。Trisha Simes 被任命为该团队的领导，因为迄今为止她与该客户打交道时经验最丰富。在该团队的第一次会议上，Trisha 将客户的要求告诉了团队成员：新的广告要与竞争对手的广告不同，不能将良好的牙齿保健美容的好处作为核心信息。大家纷纷绞尽脑汁思考创意，团队成员之一 Brad Jonns 回忆起最近 CNN 的一个节目报道了用牙线清洁牙齿与降低患心脏病的风险之间具有相关性。鉴于合适的牙齿护理器具有改善健康状况的潜力，团队成员一致同意进一步对该观点进行探讨。在第二次会议上，几个团队成员谈到当他们发现有如此之多的医学、科普和大众文章都宣称良好的口腔卫生会带来身体健康时感到非常惊奇。一位团队成员还注意到，他在文章中发现牙周疾病不仅与心脏病和中风有关，也与糖尿病甚至癌症有关。尽管 Trisha 对客户的竞争对手为什么没有先利用这些研究成果而感到困惑，但是她的团队已经顺利开展工作，开始将关注点放在这一核心信息上来设计宣传活动。

伦理问题 相关关系并不意味着因果关系。他们并没有研究存在潜在变量的可能性。例如，可能那些比较关心自己健康的人会定期用牙线清洁牙齿，他们患心脏病的风险也更低（与《美国统计学会道德指南》的第 C 条款相关）。

伦理解决方案 避免从相关分析的结果中得出因果关系的结论。

Jill Hathway 正在考虑换一份工作，并且她开始对特许经营感兴趣。在一家大型公司做了 20 年中层经理之后，Jill 想要满足自己的企业家精神，并且开始自己创业。她目前居住在西南部的一个小城市，正考虑在健康和健身行业从事个体特许经营。她正在考虑的几种可能包括 Pilates One，为此她请求了一个特许包。包含在该信息包中的数据表明，各种地区性人口统计特征（年龄、性别、收入）与特许经营成功程度（收入、利润、投资收益）之间是如何相关的。Pilates One 是一个相对比较新的特许经营品牌，只在少数几个分散的地方开展了业务。尽管如此，该公司公布各种统计图和数据分析的结果，以帮助未来的特许经营商做决策。Jill 对研究 Pilates One 所在的方圆 20 英里以内和 40 岁以上妇女的比例与特许经营投资收益之间关系的统计图和回归分析非常感兴趣。她注意到存在一个正相关关系。通过一些研究，她发现在她所在的城市中 40 岁以上的妇女比例高于 Pilates One 所在的其他城市（部分原因在于大量退休人员迁至西南地区）。然后，她使用回归方程预测她所在城市 Pilates One 的投资收益，并且对预测的结果很满意。通过这些客观的数据，她感觉 Pilates One 是适合她的特许经营项目。

伦理问题 Pilates One 仅根据一些观察数据值就发布分析结果。Jill 的推算超出了 x 值的范围（与《美国统计学会道德指南》的第 C 条款相关）。

伦理解决方案 Pilates One 的分析中应该包括一个免责声明，即分析是根据很少的观测值进行的，并且方程不能用于预测其他地区成功与否，或超出分析中 x 值的范围。

小结

学习目标

- 学习绘制散点图以显示两个定量变量之间的关系。
- 观察散点图的方向、形状和相关关系强度及远离整个图形的任意异常值。

■ 假设相关关系呈现的形状是线性的，用相关系数 r 来概括其相关关系强度。

● 相关系数的符号反映关联的方向。

● $-1 \leqslant r \leqslant 1$；相关系数为 1 或 -1 表示完全线性关系。相关系数为 0 表示不存在线性关系。

● 相关系数没有单位，因而移动或缩放数据、标准化甚至交换变量对相关系数的值都没有影响。

● 相关系数很大并非表示存在因果关系。

■ 运用最小二乘回归模型建立一个线性关系模型。

● 回归（最优拟合）直线并不通过所有的点，但它是使残差平方和达到最小的折中直线。

● 斜率告诉我们对于每单位 x 的变化 y 变化多少。

● R^2 提供了可由线性回归模型解释的 y 的变异的比例。

■ 当数据中出现向均值回归时，要意识到它。

● 一个变量与其均值的 1 个标准差的偏离对应于另一个变量与其均值的 r 个标准差的偏离。

■ 检验一个线性模型的残差，以评估模型的质量。

● 当绘制相对于预测值的图形时，残差在离散程度上既不应该显示出形式，也不应该显示出变化。

术语

关联：

● 方向：正的方向或关联表示一个变量增加时，一般情况下另一个变量也增加。当一个变量增加而另一个变量减少时，关联是负的。

● 形状：我们通常关注的是直线形状，但也一定要描述在散点图中看到的其他形状。

● 强度：如果在散点图中很少有数据点分散在潜在关系周围，就说明有强的关联。

相关系数：说明线性关联的方向与强度的数值。

$$r = \frac{\sum z_x z_y}{n-1}$$

解释变量或自变量（变量 x）：该变量表示能说明、解释、预测或引起 y 变量变化的变量。

截距：截距 b_0 给出了 y 单位的初始值。它是当 x 为 0 时的值。

$$b_0 = \bar{y} - b_1 \bar{x}$$

最小二乘法：一个使残差的方差最小化或等价于残差平方和最小化从而确定唯一一条直线的法则。

线性模型（最优拟合直线）：用最小二乘法拟合的 $\hat{y} = b_0 + b_1 x$ 形式的线性模型，也称为回归直线。为了解释线性模型，我们需要知道变量及其单位。

潜在变量：在变量 x 和 y 之外能同时影响这两个变量的变量，并能说明两个变量相关的原因。

异常点：在散点图中脱离总体趋势的点。

预测值：数据中的每个 x 值都能找到一个 y 的预测值。预测值 $\hat{y}$ 是通过把 x 值代入回归方程而求得的。预测值是在最优拟合直线上的值，点（x，$\hat{y}$）就在最优拟合直线上。

回归直线：满足最小二乘法的特殊线性方程，通常称为最优拟合直线。

回归到均值：因为相关系数的大小总是小于 1，每个 y 的预测值对 y 的均值偏离的标准差数都小于对应的 x 值对 x 的均值偏离的标准差数。

残差：数据的实际值与由回归模型得到的相应预测值——或者更一般地说由任何模型得到的预测值——之间的差异。

响应变量或因变量（变量 y）：散点图要解释或预测的变量。

R^2：

- x 与 y 相关系数的平方。
- 可由 x 的最小二乘线性回归解释的 y 数据的变异比例。
- 一个度量 y 和 x 的线性回归拟合程度的综合指标。

散点图：显示测度相同个案的两个定量变量之间关系的图。

斜率：斜率 b_1 给出了每单位 x 对应多少单位 y。一单位 x 的差异与 b_1 单位 y 预测值的差异相关联：$b_1 = r\frac{s_y}{s_x}$。

残差的标准差：s_e 通过公式 $s_e = \sqrt{\frac{\sum e^2}{n-2}}$ 计算。

技术帮助：相关与回归

所有的统计软件包都对回归的结果制作出一个表格。这些不同软件包制作的表格可能有细微的差异，但是基本相同——并且包括的内容比我们现在需要知道的还要多。每个使用计算机计算出来的回归表格都包括类似下面表格中内容的部分：

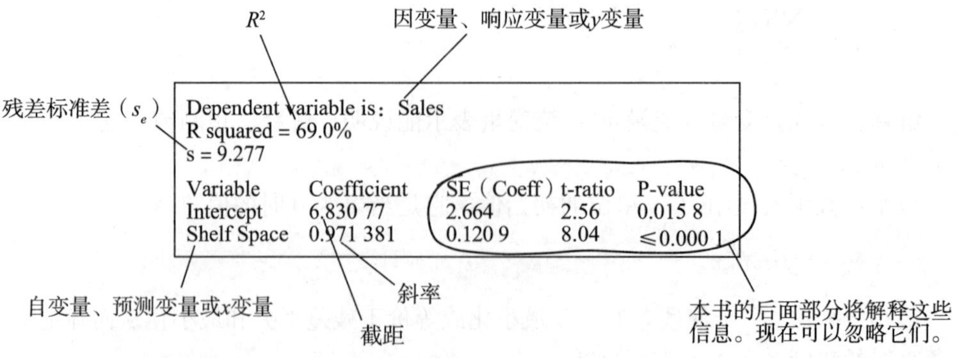

类似这样的表格给出了斜率和截距系数。通常斜率是以 x 变量的名字作为标签的，截距的标签为“截距”或“常数”。因而，回归方程可显示如下：

$\hat{Sales} = 6.83077 + 0.97138 ShelfSpace$

EXCEL

用 Excel 绘制散点图：

- 从“Data”功能区中选择“Data Analysis”插件。
- 从菜单中选择“Regression”。
- 指出你想要画出的散点图中数据的范围。
- 如果你的数据列有名称且标签在第一个单元格里，检查一下“Labe 1”框。
- 检查“Line Fit Plots”框，并点击“OK”。
- Excel 将显示回归结果，且散点图将在一个新的空白页中显示。
- 相关系数在 B4 单元格中显示。
- 斜率和 y 截距项分别显示在 B18 单元格和 B17 单元格。
- 通过右击你想要编辑的部分，可以编辑或移除散点图中的任意部分。
- 例如，想要移除预测变量，右击其中的一个点并“Delete”。
- 为了加入最小二乘回归直线，右击数据并“Add Trendline...”。

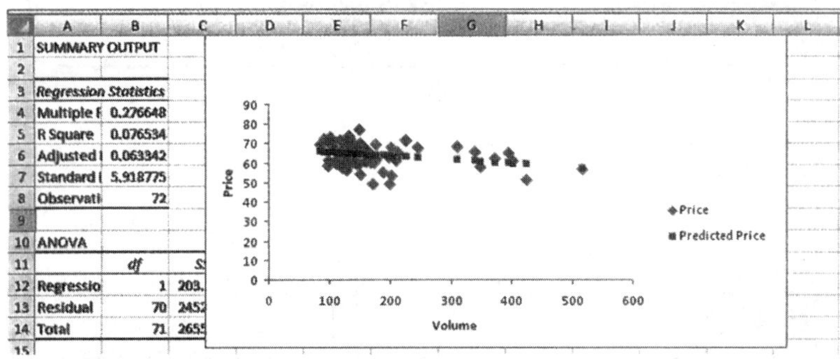

资料来源：Microsoft Excel 2010。

XLSTAT

绘制散点图：

- 选择“Visualizing data”，再选择“Scatter plots”。

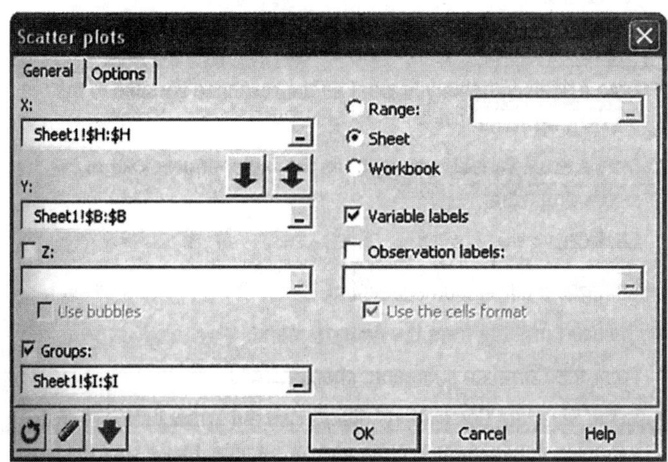

资料来源：该图及其后三幅图都通过培生教育集团的 XLSTAT 绘制。

● 确定 X 和 Y 所在的单元格范围。

● 在生成的图形中，点击图形的任意位置，直到出现“Chart Tools Layout”表格。

● 选择“Trendline”按钮，并添加趋势线。

在 XLStat 中进行回归：

● 选择“Modeling data”，再选择“Linear regression”。

● 在“Quantitative”区域输入响应变量所在单元格的范围。

● 检查定量框。

● 在合适的区域输入预测变量所在单元格的范围。

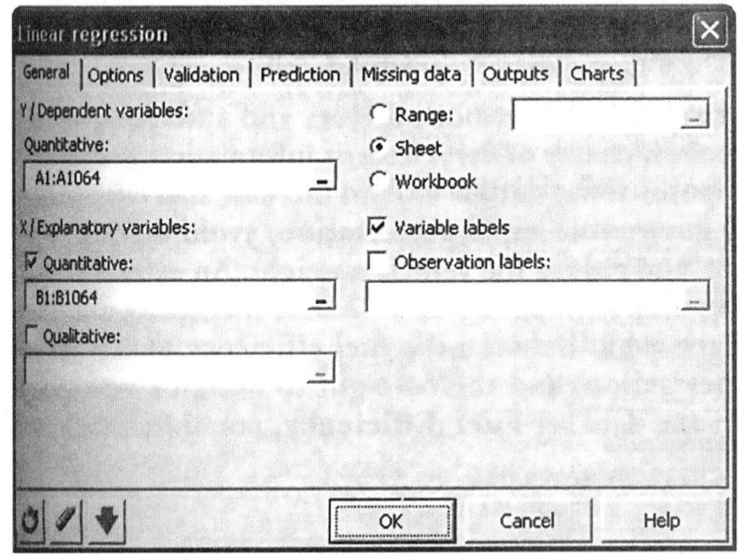

● 在线性回归对话框中绘制残差，选择“Charts”表格。

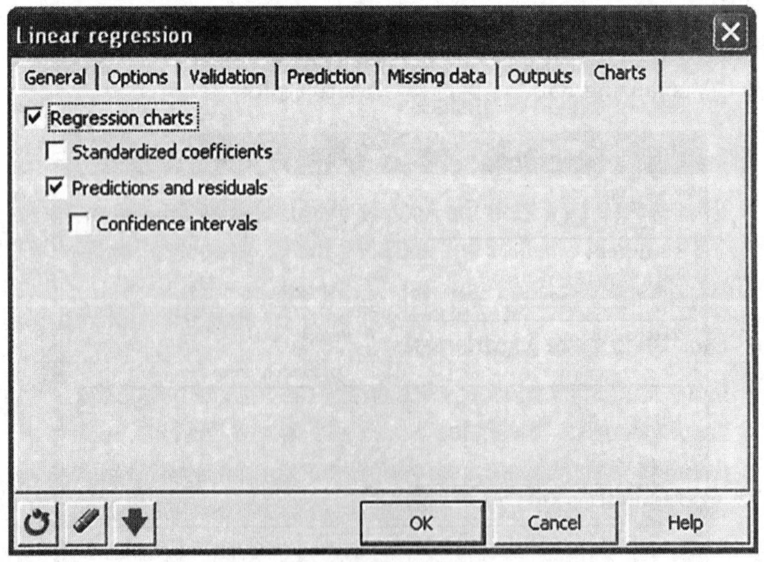

● 选择“Regression charts ”和“Predictions and residuals”。

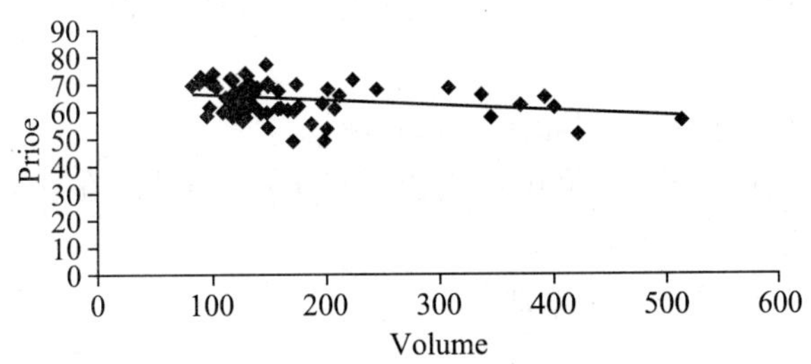

但是我们仍然不能很好地完成这些工作。Excel 总是确定散点图坐标轴的范围和显示原点（0，0）。但是，大多数数据并不在原点附近，因而你可能得到像这样的图形：所有的点聚集在一个角中。

- 右击 y 轴的标签。从下拉菜单中选择“Format axis...”。
- 选择“Scale”。
- 确定 y 轴的最小值。

一个有用的技巧是将对话框本身作为直尺再阅读一遍 y 轴，因而你能估计一个合适的最小值。这里似乎有 75 个值都比较合适。

- 用 x 轴来重复这一过程。

JMP

绘制散点图并计算相关系数：

- 从“Analyze”菜单中选择“Fit Y by X”。
- 在“Fit Y by X ”对话窗口中，将 y 变量拖到“Y，Response”框中，将 x 变量拖到“X，Factor”框中。
- 点击“OK”按钮。

JMP 绘制出散点图之后，点击图标题旁边的红三角，就会显示一个选项菜单。

- 选择“Density Ellipse”，并选择“0.95”。JMP 会围绕数据画出一个椭圆，并给出相关系数表。
- 点击“Correlation”旁边的蓝色三角，会出现包含相关系数的表。

计算回归：

- 从“Analyze”菜单中选择“Fit Y by X”。在“Select Column”方框中设定 y 变量，点击“Y，Response”按钮。
- 设定 x 变量，并点击“X，Factor”按钮。
- 点击“OK”，绘制散点图。
- 在散点图窗口中，点击“Bivariate Fit...”标题旁边的红色三角，并选择“Fit Line”。JMP 将在散点图中画出最小二乘回归直线，并且在图形下面的表格中显示回归结果。

MINITAB

绘制散点图：

- 从“Graph”菜单中选择“Scatterplot”。
- 图表类型选择“Simple”。点击“OK”。

● 在表中分别输入 Y 变量和 X 变量的变量名。点击“OK”。

计算相关系数：

● 从“Stat”菜单中选择“Basic Statistics”。

● 从“Basic Statistics”子菜单中选择“Correlation”。在“Variables”框中至少输入两个定量变量。

● 点击“OK”，计算出相关系数。

SPSS

在 SPSS 中绘制散点图，从“Graphs”菜单中打开“Chart Builder”。然后，

● 点击“Gallery”选项卡。

● 从图表类型列表中选择“Scatterplot”。

● 将选中的散点图拖到画板区域。

● 将作为响应变量的定比变量拖到 y 轴区域。

● 将作为因变量或预测变量的定比变量拖到 x 轴区域。

● 点击“OK”。

计算相关系数：

从“Analyze”菜单中选择“Correlate”。

● 从“Correlate”子菜单中选择“Bivariate”。

● 在“Bivariate Correlate”对话框中，用箭头按钮将变量从来源方框移动到目标方框中。确定在“Correlation Coefficients”区域选择“Pearson”选项。

计算回归，从“Analyze”菜单中选择：

●“Regression”>“Linear...”。在线性回归对话框中，指定因变量（y）和自变量（x）。

● 点击“Plots”按钮，指定残差图和残差的正态概率图。点击“OK”。

□ 微型案例

燃油经济性

随着汽油价格的不断上涨，司机和汽车公司对于提高汽车燃油经济性都很有积极性。最近，美国政府提出了一些提高燃油经济性的简单方法，并公开发布有关信息（请见 www.fueleconomy.gov）：避免快速地加速，避免行驶速度超过 60 英里/小时和降低机动车的重量。汽车每额外增加 100 磅，燃油经济性（每加仑行驶的英里数）就会降低 2%。某市场总监正在研究汽车的燃油经济性（以每加仑行驶的英里数测度）与汽车重量之间的关系，以设计一项压缩型汽车比赛活动。在 Fuel _ Efficiency 数据集中，你将在下面的变量中找到有关数据。[1]

● 汽车牌号
● 汽车型号
● 发动机大小（L）
● 城市（每加仑英里数）
● 高速公路（每加仑英里数）
● 重量（磅）

① 数据自 2004 年度开始，并从 www.Edmonds.com 编辑得到。

- 气缸
- 制造商的类型和国家
- MSRP（以美元测度的汽车制造商建议零售价）

在写下的报告中描述重量、汽车制造商建议零售价、发动机大小与燃油经济性（在城市与高速公路上行驶都包括在内）之间的关系。只有在美国燃油经济性是用每加仑英里数来度量的。世界的其他地方用每 100 公里耗油升数来度量。当将每加仑英里数转换到每 100 公里耗油升数时，计算公式是 l/100 km＝235.215/mpg。尝试运用这些变量的形式并比较生成的模型。确保绘制出残差图形。

美国经济与家得宝公司股票价格

Home _ Depot 文件包含了经济数据变量与家得宝公司的股票市场价格数据。经济学家、投资家和公司总监使用美国经济数据指标评估通货膨胀压力和就业变化对股票市场的影响。尽管利率有许多不同的类型，此处包括银行主要贷款利率的月度数值，这一利率由 25 家最大（基于资产）的美国保险特许商业银行公布。银行经常使用主要利率来对短期商业银行贷款进行定价。除此之外，我们提供 6 个月信用违约掉期利率、失业率（经季节调整）和短期国库券利率。调查 2006—2008 年家得宝公司股票的收盘价格与下面变量之间的关系①：

- 失业率（%）
- 银行主要利率（%）
- 违约掉期利率（%）
- 短期国库券利率（%）

在书面的报告中描述每个变量与家得宝公司股票收盘价格之间的关系。如果有必要，确保在你的分析和变量转换中运用散点图和相关系数表。

生活费用

一个跨国公司的运营总监可能必须到世界的其他地方定居一段时间。这些公司通常根据生活费用指标来对运营总监进行公平地补偿。Numbeo. com 网站提供了 200 多个城市免费且独立的数据。你可以在 Cost _ of _ living _ 2012 中找到数据。其包括 4 类指标（以纽约有关价格的百分比来表示）：总体生活费用指数、房租指数、零售指数和餐馆指数。例如，房租指数为 60 意味着在这个城市租住公寓所用费用是 2012 年纽约市一个同等水平的公寓平均租金的 60%。

检查上述每个单独项目之间的关系。核实必要条件并尽可能详细地描述它们之间的关系。(记得观察方向、形式和强度。) 识别任何一个异常的观测值。

根据相关系数和线性回归，在这些城市中哪个项目是总体生活费用指数最好的预测指标？哪一个是最差的？它们之间是否存在令人出乎意料的关系？写一个简短的报告陈述你的结论。

共同基金

根据美国证券交易委员会（SEC）的定义，共同基金是一群投资者在股票、债券和其他证券中进行专业投资管理的投资集合。基金经理管理投资组合并且追踪盈

---

① 资料来源：失业率——美国劳工统计局，请见 www. bls. gov/cps/home. htm＃data 上的失业页面；利率——联邦储备银行，请见 www. federalreserve. gov/releases/H15/update/；家得宝股票价格在 HD/Investor Relations 网站上显示，请见 ir. homedepot. com/quote. cfm。

利和损失。最终红利会传递给共同基金的个体投资者。第一组基金成立于 1924 年，但是在 1929 年股票市场的冲击下，这些类型基金的传播速度减缓了。美国国会在 1933 年通过了《证券法》，在 1934 年通过了《证券交易法》，要求向投资者披露信息。美国证券交易委员会起草了《投资公司法》，该法规提供了向 SEC 注册所有基金的指导。到 20 世纪 60 年代末，被报告的基金资产达到 480 亿美元；同时，到 2007 年 10 月，美国有超过 8 000 种共同基金，管理的资产总额超过 12 万亿美元。

投资者经常根据基金过去的表现来选择共同基金，许多经纪人、共同基金公司和其他网站提供基金业绩方面的信息。在 Mutual _ funds _ returns 文件中，你可以找到 64 种不同类型基金的 3 个月收益率、1 年收益率、5 年收益率、10 年收益率及基金设立以来的收益情况。这些过去的数据哪一个能够对最近 3 个月收益率提供最好的预测？为预测 3 个月收益率，请检查散点图和回归模型，并写一个简短的报告概述你的结论。

相关系数和回归模型的计算可能对于运算的中间结果如何是非常敏感的。如果你使用计算器找到了答案并写下中间结果，得到的答案可能与你使用统计学软件获得的结果略有不同。不同的程序也可能产生不同的结果。因此，你的答案中的小数位数与附录中的可能不同。这些不需要你关注很多。有意义的小数位只是开始的几个；小数位可能对于中间运算结果而言是随机性的结果。

□ 快速测试答案

1. 我们知道得分是定量变量。我们应该通过观察两个得分的散点图来检验数据是否满足线性条件和异常值条件。

2. 不会改变。

3. 不会改变。

4. 它们更可能没有关系。正相关意味着 Intel 公司的低收盘价与 Cypress 公司的低收盘价有关联。

5. 不是，一般情况下的关联是正的，但是日收盘价是变化的。

6. 对于每个额外的雇员，月销售额平均增加 122 740 美元。

7. 千美元/人。

8. 每月 1 227 400 美元。

9. 员工数的差异可以解释月销售额变异的 71.4%。

10. 存在正相关关系。相关系数和斜率符号相同。

11. R^2 不变。斜率会变。

12. 是的，残差标准差为 0.51，$\pm 2s_e$ 正好在 2（千美元）以内。

□ 案例研究

美国退伍军人协会

慈善组织通常依靠个人捐赠以资助其正常运转，全国退伍军人组织也不例外。

美国退伍军人协会（PVA）成立于 60 多年前，是一个会议性的退伍军人服务组织。该组织向脊柱受损或器官功能障碍的退伍军人提供一系列服务。其中，提供的一些服务包括医疗服务、研究、教育和可获得的法律咨询。2008 年，该组织的总收入超过 135 百万美元，其中 99%以上都来自捐赠。

一个严重依赖捐赠的组织需要多层面的资助项目，且 PVA 通过多种方式接受捐赠。通过该组织的网站（www.pva.org），人们能够进行一次性捐赠、一月一次的捐赠、以荣誉的形式捐赠或以纪念某人的形式捐赠，而且商店就是 PVA 的网上店铺。人们也可以支持慈善事件之一，如高尔夫锦标赛、全国退伍军人轮椅比赛和慈善巡游。

传统上，PVA 招揽资助的主要方式之一是使用回信地址标签和贺卡（尽管仍在使用，但近几年该方法的使用减少了）。一般情况下，每隔六周将这些问候送给潜在的捐赠人，请求他们捐赠。从该组织已经确立的捐赠项目看，PVA 能够期望获得的回复率约为 5%，这一方式通过花费相对小的成本制作和寄送礼物，以保持组织获得良好的资助。

但是募捐只能解决 28%的支出，因而 PVA 想要知道谁是捐赠者，哪些变量对于预测是否某捐赠者可能捐助一项即将到来的活动，以及捐赠金额大小有意义。在你的光盘中有一个名称为 Case Study 1 的数据集，该数据集包含的数据被设计成这一组织工作时所使用的很相似的部分数据。下面是一些变量的描述。然而，切记，在真实的数据集中，对于每一位捐赠者提供了数以百计的变量。

VARIABLE NAME	UNITS（IF APPLICABLE）	DESCRIPTION	REMARKS
Age	Year		
Own Home?	H=Yes；U=No or unknown		
Children	Counts		
Income		1=Lowest；7=Highest	Based on national medians and percentiles
Sex	M=Male；F=Female		
Total Wealth		1=Lowest；9=Highest	Based on national medians and percentiles
Gifts to Other Orgs	Counts	Number of Gifts（if known）to other philanthropic organizations in the same time period	
Number of Gifts	Counts	Number of Gifts to this organization in this time period	
Time Between Gifts	Months	Time between first and second gifts	
Smallest Gift	$	Smallest Gifts（in $）in the time period	See also Sqrt（Smallest Gift）

续前表

VARIABLE NAME	UNITS (IF APPLICABLE)	DESCRIPTION	REMARKS
Largest Gift	$	Largest Gift (in $) in the time period	See also Sqrt (Largest Gift)
Previous Gift	$	Gift (in $) for previous campaign	See also Sqrt (Previous Gift)
Average Gift	$	Total amount donated divided by total number of gifts	See also Sqrt (Average Gift)
Current Gift	$	Gift (in $) to organization this campaign	See also Sqrt (Current Gift)
Sqrt (Smallest Gift)	Sqrt ($)	Square Root of Smallest Gift in $	
Sqrt (Largest Gift)	Sqrt ($)	Square Root of Largest Gift in $	
Sqrt (Previous Gift)	Sqrt ($)	Square Root of Previous Gift in $	
Sqrt (Average Gift)	Sqrt ($)	Square Root of Average Gift in $	
Sqrt (Current Gift)	Sqrt ($)	Square Root of Current Gift in $	

观察一下数据能够告诉我们什么。*Current Gift* 与其他变量之间是否存在任何有趣的关系？利用数据是否可能预测出谁将响应下一个直接寄信运动？

回想一下当变量高度有偏或变量之间关系并非线性的时候，报告一个相关系数不是合适的。你可以希望考虑那些变量的一个转换形式（对所有涉及捐赠的变量取平方根）或基于数值次序的相关关系而不是变量本身。

建议的学习计划和问题

写一个报告阐述关于你对该组织的捐赠者的发现。确保你的报告遵循计划、实施、报告的框架。包括对每个变量（形状、中心和离散度）的基本描述，指出任意有趣的特征和探寻变量之间的相关关系。特别的是，你应该描述 *Current Gift* 与其他变量之间的任何有趣的关系。运用这些问题作为指导：

- 代理人的年龄分布是在大多数商业活动中发现的典型分布吗？
- 提供较多捐赠的人每次的捐赠额平均较小吗？
- 向其他组织提供捐赠的人倾向于向该组织提供捐赠吗？

描述收入与财富排名之间的关系。你如何解释这个关系（或缺少关系）？（提示：观察一下年龄分布。）

什么变量（如果有）看起来与 *Current Gift* 有关联呢？你认为该组织能够使用其中一些变量对下一次活动的捐赠进行预测吗？

第二篇

建模与推断

第 7 章 随机性与概率

信用报告与 Fair Isaacs 公司

你可能从未听说过 Fair Isaacs 公司，但是它可能知道你。无论何时你申请一项贷款、一张信用卡甚至一份工作，你的信用“评分”将被用于决定你是否为风险较小的人。并且，因为使用最广泛的信用评分是 Fair Isaacs 公司的 FICO® 评分，在决策过程中，该公司发挥了很大的作用。Fair Isaacs 公司（FICO）成立于 1956 年，理念是灵活地运用数据能够提高商务决策能力。今天，Fair Isaacs 公司声称它每年向世界范围内的公司提供超过 1 800 亿条商务决策信息。

信用评分介于 350～850 之间，是对信用“价值”的概括。它是基于信用历史和过去行为的现在的信用风险快照。各种贷款人使用信用评分来预测你的行为，例如你按时归还贷款的可能性或违约性。贷款人使用信用评分不但决定是否向你提供信用额度，而且决定他们向你提供信用额度的成本费用。并不存在十分确定的边界，但总体评分超过 750 就被认为是信用良好，这个评分的贷款申请人可以获得最优惠的利率。信用评分低于 620 分的贷款申请人总体上被认为是有风险的。那些信用评分低的贷款申请人可能被直接拒绝提供信用额度或者只被提供利率非常高的“次级”贷款。

你能证明你的信用评分依据的信息是很重要的，但是直到现在，你只能希望你的信用评分是基于正确的信息。当 2000 年加利福尼亚州的法律规定抵押贷款申请者有权利查看自己的信用评分时，这一现象出现了转变。如今，信用产业对于向消费者提供可查询的信用评分更为开放，并且现在美国政府通过公平准确的信用交易法（FACTA）确保你能够无成本地查询信用评价报告，至少一年一次。[①]

公司为了生存必须掌控风险，但是通过分析风险的本质发现，风险带来了不确定性。银行无法确切地知道你是否会按时归还抵押贷款——或者一点也不知道。对

① 然而，你在你的信用评价报告中看到的评分属于“咨询意义上的”评分，其目的是向消费者展示评分是如何计算出来的。你仍然必须支付一笔“合理的费用”，才能看到你的 FICO 评分。

于无法预测的事情，它们怎么处理呢？它们从事实开始着手，尽管个人的行为结果无法完全预测，但是通过随机性的现象可以发现一些情况，从长期来看，人们习惯于始终如一的和可预测的行为模式。随机事件的这一特性使统计学具有实践意义。

7.1 随机现象与概率

当一个消费者给一家信用卡公司打 800 电话时，在与接线员接通电话之前，他或她被问及其信用卡卡号。当电话接通时，信用卡的购买记录和消费者的人口统计信息被恢复和显示在接线员的屏幕上。如果消费者的信用评分足够高，接线员可能被允许“交叉销售”另一项服务——也许是一张只面向信用评分为 750 以上的消费者发行的“白金”信用卡。

当然，公司不知道哪个消费打算打电话。打入电话只是随机现象的一个例子。通过随机现象（random phenomena），我们不能预测出个人行为结果，但是我们能够了解长期行为的特征。我们不知道下一个打进电话的消费者是否符合白金卡的要求，但是当电话打进话务中心时，公司可以发现符合交叉销售白金卡的打电话的消费者的比例，这一比例会形成一种模式，如图 7.1 所示。

当电话打进话务中心时，公司可能记录是否每个打电话的消费者都符合要求。今天第一个打电话的消费者符合要求。然后接下来五个打电话的消费者是不符合要求、符合要求、符合要求、不符合要求和不符合要求。如果我们绘制出符合要求的打电话的消费者相对于打电话的消费者总数比例的图形，该图将从 100%开始，其原因在于第一个打电话的消费者是符合要求的（1/1，即 100%）。第二个打电话的消费者不符合要求，因而累计百分比降为 50%（1/2）。第三个打电话的消费者符合要求（2/3，或 67%），然后是再次符合要求（3/4，或 75%），然后连续两个不符合要求（3/5，即 60，然后 3/6，即 50%），等等（见表 7.1）。通过每个新打入的电话，新数据都是累计的一个较小比例，因而长期来看，图形确定了下来。当图形确定之后，实际上图形显示出符合要求的消费者的比例约是 35%。

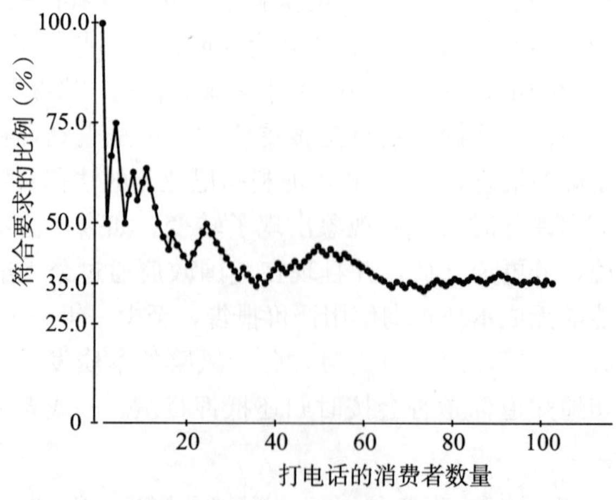

图 7.1 符合高级信用卡要求的信用卡消费者的比例

讨论长期行为有助于确定我们的贷款项目条款。对于任一随机现象，每一项尝试或试验（trial）产生一个结果。对于话务中心而言，每个电话就是一个试验。一些事情在每个试验中发生，并且我们称发生的任何事情为结果。下面的结果就是打电话的消费者是否符合要求。

表 7.1　前 6 个打电话的消费者的数据显示了他们的 FICO 评分，他们是否符合提供白金卡的要求，以及符合要求的打电话的消费者的比例计算过程

电话	FICO 评分	符合要求?	符合要求的比例（%）
1	750	是	100
2	640	否	50
3	765	是	66.7
4	780	是	75
5	680	否	60
6	630	否	50
⋮	⋮		⋮

一个现象由试验组成。每个试验有一个结果。结果又构成了事件。

我们用更一般的术语"事件"（event）来表示结果或结果组合。例如，假定我们将打电话的消费者分为 6 类风险级别，且对其结果从 1～6（随信用价值而提高）进行编号。4、5 或 6 三个结果能够组成"4 级风险以上的打电话的消费者"这一事件。

我们有时讨论所有可能结果的集合，将一个特定事件称作样本空间（sample space）。我们将样本空间记为 S；有时也使用希腊字母 Ω。但是无论我们使用什么标记，样本空间都是包含所有可能结果的集合。对于打电话的消费者，如果我们令Q=符合要求且 N=不符合要求，那么样本空间就是：S={Q，N}。如果我们同时观察两个打电话的消费者，那么样本空间包含 4 个结果：S={QQ，QN，NQ，NN}。如果我们对于两个打电话的消费者中至少有一个符合要求感兴趣，那么我们将对包含 QQ，QN 和 NQ 3 个结果的事件（记作 A）感兴趣，并且记作 A={QQ，QN，NQ}。

一个事件的概率是指其长期频率。一个频率是一个比例，因而我们能够将其写为 35/100，也可写为小数形式 0.35，或写为百分比 35%。

尽管我们可能不能预测某个特定的单独结果，比如某个即将打进的电话代表一个潜在的高等级的销售任务，但我们能够说出有关长期行为的很多特点。回顾图 7.1。如果你被问及一个随机的打电话的消费者符合要求的概率，你可能说此概率为 35%，其原因在于长期来看，打电话的消费者符合要求的百分比约为 35%。另外，通过概率（probability）我们准确地解释了其意义。

这似乎非常简单，但是随机现象总是体现得很好吗？符合要求的打电话的消费者的频数从未确定下来，但只是在两个数字之间来回反复的情况不会发生吗？也许在 45%左右徘徊，然后降到 25%，然后永远反复。当我们思考一系列试验将会发生什么现象时，如果每个试验都是独立的，那么确实是很简单的事情。大致而言，独立（independence）意味着一项试验的结果不会影响或改变其他试验的结果。回顾一下第 4 章，如果一个定性变量的值不会影响另一个定性变量的值，我们称两个变量是独立的。（我们通过比较变量之间的频率分布来检查独立性。）在此没有理由思考一个打电话的消费者符合要求是否影响另一个打电话的消费者，因而这些都是独立的试验。我们将在本章稍后部分看到一个关于独立性的更为正式的定义。

幸运的是，对于独立事件，我们能够依据的是所谓的大数定律（Law of Large Numbers，LLN）的基本原则，这一原则指出如果事件是独立的，那么随着打电话的消费者数量的增加，经过日复一日、月复一月或年复一年，长期而言打电话的消费者符合要求的频率将越来越接近于一个单一数值。这为我们提供了所需的保障并使概率成为一个有意义的概念。

大数定律

长期频率是指随着试验数量的不断增加，重复的、独立的事件最终产生的真实频率。

由于 LLN 保证在长期内存在确定的频率，我们知道所谓的概率的数值是合理的，且将确定下来的数值称为事件发生的概率。对于话务中心而言，我们能将概率写为 P（符合要求）$=0.35$。因为这一数值是根据对事件发生结果的反复观察得出来的，概率的定义通常被称为经验概率（empirical probability）。

7.2 不存在的平均值法则

陷阱？我不是不在陷阱里。我只是没有被击中。

——尤吉·贝拉

你可能认为在长期内重复事件的频率很明显会确定为一个单独的数值。大数定律的发现者也是这么认为的。该发现者这样解释：“甚至对于最为愚蠢的人也被说服了，那就是观察的越多，从一个目标中想要知道的结果的危险就越小。”

——雅各布·伯努利，1713

大数定律指出随机事件的频率确定了长期内的一个单独数值。但是，它经常被误解为“平均值定律”，也许因为“长期”的概念很难把握。许多人认为，例如，未能在许多试验中出现的随机事件的结果马上就要出现了。用于购买股票的原始“道指狗股”策略推荐购买构成道琼斯工业股票平均指数的 30 只股票中表现最差的 10 只股票，并指出这些“狗股”在下一年度必定表现较好。毕竟，我们知道在长期内频率将作为结果的概率确定下来，因而现在我们“掌握”了一些情况，对吗？错误。实际上，Louis Rukeyser（华尔街周刊的前任主编）曾说过“‘道指狗股’策略是一个不能实现其承诺的理论”。

在短期内我们确实对随机事件的行为了解很少。我们观察独立的随机事件的事实使每一个单独的结果都可能用于预测。频率甚至只能在长期内显现出来。同时，根据 LLN，长期确实是时间很长（实际上是无限长）。定律名称中的“大”的意思是无限大。随机事件发生的顺序不能弥补短期的不足，也不必追溯到正确的长期概率。任何短期的偏差将在长期内被消除。如果一个结果的概率不发生变化，且事件是独立的，那么在另一个试验中的任意结果发生的概率也是如此，无论在另一个试验中将发生什么。

许多人混淆了大数定律与所谓的平均值定律，后者是指事情必定出现甚至在短期内。但是尽管平均值定律并不存在，你仍然听到人们谈论它，就像它存在一样。在最后六次棒球比赛中被打出局的击球手会由于下一次的成功而成为优秀的击球手吗？如果股票市值在最后三个时段下跌了，这是否会成为今天上涨的原因呢？不会。这并不是随机现象出现的方式。不存在短期内的平均值定律——没有“小数定律”。对该“定律”的认可能导致做出错误的商务决策。

Keno 与平均值定律

当然，有时候对我们期望的平均值的明显偏离意味着实际上概率并不是我们所认为的。如果你连续得到 10 个头像，也许其中有硬币的两面都是头像！

Keno 是一种简单的赌博游戏，此游戏从 1～80 选择数字。像大多数抽奖游戏一样，抽取不同数字的可能性被假定为相同的。依据与你手中的卡片配对的数字多少来获得报酬。来自统计学院的一组学生决定到里诺市进行一次实地考察。他们（非常谨慎地）写下了两天内赌博的结果，然后回过头来测试是否为这些数字，实际上，具有同等的可能性。结果发现一些数字比其他数字出现的可能性要大。学生们充分信任 LLN——并且他们（和他们的朋友）所有的金钱都投注在以前出现的数字上，而不是认可平均值定律且将他们的金钱投注在“值得”的数字上。在他们往口袋里装入的金钱超过 50 000 美元之后，他们被请出赌场并被要求再也不允许在赌场出现。无独有偶，该组学生中带头的学生现在正在华尔街谋生。

此外，如果轮盘赌傻瓜一直在适时地参与游戏，糟糕的记录（结果）将倾向于抓住他。

——引自尼西姆·尼古拉·塔勒布在《被随机所愚弄》中的话

你仅仅投掷了一枚普通的硬币，并看到 6 次出现头像。硬币是否“欠”你一些背面？假设你花出去此枚硬币，而你的朋友正好在换钱时得到了它。当她开始投掷硬币，我们是否应该期望出现相同的背面次数呢？当然不能。每次投掷都是一个新的事件。硬币不能“记住”它过去的行为，因此它在将来不能“欠”任何特定的结果。只观察实际上它是如何运动的，我们在电脑上模拟投掷一枚普通硬币 100 000 次。在我们的 100 000 次“投掷”中，有 2 981 次投掷过程至少看到了 5 次头像。“平均值定律”提出，在出现 5 个头像的一轮投掷之后，下一次投掷应该出现背面的次数比出现头像的次数更多。事实上，下一次投掷出现头像的次数多于出现背面的次数：1 550次相对于 1 431 次。也就是出现头像的次数占 51.9%。你可以简单地做一次模仿。

□ 快速测试

1. 我们已经了解到股票市场总是随机地波动。然而，一些投资者认为，他们应该在市场下跌一天之后立即购买，其原因在于不久必定上涨。请解释为什么这是错误的推断。

7.3 不同类型的概率

基于模型（理论）的概率

我们可以写为：

$$PA = \frac{A\text{ 中出现 }\#\text{ 个结果}}{\text{合计 }\#\text{ 个结果}}$$

并且称此为事件的（理论）概率。

我们已经讨论了经验概率——将事件发生的频率作为一个事件的概率。也有其他定义概率的方法。一组法国数学家首先开展了概率的深入研究，当时他们对于赌博获胜的几率很感兴趣。并不是以赌博作为实验并冒着损失他们金钱的风险，他们开发了关于概率的数学模型。为了使事情简单化（正如当我们通常建模时所做的），他们通过观察在赌博中出现的不同结果具有同等可行性开始研究。幸运的是，许多赌博获胜的几率与此相似。将一副牌打乱，然后抽取一张，52 张牌中任意一张出现的几率都相同。每次获胜的几率与输牌的几率相同（或者至少应该是这样）。

当结果以同等几率出现时，它们的概率就可以容易地计算出来——就是 1 除以可能结果的数量。因此，用骰子掷出 3 的概率就是六分之一，可以写为 1/6。从一桌打乱的牌中捡起黑桃 A 的概率就是 1/52。

对于找出由多个以相同几率出现的结果组成的事件的概率大体上也是同样简单的。我们仅仅对事件包含的所有结果计数。事件的概率就是出现结果的事件数量除以可能出现结果的事件总数量。

例如，皮尤研究中心（Pew Research）[①] 报告了在一项电话调查中随机抽取的 10 190个电话号码，打电话的原始结果如下所示：

结果	电话数量
没回答	311
占线	61
电话应答机	1 336
回拨电话	189
其他无法接通的情况	893
接通的电话号码	7 400

① www.pewinternet.org/pdfs/PIP_Digital_Footprints.pdf.

同等可能性?

在尝试理解为什么的过程中，一位采访者询问刚刚购买了一张彩票的人，“你对于赢得彩票的几率有何想法?”其回答道，“噢，大概一半一半。”采访者听了很震惊，又问道，“你是如何得到这个答案的?”对于这个问题，被采访者回答，“因为对我而言只有两种情况，中奖或没中奖。”该故事的寓意在于事件并不总是具有同等可能性。

电话号码都是随机产生的，因而每个号码都具有同等可能性。为了求出电话接通的概率，我们只将接通的数量除以打电话的总数：7 400/10 190=0.726 2。

但不要局限于思考随机事件总是同等可能的。赢得彩票的几率——特别是对于大额奖金的彩票——是很小的。尽管如此，人们还是不断地买彩票。

个人概率

下一年末黄金的售价为每盎司超过 2 000 美元的概率是多少？你可能想出一个听起来合理的数字。当然，无论你对预测如何自信，你的概率都应该在 0～1 之间。你是如何想出这一概率的？在对概率的讨论中，我们从两个方面定义概率：1）使用长期内事件发生的“频率”这一术语——或者次数的比例；2）等于事件中出现结果的数量除以结果的总数量。两个方面都不适用于你对金价超过每盎司 2 000美元的评估。

我们在每天的讲话中使用概率来表示未建立在长期频率基础上的不确定程度。你对某个事件的个人评估表示你对结果的不确定性。这种不确定性可能基于你掌握的有关商品市场的知识，但是不能建立在长期行为的基础上。我们称这种概率为主观或个人概率（personal probability）。

尽管个人概率可能基于经验，但它们均不是建立在长期频率与同等可能性事件的基础上的。正如我们定义的两种其他概率，它们需要满足与经验的和理论的概率一样的基本原则，我们将在下一节讨论这两种概率。

7.4 概率原则

标识符提示!

我们通常用大写字母（比如 A 和 B）代表事件，因而 $P(A)$ 的意思是“事件 A 的概率。”

棒球运动是百分之九十的心理，百分之十的身体。

——尤吉·贝拉

对于一些人而言，词语“50/50”的意思是有些事情是含糊的，就像“我不知道”或“无论什么”。但是当我们讨论概率时，50/50 具有精确的含义，即两个结果具有同等可能性。含糊地讲概率可能只会给你带来麻烦，因而形成一些关于概率如何使用的正式原则是明智之举。这些原则适用于概率，无论是我们正在处理的经验概率、理论概率还是个人概率。

原则 1 如果某事件发生的概率是 0，那么事件不能发生；反之，如果概率是 1，那么事件总是发生。即使你认为事件发生是非常不可能的，它的概率也不可能是负值；即使你确信该事件将要发生，它的概率也不可能大于 1。因而我们要求：

> 概率是介于 0 和 1 之间的数值。
> 对于任意事件 A，$0 \leqslant P(A) \leqslant 1$。

原则 2 如果随机现象只有一个可能的结果，这是毫无意义的（或者极为随机的）。因此，我们需要对一次试验可能产生的所有结果的概率进行分类。我们如何做才能使其有意义？例如，考虑一定股票的表现。每天可能的结果如下：

A：股票价格上涨。

B：股票价格下跌。

C：股票价格保持不变。

当对这些结果分配概率时，我们应该确保分配了所有可获得的概率。有此事总会发生，因而发生的概率为 1。这被称作概率分配原则（Probability Assignment Rule）：

> 所有可能的结果的集合的概率必为 1。
> $P(\mathrm{S})=1$

其中 S 表示所有可能的结果的集合，称为样本空间（sample space）。

原则 3 假设你按时上课的概率为 0.8。那么你不按时上课的概率是多少？对，是 0.2。不在事件 A 中的结果的集合称作事件 A 的“补”，记作 $\mathrm{A^C}$。这就是互补原则（Complement Rule）：

> 事件发生的概率等于 1 减去事件不发生的概率。
> $P(\mathrm{A}) = 1-P(\mathrm{A^C})$

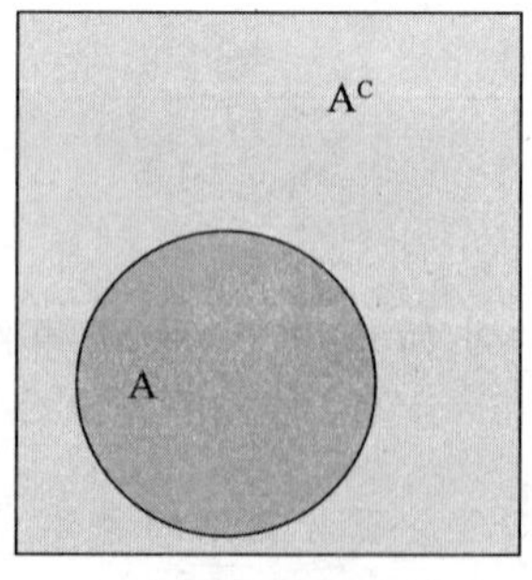

上图为集合 A 与其补集 $\mathrm{A^C}$。两个集合一起组成了整个样本空间 S。

□ 举例

运用互补原则

Lee' Lights 公司销售照明器材。一些顾客只在公司商店里看商品，因而 Lee 记录了一个星期所有顾客的行为，用于估计某个顾客购买商品的可能性。Lee 发现在本星期内有 1 000 名顾客进入了商店，其中 300 名顾客购买了商品。Lee 得出结论：一个顾客购买商品的概率是 0.30。

问题：如果 P(购买) ＝0.30，那么一个顾客不购买商品的概率是多少？

答案：因为“不购买”是“购买”的互补，故

P（不购买）＝1－P（购买）＝1－0.30＝0.70

一个顾客不购买的几率为 70％。

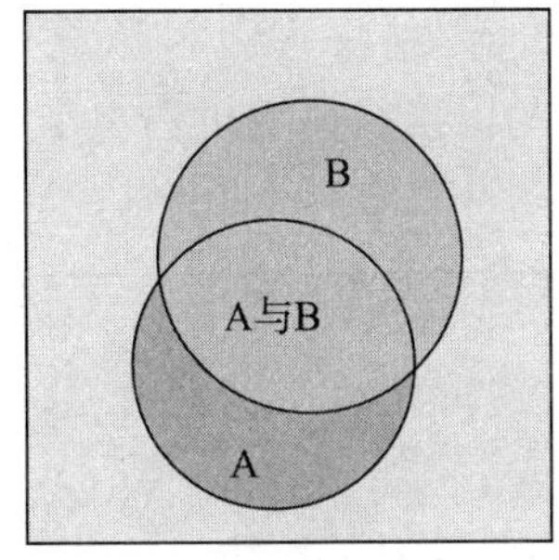

上图为集合 A 与 B 相交。事件“A 与 B”是它们的交集。

原则 4 一个打电话的消费者是否符合白金卡的要求是一个随机的结果。假设符合要求的概率是 0.35。接下来两个打电话的消费者符合要求的几率是多少？乘法法则（Multiplication Rule）是指为了计算两个独立的事件同时发生的概率，我们将两个事件发生的概率相乘。对于两个独立的事件 A 与 B，A 与 B 同时发生的概率等于两个事件的概率的乘积：

P(A 与 B) ＝ P(A) × P(B)，假设 A 与 B 是相互独立的。

因而，如果 A＝{顾客 1 符合要求} 与 B＝{顾客 2 符合要求}，那么两个顾客均符合要求的概率是：

0.35×0.35＝0.122 5

当然，为了计算此概率，我们假设两个事件是相互独立的。我们将在本章稍后的内容中扩展乘法法则。

□ 举例

运用乘法法则

Lee 知道一个顾客购买商品的概率为 30％。

问题：如果我们假设顾客的购买行为都是相互独立的，那么接下来两个进入

Lee' Lights商店购买商品的概率是多少？

答案：由于事件是相互独立的，我们可以运用乘法法则。

P（第一个顾客购买与第二个顾客购买）

$=P$（购买）$\times P$（购买）$=0.30\times0.30=0.09$

接下来两个顾客均购买商品的几率大约为 9%。

原则 5 假设信用卡中心的接线员有更多的服务选项。她可能做出的服务为：A. 提供一个特殊的旅游业务，B. 提供一张白金卡，C. 决定提供关于一个新型慈善信用卡的信息。如果她能提供其中一项服务，仅只能提供其中一项，那么这些结果是不相交的（或者互斥）。为了弄清楚两个事件是否相交，我们将它们按组成成分分解，并检查它们是否出现相同结果。例如，如果接线员能够同时提供旅游业务和慈善信用卡信息，就不是不相交的。加法原则（Addition Rule）允许我们将相交事件的概率加总以得到任一事件发生的概率：

P(A 或 B)$=P$(A)$+P$(B)，假设 A 与 B 是不相交的。

因此，既然事件是不相交的，接线员提供白金卡或慈善信用卡信息的概率等于两个概率之和。

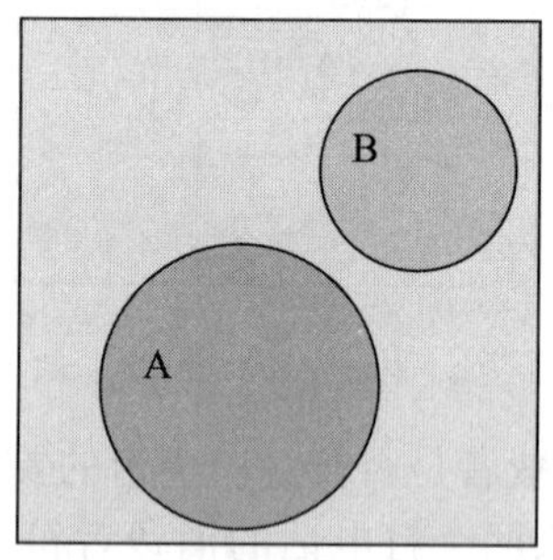

□ 举例

运用加法原则

一些顾客喜欢先在商店浏览商品，然后再到 Lee' Lights 公司的新互联网站上购买。跟踪研究顾客的行为，Lee 发现这类顾客购买商品的几率是 9%。我们知道进入商店的顾客购买商品的比例为 30%。

问题：一个进入商店的顾客不购买商品的概率是多少？

答案：我们可以运用加法原则，因为“不购买”、“在商店购买”和“在网上购买”的选项是不相交的事件。

P(在商店或网上购买）$=P$(在商店购买）$+P$(在网上购买）

$=0.30+0.09=0.39$

P(不购买）$=P$(非 P(在商店或网上购买))

$=1-P$(在商店或网上购买）$=1-0.39=0.61$

标识符提示！

你可能看到事件（A 或 B）被写为（A $\cup$ B)。符号 $\cup$ 的意思是“联合”，表示事件 A 或事件 B 的结果。与之相似，符号 $\cap$ 的意思是交集，表示在事件 A 和事件 B 中均发生的结果。你可能看到事件（A 和 B）写为（$A\cap B$）。

原则 6 假设我们想要知道接下来两个打电话的消费者符合白金卡要求的概率。我们知道 $P(A)=P(B)=0.35$，但是 P(A 或 B) 并不是 $P(A)+P(B)$ 之和，因为在此个案中事件 A 和事件 B 并非不相交。两个结果都可能是符合要求的。因而，我们需要一条新的概率原则。

我们不能简单地将 A 和 B 的概率加总，因为这样可能将打电话的消费者同时符合两种要求的结果计算两次。因此，如果先将两个概率加总起来，那么我们可以通过减去同时发生的概率来弥补误差。换句话说，

P(消费者 A 或消费者 B 符合要求)
$=P$(消费者 A 符合要求) $+P$(消费者 B 符合要求) $-P$(两个消费者均符合要求)
$=0.35+0.35-0.35\times0.35$（因为事件是相互独立的）
$=0.35+0.35-0.122\ 5$
$=0.577\ 5$

这就是该方法通常的计算过程。我们将两个事件发生的概率相加，再减去两个交集的概率。这就是一般加法原则（General Addition Rule），其不需要事件不相交：

P(A 或 B) $=P(A)+P(B)-P$(A 和 B)，对于任意事件 A 和 B。

□ 举例

运用一般加法原则

Lee 注意到当两个顾客一起进入商店时，他们的行为不是相互独立的。实际上，他们两个人同时购买商品的几率是 20%。

问题：当两个顾客一起进入商店时，至少有一个顾客购买商品的概率是多少？

答案：现在我们知道事件不是相互独立的，因而我们必须运用一般加法原则：

P(两个顾客均购买) $=P$(A 购买或 B 购买)
$=P$(A 购买) $+P$(B 购买) $-P$(A 和 B 均购买)
$=0.30+0.30-0.20=0.40$

□ 快速测试

2. 即使成功的企业有时候也制造出故障率很高的产品。一个著名的案例是苹果 40GB 带点击式触摸转盘的 iPod，该产品使用小型硬盘驱动器作为存储。根据 Macintouch. com，这些设备有 30%出现故障。假设这些设备出现故障相互独立是合理的。销售这些设备的商店会看到什么情况？

a）一个特定的 40GB 带点击式触摸转盘的 iPod 出现故障的概率是多少？

b）两个一起销售的 40GB 带点击式触摸转盘的 iPod 同时出现故障的概率是多少？

c）商店的首次出现故障的情况为它出售的第三个商品的概率是多少？

d）商店在特定的一天出售的五种商品中至少有一个出现故障的概率是多少？

□ 指导性案例：M&M's 的现代市场研究

1941 年，当 M&M's 牛奶巧克力糖被首次推荐给第二次世界大战期间的美国军人时，有 6 种颜色：棕色、黄色、橙色、红色、绿色和紫罗兰色。自此以后，制造 M&M's 的 Mars 公司多次以对新颜色的推荐作为营销和广告宣传事件。1980 年，M&M's 糖果走向了国际化，进入了 16 个国家的市场。1995 年，该公司为投票选出一种新颜色开展了一项“全球调查”。超过 1 000 万人投票选择增加蓝色。它甚至将纽约市帝国大厦的灯换成蓝色，以帮助宣传增加的新颜色。2002 年，它使用互联网帮助选择新颜色。200 多个国家的儿童被邀请通过互联网、电话或电子邮件进行答复。成千上万的投票者从紫色、粉红色和青色中选择自己喜欢的颜色。全球胜出的颜色是紫色，经过很短的时间，紫色的 M&M's 在世界范围内的新包装中出现（尽管在 2010 年糖豆的颜色仍是棕色、黄色、红色、蓝色、橙色和绿色）。在美国，42%的投票者选择紫色，37%的投票者选择青色，只有 19%的投票者选择粉红色。但是在日本，38%选择粉红色，36%选择青色，仅有 16%选择紫色。我们使用日本的这一比例问几个问题。

1. 随机选取的日本 M&M's 调查受访者选择粉红色或青色的概率是多少？
2. 如果我们随机选取两个受访者，两个人均选择紫色的概率是多少？
3. 如果我们随机选取三个受访者，其中至少有一人选择紫色的概率是多少？

计划	
准备：一个事件的概率是其长期发生的频率。概率可以用几种方法来确定：通过观察一个事件中的许多重复次数，通过从同等可能性事件中删除它，或者通过使用一些其他信息。这里我们被告知了三个答复的频率。	M&M's 网站报告了日本投票者选择不同颜色的概率。这些信息提供了选定的投票者喜欢每种颜色的概率： $P(\text{粉色})=0.38$ $P(\text{青色})=0.36$ $P(\text{紫色})=0.16$
确保概率是合理的。这里它们不合理。或者有错误或者其他投票者必须选择给定的三种颜色之外的颜色。对其他国家的检查发现了相似的不足，因而我们很可能将看到没有偏好或选择其他颜色的投票者。	每个概率都在 0 与 1 之间，但是加起来不等于 1。剩下 10%的投票者必定没有表达其偏好或写下其他颜色。我们将这些投票者归为一类“其他”，并记作 $P(\text{其他})=0.10$。 通过进行加总，我们找到了概率的合理分配。

问题 1　随机选取的日本 M&M's 调查受访者喜欢粉红色或青色的概率是多少？

计划	
准备：决定使用哪些原则并检查它们需要满足的条件。	事件“粉红色”和“青色”是独立的结果（受访者不能同时选择两种颜色），因而它们不相交。总之我们可以运用一般加总原则。

实施 技术性工具：展示你的工作。	P(粉色或青色)＝P(粉色)＋P(青色)－P(粉色和青色) ＝0.38＋0.36－0＝0.74 由于受访者被限制只能选择一种颜色，粉色和青色均被选择的概率为0。
报告 结论：在恰当的背景中解释你的结果。	受访者选择粉色或青色的概率是0.74。
问题2　如果我们随机选取两个受访者，两个人均选择紫色的概率是多少？	
计划 准备：词语“两个人均”提示我们要计算P(A和B)，计算这一概率需要乘法原则。检验必须满足的条件。	独立性 一个受访者的选择影响另一个受访者的选择是不可能的，因而事件是独立的。我们可以运用乘法法则。
实施 技术性工具：展示你的工作。 对于两个都选择紫色的受访者，每个人必定选择紫色。	P(两个都选择紫色) ＝P(第一个受访者选择紫色与第二个受访者选择紫色) ＝P(第一个受访者选择紫色)×P(第二个受访者选择紫色) ＝0.16×0.16＝0.025 6
报告 结论：在恰当的背景中解释你的结果。	两个受访者均选择紫色的概率为0.025 6。
问题3　如果我们随机选取三个受访者，其中至少有一人选择紫色的概率是多少？	
计划 准备：词语“至少有一人”通常提示这一问题的最佳回答是观察其补集，并且此处这是最好的方式。“至少有一人选择紫色”的补集是“没有人选择紫色”。检验必须满足的条件。	P(至少有一人选择紫色) ＝P({没有人选择紫色}^{C}) ＝1－P(没有人选择紫色) 独立性。这些事件是独立的，因为它们是三个随机受访者的选择。我们可以运用乘法法则。
实施 技术性工具：我们运用乘法原则来计算P(没有人选择紫色)。 然后可以运用互补原则来计算我们想要得到的概率。	P(没有人选择紫色) ＝P(第一个受访者不选择紫色)×P(第二个受访者不选择紫色)×P(第三个受访者不选择紫色) ＝[P(没有人选择紫色)]^3。 P(没有人选择紫色)＝1－P(选择紫色) ＝1－0.16＝0.84 因此P(没有人选择紫色)＝$(0.84)^3$＝0.592 7。 P(至少有一人选择紫色) ＝1－P(没有人选择紫色) ＝1－0.592 7＝0.407 3。
报告 结论：在恰当的背景中解释你的结果。	至少有一个受访者选择紫色的几率约为40.7%。

7.5 联合概率与列联表

作为"选择你喜欢的奖品促销"的一部分，某连锁商店邀请顾客从三种奖品中选择他们想要赢得的（当提供姓名、地址、电话号码和电子信箱时即可参与）。在一家商店，回答的情况显示在表 7.2 的列联表中。

表 7.2　　478 名顾客的奖品选择

性别 \ 奖品选择	MP3	照相机	自行车	合计
男性	117	50	60	227
女性	130	91	30	251
合计	247	141	90	478

边际概率（marginal probability）是使用边际频数（行的合计或列的合计）计算的概率。

如果从这些顾客中随机选取获奖者，我们选择一名女性的概率就是其相应的频率（由于我们从 478 名顾客中选择任何人都具有同等可能性）。在 478 名顾客总数中，有 251 名是女性，则其概率为：

$$P(\text{女性})=251/478=0.525$$

这个概率称为边际概率，因为它只是依据表格中的边际合计计算出来的。同样的方法适用于更为复杂的事件。例如，选取的女性顾客中喜欢照相机奖品的概率是多少？因为有 91 名女性顾客选择的是照相机，那么概率为：

$$P(\text{女性且照相机})=91/478=0.190$$

与之类似的概率称作联合概率，其原因在于它们表示两个事件同时发生的概率。选取的顾客选择自行车作为奖品的概率为：

$$P(\text{自行车})=90/478=0.188$$

□ 举例

边际概率

Lee 怀疑男性和女性在 Lee' Lights 公司商店购买不同种类的商品（见 7.4 节的第一个例子）。下表显示最后 100 名顾客购买的商品种类。

	工具灯	时尚灯	合计
男性	40	20	60
女性	10	30	40
合计	50	50	100

问题：Lee 的一名顾客为女性的概率是多少？随机选取的一名顾客是男性且购买时尚灯的概率是多少？

答案：从边际的合计中，我们可以看到 Lee 的 40%的顾客是女性，因而其中一名顾客为女性的概率为 0.40。表中的单元格显示 100 名顾客中有 20 名顾客是购买时尚灯的男性顾客，因而该事件的概率是 0.20。

7.6 条件概率

由于样本空间是 478 名顾客，我们可以将频率作为概率。如果我们被告知的信息是选取的顾客是女性，又会如何呢？会改变选取的顾客选择奖品为自行车的概率吗？你确信会改变！饼状图显示与男性顾客相比，女性顾客选择的奖品为自行车的可能性更小。当我们将关注对象限制在女性顾客上时，我们只查看表格中女性顾客所在的一行，此行给出了“女性”顾客选择奖品的条件分布。在 251 名女性顾客中，只有 30 名女性顾客选择的奖品为自行车。我们将概率表述为选取的顾客选择的奖品为自行车，并限定我们选取的是女性顾客：

$$P(\text{自行车}|\text{女性})=30/251=0.120$$

对于男性顾客，我们看到选择奖品的条件分布将“男性”显示在表格顶部的一行中。在 227 名男性顾客中，有 60 名选择的奖品为自行车。因而，P（自行车｜男性）＝60/227＝0.264，超过女性顾客该概率的 2 倍（见图 7.2）。

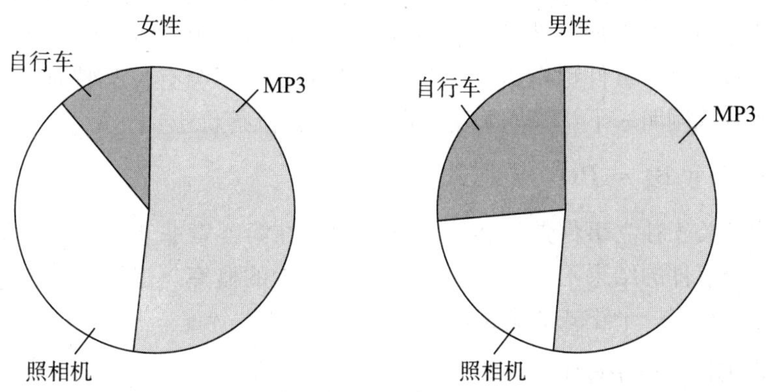

图 7.2　女性和男性对奖品选择的条件分布

总体而言，当我们想要从一个条件分布中找出某事件的概率时，写作 P（B｜A），并读作“A 前提条件下 B 的概率”。考虑了一个前提条件的概率称为条件概率（conditional probability)。

我们看一下计算过程。我们通过计数计算，但也可以通过概率计算。有 30 名女性顾客选择的奖品是自行车，且女性顾客共计 251 名。因而，我们发现其概率为 30/251。为了找到在给定事件 A 前提条件下事件 B 的概率，我们将注意力集中在事件 A 的结果中。然后我们求出事件 B 也发生的比例。正式地写为：

$$P(\mathrm{B}|\mathrm{A}) = \frac{P(\mathrm{A}\text{和}\mathrm{B})}{P(\mathrm{A})}$$

标识符提示！

$P(\mathrm{B}|\mathrm{A})$ 表示给定前提条件 A 时 B 的条件概率。

我们可以直接使用公式从列联表（表 7.2）中求出概率：

$$P(\text{自行车}|\text{女性})=\frac{P(\text{自行车和女性})}{P(\text{女性})}=\frac{30/478}{251/478}=\frac{0.063}{0.525}=0.120$$（与前面相同）

条件概率的计算公式有一个限制要求。只有当给定事件的概率大于 0 时，才使用条件概率的计算公式。如果 P（A）为 0，不能使用该公式，其原因在于这样就意味着尽管 A 的概率为 0，但我们被告知的事实是 A 是正确的，从而是相互矛盾的。

原则 7 记住乘法法则是如何计算“A 和 B”的概率的。其表述为

$$P(\mathrm{A}\text{和}\mathrm{B})=P(\mathrm{A})\times P(\mathrm{B})$$

当 A 和 B 相互独立时成立。现在我们可以写出一个不要求相互独立的、更为一般性的原则。实际上，我们已经写出来了。我们只需要稍微整理一下方程。

在关于条件概率定义的方程中包含 A 和 B 的概率。重新整理方程可提供一般乘法原则，这一原则适用于不要求事件相互独立的复合事件。

$$P(\mathrm{A}\text{和}\mathrm{B}) = P(\mathrm{A})\times P(\mathrm{B}|\mathrm{A})$$ 适用于任意 A 和 B

两个事件 A 和 B 同时发生的概率等于事件 A 发生的概率乘以事件 B 也发生的概率——也就是说，在事件 A 发生的前提条件下事件 B 发生的概率。

当然，对于哪个事件称作 A、哪个事件称作 B 并不会有什么特别。我们应该能够通过其他方式阐明一下。我们确实可以这么做。其等价于：

$$P(\mathrm{A}\text{和}\mathrm{B}) = P(\mathrm{B})\times P(\mathrm{A}|\mathrm{B})$$

我们回到关于独立事件是什么的问题。我们在第 4 章非正式地说过相互独立的意义就是一个事件的结果不会影响另一个事件发生的概率。运用对条件概率的新标识，我们可以写出一个正式的定义。只要

$$P(\mathrm{B}|\mathrm{A}) = P(\mathrm{B})$$

事件 A 与事件 B 就是相互独立的。

独立性

如果我们必须在本章找出一个要点，那么你应该理解和记住的是独立性的定义和意思。

现在我们可以看出对于相互独立事件的乘法法则仅仅是一般乘法法则的一个特殊个案。一般原则可表示为

$$P(\text{A 和 B})=P(\text{A})\times P(\text{B}|\text{A})$$

无论事件是否相互独立。但是当事件 A 和 B 相互独立时，我们可以将 P（B）写为 P（B|A），并且回到简单的原则：

$$P(\text{A 和 B})=P(\text{A})\times P(\text{B})$$

有时候人们使用这一阐述作为相互独立事件的定义，但是我们发现其他的定义更为直观。当事件是相互独立的时，实际上是一个事件发生不会影响另一个事件发生的概率。

使用我们更简单的例子，选择将自行车作为奖品的事件的概率独立于顾客的性别吗？我们需要检验是否

$$P(\text{自行车}|\text{男性})=\frac{P(\text{自行车和男性})}{P(\text{男性})}=\frac{0.126}{0.475}=0.265$$

与 P（自行车）＝0.189 相等。

由于这些概率并不相等，我们可以说奖品选择与顾客性别不相互独立。只要表格中至少有一个联合概率不等于边际概率的乘积，我们就说这些变量是不相互独立的。

● 独立与不相交。不相交的事件是相互独立的吗？两个概念似乎具有分离和区别的相似意思，但实际上不相交的事件不可能是相互独立的。[①] 我们看一下这是为什么。考虑两个不相交的事件｛在此过程中你得到一个 A｝和｛在此过程中你得到一个 B｝。它们是不相交的，因为它们没有共同结果。假设你了解到你确实在此过程中得到一个 A，现在你得到 B 的概率是多少？你不可能同时得到两个等级，因而此概率必定为 0。

考虑一下这是什么意思。其事实是第一个事件（得到一个 A）的发生改变了第二个事件的概率（降为 0）。因此，这些事件不是相互独立的。

互斥的事件不是相互独立的。它们没有共同结果，因而知道一个事件发生意味着另一个事件不发生。一个经常会出现的错误是，将不相交的事件作为相互独立的来对待，并运用乘法法则。千万不要出现这种错误。

□ 举例

条件概率

问题：使用 9.5 节例子的表格，如果顾客购买一盏时尚灯，那么这个顾客是女性的概率是多少？

答案：P（女性|时尚灯）＝P（女性和时尚灯）/P（时尚灯）

＝0.30/0.50＝0.60

---

① 从技术上讲，两个不相交的事件可能是相互独立的，但是仅当其中一个事件的概率为 0 时才成立。针对实践中的目的而言，我们可能忽略这一个案，因为我们不期望所收集的数据是关于不可能发生的事情。

7.7 创建列联表

有时候我们得到的概率没有列联表。我们可以经常创建对应于这些概率的简单表格。

一项针对纽约州北部地区的房地产调查将房屋分成两个价格类别（低价——低于 175 000 美元，高价——高于 175 000 美元）。同时表明是否房屋至少有 2 个浴室（以正确或错误来表示）。我们被告知 56%的房屋至少有 2 个浴室，62%的房屋为低价房，22%的房屋为至少有 2 个浴室的低价房。这些信息足够完成下面的表格。通过将百分比转换为概率，我们得到：

价格 \ 至少 2 个浴室	正确	错误	合计
低价	0.22		0.62
高价			
合计	0.56		1.00

其中 0.56 和 0.62 是边际概率，因而它们位于边框中。对于 22%的房屋既是低价房又至少有 2 个浴室概率如何呢？这就是联合概率，因而它位于里面的表格。

由于表格的单元格显示了不相交的事件，这些概率相加总是等于位于表格边框中的各行或各列之和。

价格 \ 至少 2 个浴室	正确	错误	合计
低价	0.22	0.40	0.62
高价	0.34	0.04	0.38
合计	0.56	0.44	1.00

现在，可以直接找到任何其他的概率。例如，至少有两个浴室的高价房的概率是多少？

$$P(\text{至少有 2 个浴室}|\text{高价})=P(\text{至少有 2 个浴室且高价})/P(\text{高价})$$
$$=0.34/0.38=0.895 \text{ 或 } 89.5\%$$

□ 快速测试

3. 假设一家超市正在开展一项调查，以找出购物最繁忙的时间和日期。调查的受访者被问到：1）他们是否在工作日或周末购物，2）他们是否在下午 5 点之前或之后购物。他们的调查结果显示：

● 48%的顾客在下午 5 点之前进入超市购物。27%的顾客在工作日进入超市购物（周一至周五）。

● 7%的顾客在工作日的下午 5 点之前进入超市购物。

a）对时间与周几的变量绘制一个列联表。

b）一个随机选择的顾客在工作日且在下午 5 点之前进入超市购物的概率是多少？

c）时间与周几是不相交的事件吗？

d）时间与周几是独立事件吗？

7.8 概率树

一些决策包含了比较微妙的概率变化。给定大自然各种状况的概率，一个分析员可以使用一个称作概率树或树形图（tree diagram）的图形来帮助思考决策过程。一个概率树显示出事件按顺序发生的路径，看起来就像树的枝干。这有助于分析员比较多种可能的方案。下面是一个制造业的案例。

私人电子设备，如智能手机，正变得越来越方便。这些设备的零部件的制造业具有挑战性，并且同时消费者正对智能手机具备越来越多的功能和不断提升的耐用性产生需求。在制造过程中，微小和甚至亚微小的瑕疵也可能引起智能手机不间断的问题。如果制造过程看起来不被控制，缺陷就总会出现，因而控制生产过程的质量工程师必须监控缺陷的数量并采取行动。

我们假定由于缺陷数量超过了一定量并且过程被宣布已经无法控制，工程师被请到了生产线上。她必须在两个可能的行动之中做出决定。她知道对组装零部件的机器人做一细微调整就能解决多个问题，但是对于更复杂的问题，需要整条生产线停工以找出问题所在。对机器人的调整需要停工约 1 小时。但是生产线停工至少需要一班工作时间（8 小时）。很显然，她的老板倾向于做简单的调整。但是由于不清楚问题的根源或严重性，她不能确定只做简单调整是否能成功解决问题。

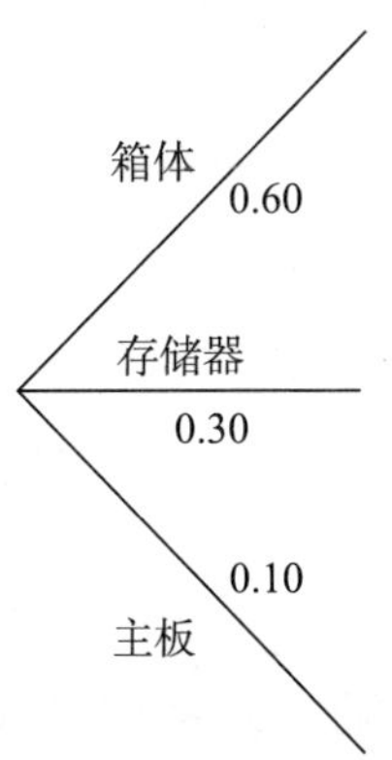

图 7.3　可能的问题与它们的概率

如果工程师想预测一下较小的调整是否可以解决问题，她可能使用概率树以帮助做决策。根据自己的经验，工程师想到有 3 个可能的问题：(1) 主板可能有连接问题，(2) 存储器可能是产生连接问题的根源，(3) 在组装线上一些箱体的顺序被弄错了。她从过去的经验中知道多长时间这些问题就会突然出现与只做调整就能解决各种问题的可能性有多大。主板很少出现问题 (10%)，存储器出现问题的比例为 30%，箱体排列出现问题最常见 (60%)。我们可以将这些概率画在概率树的第一个树枝集合上。

注意我们已经涵盖了所有的可能性，因而概率总和为 1。对于此图形，我们现在可以将一个细微调整就能解决各种问题的条件概率加总。最有可能的是，工程师将根据她的经验或成立一个团队来帮助判断出现问题的概率。例如，工程师知道只做简单调整不可能解决主板连接问题：P（解决问题|主板）＝0.10。在做了一些讨论之后，她和她的团队判断 P（解决问题|存储器）＝0.50 和 P（解决问题|箱体排列）＝0.80。每个树枝的末端代表问题类型，我们画出两种可能性（解决问题或不能解决问题），并在树形图上写出条件概率。

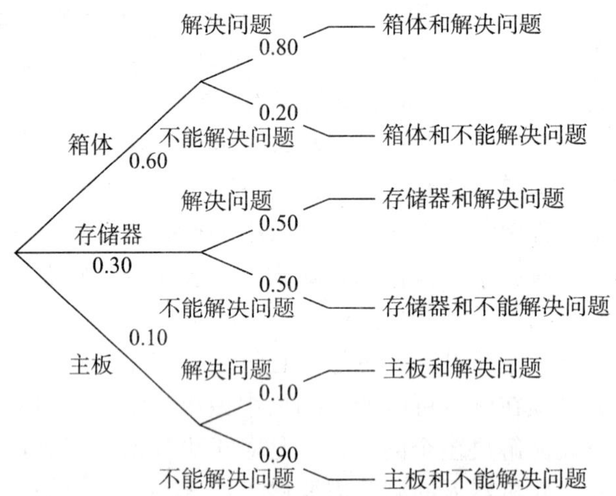

图 7.4　延伸树形图，我们可以同时显示问题类型和结果概率。结果（解决问题或不能解决问题）概率是基于问题类型的条件概率，并且它们根据我们指定的树枝而变化。

在每个第二节树枝的末端，我们在两个树枝连接处相应地写上联合事件。例如，最顶端的树枝表示箱体排列错误问题的联合，而且细微调整的结果是问题被解决。对于每个联合事件，我们可以运用一般加法原则计算它们的联合概率。例如：

$$P(\text{箱体排列和解决问题})=P(\text{箱体排列})\times P(\text{解决问题}|\text{箱体排列})$$
$$=0.60\times 0.80=0.48$$

我们将这个概率写在其相应事件的旁边。对所有树枝的联合做同样的处理，我们就得到了图 7.5。

图中最右侧的所有结果都是联合起来的，因为在每个节点所有的选择都是联合选择。这些选择都具有可能性，因而最右侧的概率加总之和必定为 1。

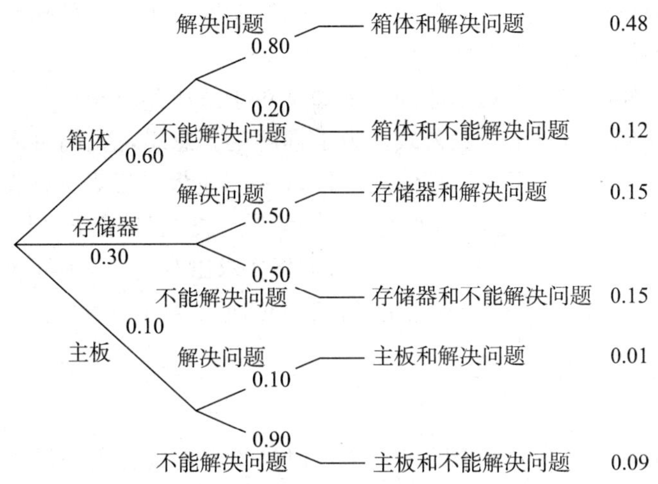

图 7.5　我们可以将树枝对应于事件的概率相乘得出复合事件的概率，这就是一般乘法原则的特殊性所在。

由于最终结果是联合的，我们能够通过加总任意概率的联合来找出复合事件的概率。特别地，该工程师可以回答她的难题：通过简单调整就能解决问题的概率是多少？她在图形的最右侧找到了解决问题的所有结果。这里有三种结果（每种都对应于一种类型的难题），并且她将相应的概率加总：0.48＋0.15＋0.01＝0.64。因而通过简单调整解决了 64％的问题。其他 36％的问题需要通过一项全面检查来解决。

*7.9　转换条件：贝叶斯准则

我们故事中的工程师决定尝试一下简单调整，并且幸运地成功了。现在她必须向下一班质量工程师报告她所想到的问题所在。更有可能是一个箱体排列问题还是一个主板问题呢？我们之前了解了这些问题出现的概率，但是它们现在变化了，我们需要掌握更多的信息。每种问题（实际上已经发生的一类问题）出现的可能性是多大呢？

遗憾的是，我们不能从图 7.5 的树形图中看到那些概率。例如，树形图显示 P（解决问题和箱体）＝0.48，但是我们想知道 P（箱体|解决问题）。我们知道 P（解决问题|箱体）＝0.80，但并不相同。在条件概率的阐释中，转换条件的顺序是不合理的。为了“转换”概率，我们需要回顾一下条件概率的定义。

$$P(\text{箱体}|\text{解决问题})=\frac{P(\text{箱体和解决问题})}{P(\text{解决问题})}$$

我们可以从树形图的分子中看到其概率，并且我们已经通过加总对应于“解决问题”事件的最后树枝上的概率计算出分母的概率。将这些数值代入公式，该工程师得到：

$$P(\text{箱体}|\text{解决问题})=\frac{0.48}{0.48+0.15+0.01}=0.75$$

她知道了所有问题中的 60％是由于箱体排列问题，但是现在她明白这些问题被解决了，她知道得更多了。假定有一个简单调整能够解决问题的附加信息，她现在能够将箱体排列问题的概率提高到 0.75。

类似这样从树形图中看到合适的概率通常对于解决问题很简单。然而，我们能够为求出逆条件概率而写出一般公式。为了理解这个意思，我们再回顾一下前面的例子。令 A_1＝｛箱体｝、A_2＝｛存储器｝和 A_3＝｛主板｝代表三种类型的问题。令 B=｛解决问题｝表示通过简单调整解决问题。我们知道 $P(B|A_1)=0.80$、$P(B|A_2)=0.50$，$P(B|A_3)=0.10$。我们想要求出对应于三种可能的问题类型的逆概率 $P(A_i|B)$。根据条件概率的定义，我们知道（对于三种问题中的任一种）：

$$P(A_i|B)=\frac{P(A_i \text{ 和 } B)}{P(B)}$$

我们仍然不知道这些数值中的任一个，但是我们再次运用条件概率的定义来计算出 $P(A_i \text{ 和 } B)=P(B|A_i)P(A_i)$，两个数值我们都知道。最后，我们通过加总三个事件的概率来计算 $P(B)$。

$$\begin{aligned}P(B)&=P(A_1 \text{ 和 } B)+P(A_2 \text{ 和 } B)+P(A_3 \text{ 和 } B)\\&=P(B|A_1)P(A_1)+P(B|A_2)P(A_2)+P(B|A_3)P(A_3)\end{aligned}$$

一般而言，我们能够对 n 个互斥（每两个事件都不相交）的与互补的事件 A_i（它们的联合就是整个样本空间）写出类似的公式。那么：

$$P(A_i|B)=\frac{P(B|A_i)P(A_i)}{\sum_j P(B|A_j)P(A_j)}$$

这一公式就是著名的贝叶斯准则，以托马斯·贝叶斯（1702—1761 年）的名字命名，尽管历史学家真的不知道贝叶斯是否为第一个想出逆条件概率的。当你们需要计算逆条件概率时，我们建议画出树形图，并像我们在本章开始所述一样计算合适的概率，但是公式给出了一般原则。

可能出现的错误

● 注意概率加总并不等于 1 的情况。为了合理地分配概率，对所有可能结果的概率求和必定等于 1。如果合计不等于 1，你可能需要加上其他类别（“其他”），并将剩余的概率分配给其他类别的结果。如果合计大于 1，检查一下结果是否不相交。如果不是这样，那么你不能将计算的频率作为分配的概率。

● 如果事件是联合的，请不要加总其概率。运用加法原则时，事件必定是联合的。年龄在 80 岁以下或女性的概率不等于年龄在 80 岁以下的概率加上女性的概率。这个之和可能大于 1。

● 如果事件不是相互独立的，不要将其概率相乘。随机选取一个顾客超过 70 岁和退休的概率不等于顾客年龄超过 70 岁的概率乘以顾客是退休的概率。要知道顾客年龄超过 70 岁改变了他或他退休的概率。你不能将这些概率相乘。把不相互独立的事件的概率相乘是人们在处理概率时最常见的错误之一。

● 不要混淆不相交事件与相互独立事件。不相交事件不可能是相互独立的。如果 A= {你得到升职} 和 B= {你没有升职}，A 和 B 就是不相交的。它们相互独立吗？如果你发现 A 是正确的，是否会改变 B 的概率呢？是的，如果 A 是正确的，那么 B 不可能是正确的，因而它们不是相互独立的。

实践中的伦理

一家全国性的发廊连锁店正在考虑增加一些 spa 服务。组织了一个管理团队来调查通过两种服务方式进入 spa 市场的可能性：面部保养服务或按摩服务。该团队的成员之一——Sherrie Trapper 发现一个 spa 行业杂志发布了一些有关发廊顾客购买这类服务的概率：进入提供 spa 服务的发廊的顾客有 80%会购买发型设计服务。当然，50%的顾客也购买面部保养服务。另一方面，进入提供 spa 服务的发廊的顾客有 90%会购买发型设计服务或按摩服务。Sherrie 对于如何解释这些数据不是很自信，但是既然 90%大于 50%，辩论赞成在他们最初的 spa 项目清单中列出按摩服务而不是面部保养服务。

伦理问题 Sherrie 不知道她正在报告什么；她已经混淆了简单概率和条件概率，并且最终不应该运用此信息来说服团队中的其他成员（与《美国统计学会道德指南》的 A 条款相关）。

伦理解决方案 Sherrie 应该将杂志发布的所有结果与管理团队成员分享。她正报告的概率并不是可比较的（一个是条件概率，另一个是联合概率）。

小结

学习目标

■ 运用关于概率的性质来确定概率的分配是否合理。

● 概率是一个长期内的频率。

● 个体概率必定在 0 与 1 之间。

● 分配给所有结果的概率之和必定为 1。

■ 理解大数定律，并懂得“平均值定律”的通常理解是错误的。

■ 了解概率原则及如何运用它们。

● 互补原则表示 $P(\text{不是 A}) = P(\text{A}^{\text{C}}) = 1 - P(\text{A})$ 。

● 相互独立事件的乘法原则为 $P(\text{A 和 B}) = P(\text{A}) \times P(\text{B})$ ，假定事件 A 和 B 是相互独立的。

● 一般乘法原则为 $P(\text{A 和 B}) = P(\text{A}) \times P(\text{B} | \text{A})$ ，对于任意的事件 A 和 B 都成立。

● 联合事件的加法原则为 $P(\text{A 或 B}) = P(\text{A}) + P(\text{B})$ ，假定事件 A 与 B 是不相交的。

● 一般加法原则为 $P(\text{A 或 B}) = P(\text{A}) + P(\text{B}) - P(\text{A 和 B})$ ，对于任意事件 A 和

B 都成立。

- ■ 知道如何创建和看懂列联表。
- ■ 懂得如何确定和使用相互独立性。
- ● 如果 $P(\mathrm{A}|\mathrm{B})=P(\mathrm{A})$，那么事件 A 和 B 是相互独立的。
- ■ 知道如何绘制树形图，并运用树形图计算和理解条件概率。
- ■ 知道如何运用贝叶斯准则计算条件概率。

术语

加法原则：如果 A 与 B 是不相交的事件，那么 A 或 B 的概率是

$$P(\mathrm{A}\text{ 或 }\mathrm{B})=P(\mathrm{A})+P(\mathrm{B})\text{。}$$

互补原则：某事件发生的概率等于 1 减去该事件不发生的概率：

$$P(\mathrm{A})=1-P(\mathrm{A}^{\mathrm{C}})\text{。}$$

条件概率：$P(\mathrm{B}|\mathrm{A})=\dfrac{P(\mathrm{A}\text{ 和 }\mathrm{B})}{P(\mathrm{A})}$。$P(\mathrm{B}|\mathrm{A})$ 读作“给定 A 条件下 B 的概率”。

不相交（或互斥）事件：如果两个事件没有共同的结果，那么这两个事件是不相交事件。如果 A 和 B 是不相交的，那么实际上 A 发生告诉我们 B 不可能发生。不相交事件又称为“互斥”事件。

经验概率：当概率等于事件发生的长期频率时，这就是经验概率。

事件：结果的集合。通常情况下，我们辨别事件，以便能够为它们匹配概率。我们将事件记作大写字母，如 A、B 或 C。

一般加法原则：对于任意两个事件 A 和 B，A 或 B 的概率等于：

$$P(\mathrm{A}\text{ 或 }\mathrm{B})=P(\mathrm{A})+P(\mathrm{B})-P(\mathrm{A}\text{ 和 }\mathrm{B})\text{。}$$

一般乘法原则：对于任意两个事件 A 和 B，A 和 B 的概率等于：

$$P(\mathrm{A}\text{ 和 }\mathrm{B})=P(\mathrm{A})\times P(\mathrm{B}|\mathrm{A})\text{。}$$

相互独立（非正式）：如果一个事件发生不会改变另一个事件发生的概率，那么两个事件就是相互独立的。

相互独立（正式使用）：若 $P(\mathrm{B}|\mathrm{A})=P(\mathrm{B})$，那么事件 A 和 B 是相互独立的。

联合概率：两个事件同时发生的概率。

大数定律（LLN）：大数定律是指一个重复的、独立的事件的长期频率等于不断增加试验次数的真实频率。

边际概率：在一个联合概率表格中，边际概率是每个单独变量的概率分布，通常可以在表格的最右一列或最后一行中找到。

乘法原则：如果 A 和 B 是相互独立的事件，那么“A 和 B”的概率等于：

$$P(\mathrm{A}\text{ 和 }\mathrm{B})=P(\mathrm{A})\times P(\mathrm{B})\text{。}$$

结果：一个试验的结果是指对该试验单独实例的测度、观察或报告的数值。

个人概率：当概率是主观的且为某人个人观点的表达时，这个概率就被称为个人概率。

概率：一个事件的概率为 0～1 之间的数值，且报告了事件发生的可能性。一个概率可以从模型（如等可能性结果）中获得，从事件发生的长期频率中得到，或从主观观点中得到。事件 A 的概率记作 P（A）。

概率分配原则：整个样本空间的概率必定等于 1：

P（S）＝1。

随机现象：如果我们知道什么结果可能发生，但并不知道哪个特定的数值会出现，那么此现象就是随机的。

样本空间：所有可能的结果数值的集合。样本空间的概率等于 1。

理论概率：当从数学模型中计算出概率时，此概率就被称为理论概率。

试验：对某随机现象的一次单独尝试或认识。

树形图（概率树）：条件事件或概率的图形，对于思考各种条件很有帮助。

□ 微型案例

市场划分

关于“芝加哥女性时尚研究”[①] 的数据通过一项在大芝加哥大都市区有关住宅样本的私人管理调查收集而来。营销部经理想要知道对于他们的顾客而言质量多么重要。一个咨询员报告时指出，基于过去的研究，全国 30％的顾客对于数量比质量更感兴趣。某特定商场的营销部经理认为她商场的顾客与之不同，不同年龄的顾客可能对此有不同的看法。使用文档 Market _ Segmentation[②] 中的数据来计算条件概率、边际概率和联合概率，为经理写一个你所发现的情况的报告。

切记：相对于从未或很少在她的商场购物的顾客，经理可能对于“经常”光顾的顾客的看法更感兴趣。这些“经常”光顾的顾客为商场贡献了不均衡的利润。当你分析和写报告的时候，请记住这些。

变量与问题	类别
年龄 你属于右边年龄类别中的哪一类？	18～24 岁 25～34 岁 35～44 岁 45～54 岁 55～64 岁 65 岁及以上

① 最初的“市场划分”习题是 1997 年由巴布森学院的 K. Matsuno，D. Kopcso 和 D. Tigert 准备的（巴布森案例系列＃133-C97A-U）。重印经过 Kenichi Matsuno 的同意。

② 关于以整数表示的类别代码的版本，请见 Market _ Segmentation _ Coded。

续前表

变量与问题	类别
频数 为了购买女士衣服，你多久到商场 X 购物一次？	0，从未或很少 一年 1～2 次 一年 3～4 次 一年 5 次及以上
质量 对于相同数量的钱，我一般希望买一件质量好的商品，而不是几件价格较低和质量较差的商品。	1. 非常不同意 2. 一般不同意 3. 适度不同意 4. 适度同意 5. 一般同意 6. 非常同意

□ 快速测试答案

1. 第二天上涨的概率不受前一天结果的影响。

2. a) 0.30

b) $0.30\times0.30=0.09$

c) $(1-0.30)^2\times0.30=0.147$

d) $1-(1-0.30)^5=0.832$

3. a)

5 点之前 \ 工作日	是	否	合计
是	0.07	0.41	0.48
否	0.20	0.32	0.52
合计	0.27	0.73	1.00

b) P(5 点之前|工作日) = P(5 点之前和工作日)/P(工作日) = 0.07/0.27 = 0.259。

c) 不是，顾客进入超市的两种可能性都有（和 7%的顾客是一样的）。

d) 为了相互独立性，我们需要 P(5 点之前|工作日) = P(5 点之前)。P(5 点之前|工作日) = 0.259，但 P(5 点之前) = 0.48。它们看起来并不是相互独立的。

第 8 章 随机变量与概率模型

大都会人寿保险公司

1863 年，美国内战最激烈的时候，纽约市的一群商人决定合伙创建一家新公司，以便为内战中的士兵提供伤残保险。战争结束之后，他们调整了业务范围，决定将重点放在提供人寿保险上。由于该公司的大多数顾客都在纽约“大都会”，因而新公司被命名为大都会人寿保险公司（MetLife）。

尽管 19 世纪 70 年代的经济危机导致很多人寿保险公司退出保险行业，但是大都会人寿保险公司通过采用类似英国公司的成功商业模式，得以幸存下来。利用普及的产业化和英国保险代理商销售方法的优势，不久之后该公司每天销售的新保险单达到 700 份。到 1909 年，大都会人寿保险公司成为美国最大的人寿保险公司。

在 20 世纪 30 年代的大萧条时期，大都会人寿保险公司通过推动公共健康运动来扩大其公共服务业务，将业务重心转移到对美国大城市的穷人进行结核病预防健康教育上。由于该公司主要投资于城市和农场抵押，而不是投资于股票市场，因而它在 1929 年的经济大萧条中幸存了下来，并终止了对战后美国房地产泡沫的大量投资。该公司是帝国大厦（1929 年）和洛克菲勒中心（1931 年）的主要投资方。在第二次世界大战期间，该公司是同盟国最大的单一捐助商，一半以上的公司资产都投资于战争债券。

目前，除了人寿保险业务外，大都会人寿保险公司还经营养老金和投资业务。2000 年，该公司进行了首次公开募股，并于 2001 年通过建立大都会人寿银行进入了零售银行业。该公司的形象代表是闻名于世的连载漫画作品《花生》中的小狗史努比。

保险公司无时不在赌博。例如，它们赌你的寿命很长。可有意思的是，你赌你的生命即将结束。你和保险公司都希望做成这桩生意，因而为你的赌注选择一个“公平的价格”非常重要。当然，该价格的确定取决于很多因素，也没有人能准确地预测你能活多久。但是，当保险公司能通过足够多的顾客对赌注进行平均时，在它们支付给你收益之前，它们能精确地估计出应对一份保险单收取多少费用。为了有效地处理上述问题，必须对此情况建立概率模型。利用得到的概率，公司能够找到涉及风险和不确定性的几乎任何情况下的公平价格。

下面是一个简单的例子。一家保险公司提供了一份“死亡和残疾”保险单，当被保险人死亡时，赔付 100 000 美元；当被保险人终身残疾时，赔付 50 000 美元。投保人只要支付 500 美元的保费就可以获得这些好处。公司能够通过出售这份保险计划获利吗？为了回答这个问题，公司需要知道在任一年中被保险人死亡或残疾的概率。依据这种精算信息和恰当的模型，公司能够计算出这份保险单的期望收益。

8.1 随机变量的期望值

为了对保险公司的风险建立模型，我们需要定义一些术语。公司为单个保险单所赔付的金额就是随机变量（random variable）的一个例子，之所以称之为随机变量是因为它的值取决于随机事件的结果。在此情况下，我们用大写字母 X 表示一个随机变量，而随机变量所取的特定数值用对应的小写字母来表示，在这个例子中就是 x。对于保险公司而言，x 可能是 100 000 美元（如果投保人在这一年死亡），可能是 50 000 美元（如果投保人残疾了），也可能是 0 美元（如果两者都没有发生）。由于可以罗列出所有的结果，我们称这种随机变量为离散型随机变量（discrete random variable）。一个能够取任意值（两个数值之间）的随机变量称为连续型随机变量（continuous random variable）。连续型随机变量在商业中往往被用于类似身高和体重等具有自然属性的数量指标的特征描述及利润、收入和支出等货币性数量指标的描述。

有时候将一个随机变量看作离散型还是连续型是很明显的，但有时候这种判断又十分微妙。例如年龄，如果仅仅是为了测度最接近 10 的倍数的一些可能值，如 10，20，30，…，它也可以看作是离散型变量。然而，在科学背景下，可能需要测量得更为准确，此时可以看作是连续型变量。

对于离散型变量和连续型变量而言，其所有可能值和对应概率的集合称为随机变量的概率模型（probability model）。对于离散型随机变量，我们可以在一个表格中罗列出所有可能值的概率，或者通过公式对其描述。例如，为了描述一个均匀掷骰子的可能结果，我们用 X 表示骰子各面的数字。X 的概率模型可简单表述为：

$$P(X=x)=\begin{cases}1/6,\text{ 如果 } x=1,2,3,4,5,\text{或 } 6\\0,\text{ 其他}\end{cases}$$

标识符提示！

表示随机变量时最常用的字母是 X、Y 和 Z，但是任何大写字母都可以用。

假设在保险公司风险的例子中，任何一年的死亡率为 1/1 000，伤残率为 2/1 000。我们将赔付额用 X 表示，它是一个随机变量，因为它只有 3 个可能的取值。我们可以在一个表格中显示 X 的概率模型，如表 8.1 所示。

表 8.1 **某保单的概率模型**

投保人结果	赔付额 x（成本）	概率 $P(X=x)$
死亡	100 000	$\frac{1}{1\ 000}$
残疾	50 000	$\frac{2}{1\ 000}$
上述结果都不发生	0	$\frac{997}{1\ 000}$

当然，我们不能准确预测出对于给定年份将发生哪种情形，但是能够确定期望什么发生——在此案例中，我们期望的是能从这个保险单中获得多大的利润。保险单的期望值是概率模型的一个参数（parameter）。实际上，它就是均值。对于期望值，我们用符号 $E(X)$ 表示（或者有时候用 μ 表示均值）。由于这个均值不等于数值的平均，我们不能估计它。相反，我们可以直接从随机变量的概率模型中计算出来。因为它来自模型而不是数据，我们用参数 μ 来表示它（不是 $\bar{y}$ 或 $\bar{x}$ ）。

标识符提示！

随机变量的期望值（或均值）用 $E(X)$ 或 μ 表示。（确保不要把用概率计算出来的随机变量的均值与一组数值的均值相混淆，后者用 $\bar{y}$ 或 $\bar{x}$ 表示。）

为了得到保险公司赔付的期望值，考虑结果中的某些合理数值。例如，假设保险公司正好有 1 000 个被保险人，并且某年的结果完全符合概率模型：1 人死亡，2 人伤残，997 人安然无恙。那么我们所期望的总赔付额为：

$$\mu = E(X) = \frac{100\ 000 \times 1 + 50\ 000 \times 2 + 0 \times 997}{1\ 000} = 200$$

因而，我们对每个保险单期望的总赔付额为 200 美元。

如果不用这样一个大的分数表达式来表示期望值，我们可以将其改写成几个分项，每项都除以 1 000。

$$\mu = E(X) = 100\ 000 \times \frac{1}{1\ 000} + 50\ 000 \times \frac{2}{1\ 000} + 0 \times \frac{997}{1\ 000} = 200$$

写成这种表示方式，我们可以发现对于每个保险单，有 1/1 000 的几率为死亡者赔付 100 000 美元，有 2/1 000 的几率为伤残者赔付 50 000 美元。当然，我们也有 997/1 000 的几率什么都不用赔付。

因此，（离散型）随机变量的期望值（expected value）等于随机变量的各种可能值与这些值各自发生的概率的乘积之和。这里给出离散型随机变量求期望值的一般公式[①]：

$$E(X) = \sum xP(x)$$

① 连续型随机变量期望值的概念与此类似，但是计算需要使用微积分，超出了本书的范围。

务必将各种可能的结果都包含在总和之中。要确保有一个有效的概率模型——每个概率应在 0～1 之间，并且所有的概率之和等于 1。（回忆一下第 7 章的概率原则）。

□ 举例

计算随机变量的期望值

问题：一项募集基金的彩票活动提供 500 张面值 3 美元的彩票。如果头等奖奖励 250 美元，4 个二等奖各奖励 50 美元，那么一张彩票的期望价值是多少？（在此不要将彩票的购买成本计算在内）。现在，如果包括其购买成本，彩票的期望价值是多少？（如果知道了这一数值，购买彩票有“意义”吗？）该基金募集组织的目标是通过彩票募集 1 000 美元。他们能够期望实现这个募集目标吗？

答案：每张彩票赢得头等奖 250 美元的几率是 1/500，赢得 50 美元的几率是 4/500，有 495/500 的几率无法中奖。因而，$E(X)=(1/500)\times 250+(4/500)\times 50+(495/500)\times 0=0.50+0.40+0.00=0.90$。如果计算彩票的购买成本，那么期望值为 0.90－3＝－2.10。一张彩票的期望价值为－2.10 美元。尽管没有人会损失 2.10 美元（他们或损失 3 美元或赢得 50 美元或赢得 250 美元），2.10 美元是平均而言购买一张彩票所能获得的价值。因此，他们可以期望通过购买彩票获得 500×2.10＝1 050 美元。

8.2 随机变量的标准差

当然，期望值（或均值）并不能反映某个具体的投保人实际获得的赔付额。事实上，也并不存在某个保险单令公司赔付 200 美元的情况。我们是在处理随机事件，因而有些投保人可能得到巨额赔付，而其他投保人一无所获。由于保险公司必须预期到这种波动性，进而需要知道随机变量的标准差。

对于数据而言，我们在计算标准差时，首先将每个数值减去均值，然后求差额的平方。当我们计算（离散型）随机变量的标准差时，也做类似的计算。首先，我们计算出各个赔付额与其均值（期望值）的离差（见表 8.2）。

表 8.2　期望值与各个赔付额（成本）的离差

投保人结果	赔付额 x（成本）	概率 $P(X=x)$	离差 $(x-EV)$
死亡	100 000	$\frac{1}{1\ 000}$	(100 000－200)＝99 800
伤残	50 000	$\frac{2}{1\ 000}$	(50 000－200)＝49 800
上述情况均未发生	0	$\frac{997}{1\ 000}$	(0－200)＝－200

下一步，我们对每个离差进行平方。方差（variance）是这些离差平方的期望

值。为了求出方差，我们将每个离差平方乘以相应的概率，并将这些乘积加总：

$$Var(X)=99\ 800^2\left(\frac{1}{1\ 000}\right)+49\ 800^2\left(\frac{2}{1\ 000}\right)+(-200)^2\left(\frac{997}{1\ 000}\right)$$
$$=14\ 960\ 000$$

最后，我们求平方根以得到标准差：

$$SD(X)=\sqrt{14\ 960\ 000}\approx 3\ 867.82(\text{美元})$$

保险公司期望为每个保单平均赔付 200 美元，标准差为 3 867.82 美元。

认真思考上面的例子。保险公司对每个保单收取保费 500 美元，每个保单的期望赔付额为 200 美元。听起来公司轻轻松松就赚到了 300 美元。(实际上，大多数情况下——997/1 000 的概率——公司把 500 美元都装进了腰包。) 但是，你愿意自己承担这个风险，并向你所有的朋友销售类似的保单吗？问题是公司偶尔也会损失巨大。公司有 1/1 000 的概率赔付 100 000 美元，有 2/1 000 的概率赔付 50 000 美元。这个风险超出了你愿意承担的最大限度。标准差 3 867.82 美元给出了一个测度利润不确定性的指标，它表明要获得 300 美元的平均利润需要承担非常大的离散性（和风险）。

下面给出上述讨论的几个公式。由于它们是概率模型中的参数，方差和标准差可分别记作 σ^2 和 σ（有时把表示随机变量的字母作为下标）。你应该能够辨别出两种表示方法：

$$\sigma^2=Var(X)=\sum(x-\mu)^2P(x)$$
$$\sigma=SD(X)=\sqrt{Var(X)}$$

□ 举例

计算随机变量的标准差

问题：在 8.1 节的彩票例子中，我们发现每张彩票期望收益是 2.10 美元。标准差是多少？标准差表明了彩票中奖的几率是多少？请对此评论。

答案：$\sigma^2=Var(X)=\sum(x-E(X))^2P(x)=\sum(x-2.10)^2P(x)$

$$=\sum(250-2.10)^2\frac{1}{500}+(50-2.10)^2\frac{4}{500}+(0-2.10)^2\frac{495}{500}$$
$$=\sum 61\ 454.41\times\frac{1}{500}+2\ 294.41\times\frac{4}{500}+4.41\times\frac{495}{500}$$
$$=145.63$$

因而 $\sigma=\sqrt{145.63}=12.07$（美元）。

对于均值 2.10 美元而言，这一方差很大，且反映了一个事实，即中大奖的几率很小但不中任何奖的几率很大。

□ 指导性案例：计算机库存

作为计算机公司的库存主管，你将接受几个星期的挑战。最近有一个仓库发生火灾，你必须把那里库存中所有的计算机标上特殊记号等待回收。从积极的方面来讲，上个星期你成功地将两台计算机送到了最大的客户那里。但是，随后你发现你的助手并未听说发生火灾，他从遭受火灾的仓库中错误地将整整一卡车计算机运到了运输中心。最后发现上个星期运送的计算机中有30%是损坏的。你不知道最大的客户收到的两台计算机是两个都坏了、两个都没坏，还是其中一个坏了。这两台计算机是从运输中心随机选取后送到客户那里的。

如果你的客户收到的两台计算机都没有损坏，那么万事大吉。如果你的客户收到了一台损坏的计算机，那么你必须自掏腰包支付计算机被运回的费用100美元，并给客户更换计算机。然而，如果两台计算机都坏了，该客户将取消这个月的其他所有订单，那么你将损失10 000美元。在这种情况下，你的损失的期望值和标准差各是多少？

计划 准备：阐述问题。	我们想要分析将损坏了的计算机送到大客户那里的可能结果，同时查看我们损失的期望值和标准差。 令 X=损失的数额。用U表示收到的是一台没有损坏的计算机，用D表示收到的是一台损坏了的计算机。三种可能性分别是：两台都没有损坏（U和U），两台都损坏了（D和D），其中有一台损坏了（UD或DU）。因为计算机是随机选择的，而且仓库中的计算机数量非常多。我们假设满足独立性。
实施 模型：罗列出随机变量的可能值，并计算你确定概率模型时所需要的所有值。	因为事件之间是独立的，所以我们可以使用乘法原则（第7章），得到：$P(\mathrm{UU})=P(\mathrm{U})\times P(\mathrm{U})=0.7\times 0.7=0.49$ $P(\mathrm{DD})=P(\mathrm{D})\times P(\mathrm{D})=0.3\times 0.3=0.09$ 因此，$P(\mathrm{UD}$ 或 $\mathrm{DU})=1-(0.49+0.09)=0.42$ 我们得到 X 所有可能值的如下模型：

结果	x	$P(X=x)$
两个都损坏	10 000	$P(\mathrm{DD})=0.09$
其中一个损坏	100	$P(\mathrm{UD}$ 或 $\mathrm{DU})=0.42$
两个都没损坏	0	$P(\mathrm{UU})=0.49$

技术性工具：求期望值。	$E(X)=0\times 0.49+100\times 0.42+10\,000\times 0.09=942.00$(美元)
计算方差。	$Var(X)=(0-942)^2\times 0.49+(100-942)^2\times 0.42+(10\,000-942)^2\times 0.09=8\,116\,836$
计算标准差。	$SD(X)=\sqrt{8\,116\,836}=2\,849.01$(美元)

报告 结论：解释在此背景下得到的结果。	备忘录 关于：损坏的计算机。 最近运送给大客户的两台计算机可能会造成严重的负面影响。尽管大客户收到两台计算机都完好无损的几率为 50%，但是收到两台计算机都损坏的几率为 9%，并导致他们取消这个月的其他订单。我们分析得出这给公司造成的损失的期望值为 942 美元，标准差为 2 849.01美元。这么大的标准差反映了如下事实：这个失误真的可能会造成 10 000 美元的损失。 两个数字看起来都是合理的。期望值为 942 美元在两个极值 0 美元和 10 000 美元之间，且结果具有非常大的变异性。

8.3 期望值与方差的性质

在我们有关保险公司的例子中，保险公司期望每份保险单平均赔付 200 美元，标准差约为 3 868 美元。每份保险单的期望利润为 500 美元－200 美元＝300 美元。假设保险公司决定将保险费降低 50 美元，即降到 450 美元。很显然，每份保险单的期望利润也会下降 50 美元，为 450 美元－200 美元＝250 美元。

标准差是多少呢？我们知道将每个数据增加或减少一个常数，会改变这组数据的均值，但不会改变方差和标准差。对于随机变量而言，也是一样的[①]：

$$E(X \pm c) = E(X) \pm c$$
$$Var(X \pm c) = Var(X)$$
$$SD(X \pm c) = SD(X)$$

如果保险公司决定加倍赔付，也就是说，对死亡的被投保人赔付 200 000 美元，对伤残的被投保人赔付 100 000 美元，那又会如何呢？这将使每份保险单的赔付加倍，同时也增加了赔付的变异性。一般而言，当一个随机变量的每个值都乘以某个常数时，将使其平均值也乘以这个常数，使方差乘以这个常数的平方：

$$E(aX) = aE(X)$$
$$Var(aX) = a^2Var(X)$$

对最后一个方程开平方，得到的标准差是原来的标准差乘以这个常数的绝对值：

$$SD(aX) = |a|\ SD(X)$$

该保险公司将保险单出售给很多人。对于每次只考虑一个人的情况，我们在上文描述中看到了如何计算均值和方差。当我们有很多顾客时，均值和方差将发生什么变化？一组顾客给公司带来的利润等于单个顾客给公司带来的利润之和，因而我

① 本节中的这个原则对于离散型随机变量和连续型随机变量都是成立的。

们需要知道如何计算这个和的期望值和方差。从考虑两个顾客的简单情况开始，这两个顾客为 Ecks 先生和 Wye 女士。每份保险单赔付的期望值为 200 美元，我们可以计算出两份保险单的总赔付额期望值为 200 美元＋200 美元＝400 美元——毫无疑问。换句话说，我们得到了随机变量期望值的加法原则（Addition Rule for Expected Values of Random Variables）：随机变量和（或差）的期望值等于它们期望值之和（或差）：

$$E(X \pm Y)=E(X) \pm E(Y)$$

变异性是另外一个问题。为两个人投保的风险与为一个人投保两次的风险是一样的吗？我们不能期望两个顾客在同一年里死亡或伤残。实际上，因为我们分散了风险，所以标准差也会变小。这确实是保险的基本原理。通过在许多保险单中分散风险，保险公司可以使标准差变得非常小，且更准确地预测成本。假设事件之间是相互独立的，当总的预期赔付相同时，那么为几千个顾客提供保险比为一个顾客提供保险的风险更小。类似飓风或地震这样的灾难性事件会同时对大量的客户造成影响，破坏了独立性假设，也往往会对保险公司造成很大的影响。

但是和的标准差小了多少呢？有人证明，如果随机变量之间是独立的，存在（独立）随机变量方差的加法法则（Addition Rule for Variances of (Independent) Random Variables）：两个独立随机变量的和或差的方差是它们单个方差之和：

如果 X 和 Y 独立，则 $Var(X \pm Y)=Var(X)+Var(Y)$。

□ 数学专栏

统计学中的毕达哥拉斯定理

我们经常用标准差来测度变异性，但当增加独立随机变量时，我们使用它们的方差。考虑一下毕达哥拉斯定理。（仅限于）在一个直角三角形中，斜边长的平方等于其他两条边长的平方和：

$$c^2=a^2+b^2$$

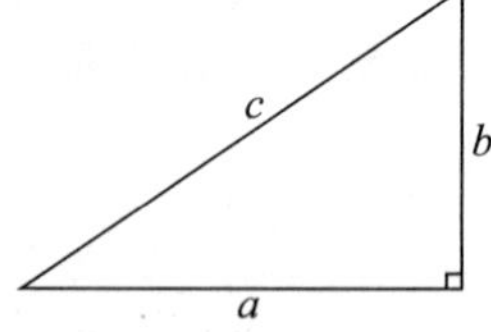

（仅）对于独立随机变量，其和的标准差的平方等于各自标准差的平方和：

$$SD^2(X+Y)=SD^2(X)+SD^2(Y)$$

用方差来表示就更简单：

$$Var(X+Y)=Var(X)+Var(Y)$$

但是我们也经常采用标准差公式：

$$SD(X+Y)=\sqrt{Var(X)+Var(Y)}$$

对于Ecks先生和Wye女士，保险公司期望他们的结果是相互独立的，因而（用X表示对Ecks先生的赔付，用Y表示对Wye女士的赔付）：

$$Var(X+Y)=Var(X)+Var(Y)=14\ 960\ 000+14\ 960\ 000=29\ 920\ 000$$

对两个独立的保险单的方差与同一保险单方差的2倍进行比较。如果保险公司仅仅为Ecks先生投两次保险，那么方差将为

$$Var(2X)=2^2Var(X)=4\times 14\ 960\ 000=59\ 840\ 000$$

或者是两个独立保险单方差的两倍，尽管它们的期望赔付额是一样的。

当然，方差的单位是美元的平方。该公司更想知道标准差，标准差的单位是美元。两个独立保险单赔付额的标准差为$SD(X+Y)=\sqrt{Var(X+Y)}=\sqrt{29\ 920\ 000}=$ 5 469.92美元。但是单个保险单投保两次的标准差为单个保险单标准差的两倍：$SD(2X)=2SD(X)=2\times 3\ 867.82$美元$=7\ 735.64$美元，或者与两个独立保险单之和的标准差相比，大约多40％。

如果保险公司有两个客户，那么保险公司每年的总赔付额（成本）的期望值为400美元，标准差大约为5 470美元。如果保险公司卖出每年期望赔付额为400美元的保险单，标准差将会增加约40％。通过向许多独立的客户提供保险以分散风险，这是保险和金融的基本原理之一。

我们来复习一下随机变量和与差的期望值与方差的法则：

- 两个随机变量和的期望值是两个随机变量期望值的和。
- 两个随机变量差的期望值是两个随机变量期望值的差：

$$E(X\pm Y)=E(X)\pm E(Y)$$

- 如果两个随机变量独立，那么它们和或差的方差总是它们方差的和：

$$Var(X\pm Y)=Var(X)+Var(Y)$$

方差总是在增加吗？即使当我们取两个随机变量的差时，方差也在增加吗？是的！考虑一下两个保险单的情形。假设我们想知道对两个投保顾客赔付额差的期望值和标准差。由于对每个顾客赔付额的期望值为200美元，故期望值之差为200美元－200美元＝0美元。如果将方差相减来求差的方差，会得到方差为0。但是这没有任何意义。两个投保客户赔付额的差不可能总是正好为0美元。事实上，赔付额差的范围可以在－100 000美元～100 000美元之间，离散度为200 000美元。差的变异性与和的变异性增加得一样多。如果公司有两个投保客户，赔付额之差的期望值为0美元，标准差大约为5 470美元。

● 对于随机变量而言，$X+X+X=3X$是否成立？可能成立，但必须谨慎对待。正如刚刚看到的，为一个人投保300 000美元与为3个人各投保100 000美元的风险是不相同的。然而，当每种情况代表相同随机变量的不同结果时，很容易落入用相同的符号来表示每种情况的陷阱之中。千万不要出现这种常识性的错误。请确保你表述的每种情况都是不同的随机变量。这正是因为每个随机变量描述的情况相似，并不意味着每个随机变量的结果都一样。你真正的意思是$X_1+X_2+X_3$。当用此种方式表述后，可以很清楚地看出这3个随机变量的和不一定等于其中某个变量的3倍。

□ 举例

随机变量的和

你正在考虑向一种或可能两种不同的投资基金投资 1 000 美元。根据以前的情况，每种投资基金一年的收益率为 5%，标准差为 3%，因而 1 000 美元投资将带来 50 美元的收益，标准差为 30 美元。

问题：假设两种投资基金是相互独立的，那么将 1 000 美元投资一种基金，或者将 1 000 美元分成两部分，向每种基金各投资 500 美元的相对优势与劣势是什么？比较两种投资策略所得收益的均值与标准差。

答案：令 X=向一种基金投资 1 000 美元的收益额，

$$E(X)=0.05\times 1\,000=50\text{ 美元}，SD(X)=0.03\times 1\,000=30\text{ 美元}$$

令 W=向每种基金各投资 500 美元的收益额。W_1 和 W_2 分别表示从每种基金所得收益额。$E(W_1)=E(W_2)=0.05\times 500=25$ 美元。因而 $E(W)=E(W_1)+E(W_2)=25$ 美元$+25$ 美元$=50$ 美元。两种投资策略所得收益的期望值是相同的。你期望投资 1 000 美元的平均收益为 50 美元。

$$\begin{aligned}SD(W)&=\sqrt{SD^2(W_1)+SD^2(W_2)}\\&=\sqrt{(0.03\times 500)^2+(0.03\times 500)^2}\\&=\sqrt{15^2+15^2}\\&=21.213(\text{美元})\end{aligned}$$

与投资于一种基金的标准差为 30 美元相比，将投资资金分成两部分投资于两种基金所得收益的标准差为 21.213 美元。两种投资策略所得收益的期望值是相同的。将投资分散到一种以上的渠道减小了变异性。另一方面，将投资投向一种渠道增加了同时获得极高收益和极低收益的可能性。哪种投资策略比较好是由个人对风险的偏好决定的。①

□ 快速测试

1. 假设一名顾客到达棒球乐园售票口并买票所花费的时间是一个随机变量，其期望值为 100 秒，标准差为 50 秒。并假定当你到达时，只有两个人排在你的前面。

a）当你买到票时，等待时间的期望值是多少？

b）你等待时间的标准差是多少？

c）对于这两个顾客，你需要做什么样的假设才能得到标准差？

---

① 独立性假设是至关重要的，但并不总是（或曾经）很合理。正如 2010 年 3 月 3 日美国 CNN Money 上的一篇文章所述："这只适用于经济状况开始恢复到正常时……那时投资者和投资重新独立地流动。那时多样化资产很常见……" http：//money.cnn.com/2010/03/03/pf/funds/diversification.moneymag/index.htm。

8.4 离散概率模型

我们已经学习了如何计算随机变量的均值和标准差。但是仅在平均值的基础上制定计划，通常而言，计划会有差错。至少斯坦福大学的 Sam Savage 教授在《平均值的缺陷》(*The Flaw of Average*) 一书中是这样认为的。遗憾的是，许多企业家仅仅根据平均值来做出决策——如上一年平均销售量、上个月顾客的平均数等。与仅仅依靠平均值不同，企业决策者更应该结合决策情形的概率模型进行决策。概率模型在帮助决策者预测结果和预测不同决策所带来的影响方面都具有重要和关键的作用。在本节内容中，我们将看到一些非常简单的模型，为如何给五花八门的商业现象建立模型提供了框架。

均匀分布模型

当在第 7 章中首次学习概率时，我们看到了最简单的等可能事件的情形。例如，在掷骰子时，一次抛掷可能出现 1，2，3，4，5，6。由于每个结果发生的概率都相同 (1/6)，因而描述抛掷骰子的概率模型可以用均匀分布刻画。与此相似，如果一个随机变量 X 的可能结果为 1，2，…，n，对于每个 i 值，$P(X=i)=1/n$，那么我们称 X 服从离散均匀分布 (discrete Uniform distribution) $U[1, \cdots, n]$。

伯努利试验

当 Google 公司推出了网络浏览器 Chrome 时，它的员工付出了很大的努力，以最大可能降低其浏览器在浏览网站时出现问题的概率。在发布这一产品之前，他们必须测试许多网站以便发现那些可能打不开的网站。尽管网络浏览器相对来说是很新的，但是类似的质量控制检测在世界制造业非常普遍，这种方法在工业上已经使用了近百年。

Chrome 的开发者对网站进行了抽样调查，将网络浏览器能否打开网站或存在的问题记录下来。我们检查网站能否打开就是一次试验。存在两种可能的结果——每个网站都能顺利打开或者不能打开。开发者认为能否顺利打开任一特定网站的事件之间是相互独立的。像这样经常出现的情况称为伯努利试验 (Bernoulli trials)。归纳一下，伯努利试验需要满足的条件有：

- 对每个试验而言，仅有两种可能结果 (称为成功或失败)。
- 每次试验成功的概率都相等，记作 p。(失败的概率 $1-p$ 记作 q。)
- 试验是独立的。可以发现一个网站不能顺利打开对下一个网站可能的检测结果没有影响。

丹尼尔·伯努利 (Daniel Bernoulli，1700—1782) 是雅各布 (在第 7 章提到过) 的侄子。他最先创建了现在所谓的伯努利试验的数学模型。

伯努利试验的常见例子包括抛掷一枚硬币、从调查中收集到的对是/否问题的回答、篮球比赛中的罚篮等。伯努利试验的用途非常广泛，能够在现实生活的很多方面得到应用。但是你可能会问一个特别的问题，即在不同的情形下涉及不同的随机变量，进而也就有不同的概率模型。

丹尼尔·伯努利

当然，Chrome 开发者想要找出不能打开的网站，以便于他们能够解决浏览器使用中可能存在的任何问题。因而，对于这些开发者而言，“成功”就是找到没有打开的网站。标签“成功”和“失败”常常只应用于试验，务必弄清楚它们在任一特定情形中的含义。

几何模型

当我们测试的首个不能打开的网站是我们测试的第二个网站的概率是多大？令 X 表示直到第一次“成功”出现时的试验（网站）次数。对于 X 为 2 的情况，第一个网站必须能顺利打开（概率为 $1-p$），且第二个网站不能顺利地打开——一个成功事件出现，概率为 p。既然试验是相互独立的，可以将这些概率相乘，因而 $P(X=2)=(1-p)\times p$ 或 qp。可能直到第五次试验才出现成功的事件。这种情况的可能性有多大？前四次必须都是连续失败的，第五次成功，因而，$P(X=5)=(1-p)^4\times p$ 或 $q^4 p$。请见下面的数学专栏中更深入和详细的解释。

只要我们想知道要用多久（或者多少次试验）才能出现第一次成功事件时，都能告诉我们概率的模型，就称为几何概率模型（geometric probability model）。几何模型完全是由一个参数 p 决定的，即成功的概率。我们将其记作 Geom(p)。

几何分布可以告诉 Google 公司关于其软件的一些重要信息。大型复杂程序不可能完全没有问题。因而，在发布或升级软件之前，开发者一般都不会问程序中是否有问题，而是问多长时间可能出现下一个问题。如果在发现下一个问题前，能够打开的页面的期望值足够多，这个程序就做好了发布的准备。

标识符提示！

现在我们有两个保留字母。只要我们使用伯努利试验，p 就表示成功的概率，q 就表示失败的概率。（当然，$q=1-p$。）

伯努利试验的几何概率模型：Geom（p）

p=成功的概率（$q=1-p$=失败的概率）

X=直到第一次成功事件出现时试验的次数

$$P(X=x)=q^{x-1}p$$

期望值：$\mu=\frac{1}{p}$

标准差：$\sigma=\sqrt{\frac{q}{p^2}}$

□ 数学专栏

计算几何随机变量的期望值

我们想要求随机变量 X 的均值（期望值），运用一个成功概率为 p 的几何概率模型来计算。

第一步，写出概率：

x	1	2	3	4	…
$P(X=x)$	p	qp	q^2p	q^3p	…

期望值是(令 $p=1-q$)：

$$E(X)=1p+2qp+3q^2p+4q^3p+\cdots=(1-q)+2q(1-q)+3q^2(1-q)+4q^3(1-q)+\cdots$$

化简：

$$=1-q+2q-2q^2+3q^2-3q^3+4q^3-4q^4+\cdots$$

这就是一个无限项几何序列，首项是 1，公比是 q：

$$=1+q+q^2+q^3+\cdots=\frac{1}{1-q}$$

因而最后得出：

$$E(X)=\frac{1}{p}$$

独立性

伯努利试验的一个重要条件是试验之间是相互独立的。有时这是一个合理的假设。这对于我们上述的网站例子成立吗？很容易想到相关的网站可能有相似的问题，但如果网站是随机选择的，一个网站是否有问题与其他网站是否有问题应该是相互独立的。

10%条件：伯努利试验必须是相互独立的。理论上，我们需要从无限总体中进行抽样。然而，如果总体是有限的，只要样本小于总体的 10%，伯努利试验还是可以进行的。在 Google 公司的案例中，正好有数百万个网站的目录，因而多数样本很容易满足 10%条件。

二项式模型

假设 Google 测试了 5 个网站。那么正好有两个网站出现问题（2 个“成功”事件）的概率是多少？当研究几何模型时，我们会问要花费多长时间才能出现第一次成功。现在我们想求出在 5 次试验中正好有 2 次成功的概率有多大。我们仍然是在讨论伯努利试验，但现在我们问的是一个不同的问题。

这次我们感兴趣的是 5 次试验中成功的次数，将其记作 X。我们想要计算 $P(X=2)$。如果在一系列伯努利试验中成功的次数是感兴趣的随机变量，就称其为二项式随机变量（Binomial random variable）。需要用两个参数来定义二项式概率模型（Binomial probability model）：试验次数 n 和成功的概率 p。我们把这个模型记作 Binom（n，p）。

假设在开发的阶段，10%的网站出现某些问题，那么 $p=0.10$。（在产品开发的早期阶段比刚发布这个产品时出现的问题多很多是正常的。）在 5 次试验中正好成功 2 次，意味着 2 次成功 3 次失败。其概率为 $p^2(1-p)^3$，这看起来符合逻辑。遗憾的是，问题没有这么简单。上述计算给出的是按照前 2 次成功后 3 次失败的顺序的概率。但是你会发现 2 次成功还有其他的顺序，比如测试的第 2 个网站和第 4 个网站是成功的。这个顺序的概率为 $(1-p)p(1-p)p(1-p)$，其结果与 $p^2(1-p)^3$ 相同。实际上，只要是 2 次成功 3 次失败，无论成功和失败的顺序如何，概率都是一样的。此概率总是 $p^2(1-p)^3$。为了计算在 5 次试验中任何顺序下成功 2 次的概率，只需要找到结果有多少种发生方式就可以了。

幸运的是，得到相同成功次数的所有可能结果是不相交的。（例如，如果在前两次试验中是成功的，后两次试验就不可能是成功的。）因而，一旦我们找出所有不同的顺序，就可以将它们的概率相加。同时，由于概率总是相等的，我们只需要找到有多少种顺序，并且用这个数乘以 $p^2(1-p)^3$ 就可计算出来。

在 n 次试验中有 k 次成功的每个不同的顺序称为一个“组合”。发生的总次数记作 $\binom{n}{k}$ 或 ${}_nC_k$，读作“从 n 中选 k”：

$$\binom{n}{k}={}_nC_k=\frac{n!}{k!(n-k)!}$$

其中 $n!=n\times(n-1)\times\cdots\times 1$。

对于 5 次试验成功 2 次，

$$\binom{5}{2}=\frac{5!}{2!(5-2)!}=\frac{5\times4\times3\times2\times1}{2\times1\times3\times2\times1}=\frac{5\times4}{2\times1}=10$$

因而，5 个网站测试中有 2 次成功，共有 10 种方式，每种的概率都是 $p^2(1-p)^3$。为了得到在 5 次试验中成功 2 次的概率，把每种的概率乘以 10：

P（5 次试验中成功 2 次）$=10p^2(1-p)^3=10(0.10)^2(0.90)^3=0.0729$

总体而言，我们把 n 次试验中恰好成功 k 次的概率记作

$$P(X=k)=\binom{n}{k}p^kq^{n-k}$$

如果任何一个网站测试出现问题的概率都为 0.10，那么如果我们测试 100 个网站，出现问题网站数的期望值是多少？你可能回答 10 个。我们猜想你没有使用期望

值的计算公式，即把每个值乘以概率然后再相加。实际上，对于二项式随机变量，有一个计算期望值的简单方法。你只需要将成功的概率乘以 n。换言之，$E(X)=np$ 。我们将在下面的数学专栏中对其加以证明。

标准差不太容易察觉，不能仅仅依靠自己的直觉。幸运的是，标准差的公式也可以简化为：$SD(X)=\sqrt{npq}$ 。如果你对这个结果的出处感到好奇，也可以在数学专栏中找到答案。

在我们上述网站检测的例子中，$n=100$，$E(X)=np=100\times 0.10=10$ 。因而，在 100 次试验中我们期望看到 10 次成功。其标准差为

$$\sqrt{100\times 0.10\times 0.90}=3$$

概括来看，二项式概率模型描述了在特定试验次数下成功次数的分布情况。

伯努利试验的二项式模型：Binom（n，p）

n=试验的次数

p=成功的概率（$q=1-p$=失败的概率）

X=n 次试验中成功的次数

$$P(X=x)=\binom{n}{x}p^x q^{n-x}$$

其中 $\binom{n}{x}=\dfrac{n!}{x!(n-x)!}$

均值：$\mu-np$

标准差：$\sigma=\sqrt{npq}$

□ 数学专栏

二项式模型的均值与标准差

为了推导出二项式模型的期望值和标准差的计算公式，我们从最基本的情况开始讨论。

考虑一个简单的伯努利试验，其成功的概率为 p。我们要计算出成功次数的期望值和方差。

此为成功次数的概率模型：

x	0	1
$P(X=x)$	q	p

计算期望值：

$$E(X)=0q+1p$$
$$E(X)=p$$

计算方差：

$$
\begin{aligned}
Var(X) &= (0-p)^2q+(1-p)^2p \\
&= p^2q+q^2p \\
&= pq(p+q) \\
&= pq\times 1 \\
Var(X) &= pq
\end{aligned}
$$

当试验多于一次时，会发生什么情况呢？二项式模型仅仅是计算出在一系列独立的伯努利试验中成功的次数。这使得计算二项式随机变量 Y 的期望值和标准差变得很容易。

$$
\begin{aligned}
&\text{令 } Y = X_1+X_2+X_3+\cdots+X_n \\
&E(Y) = E(X_1+X_2+X_3+\cdots+X_n) \\
&\quad = E(X_1)+E(X_2)+E(X_3)+\cdots+E(X_n) \\
&\quad = p+p+p+\cdots+p\text{(这里有 } n \text{ 项)}
\end{aligned}
$$

因而，正如我们想的那样，均值 $E(Y)=np$ 。

因为试验是相互独立的，那么方差相加得到：

$$
\begin{aligned}
Var(Y) &= Var(X_1+X_2+X_3+\cdots+X_n) \\
&= Var(X_1)+Var(X_2)+Var(X_3)+\cdots+Var(X_n) \\
&= pq+pq+pq+\cdots+pq\text{(也是 } n \text{ 项)} \\
Var(Y) &= npq
\end{aligned}
$$

请看！标准差 $SD(X)=\sqrt{npq}$ 。

□ 指导性案例：美国红十字会

在美国每两秒钟都有人需要输血。

美国红十字会是一个非营利组织，其运行就像是一个大型企业。它为美国 3 000 多家医院提供服务，包括提供范围广泛的高质量血液产品、献血服务和病人检查服务。它从超过 400 万个献血者身上采集血液，为数百万个病人输血，以满足病人的需要。[①]

供给与需求的平衡很复杂，不仅因为需要寻找符合健康标准的献血者，而且还要求献血者的血型必须与病人的血型相匹配。称 O 型血的人为“万能供血者”，因为 O 型血能输给任何血型的人。但仅仅大约 6%的人是 O 型血，这对管理和计划提出了挑战。这确实属实，因为与生产厂家通过计划生产或调整采购关键设备的多少来平衡供给不同，红十字会是从自愿献血者那里获得血液，而自愿献血者到红十字会献血的情况多少有些随机性（至少就血型方面而言是这样）。创建一个描述不同血型的自愿献血者到红十字会献血情况的模型，有助于红十字会管理者制定血型分配计划。

① 资料来源：www. redcross. org。

下面是一个所需的计划种类的小样本。在接下来到献血中心的 20 名自愿献血者中，可以预期万能供血者有多少？具体而言，万能供血者的期望值和标准差分别是多少？其中有 2 名或 3 名万能供血者的概率是多少？

问题 1. 万能供血者人数的期望值和标准差分别是多少？

问题 2. 在 20 名献血者中，恰好有 2 名或 3 名万能供血者的概率是多少？

计划 准备：描述问题。检查并明确这些是伯努利试验。 变量：确定随机变量。 模型：设定模型。	我们想要知道在 20 名献血者中万能供血者人数的期望值和标准差，以及其中有 2 名或 3 名万能供血者的概率。 ✓这里有两个结果： 成功＝O 型血 失败＝其他血型 ✓$p=0.06$ ✓10%条件：样本容量小于所有献血者的 10%。 令 X＝在 $n=20$ 名献血者中 O 型血的人数。 我们可以建立 X 的模型为 Binom（20，0.06）。
实施 技术性工具：计算期望值和标准差。 计算有 2 名或 3 名万能供血者的概率。	$E(X)=np=20\times0.06=1.2$ $SD(X)=\sqrt{npq}=\sqrt{20\times0.06\times0.94}\approx1.06$ $P(X=2\text{ 或 }3)=P(X=2)+P(X=3)=\binom{20}{2}(0.06)^2(0.94)^{18}$ $+\binom{20}{3}(0.06)^3(0.94)^{17}\approx0.2246+0.0860=0.3106$
报告 结论：在此背景下对你的结果进行解释。	备忘录 关于：献血活动。 在 20 名随机选取的献血者中，我们期望平均有 1.2 名万能供血者，标准差为 1.06。我们期望正好有 2 名或 3 名是万能供血者的可能性大约为 31%。

*泊松模型

并不是所有的离散事件都可以用伯努利试验来建模。有的时候，我们仅仅对在一个给定时间段或空间中事件发生的次数感兴趣。例如，我们可能想为在随后的 10 分钟内光顾商店的顾客人数、在随后的 1 分钟内浏览网站的人数或某一特定规格计算机监控器发生故障的次数建模。像这些情况，对于发生的次数可以用泊松模型（Poisson model）来建模。泊松参数即分布的均值，通常记作 λ 。

西蒙·丹尼斯·泊松（Simeon Denis Poisson）是一位法国数学家，他对稀有事件很感兴趣。他最早推导出一个模型作为二项式模型的近似，在此模型中成功的概率 p 很小，试验次数 n 很大。泊松的贡献是提供了一种求这个概率的简单近似方法。然而，当看到公式时，你不一定明白这个公式与二项式的关系。

W. S. 戈塞特（W. S. Gosset）是 20 世纪早期健力士啤酒厂从事质量控制的化学家，他提出了第 11 章和第 12 章的方法，是在工业中最早使用泊松模型的人之一。他为酵母细胞的个数建立了泊松模型并进行了预测，由此知道在原料中加入多少酵母。只要数据是由发生的次数构成的，那么泊松模型是值得考虑的好模型。它仅要求事件之间是相互独立的，且事件发生的平均数保持不变。

发生次数的泊松概率模型：Poisson（λ）

λ=发生次数的平均值

X=发生次数

$$P(X=x)=\frac{e^{-\lambda}\lambda^{x}}{x!}$$

期望值：$E(X)=\lambda$

标准差：$SD(X)=\sqrt{\lambda}$

e 与复合利率

常数 e 等于 2.718 281 8…（保留七位小数）。e 最早出现在当你反复按照复合利率计算挣得的钱数时。如果你所挣钱数每年按 100% 的简单利率计算，到年底你将得到 2 倍年初的钱数。但如果采用复利计算，且每个月末支付一次，你每月将得到按 100% 的简单利率计算的 1/12。这样在年底你将得到 $(1+1/12)^{12}=2.613$ 倍年初的钱数，而不是 2 倍年初的钱数。如果利息是每日支付一次，你将得到 $(1+1/365)^{365}=2.714$ 倍年初的钱数。如果利息是每秒支付一次，你将得到 $(1+1/315\ 360\ 0)^{315\ 360\ 0}=2.718\ 281\ 8$ 倍年初的钱数。这里 e 就出现了。如果你不断地采用复利计算，你将得到 e 倍年初的钱数。换言之，当 $(1+1/n)^n$ 中的 n 变得很大时，$(1+1/n)^n$ 的极限就等于 e。雅各布·伯努利（Jacob Bernoulli）于 1683 年发现了这一出人意料的结果。

例如，在下午 1 点到 5 点这个时间段内，数据显示某个小型商业网站每分钟的平均点击次数为 4 次。我们可以用泊松模型来求点击的次数将达到某个数的概率。比如，如果我们令 X 表示下一分钟的点击次数，那么 $P(X=x)=\frac{e^{-\lambda}\lambda^{x}}{x!}=\frac{e^{-4}4^{x}}{x!}$，这里采用的给定值为每分钟内平均点击次数为 4 次。因而，在下一分钟内没有点击的概率即为 $P(X=0)=\frac{e^{-4}4^{0}}{0!}=e^{-4}=0.018\ 3$（常数 e 为自然对数的底数，且近似等于 2.718 28）。

泊松模型一个有趣且有用的特点就是它会根据区间长度的大小成比例变化。例如，假设想要知道在接下来的 30 秒内我们的网站没有被点击的概率。由于每分钟的平均点击数为 4 次，则在 30 秒内的平均点击数为 2 次，因而在此模型中可以用 $\lambda=2$ 代替。如果我们令 Y 为下一个 30 秒内点击的次数，那么：

$$P(Y=0)=\frac{e^{-2}2^{0}}{0!}=e^{-2}=0.135\ 3$$

（回想一下 0！=1。）泊松模型经常被用于诸如消费者光顾、体育比赛中连续得分和疾病感染等现象的建模。

就稀有事件何时或何处相继发生而言，人们想知道是由于偶然的原因还是由于潜在因素变化导致不经常发生的事件发生。泊松模型可以被用于求事件发生的概率，且可以以此为基础进行判断。

□ 快速测试

罗普全球市场调查公司（Roper Worldwide）的报告指出它能够为开展电话调查联系到随机选取的76%的家庭。

2. 请解释为什么这些电话可以被看作伯努利试验。

3. 对于本章描述的模型（几何模型或二项式模型），你将对1 000个样本家庭清单中能够成功联系到的家庭数量采用哪种建模方式？

4. 罗普公司也指出即使在调查人员联系了一个家庭之后，联系到的家庭中也只有38%同意接受调查。因而，在随机选取的家庭中完全接受调查的概率仅为0.29（76%中的38%）。对于本章描述的模型，你将对罗普公司在首次联系到接受调查的家庭之前联系的家庭数量采用哪种模型建模？

□ 举例

概率模型

一家风险投资公司有一个潜在投资者清单，此清单中的投资者以前曾投资于新兴技术。平均而言，这些投资者投资的可能性约为5%。该公司的一个新客户对于为应用于金融交易的移动电话项目找到的投资者很感兴趣，这一项目在多数发展中国家的应用前景越来越广泛。该公司的一个分析员开始着手与潜在投资者电话联系。

问题：

1. 她电话联系的第一个人想要投资的概率是多少？

2. 她电话联系的前五个人中没有人想要投资的概率是多少？

3. 直到她电话联系的人中感兴趣投资的概率至少达到0.50，那么她必须电话联系多少人？

4. 平均而言，为了找到对此投资感兴趣的人，她必须电话联系多少投资者？

5. 如果她给10个投资者打了电话，正好有2个投资者感兴趣的概率是多少？

6. 为了回答这些问题，你做了什么假设？

回答：

1. 每个投资者有5%或1/20的可能性想要投资，因而她电话联系的第一个人投资的概率是1/20。

2. P(第一个人不感兴趣)$=1-1/20=19/20$。假设试验是相互独立的，P(没有人感兴趣)$=P$(第一个人不感兴趣)$\times$ P(第二个人不感兴趣)$\times\cdots\times P$(第五个人不感兴趣)$=(19/20)^5=0.774$。

3. 通过反复试验，$(19/20)^{13}=0.513$，$(19/20)^{14}=0.488$，因而当她电话联系了14个人时，没有人感兴趣的概率降到0.50，进而使得有人感兴趣的概率超过了0.50。

4. 这里采用几何模型。令 X= 直到出现第一个感兴趣的人时她电话联系的人数。$E(X)=1/p=1/(1/20)=20$ 人。

5. 采用二项式模型，令 Y= 电话联系 10 人中感兴趣的人数，那么

$$P(Y=2)=\binom{10}{2}p^2(1-p)^8=\frac{10\times 9}{2}(1/20)^2(19/20)^8=0.074\,6$$

6. 我们假设试验是相互独立的，对于所有潜在投资者而言，每个人对投资感兴趣的概率都是相同的。

8.5 连续型随机变量

离散型随机变量对于处理发生次数、类型数或小数量事件是非常适用的。但在工业上，我们经常测度的是离散型变量不能处理的数量。例如，对于计算机电池而言，在需要充电之前能够工作的时间可能是 2～4 小时之间的任意值。

当一个随机变量可以在一个区间上取任意值时，我们就不能用离散型概率模型来建模，而必须用连续型概率模型来建模。对于任意连续型随机变量，它的概率分布都可以用一条曲线来表示。这条曲线称为概率密度函数（probability density function，pdf），通常记作 $f(x)$ 。你可能已经见到过正态或钟形曲线。从技术上来讲，这就是著名的正态概率密度函数。

密度函数必须满足两个要求。第一个要求是对于每个可能的取值而言，概率密度函数必须是非负的，并且这个曲线下的整个区域的面积正好等于 1.0。第二个要求正好符合第 7 章的概率分配法则，即总概率（等于 1）必须分配到某些取值上。

任意一个密度函数都能给出随机变量在某个区间上的概率。但是请记住，X 在从 a 到 b 这段区间内的概率等于密度函数 $f(x)$ 从 a 到 b 之间的面积，而不是 $f(a)$ 或 $f(b)$。通常情况下，求这个面积需要运用微积分或数值分析，这些超出了本书的范围。但是对于我们将要讨论的这个模型，概率可以从概率表（正态分布）中或者通过简单的计算（均匀分布）得到。

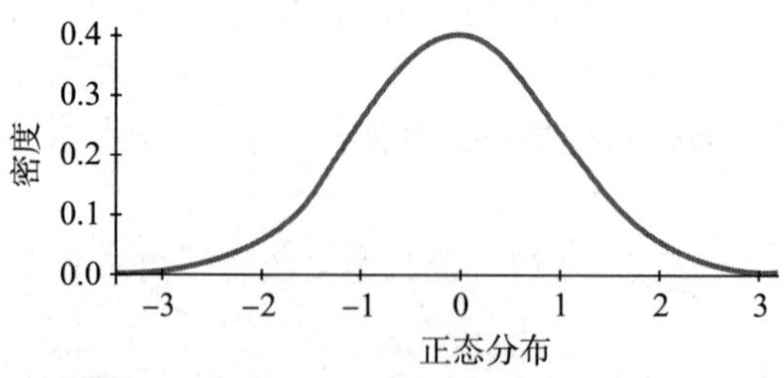

图 8.1 标准的正态密度函数（正态分布的均值为 0、标准差为 1）。z 得分在任意区间上的概率等于曲线与该区间构成的图形面积。例如，z 得分落在 −1 到 1 之间的概率为 68%，这既可以由密度函数计算出近似值，也可以从概率表中或通过技术手段得到更精确的值。

有许多（实际上有无限个）可能的连续分布，但是我们只讨论 2 种在商业问题建模

中最常见的连续分布：均匀分布模型（Uniform model）与正态分布模型（Normal model）。

均匀分布模型

我们已经学习了离散型随机变量的均匀分布模型。连续型均匀分布遵循这样一个原则，即所有时间发生的可能性相同，但对连续型模型而言，由于取单个值的概率为 0，我们无法就单个具体值的概率进行讨论。相反，对于一个连续型随机变量 X，X 位于某个区间的概率仅仅依赖于该区间的长度。服从均匀分布的连续型随机变量的密度函数在图形上是一条水平线就不足为奇了（见图 8.2）。

在区间 a 到 b 上服从均匀分布的连续型随机变量的密度函数，可以用如下公式（也可见图 8.2）来描述：

$$f(x)=\begin{cases}\dfrac{1}{b-a}, & a\leqslant x\leqslant b\\ 0, & \text{其他}\end{cases}$$

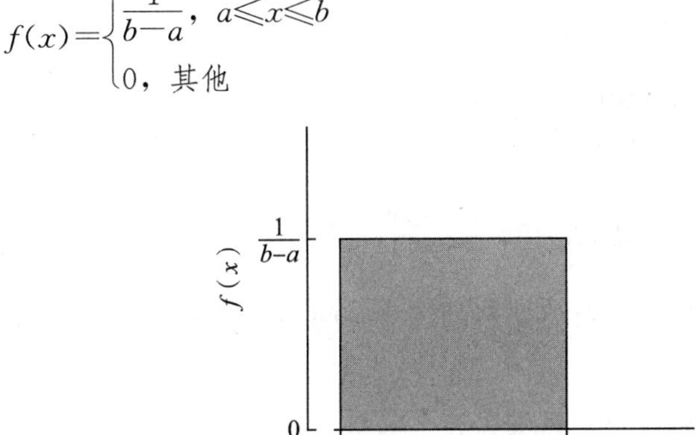

图 8.2　在区间 a 到 b 上服从均匀分布的连续型随机变量的密度函数

从图 8.2 中，可以很容易地看出随机变量 X 落在 a 与 b 之间的任意区间的概率与落在同样长度的任意区间的概率相同。事实上，这个概率就等于区间的长度与整个长度 $b-a$ 的比值。换言之：

对于区间 $[a, b]$ 内的任意值 c 和 d（$c\leqslant d$）：

$$P(c\leqslant X\leqslant d)=\frac{d-c}{b-a}$$

举例来讲，假定你到达某个公共汽车站，并且想对你对于下一班公共汽车的等待时间进行建模。站牌显示公共汽车大约 20 分钟一班，但并没有给出其他信息。你可以假设在下一个 20 分钟内公共汽车每一时刻都可能到达，因而密度函数为：

$$f(x)=\begin{cases}\dfrac{1}{20}, & 0\leqslant x\leqslant 20\\ 0, & \text{其他}\end{cases}$$

也可见图 8.3 所示。

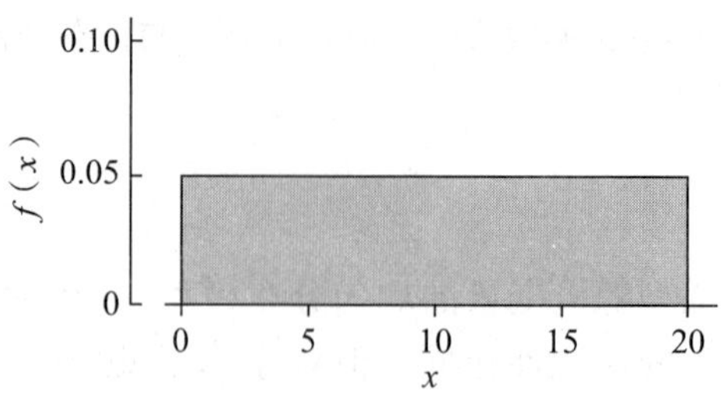

图 8.3　在区间 [0，20] 上服从均匀分布的连续型随机变量的密度函数。注意分布的均值（平衡点）位于 10 分钟处。

正如数据分布的均值就是直方图的平衡点，任意连续型随机变量的均值就是密度函数的平衡点。观察图 8.3，我们可以看到平衡点位于始点与终点的中间，即 10 分钟处。一般而言，在区间 $[a, b]$ 上服从均匀分布的随机变量的期望值为：

$$E(X)=\frac{a+b}{2}$$

当 $a=0$，$b=20$ 时，期望值为 10 分钟。

方差和标准差并不是很直观：

$$Var(X)=\frac{(b-a)^2}{12};SD(X)=\sqrt{\frac{(b-a)^2}{12}}$$

运用这些公式，可以计算出对公交车的等待时间的期望值为 10 分钟，标准差为 $\sqrt{\frac{(20-0)^2}{12}}=5.77$ 分钟。

如何知道取单个值的概率为 0？

连续随机变量的每个取值的概率为 0 可能乍一看是不符合逻辑的。我们看一下标准正态随机变量 Z。正态分布模型是一个连续随机变量模型。我们能够（通过表格、网络或计算机程序）计算出 Z 在 0～1 之间的概率为 0.341 3，这也是正态概率密度函数下面（阴影）0～1 之间的面积。

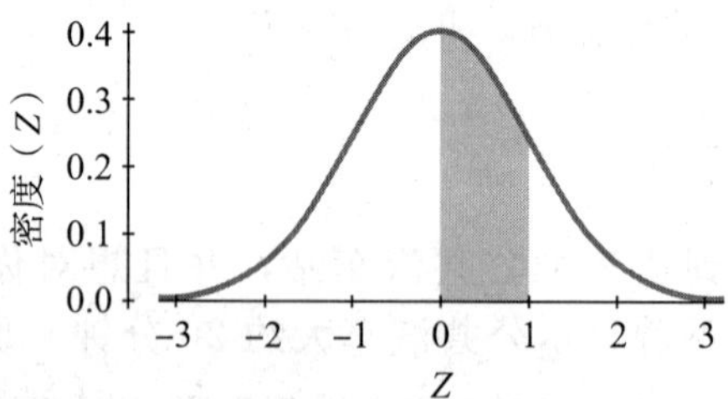

那么，Z 在 0～1/10 之间的概率是多少呢？

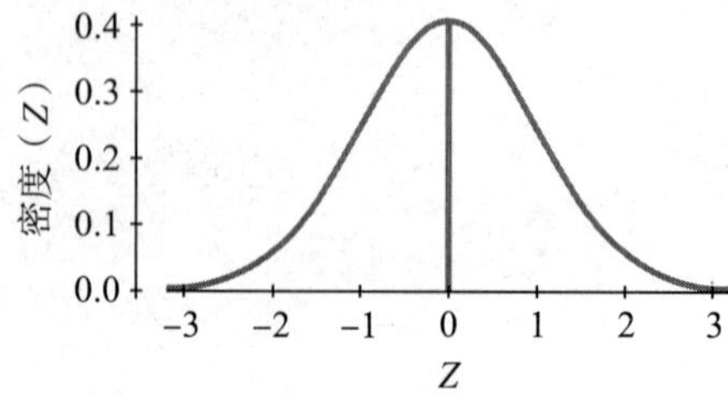

这一面积只有 0.039 8。那么 Z 落在 0～1/100 之间的概率是多少呢？这个面积很小——其概率只有 0.004 0。如果我们继续进行下去，概率将会变得更小。Z 落在 0～1/100 000 的概率小于 0.000 1。

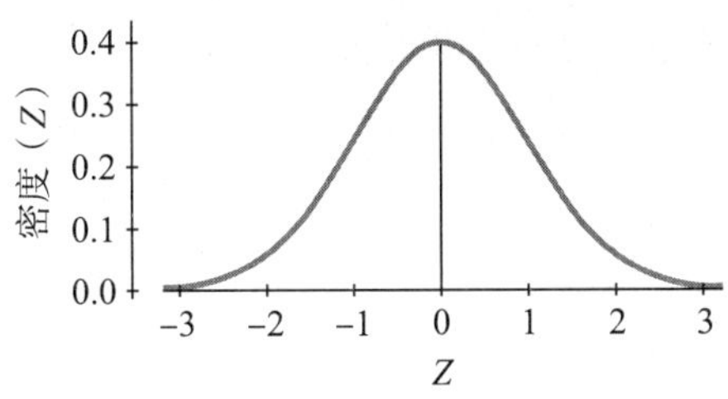

那么，Z 恰好为 0 的概率是多少呢？由于在 $x=0$ 处曲线没有面积，因此其概率为 0。只有落在某个区间上的概率为正的前提条件，但这已经足够了。在现实生活中，我们从不在意恰好为 0.000 000 000 0 或某个值。如果你提出"恰好为 164 磅"，其真正的含义可能是在 163.5 磅与 164.5 磅之间，或者甚至是在 163.99 磅与 164.01 磅之间，但实际上并不是 164.000 000 000…磅。

正态分布模型

正态分布模型贯穿统计学的始终。正态分布模型（Normal models）适用于单峰且形状大体对称的分布。之前你可能已经看到过正态分布模型，如果你看到过"钟形曲线"，这很有可能就是一个正态分布模型。正态分布模型通过两个参数来决定，即均值和标准差。按照惯例，我们将参数用希腊字母来表示。例如，我们将正态分布模型的均值记作 μ，该字母等价于希腊语中的"m"，在希腊语中表示均值；同时标准差记作希腊字母 σ，等价于希腊语中的"s"，在希腊语中表示标准差。因而，我们用 $N(\mu,\sigma)$ 表示一个均值为 μ、标准差为 σ 的正态分布模型。

标识符提示！

$N(\mu,\sigma)$ 总是表示一个正态分布模型。μ 读作"mew"，等价于希腊字母"m"，并且总是表示模型中的均值。σ 读作"sigma"，等价于小写的希腊字母"s"，并且总是表示模型中的标准差。

μ 和 σ 的每种组合都对应于一个不同的正态分布模型，但是如果我们像在第 5 章所述的那样首先对数据进行标准化，即通过减去均值使均值为 0、除以标准差使标准差为 1 的方式计算出 z 得分，那么我们只需要均值为 0、标准差为 1 的模型。我们称之为标准正态分布模型（standard Normal model）（或标准正态分布，standard Normal distribution，见图 8.1）。

当然，我们不能对所有数据集使用正态分布模型。如果直方图最初不是单峰且对称的，那么 z 得分就不适合用正态分布模型来描述。此时标准化就不会有作用，因为标准化也无法改变分布的形状。因而，在使用正态分布之前，一定要对数据的直方图进行检查。

z 得分

对于数据

$$z=\frac{y-\bar{y}}{s}$$

对于模型

$$z=\frac{y-\mu}{\sigma}$$

68—95—99.7 法则

正态分布模型很有用处，其原因在于该模型能够向我们展示一种思想，即无论一个数值如何极端，它都能告诉我们数值偏离均值的可能性。下面将看到如何求出对应于任意 z 得分的这些数值，但是现在先了解一个简单法则，即所谓的 68—95—99.7 法则①，该法则告诉我们数值大体上是如何分布的。

在钟形分布中，大约 68％的数值落在偏离均值 1 个标准差的区间内，大约 95％的数值落在偏离均值 2 个标准差的区间内，且大约 99.7％——几乎大部分——的数值落在偏离均值 3 个标准差的区间内（见图 8.4）。

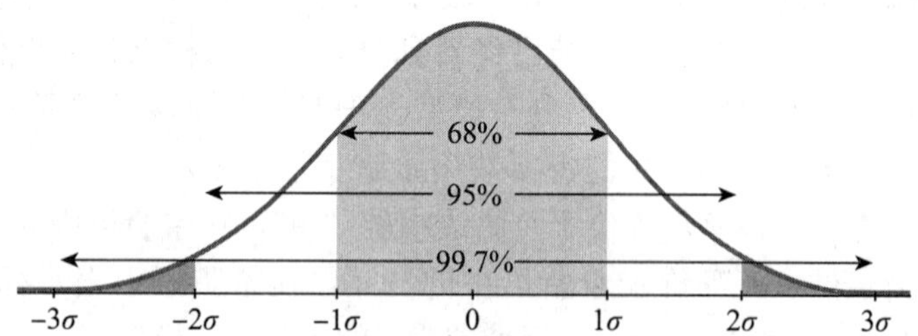

图 8.4　通过在钟形分布图中指出 1 个、2 个和 3 个标准差来表述 68—95—99.7 法则

求其他百分位

求大于均值至少 1 个标准差的百分数的概率很简单。我们知道 68％的数值落在偏离均值 1 个标准差的区间内，那么 32％的数值落在偏离均值大于 1 个标准差的区间内。既然正态分布模型是对称的，可见 32％的一半（或 16％）的数值大于均值 1 个标准差。但是我们如何知道大于均值 1.8 个标准差的观测值所占的百分比呢？我们已经知道 z 得分大于 1 的观测值所占比例不超过 16％。通过相似的推理，z 得分大于 2 的观测值所占比例不超过 2.5％。我们的答案能够比“在 16％与 2.5％之间”更精确吗？

现在，从正态分布表格中找出百分数已经不是很有必要了。大多数时候，我们

① 该法则由数学家 Abraham De Moivre 于 1733 年首次发现，它是基于对数据的经验性观察得出的，因而有时被称为经验法则（Empirical Rule）。但为了便于记忆，可称其为 68—95—99.7 法则，这三个数字定义了该法则。

可以使用计算器、计算机或网络来求出百分数。

当数值并未正好落入偏离均值 0、1、2 或 3 个标准差的位置时，我们可以在正态分布百分位数（Normal percentiles）表[①]中查找到它。该表适用于标准正态分布模型，因此在我们使用它之前，必须将数据转换为 z 得分。如果数据大于均值 1.8 个标准差，那么我们需要将数据标准化为 z 得分等于 1.80，然后找出对应于 z 得分为 1.80 的数值。如果使用如图 8.5 所示的表格，我们通过查看位于左侧一列的前两个数字（1.8）和位于最顶端一行的第三个数字 0 以找出其 z 得分。表格给出的百分位数是 0.964 1。这意味着 96.4%的 z 得分小于 1.80。由于总的面积总是等于 1，且 1−0.964 1=0.035 9，我们可知在正态分布模型中只有 3.6%的观测值的 z 得分大于 1.80。我们也可以采用技术性工具，如计算器、统计学软件和各种网络计算出对应于 z 得分的概率。

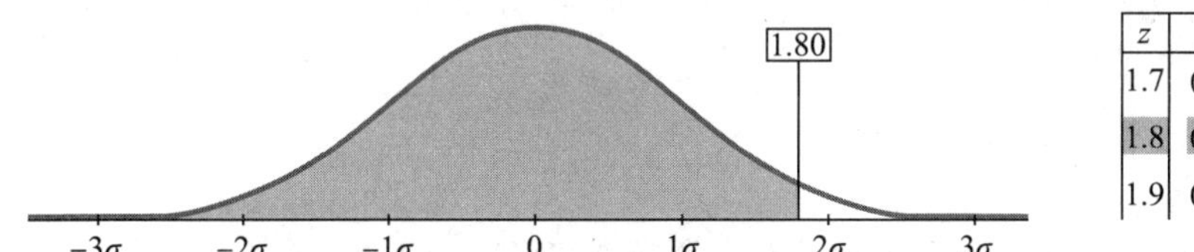

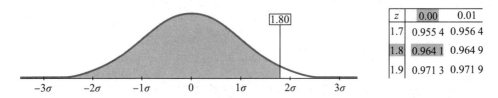

z	0.00	0.01
1.7	0.955 4	0.956 4
1.8	0.964 1	0.964 9
1.9	0.971 3	0.971 9

图 8.5　通过正态分布百分位表（见附录 Z 表）我们可以找到标准正态分布中单个数值落入特定 z 得分数值之下的百分比。

有关正态分布计算的实际操作

找出某个正态分布模型中对应于任意数值的百分数并不是难事，但做一点实际操作可能还是有用的。你们中的大多数人都参加了一种或多种标准化测试，并且你可能对将自己的成绩转换成“百分数”与原始分数持同等的关心。大多数标准化测试的分数，如 SAT、GMAT 和 LSAT，都可以用正态分布模型进行很好的描述，并且通常以原始分数和百分数两种方式同时报告。为了实际操作，我们看一下如何将 SAT 分数转换成百分数。

□ 举例 I

问题：每次学习能力评估测试（SAT）都可以大体上被看作是具有单峰且对称的分布，并且可以被设计成总体均值为 500 且标准差为 100。在任一年度，均值和标准差都可能偏离其目标值一个很小的数值，但是我们可以采用这些目标值作为很好的近似。

假设你在一次 SAT 考试中的得分为 600 分。根据这些信息和 68—95—99.7 法则，你在所有参加 SAT 考试的学生中的排名如何？

解决方法：因为我们被告知此分布为单峰且对称，所以我们能够为此分布建立

① 请见附录中的 Z 表。许多计算器和统计学计算软件包也可以计算出这些结果。

一个正态分布模型。我们也被告知分数的均值为500，标准差为100。因而，我们可以采用模型 N（500，100）。在此点上绘制分布图形非常有利于实际操作。找出我们想要知道的百分数的得分，并在图形上标注出来。当结束计算时，你应该检查以确保从图形看是一个合理的百分数。

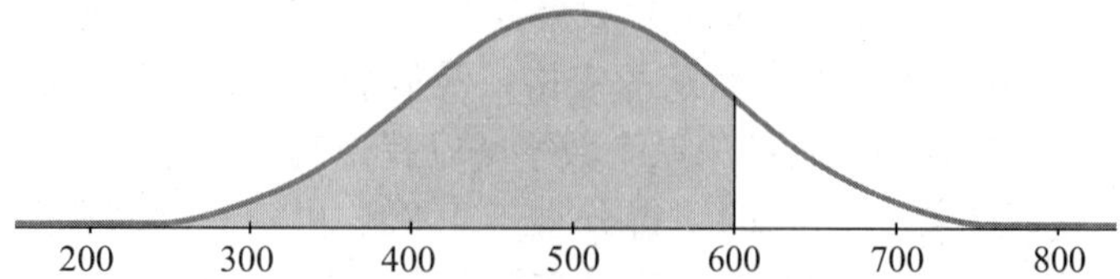

分数为600分大于均值1个标准差。这对应于68—95—99.7法则中的一点。大约32%（100%−68%）参加考试的人的得分对均值的偏离超过1个标准差，但是只有其中一半位于右侧。因而，大约16%（32%的一半）的考试成绩多于600分。

□ 举例Ⅱ

问题：假设SAT分数属于近似的正态分布 N（500，100），那么SAT分数落入450～600之间的比例是多少？

解决方法：第一步是计算出每个数值对应的 z 得分。标准化给出的分数，我们发现对于600分，$z=(600-500)/100=1.0$，对于450分，$z=(450-500)/100=-0.50$。无论是原始数值或 z 得分还是两种量纲，我们都可以在图形下面的坐标轴上画出标识，正如下面图形所示。

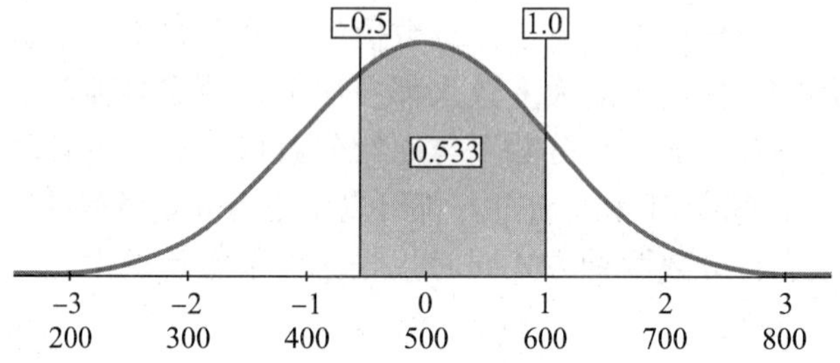

在 Z 表中，我们发现"面积 $z\leqslant1.0$"$=0.841\,3$，这意味着84.13%的得分小于1.0，"面积$\leqslant-0.50$"$=0.308\,5$ 意味着30.85%的得分小于−0.5，那么在两个数值之间的 z 得分的比例为84.13%−30.85%=53.28%。因此，此正态分布模型估计出大约53.3%的SAT得分落在450分与600分之间。

运用正态分布模型的最简单的计算方法是从 z 得分中计算面积。但有时候我们从面积入手，并被要求返回来计算相应的 z 得分甚至原始数据值。例如，什么 z 得分表示正态分布模型中的第一四分位数Q1？在上述第一个案例的背景中，我们了解了 z 得分并运用表格或技术来计算百分数。现在我们想计算出第25个百分位数的分割点。绘制一个图形，将最左侧25%的面积涂上阴影。查看 Z 表中对应的面积0.250 0。确切的面积并不在表格中，但0.251 4是最为接近的数值。这个数值显示在表格最左边−0.6与最上边0.07的位置。从而Q1的 z 得分近似为 $z=-0.67$。计算机和计算器可以对分割点计算得更准确些（和更简单些）。[①]

□ 举例Ⅲ

问题：假设某学院提出它只接收 SAT 分数在前 10%的学生。取得多高的 SAT 分数就被认为有资格入学呢？

解决方法：该学院接收前 10%的学生，因而它的最低录取分数线为第 90 个百分位数。绘制一个如下所示的近似的图形。

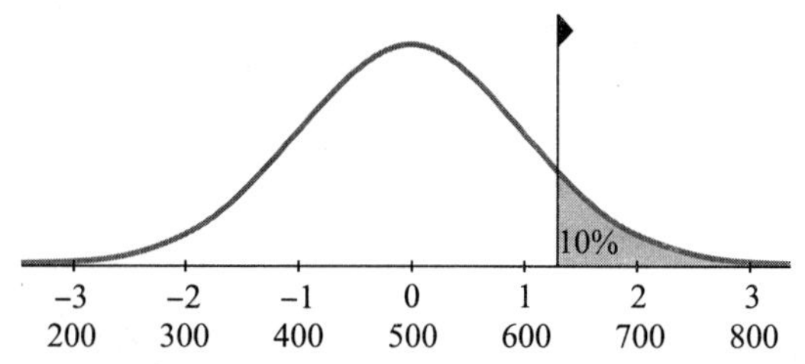

	0.07	0.08	0.09
1.0	0.857 7	0.859 9	0.862 1
1.1	0.879 0	0.881 0	0.883 0
1.2	0.898 0	0.899 7	0.901 5
1.3	0.914 7	0.916 2	0.917 7
1.4	0.929 2	0.930 6	0.931 9

从绘制的图形中，我们可以看出 z 得分位于 1 与 1.5 之间（如果我们已经准确地判断出 10%的面积），那么最低录取分数线大约为 600 分到 650 分之间。使用技术性方法，你可能选取 10%的面积并直接计算出 z 得分。使用如 Z 表，在表格内部确定 0.90 所在的位置（或者确定尽可能接近 0.90 的位置；这里 0.899 7 比 0.901 5 更接近 0.90），并找出相应的 z 得分（请见上面的表格）。此处 1.2 位于左侧一列，0.08位于最上面一行。两个数值组合在一起就给出了 1.28。现在，将 z 得分转回到原始单位。从 Z 表中看出，其分割点为 $z=1.28$。z 得分为 1.28 表明大于均值 1.28 个标准差。既然标准差为 100，那么这个点对应的 SAT 成绩为 128 分。分割点为较均值 500 大 128 的点，即 628。因为学校想录取 SAT 成绩位于前 10%的学生，那么分割点就是 628 分。（事实上，既然 SAT 成绩只按照 10 的倍数的大小来公布，那么你的分数必须至少达到 630。）

□ 指导性案例：粮食公司

一家粮食制造商拥有一台装箱子的机器。箱子的标注为“16 盎司”，因而该公司想对每个盒子装这么多粮食。但既然没有任何包装过程都是非常完美的，每个箱子的包装就存在很小的差别。如果机器被设置为恰好 16 盎司，且适用于正态分布模型（或者至少分布为大体上对称的），那么大约一半的箱子将达不到要求，使得客户不高兴，并会损坏公司的形象并且可能遭受法律投诉。为了防止装箱重量较轻，制造商必须为机器设置稍多于 16 盎司的重量。根据它对于包装机器的经验，该公司认为装箱的粮食重量符合标准差为 0.2 盎司的正态分布模型。该制造商决定对机器设置为平均每个箱子装 16.3 盎司的粮食。我们使用模型来回答关于这些粮食箱子的一系

---

① 我们通常在例子中使用那些更为精确的数值。如果从表中查找数值，你得到的数字就不可能与使用计算机软件包的同学得到的数字恰好含有相同的小数位。

列问题吧。

问题 1：低于标准重量的箱子的比例是多少？	
计划 准备：描述变量和目的。	变量为箱子中所装粮食的重量。我们想要确定低于标准重量的箱子所占的比例。
建模：检查一下是否符合正态分布模型。确定使用哪个正态分布模型。	我们没有数据，因而不能绘制直方图。但是我们被告知该公司认为由机器包装的箱子的重量符合正态分布。 我们使用模型 N（16.3，0.2）。
实施 技术性工具：绘制该正态分布模型的图形。在图形上确定你感兴趣的数值的位置，对其进行标注，并在合适的区域涂上阴影。 ➤真实性检验：从图形中估计出低于标准重量的箱子所占百分比。（这对于下面检查你的答案是否有意义将会很有帮助。）	15.7　15.9 16.0 16.1　16.3　16.5　16.7　16.9 （看起来似乎是低百分位——可能低于 10%。） 我们想知道重量少于 16 盎司的箱子所占的比例。
将分割点数值转换为 z 得分。 查找正态分布表中的面积，或者使用计算器或软件。	$z=\frac{y-\mu}{\sigma}=\frac{16-16.3}{0.2}=-1.50$ 面积($y<16$)＝面积($z<-1.50$)＝0.066 8
报告 结论：在此问题的背景下描述你的结论。	我们估计大约 6.7%的箱子所含粮食的重量低于 16 盎司。

问题 2：公司的律师提出 6.7%太高了。他们坚持认为低于标准重量的箱子所占比例不能超过 4%。为此公司需要对机器进行设置以使得每个箱子所装粮食多一点。他们需要对机器设置的均值是多少？	
计划 准备：描述变量和目的。 建模：检查一下是否符合正态分布模型。确定使用哪个正态分布模型。注意，此时你没有被告知关于均值的任何数值！ ➤真实性检验：早些时候我们发现如果设置机器 μ＝16.3 盎司，那么将有 6.7%的箱子重量太轻。我们需要将均值提高一点以降低这一比例。	变量为箱子中的粮食重量。我们想要确定对机器的设置。 我们没有数据，因而不能绘制直方图。但是我们被告知其符合正态分布模型。 我们不知道箱子所装粮食的均值 μ。该机器的标准差为 0.2 盎司。那么模型即为 N（μ，0.2）。 我们被告知包装低于 16 盎司的箱子所占比例不能超过 4%。

实施 技术性工具：对此正态分布模型绘制图形。中心点确定为 μ（既然你不知道均值是多少），并对低于16盎司的区域涂上阴影。 使用正态分布表、计算器或软件，找出低于4%的分割点的 z 得分。 使用此信息找到 μ。它位于16右侧1.75个标准差的位置。	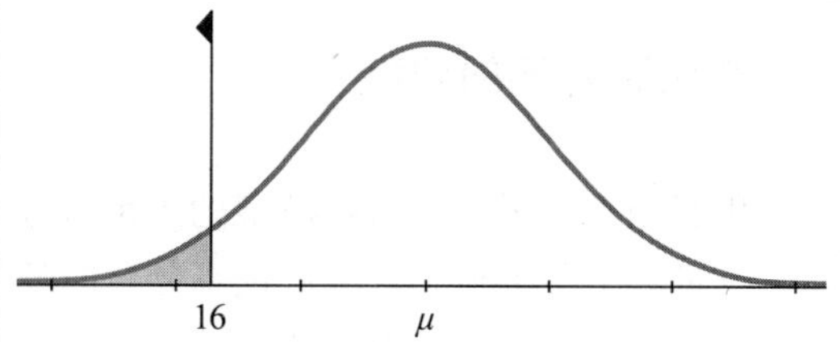 图形左侧面积0.04的 z 得分为 $z=-1.75$。 因为16必须低于均值1.75个标准差，那么我们需要对机器设置的均值为 $16+1.75\cdot0.2=16.35$。
报告 结论：在此问题的背景下描述你的结论。	公司必须将机器设置为每箱包装粮食的平均值为16.35盎司。
问题3：公司总裁否决了这项计划，并指出公司应该分发出更少的免费粮食，而不是更多。她的目标是将机器设置为不高于16.2盎司并仍然只有4%的箱子低于标准重量。达到这一目标的唯一方法就是降低标准差。公司必须达到的标准差是多少？机器设置的均值为多少？	
计划 准备：描述变量和目的。 建模：检查一下是否符合正态分布模型。 确定使用哪个正态分布模型。此时你不知道 σ。 ➢真实性检验：我们知道新的标准差必须小于0.2盎司。	变量为每个箱子中所装粮食的重量。我们想要确定只有4%的箱子的重量低于标准重量时必要的标准差。 公司认为箱子的重量可以通过一个正态分布模型来描述。 现在我们知道均值，但不知道标准差。因此，该模型为 $N(16.2,\sigma)$。
实施 技术性工具：对此正态分布模型绘制图形。中心点为16.2，并为你感兴趣的面积涂上阴影。我们希望4%的面积位于16盎司的左侧。 找出最低的4%的分割点的 z 得分。 计算 σ。（注意，我们需要16比16.2低1.75个 σ，因而 1.75σ 必须等于0.2盎司。你可以从此方程开始计算。）	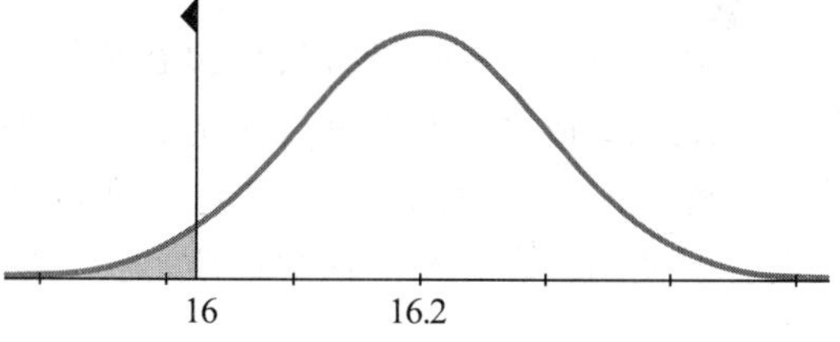 我们已经知道低于4%的 z 得分为 $z=-1.75$。 $z=\frac{y-\mu}{\sigma}$ $-1.75=\frac{16-16.2}{\sigma}$ $1.75\sigma=0.2$ $\sigma=0.114$
报告 结论：在此问题的背景下描述你的结论。 正如我们所期望的，标准差小于之前的标准差——事实上，确实小了不少。	公司必须将机器设置为每箱所装粮食重量的标准差只有0.114盎司。这意味着机器在装箱时必须更加保持一致性（大约提高了2倍）。

对正态分布的总结

我们经常使用正态分布模型的原因在于它具有很多特殊的性质。其中一个重要的性质是对于两个独立且服从正态分布的随机变量而言，其和与差也服从正态分布。

某公司制造小型立体音响设备。在生产线的终端，将音响设备装箱并准备运输。这个过程的第一步称作“打包”。工人们首先必须收集所有的部件（一个主机、2 个喇叭、1 根电源线、1 根天线和一些电线），然后把每个部件都装在塑料袋中，最后把所有东西放入保护性的包装箱中。然后包装过程进入第二步，称作“装箱”，工人们把保护性的包装箱和一包使用说明书装入硬纸箱中，然后封箱、盖章和贴上标签，准备运输。

由于打包和装箱需要的时间可以取任何数值，必须用连续型随机变量进行建模。特别的是，该公司认为打包阶段所需时间服从单峰且对称的分布，可以用均值为 9 分钟、标准差为 1.5 分钟的正态分布模型来描述（见图 8.6）。装箱阶段所需时间也可以用均值为 6 分钟、标准差为 1 分钟的正态分布模型来建模。

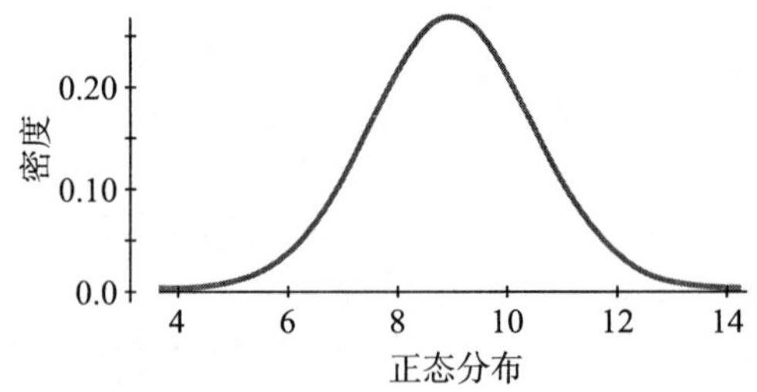

图 8.6　打包阶段所需时间的正态分布模型，其均值为 9 分钟、标准差为 1.5 分钟

该公司对一套音响设备从打包到装箱所需的总时间很感兴趣，因而它想要建立这两个随机变量之和的模型。幸运的是，独立正态分布随机变量之和仍服从正态分布的特殊性质，使我们可以把正态分布的概率知识用于处理独立随机变量和与差的问题。要使用正态分布的这个性质，我们需要验证独立性假设和每个变量的正态分布假设。

□ 指导性案例：包装立体音响设备

考虑一下上述制造和运输小型立体音响设备的公司。

如果音响设备打包所需时间可以用均值为 9 分钟、标准差为 1.5 分钟的正态分布模型来描述，装箱所需时间可以用均值为 6 分钟、标准差为 1 分钟的正态分布模型来描述，那么打包两个小型音响设备的订单所需时间超过 20 分钟的概率是多少？打包所需时间比装箱所需时间长的音响设备所占百分比是多少？

问题 1：打包两个小型音响设备的订单所需时间超过 20 分钟的概率是多少？

计划 准备：描述所要研究的问题。	我们想要估计打包两个小型音响设备的订单所需时间超过 20 分钟的概率。
变量：确定你所需的随机变量。	令 P_1=第一个音响设备打包所需时间 P_2=第二个音响设备打包所需时间 T=两个音响设备打包所需的总时间
写出你所需变量的适当方程。	$T= P_1+P_2$
考虑模型的假设条件。	✓正态分布模型假设。我们被告知打包所需时间用正态分布建模，并且我们知道两个正态随机变量之和仍服从正态分布。 ✓独立性假设。没有理由认为某个音响设备打包所需时间会影响另一个音响设备打包所需时间，因而我们可以合理地假设两个音响设备打包所需时间是相互独立的。
实施 技术性工具：计算期望值。（期望值可以相加。）	$E(T)=E(P_1+P_2)$ $=E(P_1)+E(P_2)$ $=9+9=18$ 分钟
计算方差。 对于独立随机变量而言，和的方差等于方差的和（一般来讲，仅仅是独立性就保证了这个结论成立，我们并不需要变量服从正态分布）。	由于时间是相互独立的， $Var(T)=Var(P_1+P_2)$ $=Var(P_1)+Var(P_2)$ $=1.5^2+1.5^2$ $Var(T)=4.50$
计算标准差。	$SD(T)=\sqrt{4.50}\approx 2.12$ 分钟 我们可以为时间 T 建立一个模型 N（18，2.12）。
现在我们运用这样一个事实，即两个随机变量都服从正态分布，它们的和也服从正态分布。 绘制总时间的正态分布模型图，对所需时间超过 20 分钟的区域涂上阴影。	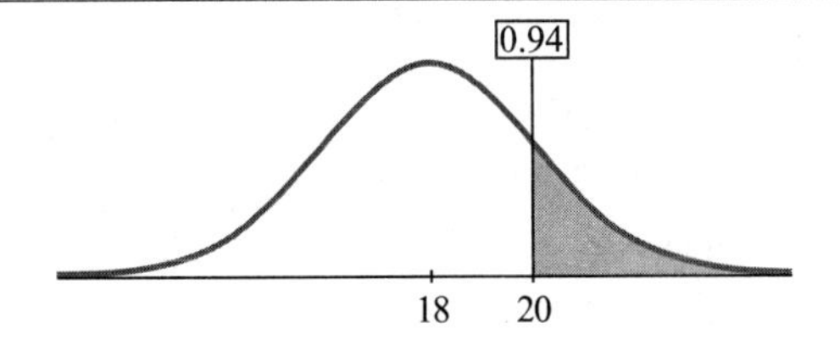
计算 20 分钟的 z 得分。	$z=\dfrac{20-18}{2.12}=0.94$
通过技术性工具或查表得出概率。	$P(T>20)=P(z>0.94)=0.1736$
报告 结论：在此问题的背景下解释你的结论。	备忘录 关于：计算机系统包装所需时间。 使用历史记录建立模型，我们发现这两个音响设备打包所需时间超过 20 分钟的概率略大于 17%。

问题 2：打包所需时间比装箱所需时间长的音响设备所占百分比是多少？

计划	
准备：描述所要研究的问题。 变量：定义你的随机变量。 写出一个适当的方程。 我们想努力计算出什么？注意，通过求两个数值的差并判断其是正还是负，可以知道哪个数值更大。	我们想要估计出打包所需时间比装箱所需时间长的音响设备所占百分比。 令P=打包所需时间 B=装箱所需时间 D=打包所需时间与装箱所需时间之差 $D=P-B$ 如果某包装设备打包所需时间长于装箱所需时间，则由 $P>B$，那么 D 为正值。我们想要计算出$P(D>0)$。
不要忘记考虑模型的假设条件。	✓正态分布模型假设。我们被告知两个随机变量适合用正态分布建模，并且我们知道这两个随机变量之差仍服从正态分布。 ✓独立性假设。没有理由认为音响设备打包所需时间会影响音响设备装箱所需时间，因而我们可以合理地假设音响设备打包所需时间与音响设备装箱所需时间是相互独立的。
实施	
技术性工具：计算期望值。 对于两个独立的随机变量，差的方差等于方差的和。	$E(D)=E(P-B)$ $=E(P)-E(B)$ $=9-6=3$ 分钟 由于打包所需时间与装箱所需时间是相互独立的， $Var(D)=Var(P-B)$ $=Var(P)+Var(B)$ $=1.5^2+1^2$ $Var(D)=3.25$ $SD(D)=\sqrt{3.25}\approx1.80$ 分钟
计算标准差。 描述你将使用的模型。 绘制出时间差的正态分布模型的图形，将差大于零的区域涂上阴影。 计算 z 得分。然后通过表格或技术性工具得出概率。	我们可以为 D 建立一个模型 N（3，1.80）。 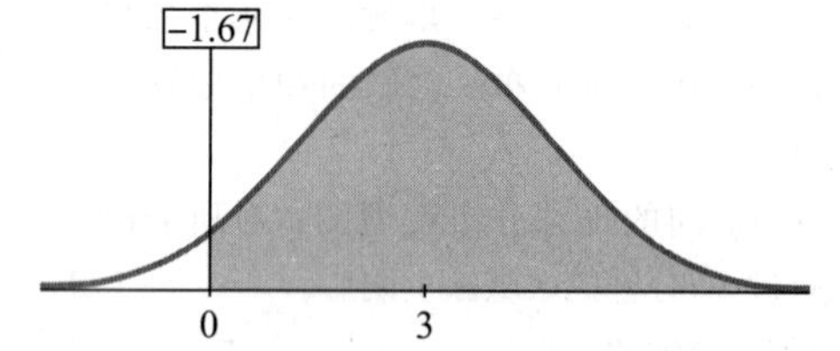
报告	
结论：在此问题的背景下解释你的结论。	备忘录 关于：计算机系统包装所需时间。 在我们的第二个分析中，95%以上的音响设备打包所需时间多于装箱所需时间。

将正态分布模型作为二项式的近似

尽管正态分布模型是一个连续型模型，但当可能的事件数量很大时，也经常使用正态分布作为离散事件的近似。特别需要指出的是，正态分布对于独立随机变量之和就是一个很好的模型，而二项式随机变量只是其中的一个特例。下面的例子能够说明怎样使用正态分布模型来计算二项式概率。假设田纳西红十字会预测今年至少需要 1 850 单位的 O 型血。并估计将有 32 000 名献血者。田纳西红十字会满足这一需求的可能性有多大？我们刚刚学习了如何计算这样的概率。我们可以用 $n=32\ 000$、$p=0.06$ 的二项式模型来计算。从 32 000 个献血者中正好可以获得 1 850 单位 O 型血的概率为 $\binom{32\ 000}{1\ 850}\times 0.06^{1\ 850}\times 0.94^{30\ 150}$。世界上没有计算器可以计算出这个式子的第一项（多于 100 000 位数）。[①] 并且这仅仅是一个开始。问题说的是至少需要 1 850 单位，因而我们必须按同理对 1 851、1 852 进行计算，一直计算到 32 000。（这样的计算没有必要。）

当我们处理类似数目很大的试验时，直接计算概率很麻烦（或者完全不可能）。但是，使用正态分布模型能够解决这个问题。

连续修正

当我们使用连续型模型为离散型事件进行建模时，我们可能需要所谓的连续修正（continuity correction）的调整。用正态分布模型近似代替二项式模型（50，0.2）。但是当 $X=10$ 时，正态模型给出的概率是多少呢？在正态概率模型中每个具体数值的概率都为 0，这不是想要的答案。

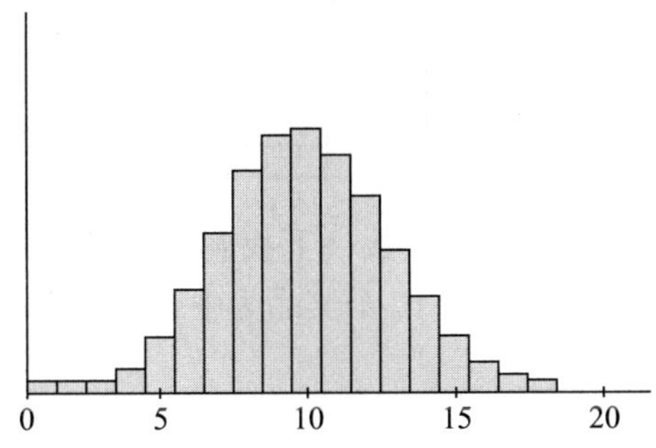

由于 X 确实是离散型的，它取值正好为 0，1，2，…，50，每个值都有正的概率。直方图给出了修正的奥秘。观察直方图中 $X=10$ 的那一区域，是从 9.5 到 10.5。我们真正想求的是 9.5～10.5 之间正态曲线下方的面积。因而，当我们用正态分布模型近似离散事件时，往左边或往右边取与相邻值的中点，将 $P(9.5\leqslant X\leqslant 10.5)$ 的计算结果作为 $P(X=10)$ 的近似值。对于 Binom（50，0.2），$\mu=10$，$\sigma=2.83$。

因此，

---

① 如果你的计算器可以求 Binom（32 000，0.06），那么很显然它使用了一个聪明的做法，即近似方法。

$$P(9.5 \leqslant X \leqslant 10.5) \approx P\left(\frac{9.5-10}{2.83} \leqslant z \leqslant \frac{10.5-10}{2.83}\right)$$
$$= P(-0.177 \leqslant z \leqslant 0.177)$$
$$= 0.140\,5$$

相比之下，精确的二项式概率为 0.139 8。

该二项式模型的均值为 $np=1\,920$，标准差为 $\sqrt{npq} \approx 42.48$。我们可以用正态分布模型作为二项式分布模型的近似，且这个正态分布的均值和标准差与二项式分布相同。非常值得注意的是，这是一个很好的近似。使用均值和标准差，我们能够求出概率：

$$P(X \geqslant 1\,850) = P\left(z \geqslant \frac{1\,850-1\,920}{42.48}\right)$$
$$\approx P(z \geqslant -1.65) \approx 0.95$$

可见，红十字分会拥有足够 O 型血的可能性为 95%。

我们总能用正态分布模型来估计二项式模型的概率吗？答案是否定的。这取决于样本容量的大小。假设我们从一些粮食箱子中查找奖品，每个箱子中奖的概率为 20%。如果买了 5 箱粮食，那么得到 0、1、2、3、4、5 个奖品的二项式概率分别为 33%、41%、20%、5%、1%和 0.03%。下面的直方图显示这个概率模型是有偏的。这清楚地告诉我们，不应该尝试通过使用正态分布模型来估计这些概率。

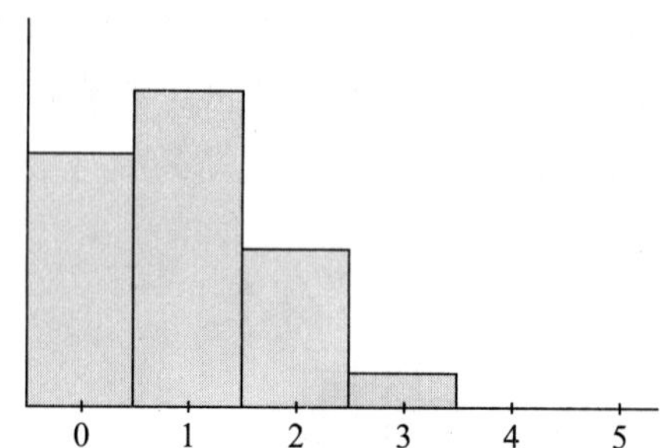

如果我们打开 50 个粮食箱子，并数一下找到的奖品，可以得到下面的直方图。正如所预期的，它以 $np=50\times0.2=10$ 个奖品为中心，呈中心对称分布。

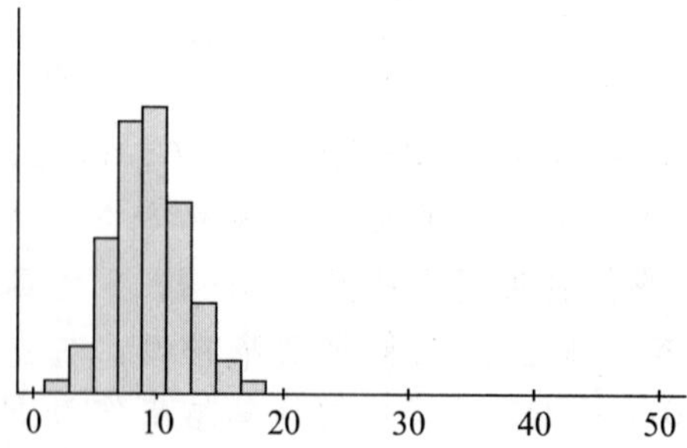

我们更仔细地研究一下。上一页中的直方图也给出了同样的分布，但它在某种程度上扩大了图形的比例，并以期望值 10 为中心。看起来确实很接近正态分布。对于一个很大的样本，正态模型可能是一个有效的近似。

只要试验次数足够多，二项式模型就非常接近正态分布模型。所谓“足够多”取决于成功的概率。如果成功的概率很低（或者很高），我们就需要一个更大的样本。如果我们期望至少有 10 次成功和 10 次失败，那么正态分布模型会很适用。也就是说，我们要检查成功/失败条件。

成功/失败条件（Success/Failure Condition）：如果我们期望至少有 10 次成功和 10 次失败，即 $np \geqslant 10$，$nq \geqslant 10$，那么二项式模型近似于正态分布模型。

为什么是 10 呢？正如下面的数学专栏所给出的，其实应该是 9。

□ 数学专栏

魔力数字 10 的来历很容易被发现。你仅仅需要记住如何使用正态分布模型进行计算。其问题在于正态分布模型的取值范围是从负无穷到正无穷。但二项式模型必须是 $0 \sim n$ 之间的成功次数，因而如果使用正态分布模型近似二项式模型，我们必须去掉尾部。如果正态分布模型的中心离 0 和 n 很远，那么去掉的尾部只是一个微不足道的面积，这种情况下的影响不大。我们应该去掉 3 个标准差之外的尾部，因为 3 个标准差之外的概率很小，可以忽略不计。

因此，均值需要偏离零至少 3 个标准差，且偏离 n 也至少 3 个标准差。我们考察零的一端。

我们要求：$\mu - 3\sigma > 0$

或者，转换为：$\mu > 3\sigma$

对于一个二项式模型：$np > 3\sqrt{npq}$

两边平方得到：$n^2p^2 > 9npq$

现在将其化简：$np > 9q$

由于 $q \leqslant 1$，我们要求：$np > 9$

为了对其进行简化，我们通常要求 np（对于另一个尾部是 nq）至少为 10，才能使用正态分布模型来近似计算，这就得到了成功/失败条件。[①]

可能出现的错误

● 概率模型仍然只是模型。模型可能是有用的，但它们都不是真实的。思考一下隐藏在模型背后的假设条件。正如问题的概率是通过数据得到的一样。

● 如果模型是错误的，那么一切都会错。在你求随机变量的均值和标准差之前，先要确认概率模型是合理的。首先，概率的取值应该在 $0 \sim 1$ 之间，并且它们相加应该等于 1。如果不是，可能是你计算的概率不正确或者遗漏了随机变量的某个值。

● 不要认为每个变量都服从正态分布。仅仅因为某个随机变量是连续的或者碰

① 观察最后一步，我们发现当 q（或 p）接近 1 时，二项式模型的有偏程度非常大，在这种最坏的情况下，我们需要 $np > 9$。当 q 或 p 接近 0.5 时，例如在 $0.4 \sim 0.6$ 之间时，二项式模型几乎是对称的，$np > 5$ 就足以满足条件了。尽管我们总是验证期望成功和失败的次数为 10，但是也要时刻注意当 p 接近 0.5 时，在一定程度上可以放宽要求。

巧知道了其期望值和标准差，并不意味着就适用于正态分布模型。你必须认真考虑是否满足正态性假设。当使用正态分布模型建模，而实际上变量并不服从正态分布时，就会得到错误的答案或者具有误导性的结论。

● 注意相互不独立的随机变量。任意两个随机变量和的期望值等于它们的期望值之和，但是只有当两个随机变量相互独立时，它们和的方差才等于方差之和。假设一项调查中的问题是人们每晚睡眠的时间和白天清醒的时间。从人们的回答中，我们能求出每晚睡眠时间和白天清醒时间的期望值和标准差。期望值的和必须为 24 小时，毕竟人们不是睡觉就是清醒。期望值具有可加性是很合理的，因为总和正好为 24 小时，然而总和的标准差却为 0。这时我们不能把方差相加，因为人们清醒的时间依赖于睡觉的时间。在将方差相加之前，务必先对随机变量的独立性进行检验。

● 不要用看起来表示同一个随机变量的符号来表示相互之间独立的随机变量。确保用不同的随机变量来表示不同的情况。仅仅因为随机变量描述的情况相似，并不意味着每个随机变量的结果都相同。这就是随机变量，不是在代数中遇到的变量。应写为 $X_1+X_2+X_3$，而不是 $X+X+X$。

● 不要忘记：独立随机变量的方差可以相加，但标准差不可以相加。

● 不要忘记：即使对于独立随机变量之差，其方差也等于方差之和。

● 确保是伯努利试验。首先，一定要对前提条件进行检查；每次试验都有两个可能的结果（“成功”和“失败”），成功的概率为常数，成功与失败是相互独立的。记住，10%条件为独立性提供了合理的替代性条件。

● 当 n 很小时，不要用正态分布模型来近似。当使用正态分布模型作为二项式模型的近似时，必须满足至少有 10 次成功和 10 次失败这一条件。

实践中的伦理

Kurt Williams 打算开一个新的简易雇员退休计划账户，并且对于挖掘各种投资方案很感兴趣。尽管 Kurt 对于如何投资自己的金钱很有一些想法，但他认为最好还是咨询一下专业人士，因而她预约了 James，Morgan and Edwards 有限责任公司的名为 Keith Klingman 的金融顾问。在他们首次会谈之前，Kurt 告诉 Keith 他倾向于保持投资的简单化，并打算只平均投资到两个基金上。此外，他提到当他愿意承担一些风险以获得更高的收益的同时，他更担心会由于市场波动性增强而承担过多的风险。在他们谈话结束之后，Keith 开始准备他们的第一次会谈。根据过去的业绩，该公司向其投资人提供各种基金的年度期望收益和标准差。由于 Kurt 对于只在两种基金上投资他的简易雇员退休计划感兴趣，Keith 决定对包含两种基金不同组合的潜在简易雇员退休计划账户的期望年度收益和标准差的数据进行整理。如果 X 和 Y 分别代表两种不同基金的年度收益，Keith 知道他能够将某种特定的简易雇员退休计划账户的年度收益表示为 $\frac{1}{2}X+\frac{1}{2}Y$。当计算期望年度收益 $E\left(\frac{1}{2}X+\frac{1}{2}Y\right)$ 很简单时，Keith 似乎回想起一种计算标准差的更为复杂的公式。他记起来首先需要计算方差，然后再做一些研究，并决定使用等式 $Var\left(\frac{1}{2}X+\frac{1}{2}Y\right)=\frac{1}{2}Var(X)+\frac{1}{2}Var(Y)$。

在完成了计算之后，他注意到两种不同股票基金的各种组合提供了一些最高的期望年度收益，且具有相对低的标准差。他预测简易雇员退休计划账户的更低标准差涉及了混合的资产，比如一种股票基金和一种债券基金。由于他所在公司在股票基金上的投资金额更大，他很高兴得到这种令人惊奇的结果。Keith 很自信地认为这些数字可以帮助 Kurt 意识到他只将简易雇员退休计划账户投资于股票基金可获得最好的收益。

伦理问题 Keith 错误地假设基金之间是相互独立的。似乎相似的基金之间是正相关的（如两种股票基金趋向于同方向变化），而不同种类的基金似乎是负相关的（如股票基金与债券基金倾向于反方向变化）。由于没有考虑简易雇员退休计划账户的协方差，Keith 对方差（和标准差）的计算是错误的。他可能低估了包含两种股票基金的简易雇员退休计划账户的方差（以及变异性）。

伦理解决方案 Keith 应该注意到这些基金不是相互独立的。他最初对如何计算方差的不确定性应该使他谨慎对待他的计算结果；然而，他想要销售股票基金的偏好影响了自己的判断。他不应该将这些数字作为事实展示给 Kurt。

小结

学习目标

■ 理解概率模型如何将变量与概率关联起来。

● 对于离散型随机变量，概率模型为每个可能的结果分配了概率。

■ 学会如何依据 $\mu=\sum xP(X=x)$ 计算离散型概率模型的均值或期望值，依据 $\sigma=\sqrt{\sum(x-\mu)^2P(x)}$ 计算标准差。

■ 学会预测转换和按比例变化的随机变量的结果，特别是：

$$E(X\pm c)=E(X)\pm c \qquad E(aX)=aE(X)$$
$$Var(X\pm c)=Var(X) \qquad Var(aX)=a^2Var(X)$$
$$SD(X\pm c)=SD(X) \qquad SD(aX)=|a|SD(X)$$

■ 理解当随机变量相加或相减时，其期望值也相加或相减：$E(X\pm Y)=E(X)\pm E(Y)$。然而，当独立随机变量相加或相减时，其方差只能相加：

$$Var(X\pm Y)=Var(X)+Var(Y)$$

■ 能够解释均匀分布、二项式分布、几何分布和泊松分布的性质和参数。

■ 学会如何将 68—95—99.7 法则应用于正态分布模型以计算出相应的百分数。

■ 当我们期望至少有 10 次成功和 10 次失败时，学会如何用正态分布模型作为二项式模型的近似。

术语

68—95—99.7 法则（经验法则）：在正态分布模型中，68%的取值落在偏离均值1个标准差的区间内，95%的取值落在偏离均值2个标准差的区间内，99.7%的取值落在偏离均值3个标准差的区间内。

随机变量期望值的加法法则：

$$E(X\pm Y)=E(X)\pm E(Y)$$

（独立）随机变量方差的加法原则（统计学的毕达哥拉斯定理）：

如果 X 与 Y 相互独立，那么

$$Var(X\pm Y)=Var(X)\pm Var(Y),\ SD(X\pm Y)=\sqrt{Var(X)\pm Var(Y)}$$

伯努利试验：一组试验称为伯努利试验，如果满足：

1. 恰好有两个可能的结果（通常表示为成功与失败）；
2. 成功的概率是一个常数；
3. 试验之间相互独立。

二项式概率模型：二项式模型用来描述在一个给定次数的伯努利试验中成功的次数这一随机变量。

用常数代替随机变量：

$$E(X\pm c)=E(X)\pm c \qquad Var(X\pm c)=Var(X)$$
$$SD(X\pm c)=SD(X) \qquad E(aX)=aE(X)$$
$$Var(aX)=a^2Var(X) \qquad SD(aX)=|a|SD(X)$$

连续型随机变量：可以取某个区间内任意值的随机变量（两个端点中可能有一个或两个有界）。

离散型随机变量：某个随机变量可以取有限[①]个不同结果中的某个值。

期望值：某个随机变量的期望值是这个随机变量理论上的长期平均值，是模型的中心，用 μ 或者 $E(X)$ 表示。如果该随机变量是离散型随机变量，通过将随机变量的每个值和其概率相乘再求和，得到其期望值：

$$\mu=E(X)=\sum xP(x)$$

几何概率模型：适用于描述在伯努利试验中直到第一次成功所需的次数这个随机变量。

正态分布模型：最著名的连续型概率模型，可为呈单峰且对称分布的各种现象建模。当 n 很大，且 np 和 $nq\geqslant 10$ 时，正态分布模型也可以作为二项式模型的近似；在各种条件下，正态分布模型可以作为和与平均值的抽样分布模型。

---

① 从技术上讲，只要结果可数，就可以有无限个结果。实质上，这意味着可以把所有的结果排成一列，类似数数1，2，3，4，5，…。

正态百分位数：一个对应于 z 得分的百分位数，它给出了在标准正态分布中小于等于 z 得分的值的百分比。

参数：一个模型中包含的数字型取值，比如 μ 和 σ 的取值分别表示均值和标准差。

泊松模型：离散型随机变量模型，通常用来描述事件达到的次数，比如顾客排队人数或电话中心来电次数。

概率密度函数（pdf）：函数 $f(x)$ 表示随机变量 X 的概率分布。X 在区间 A 内的概率等于曲线 $f(x)$ 在区间 A 上的面积。

概率模型：与概率 P 有关的函数，离散型随机变量 X 取每个值的概率（表示为 $P(X=x)$），或者连续型随机变量在任意一个区间的概率。

随机变量：对某个随机事件的某些结果给予不同的数值。随机变量用大写字母表示，比如 X。

随机变量的标准差：描述随机分布模型的离散度，并且等于方差的平方根。

标准正态分布：均值等于 0 且标准差等于 1 的正态分布 $N(\mu, \sigma)$。

均匀分布：对于可以取 n 个值的离散型均匀分布模型，取每个值的概率为 $1/n$。对于连续型均匀分布的随机变量，其落在任何区间的概率等于该区间长度所占的比例。

方差：随机变量的方差等于其与均值偏差平方的期望值。对于离散型随机变量，可以用下面的等式计算：

$$\sigma^2 = Var(X) = \sum (x-\mu)^2 P(x)$$

□ 微型案例：投资选择

某个年轻的企业家刚刚从投资者那里募集到 30 000 美元，她打算把这笔钱用于投资，同时继续募集资金，希望一年后能成立自己的公司。她想了解每项投资选择的风险，以保持适当谨慎。在与从事财务工作的同事讨论之后，她认为她有 3 个选择：(1) 可以将 30 000 美元存入银行，得到一张大额存单（CD）；(2) 可以投资具有平衡投资组合的共同基金；(3) 可以投资成长型股票以获得更大的潜在回报，但同时也具有较大波动性。她的 30 000 美元投资的回报将因经济状况的差异而不同。

她知道无论下一年经济状况如何，大额存单都给她带来年利率固定的回报。如果她投资平衡型共同基金，当经济保持强劲增长时估计将会获得 12%的收益；当经济下滑时，估计只能获得 4%的收益。最后，如果她将 30 000 美元全部投资于成长型股票，经验丰富的投资者告诉她在经济保持强劲增长时的收益可高达 40%，在经济不景气时亏损也将高达 40%。

估计投资的收益与估计经济保持强劲增长的可能性一样，都具有挑战性。因而，通常要进行“敏感性分析”，就是让问题中那些不确定的参数在某个范围内变动从而计算出所研究的指标的变化情况。按照这个建议，这个投资者决定计算出 CD 利率的范围、共同基金回报的范围及成长型股票收益的范围。此外，经济保持强劲增长的可能性未知，因此她也将让这些概率保持变动。

假设明年经济保持强劲增长的概率为 0.3、0.5 或 0.7。为了帮助投资者做出明智的决定，当经济增长率在如下范围变动时，估计该投资者每项投资的期望值和波动率：

大额存单：看看 3 年期大额存单的最新年回报率，并使用数值±0.5%。

共同基金：当经济保持强劲增长时使用数值 8%、10%和 12%，当经济不景气时使用数值 0%、−2%和−4%。

成长型股票：当经济保持强劲增长时使用数值 10%、25%和 40%，当经济不景气时使用数值−10%、−25%和−40%。

对于你分析的每种情况，进一步讨论该投资者每项投资选择的期望值和不确定性。一定要比较她的每项投资的波动率。

□ 快速测试答案

1. a）100＋100＝200 秒。

b）$\sqrt{50^2+50^2}=70.7$ 秒。

c）两个客户所用的时间是相互独立的。

2. 有两个结果（联系，不联系），联系的概率为常数 0.76，且随机拨打电话应该是相互独立的。

3. 二项式模型。

4. 几何模型。

第 9 章 抽样分布与比例的置信区间

信用卡营销：MBNA 的故事

当特拉华州在 1981 年大幅度提高利率上限的时候，银行和其他借款机构纷纷在特拉华州建立公司总部。其中一个就是马里兰银行协会（Maryland Bank National Association），它在特拉华州建立了一个使用首字母缩写词 MBNA 的信用卡分公司。在 1982 年开始起步发展时，MBNA 位于特拉华州的奥格尔敦一家闲置的超市内，只有 250 名员工，但在接下来的 20 年中 MBNA 发展得非常迅猛。

MBNA 迅速发展的原因之一即在于它利用亲密的群体，发行的信用卡被校友会、运动队、利益集团、工会和其他群体所认可。通过让这些群体分享一小部分利润的方式，MBNA 将这个概念出售给他们。截至 2006 年，MBNA 已经成为特拉华州最大的私人雇主。在 MBNA 最辉煌的时候，它拥有超过 5 000 万名信用卡持卡人，且拥有 821 亿美元的信用卡贷款额，成为美国第三大信用卡银行。

"在美国的公司发展史上，我怀疑很少有公司像 MBNA 一样在如此短的时间内成就辉煌"，Mike Castle，R-Del 代表说。[①] 2005 年，MBNA 被美洲银行（Bank of America）以 350 亿美元收购。美洲银行在 2007 年以自己的名字发行信用卡之前，短暂地保留了 MBNA 这个品牌。

不像 MBNA 进入信用卡行业最初的时候，现在的环境竞争日益激烈，公司都在不断地寻求吸引新顾客和从现有客户获得利润最大化的方法。许多大公司拥有成千上万个客户，因而它们几乎总是首先实施试验性研究，对客户样本进行调查或试验，以代替对所有客户尝试一种新想法的做法。

信用卡公司通过 3 种方式从信用卡业务中挣钱：从每笔交易中获取一定比例的收入；对客户未完全还清的透支余额收取利息；收取各种费用（年费、超期费用

① 特拉华州新闻在线，2006 年 1 月 1 日。

等)。为了通过 3 种方式都能有收入，信用卡银行的营销部门持续不断地寻找各种方法以鼓励客户增加信用卡的使用。

某公司的一名营销专家有一个想法，即向使用航空公司联名卡的客户提供双倍航程积分，其条件是他们下个月信用卡的支出额至少增加 800 美元。为了预测提供这项服务的成本和收益，财务部门需要知道有资格拥有双倍航程积分的客户所占比例是多少。市场营销人员决定向随机抽取的由 1 000 名客户组成的样本提供这项服务，以发现享受这项服务的客户所占比例是多少。在该样本中，有 211 名（21.1%）持卡人增加的支出多于要求的 800 美元。但是，另一名分析人员抽取了由 1 000 名客户组成的另一个不同样本，其中有 202 名（20.2%）持卡人增加的支出多于 800 美元。

调查对象（WHO）：某银行信用卡的持卡人。

调查内容（WHAT）：持卡人是否在接下来的一个月内至少增加 800 美元的支出。

调查时间（WHEN）：2008 年 2 月。

调查地点（WHERE）：美国。

调查原因（WHY）：预测提供这项服务的成本和收益。

两个样本得到的结果并不相同。我们知道观测值是变化的，但是我们预期看到样本之间有多大的变异性呢？

为什么样本比例总是变化的？两个总量相同的样本度量的是相同的数量，怎么能得到不同的结果呢？这是因为统计推断的基础。每个比例都是基于不同持卡人的样本得来的。样本之间的比例是变化的，其原因在于不同的样本比较的是不同的人。

9.1 样本比例的分布

想象

我们只能看到实际抽取的样本，但是如果想象能够抽取的所有其他可能的随机样本的结果（通过对它们进行建模或模拟），就可以学到更多的知识。

我们想要知道比例在样本之间会有多大程度的不同。我们已经讨论过计划、实施和报告，但是为了学习更多的关于可变性的知识，应该加入想象。当我们抽取样本时，只看到了抽取的实际样本的结果，但是我们可以想象如果抽取了所有可能的随机样本，可以得到怎样的结果。所有这些样本比例的直方图看上去会是怎样的？

如果我们能够获得更多的 1 000 名持卡人的随机样本，会找出支出增加超过 800 美元的持卡人在各个样本中所占的比例。你预计直方图的中心会在哪个位置？当然，我们不知道答案，但认为这是它在总体中的真实比例是合理的。我们可能从来都不知道真实比例的值。但这对于我们而言非常重要，因而我们给予它一个标签，用 p 表示“真实比例”。

实际上，我们可以比仅仅想象做得更好。我们可以进行模拟。我们不能真的从总体中抽取所有容量为 1 000 的随机样本，但是可以使用计算机假装从总体中反复地抽取包含 1 000 个个体的随机样本。通过这种方法，我们能够对从一个真实的总体中抽取许多样本的过程进行研究。模拟可以帮助我们理解样本比例是如何随着随机抽样而变化的。

当对于一个事件我们只有两种可能的结果时，统计上习惯于任意地把其中一个标为“成功”，并把另一个标为“失败”。在这里，“成功”表示一名客户至少增加800美元的信用卡消费，“失败”表示一名客户的信用卡消费支出增加额少于800美元。在这个模拟中，我们将会把成功的真实比例设定为一个已知值，抽取随机样本，然后记录成功的样本比例，并且用 $\hat{p}$ 对每个样本进行标记。

在我们模拟的每个样本中，成功的比例都是不同的，但比例变化的方式将告诉我们真实样本比例是如何变化的。因为我们能够设定成功样本的真实比例，所以可以看到每个样本结果与真实值有多接近。下面的直方图显示了2 000个包含1 000名持卡人的独立样本中支出增加额超过800美元的持卡人的比例，其中真实比例 $p=0.21$。(我们知道这是 p 的真实值，其原因在于通过模拟我们能够控制它。)

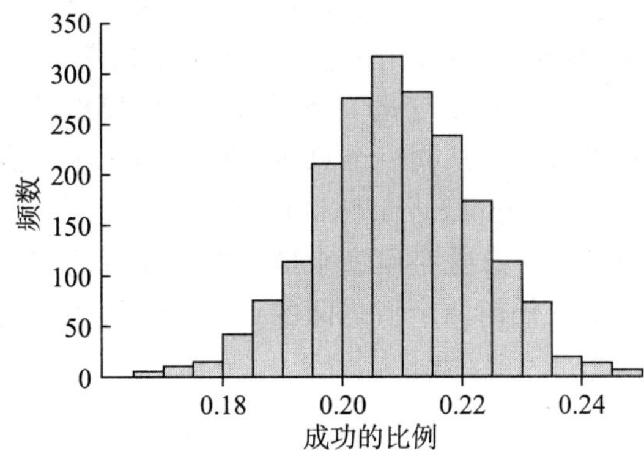

图9.1　2 000个样本的 $\hat{p}$ 值的分布，根据从真实 $\hat{p}$ 为0.21的一个总体中抽取的由1 000个持卡人组成的模拟样本计算而得。

我们对于抽取的每一个样本没有得到相同的比例不应该感到好奇，尽管潜在的真实值 p 仍然为0.21。虽然每个 $\hat{p}$ 都来自一个随机样本，但是我们不能期望它们全都等于 p。同时，既然每个结果来自一个不同的独立随机样本，我们也不能期望它们之间都相等。最值得注意的是，尽管不同样本的 $\hat{p}$ 值都不相等，但是它们的存在使得我们可以对其进行建模并理解它们。

□ 举例

一个样本比例的分布

一家超市配置了“自助结账”服务台，用于顾客扫描和包装自己选购的商品。这种方式很受欢迎，但是因为顾客偶尔会遇到问题，必须配备一名员工来帮助顾客处理问题。经理想要估计需要帮助的顾客比例，以便于他能够得到每名员工监控自助结账服务台的最大数量。他收集了30天内来自服务台的数据，记录了每天需要帮助的顾客比例，并对观察到的比例绘制了一个直方图。

问题：

1. 如果每天需要帮助的顾客比例都是相互独立的，你预期他绘制的直方图的形状如何？

2. 关于独立性的假设合理吗？

答案：

1. 正态分布，以真实比例为中心。

2. 不可能。举例而言，在周末晚上购物的顾客可能比在通常工作日购物的顾客所用的时间少，因而需要更多的帮助。

9.2 比例的抽样分布

对于 $\hat{p}$ 的收集可能比你预期的容易得多。图 9.1 中的直方图是单峰且对称的。它也是钟形的——并且表明使用正态分布模型建模会很合适。这是统计学早期的发现和成功之处，即样本比例分布可以用正态分布模型来建模。

我们在图 9.1 中显示的分布仅仅是一个模拟。我们模拟的比例越多，分布的形状越能确定为一个平滑的钟形。从同一个总体中抽取的所有可能的独立样本比例的分布称为比例的抽样分布（sampling distribution）。

实际上，我们可以使用正态分布模型来描述样本比例的特征。通过运用正态分布模型，我们能够发现落在任何两个值之间的百分比。但为了做到这一点，我们需要知道均值和标准差。

标识符提示!

我们用 p 表示总体的比例，$\hat{p}$ 表示样本中观测到的比例。我们也用 q 表示失败事件的比例（$q=1-p$），并且用 $\hat{q}$ 表示对应的样本观测值的比例，正好可以简化一些公式。

我们已经知道一个样本比例的抽样分布以真实比例 p 为中心。关于比例的一个令人震惊的事实告诉我们也需要运用恰当的标准差。其结果就是一旦我们知道了均值 p 和样本容量 n，也就知道了抽样分布的标准差，正如你能在公式中所看到的：

$$SD(\hat{p})=\sqrt{\frac{p(1-p)}{n}}=\sqrt{\frac{pq}{n}}$$

如果信用卡持有人增加的支出超过 800 美元的真实比例为 0.21，那么对于样本容量是 1 000 的样本，我们预期样本比例分布的标准差为：

$$SD(\hat{p})=\sqrt{\frac{p(1-p)}{n}}=\sqrt{\frac{0.21(1-0.21)}{1\,000}}=0.012\,9,\text{或约为 }1.3\%。$$

我们现在回答了本章开始部分所提出的问题。为了发现样本比例的变异程度，我们需要知道比例和样本容量。这就够了。

回忆上文，样本容量为 1 000 的两个样本的比例分别为 21.1%和 20.2%。既然比例的标准差为 1.3%，这两个比例相距不到一个标准差。换言之，这两个样本并不是真的不一致。样本容量为 1 000 的样本比例 21.1%和 20.2%都与真实比例 21%是一致的。我们从第 3 章了解到样本比例之间的差异称为抽样误差（sampling error）。

但是它实际上不是一个误差。它是预期看到的样本之间的变异。一个更好的术语可能就是抽样变异性。

回顾图 9.1，看一下在我们的模拟中模型是如何有效起作用的。如果 $p=0.21$，我们现在知道标准差应该约为 0.013。正态分布模型的 68—95—99.7 法则表明 68%的样本比例与均值 0.21 相距 1 个标准差之内。我们的模拟与预期有多接近？2 000 个样本比例的真实标准差为 0.012 9 或 1.29%。同时，在 2 000 个模拟样本中，1 346 个样本的比例在 0.197 与 0.223 之间（在 0.21 两侧的一个标准差范围内）。68—95—99.7 法则的预测值为 68%——实际值为 1 346/2 000 或 67.3%。

现在我们知道了对抽样分布模型进行建模需要知道的所有事情。我们知道比例的抽样分布的均值和标准差：它们是真实的总体比例 p 和 $\sqrt{\frac{pq}{n}}$。特定的正态分布模型 $N\left(p, \sqrt{\frac{pq}{n}}\right)$ 是样本比例的抽样分布。

我们看到在模拟中这个模型非常有效，但是我们能在所有情况下都依赖它吗？事实上这个模型可以用一些数学知识从理论上加以证明。它不会在所有的情况下都起作用，但是它会在你所遇到的大多数情况下起作用。我们将提供需要检查的条件，这样你就会知道模型什么时候是有用的。

比例的抽样分布模型

假设样本值是相互独立的，且样本容量足够大，$\hat{p}$ 的样本分布可以用均值为 $\mu(\hat{p})=p$、标准差为 $SD(\hat{p})=\sqrt{\frac{pq}{n}}$ 的正态分布模型进行建模。

□ 快速测试

1. 你打算调查一个购物中心 100 名顾客的随机样本，想要看一下他们是否喜欢将新咖啡店建在第 3 层，在那里可以看到美食广场的全景。当然，你将只会得到一个数字，即样本比例 $\hat{p}$。但是如果你想象所有可能抽取的 100 个顾客的样本，并想象所有样本比例的直方图，直方图的形状会是什么样呢？

2. 直方图的中心会在哪里？

3. 如果你认为大约有一半的顾客支持这项计划，那么样本比例的标准差是多少？

$\hat{p}$ 的抽样分布模型是很有价值的，原因有多个方面。首先，因为从数学角度而言，它是一个很好的模型（并且随着样本容量的增大会变得越来越好），我们不需要真的抽取许多样本并计算所有样本的样本比例，或者是模拟它们。正态抽样分布模型告诉我们样本比例的分布是怎样的。其次，因为正态分布模型是一个数学模型，我们可以计算任意区间的分布比例。你可以使用附录中的 Z 表或技术性工具计算任意区间值的分布比例。

正态分布模型的用处有多大?

我们已经看到模拟的样本比例很好地遵循了 68—95—99.7 法则。但是不是所有的样本比例实际上都是如此呢？停下来思考一下我们所提出的问题。如果我们从特定总体中反复抽取样本容量为 n 的随机样本并计算出每个样本比例，那么这些比例就会集聚在潜在的总体比例 p 附近，以这种方式得到的样本比例直方图能够被正态分布模型很好地建模。

一定存在意料不到的困难。举例而言，假设样本容量为 2，那么成功事件的次数只可能是 0、1 或 2，比例值将会是 0、0.5 和 1。对于只有 3 个可能值的变量，其直方图看上去不可能像正态分布模型（见图 9.2）。

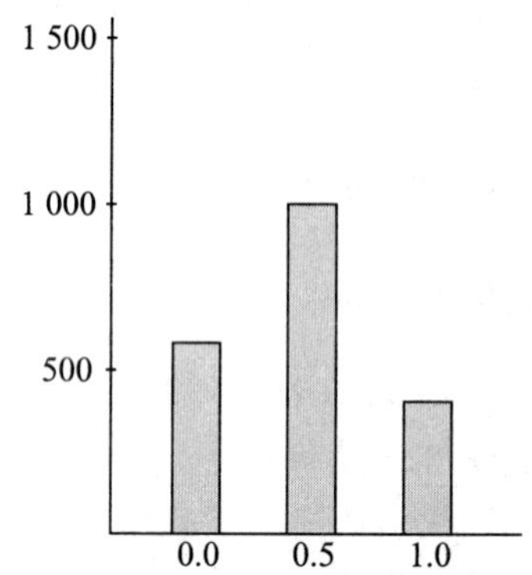

图 9.2　样本容量为 2 的样本比例只能有三个可能的值。此时正态分布模型不起作用。

是的，确实存在困难。上述说法仅仅是近似正确。（然而，这就够了。模型被假定为只是近似正确。）随着样本容量逐渐增大，模型能够越来越好地代表样本比例的分布情况。[①] 样本容量只有 1 或 2 是不能达到很好的效果的，但许多更大样本比例分布的直方图确实显著地接近正态分布模型。

□ 举例

比例的抽样分布

时代华纳公司向客户提供有线电视、电话和互联网服务，其中一些客户订购包含几种服务的“打包”产品。在全国范围内，假设该公司 30%的客户订购“打包产品”，并且包含所有 3 种类型的服务。一名在亚利桑那州菲尼克斯的地区销售代表想要了解他所在地的这一比例与全国范围的这一比例是否相同。

问题：如果他所在地的这一比例与全国范围的这一比例相同，并且他从订购者名单中随机抽取了 100 名客户进行调查：

1. 你预期多大比例的客户是打包订购的客户？

2. 样本比例的标准差是多少？

3. 你预期抽样比例分布形状是怎样的？

4. 对于发现 100 名客户组成的样本中有 49 名客户是打包订购客户，你感到惊奇吗？请解释理由。导致高比例的原因何在？

答案：

---

① 正式的说法是，随着样本容量（n）逐渐增大，在极限条件下，我们所述内容是正确的。

1. 由于全国范围内30%的客户为打包订购客户，我们预期样本比例与此相同。

2. 标准差为 $SD(\hat{p})=\sqrt{\frac{pq}{n}}=\sqrt{\frac{0.3\times0.7}{100}}=0.046$。

3. 正态分布。

4. 49名客户为打包订购的客户，其样本比例为0.49。均值为0.30，标准差为0.046。该样本比例与均值相差超过4个标准差：$\frac{0.49-0.30}{0.046}=4.13$。对于在一个随机样本中计算出如此大的比例，这非比寻常。或者这是一个特别不同寻常的样本，或者他所在地的这一比例与全国范围的平均比例不相等。

假设和条件

只有当特定的假设条件成立时，大多数模型才是有价值的。在样本比例的分布中，需要满足两个假设：

独立性假设（Independence Assumption）：样本值必须都是相互独立的。

样本容量假设（Sample Size Assumption）：样本容量 n 必须足够大。

当然，对于假设我们最好思考它们是否正确，并且应该这么做。然而，我们也可以经常检查对应的条件，这些条件能够提供假设的有关信息。在使用正态分布模型对样本比例分布进行建模之前，考虑一下独立性假设并检查下面的对应条件：

随机化条件（Randomization Condition）：如果你的数据来自于实验，要处理的对象应该是随机指定的。如果你有一个调查，你的样本应该是一个来自总体的简单随机样本。如果使用了一些其他的抽样设计，要确保抽样方法是无偏的，并且数据能够代表总体。

10%条件（10% Condition）：如果抽样时不放回（放回就是说，在抽取下一个个体之前，将每个样本个体都放回总体中），这时样本容量 n 一定不要大于总体的10%。如果样本容量超过了总体的10%，你必须使用比本书介绍的更为先进的方法调整置信区间的大小。

成功/失败假设（Success/Failure Condition）：成功/失败条件是指样本容量必须足够大，这样"成功事件"的数量 np 与"失败事件"的数量 nq 都至少为10。[①] 如果不用符号来表示，这个条件仅是表明我们预期至少需要10个成功事件和至少10个失败事件，进而以足够的数据得到可靠的结论。对于银行信用卡促销的案例，我们将试验中每月至少增加800美元支出的持卡人标记为"成功事件"。银行观察到211个成功事件和789个失败事件。两者都至少为10，因而当然有足够多的成功事件和足够多的失败事件来满足成功/失败条件。[②]

这两个条件看起来是相互独立的。成功/失败条件需要一个大的样本容量。样本容量到底需要多大取决于 p。如果 p 接近于0.5，我们需要的样本容量大约为20。然

---

① 我们在第8章数学专栏中可以看到为什么是10。

② 成功/失败条件是关于我们期望的成功事件和失败事件的数量，但是如果发生的成功事件和失败事件的数量都≥10，你就可以使用这个模型了。

而，如果 p 只有 0.01，我们需要的样本容量为 1 000。但是 10%条件要求样本容量不能占总体太大的比例。幸运的是，它们之间的这种矛盾在实践中通常并不是问题。在通常情况下，类似来自全美国成人的样本的民意调查，或来自一天所生产的产品的工业样本，总体比样本容量的 10 倍还要大得多。

□ 举例

假设与样本比例条件

开展时代华纳公司调查的分析员指出，很遗憾，他努力联系的客户中只有 20 人给予了真实的回答，但在此 20 人中，仅有 8 人是打包订购客户。

问题：

1. 如果他所在地的打包订购客户比例为 0.30，平均而言，你预期在 20 名客户的样本中有多少名打包订购客户？

2. 你预期抽样比例分布的形状是正态分布吗？请解释理由。

答案：

1. 你预期有 0.30×20=6 名打包订购客户。

2. 不是。因为 6 比 10 小，我们在使用正态分布对抽样比例分布进行建模时要格外小心。(观察到的成功事件数量 8 也比 10 小。)

□ 指导性案例：丧失抵押品赎回权

一家房屋贷款公司的分析员正在查阅该公司最近在美国加州中部购买的一组 90 个抵押品。该分析员发现，这个地区当前 13%的有抵押借款的房主将会在下一年的贷款上违约，房子将会丧失抵押品赎回权。为了决定是否购买该抵押品组合，财务部门假设最多只有 10 个抵押贷款将会违约。任何超过这个数量的违约都将对该公司造成损失。在一组 90 个抵押品中，超过 15 个抵押品丧失赎回权的概率是多大？

计划	
准备：说明研究的目标。	我们想要求出在一组 90 个抵押品中超过 15 个抵押品将会违约的概率。因为 15 在 90 中的比例为 16.7%，如果违约的比例为 13%，我们需要在样本容量为 90 的样本中找到比 16.7%大的违约概率。
模型：检查条件。	✓独立性假设。如果抵押品来自一个广阔的地理区域，一个房主违约的概率不影响另一个房主违约的概率。然而，如果抵押品来自相同的区域，独立性假设可能不成立，并且我们估计的违约概率可能也是错误的。 ✓随机化条件。该组 90 个抵押品可以被看作该地区抵押品的随机样本。 ✓10%条件：90 个抵押品小于总体的 10%。 ✓成功/失败条件。

$np = 90 \times 0.13 = 11.7 \geqslant 10$

$nq = 90 \times 0.87 = 78.3 \geqslant 10$

说明参数与抽样分布模型。

总体比例 $p=0.13$，条件都是满足的，因而我们将采用正态分布模型对样本分布比例 $\hat{p}$ 进行建模，其均值为 0.13，标准差为

$$SD(\hat{p}) = \sqrt{\frac{pq}{n}} = \sqrt{\frac{0.13 \times 0.87}{90}} \approx 0.035$$

$\hat{p}$ 的模型符合 $N(0.13, 0.035)$。我们想要计算 $P(\hat{p} > 0.167)$。

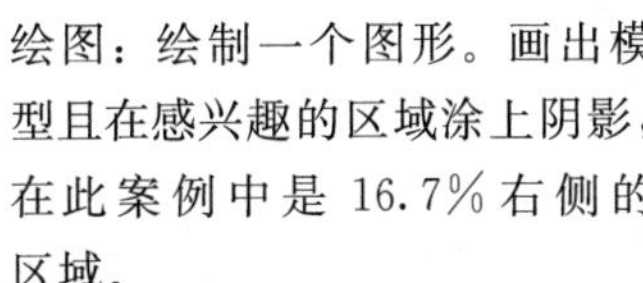

绘图：绘制一个图形。画出模型且在感兴趣的区域涂上阴影，在此案例中是 16.7% 右侧的区域。

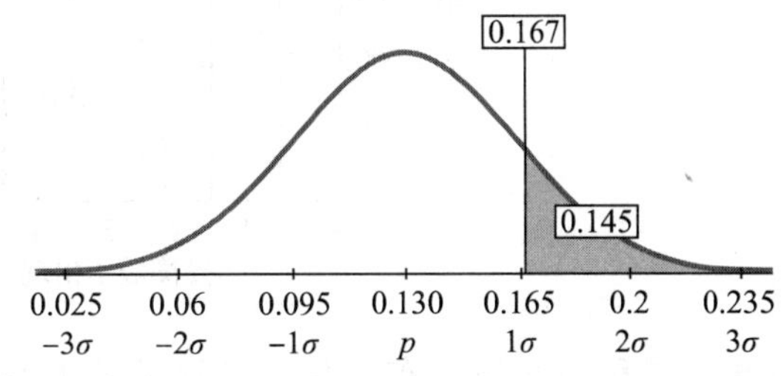

实施

技术性工具：以标准差作为标准来查找比例分割点的 z 得分。从分布表、计算机程序或计算器中找出最终的概率。

$$z = \frac{\hat{p} - p}{SD(\hat{p})} = \frac{0.167 - 0.13}{0.035} = 1.06$$

$P(\hat{p} > 0.167) = P(z > 1.06) = 0.144\ 6$

报告

结论：在此问题的背景下对该概率进行解释。

备忘录

关于：抵押贷款违约。

假定最近购买的 90 个抵押品是这个地区抵押品的一个随机样本，超过 15 个抵押品违约的可能性约为 14.5%，且 15 个抵押品违约是该公司财务的盈亏平衡点。

9.3 中心极限定理

比例概括了定性变量。当随机抽取样本时，我们所得到的样本间的结果都是不同的。正态分布模型看起来是一种概括所有变异的极为简单的方法。有没有什么方式可以简化均值？我们不会使你保持疑惑不解。其结果是均值也有一个抽样分布，使我们可以采用正态分布模型对其进行建模。而且，存在一个可以证明的理论性的结果。正如我们在比例部分所采用的方法一样，我们能够从模拟中获得一些知识。

模拟均值的抽样分布

下面是对一个定量变量的简单模拟。从投掷一个正常的骰子开始。如果我们投掷这个骰子 10 000 次，关于骰子投掷数字的直方图看起来会是怎样的呢？下面是模拟投掷 10 000 次的结果：

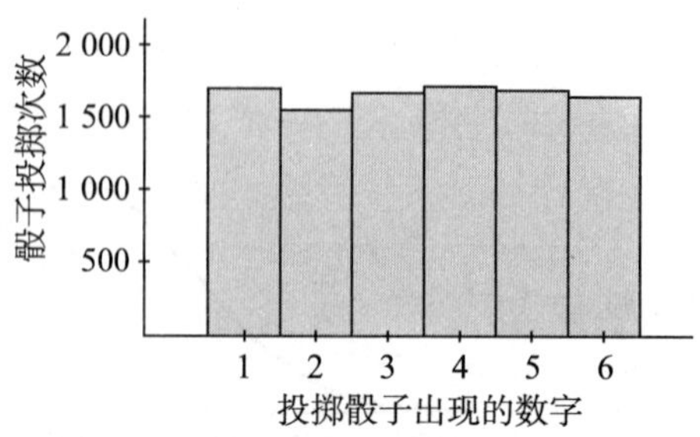

这种结果称为均匀分布，并且显然不是正态分布。现在我们投掷一对骰子并记录两个骰子出现数字的平均值。如果我们重复做（或至少模拟重复）10 000 次，记录投掷每一对骰子出现数字的平均值，10 000 个平均值的直方图看起来会是怎样的呢？在你看直方图之前，思考一下。投掷两个骰子出现数字的平均值为 1，与投掷两个骰子出现数字的平均值为 3 或 3.5，是否具有相同的可能性？我们看一下结果：

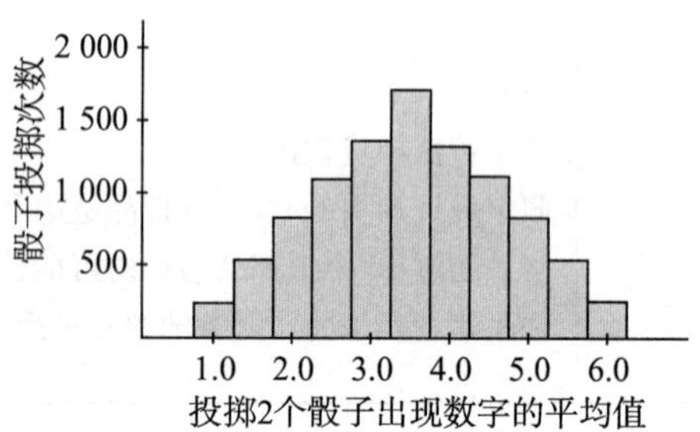

我们得到均值接近 3.5 的可能性大于得到均值接近 1 或 6 的可能性。不需要精确地计算这些概率，很容易知道只有一种方式能得到均值为 1，即两个骰子都是 1。然而，得到总数为 7（均值为 3.5）有更多的可能性。这种分布甚至还有一个名字——三角形分布。

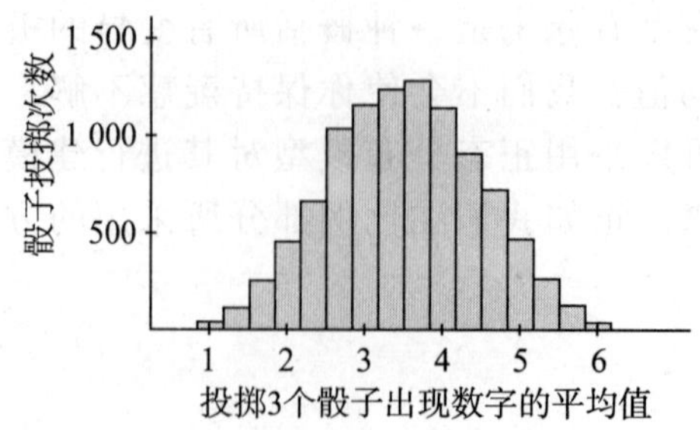

发生了什么事情？首先，注意到平均值接近端点变得越来越困难。投掷的 3 个骰子出现数字的平均值为 1 或 6 需要投掷的 3 个骰子都出现 1 或 6。这比两个骰子都出现 1 或 6 的可能性更小。分布正被推向中间。但是形状发生了什么变化呢？

我们继续模拟看看更大的样本会发生什么变化。下图是投掷 5 个骰子 10 000 次所得均值的直方图。

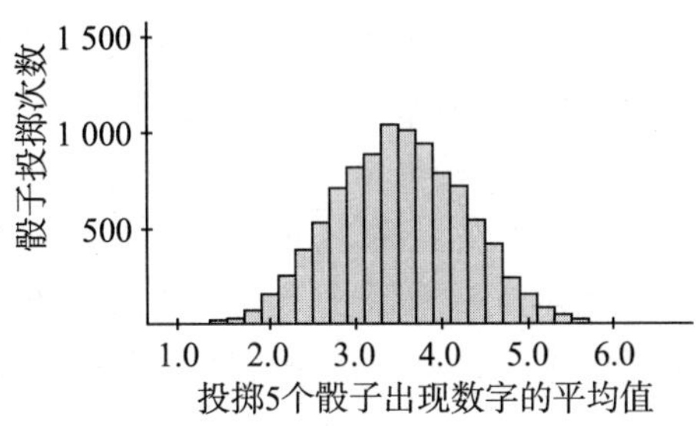

形状变得越来越清晰。发生了两件事情。第一个事实我们已经从第 7 章的大数定律了解了，即随着样本容量（骰子个数）的增大，每个样本的均值越来越接近于总体均值。因而，我们发现模型的形状越来越向 3.5 附近靠近。但分布的形状令人惊奇。它逐渐变成了钟形。实际上，它接近于正态分布模型。

你是否相信呢？我们继续模拟并尝试投掷 20 个骰子。下图为投掷 20 个骰子 10 000 次所得均值的直方图。

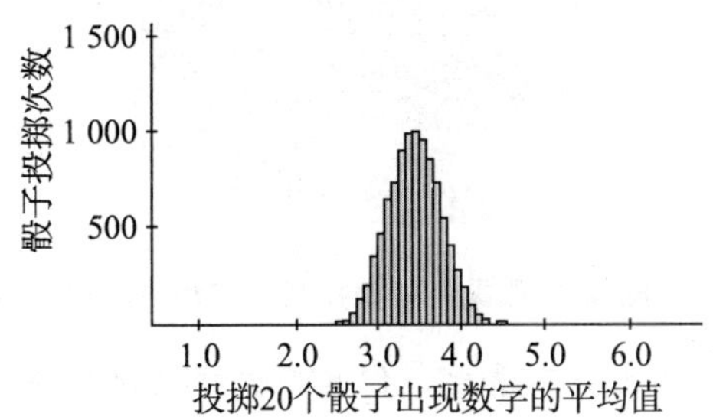

现在我们再次看到了正态分布的形状（并且注意到离散度是多么小）。但是除了掷骰子之外，我们能否将这里发生的情况推演到其他事物？什么样的样本均值有可以用正态分布模型建模的抽样分布呢？结果发现正态分布模型经常非常便于分析问题。

中心极限定理

骰子模拟可能看起来像一种特殊的情况。但是结果证明关于骰子重复样本的均值分布适用于几乎所有的情况。当我们观察比例的抽样分布时，必须检查一些条件。对于均值而言，其结果更加引人注目。这里几乎不需要任何条件。

我们重述一遍：随着样本容量的增大，任何均值的抽样分布都将变成正态分布。我们所需要保证的是观察值是相互独立的且样本数据的收集是随机的。我们甚至并不关心总体分布的形状![1] 这个令人吃惊的事实由皮埃尔-西蒙·拉普拉斯于1810年以相当一般的形式进行了证明，并引起了巨大的反响（至少在数学界），其原因在于它与直觉太不相符。拉普拉斯的结论被称作中心极限定理（Central Limit Theorem，CLT）。[2]

皮埃尔-西蒙·拉普拉斯

拉普拉斯是他那个时代最伟大的科学家和数学家之一。除了对概率论和统计学的贡献之外，他在数学、物理学、天文学等领域发表了许多新的研究成果（他的星云理论是最先描述太阳系形成的理论之一，该理论的许多方面今天才能被理解）。他也在公制度量体系的建立中发挥了主导作用。

然而，他的聪明才智有时使他陷入麻烦。巴黎科学院的一位访问者曾说拉普拉斯让这个理论广为人知，其原因在于他认为自己是法国最好的数学家。这对他同事的影响并没有因拉普拉斯是正确的这一事实而减轻。

皮埃尔-西蒙·拉普拉斯，1749—1827

“关于概率的理论实际上并不重要，但其常识被简化为微积分。”

——见拉普拉斯的《关于概率的理论分析》(1812年)

随着样本容量的增大，不仅许多随机样本的均值分布变得越来越接近正态分布，而且无论总体分布形状如何，这都是正确的！即使我们从一个有偏或双峰的总体抽取样本，中心极限定理也告诉我们随着样本容量的增大，重复随机样本的分布将会符合一个正态分布模型。当然，你会毫不惊奇地发现，总体分布越接近正态分布，中心极限定理的效果越快、越明显。并且对于更大的样本，这一特征会更加显著。如果初始数据来自一个正态分布的总体，那么观测值本身就是正态分布的。如果我们抽取样本容量为1的样本，它的“均值”就是观测值本身——当然它们有一个正态的抽样分布。但是，现在假定总体分布非常有偏（例如，像第5章中有关CEO的数据）。尽管可能需要抽取样本容量是几十甚至数百的样本以使正态分布模型有效，

① 从技术上讲，数据必须来自有限方差的总体。

② 该理论名字中的“中心”一词的意思是“基本”。它不是指一个分布的中心。

CLT 仍然很有作用。

例如，考虑一个真实的双峰总体，这个总体只包括 0 和 1。CLT 告诉我们，甚至来自这个总体的样本均值也服从正态抽样分布模型。但是请等一下。假设我们有一个定性变量，并且我们用 1 表示这一类中的每个个体，用 0 表示不在这一类中的每个个体。然后找到这些 0 和 1 的均值。这等同于数出在该类中的个体数量，然后除以 n。均值就是样本比例 $\hat{p}$，即在该类中的个体（一个"成功事件"）。因而，也许它不会令人吃惊，毕竟样本比例（如均值）服从正态抽样分布模型；样本比例实际上只是拉普拉斯的非凡理论的一个特例。当然，对于这样一个极端的双峰总体，我们需要一个相当大的样本容量——而且那就是对于样本比例而言成功/失败事件起作用的地方。

中心极限定理（CLT）

随机样本均值的抽样分布的形状可以用正态分布模型来近似。样本容量越大，就会越近似于正态分布模型。

一定要谨慎。我们已经在真实世界与不可思议的数学模型世界之间熟练地进行了转换，其中在真实世界抽取数据的随机样本，而在数学模型世界，如果我们能够看到可以抽取的每个随机样本的结果，就可以描述在真实世界里观察到的样本均值和比例如何表现。现在我们有两个分布需要处理。第一个是真实世界的样本分布，可能通过直方图来显示（对于定量数据）或者通过条形图或表格来显示（对于定性数据）。第二个是数学世界统计量的抽样分布，我们根据中心极限定理使用正态分布模型进行建模。请不要混淆这两种分布。

例如，不要错误地认为 CLT 表明只要样本足够大，数据就是正态分布的。实际上，随着样本的增大，我们希望数据的分布看上去越来越像抽样总体的分布——有偏的、双峰的，或其他任何形状——但并不一定是正态分布，你可以收集一个由未来 1 000 年 CEO 工资组成的样本，但是直方图看起来永远不会像正态分布。它将是右偏的。中心极限定理并不讨论样本中的数据分布。该定理讨论的是从同一总体抽取的许多不同随机样本的样本均值和样本比例。当然，我们从不会抽取所有的样本，因而 CLT 只是讨论了一个虚构的分布——抽样分布模型。

当总体的分布形状不是单峰和对称的，那么 CLT 要求样本应该足够大。但它仍然是一个令人惊奇和强有力的结果。

□ 举例

中心极限定理

在 9.1 节案例中的超市经理每天都要检查由 500 名顾客组成的样本通过自助结账服务台的购买数量。他发现这些数量的分布是单峰但高度有偏的，其原因在于一些顾客的购买数量极其不寻常。他对 30 天内每天顾客购买数量的均值进行了研究，并绘制了这些数值的直方图。

问题：

1. 你预期直方图的形状是怎样的？

2. 如果他选择了每天前 10 名顾客的购买数量并仅对这些数量计算平均值，而不是对每天 500 名顾客的购买数量计算平均值，你预期这些均值的直方图会与问题 1 中的直方图不一样吗？

答案：

1. 正态分布。从有偏分布中抽取样本是没有关系的；CLT 告诉我们均值将遵循一个正态分布模型。

2. CLT 要求大的样本。由 10 名顾客组成的样本可能不够大。

样本容量——收益递减性

抽样分布的标准差只随着样本容量平方根的增大而减小。样本容量为 4 的随机样本均值的标准差是单个数据值标准差的一半$\left(\frac{1}{\sqrt{4}}=\frac{1}{2}\right)$。为了再次使标准差变成一半，我们需要一个样本容量为 16 的样本，一个样本容量为 64 的样本可再一次将标准差变成一半。在实践中，随机抽样很有用，并且均值比单个数据值的平均值有更小的标准差。这就是平均的作用。

一旦我们能够负担得起更大的样本，就能够使抽样分布的标准差真的在控制之下，从而样本均值仍然能够告诉我们更多关于未知群体均值的信息。正如我们应该看到的，平方根限制了我们能从一个样本中得到的关于总体信息的多少。这里有一个被称作收益递减法则（Law of Diminishing Returns）的例子。

9.4 置信区间

标识符提示！

请记住 $\hat{p}$ 表示对真实比例 p 的样本估计值。回顾一下，q 只是 $1-p$ 的缩写形式，且有 $\hat{q}=1-\hat{p}$ 。

为了对库存和生产所需进行计划，企业使用对经济的各种预测数据。其中一个重要的因素就是消费者对整体经济的信心。跟踪消费者信心随时间的变化情况有助于企业判断消费者对其产品需求量是处于增大阶段还是即将进入低谷。盖洛普公司定期对美国成年人进行随机抽样，调查他们对经济形势的看法是正在变好、正在变坏还是没有变化。当他们于 2012 年 4 月（在 4 月 22 日之前的一个星期内）对 3 440 名受访者进行调查时，只有 1 445 名受访者认为美国的经济状况正在变好——样本比例 $\hat{p}=1\ 445/3\ 440=42\%$。我们（和盖洛普公司）希望观测到的该样本比例接近于总体比例 p，但是我们知道如果再抽取 3 440 名成人组成第二个样本，得到的样本比例不会恰好就是 42.0%。实际上，盖洛普公司随后几天又抽取了另一组样本，得到的样本比例略有不同。

根据本章内容，我们知道两个随机样本得出略有不同的结果不足为奇。我们不打算研究不同的随机样本，而是研究 2012 年 4 月所有成年人中认为美国经济状况正在变好的比例是多少。抽样分布将是我们能通过样本概括总体的关键。

对于抽样分布模型我们了解了什么呢？我们知道它的中心是真实比例 p，即所有美国成年人中认为经济状况正在改善的比例。但是我们不知道 p。它可能不等于 42.0%。42%是我们所抽取样本的比例 $\hat{p}$ 。我们所知道的是 $\hat{p}$ 的抽样分布模型，其中心为 p，而且我们知道抽样分布的标准差为 $\sqrt{\frac{pq}{n}}$ 。根据中心极限定理，我们也知道当样本足够大时，抽样分布的形状近似于正态分布。

我们不知道 p 的大小，因而不能计算抽样分布模型的真实标准差。当然，我们只能根据所知道的来进行估计。这看起来没什么大不了的，但是它有一个特殊的名称。只要我们估计抽样分布的标准差，就称其为标准误（SE）。我们可以利用 $\hat{p}$ 来计算标准误：

$$SE(\hat{p})=\sqrt{\frac{\hat{p}\hat{q}}{n}}=\sqrt{\frac{0.42\times(1-0.42)}{3\ 440}}=0.008$$

由于盖洛普公司的由 3 440 个受访者组成的样本足够大，我们知道 $\hat{p}$ 的抽样分布模型看起来近似于图 9.3 所示的分布。

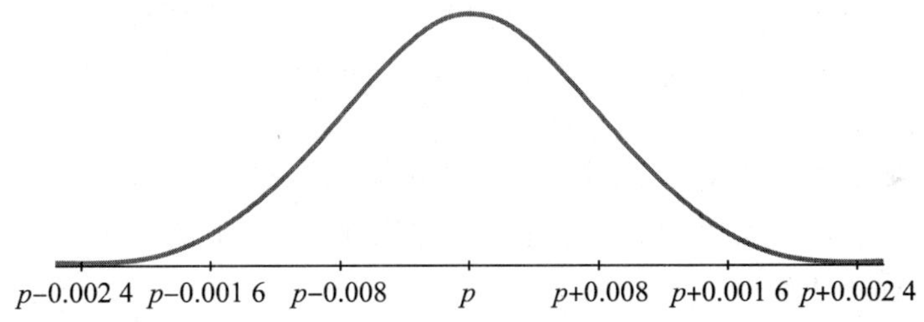

图 9.3　样本比例的抽样分布以真实比例 p 为中心，标准差为 0.008。

$\hat{p}$ 的抽样分布模型是正态分布模型，其均值为 p，标准差的估计值为 $\sqrt{\frac{\hat{p}\hat{q}}{n}}$ 。由于该分布为正态分布，我们预期于 2012 年 4 月抽取的由 3 440 名美国成年人组成的所有样本中，大约 68%的样本比例与 p 值的距离在 1 个标准差以内。大约 95%的样本比例在 $p\pm2SE$ 以内。但是在图 9.3 中样本比例在什么位置呢？p 是多少呢？我们仍然不知道！

我们知道对于 95%的随机样本，$\hat{p}$ 距 p 值的距离不超过 2SE。因而，我们反过来看一下，从 p 与 $\hat{p}$ 距离的观点来观察。如果我是 $\hat{p}$ ，p 在我 2SE 范围内的可能性是 95%。如果从我两边伸出 2SE 或 2×0.008，我可以有 95%的把握认为 p 就在我可以达到的范围内。当然，即使我的区间确实包含 p，我仍然不能确定真实的 p 值。我所能做的就是说明我的区间包含真实值的概率。

图 9.4 在 $\hat{p}$ 值两边延伸 2SE 的范围内，我们有 95%的把握能够涵盖真实比例 p。

对于比例我们能说什么？

对于 p，我们真正能说什么呢？下面的清单列出了我们能够说出的事情以及我们不能说出其中大部分内容的原因：

1. “全部美国成年人的 42.0%认为经济状况正在改善。”如果我们可以对总体的值做出确定的判断当然是很好的事情，但是我们并没有足够的信息来做到这一点。我们没有办法确保总体比例与样本比例相同，这可以确定几乎是不可能的。观测值各不相同。另一个样本会产生不同的样本比例。

2. “全部美国成年人的 42.0%认为经济状况正在改善，这可能是正确的。”这是不对的。实际上，我们可以确信的是无论真实比例是多少，它都不会正好是 42.0%，因而此种说法是不正确的。

3. “我们不知道美国成年人中认为经济状况正在改善的确切比例是多少，但是我们知道该比例在区间 42.0%±2×0.8%之内。也就是说，在区间 40.4%至 43.6%之内。”这个说法越来越接近，但是我们仍然不能十分确定。我们不能确定真实值在这个区间内——或者在任何特定的范围内。

4. “我们不知道美国成年人中认为经济状况正在改善的确切比例是多少，但是 40.4%至 43.6%的区间可能包含了真实比例。”现在我们做出了两次假定——首先给出了一个区间，其次承认我们只认为此区间“可能”包含了真实比例。

> “正确问题的近似答案远远好于错误问题的正确答案。”
>
> ——约翰·W·图基

最后的一个说法是正确的，但是又有点空洞无物。我们可以通过量化“可能”的意思来加强对它的理解。我们看到在 95%的次数里当我们从 $\hat{p}$ 向外延伸 2SE 时可能包含 p，因而我们能有 95%的把握认为这是其中的一次。在对这个区间所包含的真实比例用一个概率值表示之后，我们就对参数在哪里，以及该参数位于某一范围的确定性有了最好的猜测。

5. “我们有 95%的把握认为美国成年人中有 40.4%～43.6%的人认为经济状况

正在改善。”这就是我们对置信区间的一个恰当解释。尽管并不全面，但这是我们所能做的最好的解释了。

本书中所讨论的每个置信区间都有一个名字。在后面的章节中你将发现许多不同类型的置信区间。其中一些是关于一个以上样本的，一些是关于比例之外的统计量的，还有一些将使用正态分布模型之外的其他模型。这里所计算和解释的区间是单比例 z 区间（one-proportion z-interval）的一个例子。[①] 我们将在后面的内容中给出正式定义。

“95%的置信度”的真实含义是什么？

当我们说一个区间包含真实比例的置信度为 95%时，这是什么意思呢？真正的含义是：“同样大小的所有样本中有 95%的样本将会得到包含真实比例的置信区间。”这种解释是正确的，但有点啰嗦，因而有时可以这样表述：“我们有 95%的把握认为真实比例在估计出来的区间内。”我们所不确定的是所拥有的特定样本是许多成功样本中的一个，还是没有得到包含真实比例的区间的另外 5%的样本中的一个。在本章中，我们看到了比例如何随样本的不同而变化。如果其他调查者选择了他们自己的成年人样本，他们会发现一些人认为经济状况正在变好，但很确定每个样本比例几乎与我们的样本比例都不相同。当每个人尝试估计真实比例时，他们的置信区间将以他们观测到的样本比例为中心。每个调查者得到的结果都将有不同的区间。

图 9.5 显示了模拟的 20 个样本的置信区间。圆点表示每个样本中认为经济状况正在改善的成年人的模拟比例，且竖线的部分表示每个模拟样本的置信区间。水平线代表认为经济状况正在改善的成年人的真实百分比。你可以看到大多数模拟的置信区间包含真实值——但其中有一个没有包含真实值。（注意，区间随着样本的不同而变化；水平线不会移动。）

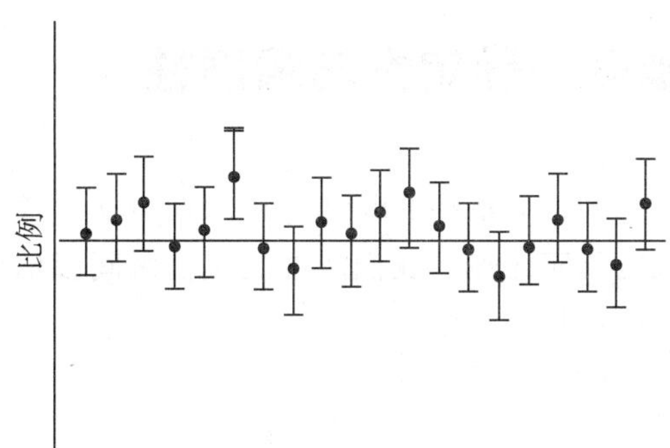

图 9.5　水平线表示 2012 年 4 月认为经济状况正在改善的人的真实比例。这里显示 20 个模拟样本中的大多数样本 95%的置信区间包含真实值，但有一个没有包含真实值。

当然，可以抽取大量可能的样本，每个样本都有自己的样本比例。这种模拟只是其中一部分的近似。每个样本都可以用于计算置信区间。那是一大堆可能的置信区间，且我们所得到的只是其中一个。我们的置信区间“有效”吗？我们从来都不

---

① 事实上，这个置信区间是关于单一比例的，它是如此标准化，以至于可以将它简称为“比例的置信区间”。

能确信，其原因在于我们永远不会知道2012年4月全部美国成年人中认为经济状况正在改善的人所占的真实比例。然而，中心极限定理使我们确定在一大堆可能的置信区间中有95%包含真实值，且平均而言只有5%的区间没有包含真实值。这就是我们有95%的把握认为得到的区间包含真实值的原因。

□ 举例

计算比例的95%的置信区间

某中型城市的商会支持一项关于修订城镇新开发区的分区法的提案。新法规将允许商业用地和居民用地混合开发。关于该项措施的投票限定在自今天起的三个星期之内，并且商会主席很关心他们是否能够获得大多数投票，因为通过该项措施需要大多数投票。她开展了一项调查，旨在调查打算对该项措施投票的可能的投票者。从可能的投票者中随机选取了516人，有289人说他们同意对该项措施投票。

问题：

a. 求将对该项措施投票的投票人真实比例的95%的置信区间。（运用68—95—99.7法则。）

b. 你将向商会主席报告什么？

答案：

a. $\hat{p}=\frac{289}{516}=0.56$，$SE(\hat{p})=\sqrt{\frac{\hat{p}\hat{q}}{n}}=\sqrt{\frac{0.56\times 0.44}{516}}=0.022$。$p$ 的95%的置信区间可以通过 $\hat{p}\pm 2SE(\hat{p})=0.56\pm 2\times 0.022=(0.516，0.604)$ 或51.6%～60.4%求到。

b. 我们有95%的把握认为打算对该项措施投票的投票人的真实比例在51.6%～60.4%之间。这里假设我们的样本是所有可能投票人的代表性样本。

9.5 误差幅度：确定性与精确性

我们已经声明在一定的置信水平下可以获得2012年4月全部美国成年人中认为经济状况正在改善的人的真实比例。我们所说的置信区间以估计出来的比例为中心且向其两侧延伸相同距离，其表达形式为：

$$\hat{p}\pm 2SE(\hat{p})$$

$\hat{p}$ 任意一侧的区间范围称为误差幅度（margin of error，ME）。在一般情况下，置信区间可表示为如下形式：

估计值±ME

置信区间

在本书中我们将会看到许多置信区间。所有置信区间都有下面的形式：

估计值±ME。

对于95%的置信度，比例的误差幅度为：

$ME \approx 2SE(\hat{p})$。

95%的置信区间的误差幅度为 2 个 SE。如果我们想要得到更高的置信度又会出现什么情况呢？为了得到更高的置信度，我们需要包含 p 的可能性更大，并且为此我们需要扩大区间的范围。举例而言，如果我们想要 99.7%的置信区间，其误差幅度将变成 3 个 SE（见图 9.6）。

图 9.6　向 $\hat{p}$ 两侧延伸 3 个 SE 使我们有 99.7%的把握得到了包含真实比例 p 的置信区间。将该区间的宽度与图 9.4 中区间的宽度进行比较。

我们想要得到的置信度越大，误差幅度就一定会更大。我们可以有 100%的把握认为任一比例都在 0%～100%，但这并不是很有意义。或者我们能够给出一个比较小的置信区间，如 41.98%～42.02%。但是我们不能确定这一说法的精确性。每个置信区间都是确定性与精确性之间的平衡。

确定性与精确性之间的矛盾总是存在的。没有简单的方法可以解决它们之间的冲突。幸运的是，在许多情况下，我们能够通过充足的确定性与充足的精确性得到一个有用的结果。置信水平的选择具有某种程度的随意性，但是你必须自己来选择。数据不会替你选择。选用的最为常见的置信水平是 90%、95%和 99%，但是任何百分比都可以使用。(然而在实践中使用像 92.9%或 97.2%的置信度可能会被质疑。)

临界值

标识符提示!

我们用加星号的字母来表示临界值。当讨论正态分布模型时，我们通常用“z”，因而 z^* 常表示正态分布模型的临界值。

一些常见的置信水平及其相对应的临界值：

置信水平	z^*
90%	1.645
95%	1.960
99%	2.576

在本章开头的例子中，误差幅度为 2SE，可以得到 95%的置信水平。为了改变

置信水平，我们需要改变标准误的数量来对应新的置信水平。一个更宽的置信区间意味着更高的置信度。对于每个置信水平下标准误的数量，$\hat{p}$ 的任一侧的值称为临界值（critical value）。由于它是基于正态分布模型得到的，我们将其记为 z^*。对于任意的置信水平，我们可以通过计算机、计算器或正态概率表（如附录中的 Z 表）得到对应的临界值。

对于95%的置信区间，精确的临界值为 $z^*=1.96$。也就是说，正态分布模型95%的数据位于均值±1.96倍的标准差的范围之内。我们根据68—95—99.7法则使用了 $z^*=2$，其原因在于2非常接近于1.96且更好记。这一点差别常常被忽略，但是如果你想要精确就使用1.96。[①]

假设我们对于90%的置信度很满意。那么我们需要的临界值是多少呢？我们可以使用一个比较小的误差幅度。我们的精确性更高了，却要接受更为频繁的出现错误的可能性（也就是说置信区间可能没有包含真实值）。特别是对于90%的置信区间，正态分布模型的临界值只是1.645，因为正态分布中90%的值包含在距均值1.645个标准差的范围内（见图9.7）。与之相比，假设你的老板想要更高的置信度。如果她想要的是99%置信水平下的区间，她就需要2.576个标准差的范围来包含真实值，进而置信区间就更宽了。

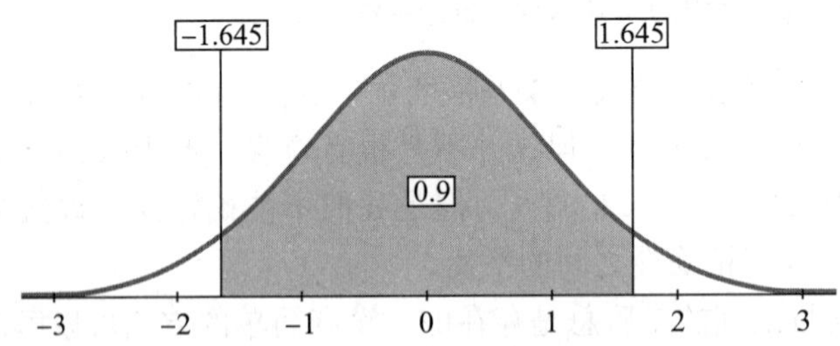

图9.7　正态分布90%的置信区间的临界值为1.645，即90%的值落在了均值1.645个标准差的范围内。

□ 举例

使用不同置信水平计算比例的置信区间

商会主席因95%的置信度太低而烦恼，并且想要找出99%的置信区间。

问题：找出99%的置信区间。你能再次使她确信该措施将获得通过吗？请解释理由。

答案：在9.4节的例子中，我们用2作为95%的置信度的 z^* 值。95%的置信度的更为精确的值为1.96。对于99%的置信度，临界的 z 值为2.576。因而，真实比例的99%的置信区间为

$$\hat{p}\pm 2.576\,SE(\hat{p})=0.56\pm 2.576\times 0.022=(0.503,0.617)$$

① 有人认为，既然1.96是一个非同寻常的数值且在统计学中非常重要，你就可以通过说“1.96”来看某人是否有反应以判断这个人是否上过统计学课程。

现在置信区间变得更宽：为 50.3%～61.7%。

商会主席至少需要50%的投票才能获得通过。在99%的置信水平上，现在看起来似乎该措施将获得通过。然而，我们必须假设样本为真实选举中的投票者的代表性样本，且参加调查的投票者在选举中所投的票与其所说的内容一致。

9.6 假设与条件

我们关于全部美国成年人对经济状况看法的论述具有可能性，其原因在于我们使用了抽样分布的正态分布模型。但是，这种模型合适吗？

正如我们已经看到的那样，所有统计学模型都需要假设条件。如果这些假设不正确，模型就是不合适的，且我们基于该模型得出的结论就是错误的。因为置信区间是建立在抽样分布的正态分布模型基础上的，其假设和条件与我们在 9.2 节中所描述的一样。但是，因为这些太重要了，所以我们再重新回顾一下。

你永远不能确定一个假设是否正确，但你可以理智地确定它是否合理。当你获得了数据时，你往往可以通过检查数据的相关条件来判断假设是否可行。然而，不仅仅是对数据，你可能还想对总体进行描述。因而，假设不仅是关于数据看起来如何，而且还包括它们的代表性如何。

下面是在建立（或相信）一个比例的置信区间之前所应检查的假设和相对应的条件。

独立性假设

你首先需要考虑独立性假设是否可行。当怀疑不满足该假设时，你需要找出其中的原因。你可能想要知道是否有理由认为数值之间在某种程度上是相互影响的。(例如，样本中的任意成年人是否存在相关性?）这一条件取决于你所了解的情况。并不是从数据表面即可检查的。然而，现在你已经获得了数据，有两个条件可以进行检查：

● 随机化条件（randomization condition)：数据是随机抽取的，还是通过适当的随机试验获得的？合理的随机化有助于保证独立性。

● 10%条件（10% condition)：样本通常是通过无放回方法抽取的。通常情况下，你可能想要获得尽可能大的样本。但如果你是从较小的总体中抽取的样本，抽取最后几个个体与抽取前面的个体的成功概率是不同的。比如，如果大多数女性已经被抽取出来，那么从剩余样本中抽取女性的几率就比较小了。如果样本容量超过总体的10%，你就必须使用比本书中所讲述的更为复杂的方法来调整误差幅度。但是，如果抽取的样本数量少于总体的10%，就可以不用调整而放心地进行分析。

样本容量假设

我们用于推断分析的模型是建立在中心极限定理基础上的。因而，样本必须足够大以满足正态抽样分布模型。其结果表明，当比例接近（0 或 1）任一极端时，我们就需要更多的数据。通过下面的条件，可以很容易地检查这一要求。

● 成功/失败条件（success/failure condition）：我们必须期望样本至少包含 10 个“成功”和至少 10 个“失败”。回顾一下，传统上选取两者中的一个（通常指被计数的结果）作为“成功”，即使是坏的方面也是如此。那么另一个就是“失败”。因此，我们需要检查 $n\hat{p} \geqslant 10$ 和 $n\hat{q} \geqslant 10$ 两个条件。

单比例 z 区间（one-proportion z-interval）

当条件满足时，我们能够很容易计算出总体比例 p 的置信区间。置信区间为 $\hat{p} \pm z^* \times SE(\hat{p})$，其中比例的标准差估计值为 $SE(\hat{p}) = \sqrt{\frac{\hat{p}\hat{q}}{n}}$。

□ 举例

比例的置信区间的假设与条件

我们之前向商会主席汇报了置信区间。

问题：假设与条件满足建立的区间吗?

答案：因为样本是随机的，我们假设调查者的回答都是相互独立的，所以随机化条件是满足的。我们假设 516 名受访者少于该城镇可能参与投票的投票者的 10%，因而 10%条件也满足。由于 289 名受访者说他们倾向于对该措施投赞成票，且 227 名受访者说他们不投赞成票，这两种受访者数量均比 10 大得多，那么成功/失败条件也满足。

建立比例置信区间的所有条件看似都满足了。

□ 指导性案例：公众意见

在电影《悬而未决》中，George Clooney 描写了一个人，他的工作就是告诉工人们他们已经被解雇了。在 2009 年春天的法国，法国索尼公司的工人们听到这一消息的反应都有些奇怪，他们将老板作为人质绑架了一夜，并用一颗大树干堵住了工厂入口。在老板同意对工人们的解雇补偿金重启协商之后，他才获得了自由。相似的事件在法国的 3M 和卡特彼勒工厂也发生过。《巴黎人日报》于 2009 年 4 月开展的一项民意调查的结果表明，45%的法国人“赞成”这种行为。《巴黎竞赛画报》于 2009 年 4 月 2 日至 3 日开展的一项相似的民意调查的结果表明，对于这种行为，30%的人表示“赞成”，63%的人表示“理解”或“同情”。只有 7%的受访者谴责“绑架老板”的行动。

《巴黎竞赛画报》的民意调查建立在由 1 010 名成年人组成的一个随机的、具有代表性的样本基础上。我们能对全部法国成年人中同情（而不是完全支持）绑架老板行为所占比例得出什么结论呢？

为了回答这一问题，我们创建了全部法国成年人中同情绑架老板行为所占比例的置信区间。像其他创建过程一样，创建和概括比例的置信区间的步骤有三个：计划、实施和报告。

调查对象（WHO）：法国成年人。

调查内容（WHAT）：同情绑架老板行为的人所占比例。

调查时间（WHEN）：2009 年 4 月 2—3 日。

调查地点（WHERE）：法国。

调查方式（HOW）：1 010 名成年人由《巴黎竞赛画报》杂志的法国公众民意研究所（I'lfop）随机抽取。

调查原因（WHY）：调查绑架老板行为的公众意见。

计划 准备：说明问题的背景。 确定你要估计的参数。确定你想得出结论的总体。 选择和描述置信水平。 模型：考虑假设并检查条件以决定我们是否可以使用正态分布模型。 说明统计量所使用的抽样分布模型。选择你所使用的方法。	我们想找到在 95%的置信水平下包含法国成年人中对绑架老板行为同情的人所占的真实比例的置信区间。我们有一个包含 1 010 名法国成年人的随机样本，其样本比例为 63%。 ✓独立性假设：一家法国民意调查机构 I'lfop 通过电话调查了一个法国成年人组成的随机样本。任意受访者之间不会相互影响。 ✓随机化条件。I'lfop 从法国成年人中抽取了一个随机样本。虽然没有样本随机性的详细信息，但是可以相信它具有随机性。 ✓10%条件：尽管样本是无放回抽样，但是法国成年人比所抽取的样本量要多得多。因而样本当然少于总体的 10%。 ✓成功/失败条件： $n\hat{p}=1\ 010\times0.63=636\geqslant10$ $n\hat{q}=1\ 010\times0.37=374\geqslant10$ 因而样本足够大了。 条件是满足的，所以可以用正态分布模型来求单比例 z 区间。
实施 技术性工具：构建置信区间。 首先，计算出标准误。（记住：因为我们不知道 p，只能用 $\hat{p}$ 代替，所以称其为“标准误”。） 然后，计算误差幅度。我们可以用 2 来粗略地计算出临界值，但用 1.96 更精确。	$n=1\ 010$，$\hat{p}=0.63$， $SE(\hat{p})=\sqrt{\frac{0.63\times0.37}{1\ 010}}=0.015$ 因为抽样模型是正态分布模型，对于 95%的置信区间其临界值 $z^*=1.96$。其误差幅度为： $ME=z^*\times SE(\hat{p})=1.96\times0.015=0.029$ 所以 95%的置信区间为： 0.63 ± 0.029 或 $(0.601, 0.659)$。 置信区间包含了 ±3%的范围。这就是我们期望容量约为 1 000的样本拥有的宽度（当 $\hat{p}$ 接近 0.5 时）。

检查：检查置信区间是合理的。我们可能不会对中心有强烈的预期，但区间的宽度主要取决于样本容量——特别当估计的比例接近 0.5 时。	
报告 结论：在合理的背景下解释置信区间。我们有 95%的把握认为该置信区间包含真实比例。	备忘录 关于：绑架老板行为调查。 民意调查机构 I'lfop 调查了 1 010 名法国成年人，询问他们是否赞成、同情或不赞成最近的绑架老板行为。尽管我们无法知道法国成年人中表示同情的真实比例（不包括完全支持），根据此项调查，我们可以有 95%的把握认为全部法国成年人中 60.1%～65.9%的人表示同情。由于这是一个长期存在的对于公众安全的关切的问题，我们可能想要重复调查以获得更多新的数据。我们也可能想要基于对未来公司的公众关系的考虑谨记这些结果。

□ 快速测试

对于我们刚刚构建的法国成年人中对绑架老板行为表示同情的比例的 95%的置信区间做进一步讨论。

4. 如果我们想要得到 98%的置信度，那么置信区间需要变宽还是变窄？

5. 我们的误差幅度大约为±3%。如果我们想要在不增加样本容量的前提下将误差幅度减小为±2%，那么置信水平是变高还是变低？

6. 如果该机构对更多的人做了民意调查，那么区间的误差幅度可能变大还是变小？

9.7 选择样本容量

每个置信区间必须平衡精度——区间的宽度——与置信度的关系。尽管同时要求精度和合适的置信度，但两者之间需要权衡一下。尽管你对于置信区间 10%～90%包含真实值十分确定，但是该置信区间可能并不十分有用。区间 43%～44%是非常精确的，但是如果置信水平只有 35%就没有太大用处了。通常很少能见到研究的置信水平低于 80%的情况。更常见的置信水平是 95%或 99%。

当你设计研究方案时，要判断误差幅度是否足够小以使得到的结果是有用的。不要等到计算出置信区间后再判断。在不降低置信度的前提下想得到一个更窄的区间，你需要减少样本比例的变异性。怎样才能做到这一点呢？需要选择一个更大的样本。

我们应该使用多大的 $\hat{p}$?

你通常根据经验或之前的研究对总体比例进行估计。如果是这样，在计算所需要的样本容量时使用这一数值作为 $\hat{p}$。如果不是这样，谨慎的方法就是使用 $\hat{p}=0.5$。无论真实比例是多少，这都将得到所需要的最大的样本容量。但这也是最坏的情况。

一家公司正在计划向其顾客提供一项新服务。在95%的置信水平下，产品经理想要使估计出的可能购买此项新服务的顾客比例的区间宽度在3%以内。他们需要多大的样本呢?

我们先看一下误差幅度：

$$ME=z^*\sqrt{\frac{\hat{p}\hat{q}}{n}}$$

$$0.03=1.96\sqrt{\frac{\hat{p}\hat{q}}{n}}$$

他们想要计算出样本容量 n。为了计算 n，他们需要先求出 $\hat{p}$。他们不知道 $\hat{p}$，其原因在于他们还没有样本，但是他们可以猜出一个数值。最坏的情况——猜出的数值使得 SD（因而也使 n）取最大值——即 0.50，因此如果他们使用这个值来代替 $\hat{p}$，当然就是很安全的。

那么上面公司例子的方程为：

$$0.03=1.96\sqrt{\frac{0.5\times0.5}{n}}$$

为了计算出 n，只要等式两边同时乘以 $\sqrt{n}$ 再除以 0.03 即可：

$$0.03\sqrt{n}=1.96\sqrt{0.5\times0.5}$$

$$\sqrt{n}=\frac{1.96\sqrt{0.5\times0.5}}{0.03}\approx32.67$$

然后对结果平方，计算 n：

$$n\approx(32.67)^2\approx1\ 067.1$$

这种方法可能得到一个带有小数位的数值。为了确保正确性，通常会将数值调整为整数。在95%的置信水平下，该公司至少需要1 068名受访者，以使误差幅度不大于3%。

遗憾的是，更大的样本需要投入更多的资金和精力。因为标准误只随着样本容量平方根的增大而降低，所以为了减少一半的标准误（即 ME），你必须将样本容量翻一番。

一般情况下，5%或更小的误差幅度是可以接受的，但不同的情况需要不同的标准。误差幅度的大小可能是一个营销决策，或者是由你（或公司）能接受的财务风险大小决定的。抽取大的样本可以得到更小的误差幅度，然而，有可能将遇到困难。调查2 400个人需要花费一定的时间，并且对于耗时一个星期或更多时间的一项调查，其要实现的目标可能在调查期间发生变化。在调查过程中，新闻事件或新产品发布都可能改变人们的看法。

为什么是 1 000？

公众民意调查通常使用的样本容量是 1 000，这使得当 p 接近 0.5 时，ME 约为 3%（在 95%的置信度下）。但是商业组织和非营利机构经常使用更大的样本来估计对直接邮件促销的反应。为什么呢？因为人们回复这些邮件的比例很低，经常为 5%或更小。如果回答率如此之低，3%的 ME 可能不够精确。与之相反，0.1%的 ME 可能更为有用，因而就需要非常大的样本容量。

记住，一项调查的样本容量是受访者的数量，而不是接收问卷或接听电话的人数。也记住，低回答率使得任何研究从本质上都变成自愿回答研究，这对推断总体的数值几乎没有什么意义。想方设法提高回答率要比增加样本量总是更好一些。适度大小的样本的全部或接近全部的回答能够产生有用的结果。

调查不是求出比例的唯一方法。信用卡银行抽取很大的邮件清单来估计人们将接受信用卡服务的比例。甚至试调查时都会给 5 万名或更多的顾客发邮件。其中的大多数顾客并不会回复。但是在这种情况下，也不会使样本量变小。实际上，他们以某种方式——他们只是说“不需要”——回复。对于银行而言，回答率[①]为 $\hat{p}$ 。典型的成功回答率低于 1%，而银行需要一个非常小的误差幅度——经常像 0.1%一样低——来制定有效的商业决策。这就需要大的样本，并且银行应该在估计所需要的样本容量时保持谨慎。对于选举调查的例子，我们使用 $p=0.5$，也是因为这样很稳妥，而且我们十分确信 p 是接近 0.5 的。如果在此项调查中，银行也使用 $p=0.5$，那么它将得到一个不合理的结果。相反的是，银行的做法是根据经验得出 p，然后基于这个值再进行各项计算。

可以产生多大的差异？

某信用卡公司计划发送邮件来测试新信用卡的市场情况。通过样本，他们想要估计全国范围内愿意持有此卡的人的真实比例。如果在 95%的置信度下，想要得到包含 1 个百分点的 1/10 或 0.001 的真实获得率的区间，测试的邮件必须是多大呢？过去的相似邮寄情况使他们期望接收邮件的人中约有 0.5%的人愿意接受信用卡。通过使用这些数值，他们发现：

$$ME=0.001=z^*\sqrt{\frac{pq}{n}}=1.96\sqrt{\frac{0.005\times0.995}{n}}$$

$$(0.001)^2=1.96\,\frac{0.005\times0.995}{n}\Rightarrow n=\frac{1.96^2\times0.005\times0.995}{0.001^2}$$

$$=19\ 111.96\text{ 或 }19\ 112$$

这是邮件调查中比较合理的样本量大小。但是，如果他们使用 0.50 来估计 p，

① 注意，在像邮件调查这样的营销研究中会得到回答——“是”或“否”，且回答率就是顾客接受信用卡服务的成功率。这里所使用的回答率概念与调查回答中所使用的概念是不同的。

将发现：

$$ME=0.001=z^*\sqrt{\frac{pq}{n}}=1.96\sqrt{\frac{0.5\times 0.5}{n}}$$

$$0.001^2=1.96\ \frac{0.5\times 0.5}{n}\Rightarrow n=\frac{1.96^2\times 0.5\times 0.5}{0.001^2}=960\ 400$$

结果是如此不同！

□ 举例

比例的置信区间的样本容量计算

在前面的例子中，商会主席对 99%的置信区间太宽感到烦恼。回顾一下，该区间为（0.503，0.617），其宽度为 0.114。

问题：她需要多大的样本才能得到 99%的置信区间一半宽度的区间？四分之一宽度呢？如果她想要 95%的置信区间，那么要增加还是减少 3 个百分点呢？她需要多大容量的样本呢？

答案：由于计算置信区间的公式建立在样本容量平方根的倒数的基础上：

$$\hat{p}\pm z^*\sqrt{\frac{\hat{p}\hat{q}}{n}}$$

四倍的样本容量获得的置信区间的宽度将是原来的一半。最初 99%的置信区间的样本容量为 516。如果想要一半的宽度，她将需要大约 4×516=2 064 名受访者。为了得到四分之一的宽度，她需要 $4^2\times 516=8\ 192$ 名受访者！

如果她想得到 99%的置信区间，那么需要增加或减去 3 个百分点，她必须计算

$$\hat{p}\pm z^*\sqrt{\frac{\hat{p}\hat{q}}{n}}=\hat{p}\pm 0.03$$

因而

$$2.576\sqrt{\frac{0.5\times 0.5}{n}}=0.03$$

其意思是

$$n\approx\left(\frac{2.576}{0.03}\right)^2\times 0.5\times 0.5=1\ 843.27$$

取整数，她需要 1 844 名受访者。因为我们在讨论此项调查之前没有掌握任何有关选举的信息，所以我们使用 0.5。相对地，如果使用 $p=0.56$，将得出 $n=1\ 817$。

可能出现的错误

● 不要混淆抽样分布与样本分布。当你抽取一个样本时，你经常通过直方图观

察数值的分布，并且可能会计算概括统计量。像这样检查样本分布是明智的。但那不是抽样分布。抽样分布是想象统计量能够取遍所有随机样本的数值的集合——你取得的样本和没有取得的样本。使用抽样分布模型可以对统计量如何变化作出说明。

● 注意那些不独立的观测值。中心极限定理完全建立在独立性假设的基础上。遗憾的是，你不能在数据中对这个假设进行检验。你不得不思考数据是如何收集的。好的抽样实践和精心设计的随机试验能够保证独立性。

● 注意来自有偏总体的小样本。中心极限定理使我们确信如果样本容量 n 足够大，抽样分布模型就是正态分布模型。如果总体接近正态分布，即使是小样本也是可以的。如果总体过于有偏，样本容量 n 必须很大才能使正态分布模型有效。如果我们抽取 15 个甚至 20 个 CEO，并且使用 y 描述所有 CEO 薪酬的均值，我们可能会遇到困难，其原因在于潜在的数据分布是如此地有偏。遗憾的是，没有好的原则来处理这一问题。[①] 这只取决于数据分布的有偏程度。通常需要绘制出数据图形来进行检查。

置信区间是一个很有用的工具。它们不仅告诉我们参数值是什么，而且——更重要的是——它们也告诉我们所不知道的。为了有效地使用置信区间，你必须明确它们所表述的内容。

● 要保证使用正确的语言来描述你的置信区间。从技术上讲，你可以说“我有 95%的把握认为区间 32.2%～35.8%包含了美国成年人中认为 2010 年 3 月经济状况正在改善的真实比例”。这种正式的表述强调了你的置信度（和你的不确定性）是关于区间的，而不是关于真实比例的。但是你可能选择一个更加非正式的表述，像“我有 95%的把握认为 2010 年 3 月美国成年人认为经济状况正在改善的比例为 32.2%～35.8%”。因为你很明确地表示了自己的不确定性，并且没有表示出真实比例的随机性，这就可以了。记住，区间具有随机性。这是我们的信心与怀疑的焦点所在。

● 不要认为参数值是变化的。类似“真实比例有 95%的几率落在 32.2%～35.8%”这样的说法听起来好像认为总体比例是变动的，有时碰巧落入区间 32.2%～35.8%。当你解释置信区间的时候，应明确你知道总体参数是固定的，并且区间会随着样本的变化而变化。

● 不要认为其他样本都与你的样本一致。记住，置信区间是关于真实总体比例的描述。像“2010 年 3 月美国成年人样本中有 95%的人认为经济状况正在改善的比例在 32.2%和 35.8%之间”的表述是错误的。区间不是针对样本比例的，而是针对总体比例的。我们所获得的样本没有特殊性；它也不能为其他样本建立标准。

● 不要对参数很确定。如果说“2010 年 3 月美国成年人中认为经济状况在改善的比例为 32.2%和 35.8%之间”，那么这一说法认为总体比例不可能在该区间之外。当然，你不可能具有完全的确定性（只是很确定而已）。

● 不要忘记得出的结论是关于参数的。不要说“我有 95%的把握认为 $\hat{p}$ 在

---

① 对于比例，有一个准则：成功/失败条件。这对比例是很有效的，其原因在于比例的标准差与其均值是相联系的。你可能听过 30 个或 50 个观测值就足够保证正态分布了，但实际上它取决于原始数据分布的有偏程度。

32.2%和35.8%之间”。这是当然——实际上，我们计算出来的样本比例为34.0%。因而，我们已经知道了样本比例。置信区间是关于（未知的）总体参数 p 的。

● 不要认为自己知道的很多。不要说“我有95%的把握认为美国成年人中认为经济状况正在改善的比例在32.2%与35.8%之间。”盖洛普调查公司是在2010年3月抽取的成年人样本，而公众的意见会随着时间的变化而变化。

● 要承担责任。置信区间是关于不确定性的。你是具有不确定性的一员，而不是参数。你必须对并非所有计算出来的区间都包含真实值而承担相应的责任和后果。实际上，计算出来的95%的置信区间中有5%的置信区间不会包含参数的真实值。你可以说“我有95%的把握认为2010年3月美国成年人中认为经济状况正在改善的比例在32.2%和35.8%之间。”

置信区间和误差幅度完全以假设和条件为基础。当它们不正确时，结果可能就是无效的。对于你自己的调查，请按照第3章阐述的调查设计开展。关于你阅读的调查内容，你需要保证：

● 警惕有偏的抽样。虽然我们现在有了更多的统计学工具，但是并不意味着我们可以忘记已经学到的知识。一项调查结果发现85%的人愿意填写调查问卷，但即使现在我们能够根据这些（有偏的）估计值计算出置信区间，仍然存在无回答偏差。

● 考虑独立性。样本中的值是相互独立的假设通常是无法检验的。然而，总是需要用心来考虑。

● 对样本容量要当心。比例的置信区间的有效性可能受样本容量的影响，避免根据小样本来计算置信区间。

实践中的伦理

Home Illusions是一家全国性的当代家具和家居装饰零售商，最近遭受到了顾客对产品配送服务问题的抱怨。该零售商根据订单的目的地不同而使用不用的运输工具。它关于大多数所售产品和运输的政策是仅将产品运送到顾客的家门口。然而，它关于家具的政策是“送货、拆包并将家具放在顾客指定的居住区域”。最近的大多数抱怨都来自美国东北部地区的顾客，由于家具没有拆包并摆放到他们家中，他们都很不满意。因为该零售商使用不同的运输工具，将包裹标记正确是非常重要的，这样运输公司才能区别出运送的物品是家具还是非家具。Home Illusions对不正确的标记包裹设置了“1%或更少”的目标。物流副总裁Joe Zangard被要求去调查这一问题。该零售商在美国东北地区最大的仓库每个星期都会有1 000件货物要运输。Joe之所以将最初的注意力放在这个仓库上，不仅仅因为它的出货量很大，而且因为他对新上任的仓库经理Brent Mossir有保留意见。仓库中的包裹被随机抽取，并在几个星期的时间内进行检查。在1 000个包裹中，有13个出现了标记错误。由于Joe预期的数字为10或更少，他对现在指出的问题感到很有把握。他的下一步行动是和Brent Mossir开会，讨论采用什么方法可以改进这个仓库对包裹做标记的过程。

伦理问题 Joe将样本比例看作一个真实的固定值。没有认识到样本比例随着样本的不同而不同，他不公正地判定了Brent仓库的标记过程。这与他最初对

Brent 被聘为仓库经理时的疑虑是相一致的（与《美国统计学会道德指南》的第 A 条款相关）。

伦理解决方案 Joe Zangard 需要使用正态分布模型来对样本比例的抽样分布进行建模。这样，他会意识到观测到的样本比例比 1%（目标上限）小 1 个标准差，因而并不高于上限值。

小结

学习目标

■ 使用抽样分布对不同样本之间在统计学上的变异进行建模。

● 中心极限定理告诉我们样本比例与样本均值的抽样分布都是正态分布。

■ 理解通常情况下抽样分布的均值是参数的估计值。

● 对于 $\hat{p}$ 的抽样分布，其均值为 p。

■ 解释抽样分布的标准差。

● 抽样模型的标准差是关于其自身的最重要的信息。

● 比例的抽样分布的标准差为 $\sqrt{\frac{pq}{n}}$，其中 $q=1-p$。

■ 理解中心极限定理是一个极限定理。

● 只要观测值是相互独立的，大样本的比例抽样分布都是正态分布。

● 中心极限定理表明，当样本容量增大时，它在一定的极限条件下有效。对于较大的样本而言，正态分布模型是一个较好的模型。

■ 构建比例 p 的置信区间，p 等于统计量 $\hat{p}$ 加上或减去一个误差幅度。

● 误差幅度由基于抽样模型的临界值乘以基于样本的标准误构成。

● 临界值是从正态分布模型中求出的。

● 样本比例的标准误的计算公式为 $\sqrt{\frac{\hat{p}\hat{q}}{n}}$。

■ 正确解释置信区间。

● 可以阐明在特定的置信水平下，你实际计算出的区间包含了真实值。

■ 理解样本容量 n 对于同时提高确定性（置信水平）和精确性（误差幅度）的重要性。

● 对于相同的样本容量和比例，更高的确定性要求更低的精确性，更高的精确性要求更低的确定性。

■ 了解和检查关于计算和解释置信区间的假设和条件。

● 独立性假设或随机化条件。

● 10%条件。

● 成功/失败条件。

■ 给定比例、置信水平和理想的误差幅度，能够将误差幅度的计算转换为求必要的样本容量。

术语

中心极限定理：中心极限定理（CLT）表明无论总体的分布如何，只要观测值是相互独立的，对于大样本容量 n，样本均值（和比例）的抽样分布模型是近似正态分布的。

置信区间：通常是形式如下的数值区间：

$$估计值 \pm 误差幅度$$

通过期望一定比例的随机样本生成能够包含真实参数值的区间得到该区间。

临界值：与特定置信水平相对应，偏离抽样分布均值的标准差的数量。临界值记为 z^*，通常可以从表中或通过技术性工具得到。

收益递减法则：当我们增大样本容量时，抽样分布的标准差开始减小，但只是与样本容量的平方根变化一致。

误差幅度（ME）：在一个置信区间中，估计值（观测到的统计值）任意一侧的区间宽度。误差幅度通常是抽样分布临界值与数据标准误的乘积。误差幅度小就意味着置信区间精确地反映了参数值。误差幅度大就意味着置信区间只给出了被估计参数的相对较少的信息。

单比例 z 区间：真实比例的一个置信区间。置信区间为：

$$\hat{p} \pm z^* SE(\hat{p})$$

其中，z^* 是标准正态分布模型对应的特定置信水平下的临界值。

抽样分布：来自同一总体的容量相同的独立样本统计量的分布。

比例的抽样分布模型：如果独立性假设和随机化条件都得到满足，并且我们预期至少有 10 个成功事件和 10 个失败事件，那么比例的抽样分布能够使用均值等于真实比例值 p 且标准差等于 $\sqrt{\frac{pq}{n}}$ 的正态分布。

抽样误差：我们预期看到的样本之间的变异性通常称为抽样误差，尽管抽样变异性可能是一个更好的术语。

标准误（SE）：当一个统计量的抽样分布的标准差用样本数据进行估计时，最终的统计量称为标准误（SE）。

技术帮助：比例的置信区间

比例的置信区间如此简单和自然，以至于许多统计学软件包没有提供针对它们的特定模块。大多数统计程序都需要“原始数据”来进行计算。对于比例而言，原始数据是指每个个案的“成功”和“失败”。通常情况下，它们用给定的 1 或 0 表示，但它们也可以用像“是”或“否”这样的分类名称表示。我们往往只知道成功的比例 $\hat{p}$ 和总样本量 n。计算机软件包通常不会很容易地处理这类概括性数据，但在许多图形计算器上可以找到的统计程序可以让你根据数据的概括统计量构建置信区间——通常你只需输入成功的数量和样本容量即可。

在一些程序中，你可以根据给定的比例还原取值是 0 和 1 的变量。但是，即使你有（或可以还原）原始数据，通过计算机软件包计算出的误差幅度与你通过手工方法计算出的误差幅度也不一定完全相同。其原因在于一些软件包只能计算出近似值或使用了其他方法。其结果很相近但并不完全相同。幸运的是，统计学意味着你永远不用说你是确定的，因而近似结果就足够好了。

EXCEL

比例的推断方法不是标准 Excel 工具中的一部分，但是你可以使用 Excel 的公式来计算置信区间。

举例而言，假设你在单元格 A1：A100 中有 100 个观测值，且每个单元格都填有“是”或“否”。

- 在单元格 B2 中，输入“＝countif（A1：A100,"yes"）/100”以计算回答“是”的比例。（之所以是 100，是因为你有 100 个观测值。用你真实掌握的观测值数量来代替它。）
- 在单元格 B3 中，输入“＝sqrt（B2＊（1－B2）/100）”以计算标准误。
- 在单元格 B4 中，输入“＝normsinv（.975）”以计算 95％的置信区间。
- 在单元格 B5 中，输入“＝B2－B4＊B3”作为置信区间的下限。
- 在单元格 B6 中，输入“＝B2＋B4＊B3”作为置信区间的上限。

注释：

对于概括性数据，依据你的结论是否为样本数、百分比或已知的比例在单元格 B2 中计算比例，并继续运用这一例子，在第二步中用总量来代替“100”。

XLSTAT

计算单比例 z 区间：

- 选择“Parametric Tests”，然后选取“Tests for one proportion”。
- 在“General”标签下，根据你的数据形式，选择“Data format”作为“Frequency”或“Proportion”。

（在培生教育的 XLSTAT 中绘制出技术性图像。）

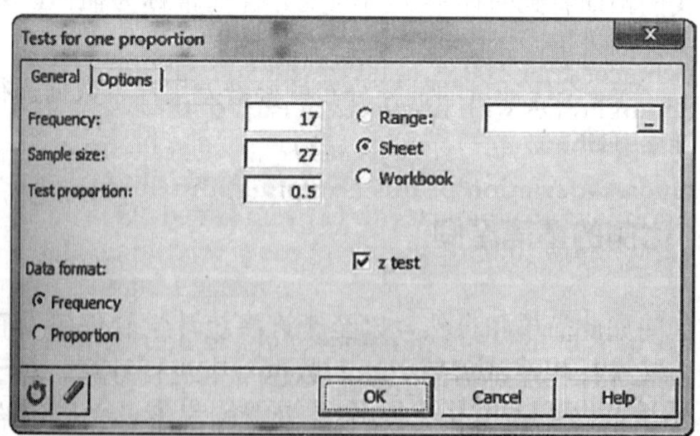

- 输入你的变量（或比例）的“Frequency”和“Sample size”。
- 输入“Test proportion”。

在“Data format”下面，选择合适的按钮。

● 在“Options”标签下，选择“Proportion-Test proportion≠D”的“Alternative hypothesis”。对于“Hypothesized difference (D)”输入“0”。

● 在“Significance Level”下面输入“5”。其结果将显示出95%的置信区间。

● 在“Variance”下面选择“Sample”的图形按钮。

● 选择“Wald confidence interval”。

JMP

对于标注标记的分类变量，“Distribution”平台包括比例的检验和区间。

对于概括性数据，

● 在一个变量中输入分类名称，在其相邻的变量中输入频数。

● 指定频数列以起到频数的作用。

● 然后运用“Distribution”平台。

注释：

JMP对比例推断使用的方法与此情境下讨论的方法略有不同。你的答案可能略有不同，特别是对于小样本。

MINITAB

从“Stat”菜单中选择“Basic Statistics”。

● 从“Basic Statistics”子菜单中选择“1Proportion”。

● 如果数据是一个变量的分类名称，从变量清单栏中将变量分配到“Samples in column”栏。如果你有概括性数据，点击“Summarized Data”按钮，并填写试验的数量和成功的数量。

● 点击“Options”按钮，并指出其余细节。

● 如果你有一个大样本，检查“Use test and interval based on normal distribution”。点击“OK”按钮。

注释：

对于一个分类变量，MINITAB将最后一个类型看作“成功”。你可以指出分类的顺序是怎样的。

SPSS

SPSS不能求出比例的置信区间。

□ 微型案例：房地产模拟

对房地产市场很重要的许多变量都是有偏的，只有少数几个值，或者被看作是定性变量。然而，营销和商务决策往往是根据许多家庭计算出来的均值和比例做出的。这些统计量有价值的原因之一在于中心极限定理。

纽约地区萨拉托加最近售出的1 063套房屋的数据在光盘的Saratoga _ Real _ Estate文件中。我们研究一下中心极限定理如何保证样本比例的抽样分布接近于正态分布，并且即使样本是从远非正态分布的总体中抽取的，这一定理对定量变量的均值也是正确的。

比例

变量“壁炉”（Fireplace）是一个二分变量，其中，1=有壁炉，0=没有壁炉。

● 计算 1 063 套房屋中有壁炉的比例。使用这个数值，计算样本容量为 50 的样本比例的标准误。

● 使用你选择的软件，从这个房屋总体中抽取 100 个样本容量为 50 的样本，计算这些房屋样本中每个样本有壁炉的比例，并绘制这些比例的直方图。

● 将这一（抽样）分布的均值和标准差与你之前计算的结果进行比较。

投资

2003 年 6 月 27—29 日期间，盖洛普民意调查机构调查了股票市场投资者关于他们投资的数量和类型的问题。调查投资者的有关问题如下：

1. 现在你的投资总额正好是 10 000 美元、多于 10 000 美元，还是少于 10 000 美元？

2. 如果你有 1 000 美元用于投资，你更愿意投资于股票还是债券？

对于第一个问题的回答，692 名投资者中的 65%回答他们最近在股票市场上投资了 10 000 美元以上。对于第二个问题的回答，692 名投资者中的 48%回答他们更愿意投资于股票（超过债券）。计算每个样本比例的标准误。计算和描述在此问题背景下的 95%的置信区间。如果误差幅度为 3%，那么样本容量需要多大？

找一个关于投资实践或意见的最新调查，并写出关于你的发现的简短报告。

预测需求

公用事业公司必须对未来很长一段时期的能源需求进行预测，其原因在于需要用数十年来计划和建造新的发电厂。东北公用事业公司的 Ron Bears 的工作就是对家庭用电取暖的比例进行预测。尽管他准备报告真实比例的置信区间，但是他的主管在看到他的初步报告之后，要求用一个数值来作为他的预测。

请帮助 Ron 向他的主管解释为什么理想比例的置信区间对制定计划更加有用。解释我们能够得到的区间的精确度和置信水平是如何相关的。讨论区间太窄和置信水平太低时得出的区间对商业结果的影响。

□ 快速测试答案

1. 正态分布模型（近似）。
2. 所有喜欢新地点的顾客的真实比例。
3. $SD(\hat{p})=\sqrt{\frac{0.5\times0.5}{100}}=0.05$。
4. 更宽。
5. 更低。
6. 更小。

第 10 章

比例的假设检验

道琼斯工业平均指数

100 多年前，查尔斯·道（Charles Dow）改变了人们观察股票市场的方式。出人意料的是，他既不是投资天才，也不是风险资本家。他仅仅是一名致力于使普通人能够理解投资活动的记者。尽管他在 1902 年去世，当时还相当年轻，仅仅 51 岁，但他对于我们如何观察股票市场走势的影响是相当深远的，也是他人望尘莫及的。

19 世纪晚期，查尔斯·道在《华尔街日报》上报道称，投资者更热衷于债券而非股票。由于发行债券的单位有真实的机器设备及其他硬资产做支撑，更加可信。此外，债券是可预测的，债券的持有者知道债券的到期日及到期应付金额。股票仅仅代表所有者持有的“份额”，既有风险，价值又变化无常。1896 年 5 月，查尔斯·道与他在普罗维登斯晚报社（Providence Evening Press）担任记者时认识的爱德华·琼斯（Edward Jones）共同发布了如今著名的道琼斯工业平均指数（DJIA），以帮助公众理解股票市场走势。最初的 DJIA 仅仅是 11 只股票价格的平均数。在最初的 11 只工业股票中，只有通用电气（GE）仍保留在 DJIA 中。

从此之后，DJIA 就成为股票市场整体表现的代名词，而且通常简称为道氏指数（Dow）。该指数在 1916 年扩展到 20 只股票，且到 1928 年即 20 世纪的大牛市中扩展到 30 只股票。大牛市于 1929 年 9 月 3 日达到了峰值，当时的道氏指数为 381.17 点。在 1929 年 10 月 28 日和 29 日，道氏指数缩水约 25%。然后股市变得更加糟糕。在 4 年时间内，1982 年 7 月 8 日包含 30 只工业股票的道氏指数跌到历史最低点 40.65。1929 年 9 月的高点直到 1954 年才再次出现。

目前，道氏指数是 30 只工业股票价格的加权平均数，这些股票的权重考虑到了股票分割和其他一些调整项。该指数名称中的“工业”很大程度上只具有历史意义了。现在的 DJIA 包含了服务业和金融机构的样本股票，并且不仅仅是重型工业股票，扩展的范围更大了。该指数仍然是美国股票市场和全球经济最受关注的重要指标之一。

调查对象（WHO）：股票市场开盘日（“交易日”）。

调查内容（WHAT）：道琼斯工业平均指数的收盘价。

调查单位（UNITS）：点。

调查时间（WHEN）：1982 年 8 月至 1986 年 12 月。

调查原因（WHY）：检验股市行为理论。

股票市场是如何变化的呢？下图描述了 1982 年年中至 1986 年年底的大牛市中 DJIA 收盘价的变化情况。

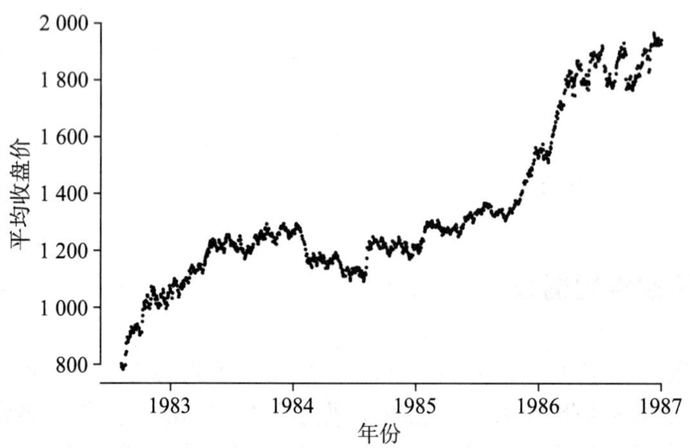

图 10.1　1982 年年中至 1986 年年底道琼斯工业指数的每日收盘价。

在不到 5 年时间的大牛市中，DJIA 很明显地上涨了一倍多。一个关于股市行为的通用理论指出：在给定的一天内，股市上涨和下跌的可能性是同等的。另一种描述股市的说法是股市每天的行为是随机的。在如此明显的上涨时期，这个理论是正确的吗？我们检验一下道氏指数在任意给定的一天上涨或下跌是否具有同等的可能性。在这段时期的 1 112 个交易日中，有 573 天道氏指数是上涨的，样本比例为 0.515 3 或 51.53%。这样看上涨天数比下跌天数要多，但 51.53%是否偏离 50%很远，从而让人们怀疑上涨和下跌具有相同可能性的假设呢？

10.1　假设

假设（hypothesis），名词，复数形式是 hypotheses。

一个假定：一个被认为理所当然的命题或原则，是为了得出结论或推断涉及的观点的证据；有些是无法证明的，但是为了论证进行了假设。

——《韦氏完整词典》（*Webster's Unabridged Dictionary*），1913 年版

我们已经学习了如何构建均值与比例的置信区间，但是现在我们仍没有得到估计值。我们头脑里出现了一个特定值，且带着这个问题继续思考。无论时间长短如

何，我们想要知道股市随机上涨与下跌是否具有同等的概率。置信区间提供了参数的可能值，但是现在我们探寻更为直接的检验方法。像这样的检验是有作用的，例如，如果想要知道自新网站运行以来我们的顾客是否确实更满意了，我们的优先顾客的平均收入是否比常规顾客的高，或者我们最近的广告行动是否真的在我们的区域达到了覆盖 20%的成年人的目标。

构建置信区间先从样本统计量（均值或比例）开始，并求出大致的区间。假设检验的思想出现在此之前。我们该如何描述和检验 DJIA 每天变化情况的假设呢？假设是我们暂时使用的模型。为了检验道氏指数每天上涨和下跌的可能性是相同的，我们先假设是这样的，并且假定所有与 50%明显不同的波动都是随机的。因而，我们的初始假设（也称为原假设）是 DJIA 上涨交易日所占的比例为 50%。我们将原假设（null Hypothesis）记为 H_0，它明确规定了总体模型的参数（在本例中为 p）并对其赋值。我们通常将有关比例的原假设写成这样的形式 H_0：$p=p_0$。（对于均值，我们写成 $H_0: \mu=\mu_0$。）这种形式简洁地表达了我们最想了解的两种情况：参数的特征（真实比例）和这个参数特定的假设值（在本例中为 50%）。我们需要假定一个数值，用它与观测到的统计量进行比较。假设中使用哪个数值不是统计的问题。它可能很容易从数据的背景中得到，但对于参数的假设，有时将实际问题转换成统计问题是很困难的。对于 DJIA 上涨与下跌是否具有同等可能性的这个假设检验问题，很清楚的是我们需要检验 H_0：$p=0.5$。

标识符提示！

大写字母 H 是表示假设（hypothesis）的标准字母。H_0代表原假设，H_A表示备择假设。

备择假设（alternative hypothesis）记为 H_A，如果我们拒绝原假设，则备择假设就包含了参数可能的取值。在我们的例子中，我们的原假设是上涨天数所占比例 p 为 0.5。备择假设是什么？在大牛市中，你可能预期上涨的天数比下降的天数多，但是现在我们假设感兴趣的是从两个方向与原假设偏离的情况，因而备择假设为 H_A：$p\neq 0.5$。

使你相信上涨天数所占比例不是 50%的依据是什么呢？如果在观察期 95%的时间里，DJIA 收盘价均为上涨，那么你可能会认为上涨和下跌的可能性不相等。但是，如果观察期中上涨天数所占比例仅比 50%略高一些，人们就会怀疑这个结论。毕竟观测值确实在变化，所以你发现一些不同也不必感到惊奇。样本比例偏离 50%多大才能使你相信真实比例不是 50%？无论我们何时想知道统计差异的大小，都自然而然地想起标准差。因此，我们从计算样本中的 DJIA 上涨天数所占比例的标准差开始吧。

我们已经看到 1 112 个交易日中有 51.53%的交易日是上涨的。51.53%是否偏离 50%足够远，以至于成为令人相信上涨天数的真实比例不等于 50%的证据？为了正式起见，我们需要一个概率。并且我们想要用正态分布模型来对样本比例的变化进行建模，因而我们将检查假设与条件。样本容量 1 112 足够大以至于可以满足成功/失败条件。（我们预期 $0.50\times 1\ 112=556$ 天上涨。）假设每天的价格变化随机且独立是很合理的。并且我们已经知道所需要检验的假设。为了检验这个假设，我们

（暂时）设定该假设为真，这样就可以检验关于上涨天数的描述是否可信。如果假设道氏指数上涨和下跌的可能性相同，就需要设定一个均值为 0.5 的正态抽样模型。然后，我们可以求出这个抽样模型的标准差：

$$SD(\hat{p})=\sqrt{\frac{pq}{n}}=\sqrt{\frac{0.5\times(1-0.5)}{1\ 112}}=0.015$$

为什么这是一个标准差而不是标准误呢？

这是一个标准差，其原因在于我们对 p 而不是估计值 $\hat{p}$ 使用模型（假设）数值。一旦我们假定原假设是真实的，这就给我们提供了一个模型参数 p。有了比例，如果我们知道了 p，然后就能自动地知道其标准差。由于我们是通过模型参数计算出标准差的，这是标准差而不是标准误。当我们求出 p 的置信区间后，就不用再假设已知它的值了，因而用样本值 $\hat{p}$ 来估计标准差。

为了提醒我们参数值来自原假设，有时写作 p_0，标准差写作

$$SD(\hat{p})=\sqrt{\frac{p_0q_0}{n}}$$

现在我们知道了原假设的正态抽样分布模型的两个参数。对于正态模型的均值，我们用 $p=0.50$，对于标准差，我们用样本比例的标准差来求出所用原假设的值，$SD(\hat{p})=0.015$。我们想知道观测值 $\hat{p}$ 偏离 50%的大小与实际观测值 51.53%偏离 50%的大小相同这一可能性有多大。首先看一下下面的图形（见图 10.2），我们可以看出 51.53%看起来并没有特别异常之处。更精确的答案（利用计算器、计算机程序或者正态分布表计算或查找）是概率大约为 0.308。这就是在原假设成立的前提下，观测到的超过 51.53%的上涨天数或超过 51.53%的下跌天数的概率。换言之，如果道氏指数上涨天数的概率是 50%，我们则预期在 1 112 个交易日中有 51.53%的交易日上涨的概率为 15.4%，同样其中有 51.53%的交易日下跌的概率也为 15.4%。这并非特别地异常，因而确实不存在证据表明股市不是随机运行的。

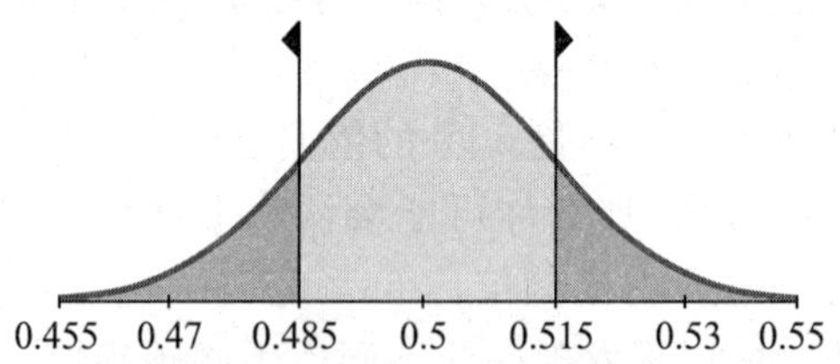

图 10.2 当真实均值为 50%时，比例高于 51.5%或低于 48.5%的可能性有多大？这就是看起来的样子。在曲线下面，左右两端的深色区域都是总面积的 0.154。

可能令你感到惊讶的是，甚至在大牛市时期，股市每天变化的方向都是随机的。但是，无论更长时期的走势如何，任意给定一天的上涨和下跌的概率都接近 0.5。当股市经历一波上涨行情（或可能下跌，尽管我们并未进行检查）时，股市并不是有更多上涨交易日或下跌交易日，但上涨或下跌的实际天数确实是不相等的。

□ **举例**

构造假设

Summit Project 是一家提供全面服务的互动性机构，位于胡德河，为公司提供各种网站服务。Summit 的代理公司之一是 SmartWool®，该公司生产和销售包括著名的 SmartWool 短袜在内的羊毛服装。Summit 最近重新设计了 SmartWool 公司的服装网站，并分析 SmartWool 想知道自从新网站上线以来访问情况是否发生了变化。特别的是，一个分析员可能想了解自从新网站上线以来访问者浏览新网站并最终购买产品的比例是否发生了变化。

问题：如果访问者浏览老网站并最终购买产品的比例为 20%，对该比例构造恰当的原假设和备择假设。[①]

答案：令 p=访问者浏览网站并最终购买产品的比例。

H_0：$p=0.2$，H_A：$p\neq 0.2$

10.2 作为假设检验的审判

如果人们未完成举证责任，那么被告就是无罪的。

——纽约州陪审团法律要点说明

我们先从假设某天股市上涨的概率为 50%开始。然后我们通过观察数据得到结论，由于实际观测到的比例并未偏离 50%足够远，因而不能推翻假设。这种对假设检验的推理过程是否有缺陷呢？可能是有缺陷的，因为人们经常更倾向于证明事情是对的，而不是证明事情是错的。但是，在本书前面部分的不同背景下你已经看到了这种推理过程。这也是陪审团的逻辑方式。

我们假定一个被告被起诉抢劫。在英国普通法及其派生的法律（包括美国法律）中，原假设为被告是无辜的。有关指示对陪审团很明确地说明了这一点。

所有证据都以反驳无辜原假设的形式呈现。对于我们而言，这意味着要收集数据。在审判中，原告出示证据。（“如果被告是无辜的，那么他手里拿着一大袋钱，头戴面具，并且有一辆停在门外用于逃跑的汽车，这样的情景难道不应该引起发现他的警察注意吗?”）下一步是评判这些证据。评判证据是陪审团在审判中的职责，但是在假设检验中这项任务由你来承担。陪审团根据无罪假设来衡量这些证据，并判断这些指证被告的证据是否与“被告确实无罪”相矛盾。

与陪审团相似，我们会问到：“如果原假设为真，那么这些数据是否为偶然出现的呢?”如果确定它们不可能发生，那么这些证据就能充分推翻原假设。最终，你必须做出一个决定。“排除合理怀疑”这个标准是特别含糊的，其原因在于让陪审团来

① 这些数字是假设的，但是典型的数值可能已经出现了。

决定这些证据与无罪假定相矛盾的程度。陪审团并没有明确地用概率来帮助他们决定是否拒绝无罪假定。但是，当你面对原假设的同样问题时，如果原假设为真，你就具备了对证据的不正常程度进行精确量化的优势。

不可能是多大程度上的不可能呢？一些人对此设定了严格的标准。通常情况下认为 20 次中有 1 次（0.05）或 100 次中有 1 次（0.01）。但是，如果你必须做出决定，就必须弄清楚各种情况下样本数据的概率是否小到足够满足“合理怀疑”这个标准。

10.3 P 值

我们推理的第一个步骤是询问问题：“给定原假设，数据是否异常呢?”并且最关键的计算过程是在确定原假设为真的条件下，准确判断观测到的数据会是什么样子。因而，我们需要一个概率。特别的是，我们想要在给定原假设的条件下计算出类似（或者有时候甚至不类似）这些所观测到的数据的概率。这一概率称作 P 值（P-value）。

排除合理怀疑

我们想知道数据是否不可能排除合理怀疑。在原假设为真的前提下，我们已经计算出数据不可能的概率。这一概率是原假设为真时所观测到的统计量（或者更大的极值）可能出现的概率——在本例中，为 0.308——即 P 值。该概率很确定不能“排除合理怀疑”，因而我们在这里不能拒绝原假设。

一个足够低的 P 值意味着在原假设成立的前提下，所观测到的数据是非常不可能的。我们从一个模型开始，且现在这个相同模型告诉我们取得的数据不可能出现。这实在令人惊讶。在这个例子中，模型与数据是相互背离的，因而我们必须做出选择。原假设可能是正确的，并且我们已经看到了一些明显的事实，原假设也可能是错误的（实际上，此时我们以原假设为基础计算 P 值也是不正确的）。当你看到一个小的 P 值时，应该拒绝原假设。对于 P 值必须是多么低，并没有严格和快速判断的准则。然而，当绝大部分人都同意时，P 值低于 0.001 表明存在非常明显的证据拒绝原假设，但当 P 值大于 0.05 时，提供的证据非常不足以说明问题。

当 P 值大时（或者仅仅不是足够小时），我们能得到什么结论呢？在此例子中，我们并未看到不可能或异常的事情。数据与原假设的模型是一致的，并且我们没有理由拒绝原假设。发生概率高的事件总会发生。因而，当 P 值大时就意味着我们能证明原假设为真吗？不是！我们意识到许多其他相似的假设也能解释我们看到的数据。我们至多可以说它没有表现出错误。正式地，我们说“不能拒绝”原假设。这可能是一个相当不靠谱的结论，但当 P 值不是足够低时，只能得到这样的结论。这些都意味着数据与我们初始设定的模型是一致的。

如何处置“无罪的”被告

难道我们不想拒绝原假设吗?

通常情况下，那些收集数据或者做实验的人希望能够拒绝原假设。他们希望新的广告活动效果比旧的好，或者他们希望他们的候选人领先于对手。但是，当进行假设检验时，我们必须保持中立。我们不能让我们的希望偏离我们的决定。正如在陪审团审判中，我们必须保留原假设，直到得到令人信服的证据。备择假设正如举证的责任——除非证明有罪，否则被告就只能是无罪的。当进行假设检验时，你必须像一个法官或者陪审团，而不是像公诉人。

我们看一下审判中最后判决词的含义。如果证据不够充足以至于不能推翻被告无罪的假设，陪审团会给出什么判决呢？他们不会说被告是无辜的。他们说“无罪”。他们的意思是他们没有足够的证据来推翻被告无罪的假设而定被告的罪。实际上，被告可能是无辜的，但陪审团也无法完全确信。

用统计学语言来表述，陪审团的原假设是：被告是无辜的。如果证据表明太不可能发生（P 值很低），对于原假设，陪审团就会拒绝原假设并得出被告有罪。但是——这是一个重要的区分点——如果没有足够的证据来指证被告（P 值不是很小），那么陪审团不会认定原假设为真并宣告被告是无罪的。陪审团仅仅是不能拒绝原假设并认定被告“无罪”。

同样的道理，如果在原假设为真的条件下，数据不是特别不可能发生，我们最多是“不能拒绝”原假设。我们永远不能宣告原假设为真。实际上，我们也确实不知道原假设是否正确。（毕竟接下来可能有更多的证据。）

想象一个检验，某公司新设计的网站是否吸引了更大比例的浏览者进行购买（与他们已经使用多年的网站相比）。原假设是新网站并未比旧网站更有效地刺激购买。在这个检验中，浏览者随机登录新网站或旧网站。当然，一些浏览者会购买，而一些浏览者不会购买。如果我们对两个网站各抽取 10 名顾客进行比较，这个结果就可能不太明确，并且我们将不能拒绝原假设。这意味着新网站就彻底无用吗？不一定。这仅仅意味着没有足够的证据来拒绝原假设。这就是我们从最初就没有假设新网站更有效的原因。如果我们真的这样做，就可以仅仅调查一些顾客，然后发现结果并不明确，并且宣告既然我们不能拒绝最初的假设，新网站就是有效的。董事会不可能被这一论据所打动。

结论

如果 P 值“小”，拒绝 H_0，且得到 H_A。

如果 P 值不是“足够小”，那么不能拒绝 H_0，且这个检验是不确定的。

□ 举例

从 P 值得出的结论

问题：SmartWool 的一个分析员（见 10.1 节举例）收集了自新网站上线以来访问者的代表性样本，并发现比例检验的 P 值为 0.001 5。她可以得出什么结论？

答案：自新网站上线以来，浏览网站并最终购买的访问者的比例极不可能保持在 0.20。有充足的证据表明这一比例已经发生了变化。她应该拒绝原假设。

□ 快速测试

1. 某制药公司想要了解阿司匹林是否有助于稀释血液。原假设是阿司匹林不能稀释血液。该公司的研究人员检查了12位患者，观察了血液被稀释的患者比例，并且得到的P值为0.32。他们认为阿司匹林对稀释血液没有帮助。你是怎么认为的?

2. 某种抗过敏药已通过试验并发现在大量临床实验中对75%的患者有效。现在科学家们想要检测一种新型的、改进的抗过敏药是否更有效。那么原假设是什么?

3. 新型抗过敏药也被检测了，得到的P值为0.000 1。你能从这种新药检测中得到什么结论?

10.4 假设检验的原理

假设检验遵循一个精心设计的途径。为了避免在遵循这一途径时迷失方向，将假设检验途径分为4个均不相同的部分：假设、模型、方法和结论。

在实验的过程中，原假设从未得到证明或构建，但可能是虚假的。只有为了给出证明原假设为虚假的可能性的事实，每个实验才可能说是存在的。

——摘自罗纳德·费希尔爵士（Sir Ronald Fisher）的《实验设计》(1931年著)

假设

首先，提出原假设。这通常是概要性的阐述，没有什么不同。原假设假定默认值（往往状况保持不变）是真的（被告是无辜的，新方法并不比旧方法好，去年以来顾客的偏好没有变化，等等)。

在统计假设检验中，假设通常都是关于模型参数的。为了评估我们的数据可能的不可能性有多大，我们需要一个初始模型。原假设设定一个将在模型中使用的特定参数值。根据常用的符号，我们将原假设写作 H_0：参数＝假设值。备择假设 H_A 包含当我们拒绝原假设后所考虑的参数的可能值。

模型

当条件不能满足时……

你可能小心地开展分析，必须倾注注意力。或者你可能需要在存在和不存在异常值的情况下进行分析，也可能需要在不同分组的情况下或对响应变量变换后再进行分析。或者你可能不能再进行任何分析。

为了计划一个统计假设检验，需要设定为了检验原假设你将用到的统计量的抽样分布模型。对于比例问题而言，我们采用正态分布模型作为抽样分布模型。当然，所有的模型都需要假设，因而你需要说明假设并检查相应的条件是否得到满足。对于样本比例进行的假设检验，假设和条件与单比例 z 区间是相同的。

你设定模型的这一步骤必须以类似于下面的陈述结束：因为模型条件都满足，我们可以设定样本比例的抽样分布为正态分布。但需要注意的是，设定模型时也可能以下面的方式结束：因为模型条件未能满足，所以不能再进行检验。（如果是这种情形，必须停下来重新思考。）

本书中讨论的所有检验都应有一个在报告中包含的名称。在随后的几章内容中，我们将会看到许多假设检验的例子。一些检验将是多样本的，一些将涉及样本比例之外的其他统计量，还有一些使用正态分布模型以外的其他模型（当然也不再使用 z 得分）。关于比例问题的假设检验称为单比例 z 检验（one-proportion z-test）。[1]

单比例 z 检验

单比例 z 检验的条件与单比例 z 区间一样（除了我们使用假设值 p_0 和 q_0 检验成功/失败条件）。我们检验假设 H_0：$p=p_0$，使用的统计量为：

$$z=\frac{\hat{p}-p_0}{SD(\hat{p})}$$

我们也使用 p_0 来计算标准差：$SD(\hat{p})=\sqrt{\frac{p_0q_0}{n}}$。当这些条件都满足并且原假设为真时，该统计量服从标准正态分布模型，因而我们可以利用此模型来计算 P 值。

方法

条件概率

你是否注意到 P 值源于第 7 章中我们所讨论过的“条件分布”呢？之所以说 P 值是“条件概率”，是因为它是根据——或前提条件是——另外一个事件为真：如果原假设为真，P 值是指观测结果能够发生的概率。

在“方法”这一步骤中，我们将使用数据来实际计算检验统计量。不同的假设检验将使用不同的计算公式和不同的检验统计量。计算过程往往通过统计程序或计算器来进行。计算的最终目的是得到 P 值——在原假设为真的条件下观测到的统计量的概率（或者为一个更极端的值）。如果 P 值足够小，我们将拒绝原假设。

结论与决策

一个正式的假设检验中最基本的结论仅仅是关于原假设的陈述。它只是陈述我们是否拒绝或者不能拒绝原假设。像通常情况一样，应该在具体的背景下陈述结论，但你关于原假设的结论不应该是处理过程的结尾。你不能仅仅根据 P 值进行决策。

① 它也被称为“单样本比例检验”。

商务决策通过采取行动或改变政策而产生后果。假设检验的结论有助于形成你的决策，但这并不是决策的唯一依据。

商务决策必须考虑三个方面：假设检验的统计显著性、计划实施的成本和统计量的效应大小（假设与观测值之间的差异）。举例而言，移动电话供应商发现30%的客户在两年合同期满后会更换供应商（或不再使用）。他们开展了一项小型实验，随机发给那些再续两年服务合同的客户一部免费的价值最高350美元的电话。毫不意外的是，他们发现新的客户变化率的降低达到了一个统计上显著的数量。他们是否应该向所有客户提供免费电话呢？很明显的是，这个答案不仅仅取决于检验假设的P值。即使P值在统计上是显著的，正确的商务决策也需要依据提供免费电话的成本与客户变化率降低的多少（效应大小）。仅仅使用假设检验结果作为合理的商业决策的依据是很罕见的。

□ 举例

假设检验的原理

问题：SmartWool（见10.1节举例）的分析员随机选取了最近的200个网络日志，并发现其中58个网络日志显示最终购买了产品。其原假设为 $p=0.20$。如果最终购买产品的真实比例为20%，那么这是购买产品的异常比例吗？

答案：为了判断在给定原假设条件下58个购买日志是否属于异常数字，我们采用建立在原假设基础上的正态分布模型。也就是说，将0.20作为均值，将 $\sqrt{\frac{p_0q_0}{n}}=\sqrt{\frac{0.2\times0.8}{200}}=0.028\,28$ 作为标准差。

58个购买的样本比例是 $\hat{p}=\frac{58}{200}=0.29$ 或29%。

0.29的 z 值为 $z=\frac{\hat{p}-p_0}{SD(\hat{p})}=\frac{0.29-0.20}{0.028\,28}=3.182$。

换言之，给定原假设为真，我们的样本比例偏离均值3.182个标准差。因为偏离均值多于3个标准差的比例（依据68—95—99.7法则）仅仅为0.3%，所以看起来似乎是一个异常大的数值。

10.5 备择假设

他们使事情极为平淡，但是一个难题仍然存在：如果你做错了一个假设，那么此处的另一个假设你选择……

——詹姆斯·拉塞尔·洛威尔（James Russell Lowell）

在关于DJIA的例子中，我们对从任一个方向偏离50%的比例同样感兴趣。因而，我们将备择假设记作 H_A：$p\neq0.5$。类似这样的备择假设称为双边备择假设

(two-sided alternative)，其原因在于我们对偏离原假设的任一方向都同样感兴趣。对于双边备择假设，P 值是从任一方向偏离原假设值的概率。

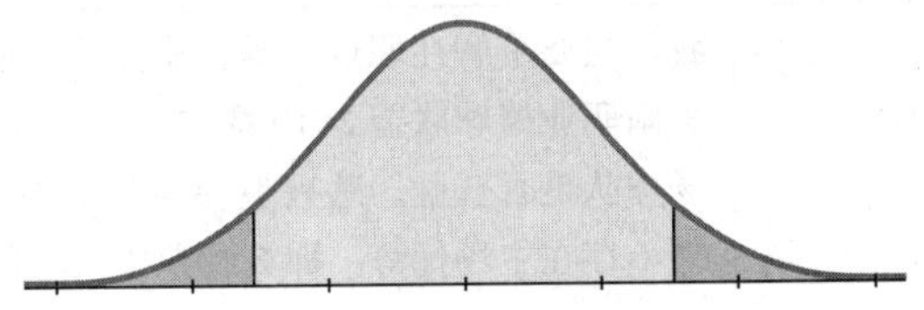

图 10.3　双边备择假设的 P 值与样本分布模型的双边在检验统计量值以外的概率。

假设我们想要检验是否在新的质量控制程序下降低了客户退货的比例。我们知道货物质量已经提高了，因而能非常确定事情没有变得更糟。但客户是否注意到这一点了呢？我们仅仅关注低于原假设值的样本比例。我们将备择假设记作 H_A：$p<p_0$。集中关注向某一个方向偏离原假设值的备择假设称为单边备择假设（one-sided alternative）。

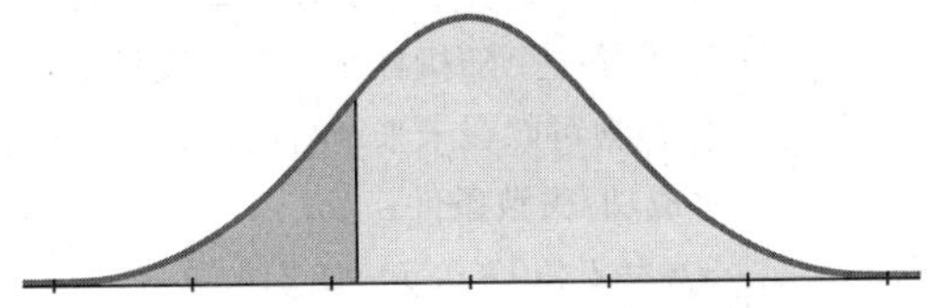

图 10.4　单边备择假设的 P 值表示在某一特定方向上观测值偏离检验统计量值的概率。

备择假设

比例：

双边

H_0：$p=p_0$

H_A：$p\neq p_0$

单边

H_0：$p=p_0$

H_A：$p<p_0$ 或 $p>p_0$

对于采用单边备择假设的假设检验，P 值就是在备择假设方向上偏离原假设的概率。

□ 指导性案例：主场优势

大型体育比赛联盟是规模很大的商业组织。如果主场球队赢得比赛的可能性很大，球迷们就更愿意为主场球队欢呼加油。任何一个参与或喜欢体育比赛的人都听说过“主场优势”。球队在主场比赛往往更有可能获得胜利。他们是这样的吗？

如果没有主场优势，主场球队将会赢得所有比赛中大约一半场次的胜利。美国职业棒球联盟 2010 赛季中共有 2 430 场常规赛。最终结果是主场球队赢得了 2 430 场比赛中的 1 359 场，或者说获胜的比例为 55.93％。

问题：与 50%的偏离是可以解释为仅仅由于自然抽样变异导致的，还是这可以成为至少在职业棒球比赛中确实存在主场优势的证据呢？

计划 准备：说明我们想了解什么。 定义变量并讨论其背景。 假设：原假设认为不存在主场优势。 我们仅仅对主场优势感兴趣，因而备择假设是单边的。 模型：考虑假设和检查适用的条件。 确定抽样分布模型。 说明你计划使用的检验。	我们想要了解在职业棒球比赛中是否更有可能获胜。数据是美国职业棒球联盟 2010 赛季 2 430 场比赛的结果。变量是主场球队是否获胜。感兴趣的参数是主场球队获胜的比例。如果不存在主场优势，那么我期望获胜比例为 0.50。 H_0：$p=0.50$ H_A：$p>0.50$ ✓独立性假设：一般情况下，一场比赛的结果不会影响另一场比赛的结果。但这并不总是完全正确的。举例而言，如果主力队员受伤，那么球队在随后的几场比赛中获胜的概率将会略有下降，但独立性假设大体上仍然成立。数据来自整个赛季，但是我期望其他赛季的相关数据也类似。 这不是一个随机样本。但是我们可以将这里的2 430场比赛看作包含可以在未来举行的比赛的有代表性的数据集合。 ✓成功/失败条件： $np_0=2\ 430\times0.50=1\ 215.0$ $nq_0=2\ 431\times0.50=1\ 215.5$ 至少为 10。 由于这些条件得到了满足，我将使用比例抽样分布的正态分布模型，并进行单比例 z 检验。
实施 技术性工具：原模型给出了均值，而且（因为处理的是比例）给出了均值的标准差。 下一步，为了计算出偏离假设比例的标准差是多少，我们求出观测比例的 z 得分。 根据 z 得分，我们可以计算出 P 值，该数值告诉我们观测到极值（或较大值）的概率。 观测到 5.85 或偏离正态分布模型均值更大标准差的概率可以通过计算机、计算器或统计分布表计算出或找到，该值小于 0.000 01。	原模型是均值为 0.5 的正态分布模型，且其标准差为： $SD(\hat{p})=\sqrt{\frac{p_0q_0}{n}}=\sqrt{\frac{0.5\times(1-0.5)}{2\ 430}}=0.010\ 14$ 观测到的比例 $\hat{p}$ 为 0.559 3。 因而 z 值为 $z=\frac{0.559\ 3-0.5}{0.010\ 14}=5.85$ 样本比例为大于均值 5.85 个标准差。 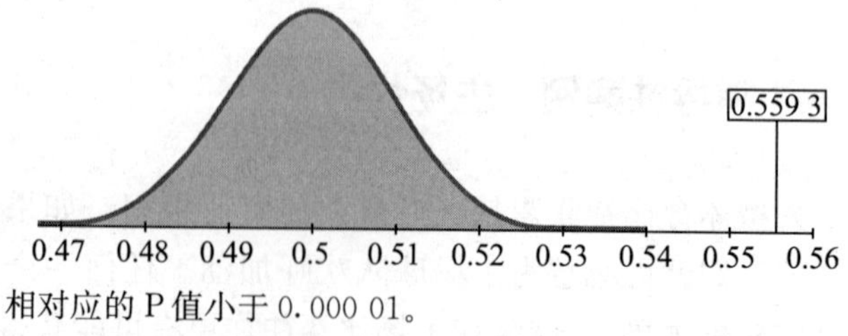 相对应的 P 值小于 0.000 01。

报告	备忘录
结论：在此问题的背景下说明关于参数的结论。	关于：主场优势。 我们对美国职业棒球联盟 2010 赛季比赛结果的分析表明，主场优势具有统计显著性。P 值<0.000 01 的意思是如果主场球队获胜的比例为 0.50，那么观测值 0.559 3（或更大数值）出现的可能性小于 1/100 000。

□ 举例

计算比例检验的 P 值

问题：根据 200 个随机选取的网络日志，58 个日志显示最终购买了商品（见 10.4 节举例），计算假设检验的 P 值，原假设为 $p=0.20$，备择假设为新网站没有改变购买比例。

答案：备择假设是双边的，且 z 值为 3.182。因而，我们计算出了 z 大于 3.182 或小于−3.182 的概率。由于正态分布是对称的，这等同于 $2\times P(z>3.182)=2\times 0.000\,73=0.001\,46$。这是拒绝原假设的明显证据，因而我们拒绝原假设，并得出购买比例永远不会达到 0.20 的结论。

10.6 α 水平与显著性

有时候我们需要明确决定是否拒绝原假设。陪审团必须审定证据是否达到了“排除合理怀疑”的水平。企业必须选择一种网站设计。你需要决定注册参加统计学课程中哪部分的学习。

当 P 值较小时，它意味着在给定原假设时，我们已有的数据是很罕见的。作为人类，我们都对罕见的事件持有怀疑态度。如果数据“足够罕见”，我们就不会认为事件由于偶然原因而发生。既然数据确实发生了，肯定是哪里出了问题。现在我们可以做的就是拒绝原假设。

但是罕见到哪种程度才算“罕见”呢？P 值要小到多么小呢？

我们可以通过对 P 值设定一个初始值来定义“罕见事件”。我们称此种结果在统计上是显著的。这个临界值也称为 α 水平（alpha level）。不要感到惊讶，它的标记为希腊字母 α。常用的 α 水平为 0.10、0.05、0.01 和 0.001。你可以有自己的选择——几乎也是你的责任——来仔细考虑并且根据实际情况选择一个合适的 α 水平。如果你正在评估降落伞的安全性，就必须使用一个低的显著性水平，甚至 0.01 可能都还不够低。如果你仅仅想要知道人们是否喜欢带胡椒粉的比萨饼，那么 $\alpha=0.10$ 也就足够了。然而很难评价你选择的 α 水平，我们通常选择的 α 水平为 0.05。

罗纳德·费希尔爵士（1890—1962）是现代统计学创始人之一。

标识符提示！

第一个希腊字母 α 在统计学中用作假设检验的临界值。你可能听过它被称为 α 水平。它的常用取值有0.10、0.05、0.01和0.001。

数值0.05来自哪里？

1931年，在著名的《实验设计》一书中，罗纳德·费希尔爵士讨论过拒绝原假设所需要的证据数量。他提到这取决于实际情况，但他说得有些随意，对于许多科学应用而言，0.05可能就是一个合理的值，特别是对于第一次实验——后面的实验中也将会使用这一值。从那时起，一些人——事实上某些学科——将0.05神圣化了。

α 水平也被称为显著性水平。当我们拒绝原假设时，我们会说检验结果“在显著性水平上”。举例而言，我们可能说“在5%的显著性水平上”拒绝了原假设。你必须在查看数据之前就确定显著性水平，否则你很可能就会被指责在看到了那些数据后，通过调整 α 水平而得到了带有欺骗性的结论。

如果P值小于显著性水平 α，你应该如何解释呢？当你没有找到充足的证据根据你建立的标准拒绝原假设时，你应该说：“数据未能提供充足的证据以拒绝原假设。”而不能说：“我们接受原假设。”你当然未能证明或确定原假设；原假设一开始就是被假设的对象。你可以说你保留原假设，但更好的表示方法是不能拒绝原假设。

这可能在你身上发生！

当然，如果原假设为真，无论你选择怎样的 α 水平，你仍然有错误地拒绝原假设的概率 α。当我们拒绝了原假设时，没有人会想到这是罕见的情况之一。正如统计学家Stu Hunter所提示的，“统计学家说‘小概率事件确实会发生——但并没有发生在我身上！’”

结论

如果P值 $<\alpha$，那么拒绝 H_0。

如果P值 $\geq\alpha$，那么不能拒绝 H_0。

再次考虑一下主场优势的例子。P值 <0.001。因为小于任何合理的 α 水平，所以我们可以拒绝 H_0。我们得出结论：“我们拒绝原假设。有充足的证据使我们得出可以

在预期的随机变化中认为存在主场优势的结论。”另一方面，当在保险例子中检验均值时，P值为0.401 5，是一个很高的P值。在此例子中，我们只能说不能拒绝$\mu=1\,500$美元的原假设。我们当然不能说我们已经证明了它，或者甚至我们已经接受了它。

当我们使用α水平的时候，拒绝/不能拒绝决定的无意识本质使你感觉不太满意。如果你的P值仅仅略大于α水平，你就不能拒绝原假设。如果这使得你感到不安，说明你拥有良好的统计意识。许多统计学家认为报告P值优于选择α水平，同时也优于通过最终的拒绝或不能拒绝的决定来做出决策。因而，当你宣布决策时，将P值作为证据强度的证明写入报告将是一个不错的选择。

用星号表示

一些规则将P值进行了深化，并将P值按大小进行了编码。在这个框架中，0.05与0.01之间的P值被标记上一颗星（*）。0.01与0.001之间的P值被标记上两颗星（**），比0.001小的P值被标记上三颗星（***）。这可以方便地概括拒绝原假设的程度，但将它们的区别过于严格化及在边界附近做出非此即彼的判断都是不明智的。边界值具有传统性，而非科学性；0.05并没有什么特别的。P值为0.051时同样要受到重视，不能仅仅因为它大于0.05，就将它放在一边，并且0.009与0.011也没有太大的区别。

现实重要性与统计显著性

某大型保险公司通过挖掘数据发现2011年和2012年重新续约的保单比例在统计上显著不同（P=0.04）。两个比例相差2%。尽管这在统计上是显著的，但是当关注于努力保留这些客户时，管理上并不认为有很大区别。另一方面，一种新的止痛药在缓解疼痛上的疗效是使疼痛的程度降低10%，这可能不是统计显著的，除非经过大量的临床试验。这种疗效在经济上是显著的，但在统计学上可能并不显著。

有时，报告最好指出结论还不够明确，并建议收集更多的数据。（在审判中，陪审团可能“暂停”并且不给出判决。）在这样的例子中，报告P值是一个特别好的方法，其原因在于它最大限度地总结了我们已经掌握的那些数据可以说明或不能说明的关于原假设的信息。

当我们说检验统计上显著时，意思是什么？我们指的是检验统计量的P值比α水平低。不要认为“统计显著性”必须带有某些实际的重要性或影响。

对于大样本，偏离原假设即使很小且不重要（“不显著”），在统计上可能都是显著的。另一方面，如果样本不够大，偏离原假设即使很大，且在财务上、科学上的意义也重大，在统计上也可能是不显著的。

当你报告关于原假设你做出的判定时，比较好的做法是报告对应于P值的效应大小（均带数据单位的观测到的统计量与原假设的值之间的差异程度）。

□ **举例**

确定 α 水平

问题：SmartWool 公司（见 10.5 节举例）分析员的经理希望她对所有假设采用的 α 水平为 0.05。如果她采用的 α 水平为 0.05，那么她假设检验的结论会变化吗？

答案：采用 $\alpha=0.05$，当 P 值小于 0.05 时我们拒绝原假设，当 P 值大于或等于 0.05 时我们不能拒绝原假设。对于比例的假设检验，P＝0.001 46，这一数值较 0.05 小得多，因而我们拒绝原假设。我们的结论与之前采用 α 水平所得到的结论相同。

10.7 临界值

当构建置信区间时，我们计算出的误差幅度是统计量估计的标准误和临界值的乘积。对于比例而言，我们发现临界值（critical value）z^* 对应于所选择的置信水平。对于均值而言，我们发现临界值 t^* 建立在置信水平和自由度两者的基础上。临界值也可能被用作假设检验的捷径。在计算机和计算器成为常用工具之前，P 值很难计算出来。人们更易于选择一些常见的显著性水平（如 0.05、0.01、0.001）并找到正态分布模型的一些相应临界值（也就是置信水平 0.95、0.99 和 0.999 的对应临界值）。与其找到观测统计量对应的概率，你不如仅仅计算出观测值偏离假设值多少个标准差，并且可以直接将这些值与那些临界值 z^* 进行比较。（记住，只要我们测量一个观测值偏离均值多少个标准差，就能找到一个 z 得分）。任何一个 z 得分在大小上（即更加极端的值）比特定的临界值更大的可能性都不大，因而它有一个比相应 α 小的 P 值。

快速决策

如果你在飞机上需要作出决策，且没有技术手段辅助，那么请记住数字“2”。这来自于我们早已知道的 68—95—99.7 法则。它是双边检验在 $\alpha=0.05$ 下的大致临界值。实际上，它仅仅大体上等于在自由度为 60 下的 t^* 临界值。对于 z^*，最精确的临界值等于 1.96，但是 2 对于多数决策已经足够接近了。

如果我们仅仅想要得到拒绝/不拒绝原假设的结论，将观测得到的 z 得分与一定的 α 水平下的临界值进行比较就能得到做出这一决策的捷径。在主场优势的例子中，如果我们选择 $\alpha=0.05$，那么为了拒绝 H_0，我们的 z 得分就必须大于单边临界值 1.645。观测到的比例比 0.5 大 4.74 个标准差，因而我们可以明确地拒绝原假设。这确实是正确的，并给了我们一个是或否的结论，但因为并未给出可供考虑的 P 值，所以还是缺少一些有关假设的信息。P 值可以很容易地通过技术方法来得到。并且由于 P 值能提供更多的有关证据强度的信息，你应该报告 P 值。

下面是正态分布模型的传统临界值 z^*①：

α	单边检验临界值	双边检验临界值
0.05	1.645	1.96
0.01	2.33	2.576
0.001	3.09	3.29

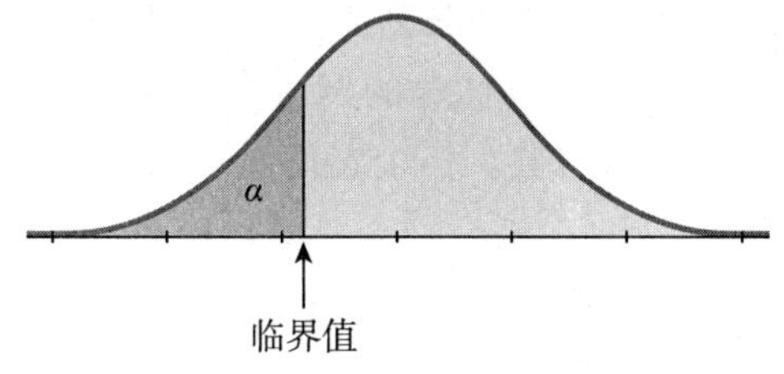

图 10.5　当备择假设为单边时，α 位于临界值的一侧。

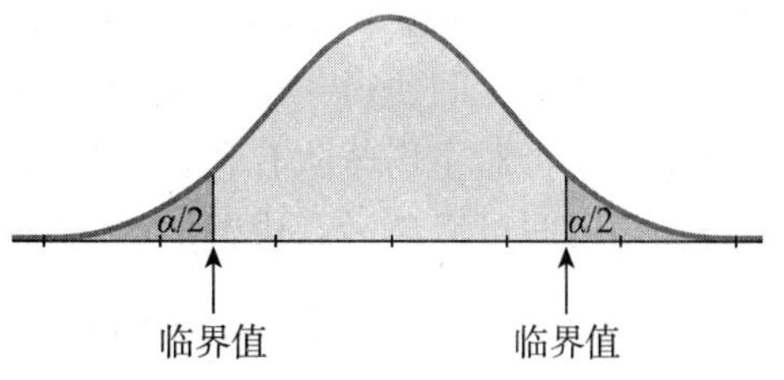

图 10.6　当备择假设为双边时，临界值将 α 平均分在两个尾部。

当检验均值时，你需要同时了解 α 水平与自由度以便计算出 t^* 临界值。对于大样本容量 n，t^* 临界值与 z^* 临界值很相近，因而你可以用它来进行比例检验。

10.8　置信区间与假设检验

标识符提示！

我们已经了解了很多有关 p 的符号。我们将它梳理一下。

p 是一个总体参数——总体中的真实比例。

p_0 是 p 的一个假设值。

$\hat{p}$ 是观测到的比例。

p^* 是与特定的显著性水平 α（见 10.9 节）相对应的比例的临界值。

技术性注释

正如我们在第 9 章所看到的，比例的假设检验与置信区间是等价的说法并不完全正确。对于置信区间，我们利用 $\hat{p}$ 来估计它的标准差，得到标准误。对于相应的假设检验，根据原假设的值 p_0 计算 $\hat{p}$ 的标准差。当 $\hat{p}$ 与 p_0 很接近时，这些计算会得出相似的结果。当它们相差很大时，你可能会拒绝 H_0（因为观测值偏离假设值太远）。在这样的情况下，你最好利用数据估计的标准误来构建置信区间，而不是依据刚拒绝的模型。

置信区间与假设检验是建立在相同的计算方法基础上的。它们有相同的假设和

① 在某种意义上，这些是 68—95—99.7 法则的另一种应用。在 68—95—99.7 法则下，我们选择偏离均值的简单统计距离，并标记尾部的面积。这里，我们选择尾部面积（0.05、0.01 和 0.001，单边或者双边的合计），并记录对应的统计距离。

条件。正如我们刚刚看到的那样，你可以通过检验置信区间近似进行假设检验。只需要检查一下原假设的值是否与相应的置信水平下的置信区间相一致。由于置信区间必然有两端，它们对应于双边检验。例如，95%的置信区间对应于 $\alpha=5\%$ 的双边假设检验。一般情况下，置信水平为 $C\%$ 的置信区间对应于 α 水平为 $(100-C)\%$ 的双边假设检验。

置信区间与单边假设检验之间的关系为我们提供了一种选择。对于 $\alpha=5\%$ 的单边检验，我们可以构建单边置信水平为 95%的置信区间，以便将 5%留在一边的尾部。

单边置信区间使得一端是毫无约束的。例如，在主场优势的例子中，我们想要知道主场是否对主场球队有利，因而自然要进行单边检验。一个置信水平为 95%的单边置信区间可以通过双边置信区间构造而成：

$$0.559\ 3-1.645\times0.010\ 14=0.543$$

为了在一边留出 5%，我们将临界值 z^* 为 1.645 的 5%留在一边的尾部。将单边置信区间写为（0.543，∞），使得我们可以说对于主场球队能获胜有 95%的把握，平均而言，至少有 54.3%的可能性。为了检验假设 H_0：$p=0.50$，我们注意到 0.50 这个值并不在置信区间里。显然下限 0.543 大于 0.5，这显示出假设检验与置信区间之间的联系。

然而，为了便捷以及提供更多信息，即使我们对于单边检验感兴趣，有时候也报告双边置信区间。对于主场优势的例子，我们报告了 90%的双边置信区间：

$$0.559\ 3\pm1.645\times0.010\ 14=(0.543,\ 0.576)$$

注意，为了使左端点与单边检验相符，我们在两端都留出了 α，这就使得相应的置信水平达到 90%。我们仍可以看到其对应性。由于 $\hat{p}$ 的 90%的（双边）置信区间不包括 0.50，我们拒绝原假设。双边区间也告诉我们主场球队获胜的百分比不可能大于 57.6%，这是额外了解到的信息。你可以在图 10.7 中看出两个置信区间之间的关系。

特别的结论需要特别的证据。

——Carl Sagan

找出假设检验相关的置信区间还有另外一个不错的原因。尽管假设检验可以告诉我们观测到的统计量是否与假设值不同，但它并不能说明有多大程度上的不同。通常情况下，商务决策不仅取决于是否有统计上显著的差别，而且还取决于这个差别是否有意义。在主场优势的例子中，相应的置信区间显示，在整个赛季主场优势使得平均每支球队都能获取 2～6 场额外的胜利。这能对球队排名与球迷数量产生很大的影响。

□ 快速测试

4. 某银行正在检验促使拖欠债务的客户支付超期信用卡账单的新方法。标准做法是寄送催付信（大概每封信花费 0.6 美元）让客户还款。其中 30%的信件发挥了作用。该银行想要检验一种新方法，即给客户寄送一张 DVD 以促使他们与银行联系并制定一个还款计划。制作和寄送一张 DVD 大约将在每位客户身上花费 10.00 美元。感兴趣的参数是什么？原假设与备择假设是什么？

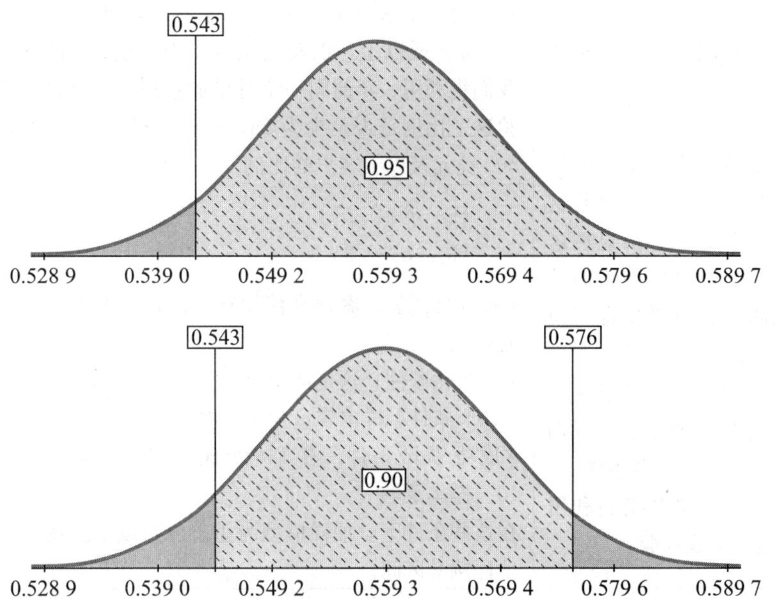

图 10.7　单边 95%的置信区间（上图）在一侧（此例子中是在左侧）留出 5%，但是另一侧毫无约束。90%的置信区间是对称的，且对应于感兴趣一侧的单边区间。两个区间表明对于任一大于 0.531 的 $\hat{p}$ 值，在 $\alpha=0.05$ 的显著性水平下 $p=0.50$ 的单边检验将被拒绝。

5. 某银行为检验 DVD 的效果开展了一项试验。DVD 被随机地寄送给几个欠款客户，同时银行员工跟踪了解有多少客户与银行联系并计划还款。该银行刚刚得到了 DVD 试验的结果：成功率的 90%的置信区间为（0.29，0.45）。他们以前寄送邮件的方法的成功率为 30%。你能在 $\alpha=0.05$ 的显著性水平下拒绝原假设并得出新方法提高成功率的结论吗？请解释理由。

6. 给定邮寄 DVD 试验中所得到的置信区间，你对此有何建议？该银行是否应该放弃 DVD 邮寄方案？

□ 指导性案例：信用卡促销活动

某信用卡公司计划对下个月消费额在 500 美元以上的客户提供一项特殊促销活动。营销部门从去年相同月份中抽取了 500 名客户，并注意到平均每人消费额为 478.19 美元，且消费额的中位数为 216.48 美元。财务部门认为这里唯一相关的数量是消费 500 美元以上的客户所占比例。如果这一比例低于 25%，实施该项计划就会赔钱。

在 500 名客户中，有 148 名即 29.6%的客户消费额在 500 美元以上。我们能利用置信区间的知识来检验 25%的目标是否达到了吗？

计划 准备：陈述问题并讨论变量及其背景。 假设：原假设是符合要求的客户比例为 25%。备择假设是这个比例会高于 25%。很显然这是单边检验，因而如果我们使用置信区间，必须要注意所使用的置信水平。 模型：检查条件。（因为这是置信区间，我们利用观测到的成功与失败来检验成功/失败条件。） 陈述你的方法。这里我们利用置信区间进行假设检验。	我们想要了解下个月是否会有 25%以上的客户消费额达到 500 美元或以上，以及实施这个特殊的促销活动是否合适。我们将利用一年前同一个月份的数据来估计这个比例，并检验这个比例是否至少为 25%。统计量 $\hat{p}=0.296$，这是消费 500 美元及以上客户的比例。 $H_0: p=0.25$ $H_A: p>0.25$ ✓独立性假设。客户在使用自己的信用卡消费时，并不会相互影响。 ✓随机化条件。这是从公司数据库中随机抽取的样本。 ✓10%条件。样本容量少于全部客户的 10%。 ✓成功/失败条件。有 148 个成功和 352 个失败，都超过了 10。样本足够大。 在这些条件下，抽样模型为正态分布模型。我们将构建一个单比例 z 区间。
实施 技术性工具：写下给定信息并决定样本比例。 为了使用置信区间，我们需要将置信水平与 α 水平的检验相对应。如果我们使用 $\alpha=0.05$，那么由于这是一个单边检验，我们应该构建 90%的置信区间。这样就会在观测值的两端各留出 5%。计算出样本比例的标准误和误差幅度。 临界值 $z^*=1.645$。 置信区间为估计值±误差幅度。	$n=500$，因而 $\hat{p}=\frac{148}{500}=0.296$ $SE(\hat{p})=\sqrt{\frac{\hat{p}\hat{q}}{n}}=\sqrt{\frac{0.296\times 0.704}{500}}=0.020$ $ME=z^*\times SE(\hat{p})$ $=1.645\times 0.020=0.033$ 90%的置信区间为 0.296±0.033 或（0.263，0.329）。
报告 结论：将置信区间与关于原假设的结论相联系，然后在此问题的背景下阐述你的结论。	备忘录 关于：信用卡促销活动。 我们所研究的客户样本中有 26.3%～32.9%的客户消费额在 500 美元及以上。我们有 90%的把握认为这个区间包含了真实值。由于 25%的最小适合值在该置信区间之下，我们得出 25%不是一个合理值的结论，因而拒绝仅有 25%的客户在一个月内消费 500 美元以上的原假设。如果我们研究的月份具有代表性，目标看起来就满足了我们的假设。

□ 举例

置信区间与假设检验

问题：为检验假设（见 10.5 节举例），请构建合适的置信区间并显示我们如何从这一区间得出相同结论。

答案：对于真实比例：$\hat{p}\pm1.96SE(\hat{p})=0.29\pm1.96\times\sqrt{\frac{0.29\times0.71}{200}}=(0.227, 0.353)$，我们可以构建95%的置信区间。因为0.20不是一个合理的值，我们拒绝原假设并得出网站设计效果有效的结论。

10.9 两类错误

没有人是完美的。尽管掌握了大量的证据，我们仍然可能做出错误的决策。实际上，当我们进行假设检验时，我们可能会出现两类错误：

Ⅰ. 原假设为真，但是我们错误地拒绝了它。

Ⅱ. 原假设为假，但是我们并没有拒绝它。

这两类错误就是人们所熟知的第一类错误（Type Ⅰ errors）和第二类错误（Type Ⅱ errors）。区别两者的直接方法就是记住从假定原假设为真开始，因而第一类错误就是可能犯的第一种错误。

在医学疾病检查中，原假设往往是被检查者是健康的。备择假设是被检查者患有正在被检查的疾病。因此，第一类错误是积极错误——健康人被误诊为有疾病。此处的第二类错误是病人被误诊为健康，这是一种消极错误。根据特定的学科和背景，这些错误还有其他的名称。

哪类错误更糟糕，要依据现实情况来判定。在法庭审判中，如果陪审团给无辜的人定罪，这就发生了第一类错误。如果陪审团没有给有罪之人定罪，那么发生的就是第二类错误。哪个错误看起来更糟糕呢？在医学诊断中，消极错误可能意味着病人得不到治疗。积极错误可能意味着健康人要接受不必要的检查甚至手术。

在制定商业计划时，积极错误可能意味着将资金投入无法盈利的项目中。消极错误可能意味着没有将资金投入能够获利的项目。哪个错误更糟糕，是损失投资资金还是错过投资机会？答案往往取决于具体情况、花费及个人观点。

下面是关于两类错误的图解。

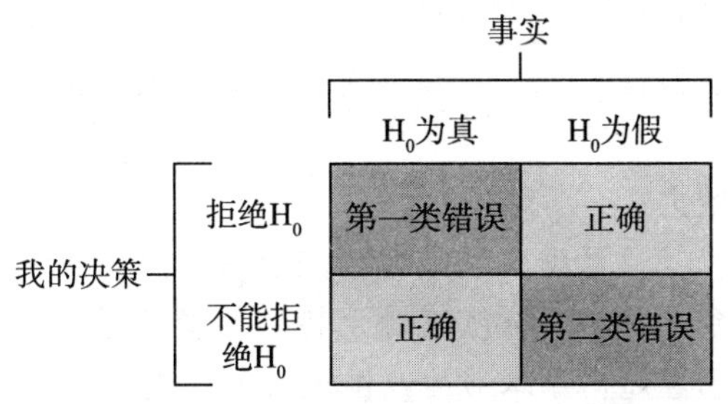

图 10.8　两类错误发生在事实与决策不相符的对角线上。记住，我们最初假设 H_0 为真，因而当 H_0 为真时所犯的错误（拒绝它）是第一类错误，当 H_0 为假时（我们没有拒绝它）所犯的错误是第二类错误。

标识符提示！

在统计学中，α 是犯第一类错误的概率，β 是犯第二类错误的概率。

第一类错误多长时间发生一次？在原假设为真，但我们运气不佳而抽到了一个不正常的样本时会发生第一类错误。为了拒绝 H_0，P 值必须小于 α。当 H_0 为真时，第一类错误就以概率 α 发生了。因此，当你选择 α 水平时，也就是将犯第一类错误的概率定为 α。

如果 H_0 为假呢？我们就不可能犯第一类错误了。你不可能在一个病人身上犯积极错误。只有当 H_0 为真时，第一类错误才可能发生。

当 H_0 为假且我们拒绝了它时，我们就做了正确的事情。检验中分辨错误假设的能力称为检验的效力（power）。在法庭审判中，效力是衡量刑事司法体系为有罪之人定罪能力的指标。我们将在下面的内容中更多地讨论效力的问题。

当 H_0 为假，但我们没有拒绝它时，就犯了第二类错误。我们记犯第二类错误的概率为 β。β 的值是多少呢？由于我们不知道参数的真实值，确定 β 的值比确定 α 的值要难很多。当 H_0 为真时，它给定了一个参数值。但是当 H_0 为假时，我们就不会再有这个值了；而是有很多可能的值。我们可以在 H_A 中计算任意参数值的概率 β，但选择哪个值却是无法确定的。

集中注意力的一种方法就是考虑一下效应大小，也就是说："误差多大才有关系呢？"假设一个慈善团体想检验在邀请捐赠的信封上设置个人地址栏并附带捐赠的邀请，是否会将回应率提高到比基准线高 5%。如果增加地址栏后的最小回应率为 6%，就要计算备择假设 $p=0.06$ 的 β 值。

当然，我们可以通过提高 α 的方式来为所有可选择的参数值降低 β 值。通过使原假设更容易被拒绝，在无论原假设是真还是假的情况下，我们都更有可能拒绝原假设。降低两类错误发生概率的唯一方法就是收集更多证据，用统计术语讲就是收集更多数据。否则，我们只能用一种错误来抵消另一种错误。无论你何时设计一项调查或试验，计算 β 值（对于合理的 α 水平）都是一个好主意。使用与你想计算的效应大小相符的备择假设中的参数值计算 β 值。往往由于样本量太小而无法观察到正寻找的变化，使得调查研究出现失败。

第二类错误发生的概率

原假设给参数设定了一个数值。因而，我们可以很容易地计算犯第一类错误的概率。但备择假设给出了一系列可能的值，我们可能会对几个取值计算一个 β 值。

样本容量与效力

我们已经学习了通过设定误差幅度来计算样本容量的方法。有时候通过选择样本容量来达到某特定的 β 值（对于特定的备选值）更加可行，但这样的计算过程太复杂，已经超出了本书的范围。

□ 快速测试

7\. 还记得银行通过寄送 DVD 催缴贷款的例子吗？银行想获得昂贵的 DVD 策略

比寄信更容易使客户归还欠款的证据。请解释在此情景中的第一类错误是什么，并说明第一类错误对银行的影响。

8. 在银行试验的例子中，第二类错误是什么？并解释它对银行的影响。

9. 如果 DVD 策略的效果很好——实际上有 60%的客户归还贷款——如果还款率为 32%，那么这个检验的效力是高还是低呢？请简要解释一下。

□ 举例

第一类错误与第二类错误

问题：假设一年之后，SmartWool 公司网站上的（见 10.5 节举例）全部交易账户显示 26.5%的访问者最终购买了商品。有任何错误发生吗？

答案：我们拒绝了 $p=0.20$ 的原假设，实际上 $p=0.265$，因而我们没有犯第一类错误（当拒绝原假设时，我们唯一可能犯的错误）。

*10.10 检验效力

检验效力与效应大小

当计划一项研究时，考虑一下我们探寻的效应大小是明智之选。我们将原价值与观测值之间的差异称为效应大小。在计划中，原假设与我们感兴趣的备择假设是不相同的。看到较大的效应大小比较容易，因而研究的检验效力可以随效应大小提高。

一旦研究完成，我们可以将商务决策建立在观测到的效应大小即原假设与观测值之间的区别的基础上。

记住，我们永远无法证明原假设为真。我们仅仅是不能拒绝原假设。但是当我们不能拒绝原假设时，自然会想知道我们是否看起来不够努力。原假设可能实际上为假，而我们的检验效力太弱而不能辨别吗？

当原假设确实为假时，我们希望检验能够充分地拒绝它。我们想知道成功的可能性是多大。检验效力使我们知道检验有多大可能拒绝原假设。检验的效力为我们提供了思考这一问题的方法。检验的效力是正确地拒绝错误原假设的概率。当检验效力高时，我们有把握看起来很努力。我们知道 β 是检验不能拒绝一个错误原假设的概率，因而检验效力等于 $1-\beta$。我们可能仅将检验的效力记作 $1-\beta$，但检验效力是非常重要的概念，并且它有自己的名称。

只要一项研究不能拒绝原假设，检验的效力就存在问题。样本容量是否足够大以探寻已经存在的效应呢？仅仅因为我们没有收集足够的数据或者是收集的数据存在太大的变异性，我们也许已经忽略了一种很大且感兴趣的效应吗？也许问题在于试验缺少足够的效力来识别效应吗？

当计算检验效力时，我们将计算建立在可能影响我们商务决策的最小效应的基础上。检验效力的值取决于效应的大小。对于比例而言，效应大小为 $p-p_0$；对于均值而言，效应大小为 $\mu-\mu_0$。检验效力直接取决于效应大小。对于更大的效应更容易看到，因而 p_0 偏离 p 越远（或 μ 偏离 μ_0 越远），检验效应就越大。

如何确定我们所需要的效力呢？效力的选择与其说是统计上的问题，不如说是财务或科学上的决策问题，其原因在于为了计算效力，我们需要设定感兴趣的备选参数值。换言之，效力是通过特定效应大小而计算出来的，并且它会随着我们想要观察的效应大小而变化。

用图表示效力！

通过图可以直观地看出，效应越大，越容易看出检验效力。获得更大的样本容量，可以降低犯第二类错误的概率，因而就增大了检验效力。这也说明，我们越愿意接受第一类错误，我们犯第二类错误的可能性就越小。

图 10.9 可以帮助我们理清这些概念之间的关系。尽管我们运用比例来显示这些思想，但是一个相似的图形或相似的说明往往也可以表达真实情况。假设我们将检验原假设 H_0：$p=p_0$，备择假设 H_A：$p>p_0$。如果观测值 $\hat{p}$ 足够大，我们将拒绝原假设。$\hat{p}$ 足够大的意思是对于某些临界值 p^*，$\hat{p}>p^*$（图中显示为靠上的曲线右尾的区域）。当原假设为真时，靠上的模型显示了比例抽样分布的图形。如果原假设为真，这幅图就是真实的。由于我们会拒绝（真实的）原假设，只要样本告诉我们 $\hat{p}>p^*$，我们就犯了第一类错误。像这样的异常样本出现的概率为 α。

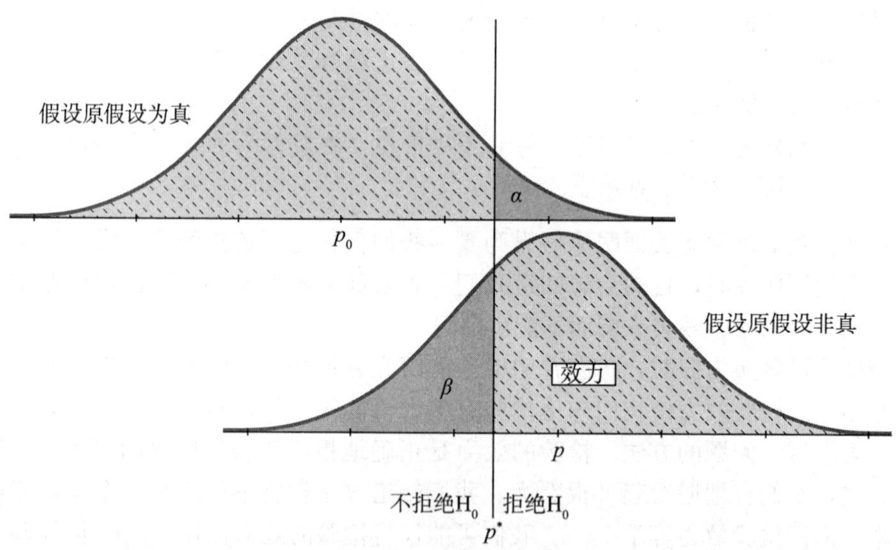

图 10.9　检验效力是拒绝一个错误原假设的概率。靠上的图形显示了原假设的模型。如果观测值在临界值 p^* 右侧的区域，我们在单边检验中拒绝原假设。靠下的图形显示了我们假设真实值为 p 的模型。如果真实值 p 大于 p_0，那么我们更有可能观测到大于临界值的取值，并作出拒绝原假设的正确决定。检验的效力位于靠下图形右侧的区域。当然，即使抽取的样本比例分布在 p 周围，我们有时仍可能会得到落在左侧区域的值，并犯下不拒绝原假设的第二类错误。

然而，在现实中，原假设很少是完全正确的。小概率模型假设 H_0 不为真。特别的是，它假定真实值为 p 而不是 p_0。它表示可能的观测值 $\hat{p}$ 在这个真实值附近的一个分布。由于抽样的变异性，有时 $\hat{p}<p^*$，且我们没有拒绝（错误的）原假设。这样我们就犯了第二类错误。在靠下的图形中曲线下和 p^* 左侧的区域表示第二类错误发生的概率。这一概率为 β。在这幅图形中，β 小于 50%，因而绝大多数情况下我们还能正确决策。检验效力——我们正确决策的概率——图中显示为 p^* 右侧的区域。其大小为 $1-\beta$。

我们根据靠上的图形来计算 p^*，因为 p^* 仅取决于原假设和 α 水平。无论真实的比例是多少，p^* 都不会变化。毕竟我们不知道真实值，因而不能用它来确定临界值。但是当 $\hat{p}>p^*$ 时，我们一般都要拒绝 H_0。

拒绝错误的 H_0 的概率取决于效应大小。我们可以从图形中看到，如果真实比例偏离原假设较多，靠下的曲线将会向右移动，从而使得检验效力更高。

我们可以从这幅图中看到几种重要的关系：

- 检验效力 $=1-\beta$。
- 将临界值（此例中的比例 p^*）向右移动，将减小犯第一类错误的概率 α，但增大了犯第二类错误的概率 β。相应地也降低了检验效力。
- 真实效应（假设值与真实总体值之间的真正差异）越大，犯第二类错误的可能性就越小，且检验效力越高。

如果这两个比例（或均值）相差很远，这两个图形相交的部分就会越少，我们也不可能犯任何第二类错误——但是如果这样，我们也就不需要使用假设检验来区分如此明显的差异了。

同时降低第一类错误和第二类错误

图 10.9 似乎显示了如果我们降低第一类错误，我们必然会自动地增大第二类错误。但有一种方法可以同时减少这两类错误。你能想到吗？

如果我们能够将两条曲线均变窄，正如图 10.10 所示，那么第一类错误和第二类错误发生的概率都将降低，且检验效力也将增大。

我们如何才能做到呢？唯一的方法就是通过增大样本容量来减小标准差。（记住，这些是抽样分布模型的图形，而不是数据的图形。）无论真实的总体参数是多少，增大样本容量都是很有效的。但回想一下收益递减诅咒。抽样分布模型的标准差只随样本总量的平方根的增大而减小，因而为了将标准差减半，我们必须将样本容量扩大 4 倍。

可能出现的错误

- 不要依据你从数据中获得的信息来设定原假设。首先你不可以查看数据以调整原假设，这样就会拒绝原假设。如果你的样本值计算出来 $\hat{p}=51.8\%$，标准差为 1%，就不能设定这样的原假设 H_0：$\hat{p}=49.8\%$，其原因在于你知道它必将被拒绝。原假设不应该依据你所收集的数据来设定。它应该用于描述“没有什么有趣的”或

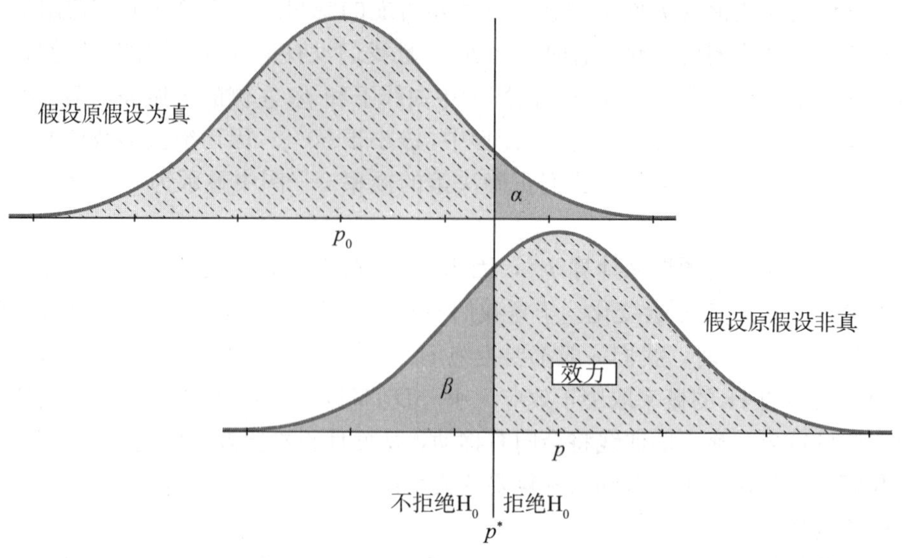

图 10.10　在不改变 α 水平或相应 z 临界值的前提下，标准差变小会提高检验效力。其比例正与图 10.9 中一样，但犯错误的几率会降低。可以对检验的均值绘制出相似的图形。

“没有发生什么变化”这样的情景。

● 不能依据数据设定备择假设。你应该考虑需要调查的情况，并在此基础上提出备择假设。你只是对某些东西是否增加了感兴趣吗？那么就写出一个单边（右尾）备择假设。或者你对任意方向上的变化同等感兴趣吗？那么你就写出一个双边备择假设。你应该根据你感兴趣的结果来决定用单边检验还是双边检验，而不是根据你从数据中可能获得的信息。

● 不要将你想证明是正确的结论作为原假设。记住，原假设就是现状，怀疑的是不存在奇怪事物这个论断。你想知道数据是否能引起这样的怀疑。你可以拒绝原假设，但是永远都不能“接受”或“证明”它。

● 不要忘记检查条件。统计推断建立在随机化基础上。无论如何仔细地计算统计量都不能避免有偏样本的影响。你所计算的概率依据的是独立性假设条件。同时，你的样本容量必须大到足够满足正态分布模型的假定。

● 不要太相信任意的 α 水平。P 值 0.051 与 P 值 0.049 并无太大差别，但有时却是夜晚（保留 H_0）与白天（能够大声地向公众宣布你的结果“在统计上是显著的”）的不同。将 P 值及置信区间都报告出来更好一些，并让公众（也许是你的经理或客户）可以和你一起做出决策。

● 不要混淆现实重要性与统计显著性。大样本容量可以使辨别对原假设值微不足道的偏离变得容易。另一方面，如果你的检验缺乏足够的检验效力，那么你可能忽略很重要的差异。

● 不要忘记即使你付出了最大努力，你也可能做出错误的判断。没有人可以将犯第一类错误的概率（α）或第二类错误的概率（β）减小到零（但增大样本容量有助于减小犯错的概率）。

实践中的伦理

许多零售商已经意识到通过互联网与顾客保持联系是多么重要了。零售商不但通过网络向顾客提供特价商品信息和促销活动信息，而且还可以向顾客寄送电子折扣优惠券。Shellie Cooper 开了有机食品店已经很长时间了，专营本地产的有机食物和产品。这些年来，Shellie 的顾客基础非常稳固，其顾客主要是健康意识高而又对价格不敏感的人，他们愿意为高质量的本地有机产品支付高价。然而，由于面临食品杂货店提供更多有机食品选择的竞争，Shellie 正在考虑提供优惠券。她需要在报纸与网络之间做出选择。她最近读到这样一个消息：顾客使用可打印的网络优惠券的比例虽然正在提高，但仅有 15%，远低于从报纸上剪下优惠券所占的比例 40%。然而，她想了解更多关于网络的信息，并与网络顾问 Jack Kasor 进行了面谈。她发现作为一项初始投资且每月收取费用，Jack 可以设计 Shellie 网站，在他的服务器上托管，并定期将电子优惠券在网站上发布。当她还在专注于研究报纸优惠券与电子优惠券在兑换率上的差别时，Jack 鼓励她说电子优惠券的兑换率正在持续提高，并且她可以期望有 15%～40%的顾客使用优惠券。Shellie 同意试一试。在最初的 6 个月过后，Jack 告诉 Shellie，兑换电子优惠券的顾客比例明显高于 15%。Jack 是通过从随机派送的优惠券（3 000 份）中得到兑换的数量（483 份）得出结果的。Shellie 认为电子优惠券是有效果的，并决定继续使用电子优惠券。

伦理问题 统计显著性与实际重要性的比较。从统计上讲，Shellie 的顾客兑换电子优惠券的比例显著大于 15%，事实上这个比例刚超过 16%。这种差异相当于大约 33 位顾客高于 15%，这对 Shellie 而言实际上就没有那么重要了（与《美国统计学会道德指南》第 A 条款相关）。15%～40%的范围会误导 Shellie 相信比例会在该范围之内。

伦理解决方案 Jack 应该向 Shellie 报告观测值与假设值之间的区别，特别是还存在后续使用电子优惠券的相关费用。也许他应该建议 Shellie 重新考虑使用报纸优惠券。

小结

学习目标

■ 了解如何对感兴趣的问题设定原假设和备择假设。

- 原假设设定了参数，并对该参数设定了（原）数值。
- 备择假设设定了一系列可能的取值，使得我们不能拒绝原假设。

■ 能够对比例进行假设检验。

- 原假设的形式为 H_0：$p=p_0$。

● 通过假设原假设为真：$SD(\hat{p})=\sqrt{\frac{p_0q_0}{n}}$，我们估计出样本比例的抽样分布的标准差。

● 我们将统计量 $z=\frac{\hat{p}-p_0}{SD(\hat{p})}$运用于标准正态分布模型。

■ 理解 P 值。

● P 值为观测一个统计量的值的估计概率，该值与原假定值的偏离至少与实际观测到的统计量的值一样大。

● 小的 P 值表示我们观测到的统计量非真，原假设不可能为真。这导致我们对原假设产生怀疑。

● 大的 P 值仅仅告诉我们没有充足的证据可以怀疑原假设。特别的是，这不能证明原假设为真。

■ 了解假设检验的推理。

● 说明假设。

● 决定（并假设）抽样分布模型。

● 计算检验统计量——技术性方法。

● 阐述你的结论和决策。

■ 能够依据双边或单边备择假设做出决定，并调整你的决定。

■ 将 P 值与预先确定的 α 水平进行比较，以决定是否拒绝原假设。

■ 了解估计值并报告效应大小。

● 如果估计效应微不足道，那么检验可能是统计上显著而实际上不重要。

■ 当检验假设时，能够意识到犯错误的风险。

● 如果原假设实际上为真，当拒绝原假设时，就犯了第一类错误。

● 如果原假设实际上为假，当没有拒绝原假设时，就犯了第二类错误。

■* 对于选修部分，理解检验效力的概念。

● 当我们没有拒绝原假设时，要特别关注检验效力。

● 对于给定的效应大小，检验效力显示检验可能拒绝非真原假设的概率。

● 记住，随着样本容量增大，任意检验的效力一般将提高。

术语

α 水平：当我们拒绝原假设时，P 值的临界值就确定了。通过使用 α 水平，如果我们观察到基于原假设的观测统计量的 P 值小于 α 水平，就拒绝原假设。

备择假设：当原假设非真时，我们将其作为结论的假设。

临界值：在抽样分布模型中，统计量的取值的 P 值等于 α 水平。任何偏离原假定值比临界值更远的统计量的 P 值比 α 小，这会使我们拒绝原假设。临界值常用带星号的字母表示，如 z^*。

效应大小：原假设与观测值（提出的值）之间的差异。

原假设：假设检验被评估的命题。通常情况下，原假设表述为“与初始值相比没有变化”、“无效应”、“无差别”或“无关系”。对于可检验的原假设命题，它必须对某个总体参数赋值，这些参数可以形成检验统计量假设的抽样分布的基础。

单比例 z 检验：单样本比例等于某特定值（$H_0: p=p_0$）的原假设检验，同时要将统计量 $z=\frac{\hat{p}-p_0}{SD(\hat{p})}$ 与标准正态分布模型的统计量进行比较。

单边备择假设：当我们只关注在一个方向上偏离假设的参数值时，备择假设就是单边的（如 $H_A: p>p_0$ 或 $H_A: p<p_0$）。

P 值：检验统计量的观测值偏离假定值的大小至少与偏离原假设为真时实际观测到的统计量的值一样大小的概率。小的 P 值意味着观测值在给定的原假设条件下，取得的观测值是不合适的，这也提供了拒绝原假设的证据。

*检验效力：假设检验能够正确地拒绝非真原假设的概率。为了计算检验的效力，我们必须指定一个特定的其他参数值作为“真实”值。对于备择假设中的任意特定值，检验的效力等于 $1-\beta$。

显著性水平：α 水平的又一名称，它往往被用于“在 5%的显著性水平下”这样的表述中。

双边备择假设：当我们对于任一方向上偏离假定的参数值感兴趣时的备择假设是双边的（如 $H_A: p\neq p_0$）。

第一类错误：拒绝事实上为真的原假设的错误（也称为“积极错误”）。犯第一类错误的概率为 α。

第二类错误：没能拒绝事实上为假的原假设的错误（也称为“消极错误”）。犯第二类错误的概率通常记作 β，它取决于效应大小。

技术帮助：假设检验

比例的假设检验如此简单，以至于自然而然地许多统计学软件包并未对其提供特有的命令。多数统计学程序想要知道每个个案“成功”与“失败”的状态。这两个状态一般用 1 或 0 来表示，但它们也可能用分类名称“是”和“否”表示。我们往往只知道成功的比例 $\hat{p}$ 和总数 n。计算机软件包一般不会自动地处理概括性数据，但请看下面两个重要的例外情况（Minitab 和 JMP）。

在一些程序中，你可以对原始数据进行转换。但是，即使你已经转换（或能转换）原始数据值，通过计算机软件通常得到的检验统计量不会与你用手工计算得到的完全相同。其原因在于计算机程序在将比例作为均值处理时，往往会做一些近似。两者的计算结果很相似，但并不完全相同。如果你使用计算机软件包，可能就会注意到你的答案与书后的答案有细微的差别，但这些差别并不重要。

通过统计学软件包输出的关于假设检验的报告没有统一的格式。大多数会给出检验的名称、检验统计量的值、标准差和 P 值。但这些要素也可能没有清晰地注明。例如，“Prob>|z|”表示观测到的统计量的大小（绝对值告诉了我们这一点）大于用数据（因为将它写成“z”，所以知道它服从正态分布模型）计算的统计量的值（“z”）的概率值（“Prob”）。这说明双边的 P 值是一个假想（并非特别清楚）的方式。在一些软件包中，你可以通过设定来得到单边检验结果。另一些软件包可能会报告 3 个 P 值，包括两个单边检验和一个双边检验的 P 值。

有时候，置信区间与假设检验会同时被统计软件自动给出。置信区间对应的置信水平应该是 $1-\alpha$。

通常情况下，统计量的标准差称为"标准误"，并且由于我们必须通过数据来估计它们的值，这样的称谓一般是合适的。然而，这并不适合于比例问题：我们必须从原假设的值来得到比例的标准差。但是，你仍然可能看到假设检验中比例的标准差也被称为"标准误"。

统计学软件包和计算器可以报告出比从数据中可能发现的更"精确的"小数位，这很常见。你可以放心地忽略它们。你可以在报告数据时将类似于标准差这样的统计量四舍五入成一位小数。

下面是你可能在典型的计算机输出结果中看到的结果。

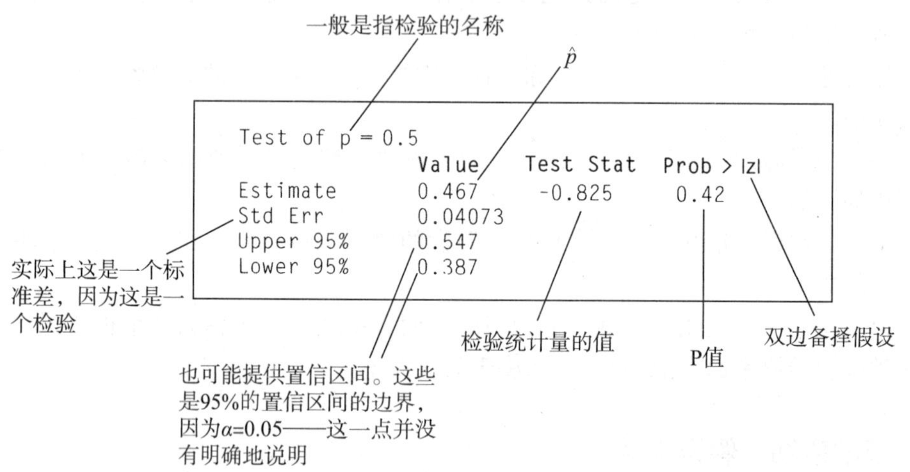

EXCEL

标准 Excel 工具箱中并不包含比例的推断方法。

注释：

对于概括性数据，在任意单元格中输入计算公式并进行评估。

你可以使用 DDXL 插件计算比例的假设检验。选择变量进行检验。从 DDXL 菜单中选择"Hypothesis Tests"。在假设检验对话框中，选择"1 Var Prop Test"。选定检验的变量并点击"OK"。

EXCEL/XLSTAT

对一个比例进行检验。

- 选择"Parametric Tests"，然后点击"Tests for one proportion"。
- 按照你求置信区间的做法填写对话框。如果你正在对比例进行检验，在"Test proportion"空白处填写原假设中的比例。在"Options"选项卡下，选择"Variance"下面的"Test proportion"。

MINITAB

从"Stat"菜单中选择"Basic Statistics"。

- 从"Basic Statistics"子菜单中选择"1 Proportion"。
- 如果数据为变量的分类名称，在变量列表中将其选中，并将其拖入"Samples

in columns”框中。

● 如果你有概括性数据，点击“Summarized Data”按钮，并输入试验次数和成功次数。

● 点击“Options”按钮，并设定剩余的细节。

● 如果你有一个大样本，检查“Use test and interval based on Normal distribution”。

● 点击“OK”按钮。

注释：

当处理的变量是定性变量时，MINITAB 会把最后的类别当作“成功”。你可以指定各种类别如何排序。

SPSS

SPSS 中不包含比例的假设检验。

JMP

对于一个有类别标签的定性变量，“Distribution”平台包含了假设检验和比例的置信区间。

● 对于概括性数据，在一个变量中输入类别名称，并在相邻的变量中输入频数。

● 指定频数列，使其起到频数的作用。

● 之后使用“Distribution”平台进行检验。

注释：

JMP 对比例推断使用的方法与本书已经讨论过的方法略有不同。因而你获得的答案也略有不同。

□ 微型案例

金属生产

钢锭是大块的金属，重量往往超过 20 000 磅，使用巨大的磨具制造而成。钢锭必须被切割成一大块，以供在制造汽车和飞机较大构件时使用。如果制造的钢锭有裂缝，裂缝可能会扩散到使用的部分，影响其完整性。飞机制造商要求生产飞机用的金属必须是零缺陷的，因而如果钢锭被检查到有任何裂缝，就必须重新再做。

尽管有裂缝的钢锭可以再回收利用，但这会造成成千上万美元的损失。金属制造商希望尽最大可能避免裂缝的产生，但仅仅大约 75%的钢锭是完全没有裂缝的。从改进工艺后生产的钢锭中抽取了 5 000 块，得到的相关数据放置于 Ingots 文件中。变量 Crack 表示钢锭是否被发现裂缝：有裂缝（1），没有裂缝（0）。变量 Impurities 表示从一个样本中所发现的有缺陷的钢锭数量（用 ppm 表示）。选取包含 100 块钢锭的随机样本，检验“缺陷率与最初的 25%相比已经有所减少”这个假设。并计算出缺陷率的置信区间。现在选取包含 1 000 块钢锭的随机样本，检验假设并计算置信区间。对你的发现准备一个简单的报告，其中包括你从两个样本中看出的任意差别。

忠诚计划

营销经理向随机选取的顾客样本寄送了 10 000 封邮件，以检验一种新的基于网络的忠诚计划，并了解其对顾客购买的影响。这些顾客要么得不到任何东西（No Offer），要么得到免费机票（Free Flight），或者在下次飞行中得到免费保险（Free Insurance）。负责该项检验并随机选取样本的分析员向市场部经理保证这个样本代表了不同细分市场的顾客，但是经理仍有一些担心。首先，她担心“Travel”部分（包含了全部顾客的25%）的顾客没有代表性（变量 Segment）。除此之外，她担心这部分顾客中不足 1/3 的人实际上没有被关注且没有得到任何东西。利用文件 Loyalty _ Program 提供的数据，给经理写一份检验适当假设并总结你的发现的简短报告。在报告中还要写出签约忠诚计划的顾客比例的 95%的置信区间。（变量Response中，1 表示签约忠诚计划，0 表示没有签约。）

□ 快速测试答案

1. 你不能得出原假设为真的结论。你只能认为检验不能拒绝原假设。他们不能依据 12 名患者的疗效来证明阿司匹林有效。

2. 原假设为 H_0：$p=0.75$。

3. 依据 P 值为 0.000 1，可以非常充分地拒绝原假设。我们可以拒绝 H_0并认为改进药物配方提高了病情缓解的患者比例。

4. 感兴趣的参数是比例 p，即在所有拖欠债务的顾客中愿意支付账单的顾客比例。H_0：$p=0.30$ 与 H_A：$p>0.30$。

5. 在 $\alpha=0.05$ 的情况下，你不能拒绝原假设，其原因在于 0.30 落在了 90%的置信区间内——寄送 DVD 不比寄送信件更有效是合理的。

6. 置信区间是（29%，45%）。DVD 策略成本很高，且不一定很值得。我们不能从试验结果中将成功率和 30%区别开，但 45%可能代表了很大的提高。银行应该考虑再进行一次试验，增加样本容量以获得更小的置信区间。

7. 第一类错误意味着认为 DVD 策略的成功率高于 30%，但实际上并非如此。银行可能会采用成本更高的方法，但并不会优于最初成本较低的策略。

8. 第二类错误意味着认为 DVD 策略无效，但实际上却很有效。银行将不会发现从拖欠账户上增加收入的有效方法。

9. 更高；效应大小越大，检验效力越高。容易发现 60%的成功率的检验效力优于 32%的成功率的检验效力。

第 11 章 均值的置信区间和假设检验

吉尼斯公司

1759 年，当阿瑟·吉尼斯（Arthur Guinness）34 岁时，他开始了一项令人难以置信的冒险，就是与都柏林一家破旧的、被遗弃的啤酒厂签订了 9 000 年的租约。啤酒厂占地 4 英亩，由一个磨坊、两个麦芽坊、能容纳 12 匹马的马厩及能容纳 200 吨干草的阁楼组成。当时，酿酒是一个艰难和有竞争性的市场。杜松子酒、威士忌酒和传统的伦敦波特酒（London porter）都是可以选择的酒。

都柏林以更清淡的啤酒而闻名，但吉尼斯开始酿造黑波特酒，直接与英国的酿造者竞争。40 年之后，吉尼斯完全停止酿造清淡的都柏林啤酒而专心于他的黑啤酒和波特酒。当 1803 年他去世时，他的儿子阿瑟·吉尼斯二世接管了公司，并在几年后开始向欧洲其他国家出口吉尼斯黑啤酒。到了 19 世纪 30 年代，吉尼斯黑啤酒厂已经是爱尔兰最大的酿酒厂。1886 年，吉尼斯酿酒厂年产量达到 120 万桶，成为第一个在伦敦证券交易所上市的大型酿酒厂。19 世纪 90 年代，公司开始聘请科学家，威廉姆·S·戈塞特（William S. Gosset）就是其中之一，他被聘请来检验酿造过程的质量。戈塞特不仅是工业领域质量控制方法的开创者，而且他的统计著作也使现代统计推断成为可能。[①]

威廉姆·S·戈塞特作为一名都柏林吉尼斯酿酒厂的化学家，负责质量控制。他的工作就是确保黑啤酒（一种浓的黑啤酒）离开酒厂之后仍能以高品质满足对啤酒有鉴别力的消费者们。当检验黑啤酒时，很容易想象检验大量的黑啤酒是令人讨厌的，更别说对身体健康的危害了。因此，为了检验质量，戈塞特对每批黑啤酒往往使用只包含 3～4 个观测值的样本。但是，他注意到使用这种容量的样本，他的质量检验并不十分准确。他知道这一点的原因在于他拒绝的啤酒批次被送回实验室进行

① 资料来源：吉尼斯公司，www.guinness.com/global/story/history。

更大规模的检验时，检验结果经常证明他的结论是错误的。作为一名践行实践的统计学家，戈塞特明白他有些时候是错误的，但他讨厌所犯错误比理论预测的错误要多。戈塞特遭受挫折所带来的一项成果是开发了一个检验方法来处理小样本，这也是本章内容的主要议题。

11.1 均值的抽样分布

中心极限定理指出任何均值或比例的抽样分布都近似为正态分布。但是哪种正态分布？我们知道任何正态分布模型都根据其均值和标准差来分辨。对于比例而言，抽样分布是以总体比例为中心。对于均值而言，是以总体的均值为中心。我们预期其他的分布是怎么样的呢？

标准差如何分布呢？我们知道在投骰子模拟中，随着我们投骰子次数的平均值的提高，直方图变得越来越窄。这不足为奇。均值比单个观测值的变化要小一些。思考一分钟。你所在统计学班级有一个人的身高超过 6 英尺 9 英寸或者参加统计学课程的 100 名学生的身高均值超过 6 英尺 9 英寸，哪一个更令人惊讶呢？第一个情况太少见了。[①] 你可能有时候会看到你所在班级的某个学生达到这个身高。但是一个班级的 100 名学生的平均身高超过 6 英尺 9 英寸简直不可能发生。为什么呢？均值的标准差比单个数值的标准差要小。

样本容量可以调整均值。

——虚构的统计学言论

也就是说，均值的抽样分布的正态分布模型的标准差等于 $SD(\bar{y})=\frac{\sigma}{\sqrt{n}}$，其中 σ 为总体的标准差。为了强调这是抽样分布模型的标准差参数，对于样本均值 $\bar{y}$，我们记作 $SD(\bar{y})$ 或 $\sigma(\bar{y})$。

均值的抽样分布模型

当从任一总体中随机抽取一个均值为 μ 和标准差为 σ 的样本时，其样本均值 $\bar{y}$ 具有相同均值 μ 但标准差为 $\frac{\sigma}{\sqrt{n}}$ 的抽样分布，且我们记作 $\sigma(\bar{y})=SD(\bar{y})=\frac{\sigma}{\sqrt{n}}$。无论随机样本从什么样的总体中抽取而来，只要样本容量足够大，抽样分布的形状就近似为正态分布。所使用的样本越大，均值的抽样分布越近似于正态分布。

现在我们有了两个紧密相关的抽样分布模型。使用哪个模型取决于我们拥有哪类数据。

- 对于分类数据，我们计算样本比例 $\hat{p}$。其抽样分布遵循均值为总体比例 p 且

① 如果学生属于成年人的一个随机样本，身高超过身高 6 英尺 9 英寸的比例应该低于 1/10 000。为什么对于身高而言，大学生真的不属于随机样本？即使他们不是完全随机的样本，身高超过 6 英尺 9 英寸的大学生仍然太少见了。

标准差为 $SD(\hat{p})=\sqrt{\frac{pq}{n}}=\frac{\sqrt{pq}}{\sqrt{n}}$ 的正态分布模型。

- 对于定量数据，我们计算样本均值 $\bar{y}$。其抽样分布遵循均值为总体均值 μ 且标准差为 $SD(\bar{y})=\frac{\sigma}{\sqrt{n}}$ 的正态分布模型。

这些模型的均值很容易记住，因而你需要认真对待的就是标准差。记住，这些是统计量 $\hat{p}$ 和 $\bar{y}$ 的标准差。两者的分母中都有一个 n 的平方根。这点告诉我们样本越大，任一统计量的变化越小。唯一的不同在于它们的分子。如果你正是以写出定量数据的 $SD(\bar{y})$ 和分类数据的 $SD(\hat{p})$ 开始，那么你将能够记住使用哪个公式。

□ 举例

使用均值的抽样分布计算

假设某公司装运的箱子重量遵循单峰、对称分布，且均值为 12 磅、标准差为 4 磅。通过每个甲板装运 10 个箱子的方式运输。托运人限定每次最多装运 150 磅。

问题：甲板超过最高重量限制的概率是多少？

答案：提问 10 个箱子组成的样本总重量超过 150 磅的概率与提问平均重量超过 15 磅的概率是一样的。首先我们会检查一下条件。我们假定甲板上的 10 个箱子是从箱子总体中抽取的随机样本，且箱子的重量是相互独立的。我们被告知重量的潜在分布是单峰且对称的，因而由 10 个箱子组成的样本应该足够大。10 个箱子确实少于该公司所装运箱子总体的 10%。

在这些条件下，中心极限定理指出 $\bar{y}$ 的抽样分布遵循正态分布模型，其均值为 12，标准差为

$$SD(\bar{y})=\frac{\sigma}{\sqrt{n}}=\frac{4}{\sqrt{10}}=1.26,\ z=\frac{\bar{y}-\mu}{SD(\bar{y})}=\frac{15-12}{1.26}=2.38$$

$$P(\bar{y}>150)=P(z>2.38)=0.0087$$

因此，托运人拒绝某个甲板的概率仅为 0.008 7——低于 1%。

11.2 抽样分布模型如何有效

我们所看到的两个抽样分布都是正态分布。我们知道对于比例而言 $SD(\hat{p})=\sqrt{\frac{pq}{n}}$，且对于均值而言 $SD(\bar{y})=\frac{\sigma}{\sqrt{n}}$。如果我们知道或者可以自称我们知道 p 或 σ，这些就很重要，并且有时候我们真的可以这么做。

通常情况下我们只知道观测比例 $\hat{p}$ 或样本标准差 s。因而，当然我们仅仅使用我们所知道的并进行估计。这看起来不可能像是很重要的方面，但它获得了一个特殊的名字。只要我们估计的是抽样分布的标准差，就称其为标准误（SE）。

对于样本比例 $\hat{p}$，其标准误为：

$$SE(\hat{p})=\sqrt{\frac{\hat{p}\hat{q}}{n}}$$

对于样本均值 $\bar{y}$，其标准误为：

$$SE(\bar{y})=\frac{s}{\sqrt{n}}$$

你可以看到计算机程序在总结中报告的或计算器给出的“标准误”。如果没有给定统计量，假定均值的标准误 $SE(\bar{y})$ 的含义是可行的。

□ 快速测试

1. 100 名学生参加商学院入学考试 GMAT 取得成绩的均值为 520、标准差为 120。这一学生样本成绩均值的标准误是多少？

2. 随着样本容量增加，标准误会发生什么变化（假定标准差保持不变）？

3. 如果样本容量翻倍，对标准误会有什么影响？

为了跟踪研究我们所看到的概念之间是如何联系的，可以画出它们之间的关系图。这一思想的核心在于统计量自身（样本比例或样本均值）是随机数量。我们不可能知道统计量将会是什么，其原因在于它来自于随机样本。不同的随机样本会得到不同的结果。样本之间的变异导致了抽样分布的产生，即统计量可能出现的所有可能取值的分布。

我们通过有意选取大量样本，可以模拟其分布情况。幸运的是，对于均值和比例而言，中心极限定理告诉我们可以利用正态分布模型直接对抽样分布进行建模。

关于抽样分布的两个基本事实是：

1. 因为样本是变化的，所以抽样分布出现了。每个随机样本会包含不同的个案，并且统计量因此有不同的取值。

2. 尽管我们总是可以模拟抽样分布，但是中心极限定理为我们解决了有关均值和比例的问题。

当不知道 σ 时，我们使用一个真实样本的标准差对其进行估计。这样给出标准误 $SE(\bar{y})=\frac{s}{\sqrt{n}}$。

图 11.1 绘制了这一过程。

我们画出一个样本容量为 n 的真实样本（实线表示的曲线），并显示出其直方图和概括统计量。我们想象（或模拟）抽取许多其他样本（虚线表示的曲线），这些样本有它们自己的直方图和概括统计量。

我们（想象）将所有均值集中到直方图中。

中心极限定理告诉我们可以使用正态分布模型对此直方图的形状进行建模。该正态分布模型的均值为 μ，标准差为 $SD(\bar{y})=\frac{\sigma}{\sqrt{n}}$。

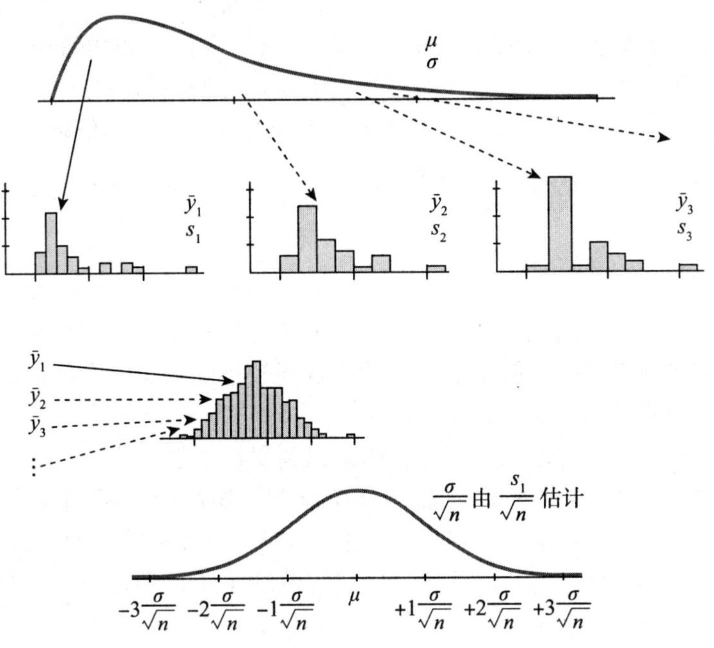

图 11.1　我们从一个总体模型开始，总体模型可以具有任意形状。它甚至可以是双峰或有偏的（如本图所示）。我们将此模型的均值记作 μ、标准差记作 σ。

11.3　戈塞特与 t 分布

你已经学会了如何对比例构建置信区间。现在我们想要对均值做相同的事情。我们发现比例的置信区间为

$$\hat{p}\pm ME$$

ME 等于临界值 z^* 乘以 $SE(\hat{p})$。均值的置信区间看起来与下面的式子很相似：

$$\bar{y}\pm ME$$

并且 ME 等于临界值乘以 $SE(\bar{y})$。接下来我们将这些部分合并起来。中心极限定理在第 9 章后半部分告诉我们的内容正是我们所需要的。

中心极限定理

当从任一总体中抽取的随机样本的均值为 μ、标准差为 σ 时，只要样本容量足够大，样本均值 $\bar{y}$ 的抽样分布形状近似于正态分布。我们使用的样本越大，均值的抽样分布就越接近于正态分布。抽样分布的均值为 μ、标准差为 $SD(\bar{y})=\frac{\sigma}{\sqrt{n}}$。

这提供给我们关于均值的抽样分布和标准差。我们所需要的是定量数据的一个随机样本和总体标准差 σ 的真实值。

但是请等一下。这可能是一个问题。为了计算 $\frac{\sigma}{\sqrt{n}}$，我们需要知道 σ。我们如何知道 σ 呢？假定我们告诉你 25 位年轻主管的股票组合价值的均值为 125 672 美元，这会告诉你 σ 的值吗？不，标准差取决于主管们投资的相似程度，而不是他们的收益（那是均值告诉我们的）。但是我们需要 σ，因为它是样本均值标准差计算公式中的分子：$SD(\bar{y})=\frac{\sigma}{\sqrt{n}}$。因而，我们能做什么呢？显而易见的答案是使用来自数据的样本标准差代替 σ。其结果就是标准误：$SE(\bar{y})=\frac{s}{\sqrt{n}}$。

一个世纪之前，人们仅仅在正态分布模型中使用标准误，假设它是有用的。对于大样本，它的效果很好。但是他们开始注意到较小的样本存在的问题。标准误额外的变动正在严重破坏 P 值和误差幅度。

戈塞特是研究这一现象的第一人。他意识到我们不仅需要允许更大误差幅度的额外变动，而且还需要一个新的抽样分布模型。实际上，我们需要整个模型族(family)，这取决于样本容量 n。这些模型是单峰、对称和钟形的，但是样本越小，我们就必须将尾巴伸展得越长。戈塞特的研究改变了统计学，但是大多数使用他成果的人甚至不知道他的名字。

为了找到 $\frac{\bar{y}}{s/\sqrt{n}}$ 的抽样分布，戈塞特进行了手工模拟。他从一个帽子中成百上千次抽取纸条的小样本，并且用机械式手摇计算器计算均值和标准差。现在，对于你可能用计算机数秒时间内就能进行的试验，他用了超过一年的时间。戈塞特的试验如此认真，不仅使他得到了新的近似正确的直方图形状，而且他从他的样本中甚至计算出了精确的公式。这个公式直到数年后才由费希尔爵士从数学上进行了证明。

威廉姆·S·戈塞特

戈塞特的 t 分布

戈塞特用统计推断得出了对黑啤酒质量检验的结论。他知道如果使用 95%的置信区间，那么大约有 5%的优质批次的黑啤酒无法确认出。然而，试验告诉他实际上他拒绝了大约 15%的优质批次的黑啤酒。戈塞特知道一些地方出错了，而且这使他产生了疑问。

戈塞特从其工作中抽出时间来研究该问题，并且在统计学的新兴领域获得了一个研究生学位。他计算出当他使用标准误 $s/\sqrt{n}$ 时，抽样模型的形状不再是正态的。他甚至计算出新的模型是什么，并称其为 t 分布。

吉尼斯公司没有为戈塞特的工作提供许多支持。事实上，该公司有一个反对发表研究成果的政策。戈塞特必须使公司相信他不会公布公司的工业秘密，并且（作为得到发表许可的要求之一）不得不使用一个笔名。他选择的笔名是“学生”，并且从那时起，他发现的模型被称为学生 t 模型。

戈塞特的模型总是钟形的，但随着样本容量的变化而改变细节（见图 11.2）。因而，学生 t 模型构成了相关的一族分布，并且这些模型取决于称为自由度（degrees of freedom）的参数。我们通常把自由度表示为 df，模型表示为 t_{df}，自由度的数值作为下标。

学生 t 模型是单峰、对称和钟形的，正如正态分布模型一样。但是只有几个自由度的 t 模型比正态分布模型有更窄的顶部和更宽的尾部。(那就是为什么误差幅度会更大。）随着自由度的增加，t 模型越来越像正态分布模型。事实上，无限自由度的 t 模型正好就是正态分布模型。[①] 如果你碰巧有无穷多个数据值，这就是个重要的信息。遗憾的是，这是不实际的。幸运的是，几百以上的自由度与无穷大几乎没有区别。当然，在很少的情况下我们会知道 σ，此时如果不使用该信息将是愚蠢的。如果我们不必估计 σ，就可以使用正态分布模型。在通常情况下，σ 的取值取决于（大量的）试验或理论模型。然而，一般我们使用样本数据中得到的 s 来估计 σ，并使用 t 模型。

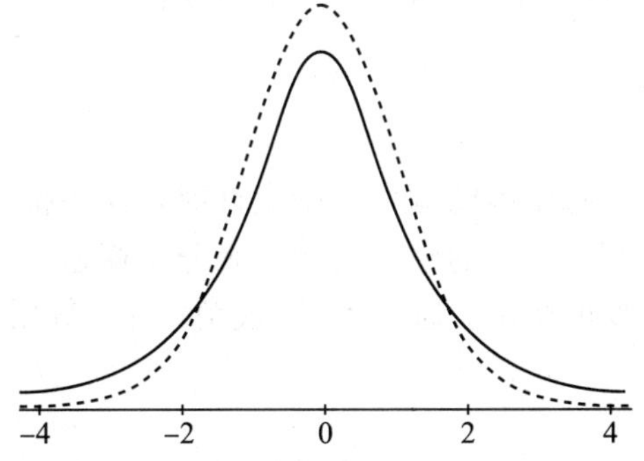

图 11.2　2 个自由度的 t 模型（实线表示的曲线）比正态分布模型（虚线表示的曲线）的尾巴要宽一些。因而 68—95—99.7 法则对于只有几个自由度的 t 模型不适用。

z 还是 t?

如果你知道 σ,使用 z。(那是很少见的!) 只要使用 s 来估计 σ,都使用 t 。

使用已知的标准差

即使在最为严格的制造过程控制下，变异也是制造业所固有的。然而，为了确保各部分的差异不会太大，通过在固定的时间间隔选取样本的方式来对制造过程进行质量专业监控。测量出这些样本的质量均值，如果这些样本与理想的目标均值相差太大，生产就会停止，直到发现导致问题产生的根本原因。为了评估一个晶片样本，质量工程师对样本平均厚度与目标均值进行比较。但是，他们没有通过使用相同样本之间的标准误来估计均值的标准差。他们不是基于之前制造标准差来得到均值标准差，而是依据相似部件的大样本进行估计的。

① 形式上，在极限中自由度的取值趋向于无穷大。

在此案例中，标准差可以被看作“已知的”，并且正态分布模型而不是 t 分布可以被用于抽样分布。

11.4 均值的置信区间

标识符提示！

自戈塞特之后，字母 t 在统计学中作为他发现的分布的名称被保留下来。

为了构建置信区间，我们需要使用戈塞特模型。用哪一个呢？对于均值，自由度的正确值为 df$=n-1$。

均值的实际抽样分布模型

当某些条件满足时，标准化的样本均值

$$t=\frac{\bar{y}-\mu}{SE(\bar{y})}$$

服从自由度为 $n-1$ 的学生 t 模型。得到标准误：

$$SE(\bar{y})=\frac{s}{\sqrt{n}}$$

当戈塞特纠正正态分布模型的额外不确定性时，误差幅度变大了，这就像你可能猜到的那样。当你使用戈塞特的模型代替正态分布模型时，置信区间会稍微变宽一些。这恰好是你所需要的修正。通过使用 t 模型，你正好用正确的方法抵消了额外的变动性。

单样本 t 区间

当假设和条件满足时，我们可以计算出总体均值 μ 的置信区间。置信区间为：

$$\bar{y}\pm t_{n-1}^{*}\times SE(\bar{y})$$

其中均值的标准误为：

$$SE(\bar{y})=\frac{s}{\sqrt{n}}$$

临界值 t_{n-1}^{*} 取决于你设定的特定置信水平以及从样本容量中得到的自由度 $n-1$。

计算 t^* 值

标识符提示！

当计算正态分布模型的临界值时，我们称其为 z^*。当使用学生 t 模型时，我们将临界值记作 t^*。

不同自由度取值对应的学生 t 模型是不相同的。我们可以对每个自由度取值绘制

像 Z 表（见附录）一样的表格，但是这样的表格页码太多，且不可能很畅销。压缩此书的一个方法是限定 80%、90%、95%和 99%的置信水平。因而统计学书籍通常包含一个对应于选定的置信水平集合的 t 模型临界值表。这个表格也是如此；请见附录中的 t 分布表。（你也可以在互联网上查找表格。）

t 分布表的页数取决于适合的自由度数量，并且正如你从图 11.3 所看到的，与正态分布模型表格相比，它们更易于使用。t 分布表的数据延伸到页面底部，并用尽了空间。当然，对于足够的自由度而言，t 模型越来越接近于正态分布模型，因而该表格在最后一行列出了正态分布模型的临界值，并记作“ ∞ df”。

双尾概率		0.20	0.10	0.05
单尾概率		0.10	0.05	0.025
t 分布表	df			
t_α 值	1	3.078	6.314	12.706
	2	1.886	2.920	4.303
	3	1.638	2.353	3182
	4	1.533	2.132	2.776
	5	1.476	2.015	2.571
	6	1.440	1.943	2.447
双尾	7	1.415	1.895	2.365
	8	1.397	1.860	2.306
	9	1.383	1.833	2.262
	10	1.372	1.812	2.228
单尾	11	1.363	1.796	2.201
	12	1.356	1.782	2.179
	13	1.350	1.771	2.160
	14	1.345	1.761	2.145
	15	1.341	1.753	2.131
	16	1.337	1.746	2.120
	17	1.333	1.740	2.110
	18	1.330	1.734	2.101
	19	1.328	1.729	2.093
	⋮	⋮	⋮	⋮
	∞	1.282	1.645	1.960
	置信水平	80%	90%	95%

图 11.3　附录中的部分 t 分布表

□ **举例**

计算均值的置信区间

根据环境保护基金，"美国人正在吃越来越多的大马哈鱼，被其丰富的口感和对健康有益所吸引。他们越来越多地选择养殖的大马哈鱼，因为其易于购买且价格低。但是在过去的几年中，养殖的大马哈鱼因其品质风险与大马哈鱼养殖业的生态影响而饱受非议。研究表明一些养殖的大马哈鱼比野生大马哈鱼含有较多的类似多氯联苯的污染物，并且人们对工业对野生大马哈鱼数量的影响变得越来越关注。"

在一项被广泛引用的关于养殖的大马哈鱼污染物的研究中，对不同来源的鱼进行了 14 种有机污染物的分析。[①] 其中的一种污染物是杀虫剂灭蚁灵，此物质被发现是致癌的，且被怀疑对于肝脏、肾脏和内分泌系统有害。对来自各种养殖大马哈鱼的 150 份杀虫剂灭蚁灵浓度（百万分之一）的总结报告显示：

$$n=150;\qquad \bar{y}=0.0913\text{ppm};\qquad s=0.0495\text{ppm}$$

问题：美国环境保护署（EPA）向休闲养鱼人推荐杀虫剂灭蚁灵的浓度作为一个"筛选值"不大于 0.08ppm。在 95%的置信区间下，这一数值表示什么？

答案：因为 $n=150$，自由度为 149。根据附录中的 t 分布表，我们发现 $t^*_{149,0.025}=1.977$（从技术上讲，$t^*_{149,0.025}=1.976$），因而 95%的置信区间可以如下计算：

$$\bar{y}\pm t^*\times SE(\bar{y})=\bar{y}\pm 1.977\times\frac{s}{\sqrt{n}}=0.0913\pm 1.977\frac{0.0495}{\sqrt{150}}$$
$$=(0.0833,0.0993)$$

如果此样本具有代表性（就像作者声明的那样），我们可以有 95%的把握认为它包含了杀虫剂灭蚁灵平均含量的真实值。因为 0.083 3ppm 至 0.099 3ppm 的区间全部超过美国环境保护署设定的推荐值，所以我们有理由认为真实的灭蚁灵浓度超过美国环境保护署的指南标准。

11.5 假设与条件

我们不想停止

我们检验条件是希望能对我们的数据进行有意义的分析。条件所起到的作用是使之不合格——除非存在严重的问题，否则我们将继续进行检验。如果发现较小的问题，我们把它们记录下来并且谨慎处理结果。如果样本不是一个简单随机样本，但是我们相信它对一些总体具有代表性，我们相应地会限制我们的结论。如果存在异常值，我们对包含异常值的数据和不包含异常值的数据进

① Ronald A. Hites, Jeffery A. Foran, David O. Carpenter, M. Coreen Hamilton, Barbara A. Knuth, and Steven J. Schwager, "Global Assessment of Organic Contaminants in Farmed Salmon," *Science*, 9 January 2004; Vol. 303, no. 5655, pp. 226 - 229.

行分析，而不是停止下来。如果样本看起来是双峰的，我们试着对各个小组单独进行分析。只有当存在大的麻烦时——像严重有偏的小样本或明显不具有代表性的样本——我们才不能进行下去。

戈塞特通过模拟发现了 t 模型。数年之后，当费希尔爵士用数学证明戈塞特是正确的时，他需要做一些假设来证明。这些假设是我们使用学生 t 模型时所需要的。

独立性假设

独立性假设（Independence Assumption）：数值应该是独立的。通过观察样本无法检验数据的独立性，但是我们应该考虑一下假设是否合理。

随机化条件（Randomization Condition）：数据是从随机样本或者适当随机化的实验中得到的。随机样本数据——特别是从简单随机样本（SRS）中得到的数据——是理想的。

当样本是无放回抽取的时，从技术上我们应当确认没有从总体中抽取一个大比例的样本，这可能威胁到选择的独立性。在这种情况下，我们可以检查下面的条件。

10%条件（10% Condition）：样本容量应该不超出总体的 10%。然而，实践中我们在估计均值时经常不会提及 10%条件。为什么不提呢？当对比例进行推断时这个条件是极为关键的，因为我们通常有大样本。但是对于均值，我们的样本往往较小，因而只有当从一个小总体中抽样时才会出现这一问题（此时我们可以使用修正公式）。

正态总体假设

对于严重有偏的数据，学生 t 模型是不能用的。多大程度的有偏算是严重有偏？很正式地，我们假设数据来自一个服从正态分布模型的总体。从实践上讲，没有方法能确定这是真实的。

几乎可以确定它是不真实的。模型是理想化的；而现实的数据是真实的。然而，即使是小样本，好的消息对检验条件而言也是足够的。

近似正态条件。数据来自单峰对称分布。这是更加实际的条件，并且我们能通过绘制直方图来检验。[①] 对于小的样本，很难在直方图中看出分布的形状。遗憾的是，当很难检验时，条件却是很重要的。

对于非常小的样本（大约 $n \leqslant 15$），数据应该相当接近正态分布模型。当然，用这么少的数据，很难去判断。但是如果你确实发现存在异常值或严重有偏，不要使用这些方法。

对于适度的样本容量（n 在 15～40 之间），只要数据是单峰且比较符合对称分布，那么 t 方法就非常适用。可以绘制一个直方图进行检验。

当样本容量大于 40 或 50 时，除非数据严重有偏，否则 t 方法是可靠的。无论如

① 或者我们可以检查一个正态概率图。

何应该绘制一个直方图。如果你在数据中发现异常值，并且它们不是很容易就能修正的误差，进行两次分析是不错的主意，一次有异常值、另一次没有异常值，甚至对大样本也是如此。异常值可能包含了关于数据的额外信息，因而它们值得特别关注。如果你发现存在多个众数，可以将其分成不同组来分析并分别进行解释。

如果数据是极端有偏的，均值可能不是最恰当的概括统计量。但是当我们的数据由收集的实例组成时——当我们加总来自交易的利润（或损失）或许多供给的成本时，这些例子的总额是交易结果——均值恰好是总额除以 n 。并且这是一个交易结果的值。幸运的是，在这种情况下，中心极限定理可以帮助我们。即使我们必须从一个有偏分布中抽样，样本均值的抽样分布也会接近正态分布，因而只要样本容量足够大，就能使用学生 t 模型而不需要过多的担心。

样本容量多大就算是足够大呢？图 11.4 是全球财富 500 强企业的 CEO 薪酬（千美元）的直方图。

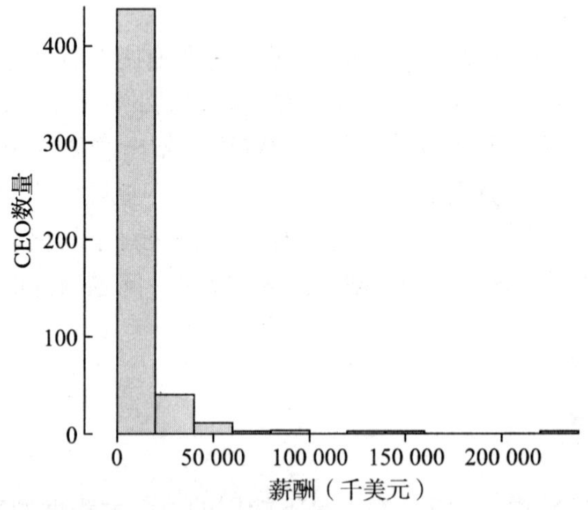

图 11.4　很难想象出比全球财富 500 强企业的 CEO 年度薪酬更为有偏的分布。

尽管这个分布非常有偏，但是随着样本容量的增加，中心极限定理会使这个分布的样本均值的抽样分布越来越接近正态。图 11.5 是 100 名 CEO 多个样本的均值的直方图。

通常情况下，在现代商务应用中，我们有数百或数千个样本。我们仍然要警惕异常值和多个众数，并且应该保证观测值是独立的。但是如果感兴趣的是均值，对于这种容量的样本，中心极限定理能够很好地确保均值的抽样分布接近于正态分布。

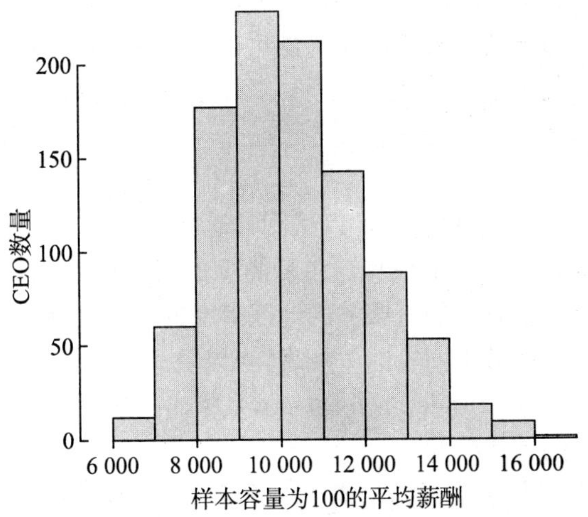

图 11.5　即使从 CEO 数据集中抽取的样本容量只有 100，其均值的抽样分布也近似于正态分布。较大样本的抽样分布甚至更接近于正态分布。

□ 举例

检查均值的置信区间的假设与条件

研究者购买了 6 个国家 8 个地区 51 个养殖场的全部养殖的大马哈鱼。下面的直方图显示了在前面的例子中我们检查的 150 个养殖的大马哈鱼样本的杀虫剂灭蚁灵浓度。

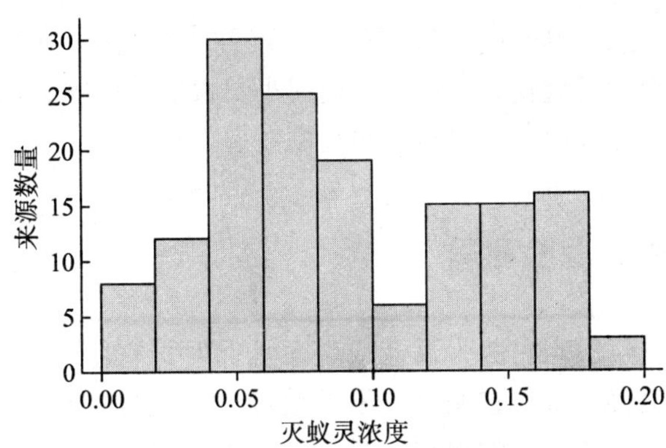

问题：是否满足构建平均灭蚁灵浓度的置信区间的假设与条件？

答案：

√独立性假设：这些鱼在许多不同地区养殖，并且样本是从多个来源独立购买的。

√随机化条件：这些鱼是从那些可供销售的鱼中随机选取的。

√10%条件：大海（和养鱼场）中有大量的鱼；150 确实要少于总体的 10%。

√近似正态分布条件：数据的直方图看起来是双峰的。当对于了解这些感兴趣

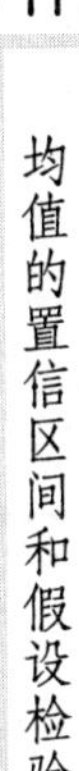

并可能辨识出这些数据集时，由于样本容量大，我们可以进行下去。

使用养殖场养殖的大马哈鱼数据来构建均值的置信区间是不错的主意。

□ 快速测试

美国每10年开展一次人口普查，以试图计算所有居民的人数。此外，人口普查也从各种经济和社会问题中收集信息。各种类型的行业使用人口普查数据来制定营销计划和市场策略，并了解他们所服务的地区潜在的人口统计信息。

有两种普查表：大多数人回答的“短表”，以及只发给随机选取的1/6或1/7居民的“长表”。普查局（factfinder. census. gov）指出：“……每个基于长表的回答的估计值都有一个相关的置信区间。”

4. 为什么普查局对长表中的信息需要一个置信区间，但是对同时出现在长表和短表中的问题却不需要？

5. 为什么普查局必须根据 t 模型得到这些置信区间？

普查局继续指出：“对于人口更少的地理区域与所检查区域出现次数比较少的特征（正如在一个中等收入地区贫困人口的比例），这些置信区间更宽……”

6. 为什么是这样呢？例如，为什么中西部地区人口稀少的农场家庭月度住房支出均值的置信区间要比人口密集的城市中心更宽？单样本 t 区间公式怎样显示会发生这种情况呢？

为了解决这个问题，普查局只报告这样的长表数据：“……长表填报量在200份及以上的地理区域——样本容量足够大，能够产生高质量的估计值。如果使用更小的区域，在估计值附近的置信区间将会显著地变宽，导致许多估计值用处不大。”

7. 假设普查局决定报告长表填报量只有50份的区域。比如，会对住房成本均值95%的置信区间产生怎样的影响？特别的是，误差幅度的公式中使用的哪些值会变化？哪些值将发生很大的变化，哪些值变化很小？根据50个长表计算出来的置信区间比根据200个长表计算出来的置信区间大概宽多少？

□ 指导性案例：保险利润

保险公司承担风险。当它们为财产或生命承保时，它们对保单的定价必须保证预期利润能使公司生存下来。它们可以根据精算表格进行估算，但是保险业的现实往往要求对不同的顾客和情况的保单给予折扣。无论保险公司收取多少保费，实际上在保单到期之前它们并不知道是否会盈利，因而管理这项风险变得更加困难。

一位经理想知道她的一位销售代表工作做得如何，为此她选取了该销售代表销售的30份已经到期的保单，并计算了每个保单的（净）利润（收取的保费减去支付的索赔）。

经理想让你作为顾问，构建此销售代表售出保单利润均值的95%的置信区间。

30 份保单的利润（美元）

222.80	463.35	2 089.40
1 756.23	−66.20	2 692.75
1 100.85	57.90	2 495.70
3 340.66	833.95	2 172.70
1 006.50	1 390.70	3 249.65
445.50	2 447.50	−397.10
3 255.60	1 847.50	−397.31
3 701.85	865.40	186.25
−803.35	1 415.65	590.85
3 865.90	2 756.94	578.95

计划 准备：说明我们想了解什么。定义变量并讨论其背景。	我们希望求出该销售代表所售保单平均利润的 95%的置信区间。我们有 30 份到期保单的数据。 下面是这些数据的箱线图和直方图。
作图。检验分布的形状，并找出偏度、多个众数和异常值。	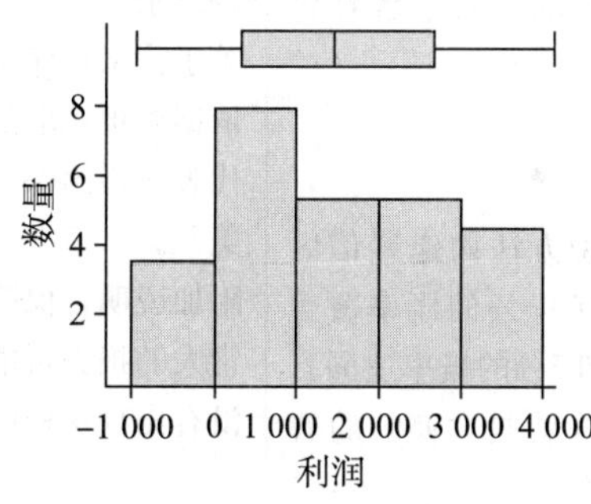 样本看起来像是单峰的且相当对称，利润值在−1 000 美元～4 000美元之间，且没有异常值。
模型：考虑假设，并检验条件。	✓独立性假设。 这是一个随机样本，因而观测值应该是独立的。 ✓随机化条件。 该样本是从公司销售代表销售的到期保单中随机选取的。 ✓近似正态分布条件。 利润的分布是单峰的，且相当对称，不是很明显的有偏。
确定统计量的抽样分布模型。	我们将使用一个自由度为 $n-1=30-1=29$ 的学生 t 模型，求出均值的单样本 t 区间。

实施 技术性工具：计算基本统计量，并构建置信区间。	通过使用软件，我们得到如下基本统计量： $n=30$ $\bar{y}=1\ 438.90$ 美元 $s=1\ 329.60$ 美元
记住，均值的标准误等于标准差除以 n 的平方根。	均值的标准误为： $SE(\bar{y})=\frac{s}{\sqrt{n}}=\frac{1\ 329.60}{\sqrt{30}}=242.75$ 美元
对于构建 95％的置信区间我们所需的临界值来自学生 t 分布表、计算机程序或计算器。我们的自由度为 30－1＝29。选择的置信水平表明我们想要使 95％的概率落在中间，因而在每个尾部剔除 2.5％，总计为 5％。为了计算临界值，我们所需知道的是自由度和 2.5％的尾部概率。这里的临界值为 2.045。	这里的自由度为 30－1＝29。经理已经设定了 95％的置信水平，因而临界值（来自 t 分布表）为 2.045。 误差幅度为： $ME=2.045\times SE(\bar{y})$ $=2.045\times 242.75$ $=496.42$ 美元 利润均值 95％的置信区间为： 1 438.90 美元±496.42 美元 ＝（942.48 美元，1 935.32 美元）
报告 结论：在适当的背景下解释置信区间。	备忘录 关于：来自保单的利润。 依据对被选取的保单的分析，我们有 95％的把握认为此销售代表所售出保单的利润的真实均值为 942.48 美元～1 935.32 美元。
当我们用这种方法构建置信区间时，希望有 95％的概率覆盖真实的均值和 5％的概率遗漏真实的均值。这就是“95％的置信度”的含义。	附加说明：保险损失众所周知地受到异常值的影响。一个非常大的损失可能剧烈地影响平均利润。然而，在此数据集中没有出现这样的情况。

找出学生 t 分布的临界值

指导性案例中的临界值可以在附录的学生 t 分布表中找到。为了查找临界值，定位表格中相应自由度的行与对应于你想要的概率所在的列。因为 95％的置信区间在两边各留下 2.5％，所以我们在列的顶端寻找 0.025 或者直接在表格底部的行中寻找 95％的置信度。表格中交叉位置的数值就是需要的临界值。在指导性案例中，自由度为 30－1＝29，因而我们定位找到的数值为 2.045。

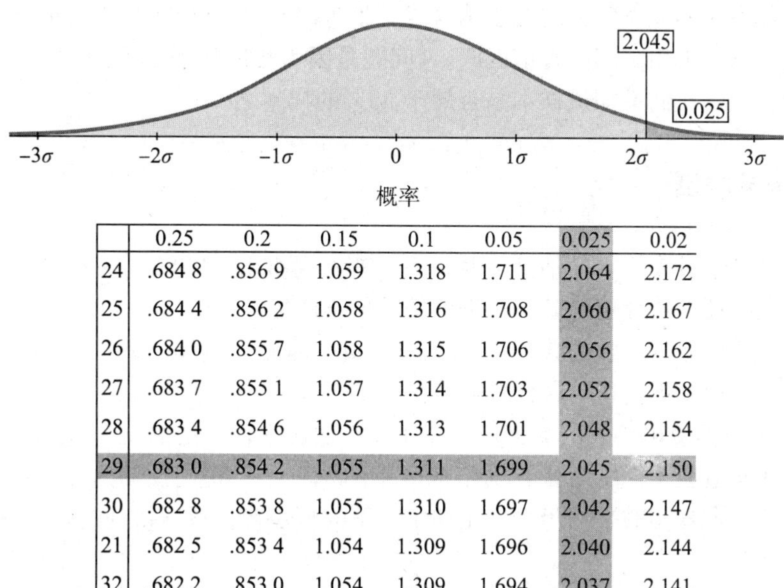

	0.25	0.2	0.15	0.1	0.05	0.025	0.02
24	.684 8	.856 9	1.059	1.318	1.711	2.064	2.172
25	.684 4	.856 2	1.058	1.316	1.708	2.060	2.167
26	.684 0	.855 7	1.058	1.315	1.706	2.056	2.162
27	.683 7	.855 1	1.057	1.314	1.703	2.052	2.158
28	.683 4	.854 6	1.056	1.313	1.701	2.048	2.154
29	.683 0	.854 2	1.055	1.311	1.699	2.045	2.150
30	.682 8	.853 8	1.055	1.310	1.697	2.042	2.147
21	.682 5	.853 4	1.054	1.309	1.696	2.040	2.144
32	.682 2	.853 0	1.054	1.309	1.694	2.037	2.141

图 11.6　使用 t 分布表来查找置信度为 95%、自由度为 29 的临界值 t^*。

那么你应该说什么？

既然有 95%的随机样本生成的置信区间包含真实的均值，你应该说："我有 95%的把握认为区间 942.48 美元～1 935.32 美元包含该销售代表所售全部保单的平均利润。"也可以略微不正式地说："我有 95%的把握认为该销售代表所售全部保单的平均利润在 942.48 美元～1 935.32 美元。"记住：你的不确定是关于区间的，而不是关于真实均值的。区间是随机变化的。真实的平均利润既不是变量也不是随机的——仅仅是未知的。

解释置信区间时需要注意的方面

均值的置信区间提供了新的、吸引人的错误解释。下面是避免误入歧途的一些方法：

● 不要说："该销售代表所售全部保单中 95%的利润在 942.48 美元与 1 935.32 美元之间。"置信区间是关于均值的，而非关于单个保单的测度。

● 不要说："我们有 95%的把握认为一个随机选取的保单的净利润在 942.48 美元与 1 935.32 美元之间。"这个错误的解释同样也是关于单个保单而不是关于保单均值的。我们有 95%的把握认为该销售代表所售全部（相似）保单的利润均值在 942.48 美元与 1935.32 美元之间。

● 不要说："在 95%的时间里，平均利润为 1 438.90 美元。"这是关于均值的，但仍是错误的。这意味着真实的均值是变化的，而实际上当我们抽取不同的样本时，置信区间也会有所不同。

● 不要说："在全部样本中有 95%的样本平均利润在 942.48 美元与 1 935.32 美元之间。"这个表述说明这个区间以某种方式为其他每个区间设置了标准。实际上，这个区间并不比其他任何区间更正确（或更不正确）。你可以说所有可能样本的 95% 会产生包含真实平均利润的置信区间。（问题是因为我们从来都不知道真实的平均利润是多少，所以我们不知道样本是否属于 95%的样本之一）。

□ 快速测试

在讨论基于长表样本的估计值时，人口普查局指出："其缺点……在于……基于短表报告的特征的估计值与基于长表的估计值不匹配。"

短表估计值是从完整的普查中得到的数值，因而它们是"真实"值——当我们进行推断时，通常不会得到这样的数值。

8. 假定我们使用长表的数据来构建 100 个居民平均年龄的 95%的置信区间，而每个置信区间对应于 100 个普查确定地区中的每一个。我们预期这 100 个区间中有多少个没能包含真实的平均年龄（正如由完整的短表普查数据得到的）？

11.6 检验关于均值的假设——单样本 t 检验

我们在前面的指导性案例中看到的经理有一个更为具体的关注点。公司保单规定如果一个销售代表的平均利润低于 1 500 美元，销售代表提供的折扣就太多了，且必须调整他的定价策略。该样本能够说明均值真的低于 1 500 美元吗？这个问题需要一个假设检验，称为均值的单样本 t 检验（one-sample t-test for the mean）。

当检验假设时，很自然会比较观测统计量和假设值与标准误之间的区别。对于均值，看起来像是：$\frac{\bar{y}-\mu_0}{SE(\bar{y})}$。我们已经知道要使用的恰当概率模型是自由度为 $n-1$ 的学生 t 模型。

均值的单样本 t 检验

均值的单样本 t 检验的条件与单样本 t 区间是相同的。我们检验假设 H_0：$\mu=\mu_0$，使用的统计量为

$$t_{n-1}=\frac{\bar{y}-\mu_0}{SE(\bar{y})}$$

其中 $\bar{y}$ 的标准误为：$SE(\bar{y})=\frac{s}{\sqrt{n}}$。

当假设满足且原假设为真时，该统计量遵循自由度为 $n-1$ 的学生 t 模型。我们使用此模型来得到 P 值。

□ 指导性案例：再次考察保险利润

我们对经理抽取的 30 个到期保单应用单样本 t 检验。依据这 30 份保单，管理层

想要知道是否有证据表明该销售代表所售保单的平均利润低于 1 500 美元。

计划 准备：说明我们想知道什么。明确总体和参数是什么。 辨别变量和背景。 假设：我们暂且不相信销售代表。原假设是真实的平均利润等于 1 500 美元。因为我们对利润是否更小感兴趣，所以备择假设是单边的。	我们想要检验销售代表所售保单的平均利润是否小于 1 500 美元。我们有一个由 30 份到期保单组成的随机样本，并据此进行判断。 H_0：μ =1 500 美元 H_A：μ 小于 1 500 美元
作图。检查分布偏度、多个众数和异常值。	我们检查前面的指导性案例中这些数据的直方图，并看出它是一个单峰、对称的分布。
模型：检查条件。	我们在前面的指导性案例中检查了随机化和近似正态分布条件。
说明抽样分布模型。 选择你的方法。	条件是满足的，因而我们将使用自由度为 $n-1=29$ 的学生 t 模型和均值的单样本 t 检验。
实施 技术性工具：计算样本统计量。当你写出从数据中得到的信息时确保要包含单位。	利用软件，我们得到如下基本统计量： $n=30$ 均值=1 438.90 美元 标准差=1 329.60 美元
t 统计量计算的是一个标准化数值。我们减去假设的均值并除以标准误。	$t=\frac{1\,438.90-1\,500}{1\,329.60/\sqrt{30}}=-0.251\,7$ （观测到的均值比假设值小一个标准误）
为了找出 P 值，我们假设原模型是正确的。绘制出 t 模型的图，其中心为 μ_0 。因为这是一个左尾检验，将观测到的平均利润值左侧的区域涂上阴影。 如果原假设表述的真实均值为 1 500美元，那么 P 值就是观测样本均值与 1 438.90 美元一样小（或更小）的概率。我们可以从分布表、计算器或计算机程序中找到 P 值。	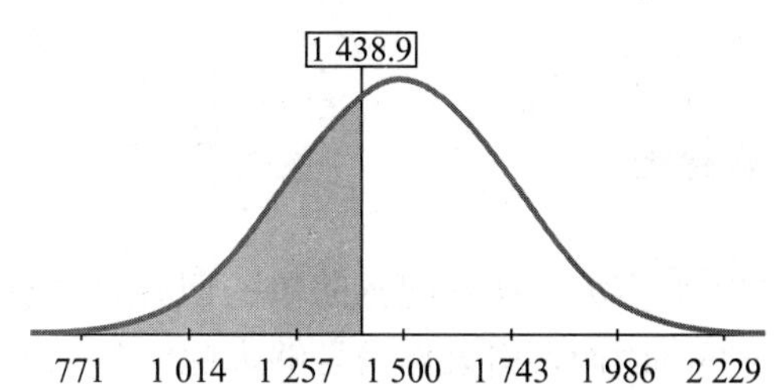 P 值=P（$t_{29}<-0.251\,7$）=0.401 5（或从分布表中得到 $0.1<P<0.5$）
报告 结论：将 P 值与你关于 H_0 的决策联系起来，并在此背景下阐述你的结论。	备忘录 关于：销售业绩。 所讨论问题中的销售代表售出的 30 份到期合同样本的平均利润比我们的标准值 1 500 美元要少，但是在此保单样本中也没有充分的证据表明真实均值小于 1 500 美元。如果均值为 1 500美元，我们将预期一个样本容量为 30 的样本有 40.15% 的可能性均值会这么低。

注意这个假设设定的方式，为了拒绝原假设，销售代表的平均利润必须远远低于 1 500 美元。因为原假设是均值为 1 500 美元，且备择假设的均值更小，这种设定使得销售代表不可信。这在本质上是没有错误的，但是确保假设的表述方式能够引导你做出正确的商务决策，牢记这一点总是一个不错的主意。

□ 举例

检验均值

Summit Projects 是位于俄勒冈州胡德河的一个提供全方位服务的交互式机构，它向公司提供各种网站服务。Summit 最近重新设计了一家委托公司的网站，并想要显示出其销售额增加了。一名分析员从委托公司的 200 项访问日志中随机选取了 58 条销售记录，并发现平均每项支出为 26.05 美元，标准差为 10.20 美元。

问题：检验均值为 24.85 美元（正如重新设计之前的）的假设，备择假设为均值增加。

答案：我们可以记作：H_0：$\mu = 24.85$ 美元与 H_A：$\mu > 24.85$ 美元。那么 $t = \frac{26.05-24.85}{10.2/\sqrt{58}} = 0.896$。

因为备择假设是单边的，我们发现 $P(t>0.896)$ 的自由度为 57。从技术上讲，$P(t>0.896)=0.1870$，是一个较大的 P 值。当给定假设均值为 24.85 美元时，这一发现并不足为奇。因而，我们没有拒绝原假设，并得出结论：没有充分的证据说明均值比 24.85 美元提高了。如果使用了双边备择假设，P 值为 0.187 0 的两倍或 0.374 0。

样本容量

我们需要多大的样本呢？简单的回答是“更大”。但是获得数据需要花费金钱、精力和时间。因而，多大算是足够大呢？如果电脑用了一个小时下载了你想观看的电影，你不会感到高兴。如果你听说一个程序声称可以在半小时内下载电影，你可能非常乐于对其支出 29.95 美元——如果它确实值得。然后你得到免费的评估版，并对一个电影下载了 10 次。当然，平均下载时间并不正好是 30 分钟。观测值会发生变化。如果误差幅度为 8 分钟，你可能会判断软件是否值那么多钱。为了使误差幅度减小到略少于 6 分钟，你必须再测试 5 小时。是否值得花费精力呢？

当我们制定计划收集数据时，为了能得到结论或识别能看到的差异，我们应该有一些关于必须要求多小的误差幅度的想法。如果正在研究的效应很大，那么我们可能会忍受一个比较大的误差幅度。然而，如果需要大的精确度，那么我们将希望得到一个更小的误差幅度，当然这意味着更大的样本容量。有了误差幅度和置信水平，我们就能找到所需的样本容量。几乎都是这种情况。

对于均值，我们知道 $ME = t_{n-1}^{*} \times SE(\bar{y})$ 与 $SE(\bar{y}) = \frac{s}{\sqrt{n}}$，因而我们通过解这个

关于 n 的方程可以确定样本容量：

$$ME = t_{n-1}^{*} \times \frac{s}{\sqrt{n}}$$

好消息是我们有这样一个公式；坏消息是我们不知道所需计算的大部分数值。当我们考虑比例的样本容量时，会碰到相似的问题。在那种情况下，我们必须猜想关于 p 的计算值以计算样本容量。在此我们需要知道 s。直到得到一些数据，我们才知道 s，但是我们想在收集数据之前就计算出样本容量。我们可能会做出一个好的猜测，并且对于这个目的而言常常是足够好的。如果我们不知道标准差可能是多少，或者样本容量是否真的重要（比如，因为对每个额外的个体进行抽样或进行实验非常昂贵），进行一个小规模的试验研究（pilot study）以得到标准差大小的做法很好。

但这并不是全部。不知道 n，我们就不知道自由度，并且也不能找出临界值 t_{n-1}^{*}。一种常见的方法是使用来自正态分布模型相对应的 z^{*} 值。如果你选择了一个95%的置信水平，就依据 68—95—99.7 法则使用 2，或者更精确一些使用 1.96。如果你估计的样本容量是 60 或更多，它可能是正确的——z^{*} 是一个好的猜测。如果估计的样本容量比 60 小，你可能需要增加一个步骤，首先使用 z^{*}，求出 n，然后用相应的 t_{n-1}^{*} 替代 z^{*}，并再次计算出样本容量。

样本容量的计算从来都不是精确的。在收集数据之后，你得到的误差幅度与你曾经为了计算 n 而使用的误差幅度不会正好相符。样本容量公式依据的数据直到你收集数据才有，但使用它是重要的第一步。在收集数据之前，知道样本容量是否足够大是个好主意，它给了一个告诉你想知道什么的好机会。

□ 动手计算

样本容量计算

我们对样本容量公式进行变换。假设我们想要的误差幅度为 8 分钟，并认为下载时间的标准差约为 10 分钟。使用 95%的置信区间和 $z^{*}=1.96$，我们计算 n：

$$8=1.96\frac{10}{\sqrt{n}}$$

$$\sqrt{n}=\frac{1.96\times 10}{8}=2.45$$

$$n=(2.45)^2=6.0025$$

这是一个小的样本容量，因而我们使用自由度 $(6-1)=5$ 来替代一个恰当的 t^{*} 值；对于 95%的置信水平，$t_5^{*}=2.571$。现在我们可以再次解方程：

$$8=2.571\frac{10}{\sqrt{n}}$$

$$\sqrt{n}=\frac{2.571\times 10}{8}\approx 3.214$$

$$n=(3.214)^2\approx 10.33$$

为了确保误差幅度比你所想的要小，你应该总是向上取整数，即得到 $n=11$。因而，为了得到误差幅度为 8 分钟，我们应该求下载 $n=11$ 部电影的时间。

□ 举例

计算均值的置信区间的样本容量

在 150 个养殖的大马哈鱼样本（见 11.4 节举例）中，灭蚁灵的平均浓度为 0.091 3ppm，标准差为 0.049 5ppm。所求的灭蚁灵浓度均值的 95%的置信区间为：(0.083 3，0.099 3)。

问题：需要多大的样本可以产生误差幅度为 0.004 的 95%的置信区间？

答案：我们将假设标准差为 0.049 5ppm。误差幅度等于临界值乘以标准误。使用 z^*，我们计算出：

$$0.004=1.96\times\frac{0.0495}{\sqrt{n}}$$

为了计算 n，我们得出：

$$\sqrt{n}=1.96\times\frac{0.0495}{0.004}$$

或

$$n=\left(1.96\times\frac{0.0495}{0.004}\right)^2=588.3$$

在上面关于 n 的计算方程中，自由度为 400 的临界值 t^* 等于 1.966，而不是 1.960，并且你会发现 n 应该为 592。这样得到的误差幅度为 0.004，但标准差的不确定性可能使这些差异变得不重要。

自由度——为什么是 $n-1$?

自由度的数量 $(n-1)$ 可能使你想起为找到数据标准差而除以的数值（因为毕竟它是相同的数字）。当引入公式时，我们承诺多介绍一下为什么除以 $n-1$ 而不是 n。其原因与 t 分布的推理密切相关。

只要我们知道真实的总体均值 μ，就会使用 n 而不是 $n-1$ 得到样本标准差：$s=\sqrt{\frac{\sum(y-\mu)^2}{n}}$ 且我们称其为 s。

尽管我们必须使用 $\bar{y}$ 而不是 μ，但是会引起一个问题。对于任何样本，$\bar{y}$ 会尽可能地接近数据值。一般情况下，总体均值 μ 将会远离。考虑一下这个问题。GMAT 分数的总体均值为 525。如果你随机抽取参加考试的 5 名学生，他们的样本均值不会是 525。这 5 个数值会更接近它们的均值 $\bar{y}$ 而不是 525。因而，如果我们在计算 s 的方程中使用 $\sum(y-\bar{y})^2$ 替代 $\sum(y-\mu)^2$，标准差的估计值会太小。令人惊奇的数学事实是，我们可以通过除以 $n-1$ 而不是 n 来弥补 $\sum(y-\bar{y})^2$ 太小这一事实。因而，这就是 $n-1$ 在 s 的分母中的作用。我们称 $n-1$ 为自由度。

可能出现的错误

首先，你必须决定何时使用学生 t 模型。

● 不要混淆比例与均值。当你将数据看作分类数据、计算成功的数量且用样本比例进行概括时，使用正态分布模型进行推断。当你将数据看作定量数据、用样本均值概括时，使用学生 t 模型进行推断。

只有当正态总体假设为真时，学生 t 模型才适用。自然地，事情可能出错的许多方式证明是不满足正态总体假设的。探寻最常见的问题类型一般是不错的主意。最终你甚至可能会修正其中的一些问题。

● 注意多峰性。如果数据的直方图有两个或更多个众数，那么近似正态分布条件明显是不能满足的。当你理解了这一点时，探寻你的数据来自两个组的可能性。如果这样，那么你最好的选择是想方设法将数据进行分组。（如果可能，使用变量来帮助辨别众数。例如，如果众数看起来的构成是大部分男士有一个众数且女士有另一个众数，那么根据人们的性别来进行分组。）然后你可以单独地对每组数据进行分析。

● 注意有偏数据。绘制数据的直方图。如果数据是极为有偏的，你可以尝试对变量进行变换。变换可能产生单峰且对称的分布，使它更加合乎均值的推理方法。如果样本分布不是单峰的，变换是无用的。

● 调查研究异常值。如果数据存在异常值，近似正态分布条件也不会得到满足。如果你在数据中找到了异常值，你需要调查研究它们。有时，一个数据值显然是错误的，剔除或修正它的理由是显而易见的。当没有显而易见的理由剔除异常值时，你可能想对包含异常值和不包含异常值的数据都进行分析，并注意结论之间的不同。只要剔除数据中的值，你就必须分别对它们进行汇报。通常证明它们是你的数据报告中最能提供信息的部分。[①]

当然，当对均值进行推断时，正态性问题并不是唯一的风险。

如何处理异常值

尽管摆脱烦人的数值具有吸引力，但是你不能只剔除异常值而不讨论它们。仅为改善结果而砍掉最大和最小的数值是不恰当的。最好的策略是对包含和不包含异常值的分析均进行报告，并且对任何差异都进行评论。

● 警惕偏差。各种类型的测度值都有可能是有偏的。如果你的观测值与真实均值存在系统性的差异，你的置信区间可能不包含真实均值。并且任何样本容量都无

① 在一些学科中，这个建议可能是有争议的。部分人认为剔除异常值是不道德的，因为得到的结果可能是较窄的置信区间或较小的 P 值。但将异常值保留的数据分析总是错误的。异常值违背了近似正态分布条件，并且也内在地假设一个同质总体，因而它们使推断过程无效。对异常值单独讨论，同时对正常值分析，经常能提供更多的信息且能揭示数据的重要方面。

法进行补救。一个测量值小 5 磅的体重秤将总会小 5 磅，即使你称自己 100 次然后取平均值也是这样。我们已经看到调查中偏差的几种来源，但测量值也可能是有偏的。确保在你的测量值中考虑偏差的可能来源。

● 保证数据是独立的。学生 t 方法也要求样本值是相互独立的。我们检查随机抽样和 10%条件。你也应该认真思考在数据收集方法中是否有可能违背了独立性。如果有这种可能性，使用这些方法时要格外小心。

实践中的伦理

最近的报告显示美国全境内在医院急诊室（ER）等候的时间变长了，且 2008 年 1 月报告的平均等待时间为 30 分钟（WashingtonPost.com）。在急诊室平均等候时间变长的几个原因包括关闭了市区的医院急诊室，以及在管理医院流程方面存在问题。位于俄亥俄州郊区的泰勒医院加入了联合委员会的连续服务准备（Joint Commission's Continuous Service Readiness）计划，并进而同意监测其急诊室等候时间。在收集了上个月到泰勒医院的 30 名急诊室患者的随机样本数据之后，他们发现平均等候时间为 26 分钟，标准差为 8.25 分钟。更进一步的统计学分析产生了一个 22.92～29.08 分钟的 95%的置信区间，清晰地表明泰勒医院急诊患者看病的等候时间少于 30 分钟。泰勒医院的管理层不但对这一发现感到满意，而且确信联合委员会也会对此印象深刻。下一步他们考虑在广告和促销材料中包含这个信息："泰勒医院 95%的急诊患者看病等候时间的期望值低于全国平均水平。"

伦理问题 置信区间的解释是错误和具有误导性的（与《美国统计学会道德指南》的第 C 条款相关）。置信区间不能提供单个患者的结果。因而，宣称 95%的单个急诊患者看病的等候时间少于（或预期的等候时间少于）30 分钟是不正确的。

伦理解决方案 用平均等候时间而不是单个患者来正确地解释置信区间的结果。

小结

学习目标

■ 了解均值的抽样分布。

● 为了在实际应用中对均值使用中心极限定理，我们必须估计标准差。其标准误为

$$SE(\bar{y}) = \frac{s}{\sqrt{n}}$$

● 当我们使用标准误时，允许额外不确定性的抽样分布是学生 t 分布。

■ 构建真实均值 μ 的置信区间。

● 均值的置信区间形式为 $\bar{y} \pm ME$。

- 误差幅度为 $ME = t^*_{df}\ SE(\bar{y})$。

■ 通过技术性方法或从表格中找出 t^* 临界值。

- 当构建均值的置信区间时，正确的自由度为 $n-1$。

■ 在使用任意的抽样分布进行推断之前，检查假设和条件。

■ 写出明确的总结来解释置信区间。

■ 能够对均值进行假设检验。

- 原假设的形式为 H_0：$\mu=\mu_0$。
- 我们估计抽样分布的标准误为

$$SE(\bar{y}) = \frac{s}{\sqrt{n}}$$

- 我们将检验统计量 $t=\dfrac{\bar{y}-\mu_0}{SE(\bar{y})}$看作自由度为 $n-1$ 的学生 t 分布。

■ 理解 P 值。

- P 值是观测到的统计量数值偏离（原）假定值至少与我们实际观测到的一样的估计概率。
- 小的 P 值表明如果原假设为真，那么我们已观测到的统计量是不可能的。这引起我们对原假设的怀疑。
- 大的 P 值只是告诉我们有充分的理由怀疑原假设。特别地，它不能证明原假设为真。

■ 比较 P 值与预先确定的 α 水平，以决定是否拒绝原假设。

术语

自由度（df）：学生 t 分布的参数取决于样本容量。一般情况下，越大的自由度反映来自样本的信息越多。

均值的单样本 t 区间：总体均值的单样本 t 区间为：

$$\bar{y} \pm t^*_{n-1} \times SE(\bar{y})，其中\ SE(\bar{y}) = \frac{s}{\sqrt{n}}$$

临界值 t^*_{n-1}取决于设定的特定置信水平 C 与自由度 $n-1$。

均值的单样本 t 检验：均值的单样本 t 检验的检验假设为 H_0：$\mu=\mu_0$，使用的统计量为 $t_{n-1}=\dfrac{\bar{y}-\mu_0}{SE(\bar{y})}$，其中 $SE(\bar{y})=\dfrac{s}{\sqrt{n}}$。

均值的抽样分布模型：如果独立性假设和随机化条件被满足且样本容量足够大，样本均值的抽样分布可以使用均值等于总体均值、标准差等于$\dfrac{s}{\sqrt{n}}$的正态分布模型来建模。

学生 t 分布：分布族由其自由度加以区分。t 模型是单峰、对称和钟形的，但是一般比正态分布模型有更宽的尾部和更窄的中心。随着自由度的增加，t 分布接近于正态分布模型。

技术帮助：均值推断

统计学软件包提供绘制数据直方图的便利方式。这意味着你没有借口忽略检查数据是否近似服从正态性的步骤。

任何标准的统计学软件都能计算假设检验。一般情况下，软件包的输出结果如下图所示（尽管我们知道没有软件包给出与此格式完全相同的结果）。

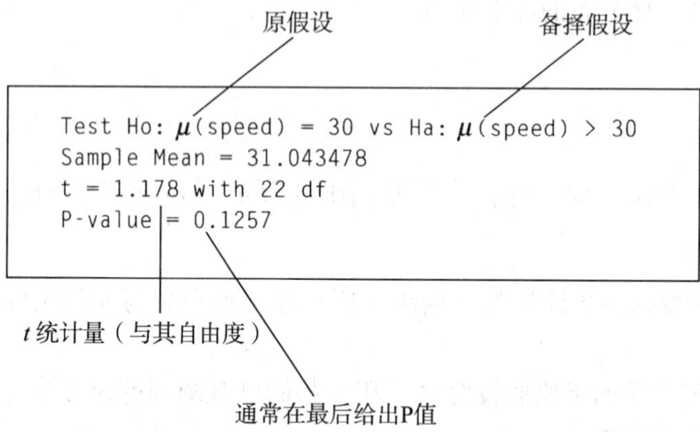

软件包计算变量的样本均值和样本标准差，并根据恰当自由度的 t 分布求出 P 值。所有的现代统计学软件包都报告 P 值。软件包也可能提供额外的信息，如样本均值、样本标准差、t 统计量的值和自由度。这些对解释 P 值、区分有意义的结果与仅在统计上显著的结果之间的差异是非常有用的。统计学软件包通常将输出的抽样分布标准差的估计值标记为“标准误”或“SE”。

有时也在表格中报告推断结果。你可能必须认真阅读以找到所需要的值。通常情况下，检验结果与相应的置信区间范围是一并给出的。你一般必须认真阅读以找到备择假设。下面是这种输出结果的例子。

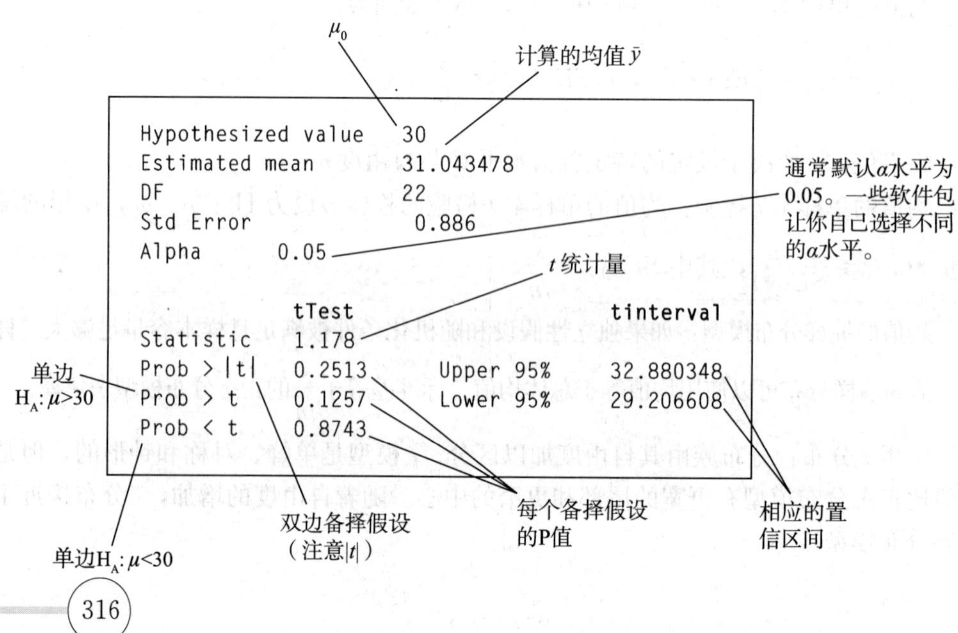

常用的统计程序和计算器关于均值推断的命令并不总是显而易见的。（比较而言，输出结果往往是标识清晰且简单易读的。）每个程序的指南能帮助你开始对软件的使用。

EXCEL/XLSTAT

为了找到单样本 z 区间或单样本 t 区间：

- 选择“Parametric Tests”，然后选择“One-sample t-test and z-test”。
- 在“General”选项卡下，输入你的数据单元范围，并选择“z-test”或“Student's test”。
- 在“Options”选项卡下，选择均值的“Alternative hypothesis”为“Mean 1 ≠Theoretical mean”。
- 为了计算恰当的置信区间，你可以保留“Theoretical mean”区域的空白。如果你也将进行假设检验，在“Theoretical mean”处输入内容。
- 在“Significance level（%）”处，输入想要的显著性水平。输出结果将产生（1－α）100%的置信水平。（技术图通过培生集团的 XLSTAT 绘制。）

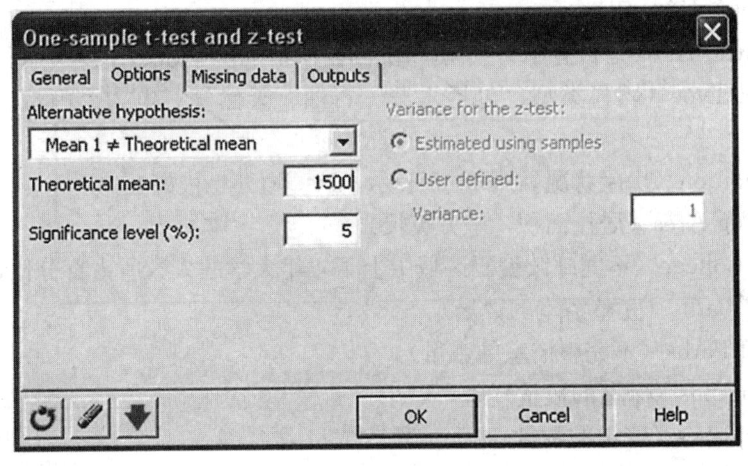

JMP

- 从“Analyze”菜单选择“Distribution”。
- 对于置信区间，向下滚动到“Moments”部分以找到区间界限。（确保你的变量是“连续型”变量，这样这个部分才可用。）

注释：

“Moment”是关于均值、标准差和其他相关统计量的极好的统计术语。

MINITAB

- 从“Stat”菜单选择“Basic Statistics”子菜单。
- 从该菜单选择“1 - Sample t...”。
- 然后填写对话框。

注释：

对话框提供了置信区间与假设检验之间的清晰选择。

SPSS

- 从“Analyze”菜单选择“Compare Means”子菜单。

● 从该菜单选择“One－Sample t－test”命令。

注释：

该命令既没有提示单一的均值，也没有提示区间。但是结果既提供检验，也提供区间。

□ 微型案例

房地产

一名房地产代理人正在想方设法了解她所在地区的房屋定价问题，该地区由一些中小城镇和一个小城市构成。对于这个地区最近出售的 1 200 套房屋中的每套房屋，文件 Real _ Estate _ sample1200 包含了以下变量：

- Sale Price（销售价格，美元）
- Lot size（占地面积，英亩）
- Waterfront（是否沿海，用“是”和“否”表示）
- Age（房龄，年）
- Central Air（是否有中央空调，用“是”和“否”表示）
- Fuel Type（燃料类型，包括木柴、石油、天然气、电力、丙烷、太阳能和其他）
- Condition（房屋状况，用 1—5 表示，1＝差，5＝极好）
- Living Area（居住面积，平方英尺）
- Pct College（不同邮政编码区域中上了 4 年大学的人数所占百分比，%）
- Full Baths（完整浴室的数量）
- Half Baths（不完整浴室的数量）
- Bedrooms（卧室的数量）
- Fireplaces（壁炉的数量）

该代理人的一个家庭客户对四居室房屋很感兴趣。她应该如何使用置信区间给这个家庭提供关于此地区四居室房屋平均价格的建议？将该置信区间与两居室房屋平均价格的置信区间进行比较。中央空调如何影响该地区房屋的平均价格？使用置信区间和统计图有助于回答这个问题。

探究可能会对房地产代理人了解不同种类的因素如何影响销售价格有用的其他问题，并对你的发现写一个简短的报告。

捐赠者概况

一个慈善组织收集和购买了其捐赠者的有关数据。完整的数据库包括大约 450 万名捐赠者和所收集的每名捐赠者的 400 多个变量，但数据集 Donor _ Profiles 是 916 名捐赠者的样本，并包括以下变量：

- Age（年龄，年）
- Homeowner（住房拥有者，H＝是，U＝不知道）
- Gender（性别，F＝女性，M＝男性，U＝不知道）
- Wealth（按照家庭总财富进行排序，1＝最低，9＝最高）

- Children（孩子数量）
- Donated Last（最近的捐赠，0=上一次活动中没有捐赠，1=上一次活动中有捐赠）
- Amt Donated Last（上次活动捐赠的总额，美元）

该组织的分析人员想要知道活动中人们捐赠的平均数额是多少，以及哪些因素可能会影响平均捐赠数额。比较拥有自己住房者与不知道是否拥有自己住房者的Amt Donated Last均值的置信区间。对Gender和Wealth的两种类型做类似的比较。用统计图和你所发现的置信区间写一个简短的报告。（注意，不要对两组间的差异直接进行推断。我们将在第12章讨论这一问题。你应该对单一的组进行推断。）

（Amt Donated Last的分布严重右偏，因而中位数可以被认为是恰当的概括。但是中位数为0.00美元，分析人员必须使用均值。通过模拟，他们发现样本容量大于250左右时均值的抽样分布是单峰对称的。注意，均值的微小差异可能导致全国收入数百万美元的增加。他们申请的制作和邮寄的平均成本为每人0.67美元。）

□ 快速测试答案

1. $SE(\bar{y})=120/\sqrt{100}=12$。

2. 减小。

3. 标准误减小$1/\sqrt{2}$。

4. 短表中的问题需要总体中的每个人都回答。这是一个人口普查，因而均值或比例是真的总体值。长表只发放给总体中的一个样本。当通过样本估计参数时，我们使用置信区间以考虑到样本之间的变动性。

5. 他们不知道总体的标准差，因而必须使用样本标准差作为一个估计值。额外的不确定性通过t模型来考虑。

6. 均值置信区间的误差幅度部分地取决于标准误：

$$SE(\bar{y})=\frac{s}{\sqrt{n}}$$

由于n在分母中，更小的样本容量通常导致更大的标准误和相应的更宽的区间。因为在全国范围内长表都是按照住户的1/6或1/7这一相同比例抽取的，所以人口少的地区样本较小，并导致置信区间更宽。

7. 更小自由度的t模型临界值会略微变大。标准误中的$\sqrt{n}$部分变化很大，使得标准误变得更大。两种情况都会使误差幅度变大。小样本是大样本的1/4，因而置信区间大约是两倍宽。

8. 我们希望95%的此种区间包含真实值，因而预计100个区间中的5个区间可能不包含真实值。

第12章 比较两个组

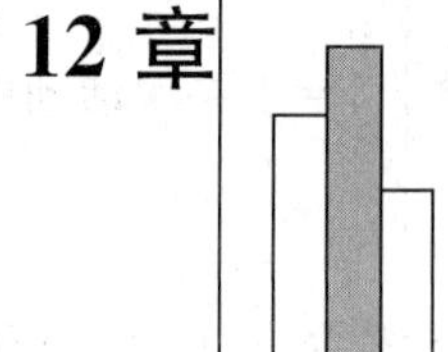

Visa 全球组织（Visa Global Organization）

现在，在全球170个国家中有超过10亿人和2 400万商户使用Visa卡。但是回想20世纪50年代，当无现金交易的想法第一次出现时，只有大来信用卡公司（Diners Club）和一些零售商，尤其是石油公司发行信用卡。大部分交易是通过现金或个人支票完成的。1958年，美洲银行在加利福尼亚州的弗雷斯诺市开始了美洲银行信用卡（BankAmericard）项目，且美国运通公司（American Express）在1959年发行了第一张塑料信用卡。信用"卡"想法真正获得发展动力是在10年之后，那时一些银行组建了风险资本以创建中央支付体系。National BankAmericard（NBI）公司于1970年取得了信用卡体系的所有权，为简便起见并便于开拓市场，于1976年将名字改为Visa。（在每种语言中Visa的发音几乎都是相同的。）那一年，通过Visa进行的交易有679 000笔——相当于现在平均每4分钟进行一次交易。随着技术的发展，信用卡产业也在进步。到1986年，持卡人可以使用Visa卡从自动取款机提取现金了。

现在Visa作为一个全球性组织被分成几个区域性实体，包括亚太Visa、加拿大Visa、欧洲Visa和美国Visa。在2011年9月结束的财年，通过Visa全球网络进行的交易有760亿笔，交易总额为5.9万亿美元。①

冠军与竞争者

在信用卡产业中，通过实验对新的想法（提供商、促销、刺激消费等）与现在或"一般商业"的实际做法进行比较是很常见的。新的想法被称作竞争者，之前被检验的提供者称作冠军。你看到的很多直接的邮件由目标是确定是否竞争者的业绩保证废黜冠军并使用竞争者继续发展的市场实验组成。

对于信用卡促销，用于判断竞争者提供服务成功的一般方式是通过信用卡

① 资料来源：Visa国家服务联合会（Visa International Service Association），www.corporate.visa.com。

交易的金额，信用卡发行公司从这些交易中获得收入。因为消费者通过信用卡交易的金额变动很大，所以对接受服务后交易的金额与接受服务前交易的金额进行比较是有效的。交易金额的变动通常被看作“消费变化”。“变化”一词体现了提供服务可以促使消费者交易金额增加，尽管它可能是这样并且有时往往都起负作用。

信用卡公司可能是非常盈利的。2003 年，全世界信用卡发行机构每月挣得 25 亿美元的税前收入。典型的美国持卡人有 8 张信用卡，这些卡上的总债务是 7 500 美元，通常利率高于传统的贷款和抵押贷款。毫不奇怪，信用卡公司同样竞争激烈。竞争对手银行和贷款机构不断地尝试开发和提供新产品以赢得新的客户、保留现有客户，并提供奖励刺激当前的客户在卡上消费更多。

一些信用卡促销活动比其他方式更有效吗？例如，如果客户知道坐飞机、住宾馆或在商店购物被给予“双倍里程”或“双倍优惠券”，消费者会消费更多吗？为了回答这样的问题，信用卡发行机构通常会对消费者样本进行实验，向一部分消费者提供一些激励，向另一部分消费者不提供激励。促销活动要花费公司的钱，因而公司需要估计收入增长的规模以判断是否足够用于弥补它们的支出。通过比较对样本提供两种服务的表现，如果它们“推出”促销活动并将其提供给所有客户，它们能够判断新服务是否会带来足够多的潜在利润。

比较两组的实验在科学界和工业界普遍存在。其他的应用包括比较新药与传统治疗的效果，比较设计的两种汽车发动机的燃油经济性，或者比较两组不同的消费者群体中新产品的销售情况。通常在一个总体的子集上进行实验，并且子集往往非常小。使用统计数据，我们可以判断两组总体的均值是否存在差异，以及差异可能有多大。

12.1 比较两个均值

一般通过并排的箱线图来显示两组均值的比较（见图 12.1）。对于信用卡促销活动，公司通过比较两个样本消费增加额的均值（促销活动之前和促销活动之后的消费变化）对业绩进行判断。如果进行促销与不进行促销两组之间的消费差异非常大，这将被看作促销起作用的证据。观察两个箱线图，它们的差异并不是很明显。我们能得出结论认为那些接受促销的消费者消费的微小增加仅仅是随机波动引起的吗？我们需要进行统计推断。

对于两个组，感兴趣的统计量是观测到的提供促销的小组与未提供促销的小组消费均值的差异：$\bar{y}_{Offer}-\bar{y}_{No\ Offer}$。我们向一个随机的持卡人样本提供促销，并将另一组没有提供特别促销的持卡人样本作为控制组。我们知道在样本中发生了什么，但我们真正想知道的是总体均值的差异：$\mu_{Offer}-\mu_{No\ Offer}$。

我们在比较两个均值时所使用的方法与单一的均值和假设值相比较的方法大致相同。但现在感兴趣的总体模型参数是两个均值的差异。在我们的例子中，提供促销的客户消费增加额均值与未提供促销的客户消费增加额均值之间的真实差异是存在的。我们用 $\bar{y}_{Offer}-\bar{y}_{No\ Offer}$ 来估计两者的差异。我们如何说明如果观测到的样本均值存在差异表明潜在的总体均值也存在真实的差异呢？我们需要知道抽样分布模型

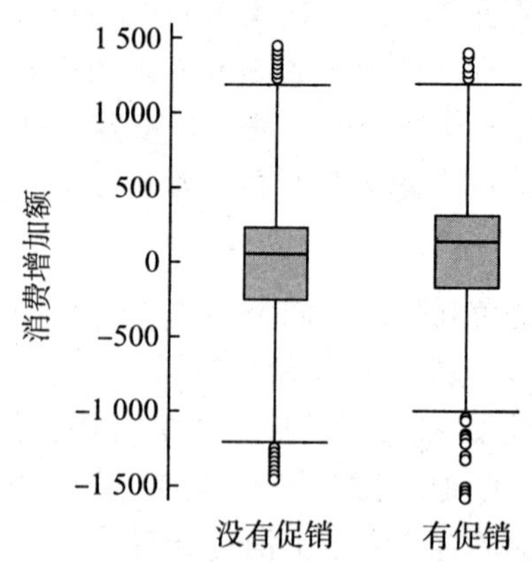

图 12.1　并排箱线图显示接受促销的一组消费额略有增加

和差异的标准差。一旦我们知道这些，就能够构建一个置信区间，并像对单一的均值进行检验那样进行假设检验。

我们有随机选取的 500 名客户的一组数据，向这些客户提供了促销，随机选取的另一组 500 名客户没有促销。对于这两组中的任一组，很容易求出消费增加额的均值和标准差，但这并不是我们想要的。我们需要它们均值差异的标准差。为此，我们可以使用一个简单的法则：如果样本均值来自独立的样本，它们之和或之差的方差等于它们的方差之和。

方差相加得到和与差的方差

首先，并不像和的方差那样，对于差的方差可能并不正确。下面是有关为什么当我们将两个随机数量相减时变异也会增大的一些直观感觉。抓取一满箱谷物。标签上注明它能容纳 16 盎司的谷物。我们知道这并不精确。箱子里谷物的重量是一个随机数量，其均值（大约）为 16 盎司，且各个箱子中谷物的重量存在一些变异。现在将 2 盎司谷物倒入一个碗中。当然，你倒进去的谷物不会是精确的 2 盎司。也存在一些变异。你猜测箱子中还剩多少谷物呢？与你猜测整箱谷物重量的准确性一样吗？均值应该为 14 盎司。但是箱子中剩余数量的变异要小于你倒出谷物之前的吗？当然不是这样！在你将谷物倒入碗里之后，箱子中谷物的重量仍然是一个随机数量（比之前有更小的均值），但是由于你倒出的重量不确定，你使其重量更具有可变性。然而，注意，我们并没有将这两个随机数量的标准差相加。正如我们将看到的，箱子里剩余谷物重量的方差才等于两个方差之和。

只要两组样本是相互独立的，我们就可以求出两个样本均值之差的标准差，即将两个方差相加再取平方根：

$$SD(\bar{y}_1 - \bar{y}_2) = \sqrt{Var(\bar{y}_1) + Var(\bar{y}_2)}$$

$$= \sqrt{\left(\frac{\sigma_1}{\sqrt{n_1}}\right)^2 + \left(\frac{\sigma_2}{\sqrt{n_2}}\right)^2}$$

$$= \sqrt{\frac{\sigma_1^2}{n_1} + \frac{\sigma_2^2}{n_2}}$$

一个比较简单的法则

两个均值差异的抽样分布自由度的计算公式很复杂。因而一些教科书给出了一个比较简单的法则：自由度的数量至少是 n_1-1 和 n_2-1 中的较小值，至多是 n_1+n_2-2。问题在于如果你需要使用这一法则，就必须保守并使用较小的值。近似值可能是个不好的选择，其原因在于它给出的自由度可能比来自正确公式的自由度的一半还要小。

当然，通常我们并不知道两个组的真实标准差 σ_1 和 σ_2，因而我们用估计值 s_1 和 s_2 代替，并得到标准误：

$$SE(\bar{y}_1-\bar{y}_2)=\sqrt{\frac{s_1^2}{n_1}+\frac{s_2^2}{n_2}}$$

正如对一个均值的做法一样，我们会使用标准误来判断差异真正有多大。你不应该对此感到惊奇，就像一个均值一样，均值差与差的标准误之比服从学生 t 分布。

我们还需要什么呢？只需要学生 t 分布模型的自由度。遗憾的是，其计算公式并不像 $n-1$ 那么简单。问题在于抽样模型不是真正的学生 t 模型，而是一种近似。其原因在于我们估计了两个不同的方差（s_1^2 和 s_2^2），它们可能是不相同的。额外的变异使分布变得比任何一个均值的学生 t 分布更具有可变性。但是通过使用一个特别调整过的自由度数值，我们可以找出一个与正确的抽样分布非常接近的学生 t 模型，且没有人能看出其区别。调整公式是直接的，但不能帮助我们理解很多，因而我们用计算机或计算器来计算它的值。（如果你感到好奇，并确实想了解公式，请看一下脚注。[①]）

两个均值差的抽样分布

当条件满足时（见 12.3 节），两个独立组的均值差的标准化数值

$$t=\frac{(\bar{y}_1-\bar{y}_2)-(\mu_1-\mu_2)}{SE(\bar{y}-\bar{y}_2)}$$

可以用一个学生 t 模型来建模，其自由度可以用一个特殊公式计算。我们估计标准误所用的公式是：

$$SE(\bar{y}_1-\bar{y}_2)=\sqrt{\frac{s_1^2}{n_1}+\frac{s_2^2}{n_2}}$$

① 结果是由 Satterthwaite 和 Welch 给出的。

Satterthwaite, F. E. (1946). "An Approximate Distribution of Estimates of Variance Components," *Biometrics Bulletin*, 2: 110-114.

Welch, B. L. (1947). "The Generalization of Student's Problem when Several Different Population Variances are Involved," *Biometrika*, 34: 28-35.

$$\text{df}=\frac{\left(\frac{s_1^2}{n_1}+\frac{s_2^2}{n_2}\right)^2}{\frac{1}{n_1-1}\left(\frac{s_1^2}{n_1}\right)^2+\frac{1}{n_2-1}\left(\frac{s_2^2}{n_2}\right)^2}$$

这个近似公式常常不能给出一个整数。如果使用统计分布表，你将需要一个整数，因而四舍五入是可靠的。如果你正在使用技术性工具，计算机和计算器使用的计算学生 t 分布的近似公式可以处理带小数的自由度。

□ **举例**

两个均值差的抽样分布

一个大型汽车经销店的老板想要了解购买新车的协商过程。汽车被给出了一个“标价”，但众所周知潜在的购买者可能协商一个优惠价格。他想知道男性购买者与女性购买者协商是否存在差异，并且其中谁能获得较大的优惠。

该老板从过去6个月的销售中抽取了一个包含100名客户的随机样本，并发现其中54名客户是男性，46名客户是女性。平均来看，54名男性获得折扣的均值为962.96美元，标准差为458.95美元；46名女性获得折扣的均值为1 262.61美元，标准差为399.70美元。

问题：男性购买者和女性购买者获得折扣的均值差是多少？标准误是多少？如果两者之间没有差异，这看起来像是一个异常的大数值吗？

答案：均值差为1 262.61美元－962.96美元＝299.65美元。平均来看，女性购买者获得的折扣比男性购买者大299.65美元。标准误为

$$SE(\bar{y}_{Women}-\bar{y}_{Men})=\sqrt{\frac{s_{Women}^2}{n_{Women}}+\frac{s_{Men}^2}{n_{Men}}}=\sqrt{\frac{399.70^2}{46}+\frac{458.95^2}{54}}=85.87\text{ 美元}$$

因此，这个差值偏离0的距离为299.65美元/85.87美元＝3.49个标准误。这听起来对于自由度至少为45的学生t统计量而言是一个相当大的标准误。（近似公式计算出的自由度为97.94。）

12.2 两样本t检验

现在我们已经得到构造假设检验所需要的一切，并且你已经知道如何做了。这与当检验一个均值与假设值是否相等时我们所使用的方法一样。这里，我们从为均值的真实差假设一个数值开始。我们称假设的差值为Δ_0。（因为假设差值为零是比较常见的，所以我们往往假设$\Delta_0=0$。）然后计算来自我们样本的两个均值之差与其标准误的比率，并比较这一比率与根据学生t模型得到的临界值。这一检验称为两样本t检验（two-sample t-test）。

标识符提示！

Δ_0（发音为“delta零”）不是那么标准，你可以假定每个人都能理解。我们使用它的原因在于它的大写希腊字母“D”表示“差异”。

两样本t方法

两样本t方法假设两个组是相互独立的。这是一个关键假设。如果这一假设条件无法满足，使用这些方法就是不可靠的。各组不符合独立性条件的一种常见方式是一组的每个观测值与另一组的一个（且只有一个）观测值相关联。例如，如果我们检验一个事件发生之前和之后相同的对象，或者如果我们同时检验丈夫和妻子的变化。在这样的例子中，观测值被认为是成对的，并且我们需要使用12.7节中所讨论的配对t方法。

有时候你可能看到将两样本 t 方法看作两样本独立 t 方法。然而在本书中，当提到两样本时，我们往往假设组与组之间是相互独立的。

两样本 t 检验

当恰当的假设和条件得到满足时，我们检验假设：

H_0：$\mu_1-\mu_2=\Delta_0$

其中假设的差值 Δ_0 几乎都为 0。我们使用统计量：

$$t=\frac{(\bar{y}_1-\bar{y}_2)-\Delta_0}{SE(\bar{y}_1-\bar{y}_2)}$$

$\bar{y}_1-\bar{y}_2$ 的标准误为：

$$SE(\bar{y}_1-\bar{y}_2)=\sqrt{\frac{s_1^2}{n_1}+\frac{s_2^2}{n_2}}$$

当原假设为真时，统计量可以近似地用自由度数值由特定公式给出的学生 t 模型来建模。我们使用该模型以比较我们的 t 比率与 t 的临界值，或者得到 P 值。

□ 举例

两均值差异的 t 检验

问题：如果假设不存在真的差异，我们看到（在 12.1 节）男性与女性所获的平均折扣的差异看起来很大。请检验假设，求出 P 值，并陈述你的结论。

答案：原假设为 H_0：$\mu_{Women}-\mu_{Men}=0$ 与 H_A：$\mu_{Women}-\mu_{Men}\neq 0$。差异 $\bar{y}_{Women}-\bar{y}_{Men}$ 为 299.65 美元，标准误为 84.26 美元。t 统计量等于差异除以标准误：

$$t=\frac{\bar{y}_{Women}-\bar{y}_{Men}}{SE(\bar{y}_{Women}-\bar{y}_{Men})}=\frac{299.65}{85.87}=3.49$$

近似公式得出自由度为 97.94（与 $n_1+n_2-2=98$ 的最大化可能值相近）。自由度为 97.94 的 $t=3.49$ 的 P 值（从技术上讲）为 0.000 73。我们拒绝原假设。强有力的证据表明男性和女性所获折扣均值的差异并不等于 0。

12.3 假设与条件

在进行双样本 t 检验之前，我们必须检查假设与条件。

独立性假设

每组数据必须被独立地抽取，并且每组随机地来自一个同质总体或通过一个随机对比试验产生。我们不能期望作为一个大组的数据来自一个同质总体，其原因在于那正是我们想去检验的。但是没有某种随机化，就没有抽样分布模型和推断。我们应该思考独立性假设是否合理。我们也可以检查以下两个条件：

随机化条件：收集的数据是否经过了适当的随机化？对于调查，它们是一个具有代表性的随机样本吗？对于试验，它是随机的吗？

10%条件：对于均值的差异，我们通常不检查这个条件。只有当我们有一个很小的总体或者极大的样本时，我们才会检查它。对于随机化试验，我们完全不需要考虑这个条件。

正态总体假设

在使用学生 t 模型之前，我们需要假设每个潜在的总体都服从正态分布。因而我们检查一个条件。

近似正态条件：对于每一组，我们都必须检查这个条件；任何一组违背这个条件都算违背。正如从单样本均值所了解的那样，当样本容量较小时，正态假设关系重大。当任意一组是小样本时（$n<15$），如果直方图或正态概率图是有偏的，你就不应该使用这些方法。若 n 接近 40，一个适度有偏的直方图是没有问题的，但是你应该注意任何你找到的异常值，并且对于严重有偏的数据不能使用这种方法。当两个组的样本容量都比 40 大时，中心极限定理开始发挥作用，除非数据严重有偏或者存在极端的异常值，因而近似正态条件对数据的重要性就会小些。然而，即使在大样本中，你也应该注意异常值、极端偏斜和多个众数的情况。

独立组假设

为了使用双样本 t 检验方法，我们要比较的两组必须是相互独立的。实际上，检验有时又称为双独立样本 t 检验。没有统计检验能证明各组之间是相互独立的。你必须考虑数据是如何收集的。例如，如果一组是由丈夫组成，而另一组是他们的妻子，假设条件就会被违反。无论我们对其中一组监测什么都自然而言地与另一组相关。相似地，如果我们比较检测对象处理之前的表现与处理之后的表现，我们就会预期每个“之前”的检测与它相应的“之后”的检测存在关系。当在同一时间内检测的两个组的观测值之间可能存在联系时，对两个组的检测持续一段时间——比如特别是如果它们具有同样的机会受整体经济或世界性事件的影响。在这样的例子中，两组中观测的单位是有关系或匹配的，不适合用本章的双样本 t 检验。当这些情况发生时，我们需要一个不同的程序，12.7 节将会讨论。

□ 指导性案例：信用卡促销和消费

我们初步的市场研究表明，一个新的激励措施可能会增加消费者的消费。然而，在我们将促销活动实施于全部持卡人的总体之前，我们对样本进行假设检验。为了判断激励措施是否有效，我们将会检查 6 个月的消费变化（称作消费增加额）。我们将了解接受促销服务的群体的消费增加额是否高于没有接受激励的群体的消费增加额。如果我们观察到两者的差异，我们如何知道这些差异对于解释成本是否足够（或确实）重要呢？

计划

准备：说明我们想了解什么。

确定我们希望估计的参数。这里的参数是均值的差异，不是单个组的均值。

确定我们希望做出描述的总体。

确定变量和背景。

我们想要知道被提供了促销服务的持卡人是否会在卡上增加消费。一个是500名接受促销服务的持卡人组成的随机样本，另一个是500名没有接受促销服务的持卡人组成的随机样本，我们有两组消费增加额（美元）的数据。H_0：接受促销服务的小组消费增加额的均值与没有接受促销服务的小组消费增加额的均值相等：

H_0：$\mu_{Offer}-\mu_{No\ Offer}=0$

H_A：接受促销服务的小组消费增加额的均值更高，即

H_A：$\mu_{Offer}-\mu_{No\ offer}>0$

绘图来对两组进行比较，并检查每个组的分布。为了保证完备性，我们应该报告任何异常值。如果一些异常值足够极端，我们应该考虑在包含异常值和不包含异常值的情况下均进行检验，并报告两个检验结果的差异。

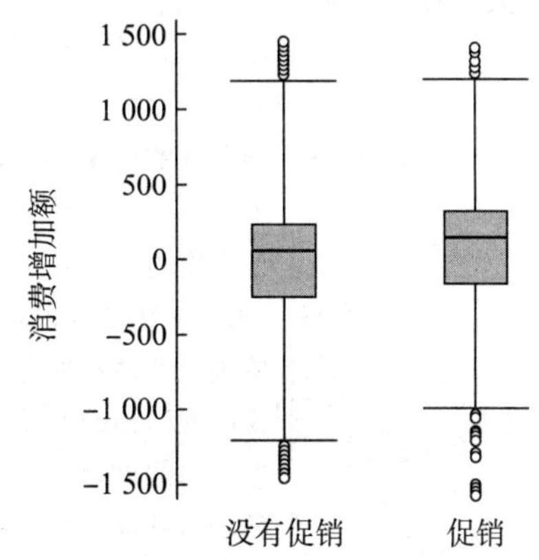

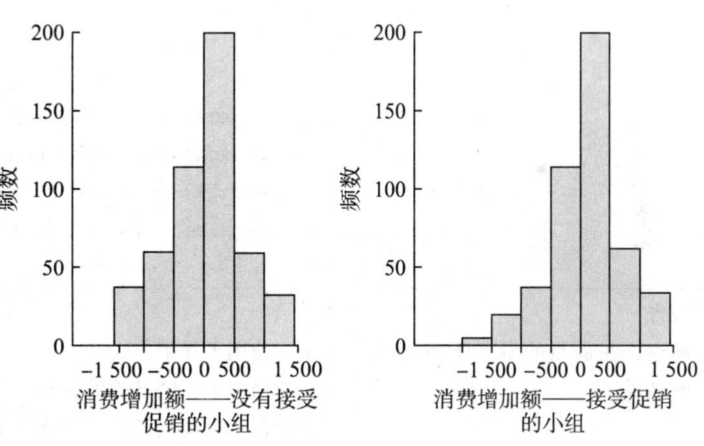

箱线图和直方图显示了两个组的分布。看起来每个组的分布都是单峰且相当对称的。

箱线图表明每个组中都有几个异常值，但是我们没有理由删除它们，且它们的影响是极小的。

模型：检查假设和条件。

对于类似这样的定量数据的大样本，我们通常不需要考虑10%条件。

✓独立性假设：我们没有理由认为一个消费者的消费行为将影响同一组中另一名消费者的消费行为。数据显示同时期每名消费者的“消费增加额”。

✓随机化条件：被提供促销的消费者是随机选取的。

✓近似正态分布条件：样本很大，因而我们不用过度关心这个条件，并且箱线图和直方图显示两组都是单峰且对称的分布。

✓独立组假设：消费者被随机地分配到各组中。没有理由认为一个组中的消费者的消费行为会影响另一组消费者的消费行为。

描述统计量的抽样分布模型。这里的自由度来自12.1节脚注中的近似公式。

在这些条件下，使用学生 t 模型是合适的。

具体说明你的方法。

我们将使用双样本 t 检验。

<table>
<tr><td>实施
技术性工具：列出概括统计量。保证统计量包含单位。使用有意义的标注来区分各个小组。
使用样本标准差来计算抽样分布的标准误。
最好的选择是让计算机使用自由度的近似公式来计算自由度并计算出 P 值。</td><td>我们知道 $n_{No\ Offer}=500$ 和 $n_{Offer}=500$
通过技术性工具，我们得到：
$\bar{y}_{No\ Offer}=7.69$ 美元　$\bar{y}_{Offer}=127.61$ 美元
$s_{No\ Offer}=611.62$ 美元　$s_{Offer}=566.05$ 美元
观测到的两个均值的差值为：
$\bar{y}_{Offer}-\bar{y}_{No\ Offer}=127.61$ 美元 -7.69 美元 $=119.92$ 美元
组与组之间是相互独立的，因而：
$$SE(\bar{y}_{Offer}-\bar{y}_{No\ Offer})=\sqrt{\frac{566.05^2}{500}+\frac{611.62^2}{500}}=37.27\text{ 美元}$$
观测到的 t 值为：
$t=119.92/37.27=3.218$
自由度为 992.0（使用技术性工具计算）。
（为了使用临界值，我们可以找到自由度为 992.0 的 t 分布的单边显著性水平为 0.01 的临界值为 $t^*=2.33$。
我们观测到的 t 值大于临界值，因而我们能在 0.01 的水平下拒绝原假设。）
利用软件求 P 值，我们得到：
<pre>Promotional Group   N   Mean   StDev
No   500   7.69   611.62
Yes   500   127.61   566.05
Difference= mu(1)= mu(0)
Estimate for difference:199.9231
t= 3.2178,df= 992.007
One-sided P-value= 0.0006669</pre></td></tr>
<tr><td>报告
结论：在适当的背景下解释检验结果。</td><td>备忘录
关于：信用卡促销。
我们对信用卡促销试验的分析发现，接受促销的消费者比没有接受促销的消费者的消费支出更多。两者的差异在统计上是显著的，P 值<0.001。因而我们得出这个促销会提高消费的结论。消费增加额均值之差为 119.92 美元，但是到目前为止我们的分析没有给出这将会给公司带来多少收入，也没有确定消费增长的估计值是否大于促销的成本。</td></tr>
</table>

□ 快速测试

许多办公室的“咖啡区”收取食物消费的自愿付款。位于泰恩河畔的纽卡斯尔大学的研究人员进行了一个试验，以了解眼睛看到的图像是否会改变雇员的行为。[1]在“诚信箱”后面的橱柜上贴有图片，一类是看着观看者的眼睛图片，另一类是鲜花图片，他们每周轮流更换眼睛和鲜花图片。他们测量贴不同图片时的牛奶饮用量，以近似估计食物消耗的数量，并记录每周每升牛奶的贡献（英镑）。下表概括了试验的结果。

	眼睛	鲜花
n（周数）	5	2
$\bar{y}$	0.417 英镑/升	0.151 英镑/升
s	0.181 1	0.067

1. 研究人员检验的原假设是什么？
2. 为了检验图片不同是否会真正引起行为的差异，检查所需要的假设和条件。

□ 举例

检查两样本 t 检验的假设和条件

问题：在 12.1 节的案例中，我们拒绝了男性和女性获得的折扣均值相等的原假设。下面是男性和女性所获折扣的直方图。检查假设和条件，并陈述对于我们得出的结论你可能有的任何关心。

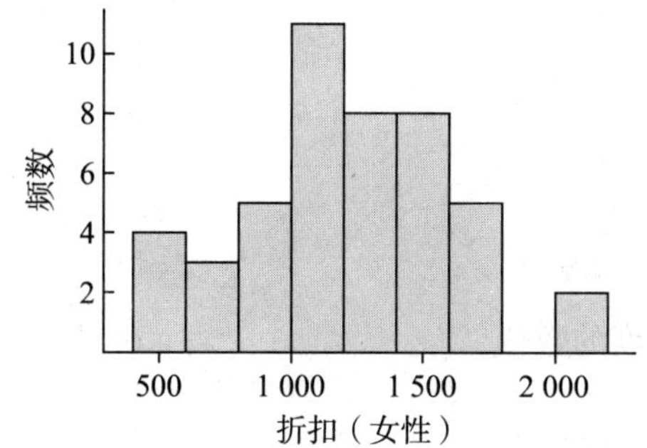

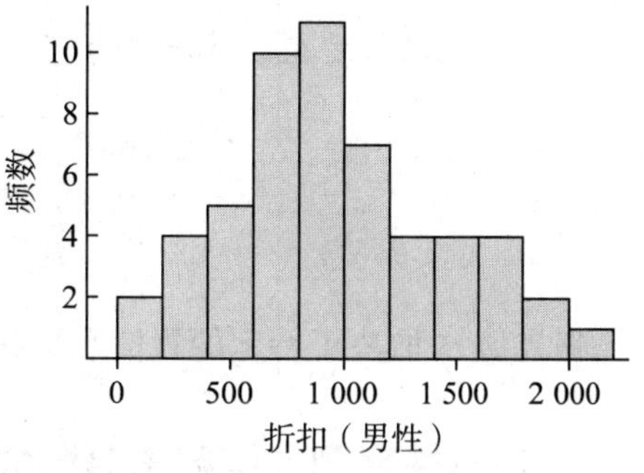

答案：我们被告知样本是随机的，因而随机化条件是满足的。没有理由认为男性和女性的回答是相关联的（就像如果他们是丈夫和妻子时可能的那样），因而独立组假设是不合理的。因为两个组的观测值超过 40 个，折扣可能略有偏斜，该例就是如此。不存在明显的异常值（女性的分布有一个小缺口，但观测值偏离中心不远），因而所有的假设和条件好像是满足的。我们对于差异均值不为 0 的结论没有给予真正的关注。

① Melissa Bateson, Daniel Nettle, and Gilbert Roberts, “Cues of Being Watched Enhance Cooperation in a Real-World Setting,” *Biol. Lett.* Doi: 10.1098/rsbl.2006.0509.

12.4 两个均值之差的置信区间

我们拒绝了当促销时消费者的平均消费支出不会改变的原假设。因为公司抽取了每组消费者的随机样本，并且 P 值足够小，我们得出的结论是对于总体而言，两个均值之差不为零。这是否意味着我们应该对所有消费者提供促销服务？

假设检验真的不涉及差异的大小。所有它所能说明的是观测到的差异足够大，以至于我们有把握认为它不为零。这就是术语“统计上的显著性”的意义。他并不能说明差异是重要的、财务上有意义的或者有趣的。拒绝原假设只能说明如果原假设为真，那么与观测到的统计量一样极端的数值是不太可能被观测到的。

因此，我们能给公司提什么建议呢？几乎每个商务决策都依赖于观察一些不同的背景——恰恰就是置信区间提供的信息。我们用常见的方法构建均值之差的置信区间，从观测到的统计量开始，本例中就是（$\bar{y}_1-\bar{y}_2$）。然后我们加上或减去一个多倍的标准误 $SE(\bar{y}_1-\bar{y}_2)$，其中的倍数以学生 t 分布为基础，其自由度公式与之前看到过的一样。

两个均值之差的置信区间

当条件满足时，我们已做好准备为两个独立样本的均值差计算双样本 t 区间（two-sample t-interval）。其置信区间为：

$$(\bar{y}_1-\bar{y}_2)\pm t_{\mathrm{df}}^{*}\times SE(\bar{y}_1-\bar{y}_2)$$

其中均值之差的标准误为：

$$SE(\bar{y}_1-\bar{y}_2)=\sqrt{\frac{s_1^2}{n_1}+\frac{s_2^2}{n_2}}$$

临界值 t_{df}^{*} 取决于特定的置信水平和自由度的数值。

□ 指导性案例：信用卡消费的置信区间

我们拒绝两组消费者消费支出的均值相等的原假设。但是，为了查明是否应该考虑在全国范围内提供促销服务，我们需要估计消费增加的幅度。

计划 准备：说明我们想了解什么。	我们想要求出提供促销和没有提供促销两组持卡人的消费支出均值之差的 95%的置信区间。
确定我们希望估计的参数。这里的参数是均值的差异，不是单独组的均值。 确定我们希望做出描述的总体。 确定变量和背景。	我们观察两个组的箱线图和直方图，并预先检查条件。同样的假设和条件在这里是恰当的，因而我们能直接计算置信区间。
明确方法。	我们将使用双样本 t 区间。

实施	在我们之前的分析中，我们发现：
技术性工具：构建置信区间。确保统计量要包含单位。使用有意义的标识区别每个组。 使用样本标准差来计算抽样分布的标准误。 最好的选择是让计算机使用自由度的近似公式来计算自由度并计算出置信区间。 一般情况下，我们依靠技术性工具进行计算。在我们的手工计算中，在中间步骤进行四舍五入以更为清晰地显示各个步骤。计算机在计算过程中保持高度精确性，我们应该报告的结果也是如此。手工计算与计算机计算的结果相差约 0.08 美元。	$\bar{y}_{No\ Offer}=7.69$ 美元　$\bar{y}_{Offer}=127.61$ 美元 $s_{No\ Offer}=611.62$ 美元　$s_{Offer}=566.05$ 美元 观测到的两个均值的差值为： $\bar{y}_{Offer}-\bar{y}_{No\ Offer}=127.61$ 美元-7.69 美元$=119.92$ 美元 且标准误为： $SE(\bar{y}_{Offer}-\bar{y}_{No\ Offer})=37.27$ 美元 根据技术性工具，自由度为 992.007，并且在 0.025 的显著性水平下，自由度为 992.007 的 t 分布临界值为 1.96。因而 95%的置信区间为： 119.92 美元±1.96×37.27 美元＝（46.87 美元，192.97 美元） 通过软件来计算结果，我们得出： 95 percent confidence interval: (46.78784, 193.05837) sample means: No Offer　Offer 7.690882　127.613987
报告 结论：在适当的背景下解释检验结果。	备忘录 关于：信用卡促销试验。 在我们的试验中，促销导致的平均消费增加额为 119.92 美元。更深入的分析给出 95%的置信区间为（46.79 美元，193.06 美元）。换言之，我们有 95%的把握预计在相似的条件下，当向所有类似的消费者提供这种促销服务时，我们得到的消费增加额的均值将在这个区间。我们建议公司考虑处于这一区间的数值是否能弥补促销项目的成本。

□ 举例

两个均值之差的置信区间

问题：我们在 12.2 节的举例中已经得出结论，平均而言，在这一汽车经销商处，女性获得的折扣比男性的更大。平均来看，差异有多大？求出差异的 95%的置信区间。

答案：我们已经看到样本中的差值为 299.65 美元，标准误为 85.84 美元，自由度为 97.94。自由度为 97.94 的 t 分布的 95%的临界值为 1.984。

$$\bar{y}_{Women}-\bar{y}_{Men}\pm t^{*}_{97.94}SE(\bar{y}_{Women}-\bar{y}_{Men})=299.65\pm1.984\times85.87$$
$$=(129.28,\ 470.02)\text{美元}$$

我们有 95%的把握认为，平均而言，在这一经销商处女性所获折扣高出男性所获折扣的范围为 129.28 美元与 470.02 美元之间。

12.5 合并的 t 检验

如果你从一个朋友那里购买了一个性能良好的二手照相机，那么你支付的钱是否与从一个陌生人那里买同样的商品所支付的一样多呢？康奈尔大学[①]的一名研究人员想了解友谊是如何影响类似这种简单销售的。她将受试者随机分成两个组，并向每个组描述他们可能想买的东西。一个组被告知想象从一个他预期能再见的朋友那里购买。另一组被告知想象从一个陌生人那里购买。

下表是他们对于一个性能良好的二手照相机的出价。

二手照相机的出价（美元）

从朋友那里购买	从陌生人那里购买
275	260
300	250
260	175
300	130
255	200
275	225
290	240
300	

调查对象（WHO）：大学生。
调查内容（WHAT）：二手照相机的出价（美元）。
调查时间（WHEN）：20 世纪 90 年代。
调查地点（WHERE）：康奈尔大学。
调查原因（WHY）：研究友谊在谈判中的作用。

设计友谊研究的研究人员感兴趣的是检验友谊对谈判的影响。之前的理论怀疑友谊对定价有可以测度的影响，但她希望找出这种影响。通常的原假设是均值之间没有差异，我们在照相机购买价格的研究中也将使用这一原假设。

当我们在本章前面的内容中进行 t 检验时，使用一个近似公式将自由度调整到一个比较小的数值。当 n_1+n_2 只有 15 时，我们真的不想失去任何自由度。因为这是一个试验，我们可能愿意做另一个假设。原假设提出无论你从朋友那里购买还是从陌生人那里购买，都对你愿意支付的照相机价格的均值没有影响。如果它对均值没有影响，它对交易的方差会有影响吗？

如果我们愿意假设各组的方差相等（至少当原假设为真时），这样我们能够保留一些自由度。为了做到这一点，我们必须将从两个组中估计的两个方差合并成一个共同的或合并的方差估计值：

① J. J. Halpern (1997). "The Transaction Index: A Method for Standardizing Comparisons of Transaction Characteristics Across Different Contexts," *Group Decision and Negotiation*, 6, no. 6: 557-572.

$$s_{pooled}^2=\frac{(n_1-1)s_1^2+(n_2-1)s_2^2}{(n_1-1)+(s_2-1)}$$

（如果两个样本容量相同，合并的方差就是两个方差的均值。）

现在我们用这个合并的方差代替标准误公式中的每个方差。记住，两个独立均值差的标准误公式为：

$$SE(\bar{y}_1-\bar{y}_2)=\sqrt{\frac{s_1^2}{n_1}+\frac{s_2^2}{n_2}}$$

我们用共同的合并方差来代替这个公式中的两个方差，使得合并的标准误公式变得更为简化：

$$SE_{pooled}(\bar{y}_1-\bar{y}_2)=\sqrt{\frac{s_{pooled}^2}{n_1}+\frac{s_{pooled}^2}{n_2}}=s_{pooled}\sqrt{\frac{1}{n_1}+\frac{1}{n_2}}$$

学生 t 模型的自由度公式也更加简单。双样本 t 检验非常复杂，我们将它置于脚注中进行了解释。现在它的自由度为 df＝ $(n_1-1)+(n_2-1)$。

将标准误的合并 t 估计值及其自由度代入置信区间或假设检验的步骤中，你就能使用合并的 t 方法了。当然，如果你决定使用合并的 t 方法，就必须支持你关于两个组的方差相等的假设。

为了使用合并的 t 方法，你需要增加同方差假设（Equal Variance Assumption），即假定样本所取的两个总体的方差相等。也就是 $\sigma_1^2=\sigma_2^2$。（当然，我们可以考虑用标准差相等来替代。）

均值差合并的 t 检验与置信区间

两独立组均值差合并的 t 检验（pooled t-test)（通常被称作合并的 t 检验）的条件与带有两组方差相等附加条件的两独立样本 t 检验相同。我们检验的假设为：

$$H_0: \mu_1-\mu_2=\Delta_0$$

其中假设的差 Δ_0 几乎总为 0，使用的统计量为

$$t=\frac{(\bar{y}_1-\bar{y}_2)-\Delta_0}{SE_{pooled}(\bar{y}_1-\bar{y}_2)}$$

$\bar{y}_1-\bar{y}_2$ 的标准误为：

$$SE_{pooled}(\bar{y}_1-\bar{y}_2)=s_{pooled}\sqrt{\frac{1}{n_1}+\frac{1}{n_2}}$$

其中合并的方差为：

$$s_{pooled}^2=\frac{(n_1-1)s_1^2+(n_2-1)s_2^2}{(n_1-1)+(n_2-1)}$$

当条件满足且原假设为真时，我们可以用自由度为 $(n_1-1)+(n_2-1)$ 的学生 t 分布来对该统计量的抽样分布进行建模。我们使用这个分布模型获得检验的 P 值或置信区间的误差幅度。

相应的合并的 t 置信区间为：

$$(\bar{y}_1-\bar{y}_2)\pm t^*_{\mathrm{df}}\times SE_{pooled}(\bar{y}_1-\bar{y}_2)$$

其中临界值 t^* 取决于置信水平和自由度 $(n_1-1)+(n_2-1)$。

□ 指导性案例：友谊在谈判中的作用

通常情况下合并的 t 检验的原假设是均值之间没有差异，并且我们将在照相机购买价格检验中使用这一原假设。

计划

准备：说明我们想了解什么。

确定我们希望估计的参数。这里的参数是均值的差异，不是单个组的均值。确定变量及其背景。

假设：说明原假设和备择假设。

研究表明友谊改变人们愿意支付的价格。① 原假设自然是友谊没有造成价格的不同。

我们在开始时不了解任何有关友谊可能提高或降低价格的信息，因而我们选择一个双边备择假设。

绘图。箱线图是一个比较组间选择的图示。我们也想检查每个组的分布。直方图可能做得比较好。

可行性检查：如果你从一个朋友那里购买，似乎看起来价格比较高。两个范围重叠部分很小，因而如果不拒绝原假设，我们会感到相当惊讶。

模型：考虑假设并检查条件。（因为这是一个随机试验，我们根本没有进行抽样，所以 10% 条件不适用。）

说明抽样分布模型。

确定具体方法。

我们想要知道人们从朋友那里购买一部二手照相机与从陌生人那里购买一部二手照相机所支付的价格是否相同。我们想要知道均值之差是否为零。在一个随机试验中，我们得到了 8 个受试者从朋友那里购买的出价，以及 7 个受试者从陌生人那里购买的出价。

H_0：从朋友那里购买的平均价格与从陌生人那里购买的平均价格之差为零：

$\mu_F-\mu_S=0$

H_A：平均价格之差不为零：

$\mu_F-\mu_S\neq0$

价格（美元）
300
250
200
150
100
从朋友那里购买
从陌生人那里购买

✓独立性假设：没有理由认为一名受试者的行为将影响另一名受试者的行为。

✓随机化条件：试验是随机的。受试者被分到哪个组也是随机的。

✓独立组假设：随机试验给出了独立组。

✓近似正态分布条件：两组价格的直方图显示不存在有偏或极端的异常值。

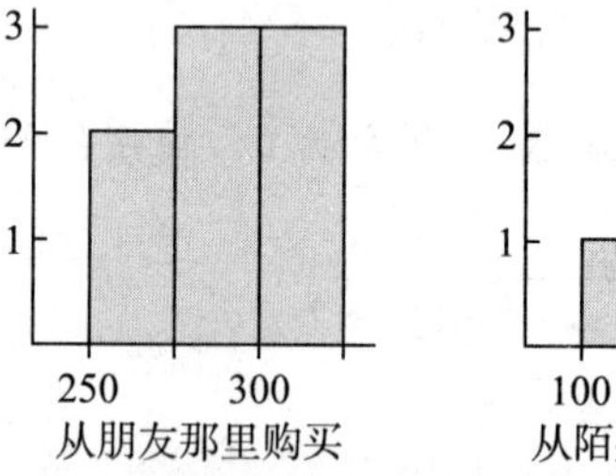

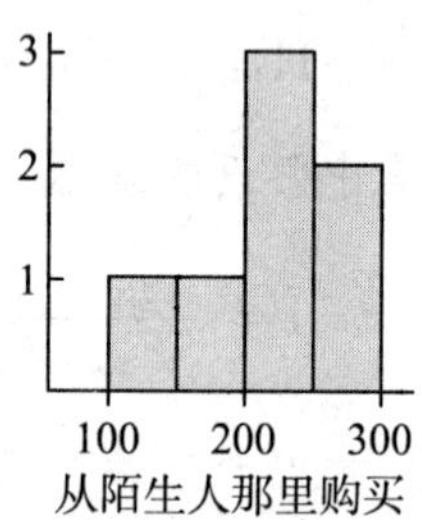

因为这是一个原假设为均值之差为零的随机试验，所以我们可以做出同方差的假设。如果像我们在原假设中假设的那样，分组的处理没有改变均值，就有理由假设它也不改变方差。在这些假设和条件下，我们可以使用学生 t 模型来进行合并的 t 检验。

① 这种说法在许多社会科学中是个被称为"研究假设"的很好的例子。检查它的唯一方法是否认它是真的，并看原假设会将我们引向何方。

实施 技术性工具：列出概括统计量。确保使用恰当的符号。 使用原模型计算 P 值。首先确定样本均值差的标准误。	根据数据： $n_F=8$　　$n_S=7$ $\bar{y}_F=281.88$ 美元　　$\bar{y}_S=211.43$ 美元 $s_F=18.31$ 美元　　$s_S=46.43$ 美元 合并的方差估计值为： $s_p^2=\frac{(n_F-1)s_F^2+(n_s-1)s_S^2}{n_F+n_S-2}$ $=\frac{(8-1)\times 18.31^2+(7-1)\times 46.43^2}{8+7-2}$ $=1\ 175.48$

绘图。绘制出以假设的差异 0 为中心的 t 模型曲线。因为这是一个双边检验，将观测到的差异的右边区域和另一边相应的区域涂上阴影。
计算 t 值。
 	
统计程序可以计算 P 值。
	差的标准误变为：
	$SE_{pooled}(\bar{y}_F-\bar{y}_S)=\sqrt{\frac{s_p^2}{n_F}+\frac{s_p^2}{n_S}}$
	$=17.744$
	观测到的均值差异为：
	$(\bar{y}_F-\bar{y}_S)=281.88-211.43=70.45$ 美元
	由此可以得出 t 比率为
	$t=\frac{(\bar{y}_F-\bar{y}_S)-0}{SE_{pooled}(\bar{y}_F-\bar{y}_S)}=\frac{70.45}{17.744}=3.97$
	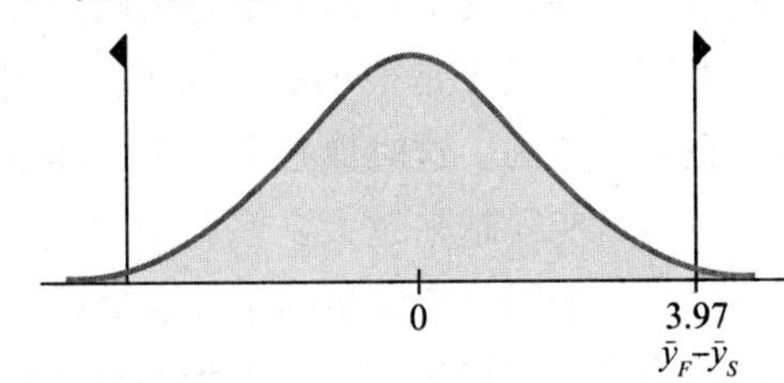
	
	合并的 t 检验的电脑输出结果如下所示。
	`Pooled T Test for friend vs. stranger`
	`N Mean StDev SE Mean`
	`Friend 8 281.9 18.3 6.5`
	`Stranger 7 211.4 46.4 18`
	`t=3.9699, df=13, P-value=0.001600`
	`Alternative hypothesis: ture difference in means is not equal to 0`
	`95 percent confidence interval:`
	`(32.11047, 108.78238)`

报告 结论：将 P 值与你关于原假设的决策联系起来，并在此背景下说明结论。 当将结论推广到那些价格超出本研究中商品的价格范围时应当小心。置信区间可以揭示更多关于差异大小的具体信息。在原文中（参考本章 12.5 节的脚注），研究人员检验了几个商品，并提出了一个与商品价格差异大小有关的模型。	备忘录 关于：友谊在谈判中的作用。 一个小规模试验的结果表明，对于二手照相机，人们与朋友交易时的出价和与陌生人交易时的出价是不相同的。平均出价之差在统计上是显著的（P=0.001 6）。 置信区间表明人们倾向于向朋友支付的比向陌生人支付的多。对于照相机，平均价格之差的 95%的置信区间为 32.11 美元至 108.78 美元，但是我们怀疑实际差异会随商品购买价格而变化。

□ 快速测试

回顾试验来看一下眼睛图片是否会提高办公室咖啡区自愿付款的服从度。

3. 你将检验的备择假设是什么？

4. 检验的 P 值小于 0.05。陈述一个简短的结论。

什么时候你应该使用合并的 t 检验

因为合并的优点很少，并且你只在很少的条件下（当同方差假设满足时）才能使用合并检验，我们的建议是：不要进行合并检验。

不合并就永远不会出错误。

当两组的方差实际上相等时，两种方法给出几乎相同的结果。合并的方法有个小优点（置信区间略微变窄，检验结果略微更有说服力），其主要原因在于它们往往有更多的自由度，但优势是很小的。当方差不相等时，合并的方法就是无效的，且得出的结果也是很差的。这时你必须使用双样本方法代替。

随着样本容量变得越来越大，多几个自由度的优势使得差异越来越小。因而当样本容量小时——恰如当应满足的条件也最难检查时，合并方法的优点（就像这样）就是最大的。当方差不相等时——恰如当你不能以任何方式使用合并方法时，自由度的差异就是最大的。我们的建议是使用双样本 t 检验方法来比较均值。

为什么我们用整整一节的内容来介绍一个不推荐使用的方法呢？这是一个很好的问题。答案在于合并方法在统计学中实际上是非常重要的，尤其是在设计试验的时候，这里我们从随机地将受试者分配到试验组开始。我们知道在试验开始时每个试验组都是来自相同总体的随机样本①，因而每个试验组开始时具有相同的总体方差。在此情况下，假设我们应用试验组之后方差是相等的，与假设试验组没有改变方差时是一样的。当检验真实的均值是否相等时，我们可能愿意更深入一点地进行研究，并说明试验组根本没有形成差异。这就是我们在友谊和交易试验中所做的。这时假设方差仍然是相等的就没有太多的延伸。

讨论合并的 t 检验法的其他原因是有历史根据的。直到最近，许多软件包提供合并 t 检验的结果作为两组均值比较的默认检验，而双样本 t 检验（或有时误导地称为"不等方差 t 检验"）只是你需要时才选定的一个选项。这一点正在变化，但当用软件来设定正确的检验时一定要谨慎。

你也可以使用一个假设检验来检验等方差假设。然而，无法满足假设条件是很敏感的，并且对于小样本的效果不好——仅仅当我们关心方法之间的差异时才使用。

① 即指试验对象的总体。记住这一点是很有用的，试验不需要一个从总体中抽取的代表性样本，因为我们并不是在努力估计一个总体模型参数。

当双样本 t 检验和合并的 t 检验的结果存在差异且需要进行选择时（也就是当样本容量很小时），对于方差是否相等的检验根本不起作用。

尽管合并方法在统计学中很重要，但是两均值比较有其他好的不需要额外假设的替代方法。双样本方法适用于更广泛的情况，并且使用起来更加可靠。

□ 举例

合并的 t 检验

问题：如果 12.2 节举例中经销店老板对平均折扣之差使用了合并的 t 检验方法，他是否得出了不同的结论？

答案：合并的 t 检验方法的不同之处在于假设两组是等方差的，并且合并两个估计值以计算差值的标准误。常见标准差的合并估计值为：

$$s_{pooled}=\sqrt{\frac{(n_{Women}-1)s_{Women}^2+(n_{Men}-1)s_{Men}^2}{n_{Women}+n_{Men}-2}}$$

$$=\sqrt{\frac{(46-1)\times 399.70^2+(54-1)\times 458.95^2}{46+54-2}}$$

$$=432.75$$

我们使用这一方法来计算差值的标准误：

$$SE_{pooled}(\bar{y}_{Women}-\bar{y}_{Men})=s_{pooled}\sqrt{\frac{1}{n_{Women}}+\frac{1}{n_{Men}}}=432.75\sqrt{\frac{1}{46}+\frac{1}{54}}=86.83 \text{ 美元}$$

（如果不合并，我们的估计值为 85.87 美元。）合并的 t 统计量的自由度为 46+54−2=98。

第 12 章 比较两个组

$$t_{98}=\frac{\bar{y}_{Women}-\bar{y}_{Men}}{SE_{pooled}(\bar{y}_{Women}-\bar{y}_{Men})}=\frac{263.65}{86.83}=3.04$$

自由度（从技术上讲）为 98 的 t 统计量 3.04 的 P 值为 0.003 0。双样本 t 检验的 P 值为 0.000 7。这些数值之间实际上没有差异，并且我们得出了差异为 0 的相同结论。等方差的假设对于结论没有影响。

*12.6 图基快速检验

如果你认为看起来简单的 t 检验其工作量很大，你并不是唯一持这种看法的人。著名的统计学家约翰·图基（John Tukey）[①] 曾试图找出双样本 t 检验的一个简单替

① 用“著名的”来形容约翰·图基有点轻描淡写了。《纽约时报》称图基为 20 世纪“最有影响力的统计学家之一”。《时代周刊》也指出他被认为发明了术语“bit”（从计算机角度而言）并且第一次在印刷品中使用“software”。图基也发明了茎叶图和箱线图。

代方法，就像 68—95—99.7 法则一样，其临界值可以很容易记住。他提出的检验方法只要求你计数，并记住 3 个数字：7、10 和 13。

当第一次看到友谊数据的箱线图时，你可能已经注意到它们重叠的部分很少。这是图基检验的基础。为了使用图基检验，一组必须有最大值，并且另一组必须有最小值。我们只需要数出较高值组中的数值有多少比所有较低值组中的数值大。将该数加上较低值组中数值小于较高值组中所有值的数量。（你可以将数值相等的情况记为 1/2。）如果总数超过 7 或更多，我们能在 $\alpha=0.05$ 的水平下拒绝均值相等的原假设。“临界值”为 10 和 13，相应的 α 等于 0.01 和 0.001。

我们试一试。“朋友”组有最大值（300 美元），“陌生人”组有最小值（130 美元）。朋友组中有 6 个值比陌生人组的最大值（260 美元）要大，且有一个数值相等的情况。陌生人组中有 6 个值小于朋友组中的最小值。这些数的合计是 12.5。它大于 10，但比 13 小。因而 P 值在 0.01 和 0.001 之间——恰好是我们使用合并 t 检验得到的结果。

这显然是一个非常好的检验。它要求的唯一假设是两个样本是独立的。这种方法使用起来是如此简单，以至于没有理由不去做一个检验来检查你所得到的双样本 t 检验的结果。如果它们不一致，检查一下假设。然而，图基快速检验并没有像双样本 t 检验一样众所周知或被普遍接受，因此你仍然需要了解并使用双样本 t 检验。

□ 举例

图基快速检验

下面是男性（见 12.1 节）所获得的折扣（按顺序）：

130，158，303，340，353，390，415，423，536，566，588,…，1 606，1 616,1 658，1 763，1 840，1 881，2 030

下面是女性所获得的折扣：

503，526，574，579，603，794，831,…，1 727，1 742，1 748，2 142，2 192

问题：图基快速检验适用吗？如果适用，找出超过的数量，并报告 P 值和结论。图基快速检验如何与双样本 t 检验相比较？

答案：图基快速检验是适用的，其原因在于各组是独立的；此外，一组（男性）有最小的数值（130 美元），另一组（女性）有最大的数值（2 192 美元）。

这里有 8 名男性所获折扣低于所有女性所获折扣，有 2 名女性所获折扣高于所有男性所获折扣，超过数共计 10 个。其对应于约为 0.01（但大于 0.001）的 P 值。这提供了强有力的证据来拒绝两个分布相同的原假设。我们总结出均值差异不为 0。双样本 t 检验给出的 P 值为 0.002 8，这也与该检验得出的 P 值一致。

*12.7 配对数据

数据配对吗?

为了确定你的数据是否配对，你需要了解数据的商业背景以及如何收集数据。配对不是一项选择，而是数据的一个事实。如果数据是配对的，你不可能将各组看作独立的。但为了配对，数据必须以某种方式在两组之间有关联，这一点你可以调整。这些调整可能包含变量自身没有呈现的数据的信息。

双样本 t 检验关键取决于案例中两组相互独立的假设。什么时候违背假设了呢?最常见的情况是当我们有了在两种不同情况下的相同案例的数据。例如，我们可能想要比较去年一月份与今年一月份相同顾客在我们网站上的消费支出，或者我们可能让关注组中的每个参与者都对两种不同产品设计进行排序。像这样的数据称作配对的（paired)。当配对来自一个试验时，在试验前后我们比较测量结果，这种配对是一种类型划分（blocking)。当它们来自一项观察研究时，这种配对称为匹配（matching)。

当数据是配对的，你就不应该使用双样本（或合并的双样本）方法。你必须根据数据收集的方式确定数据是否是配对的。你必须通过了解数据如何收集及其含义（核对几个 W）来确定数据是否是配对的。

一旦我们认识到数据是配对的，关注每个个体的两种测量结果的不同之处就是有意义的。也就是说，我们观察一下测量变量的配对数据差异的集合。例如，如果研究消费者消费支出，我们会分析今年一月与去年一月每个消费者消费支出的不同之处。因为我们关注的是差异，我们可以将它们作为具有这些差异的感兴趣的单个变量来看待。对于只考虑一个变量的情况，我们可以使用简单的单样本 t 检验。配对 t 检验（paired t-test）就是对配对差异均值的单样本 t 检验。样本容量是成对的数量。

因为配对的 t 检验在技术上与每个个案配对差异的单样本 t 检验相同，所以这些差异的假设和条件恰好与我们用于单样本 t 检验的假设和条件相同。然而，由于配对的 t 检验被应用得如此频繁，了解假设和条件如何应用于新情况是一个不错的主意。

配对数据假设

数据必须确实是可配对的。你不能只决定从独立的组中进行数据配对。当你有两个观测值数量相同的组时，你可能尝试将它们匹配起来，但那是无效的。你不能仅因为它们“看起来协调”就将其配成对。为了使用配对方法，你必须根据数据如何收集来确定两组是否配对或独立。通常情况下，其背景会使之清晰。

当你有配对数据时，确保可以识别出它们。记住，除非各组是独立的，否则双样本 t 方法是无效的。

独立性假设

对于这些方法，必须相互独立的是差异。这就是单样本 t 检验的独立性假设，现在运用于差异中。与一般情况一样，随机化有助于保证独立性。

随机化条件。随机性可能来自很多方面。配对数据可能是一个随机样本。比如，我们可能从随机挑选的夫妻样本中比较丈夫与妻子的观点。在一个试验中，两项处理的顺序肯定是随机指定的，或者处理可能被随机地指定给每组配对中的一方。在前后对照的研究中，像这个研究一样，我们可能认为观测到的差异是感兴趣的总体的一个代表性样本。如果有任何怀疑，我们需要有一个控制组以便于得出结论。我们想要知道的往往集中于应该具有随机性的地方。

10%条件。当从有限的总体中抽样时，我们应该注意抽取的样本不能超过总体的 10%。从总体中抽取太大的部分会导致独立性假设出现问题。与其他定量数据的情况一样，我们通常不能很明确地检查 10%条件，但必须保证考虑它。

正态总体假设

我们需要假设差异总体服从正态分布模型。我们不需要检查两个单独组中任一组的数据。实际上，来自每一组的数据可能相当偏斜，但其差异可能仍是单峰且对称的。

近似正态条件。这个条件可以通过差异的直方图进行检查。正如单样本 t 方法，当我们有更多的配对数据要考虑时，这个假设就不重要了。当你检查这个条件时，你可能会相当惊奇。尽管你最初测量的结果是有偏的或双峰的，但差异可能是近似正态的。毕竟，在初始测量中位于尾部的个体可能在第二次测量中仍位于尾部，给出了一个十分正常的差异。

□ 举例

配对数据

问题：汽车经销店老板（见 12.1 节）对于他的销售人员愿意给顾客的最大折扣很感兴趣。特别地，他的两个销售人员——Frank 和 Ray 看起来对允许多少折扣有不同的想法。为了检验他的疑问，他从售出的汽车中选取了 30 辆，并询问每个销售人员愿意给予顾客的折扣。如果我们想要检验他们给出的平均折扣是否相同，他需要运用什么检验方法？请解释理由。

答案：配对 t 检验。两个销售人员的回答（以美元表示的最大折扣）不是相互独立的，其原因在于他们正在评估相同的 30 辆汽车。

12.8 配对 t 检验

从技术上讲，配对 t 检验就是单样本 t 检验。我们将差异看作变量。我们只是简单地对均值差异与其标准误进行比较。如果 t 统计量足够大，我们就拒绝原假设。

配对 t 检验

当满足条件时，我们准备检验均值配对差异与假设值（称为 Δ_0）是否存在显著不同。我们检验假设：

$$H_0: \mu_d = \Delta_0$$

其中，d 表示配对差异，Δ_0 几乎总为 0。

我们使用统计量：

$$t = \frac{\bar{d} - \Delta_0}{SE(\bar{d})}$$

其中 $\bar{d}$ 为配对差异的均值，n 为配对的数量，且

$$SE(\bar{d}) = \frac{s_d}{\sqrt{n}}$$

其中 s_d 为配对差异的标准差。

当满足条件且原假设为真时，这个统计量的抽样分布就是自由度为 $n-1$ 的学生 t 分布模型，并且我们使用这个模型可以得到 P 值。

相似地，我们可以构建真实差异的置信区间。正如在单样本 t 区间中，我们以数据的平均差异为中心进行估计。任一侧的误差幅度等于标准误乘以临界的 t 值（基于我们的置信水平和配对数量）。

配对 t 区间

当条件满足时，我们准备找出配对差异均值的置信区间。置信区间为：

$$\bar{d} \pm t_{n-1}^{*} \times SE(\bar{d})$$

其中，均值差异的标准误为 $SE(\bar{d}) = \frac{s_d}{\sqrt{n}}$。

源于学生 t 模型的临界值 t^* 取决于你设定的特定置信水平与基于配对数量 n 的自由度 $n-1$。

□ 快速测试

考虑如下每种情况。你使用双样本 t 方法还是配对 t 方法（或都不使用）？为什么？

5. 对于 50 名男性和 50 名女性组成的随机样本，调查他们每年在股票市场投资的金额。我们想要估计出性别差异对他们投资多少的影响。

6. 对于学生的随机样本，调查他们在大学第一年和第四年对道德和社会服务问题的看法。大学想要知道道德决策制定和服务学习方面的必修课程是否会改变学生的看法。

7. 某家公司内不同工作组的随机样本被确定下来。在每个工作组内，随机地选取一名男性工人与一名女性工人。每名工人都被要求对他们工作组获得的秘书的支持进行评价。当对相同的后勤工作人员评价时，平均而言，男性和女性的评价是否相同？

8. 对共计 50 家公司的商业实践进行调查。根据行业门类对它们做了分类，并且我们想要调查不同行业间的差异。

9. 一年后，同样的 50 家公司再次被调查，以找出它们的观点、商业实践和 R&D 投资是否发生了变化。

□ 指导性案例：季节性消费

经济学家和信用卡银行了解人们倾向于在 12 月接近节假日时消费更多。实际上，感恩节（在美国是 12 月的第四个星期四）过后的几天内的销售显示出节假日季节销售情况，并预示出总体经济状况。在节假日之后，消费支出下降幅度很大。因为信用卡银行收取每笔交易一定百分比的费用，所以它们需要预测每月的平均消费增加了多少或者减少了多少。人们在 1 月份的消费支出比 12 月份减少多少呢？对于任何特定的细分类型的持卡人，信用卡银行可以选取两个随机样本——每个月选取一个——并简单地比较 1 月和 12 月的平均消费。一个更有意义的方法可能是选取一个单独的随机样本，并对每个持卡人两个月的消费支出进行比较。以这种方式对研究进行设计并检查配对差异会得出消费支出实际变化的更为精确的估计值。

我们有一个特定细分市场的 911 个信用卡持卡人的样本，以及他们在 12 月和来年 1 月信用卡的支出额。我们可以通过配对 t 检验来检验支出额的平均差异是否为 0，并且构造一个配对 t 置信区间来估计两个月间真实的支出额平均差异。

调查对象（WHO）：大型信用卡发行公司的特定细分市场的持卡人。

调查内容（WHAT）：12 月和 1 月信用卡的消费金额 。

调查地点（WHERE）：美国。

调查原因（WHY）：估计假日购物季后人们所预期的消费减少量。

计划
准备：说明我们想了解什么。确定我们希望估计的参数和样本容量。

我们想要了解平均而言我们预期从 12 月到 1 月这个细分市场信用卡消费变化了多少。我们有 12 月和 1 月这一细分市场的 911 名持卡人消费金额变化总量。我们想要检验两个月的客户平均消费是否相同，并求出此细分市场所有持卡人两个月消费金额的真实平均差异的置信区间。因为我们知道人们倾向于在 12 月消费较多，我们可以看出差异：

12 月消费－1 月消费

并使用单边检验。正的差异意味着消费支出的降低。

假设：陈述原假设和备择假设。

H_0：12 月和 1 月的平均消费相同；平均差异为零：$\mu_d=0$。

H_A：12 月的平均消费大于 1 月；平均差异大于零：$\mu_d>0$。

模型：检查条件。
说明为什么数据是配对的。使每组中个体数量相同或在并排列中显示它们，不要使它们配对。
考虑我们希望了解什么和随机性来自哪里。
绘制差异的图形。不要画出两个组单独的分布——那样做会使它们完全不配对。对于配对数据，我们所关心的是差异的正态性。将那些配对差异看作单独变量来处理，并检查近似正态条件。

✓配对数据假设：因为数据是对两个不同月份相同持卡人消费金额的测度，所以数据是配对的。

✓独立性假设：任意个体的行为与其他人的行为之间是独立的，因而差异也是相互独立的。

✓随机化条件：这是来自一个大型细分市场的随机样本。

✓近似正态分布条件：差异的分布是单峰且对称的。尽管分布的尾部很长，但分布是对称的。(信用卡消费行为一般是这样的。）没有孤立的情况会过度影响差异的均值，并且我们的样本足够大，以至于中心极限定理成立。

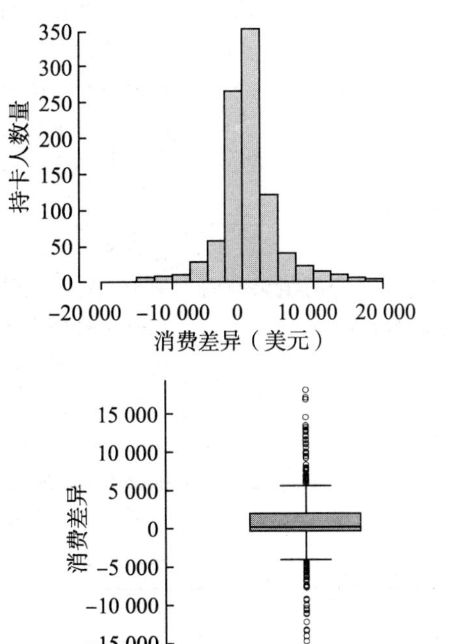

确定抽样分布模型。
选择方法。

条件是满足的，因而我们可以使用自由度为 $(n-1)=910$ 的学生 t 模型进行配对 t 检验并求出配对 t 置信区间。

实施 技术性工具：n 为配对的数量，在这个案例中，为持卡人的数量。 $\bar{d}$ 为平均差异。 s_d 为差异的标准差。 绘制图形。作出以观测的均值 788.18 为中心的 t 模型分布图。 计算出标准误和观测到的差异均值的 t 值。配对 t 方法从技术上看没有什么新鲜之处。这些都是将均值的 t 检验和 t 区间应用于差值的方法。	计算机的输出结果告诉我们： $n=911$ 对 $\bar{d}=788.18$ 美元 $s_d=3\ 740.22$ 美元 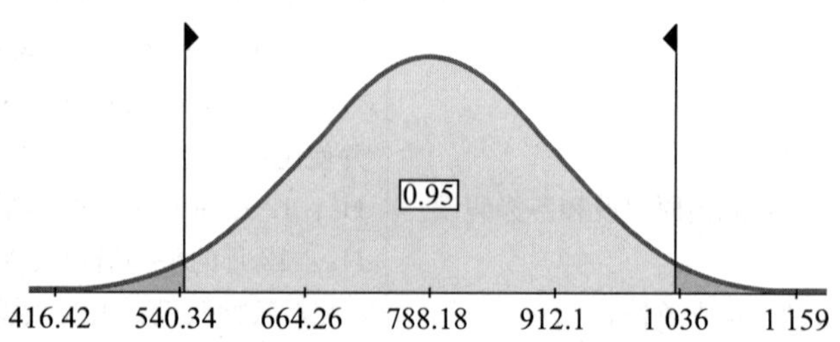 我们估计 $\bar{d}$ 的标准误： $$SE(\bar{d})=\frac{s_d}{\sqrt{n}}=\frac{3\ 740.22}{\sqrt{911}}=123.919 \text{ 美元}$$ 我们计算出 $$t=\frac{\bar{d}-0}{SE(\bar{d})}=\frac{788.180}{123.919}=6.36$$ 自由度为 910 且值为 9.36 的 t 统计量有一个单边 P 值<0.001。 95%的置信区间的临界值为： $t_{910}^{*}=1.96$ 误差幅度，$ME=t_{910}^{*}\times SE(\bar{d})=1.96\times 123.919=242.88$ 因而 95%的置信区间为 $\bar{d}\pm ME=$(545.30 美元，1 031.06 美元)
报告 结论：将置信区间的结果与问题的背景联系起来。	备忘录 关于：信用卡支出变化。 在研究的持卡人样本中，12 月和 1 月的支出变化平均为 788.18 美元，其含义是，平均而言持卡人在 1 月的支出比之前的 12 月少 788.18 美元。有充分的证据表明差异均值不为零，并且客户确实在 12 月的支出多于 1 月。尽管我们没有对细分市场的所有持卡人的支出变化进行测度，但我们可以有 95%的把握认为从 12 月到 1 月消费支出的真实均值减少量在 545.30 美元和 1 031.06 美元之间。

□ 举例

配对 t 检验

下面是从汽车经销店老板（见 12.7 节举例）开展的调查研究中获得的一些概括统计量：

$\bar{y}_{Frank}=414.48$ 美元　　　$\bar{y}_{Ray}=478.88$ 美元

$SD_{Frank}=87.33$ 美元　　　$SD_{Ray}=175.12$ 美元

$\bar{y}_{Diff}=64.40$ 美元　　　$SD_{Diff}=146.74$ 美元

问题：对 Frank 和 Ray 给出的最大折扣均值相同的假设进行检验。请给出差异均值的 95%的置信区间。

答案：由于 Frank 和 Ray 被要求给出关于相同的 30 辆汽车的建议，我们使用配对 t 检验。

$$t_{n-1}=\frac{\bar{d}}{SE(\bar{d})}$$

$$SE(\bar{d})=\frac{s_d}{\sqrt{n}}=\frac{146.74}{\sqrt{30}}=26.79 \text{ 美元}$$

$$t_{29}=\frac{64.40}{26.79}=2.404$$

（双边的）P 值为 0.022 8。我们拒绝了均值差异为 0 的原假设，并且得出有充分的证据表明它们不相同的结论。

95%的置信区间为：

$t_{29}^{*}=2.045$（在 95%的置信水平下）

$$\bar{d}\pm t_{29}^{*}\times SE(\bar{d})=64.40\pm 2.045\times 26.79 =(9.61,\ 119.19)\text{美元}$$

显示 Ray 提供的最大折扣某种程度上平均来讲比 Frank 多 9.61 美元～119.19 美元。

可能出现的错误

● 当使用双样本 t 检验方法时，注意配对数据。独立组假设值得特别注意。一些研究人员设法故意违背独立组假设。例如，假定你想检验一个饮食方案。随机选择 10 个人来参与你的饮食方案。你在饮食方案开始和参加 10 周后分别测量他们的体重。因而，你有两列体重记录，一列是参与饮食方案之前的体重，一列是参与饮食方案之后的体重。但数据是相关联的；每个参与饮食方案“之后”的体重自然与同一个人参与饮食方案之前的体重相匹配。如果样本不是独立的，你就不能使用双样本方法。这是当使用双样本方法时可能出错的主要地方。

● 不要使用各组单独的置信区间来检验它们均值的差。如果你为每组均值单独地构造 95%的置信区间，并且你发现区间不重叠，就可以拒绝均值相等的假设（在相应的 α 水平下）。但是，如果区间重叠，这并不意味着你不能拒绝原假设。均值差的误差幅度小于单独置信区间的误差幅度之和。比较单独的置信区间就像是增加标准差。但我们知道它是我们相加的方差，并且当我们正确实施时，实际上得到了一个更有说服力的检验。因而，不要通过观察单独的置信区间来检验两组的均值差。往往要构建一个双样本 t 区间或进行一个双样本 t 检验。

● 观察图形。检查异常值和非正态分布（到目前为止）常用的注意事项仍适用。简单的方法是绘制和检查图形（两个独立样本的并排箱线图和直方图、配对数据之差的直方图）。你可能对这个简单的步骤频繁地使你免于犯错或者免于因一个未被发现的异常值而得出荒谬结论而感到惊讶。你不想只是因为一个观测值是反常的而得出两种方法有非常不同的均值的结论。

● 当样本不配对时，不要使用配对 t 方法。如果两组包含的数值数量不相同，很容易看出来它们是不配对的。但只是因为两组包含的观测值数量相同，即使它们在一个表格中并排显示出来，也并不意味着它们就是配对的。我们的研究可能包含 25 个男性和 25 个女性，但他们可能是完全相互独立的。如果他们是兄弟姊妹或配偶，我们就可以认为他们是配对的。记住，不能根据偏好来选择使用的方法。只有当来自试验或研究的数据作为观测值是配对的时，你才能使用配对的方法。

● 当使用配对的方法时，不要忘记寻找异常值。对于双样本 t 方法，在每个组中都要注意异常值。对于配对 t 方法，我们所注意的异常值就在差异中。一个在处理前和处理后都异常的研究对象，仍然可能有完全正常的差异。但是偏离中心的差异可能完全会扭曲你的结论。当使用配对的方法时，认真绘制出差异图（即使你也绘制数据图）。

按照我们说的去做，而不是按照我们所做的去做

在工业中使用的精密仪器往往有一个令人困惑的参数数量，而且这一参数数量还必须进行设置，因而做试验以寻找最好的设置方法。下面就是一个著名的计算机制造商使用一种钻孔机来制造印刷电路板的例子。本书的作者之一分析了数据，但是因为他太匆忙，他没有首先观察箱线图，而是只对试验因素进行了 t 检验。当他发现 P 值非常小，甚至对于试验因素而言都是无意义的时，他绘制了数据图。可以肯定的是，有一个观测值比其他数据大 1 000 000 倍。结果表明它是以微米记录的（一英寸的百万分之一），而其他数据是以英寸为单位。

实践中的伦理

对工作场所倡导公平和多样性的团体往往认为中层管理者是许多组织努力变得更有包容性的障碍。为了解决这一问题，一家大型制造公司的 CEO——Michael Schrute 要求人力资源部的副总裁 Albert Fredericks 研究对公司中层管理者开展多样性培训的可行性。考虑的一项选择是开展关注文化多样性、性别平等及残疾人士的在线教育项目。尽管很具有成本经济性，但是 Albert 怀疑对于中层管理者而言在线培训项目不能像传统培训一样有效果。为了评估被考虑的在线培训项目，选取了 20 名中层管理者参加。在开始之前，他们被要求参加一项测试以评估他们对各种多样性和公平问题的知识和敏感性。没有人得到满分 100，测试的平均得分为 63.65。然后 20 名中层管理者完成了 6 个星期的在线多样性培训项目，并再次进行了测试。在完成在线培训项目之后的平均得分为 69.15。尽管这一组在完成在线培训项目后达到了一个更高的测试分数，但双样本 t 检验显示这一平均测试分数并没有比完成在线项目之前的平均得分显著地高（$t=-0.94$，P 值$=0.176$）。Albert 并不感到惊奇，并开始考虑更多传统的多样性培训项目。

伦理问题　事前检验与事后检验设计违背了独立性，因而双样本 t 检验是不适用的（与《美国统计学会道德指南》的第 A 条款相关）。

伦理解决方案 使用正确的检验方法。双样本 t 检验对于这些数据是不恰当的。应该用配对 t 检验来代替。使用正确的检验方法，其结果显示在线多样性培训项目是有效果的。

小结

学习目标

- 懂得如何检验两个独立组的均值差异是否与某些假设值相等。
- 双样本 t 检验适用于独立的组。它运用了自由度的特殊计算公式。
- 假设和条件与单样本均值推断是相同的，并额外假设各组之间是相互独立的。
- 最常见的原假设是均值相等。
- 能够构建和解释两个独立组均值差异的置信区间。
- 置信区间以自然的方式转换 t 检验。
- 懂得如何和何时使用合并的 t 推断方法。
- 具有两组方差相等的额外假设。
- 在随机化的试验中，这可能是合理的假设。
- 当你有配对或匹配的样本时，请识别出来，并使用恰当的推断方法。
- 配对 t 方法与适用于配对差异的单样本 t 方法是相同的。
- 如果数据是配对的，它们不可能是独立的，因而双样本 t 方法和合并的 t 方法都不适用。

术语

配对数据：当以配对的方式收集数据或者一组中的观测值自然地与另一组中的观测值相关联时，数据就是配对的。配对的最简单形式是对每个研究对象测度两次——通常适用于处理之前与处理之后。试验中的配对是在其他背景中引起的阻碍形式。在观测的和调查的数据中配对就是一种匹配形式。

配对 t 检验：两组均值配对差异的假设检验。它检验原假设 H_0：$\mu_d=\Delta_0$，其中假设的差异几乎总为 0，使用自由度为 $n-1$ 的统计量 $t=\frac{\bar{d}-\Delta_0}{SE(\bar{d})}$，其中 $SE(\bar{d})=\frac{s_d}{\sqrt{n}}$ 且 n 为配对的数量。

配对 t 置信区间：两个配对组的配对差异均值的置信区间为 $\bar{d}\pm t_{n-1}^{*}\times SE(\bar{d})$，其中 $SE(\bar{d})=\frac{s_d}{\sqrt{n}}$ 且 n 为配对的数量。

* 合并的 t 区间：当我们愿意且能够做出各组方差相等的额外假设时，所使用的两独立样本均值差的置信区间。计算如下：

$$(\bar{y}_1-\bar{y}_2)\pm t_{df}^{*}\times SE_{pooled}(\bar{y}_1-\bar{y}_2)$$

其中 SE_{pooled} $(\bar{y}_1-\bar{y}_2)=s_{pooled}\sqrt{\frac{1}{n_1}+\frac{1}{n_2}}$，并且合并的方差为

$$s_{pooled}^2=\frac{(n_1-1)s_1^2+(n_2-1)s_2^2}{(n_1-1)+(n_2-1)}$$

自由度的数值为 $(n_1-1)+(n_2-1)$。

*合并的 t 检验：当我们愿意且能够做出各组方差相等的假设时，所使用的两独立样本均值差的假设检验。检验的原假设为：

$$H_0: \mu_1-\mu_2=\Delta_0$$

其中假设的差异 Δ_0 几乎总为 0，使用统计量

$$t_{df}=\frac{(\bar{y}_1-\bar{y}_2)\ -\Delta_0}{SE_{pooled}(\bar{y}_1-\bar{y}_2)}$$

其中合并的标准误被设定为与合并的区间一致，且自由度为 $(n_1-1)+(n_2-1)$。

*合并：当我们愿意假设估计值在两个总体中相同时，来自两个或更多总体的数据有时候可能是相关联的或合并的，以估计出统计量（通常是合并的方差）。合并后更大的样本容量会使估计的样本方差更小。然而，只有当被要求的假设为真时，合并的估计值才是合理的。

双样本 t 区间：两独立组的均值差异的置信区间可以如下计算：

$$(\bar{y}_1-\bar{y}_2)\pm t_{df}^{*}\times SE(\bar{y}_1-\bar{y}_2)$$

其中

$$SE(\bar{y}_1-\bar{y}_2)=\sqrt{\frac{s_1^2}{n_1}+\frac{s_2^2}{n_2}}$$

且自由度数值由 12.1 节脚注中的近似公式给出，或通过技术性工具计算。

双样本 t 检验：两独立组均值差异的假设检验。它检验原假设：

$$H_0: \mu_1-\mu_2=\Delta_0$$

其中假设的差异 Δ_0 几乎总为 0，使用统计量

$$t_{df}=\frac{(\bar{y}_1-\bar{y}_2)-\Delta_0}{SE(\bar{y}_1-\bar{y}_2)}$$

使用的自由度数值由本章 12.1 节脚注中的近似公式给出，或通过技术性工具计算。

技术帮助：双样本方法

下面是一些常见的计算机软件包输出的结果及注释：

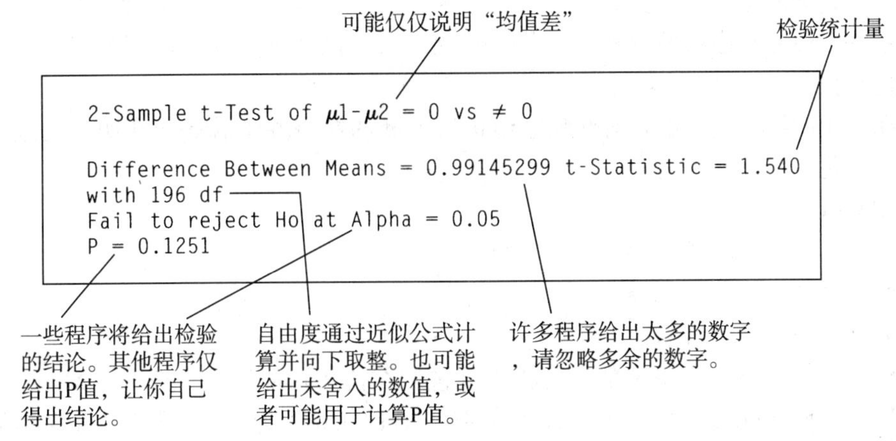

可能仅仅说明“均值差”
检验统计量
2-Sample t-Test of μ1-μ2 = 0 vs ≠ 0
Difference Between Means = 0.99145299 t-Statistic = 1.540
with 196 df
Fail to reject Ho at Alpha = 0.05
P = 0.1251
一些程序将给出检验的结论。其他程序仅给出P值，让你自己得出结论。
自由度通过近似公式计算并向下取整。也可能给出未舍入的数值，或者可能用于计算P值。
许多程序给出太多的数字，请忽略多余的数字。

大多数统计软件包为你计算检验统计量并报告对应于统计量的 P 值。统计软件包也使得检查两组的箱线图更容易，因而你没有理由跳过重要的近似正态条件的检查。

一些统计软件自动尝试检验两组的方差是否相等。一些统计软件自动地提供双样本 t 检验和合并 t 检验的两种结果。请忽略对方差的检验；在检验结果起作用的任何情况下，这一检验几乎没有效力。如果合并的 t 检验和双样本 t 检验方法在任何一种重要的方式上存在差异，你应该坚持两样本 t 检验方法。合并的 t 检验方法所需要的同方差假设极有可能是不成立的。

自由度近似值通常给出一个分数值。多数软件包似乎都是将近似值向下舍入取紧邻着的最小整数（尽管它们可能确实用分数值计算 P 值，这样得到的效力很低）。

当我们想要比较两个独立组时，有两种方法组织数据。第一种方法称作非堆积数据（unstacked data），在两列中列出数据，一列对应一组，每列被看成一个变量。在这种方法中，信用卡例子中的变量是“提供”和“不提供”。绘图计算器通常更喜欢这种形式，并且一些计算机程序也能使用它。

另一种可选择的组织数据的方法是堆积数据（stacked data）。信用卡试验中的响应变量是什么呢？它是“消费增加额”——消费者增加的消费数量。但是在非堆积列表中变量的值在两列中，且事实上这里也有一个试验因素——即消费者是否被提供促销服务。因此，我们能够将数据置于不同的两列，一个变量是“消费增加额”；另一个变量若取值“Yes”，表明向这些人提供促销服务，若取值是“No”，表明没有向这些人提供促销服务。堆积数据看起来如下所示：

消费增加额（Spend Lift）	是否提供促销服务（Offer）
969.74	Yes
915.04	Yes
197.57	No
77.31	No
196.27	Yes
…	…

组织数据的这种方式也是有意义的。现在因素和响应变量都是清晰可见的。你必须看一下你的程序需要哪种方法。一些统计软件包甚至允许你使用其中任一种方法构造数据。

在常用的统计技术中，对两独立组进行推断的命令并不总是能在明显的地方找到。下面是一些开始的指南。

EXCEL

从“Data”功能区，“Analysis”组，

- 选择“Data Analysis”。
- 从菜单中选择恰当的 t 检验。
- 或者（如果没有安装数据分析工具包）在公式功能区中，选择“More functions”>“Statistical”>“TTEST”（在 Excel 2010 中为 T. TEST），并在结果对话框中设定“Type=3”。
- 填写两组的单元格范围、假设的差异和 α 水平。（用 Microsoft Excel 2010 生成技术性图像。）

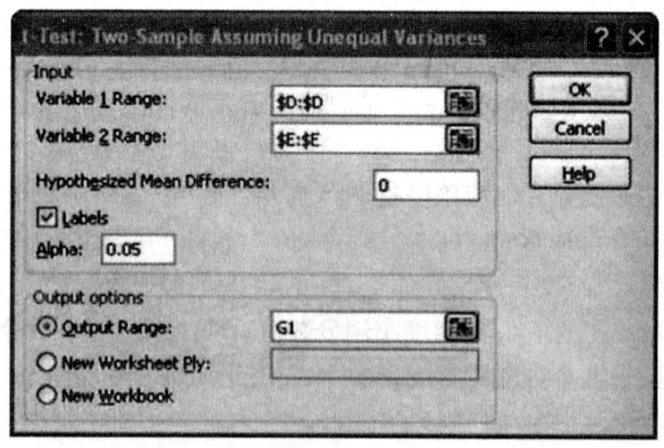

注释：

Excel 期望两个组位于独立的单元格范围。注意，与 Excel 的用词相反，为了做双样本 t 检验，我们不需要假设方差不相等，而仅仅选择不假设方差相等。

EXCEL/XLSTAT

对两个均值差异进行 t 检验：

- 选择“Parametric tests”，接着选择“Two-sample t-test”和“z-test”。

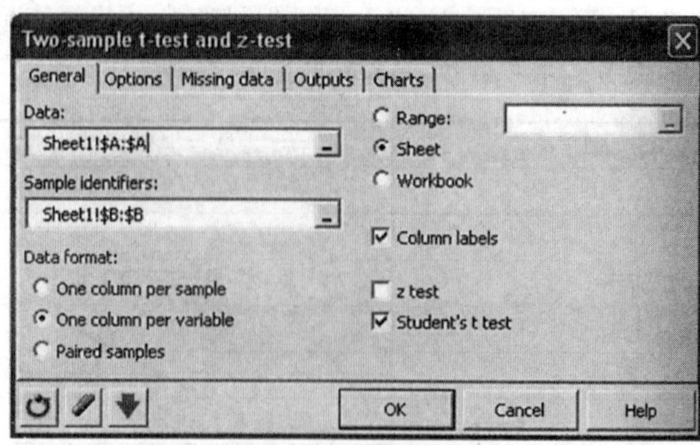

- 如果在你的工作簿中两个样本位于两个独立的列，选择选项“One column per sample”。
- 如果你的数据是堆积的（在一列中列出数据，在另一列中列出组名称），选择选项“One column per variable”。
- 如果数据是配对的，选择选项“Paired samples”。
- 输入单元数据的范围。
- 在“Options”功能区，对于非合并的检验，不勾选“Assume equality”。

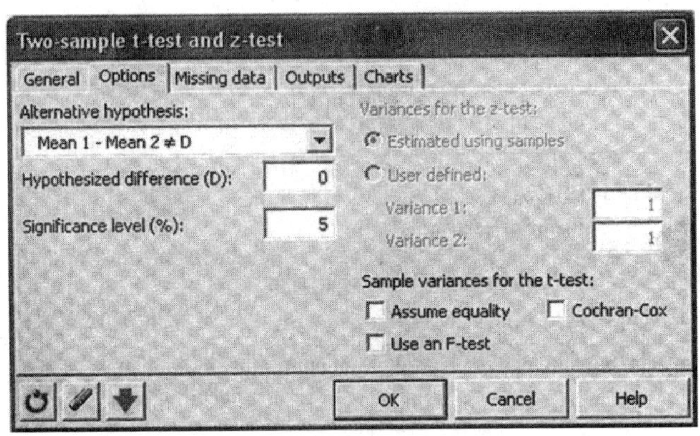

输出结果产生了假设检验的结果和均值差异的置信区间。（通过培生集团的 XL-STAT 绘制技术性图像。）

JMP

从“Analyze”菜单，

- 选择“Fit Y by X”。
- 选择一个变量作为响应变量 Y（包含数据），另一个变量为因素变量 X（包含组名称）。JMP 将绘制散点图。
- 在散点图标题中点击“red triangle”，并选择“Unequal variances”。t 检验位于结果表格的底部。
- 从表格的“Prob>F”部分找出 P 值（它们是一样的）。

注释：

JMP 期望数据位于一个变量中，而类型名称位于另一个变量。不要被误导：对于双样本 t 方法，不需要方差不相等的假设。

MINITAB

从“Stat”菜单，

- 选择“Basic Statistics”子菜单。
- 从这个菜单，选择“2 - sample t...”并根据数据是堆积的还是不堆积的，选择数据位于“一列”或“两列”。你也可以输入概括性数据。
- 然后填写对话框。

注释：

“Graphs”按钮让你绘制两个样本的箱线图，并且“options”按钮可以让你进行单边检验或双边检验。

SPSS

从“Analyze”菜单，

- 选择“Compare Means”子菜单。
- 从这个子菜单，选择“Independent - Samples t - test”命令。设定数据变量和“组变量”。
- 然后输入组变量中使用的标签。SPSS 在同一个表格中给出了双样本 t 检验和合并的 t 检验的结果。

注释：

SPSS 希望数据变量在一列，组名称在另一列。如果组变量中的组名称多于两个，只有对话框中命名的两个组可以进行比较。

技术帮助：配对的 t

大部分统计学程序可以进行配对的 t 分析的计算。一些程序可能想让你自己找出差异，并使用单样本 t 方法。那些完成整个程序的软件需要知道比较的两个变量。当然，计算机无法证实变量是自然配对的。多数程序会检查两个变量是否包含相同数量的观测值，但是有些程序在这里停下来，进而会引起麻烦。多数程序会自动地剔除任一个变量缺少数值的配对。你必须仔细观察是否有这种情况发生。

正如我们在其他推断结果中看到的，一些软件包将大量的信息打包成一个简单的表格，但是你必须自己找到你想要的信息。下面是包含注释的一般性例子。

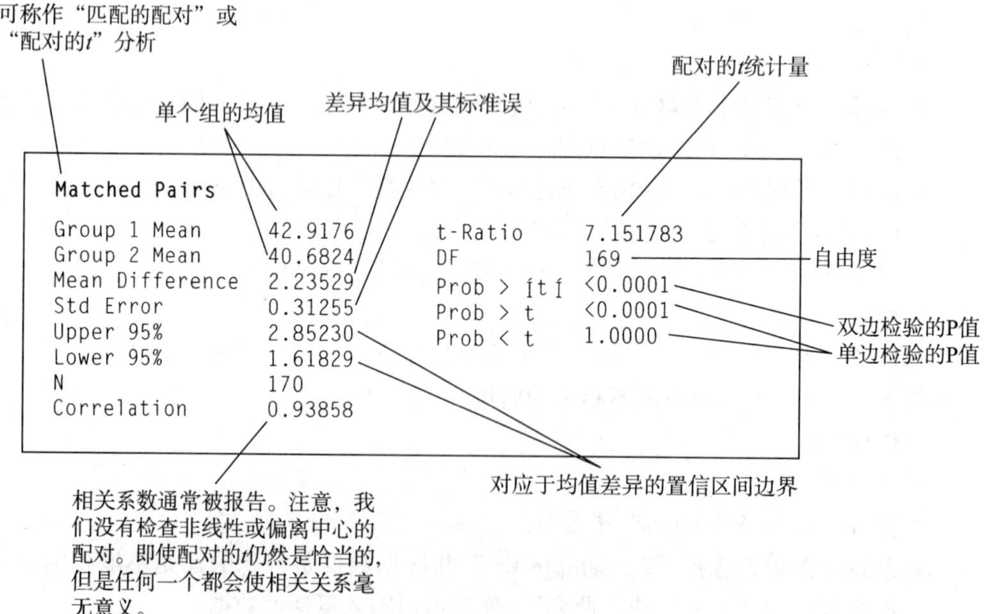

其他软件包试图描述得更详细。得到结果很容易，但从结果表中得到的信息可能很少。

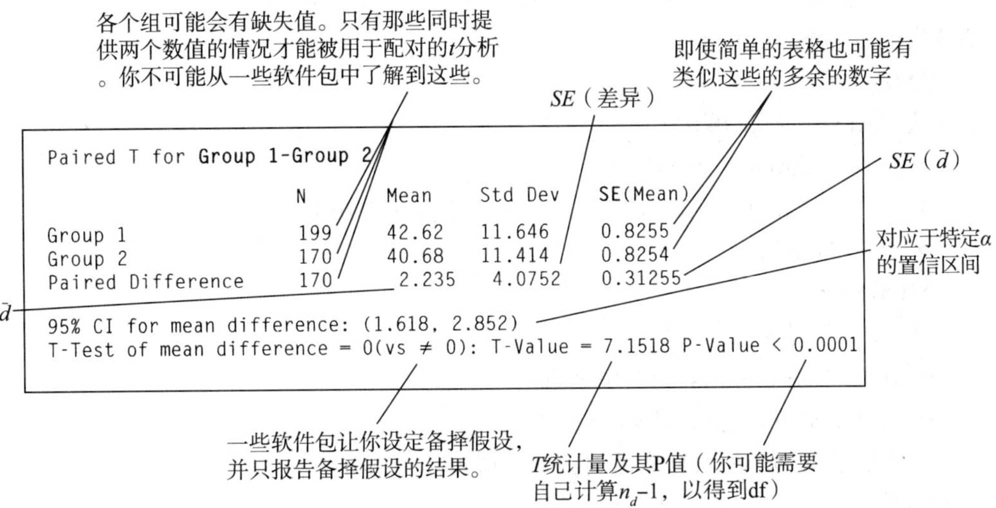

计算机使得检查两个组的箱线图和差异的直方图很容易——两者都是重要的步骤。一些程序提供两个变量的散点图。这会很有帮助。对于散点图，配对的 t 检验是关于点倾向于位于 45°线 $y=x$ 的上方还是下方。（注意，配对并不是说散点图是否应该是直线。这对于我们的 t 方法并不重要。）

EXCEL

- 在“Data”功能区的“Analysis”组中选择“Data Analysis”。
- 从“Data Analysis”菜单，选择“t - test：paired two sample for Means”。或者（如果没有安装数据分析工具包），在“Formulas”功能区，选择“More functions”>“Statistical”>“TTEST”（在 Excel 2010 中为 T. TEST），并在结果对话框中设定“Type=3”。

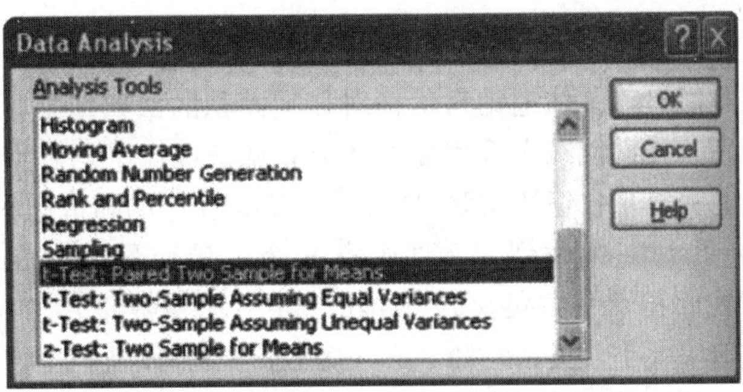

- 填写两组的单元格范围、假设的差异和 α 水平。（用 Microsoft Excel 2010 生成技术性图像。）

注释：

Excel 期望两个组位于独立的单元格范围。

注意：如果没有检查缺失的数值，不要在 Excel 中计算这个检验。如果有任何缺失值（空的单元格），Excel 通常会给出一个错误的答案。Excel 填充每个列表，使数值覆盖缺失的单元格，然后只在每个列表含有相同数量的数值时才进行检查。结果不是匹配的配对，而且是完全错误的分析。为了避免这一错误，请在其中一个数值缺失的位置删除该配对。

JMP

从“Analyze”菜单，

- 选择“Matched Pairs”。
- 在“Y Paired Response”对话框中设定列包含两个组。
- 点击“OK”。

MINITAB

从“Stat”菜单，

- 选择“Basic Statistics”子菜单
- 从这个菜单，选择“Paired t...”。
- 然后填写两个配对样本的对话框，或者填写差异的概括性数据。

注释：

Minitab 用“第一个样本”减去“第二个样本”。

SPSS

从“Analyze”菜单，

- 选择“Compare Means”子菜单。
- 从这个子菜单，选择“Paired - Samples t - test”命令。

选择配对的变量进行比较，并单击箭头将它们加入选择框中。

注释：

你可以同时比较多对变量。选项包含剔除所有检验中数据对有缺失情况的选择。

□ 微型案例

房地产

在第 6 章，我们检查了住宅销售价格对住宅面积的回归结果，并发现较大的住宅出售的价格较高。我们能在多大程度上从带有壁炉或比平均卧室数量要多的住宅的事实中了解住宅呢？来自纽约州北部地区 1 047 栋住宅的随机样本数据可以在文件 Saratoga _ Real _ Estate 中找到。文件中有 6 个定量变量：Price（价格，美元）、Living Area（居住面积，平方英尺），Bathrooms（浴室数量），Bedrooms（卧室数量），Lot Size（地块大小，英亩）和 Age（房龄，年），以及一个定性变量 Fireplace（1=Yes；0=No）表示住宅是否至少有一个壁炉。比如，我们可以使用 t 方法来了解带有壁炉的住宅的平均价格是否更高且高多少。对于定量变量，用中位数或你自己选择的其他分割点来构建定性变量，并比较这个数值之上和之下的住宅价格。比如，Bedrooms 的中位数为 2，你可以将一居室或两居室的住宅价格与两个卧室以上的住宅价格进行比较。根据你构建的定性变量，请写一个简短的报告来总结平均价格的差异。

消费者的消费模式（数据分析）

你是检测信用卡的高消费持卡人的金融规划团队的一名成员。你知道消费者倾向于在节假日之前的12月增加消费，但你并不确定在节假日之后的月份中的消费模式。看一下数据集 Consumer _ spending _ post _ holiday。这一数据集包含1 200名消费者在12月、1月、2月、3月和4月中月度的信用卡消费额。如果你没有意识到这些是配对的数据，那么你报告的置信区间和检验会有什么差异呢？

□ 快速测试答案

1. H_0：$\mu_{eyes}-\mu_{flowers}=0$。

2. √独立性假设：一个人支付的金额应该独立于另一个人支付的金额。

√随机化条件：这一研究是可观察的。处理方式一周调整一次，并适用于相同组的办公室员工。

√近似正态条件：我们没有用于检验的数据，但是任一组中看起来都不像有异常值。

√独立组假设：每周记录了相同的员工，但每周之间相互独立看起来是合理的。

3. H_A：$\mu_{eyes}-\mu_{flowers}\neq 0$。因为研究假设眼睛可以提高诚实的服从度，所以可做关于单边检验的论证。

4. 当将眼睛图片而不是一朵花的图片放置于“诚实箱”后面时，办公室员工对于支付办公室咖啡站中食品的服从度是不相同的。

5. 这些是随机抽取的独立样本组，因而使用双样本 t 置信区间来估计差异的大小。

6. 如果在大学第一年和第四年抽取同样的学生随机样本，那么这就是配对 t 检验。

7. 从每个工作组中选取一名女士和一名男士。这个问题需要配对 t 检验。

8. 因为在每个行业中公司样本是不相同的，所以这就是双样本检验。

9. 因为两次调查相同的50家公司以检验变量如何随时间的变化而变化，所以这就是配对 t 检验。

第 13 章

计数的推断：卡方检验

SAC 资本

与共同基金和养老基金一样，对冲基金集中投资者的钱来赚取收益。然而，与其他基金不同的是，对冲基金不需要在美国证券交易委员会（SEC）注册，其原因在于它们只向“有资格的投资者”（投资者的资产为 100 万美元或年收入至少为 20 万美元）发行“不公开出售”的证券。

对冲基金并不一定将它们的投资与市场变化进行“对冲”。但典型的情况是，这些基金使用多种多样的通常是复杂的战略来利用市场的无效率。由于这些原因，对冲基金经理以强迫交易而著称。

SAC 资本是最成功的对冲基金之一，它是 Steven（Stevie）A. Cohen 于 1992 年创立的，创立之初只有 9 名员工，管理的资产为 2 500 万美元。在 20 世纪 90 年代的大多数年份里，SAC 资本的年收益率大于等于 40%，并且现在被报道指出员工超过 800 人，管理的资产超过 140 亿美元。根据《福布斯》报道，Cohen 以 83 亿美元资产在美国最富有的人中排名第 35 位，在全球最富有的人中排名第 106 位。

Cohen 是华尔街的传奇人物之一，他以能够充分利用获得的任何信息并将信息转换为收益而闻名。在鼎盛时期，SAC 资本是世界上最活跃的交易机构之一。根据《商业周刊》（2003 年 7 月 21 日）报道，Cohen 的公司“通常贡献了纽约证券交易所（NYSE）平均日交易量的 3%，再加上美国纳斯达克市场（NASDAQ）的 1%——每天总量至少达到 2 000 万股。”自 2007 年以来，SAC 一直由于所谓的内幕交易违法行为而接受联邦调查。

在像对冲基金管理一样富有竞争性的行业中，信息如金子般珍贵。率先掌握信息并懂得如何采取相应的行动意味着成功与失败之间的区别。对冲基金经理到处寻找小的优势，以希望利用市场的无效率，并将这些无效率转变为收益。

华尔街出现了大量关于市场模式的“智慧”。例如，投资者被建议注意“日历效应”，即一年中的特定时间或一星期中的特定交易日会特别好或特别差：“1 月行情怎么样，那么一整年的行情都会这样”和“5 月卖掉就撤出”。一些分析师声称持有股票的“差时期”是从 6 月的第 6 个交易日至 10 月的倒数第 5 个交易日。当然，马克·吐温（Mark Twain）也提供了有关建议：

10 月。这是在股票市场投资尤其危险的月份之一。其他的月份是 7 月、1 月、9 月、4 月、11 月、5 月、3 月、6 月、12 月、8 月和 2 月。

——傻瓜威尔逊的日历

一种常见的说法是股票显示出一种周模式。例如，一些人提出在股票市场中存在周末效应，即每个周一的股票收益率往往比接下来的周五低。类似这样的模式是真实的吗？我们掌握数据，因而我们能对其进行检验。在 1928 年 10 月 1 日和 2007 年 6 月 6 日之间有 19 755 个交易日。首先看一下一周内有多少个交易日下跌。因为有节假日，所以每天并不是精确地占交易日总量的 20%。每天的分布情况显示在表 13.1 中。

表 13.1　1928 年 10 月 1 日至 2007 年 6 月 6 日的 19 755 个交易日中每周各日的分布情况。我们预期每个交易日下跌的概率约为 20%，因节假日和其他事件而出现微小变化。

交易日	计数	天数的%
周一	3 820	19.336 9
周二	4 002	20.258 2
周三	4 024	20.369 5
周四	3 963	20.060 7
周五	3 946	19.974 7

在这 19 755 个交易日里，有 10 272 或大约 52%的交易日道琼斯工业平均指数是上涨的。为了检验交易的模式，我们需要运用一个模型。这个模型源于一个猜想，即任何一天都可能像其他天一样上涨。在任何积极的或“上涨的”天数样本中，我们应该预期看到像表 13.1 中所显示的一样的天数分布——换言之，大约 19.34%的“上涨的”交易日是周一，20.26%的交易日是周二，等等。表 13.2 显示的是1 000个“上涨的”交易日的随机样本的天数分布。

表 13.2　1928 年 10 月 1 日至 2007 年 6 月 6 日随机选取的 1 000 个“上涨的”交易日的天数分布。如果不存在交易模式，我们会预期这一比例与表 13.1 所有交易日中观察到的比例完全匹配。

交易日	计数	“上涨的”天数样本中的%
周一	192	19.2%
周二	189	18.9
周三	202	20.2
周四	199	19.9
周五	218	21.8

当然，我们预期会有一些变化。我们不能期望两个表中上涨天数的比例是完全匹配的。在我们的样本中，表 13.2 中周一所占百分比要比表 13.1 中稍微低一些，并且周五的百分比又稍微高一些。对于我们而言，这些偏离是否足以说明这是个可识别的模式?

13.1　拟合优度检验

为了说明这一问题，我们检验表中数据的拟合优度（goodness-of-fit），其中的“拟合”是指提出的原模型。这里的原模型是没有模式的，即上涨天数的分布应该与全部交易日的分布是相同的。（如果没有节假日或其他闭市的情况，那么一周中每天都正好占到 20%。）

假设与条件

进行拟合优度检验所需要的数据列在了表格中，并且假设和条件也反映了这些数据。我们通常处理的是各类的合计数，而不是每个个体的观测数据。在这里个体是交易日数，但并不列出样本中 1 000 个交易日的数据，我们有每个工作日的总数。

计数数据条件。数据必须是定性变量的类别的合计数。这看起来似乎要检查一个很蠢的条件。但是许多种数值可以被指定为不同的类别，并且遗憾的是，往往发现本章的方法被不正确地（甚至被商业专家）运用于比例或数量，仅仅因为它们碰巧列在二维表格中。因而，要检查以确定你确实有计数。

独立性假设

独立性假设。单元格中的计数应该是相互独立的。你应该考虑是否合理。如果数据是一个随机样本，你只需要检查随机化条件。

随机化条件。表格中计数的个体应该是从某个总体中抽取的随机样本。如果我们想要将结论推广到总体，就需要这一条件。我们抽取了道琼斯工业平均指数（DJIA）上涨的 1 000 个交易日的随机样本。我们假设市场上任意一天的表现独立于另外一天。如果我们选取了 1 000 个连续的交易日，可能出现市场上任意一天的表现会影响接下来一天的风险，或者一个外部事件可能会影响连续几天的表现。

期望单元格频数

公司经常想要评估其产品在不同地区的相对成功程度。然而，如果一家公司的不同销售地区分别有 100、200、300 和 400 个销售代表，它可能无法期望在所有地区都有相同的销售额。它可能期望观测到的销售额与销售人员的多少是成比例的。此案例中的原假设应该是销售比例分别为 1/10，2/10，3/10 和 4/10。如果总销售额为 500，那么它的期望计数将分别为 50，100，150 和 200。

样本容量假设

样本容量假设。为了使用这些方法，我们必须掌握足够多的数据。我们通常只检查以下条件：

期望单元格频数条件。我们应该期望看到每个单元格至少有 5 个个体。期望单元格频数条件应该提醒你——并且实际上非常类似于——当我们检验比例时 np 和 nq 至少为 10 的条件。

卡方模型

我们已经观察了每种类别（工作日）的计数。如果原模型是真实的，我们就能够计算出每个工作日所期望看到的上涨天数。对于这个交易日的例子，期望计数来自原假设，即在工作日里上涨的天数分布正好与交易日是相同的。当然，我们可以想象几乎任何种类的模型，并将原假设建立在该模型的基础上。

为了确定原模型是否合理，我们看一下从模型中得到的期望值与观测到的计数之间的差异。我们想要知道：这些差异是不是很大以至于它们导致模型有问题，或者它们是否来自自然抽样的变异性？我们将观测到的计数与期望的计数之差表示为 $(Obs-Exp)$。正如计算方差时的方法一样，我们计算它们的平方。这会得出正值，并将注意力集中于显示较大差异的任何单元格。因为我们掌握的数据越多，大体上计数的观测值与期望值之间的差异就越大，我们也需要有计算差异相对大小的想法。为此，我们将每个差异的平方除以该单元格的期望计数。

标识符提示！

我们比较每个单元格中观测到的计数与期望的计数。正如我们此处的用法，通常使用标识符 *Obs* 和 *Exp*。期望计数是根据原模型计算出来的。

这个检验统计量被称作卡方统计量（chi-square statistic 或 chi-squared statistic），即通过将计数的观测值与期望值之间差异的平方和除以期望计数，然后再加总得到的：

$$\chi^2 = \sum_{\text{所有单元格}} \frac{(Obs - Exp)^2}{Exp}$$

卡方统计量用χ^2表示，其中χ是希腊字母chi（发音为 kī）。得出的抽样分布模型族被称为卡方模型（chi-square models）。

标识符提示！

希腊字母χ在统计学中仅仅用来表示卡方统计量和相关的抽样分布。这一标识符表示法违反了希腊字母表示总体参数的一般性原则。这里我们使用的希腊字母仅用于命名一族分布模型和一个统计量。

这个模型族的成员的自由度数值是不相同的。拟合优度检验的自由度数值为 $k-1$，其中 k 表示单元格数——在这个例子中为 5 个工作日。

我们只将卡方统计量用于检验假设，而不是用于构建置信区间。一个小的卡方统计量意味着我们的模型与数据拟合得很好，因而一个小的数值使我们没有理由怀疑原假设。如果计数的观测值与期望值不匹配，这个统计量会很大。如果计算的统计量足够大，我们将拒绝原假设。因此，卡方检验总是单边的。什么会更简单一些呢？我们来看看它是如何计算出来的。

□ 举例

拟合优度检验

Atara 在一家电信公司管理着 8 名呼叫中心客服代表。为了发展新的业务，她向每位客服代表提供了随机选取的竞争对手电信公司客户的电话号码清单。她也向客服代表提供了努力说服竞争对手的客户转换到他们公司的脚本。Atara 注意到一些客服代表发现的新客户至少为其他人发现的新客户的 2 倍，因而她怀疑一些客服代表比其他人的业绩要好。

获得 120 名新客户的分布如下表所示：

客服代表	1	2	3	4	5	6	7	8
新客户	11	17	9	12	19	18	13	21

问题：是否有证据表明一些客服代表比其他客服代表工作业绩优异？

答案：Atara 向客服代表提供的潜在新客户进行了随机化处理，因而随机化条件是满足的。数据被计数，并且每个单元格中的数据至少为 5，因而我们可以对原假设运用卡方拟合优度检验，此处的原假设是客服代表的工作业绩都是相同的，而且每个客服代表可以说服相同数量的客户。特别的是，我们期望每个客服代表可以说服 120 名客户中的 1/8 转换电信提供商。

客服代表	1	2	3	4	5	6	7	8
观测值	11	17	9	12	19	18	13	21
期望值	15	15	15	15	15	15	15	15
观测值—期望值	−4	2	−6	−3	4	3	−2	6
$(Obs-Exp)^2$	16	4	36	9	16	9	4	36
$(Obs-Exp)^2/Exp$	16/15=1.07	4/15=0.27	36/15=2.40	9/15=0.60	16/15=1.07	9/15=0.60	4/15=0.27	36/15=2.40

$$\sum \frac{(Obs-Exp)^2}{Exp} = 1.07+0.27+2.40+\cdots+2.40=8.67$$

其自由度为 $k-1=7$。

$$P\ (\chi_7^2>8.67)\ =0.2772$$

对于自由度为 7 的卡方统计量，8.67 不是一个令人惊奇的数值。因而，我们没能拒绝客服代表确实发现了不同比例的新客户的原假设。

□ 动手计算

卡方统计量的计算

下面是计算卡方统计量的步骤：

1. 求出期望值。这些期望值来自原假设模型。每个原模型给出了每个单元格假设的比例。期望值是观测值总数与该比例的乘积。(结果不一定是整数。)

2. 计算残差。一旦你掌握了每个单元格的期望值，计算残差 $Obs-Exp$。

3. 求残差的平方 $(Obs-Exp)^2$。

4. 计算各个组成成分。求出每个单元格的$\frac{(Obs-Exp)^2}{Exp}$。

5. 计算组成成分的总和。即卡方统计量 $\chi^2=\sum_{所有单元格}\frac{(Obs-Exp)^2}{Exp}$。

6. 计算自由度。它等于单元格数量减去 1。

7. 检验假设。大的卡方值意味着与假设的模型有很大的偏差，因而它们得出了很小的 P 值。从类似于附录中 χ^2 分布表的卡方值表中查找临界值，或者使用技术性工具直接求 P 值。

卡方计算的步骤通常在表格中列出。使用一行列出每个类别，在列中列出观测到的计数、残差、残差平方及它们对总卡方值的贡献（见表 13.3）。

表 13.3　交易日例子中卡方统计量可以在 Microsoft Excel 2010 中很便捷地进行计算。在第一行中开始计算，并向下填充表格，然后计算出最右边一列的总和。CHIDIST功能用于查找卡方总和以计算 P 值。

	A	B	C	D	E	F
1		Obs	Exp	Residual=(Obs−Exp)	(Obs−Exp)^2	Component=(Obs−Exp)^2/Exp
2	周一	192	193.369	−1.369	1.879	0.0097
3	周二	189	202.582	−13.582	184.461	0.9103
4	周三	202	203.695	−1.695	2.874	0.0141
5	周四	199	200.607	−1.607	2.584	0.0129
6	周五	218	199.747	18.253	333.176	1.666

□ 指导性案例：股票市场模式

我们有一周中每天"上涨"天数的合计数。我们想要研究的经济理论是"上涨"天数是否存在一定的模式。因而，我们的原假设是一周中所有道琼斯工业平均指数"上涨"天数的分布与所有交易日的分布相同。(正如我们所看到的，由于节假日的原因，交易日并不是均匀分布的，因而我们使用交易日百分比作为原模型。) 备择假设是观测到的百分比不是均匀的。检验统计量是用于观察观测数据与理想情况的匹配程度如何。

计划 准备：说明我们想了解什么。 确定变量和背景。	我们想要知道“上涨”天数的分布与原模型（交易日分布）是否有差异。我们有每个工作日出现在 1 000 个“上涨”天数随机样本中的次数。
假设。说明原假设和备择假设。对于 χ^2 检验，通常采用文字说明假设比用符号更简单。	H_0：在上涨天数中，工作周中天数的分布与它们在所有交易日中的分布是一样的。 H_A：交易日模型不符合上涨天数的分布。
模型：考虑假设，并检查条件。	✓计数数据条件：我们有全部交易日和“上涨”天数在一周中每天的合计数。 ✓独立性假设：我们没有理由期望一天的表现会影响另一天，但要确保我们挑选的是一个天数的随机样本。随机化应该使它们尽量相距很远以减轻对独立性的担心。 ✓随机化条件：我们有该时期 1 000 天的一个随机样本。
确定抽样分布模型。 对你将要使用的检验给予命名。	✓期望单元格频数条件：所有的期望单元格频数都大于 5。 因为满足条件，所以我们使用自由度为 5－1＝4 的卡方模型，并进行卡方拟合优度检验。
实施 技术性工具：为了找到期望的天数，我们将每个工作日占全部天数的比例乘以“上涨”天数。 例如，在 19 755 个交易日中有 3 820 个周一。 因而，我们期望在 1 000 个“上涨”天数中有 1 000×3 820/19 755 或193.369 个周一。	期望值是： 周一：193.369 周二：202.582 周三：203.695 周四：200.607 周五：199.747 并且我们观察到： 周一：192 周二：189 周三：202 周四：199 周五：218
每个单元格都为卡方总和贡献一个等于 $\frac{(Obs-Exp)^2}{Exp}$ 的数值。 将这些组成成分进行加总。如果你动手计算，将计算过程列在表格或电子表格中是有帮助的。	$$\chi^2=\frac{(192-193.369)^2}{193.369}+\cdots+\frac{(218-199.747)^2}{199.747}=2.615$$
P 值是落在卡方模型右尾部的概率。它可以通过使用软件或统计分布表得到（请见附录中的 χ^2 分布表）。	使用附录中的 χ^2 分布表，对于显著性水平 5%和自由度 4，我们需要 9.488 或一个更大的值以使 P 值小于 0.05。我们的值是 2.615，小于 9.488。
大的 χ^2 统计量的数值对应于小的 P 值，这会使我们拒绝原假设，但这里的数值并不是特别大。	使用计算机得到 P 值，我们发现： $P=P(\chi_4^2>2.615)=0.624$

报告	备忘录
结论：将 P 值与你的结论联系起来。确保多介绍一些计数分布之外的情况。就数据的含义说明你的结论。	关于：股票市场模式。 我们调查在道琼斯工业平均指数中是否存在周效应，即某一天更可能是“上涨”的一天，但没有证据表明存在这种模式。我们的统计检验表明在交易日样本中发现的这种模式发生的概率大约为 62%。 我们得出的结论是：很遗憾，没有证据表明存在一个模式能用来指导市场中的投资。我们无法检测到市场中存在“周末”效应或其他周效应。

13.2 解释卡方值

当我们计算交易日例子中的χ^2时，我们得到 2.615。这个数值对于 4 个自由度而言不是很大，因而我们不能拒绝原假设。一般来说，χ^2统计量多大才算大？

考虑一下χ^2统计量是如何计算出来的。在每个单元格中，期望合计数的任何偏差对于总和都有贡献。大的偏差往往贡献更大，但是如果有很多单元格，即使小的偏差的加总也会使χ^2值很大。因此在χ^2值变得显著之前，单元格越多，χ^2值会越大。对于χ^2值而言，多大才算大取决于自由度的数值。

与正态分布和 t 分布族不同，χ^2模型是有偏的。随着自由度的增大，χ^2族曲线的形状和中心都会发生变化。例如，图 13.1 显示了自由度分别为 5 和 9 的χ^2曲线。

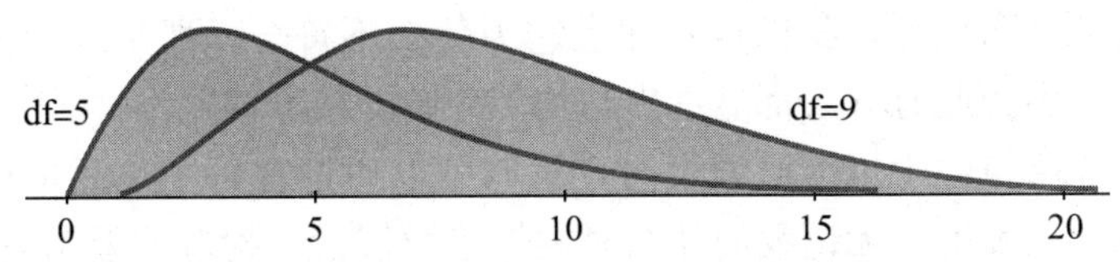

图 13.1　自由度分别为 5 和 9 的χ^2曲线

注意，当自由度为 5 时，$\chi^2=10$ 的数值看起来有一些极端，但当自由度为 9 时，看起来又极为平常。这里有两个简单的事实可以帮助你思考χ^2模型：

- 众数是在$\chi^2=df-2$ 的位置。（看一下这两条曲线；它们的顶峰是在 3 和 7 的位置。）
- χ^2模型的期望值（均值）是它的自由度。它大概位于众数的右侧——正如我们对有偏分布所期望的那样。

那些认为每种类别应该有多大比例，并且相信他们的理论是正确的人，往往会进行拟合优度检验。在一些情况下，不像我们的市场案例那样，没有明显的原假设用于检验建议的模型。因此，遗憾的是，在这些情况中，唯一可用的原假设就是认为所提出的理论是正确的。并且正如我们所知道的，假设检验过程只允许我们拒绝原假设或无法拒绝它。我们从来不能证明一个理论在实际上是正确的，也从来不能证明原假设。

我们充其量能指出数据与所提出的理论是一致的。但是这并不能证明该理论。即使理论是错误的，数据也可能与模型相一致。在这种情况下，我们不能拒绝原假设，但不能肯定地得出该理论是否正确的结论。

为什么我们不能证明原假设？

一个学生声称无论你在统计学课程中表现如何，你的初始薪酬都是没有差异的。他调查了最近毕业的学生，按照他们统计学课程的成绩 A、B 和 C 和他们的初始薪酬在班级中位数水平之上还是之下进行分类。他计算出每个等级高出薪酬中位数之上的比例。他的原模型是在每个等级类别中有 50% 的学生薪酬在中位数之上。对于 40 个受访者，他计算出 P 值为 0.07，并认为统计学成绩对初始薪酬没有影响。但是，随后更多的问卷被返回，他发现当样本容量为 70 时，他的 P 值等于 0.04。他能忽略第二组数据吗？当然不能。如果他忽略了，那么他就能说明几乎所有的原模型都是正确的，仅仅通过获得太少的数据以至不能拒绝它即可。

13.3 检验残差

卡方检验总是单边的。卡方统计量总是正值，而且大的卡方值提供了拒绝原假设的证据（因为它显示出与模型拟合得不好），然而小的卡方值提供了很少的证据证明模型拟合得不好。然而，从另一种意义上讲，卡方检验确实又是多边的；大的卡方统计量数值不能告诉我们原模型拟合得不好的程度。在我们的市场理论例子中，如果拒绝了均匀分布模型，我们也不知道它为什么不符合。那是因为没有足够多的周一出现，还是因为所有五天都显示出与均匀分布的某种偏差？

当在拟合优度检验中拒绝原假设时，我们可以通过在每个单元格中检验残差而了解更多信息。实际上，无论我们什么时候拒绝原假设，检验残差都是不错的主意。（因为当 χ^2 值很小时，它的所有组成成分都很小，所以无法拒绝原假设，不需要检验残差。）由于我们想要比较有很大差异的合计数的单元格的残差，于是对残差进行了标准化。我们知道残差均值为零①，但是我们需要了解每个残差的标准差。当检验比例时，我们看到期望比例与其标准差之间存在联系。对于合计数，存在相似的联系。为了将每个单元格的残差标准化，我们将残差除以期望值的平方根②：

$$\frac{(\text{Obs}-\text{Exp})}{\sqrt{\text{Exp}}}$$

注意，这些标准化残差（*standardized residuals*）是我们为每个单元格计算的组成成分的平方根，用加号（+）或减号（−）表示我们观测到的比我们期望的多

① 残差＝观测值－期望值。由于期望值之和与观测值之和相等，残差的总和必定为零。

② 从数学上来讲，期望值的平方根可能适合估计标准差。

还是少。

标准化残差向我们提供了思考潜在模式即考虑分布与模型有何差异的机会。既然我们已经将每个残差除以它的标准差，它们就是 z 得分。如果原假设为真，那么我们甚至可以使用 68—95—99.7 法则来判断大的数值有多大异常。

表 13.4 显示了交易日数据的标准化残差。

表 13.4 标准化残差

	标准化残差 $=\frac{(Obs-Exp)}{\sqrt{Exp}}$
周一	−0.098 4
周二	−0.954 2
周三	−0.118 8
周四	−0.113 5
周五	1.292

这些数值中没有需要特别注意的。其中最大值为周五的 1.292，当看作 z 得分时也不是很大。偏差的方向由“周末效应”表示，但是它们没有大到使我们得出它们正确的结论。

□ 举例

根据卡方检验来检查残差

问题：在呼叫中心的例子中（13.1 节），检查残差以了解是否有任何客服代表的工作业绩特别优异或特别差。

答案：由于没有拒绝原假设，我们不希望任何标准化残差很大，尽管如此我们仍会检验它们。

标准化残差等于组成成分（在 13.1 节例子中表格的最下面一行）的平方根。

标准化残差	−1.03	0.52	−1.55	−0.77	1.03	0.77	−0.52	1.55

正像我们所期望的，任何残差都不是很大。尽管 Atara 注意到一些客服代表说服的新客户数量是其他客服代表的 2 倍多，但实际上，如果所有客服代表的工作业绩都是相同的，那么我们期望的偏差都是典型的（两个标准差的范围内）。

13.4 齐性的卡方检验

护肤产品是一个大的产业。根据美国皮肤病学会，“普通成年人每天至少使用 7 种不同的产品”，包括保湿、皮肤清洁和头发保养。[①] 2006 年中国护肤品市场增长了 15%，部分是由于巨大的经济增长的刺激。但并不是所有的文化和市场都是相同的。

① www.aad.org/public/Publications/pamphlets/Cosmetics.htm.

为了有效地参与竞争，跨国公司必须理解各种护肤品重要性的文化差异。

我们最早在第3章看到的GfK洛普全球调查报告调查了23个国家的30 000名消费者，以询问他们对健康、美丽和其他个人价值的态度。其中被问到的一个问题是“最有吸引力的外表”对你有多么重要？答案用等级1～7来表示，其中1=一点都不重要，7=极为重要。我们掌握了5个不同国家（中国、法国、印度、英国和美国）对于同一个问题的数据，这些数据是一致的吗？下表显示了这些合计数的列联表。

调查对象（WHO）：GfK洛普全球调查报告的受访者。

调查内容（WHAT）：对食品和健康的感受相关问题的回答。

调查时间（WHEN）：2005年秋季；2006年发布。

调查地点（WHERE）：全球范围。

调查方式（HOW）：数据由GfK洛普咨询公司使用多级抽样设计方法收集。

调查原因（WHY）：为了了解对我们所购买的食品和美容产品的感受的文化差异及这些如何影响我们的健康。

表13.5　对“最有吸引力的外表”有多重要的回答

外表＼国家	中国	法国	印度	英国	美国	合计
7-极为重要	197	274	642	210	197	1 520
6	257	405	304	252	203	1 421
5	315	364	196	348	250	1 473
4-一般重要	480	326	263	486	478	2 033
3	98	82	41	125	100	446
2	63	46	36	70	58	273
1-一点都不重要	92	38	53	62	29	274
合计	1 502	1 535	1 535	1 553	1 315	7 440

我们可以通过检测每列的百分比来更容易地对各个国家进行比较。

表13.6　各个国家的受访者回答所占的百分比

外表＼国家	中国	法国	印度	英国	美国	行百分比（%）
7-极为重要	13.12	17.85	41.82	13.52	14.98	20.43
6	17.11	26.38	19.80	16.23	15.44	19.10
5	20.97	23.71	12.77	22.41	19.01	19.80
4-一般重要	31.96	21.24	17.13	31.29	36.35	27.33
3	6.52	5.34	2.67	8.05	7.60	5.99
2	4.19	3.00	2.35	4.51	4.41	3.67
1-一点都不重要	6.13	2.48	3.45	3.99	2.21	3.68
合计	100	100	100	100	100	100

各个国家受访者回答的堆栈型条形图可以将模式显示得更为形象（见图 13.2）。

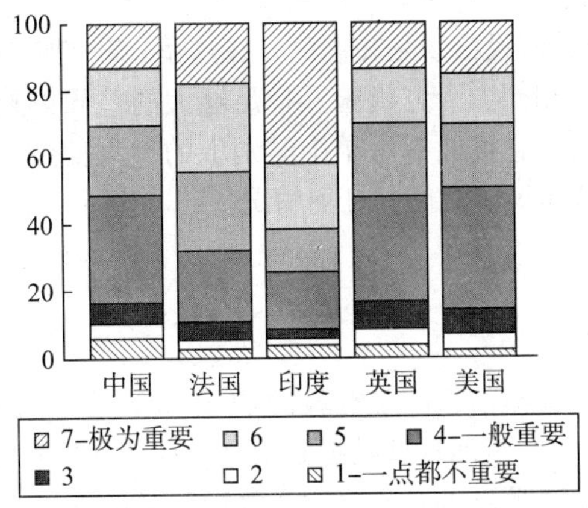

图 13.2　各个国家对“最有吸引力的外表”有多重要的回答。
印度的受访者回答重要或极为重要所占的比例更突出。

看起来印度比其他国家更为突出。印度的受访者回答“极为重要”的比例更大一些。但是，观测到的百分比差异是真实存在的还是只是自然抽样变异呢？我们的原假设是每个国家选择每个替代项的比例都相同。为了检验这一假设，我们使用齐性的卡方检验（chi-square test of homogeneity）。这就是另一种卡方检验。有关结果显示这个假设检验的机制与 13.1 节中所看到的拟合优度的卡方检验是类似的。其区别在于拟合优度检验是将观测频数与根据给定模型得到的期望频数进行比较。与之相反，齐性检验的原假设为所有组的分布是相同的。检验是要检查观测到的频数与齐性假设下我们所期望的频数之间的差异。

例如，所有 7 440 名受访者中有 20.43%（行%）的人回答外表对他们而言极为重要。如果 5 个国家的分布是相同的（正如原假设表明的那样），那么所有 5 个国家的比例应该是相同的。因而，1 315 名美国受访者中的 20.43%或 268.66 名受访者应该会回答外表对他们极为重要。这是我们在原假设下期望的数值。

表 13.7　　回答的期望值（因为这些都是理论数值，它们不一定都是整数）

外表＼国家	中国	法国	印度	英国	美国	合计
7-极为重要	306.86	313.60	313.60	317.28	268.66	1 520
6	286.87	293.18	293.18	296.61	261.16	1 421
5	297.37	303.91	303.91	307.47	260.35	1 473
4-一般重要	410.43	419.44	419.44	424.36	359.33	2 033
3	90.04	92.02	92.02	93.10	78.83	446
2	55.11	56.32	56.32	56.99	48.25	273
1-一点都不重要	55.32	56.53	56.53	57.19	48.43	274
合计	1 502	1 535	1 535	1 553	1 315	7 440

按此进行推理，我们（或者更可能是计算机）可以为每个单元格填上期望值。表 13.7 显示了每个国家在每种回答上的期望值。

“齐性”一词意味着假设事物是相同的。在这里，我们询问的是 5 个国家对外表重要性回答的分布是否相同。卡方检验寻找足够大的差异以超过我们根据随机样本间的差异所期望的数值。它可能揭示单个类别上的很大偏差，或者很小但在所有类别上持久的差异——或者两者之间的任何情况。

假设与条件

齐性卡方检验与拟合优度卡方检验的假设和条件是相同的。计数数据条件（Counted Data Condition）表明这些数据必须是合计数。你不能对一个定量变量进行卡方检验。例如，如果洛普公司记录受访者对护肤品的支出为多少钱，你就不能使用卡方检验来判断 5 个国家的平均支出是否相同。①

大样本与卡方检验

只要我们检验任意假设，一个非常大的样本容量就意味着很小的影响因素具有统计显著性的概率较大。这对于卡方检验是尤为真实的。因而，当原假设被拒绝以了解差异是否在实际上具有显著性时，检查影响大小是很重要的。当做出商业决策时，千万不要仅仅依据 P 值。这一点适用于本章的许多例子，本章内容包含当今商业环境中可以看到的大样本容量的典型情况。

独立性假设。因此，可以概括地说，我们需要相互独立的合计数。我们可以检查随机化条件。在这里，我们有随机样本，因而能够假设观测值是相互独立的，并且根据抽取的样本对总体进行比较而得出结论。

必须保证我们掌握了使用这种方法来计算的足够多的数据。样本容量假设（Sample Size Assumption）可以与期望单元格频数条件（Expected Cell Frequency Condition）一起进行检查，期望单元格频数条件表明每个单元格中的期望合计数必须至少为 5。此处，我们的样本当然足够大。

遵循拟合优度检验的模式，我们计算表格中每个单元格的组成成分：

$$\text{组成成分}=\frac{(Obs-Exp)^2}{Exp}$$

将所有单元格的组成成分进行加总，得到了卡方值：

$$\chi^2=\sum_{\text{所有单元格}}\frac{(Obs-Exp)^2}{Exp}$$

其自由度与拟合优度检验中的自由度不同。对于齐性检验，自由度为$(R-1)\times(C-1)$，其中 R 表示行数，C 表示列数。

在我们的例子中，自由度为 $6\times4=24$。我们需要自由度以计算出卡方统计量的 P 值。

① 为了检验这一问题，应该使用所谓的方差分析的方法。

□ 动手计算

如何求期望值

在列联表中，为了检验齐性，当原假设为真时，我们需要求出期望值。为了求出第 i 行第 j 列的期望值，我们计算：

$$Exp_{ij}=\frac{\text{行合计}_i\times\text{列合计}_j}{\text{总合计}}$$

下面是一个例子：

假设我们询问了 100 个人，其中 40 名男性，60 名女性，以了解他们偏好的杂志名称：《体育画报》、《时尚》和《经济学家》，得到的结果显示在 Microsoft Excel 2010中：

1	真实值	《体育画报》	《时尚》	《经济学家》	合计
2	男性	25	5	10	40
3	女性	10	45	5	60
4	合计	35	50	15	100

那么，例如，在齐性检验中，对于偏好《经济学家》杂志（第 3 列）的男性（第 1 行）所在单元格的期望值为：

$$Exp_{13}=\frac{40\times15}{100}=6$$

对所有单元格进行类似的计算，得出的期望值如下：

6	期望值	《体育画报》	《时尚》	《经济学家》	合计
7	男性	14	20	6	40
8	女性	21	30	9	60
9	合计	35	50	15	100

□ 指导性案例：对外表的态度

我们如何看待我们的外表，部分取决于我们的文化。为了对全球市场上的美容产品提供商给予帮助，我们想要检查中国、法国、印度、英国和美国 5 个不同市场对于问题“最有吸引力的外表对你有多重要?”的回答。我们将使用 GfK 洛普全球调查报告中的数据。

计划 准备：说明你想了解什么。 确定变量和背景。 假设。说明原假设和备择假设。 模型：考虑假设，并检查条件。 说明抽样分布模型。 为你将要使用的检验命名。	我们想要知道5个国家对于“最有吸引力的外表”有多重要的回答的分布是否相同，这5个国家分别是：中国、法国、印度、英国和美国。 H_0：回答是齐性的（5个国家有相同的分布）。 H_A：回答不是齐性的。 我们有每个国家选择每种回答的受访者的合计数。 ✓计数数据条件：数据是选择每种可能回答的受访者的合计数。 ✓随机化条件：数据来自专业的全球营销公司提供的一个随机样本。 ✓期望单元格频数条件：每个单元格的期望值都至少等于5。 因为条件看起来都是满足的，所以我们使用自由度为（7−1）×（5−1）=24的χ^2模型，并进行齐性的卡方检验。
实施 技术性工具：显示数据表中每个单元格的期望频数。你可以将观测频数与期望频数置于两个单独的表格中，或者将两个合计数置于同一个单元格中。分段条形图通常是显示数据的一个不错的方式。	表13.5和表13.7分别显示了观测频数和期望频数。 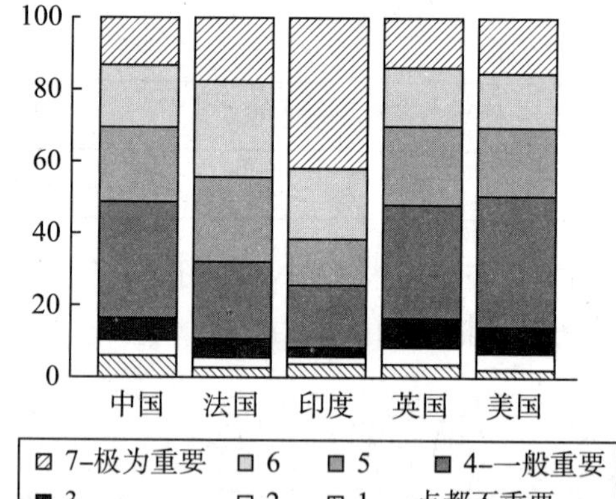
使用软件计算χ^2与相关的P值。这里计算出来的χ^2统计量数值非常大，因而P值很小。	$\chi^2=802.64$ P值$=P(\chi^2_{24}>802.64)<0.001$，因而我们拒绝了原假设。
报告 结论：在这些数据的背景下陈述你的结论。讨论这些组的分布是否显示出不同。对于一个小的表格，检验其残差。	备忘录 关于：外表的重要性。 我们对洛普公司数据的分析显示，不同国家的受访者对于外表有吸引力如何重要的回答的分布存在很大的差异。建议化妆品营销者要注意这些差异，特别是当向印度销售产品时。

如果你发现简单地拒绝齐性假设使你有些不太满意，和你感受一样的也大有人在。对这个问题的回答在不同国家之间存在差异很难使你感到惊讶，尤其是对于大的样本容量而言。我们真正想知道的是差异在哪里及差异有多大。齐性检验不能回答这些有趣的问题，但它提供了一些对我们有所帮助的证据。观察标准化残差有助于辨别与齐性模式不匹配的单元格。

□ 举例

齐性检验

问题：虽然近几年来美国的年度通货膨胀率一直很低，但是很多美国人担心通货膨胀率会反弹。2010 年 5 月，一项对美国全国范围内的 1 020 名成年人开展的盖洛普民意调查询问“对于通货膨胀率将会上升，你是非常担心、有些担心还是一点都不担心？”保守派回答的分布与自由派回答的分布看起来是否相同？

意识形态	非常担心	有些担心	一点都不担心	合计
保守派	232	83	25	340
自由派	143	126	71	340
合计	375（55.15%）	209（30.74%）	96（14.12%）	680

回答：这是一个齐性检验，即检验两种不同意识形态的人群回答的分布是否相同。数据是盖洛普民意调查随机选取的成年人（根据意识形态进行了分层）的频数，并且所有期望的单元格频数远大于 5（见下面的表格）。

其自由度为（3－1）×（2－1）或 2。

如果分布是相同的，我们期望每个单元格的期望值分别为“非常担心”、“有些担心”和“一点都不担心”的行合计数的 55.15%、30.74%和 14.12%。这些数值可以依据如下代数式精确地计算出来：

$$Exp_{ij}=\frac{\text{行合计}_i\times\text{列合计}_j}{\text{总合计}}$$

因此，在第一个单元格中（保守派，非常担心）：

$$Exp_{11}=\frac{\text{行合计}_1\times\text{列合计}_1}{\text{总合计}}=\frac{340\times375}{680}=187.5$$

所有单元格的期望频数为：

期望的数值	非常担心	有些担心	一点都不担心
保守派	187.5	104.5	48.0
自由派	187.5	104.5	48.0

其组成成分$\frac{(Obs-Exp)^2}{Exp}$为：

组成成分	非常担心	有些担心	一点都不担心
保守派	10.56	4.42	11.02
自由派	10.56	4.42	11.02

对这些数据加总，得出$\chi^2=10.56+4.42+\cdots+11.02=52.01$，其自由度为2，P值<0.000 1。

因此，我们拒绝了保守派回答的分布与自由派相同的假设。

13.5 比较两个比例

很多雇主都要求雇员有高中文凭。截至2000年10月，美国商务部的研究人员联系了25 000多名24岁的美国人以了解他们是否完成了高中学业，并发现12 460名男性中的84.9%和12 678名女性中的88.1%有高中文凭。我们是否能够得出女孩比男孩更有可能完成高中学业的结论呢？

美国商务部提供了有关百分比，但是很容易从这些百分比中计算出频数，并将它们列示如下（见表13.8）。

表13.8　截至2000年在25 138名24岁美国人的样本中获得高中文凭的男性与女性人数

	男性	女性	合计
有高中文凭	10 579	11 169	21 748
无高中文凭	1 881	1 509	3 390
合计	12 460	12 678	25 138

总体而言，样本中有$\frac{21\,748}{25\,138}=86.514\,4\%$获得了高中文凭。因而，在齐性假设下，我们可以期望12 460（或$0.865\,144\times 12\,460=10\,779.7$）名男性有同样的比例获得高中文凭。填写完成这个表格，期望合计数如表13.9所示。

表13.9　期望值

	男性	女性	合计
有高中文凭	10 779.7	10 968.3	21 748
无高中文凭	1 680.3	1 709.7	3 390
合计	12 460	12 678	25 138

自由度为$(2-1)\times(2-1)=1$的卡方统计量为：

$$\chi_1^2=\frac{(10\,579-10\,779.7)^2}{10\,779.7}+\frac{(11\,169-10\,968.3)^2}{10\,968.3}+\frac{(1\,881-1\,680.3)^2}{1\,680.3}+\frac{(1\,509-1\,709.7)^2}{1\,709.7}=54.941$$

其P值<0.001，因而我们拒绝了原假设，并得出男性获得高中文凭的分布与女性不同的结论。

在2×2表格中，自由度为1的卡方检验与检验两个比例（在此例中，即男性和女性获得高中文凭的比例）是否相同是等价的。有一个检验两个比例相等的等价方

法是使用 z 统计量，并且它给出了完全相同的 P 值。你可能遇到两个比例的 z 检验，因而请记住它与等价的 2×2 表格中的卡方检验是一样的。

即使 z 检验与卡方检验对于检验两个比例是否相等是等价的，但 z 检验也能够给出置信区间。因为我们拒绝大样本容量的原假设，所以这一点就很关键。置信区间可以告诉我们差异可能有多大。

两个比例差异的置信区间

正如我们所看到的，根据调查，截至 2000 年在美国 88.1%的女性和 84.9%的男性获得了高中文凭。两者相差 3.2%。如果我们知道这个差异数据的标准误，就能利用 z 统计量来构建总体真实差异的置信区间。求出标准误并不难。我们所需要的就是下面的公式[①]：

$$SE(\hat{p}_1-\hat{p}_2)=\sqrt{\frac{\hat{p}_1\hat{q}_1}{n_1}+\frac{\hat{p}_2\hat{q}_2}{n_2}}$$

这个置信区间与单个比例的置信区间有相同的形式，其新的标准误为：

$$(\hat{p}_1-\hat{p}_2)\ \pm z^* SE\ (\hat{p}_1-\hat{p}_2)$$

两个比例差异的置信区间

当条件得到满足时，我们可以求出两个比例差异 p_1-p_2 的置信区间。此置信区间为

$$(\hat{p}_1-\hat{p}_2)\ \pm z^* SE\ (\hat{p}_1-\hat{p}_2)$$

其中，我们根据观测到的比例计算的差异的标准误为

$$SE(\hat{p}_1-\hat{p}_2)=\sqrt{\frac{\hat{p}_1\hat{q}_1}{n_1}+\frac{\hat{p}_2\hat{q}_2}{n_2}}$$

临界值 z^* 取决于你详细指明的特定置信水平。

对于高中毕业的例子，女性与男性获得高中毕业证的比率的真实差异的 95%的置信区间为：

$$(0.881-0.849)\ \pm 1.96\times\sqrt{\frac{0.881\times 0.119}{12\ 678}+\frac{0.849\times 0.151}{12\ 460}}$$
$$=(0.023\ 6,\ 0.040\ 4)，或者\ 2.36\%\sim 4.04\%$$

我们有 95%的把握认为截至 2000 年女性获得高中毕业证的比率比男性获得高中毕业证的比率高 2.36～4.04 个百分点。根据这么大的样本容量，我们可以相当有把握地认为两者的差异不为零。但这个差异有影响吗？那当然取决于我们正在询问的问题的原因了。置信区间告诉我们效应大小——或者至少是效应大小的可行值的区间。如果我们考虑改变雇用或招聘政策，那么即使差异是统计“显著的”，也可能因

① 差异的标准误是从一个一般性事实中找到的，这个一般性事实是两个独立数量差异的方差等于其方差之和。详见第 8 章有关内容。

为太小而不需要做出很多调整。如果你计划基于利用卡方检验方法拒绝原假设来制定商务决策，那么一定要注意考虑效应大小。

□ 举例

比例差异的置信区间

问题：在关于通货膨胀的盖洛普民意调查（请见 13.4 节举例）中，自认为是保守派的人中有 68.2%（340 人中的 232 人）非常关心通货膨胀率的上升，但是只有 42.1%（340 人中的 143 人）的自由派也回答非常关心。在由 680 名成年人组成的样本中，其比例差异为 26.1%。计算这一真实差异的 95%的置信区间。

回答：置信区间可以依据下面的方法计算：

$$(\hat{p}_C-\hat{p}_L)\pm z^* SE(\hat{p}_C-\hat{p}_L),$$

其中

$$SE(\hat{p}_C-\hat{p}_L)=\sqrt{\frac{\hat{p}_C\hat{q}_C}{n_C}+\frac{\hat{p}_L\hat{q}_L}{n_L}}=\sqrt{\frac{0.682\times0.338}{340}+\frac{0.421\times0.579}{340}}=0.037$$

因为我们知道 z 的 95%的置信度的临界值为 1.96，那么可以得出：

$$0.261\pm1.96\times0.037=(0.188,\ 0.334)$$

换言之，我们有 95%的把握认为保守派中对通货膨胀非常关心的比例比自由派中对通货膨胀非常关心的比例高出 18.8%～33.4%。

13.6 独立性的卡方检验

我们看到不同国家的人对于自身外表重要性的态度差异很大，这一事实对于全球性化妆品公司的营销部门而言十分重要。假设营销部门想要知道人们的年龄对此是否也有影响。这可能影响他们做广告宣传其产品时所选择的媒介渠道的类型。年龄大一些的人与年轻一些的人对自身外表重要性的感受同等强烈吗?数据见表 13.10。

表 13.10　不同年龄组对个人外表问题的回答

外表 \ 年龄	13～19	20～29	30～39	40～49	50～59	60 以上	合计
7-极为重要	396	337	300	252	142	93	1 520
6	325	326	307	254	123	86	1 421
5	318	312	317	270	150	106	1 473
4-一般重要	397	376	403	423	224	210	2 033
3	83	83	88	93	54	45	446
2	37	43	53	58	37	45	273
1-一点都不重要	40	37	53	56	36	52	274
合计	1 596	1 514	1 521	1 406	766	637	7 440

当审阅了 5 个国家时，我们将这些国家看作 5 个不同的组别而不是一个变量的 5 个水平。但是，这里我们能够（可能应该）将年龄看作第二个变量，与他（或她）对外表问题的回答一起对每个受访者进行询问。询问随着年龄的变化回答的分布是否变化，现在这个疑问引出了另外一个问题，那就是个人“外表”与“年龄”这两个变量是否独立。

只要我们在列联表中有类似这样的两个变量，检验方法自然就是独立性的卡方检验（chi-square test of independence）。从技术性上说，该卡方检验与齐性的卡方检验是一致的。两个检验之间的差异在于我们如何看待数据，并因而得出什么结论。

此处，我们思考对个人外表问题的回答是否与年龄相互独立。记住，对于任意两个事件 A 和 B，如果它们是独立的，那么在假定事件 B 发生的情况下事件 A 发生的概率与事件 A 单独发生的概率是相等的。此处，这意味着一个随机选取的受访者认为个人外表极为重要的概率对于所有年龄组别而言都是相同的。那就表明了对个人外表问题的回答与受访者的年龄是相互独立的。当然，根据基于数据的表格，概率永远不可能是完全一样的。但是，为了说明它们的差异是否足够大，我们使用独立性的卡方检验。

齐性还是独立性?

齐性的检验与独立性的检验之间的唯一区别在于你需要作出的决策。

现在我们有基于单个总体测度的两个定性变量。对于齐性检验，我们掌握了基于两个或更多总体独立测度的一个定性变量。现在我们询问一个不同的问题：“这些变量独立吗?”而不是“这些组别是齐性的吗?”虽然这些是细微的差异，但是当我们得出结论时，它们也是很重要的。

假设与条件

当然，我们仍然需要频数和足够的数据，以使得在每个单元格中的期望频数至少为 5。

如果对变量的独立性感兴趣，我们通常想将从数据中得出的结论推广到总体。在这种情况下，我们需要检查的数据是从总体中选取的一个具有代表性的随机样本。

□ 指导性案例：个人外表与年龄

我们之前研究了对于“最有吸引力的外表对你有多重要?”的回答在中国、法国、印度、英国和美国 5 个国家的回答是否不同，并指出了我们所看到的文化差异。现在我们想要帮助市场营销人员研究个人的年龄是否影响他们如何回答相同的问题。我们有 6 个组别的“年龄”数值。除了 6 个不同的组别，我们可以将“年龄”看作一个变量，并询问“年龄”与“外表”两个变量是否相互独立。

计划	
准备：说明你想了解什么。 确定变量和背景。	我们想要知道个人外表与年龄这两个定性变量是否是统计上独立的。我们从 5 个国家的样本中得到了包含 7 440 名受访者的列联表。
假设：说明原假设和备择假设。 当怀疑变量可能不相互独立时，我们进行独立性检验。我们声明指出了解受访者的年龄会随着他们对个人外表问题回答的分布的变化而变化，并且检验的原假设非真。	H_0：个人外表与年龄是相互独立的。① H_A：个人外表与年龄不是相互独立的。
模型：检查条件。	✓计数数据条件：我们有两个定性变量的各个类别个体的合计数。 ✓随机化条件：这些数据来自对 30 个国家开展调查的一个随机样本。我们掌握了其中 5 个国家的数据。尽管它们不是一个简单随机样本，但是为了避免偏差在每个国家选取了样本。
这个表格显示了每个单元格的期望频数。期望频数与齐性检验中期望频数的计算方法是完全相同的；例如，在第一个单元格中，我们期望 1 596 中有 $\frac{1\ 520}{7\ 440}=20.43\%$，即 326.065。	✓期望单元格频数条件：期望值至少大于 5。

外表 \ 期望值 \ 年龄	13～19	20～29	30～39	40～49	50～59	60 以上
7-极为重要	326.065	309.312	310.742	287.247	156.495	130.140
6	304.827	289.166	290.503	268.538	146.302	121.664
5	315.982	299.748	301.133	278.365	151.656	126.116
4-一般重要	436.111	413.705	415.617	384.193	209.312	174.062
3	95.674	90.759	91.178	84.284	45.919	38.186
2	58.563	55.554	55.811	51.591	28.107	23.374
1-一点都不重要	58.777	55.758	56.015	51.780	28.210	23.459

分段条形图显示，回答看起来是依赖于年龄的。年龄大一点的人倾向于对个人外表没有年轻人看得那么重要。

① 正如在其他卡方检验中一样，假设通常用文字表达，没有参数。独立性假设本身告诉我们如何为列联表中的每个单元格求出期望值。这些就是我们所需要的。

	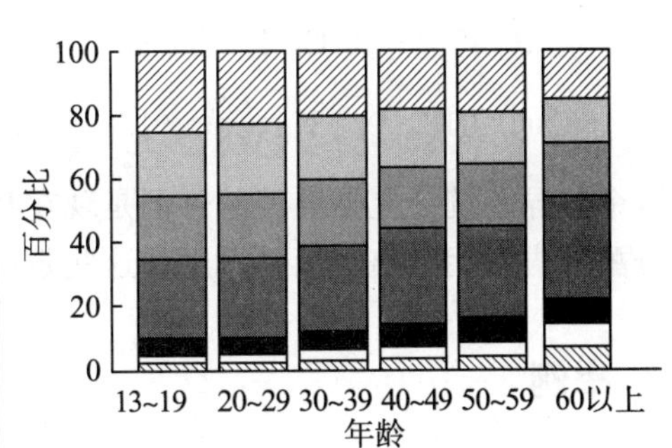
确定模型。 指出你要使用的检验。	(频数显示在表 13.10 中。) 我们使用自由度为 (7－1) × (6－1) ＝30 的χ^2模型，并进行独立性的卡方检验。
实施 技术性工具：使用软件计算χ^2值并求出 P 值。 卡方模型的形状取决于其自由度。尽管自由度为 30，但这个卡方统计量非常大，因而得出的 P 值很小。	$\chi^2 = \sum_{\text{所有单元格}} \frac{(Obs-Exp)^2}{Exp} = 170.7762$ P 值$=P(\chi^2_{30} > 170.7762) < 0.001$
报告 结论：将 P 值与你的决策联系起来。陈述你的结论。	备忘录 关于：对消费者的年龄与对个人外表的态度之间关系的调查研究。 我们对洛普公司调查的分析显示，对个人外表的态度与年龄不是相互独立的。看起来年龄大一点的人对个人外表没有年轻人看得那么重要（对于 5 个国家选取的受访者一般是这样的）。

我们拒绝了年龄与对个人外表态度之间相互独立的原假设。由于样本方差很大，我们能够探究到与独立性很小的偏差，因而几乎可以保证卡方检验会拒绝原假设。检查残差能够帮助你找出与独立性偏差最大的单元格。为了做出有意义的商务决策，你必须同时观察效应大小与 P 值。既然国家与国家之间的差异对市场决策会有影响，我们也应该分别观察每个国家的数据。

假设公司对于如何将广告资源在青少年市场与 30～39 岁人的市场之间分配尤其感兴趣。每个年龄组别认为个人外表非常重要（回答 6 或 7）的比例之间的差异有多大?

为此，我们需要构建差异的置信区间。从表 13.10 中，我们发现对于青少年组别和 30～39 岁组别回答 6 和 7 的受访者所占比例分别为 45.17%和 39.91%。其 95%的置信区间为：

$$(\hat{p}_1-\hat{p}_2) \pm z^* SE(\hat{p}_1-\hat{p}_2)$$

$$= (0.4517-0.3991) \pm 1.96 \times \sqrt{\frac{0.4517 \times 0.5483}{1596}+\frac{0.3991 \times 0.6009}{1521}}$$

$$= (0.018, 0.087), \text{或} (1.8\% \sim 8.7\%)$$

这个差异在统计上是显著的，但是现在我们可以看到差异可能只有 1.8%。当对如何分配广告费用做出决策时，记住这些效应大小的估计是很重要的。

□ 举例

独立性的卡方检验

问题：2010 年 5 月，盖洛普民意调查询问美国成年人关于他们赞成还是反对在机场使用头像辨识可能的恐怖主义者的观点，这种方法是以色列的常规做法，但在美国没有这样做。受访者的观点与其年龄相关吗？或者受访者的观点与年龄是独立的吗？下面的数据与盖洛普调查获得的数据相似（比例是相同的，但为了计算更简单些，合计数有些变化）。

	年龄				
	18～29	30～49	50～64	65 以上	合计
赞成	57	66	77	87	287
反对	43	34	23	13	113
合计	100	100	100	100	400

回答：原假设为“观点”与“年龄”是相互独立的。如果我们将“年龄”与“观点”看作两个变量且想了解两者之间的关系，当不赞同齐性的检验时，我们可以将此看作独立性的检验来处理。这是一个随机样本，并且在每个单元格中至少有 5 个期望的回答。使用下面的公式计算出期望值：

$$Exp_{ij}=\frac{\text{行合计}_i \times \text{列合计}_j}{\text{总合计}} \Rightarrow$$

$$Exp_{11}=\frac{\text{行合计}_1 \times \text{列合计}_1}{\text{总合计}}=\frac{287 \times 100}{400}=71.75$$

期望值	年龄				
	18～29	30～49	50～64	65 以上	合计
赞成	71.75	71.75	71.75	71.75	287
反对	28.25	28.25	28.25	28.25	113
合计	100	100	100	100	400

其组成成分为：

组成成分	年龄			
	18～29	30～49	50～64	65 以上
赞成	3.03	0.46	0.38	3.24
反对	7.70	1.17	0.98	8.23

其自由度为 $(r-1)\times(c-1)=1\times3=3$。对所有组成成分加总之后，得出：

$$\chi_3^2=3.03+0.46+\cdots+8.23=25.20$$

其 P 值＜0.000 1。

因此，我们拒绝原假设，并得出结论：年龄与关于头像的观点不是独立的。观察一下下面的残差。

残差	年龄			
	18～29	30～49	50～64	65 以上
赞成	−1.74	−0.68	0.62	1.80
反对	2.78	1.08	−0.99	−2.87

我们发现了一个模式。因为年龄的提高与对使用头像的态度更为赞成存在相关关系，所以两个变量不是相互独立的。

按照年龄大小整理的条形图可以清晰地看到这一模式：

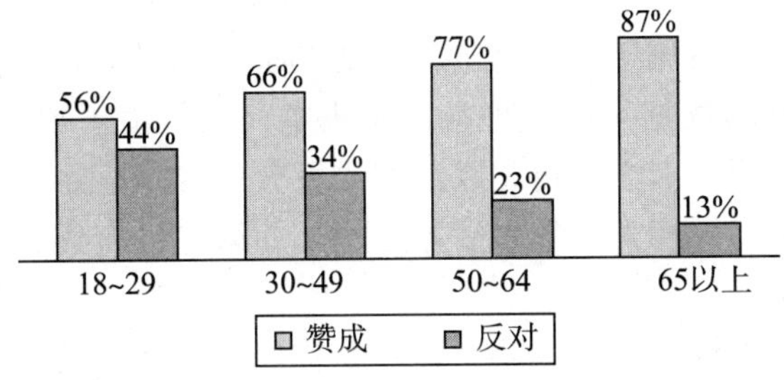

□ 快速测试

在下列各种情况中，你会选择 3 种卡方检验中的哪一种——拟合优度的卡方检验、齐性的卡方检验或独立性的卡方检验？

1. 一家餐厅的经理想要知道周五晚上用餐的顾客对厨师四道主菜的偏好是否与周六晚上用餐的顾客相同。一个周末，他得到了服务员记录的清单，这个清单记录了每个晚膳点了哪个主菜。假设这些顾客是所有周末用餐者的典型代表，他想要对周五与周六顾客选择主菜的分布情况进行比较。

2. 公司制度规定了停车空间随机地分配给每个人，但你怀疑可能并不是这样。有 3 个同等面积的场地：场地 A 距离建筑物很近；场地 B 距离建筑物有些远；场地 C 在道路的另一侧。你收集了中层管理者及中层以上员工的相关数据，以了解每个停车场分配给多少人。

3. 学生的社交活动是否受其居住场所的影响？一项对随机学生样本的校园调查询问他们住在校内的寝室、校外还是家里，并且询问他们在最近两周内出去约会的次数是0次、1～2次、3～4次还是5次及以上。

卡方检验与因果关系

卡方检验很常见。独立性检验尤为普遍。遗憾的是，很多人将很小的P值理解为因果关系的证据。我们对其了解得更多。正如定量变量之间的关系不能证明因果关系一样，两个定性变量之间没有独立性并不能表明它们之间是因果关系，我们也不应该说一个变量依赖于另一个变量。

独立性的卡方检验对两个变量同等对待。对于区别一个变量对另一个变量的任何可能的因果关系的方向，没有方法。虽然我们看到对待个人外表的态度与年龄是相关联的，但是我们不能说年龄变大就会使你改变态度。同时，对个人外表态度的改变会使你变老，这种说法当然也是不正确的。

当然，没有任何方法可以消除潜在变量对观测到的独立性的缺失具有影响的可能性。在某种意义上，两个定性变量之间不存在独立性比两个定量变量之间存在高度一致的相关关系更令人印象深刻。两个定性变量可能会以多种方式不满足独立性检验，包括没有显示出相同的失败模式的方式。检验卡方标准化残差可以帮助你思考潜在的模式。

可能出现的错误

- 除非你有频数，否则千万不能使用卡方检验的方法。3种卡方检验全部只适用于频数。其他类型的数据可以整理在二维表中。正是由于数字列在二维表格中，从而不能保证它们适用于卡方分析。以比例或百分比形式表示的数据可使用卡方检验程序，但只有将它们转换为频数之后才适用。如果你没有先找到频数就试着进行计算，结果就会出错。
- 注意大样本。要注意大样本吗？这不是你经常听到的建议。然而，卡方检验是不同寻常的。你应该警惕在样本非常大的情况下进行卡方检验。没有假设的分布拟合得非常完美，没有两个组别是完全齐性的，并且没有两个变量是完全独立的。卡方检验的自由度不会随着样本容量的增加而提高。当样本容量足够大时，卡方检验总是拒绝原假设。但是我们无法测度数据与原模型相差多大。除了在两个比例的情况下，没有置信区间可以帮助我们对效应大小进行判断。
- 不要只是因为两个变量不独立就说一个变量“依赖于”另一个变量。“依赖”可以表明一个模型或一种模式，但是变量能够以很多方式不独立。当变量不能通过独立性检验时，说它们“相关联”更好些。

实践中的伦理

Deliberately Different公司通过目录和网站专注于销售独特的家庭装饰品，像手绘开关盖板和手绣亚麻布。其顾客通常是年龄大一点的女性，且有相当高的家庭收入。尽管访问网站的顾客人数保持稳定，但是管理层注意到访问网站且购买商品的顾客比例一直在下降。Deliberately Different 公司的产品经理 Megan Cally 负责与公司聘请的市场调查公司一起探究这个问题。在她与这家咨询公司的顾问 Jason Esgro 的首次会谈中，她将谈话内容确定为网站设计。Jason 指出了顾客放弃在线购物的几个原因，其中两个最常见的原因是担心交易安全和无法预知的运输/交付费用。由于 Deliberately Different 公司的运输费用很合理，Megan 要求他进一步考虑一下安全问题。他们设计了一项针对访问网站的顾客的随机样本的调查。他们通过 e-mail 与这些顾客联系，并通过随机给予受访者获奖机会的方式邀请他们回答一项简单的调查。共计收到了 2 450 份回答。对回答的分析包括独立性卡方检验，以检查出对安全问题的回答是否与性别和收入的类别相互独立。两个检验都是显著的，拒绝了独立性的原假设。Megan 向管理部门报告，对网上交易安全性的担心程度取决于性别和收入，因而 Deliberately Different 公司开始想方设法确保年龄大一点的女性顾客在网上交易时感到放心。作为产品经理，Megan 对购物量下降与提供的产品不相关这一点感到放心了。

伦理问题　在独立性的卡方检验中，拒绝原假设的机会随着样本容量的增大而增大。这里的样本容量很大。另外，对安全的担心取决于性别、年龄和收入的说法是有误导性的。再者，没有检查相关联的类型（例如，与不同年龄类别的关系）。最后，作为产品经理，Megan 故意从检查提供的产品方面分散注意力，这方面可能是导致购买量下降的一个因素。与之相反，她向管理部门报告他们已经找到了问题所在，而没有提及他们并没有探究其他潜在的影响因素（与《美国统计学会道德指南》的第 A 条款和第 H 条款相关）。

伦理解决方案　正确地解释结果，注意大样本容量，并探寻任何相关联的模式，意识到不可能估计效应大小。

小结

学习目标

■ 能够认识到何时进行拟合优度的卡方检验、齐性的卡方检验或独立性的卡方检验是恰当的。

■ 对于每种检验，求出期望的单元格频数。

■ 对于每种检验，检查假设和相应的条件，并懂得如何完成检验。

● 对数据条件进行计数。

● 独立性假设；随机化使独立性变得更为可行。

● 在期望的单元格频数条件下的样本容量假设；期望在每个单元格中至少有 5 个观测值。

■ 解释卡方检验。

● 尽管我们可能相信模型，但是我们不能通过卡方检验证明数据可以拟合模型，其原因在于这意味着证明了原假设。

■ 检查标准化残差以了解哪个单元格导致了对原假设的拒绝。

■ 比较两个比例。

■ 阐明独立性检验的原假设，并了解对于齐性的检验而言，它与原假设有多大差异。

● 两者都以相同的方式计算。你无法找到由技术性工具提供的两个数值。只要你正确地解释你的结果，就可以使用其中任一个数值。

术语

卡方模型：卡方模型是右偏。它们是通过其自由度来确定参数的，并且随着自由度的增加，偏斜程度变得更小。

卡方统计量：卡方统计量通过将卡方成分加总得到。卡方检验可以用于拟合优度检验、齐性检验或独立性检验。

拟合优度的卡方检验：检验一个定性变量中的频数分布是否与模型预测的分布相匹配。拟合优度的卡方检验使用的统计量是：

$$\chi^2 = \sum_{\text{所有单元格}} \frac{(Obs-Exp)^2}{Exp}$$

其中期望频数来自预测模型，是在每个组别中对合计数进行调整得到的。我们根据自由度为 $n-1$ 的卡方分布求出 P 值，其中 n 为定性变量中的类型个数。

齐性的卡方检验：对同一定性变量中两个或多个组别频数的分布进行比较的检验。齐性的卡方检验使用的统计量是：

$$\chi^2 = \sum_{\text{所有单元格}} \frac{(Obs-Exp)^2}{Exp}$$

其中期望频数是基于全部频数，在每个组别中对合计数进行调整得到的。我们根据自由度为 $(R-1) \times (C-1)$ 的卡方分布求出 P 值，其中 R 是变量的类别个数（行），C 是独立组别个数（列）。

独立性的卡方检验：两个定性变量是否独立的检验。它检查根据两个变量分类的一组个体频数的分布。独立性卡方检验使用的统计量与齐性检验相同。我们根据自由度为 $(R-1)\times(C-1)$ 的卡方分布求出 P 值，其中 R 是变量的类别个数（行），C 是另一个变量的类别个数（列）。

标准化残差：在二维表的每个单元格中，标准化残差等于该单元格卡方组成成分的平方根，其符号与 $Obs-Exp$ 之差的符号相同：

$$\frac{(Obs-Exp)}{\sqrt{Exp}}$$

当我们拒绝卡方检验时，对标准化残差的检验有时候可以揭示更多有关数据偏离原模型多大程度的信息。

技术帮助：卡方

多数统计学软件包将卡方检验与列联表联系起来。此种组织方式使得很难找到卡方检验，并且可能会混淆卡方检验的三种不同作用。尤其需要指出的是，拟合优度的卡方检验可能特别难找或完全找不到。在计算上，齐性的卡方检验与独立性的卡方检验是相同的，因而你可以采用类似于独立性检验的方法，并且像齐性检验一样随后对其进行解释。

多数统计学软件包处理的是个体数据而非加总的频数。如果只有频数表的信息，你可能会发现通过统计学软件包计算卡方值更为困难。一些软件包提供根据加总的频数构造数据的方法，这样它们可以回溯到卡方的计算过程，再次找到单元格频数。许多软件包提供卡方标准化残差（尽管它们可能有其他名称）。

EXCEL

Excel 提供函数 CHITEST（actual _ range，expected _ range），它可以为独立性检验计算卡方 P 值。两个范围的形式是左上角单元格：右下角单元格（UpperLeftCell：LowerRightCell），设定了两个矩形表格。两个表格必须大小和形状都相同。在 Excel 2010 中，该函数称为 CHISQ. TEST。

注释：

为了使用这个函数，你必须计算出期望值表格，通常用列和除以样本容量的方法。（在 Microsoft Excel 2010 中绘制技术性图像。）

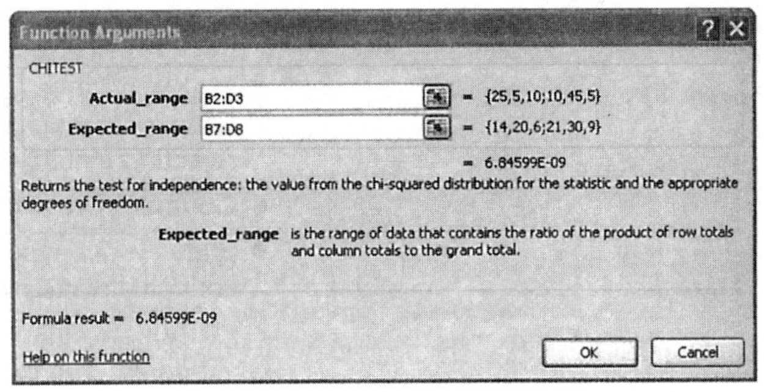

EXCEL/XLSTAT

进行拟合优度的卡方检验：

- 选择“Parametric Tests”，然后选取“Multinomial goodness of fit test”。
- 在一列中，你应该有观测到的变量类型的频数。在“Frequencies”下面输入这个频数。
- 在另一列中，你应该有期望的频数或比例。将它们输入在“Expected frequencies”（或“Expected proportions”），并选择恰当的“Data format”。

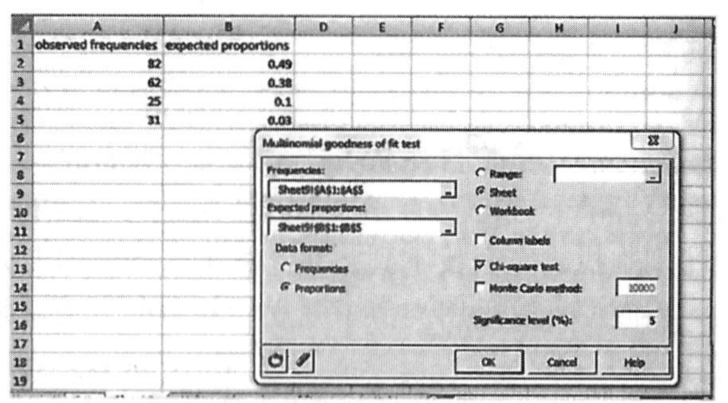

使用培生集团的 **XLSTAT** 绘制技术性图像

● 注意勾选“Chi-square test”复选框。

● 输入理想的“Significance level”。

● 选择“OK”。

● 选择“Continue”（如果有提示）。

进行齐性的卡方检验：

● 选择“Correlation/Association tests”，然后选择“Tests on contingency tables”。

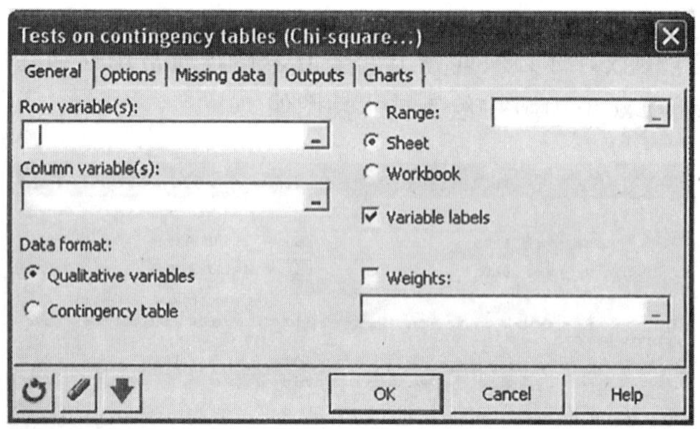

● 如果数据已经在列联表中，选择“Data format”选项的“Contingency table”。

● 如果数据不在列联表中，选择“Qualitative variables”。

● 输入数据的单元格范围。

● 在“Options”选项中，检查“Chi-square test”。

● 如果你想看到条件分布，在“Outputs”选项中，选择“Proportions/Row”或“Proportions/Column”。

JMP

从“Analyze”菜单，

● 选择“Fit Y by X”。

● 选择一个变量作为响应变量 Y，另一个变量作为因素变量 X。选择的两个变量必须是定类变量或定序变量。

● JMP 将绘制出散点图和列联表。在列联表下面，JMP 提供一个“Tests”面板。在这个面板中，独立性的卡方被称为“Pearson ChiSquare”。该表格也提供P值。

● 点击列联表标题栏，下拉菜单中包括表格中每个单元格的“Deviation”和单元格“Chi square”。

注释：

如果两个变量都是定类变量或定序变量（标记为N或O），JMP会针对“Fit Y by X”选择一个卡方分析，而没有其他选择。请保证变量有正确的类型。偏差等于观测频数一期望频数。单元格卡方是标准化残差的平方。差异的符号指明了偏差的方向。在“Analyze”菜单的“Distribution”下面寻找拟合优度的卡方检验。

MINITAB

从“Start”菜单，

● 选择“Tables”子菜单。

● 从该菜单中选择“Chi Square Test...”。

● 在对话框中，确定构成表格的列。Minitab会显示表格，并输出卡方值及其P值。

注释：

也可以选择“Cross Tabulation...”命令可以看到关于表格的更多选项，包括期望频数和标准化残差。

SPSS

从“Analyze”菜单，

● 选择“Descriptive Statistics”子菜单。

● 从该子菜单，选择“Crosstabs...”。

● 在“Crosstabs”对话框中，从变量列表中分配行变量和列变量。两个变量必须都是定性变量。

● 点击“Cells”按钮，以设定应该显示出来的标准化残差。

● 点击“Statistics”按钮，以设定卡方检验。

注释：

在列联表对话框的变量列表中，SPSS只提供它知道是定性变量的变量。如果你想要的变量缺失了，请检查它们的类型是否正确。

□ 微型案例：健康保险

2010年，美国国会通过了史无前例的医疗保险改革方案，该方案将为现在没有医疗保险的3 200万美国人提供一些类型的医疗保障。那么多大程度的普及使得仍然存在医疗保险未涵盖的范围呢？新闻媒体声称人口中风险最大的群体是妇女、儿童、老人和穷人。下表给出了2008年按性别、年龄和家庭收入分类的未保险的人数（单位：千人）。① 利用恰当的概括统计量、图形、统计检验和置信区间来研究新闻媒体

① 资料来源：美国人口普查局，《当前人口普查，年度社会与经济附录》，2009。www.census.gov/hhes/www/cpstables/032009/health/h01_001.htm.

说法的准确性。注意讨论你的假设、方法、结果和结论。（注意：由于取整数的缘故，一些行和列可能没有完全加到数据中。）

	性别		
	女性	男性	合计
未参加保险	25 208	21 131	46 340
参加保保险	122 886	132 257	255 143
合计	148 094	153 388	301 483

	年龄			
	0～17	18～64	65 以上	合计
未参加保险	7 348	38 345	646	46 340
参加保险	67 161	150 841	37 142	255 143
合计	74 510	189 185	37 788	301 483

	家庭收入（美元）				
	25 000	25 000～49 999	50 000～74 999	75 000 以上	合计
未参加保险	13 673	14 908	8 034	9 725	46 340
参加保险	42 142	54 712	49 491	108 798	255 143
合计	55 814	69 621	57 525	118 523	301 483

忠诚项目

一个营销总监测试了两项奖励措施，以了解多大比例的顾客会注册参加一项新的基于网络的忠诚项目。顾客被要求在网站上登录他们的账号，并提供一些人口统计和支出方面的信息。作为奖励，要么什么也不给他们提供（No Offer)，要么给他们提供下个航班的免费航班保险（Free Insurance)，要么给他们提供一张免费的同行航空机票（Free Flight)。根据过去一年中顾客在 5 个主要领域中的消费模式进行分组：旅行（Travel)、娱乐（Entertainment)、饮食（Dining)、日常消费（Household）和各方面消费比较均衡（Balanced)。该总监想要知道奖励措施是否引起不同的报名比例（Response)。具体而言，她想要了解与免费保险的报名比例相比，免费航班的报名比例能高出多少。她也想了解消费模式（Spending Pattern）是否与回答（Response）相关联。根据数据 Loyalty_Program，为营销总监写一份关于使用恰当的图形、概括统计量、统计检验和置信区间的报告。

□ 快速测试答案

1. 这是一个齐性检验。其线索是该问题询问分布是否相同。
2. 这是一个拟合优度检验。我们想要检验实际发生的情况与等可能地分配所有停车场的模型是否相符。

3. 这是一个独立性检验。我们有同样的个体对两个变量的回答。

□ 微型案例

投资策略细分

在 2008 年金融危机的末期，经纪公司想方设法鼓励个人投资者回到股票市场投资。为了获得竞争优势，市场分析师将他们的客户细分到几乎各个行业中，以便于将广告投放到产生最大影响的领域。经纪业务没有区别。因为不同群组人的投资不同，根据这些群组的不同需求定制广告可以产生更为有效的人员配置和影响。经纪公司从各种来源获得有关个人投资实践的信息，其中一个著名的数据来源是美国人口普查局。

在美国劳动统计局和国家税务局的帮助下，美国人口普查局监测了美国人的收入和支出情况。定期对美国人的一个随机样本进行调查，以了解他们的投资实践活动。在 CSIII. txt 文件中，你会发现从 48 842 条记录中抽取的由 1 000 人组成的随机样本，这些记录可以从加利福尼亚大学的欧文机器学习库的收入调查数据集文件中找到。这个子集是从展示股票市场投资水平的数据中抽取的样本，并作为声明资本收益（美元）、资本损失（美元）或分红（美元）的证据。也包含了这些人的人口统计变量：年龄（岁）、性别（男/女）、工会会员（是/否）、国籍（多个类别）、大学学历（没有大学学历/上过一段大学）、婚姻状况（已婚/未婚）、编档人员状况（联合/单独）。

为了获得对投资策略细分的有力支撑，一个在线经纪公司的市场分析员想要研究投资行为的差异。如果她能找到不同群组进行投资的类型和数量的差异，就可以使用这些信息来通知广告部和市场部通过他们的策略来吸引新的投资者。运用第三篇的技术方法（包括置信区间和假设检验），你能在各种人口统计群组中找出投资行为的什么差异呢？

需要认真考虑几个问题：

1. 男性和女性的投资行为相似吗？构建资本收益（美元）、资本损失（美元）和分红（美元）均值差异的置信区间。

确保绘制一个恰当的图表，用以检查假设和条件。如果你找到了异常值，在考虑异常值和不考虑异常值的情况下分别进行分析。

2. 绘制一个恰当的图表，用以比较各种国籍的投资结果。

3. 单独编档投资人的投资结果与联合编档投资人的投资结果相同吗？选择、开展和解释恰当的检验。

4. 对其他人口统计变量的投资结果的差异进行比较，认真检查假设和条件。

再次绘制恰当的图表。考虑到异常值了吗？请讨论。

总结你的发现并总结各种群组的投资实践。为了帮助市场分析员，写出一个简短的报告。

第三篇

决策建模

第 14 章 回归的推断

Nambé Mills

Nambé Mills 公司于 1951 年在距离新墨西哥州圣塔菲北部 10 英里的小乡村 Nambé Pueblo 创建。Nambé Mills 公司以优雅、实用的烹调和餐具而闻名，如今在世界各地的奢侈品商店里出售其产品。该公司的许多产品是用洛斯阿拉莫斯国家实验室（第二次世界大战期间原子弹即在这里研制而成）发明的八金属合金制造的，并且现在这一材料只由 Nambé Mills 公司使用。这种合金有银一般的光泽且像铁一般坚固，但其主要成分则是铝。实际上，它不含银、铅或白镴（一种锡和铜的合金），并且它不会失去光泽。因为这是一个商业秘密，Nambé Mills 公司没有披露其他构成成分。高达 15 名工匠可能参与了产品的制作过程，包括铸造、浇注、磨制、打磨和抛光。

因为 Nambé Mills 公司的金属制品是用砂模铸造的，所以它们必须经过一个很长的制造过程。为了使生产计划合理化，管理部门检查了 59 个餐具产品的合计打磨时间。下面的散点图（见图 14.1）显示了产品的零售价格与打磨阶段所用时间（以分钟为单位）。

回顾第 6 章，我们用一条直线对这种关系进行建模。这些数据的最小二乘线性方程为：

$$\widehat{价格}=-4.871+4.200\times 时间$$

其斜率表明，平均来看，打磨时间每提高 1 分钟，产品价格提高 4.2 美元。

这个模型有多大作用呢？在我们以前拟合线性模型时，我们使用它们来描述变量之间的关系，并解释所描述数据的斜率和截距。现在我们想要知道回归模型除了反映用以回归的样本信息之外还能告诉我们哪些信息。为了找到这一问题的答案，我们想要求出回归直线斜率和截距的置信区间并对假设进行检验。

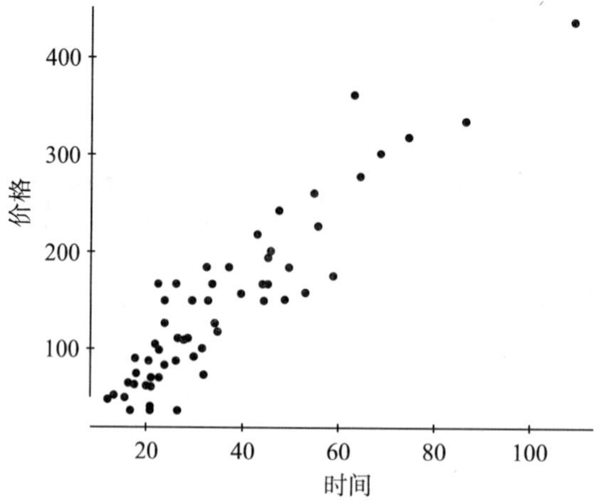

图 14.1　Nambé 餐具产品的价格（美元）与打磨时间（分钟）的散点图显示平均而言打磨时间越长，产品价格越高。

14.1　总体与样本

我们的数据是一个包含 59 个产品的样本。如果选择另一个样本，我们希望回归直线与这里发现的相似，但是我们知道它们不可能完全相同。观测值会随着样本的不同而不同。但是我们可以想象存在一条总结了价格与时间关系的真实直线。根据我们常用的做法，我们用希腊字母写出理想的直线，并将系数（斜率和截距）看作参数：β_0 为截距，β_1 为斜率。与我们拟合的直线 $\hat{y}=b_0+b_1x$ 相对应，我们记 $\mu_y=\beta_0+\beta_1x$。我们用 μ_y 代替 y，其原因在于回归直线假设每个 x 值对应的 y 的均值完全落在这条直线上。我们可以像在图 14.2 中一样画出这种关系。均值完全落在这条直线上（对于我们的理想模型），并且每个 x 值对应的 y 值都分布在它们的周围。

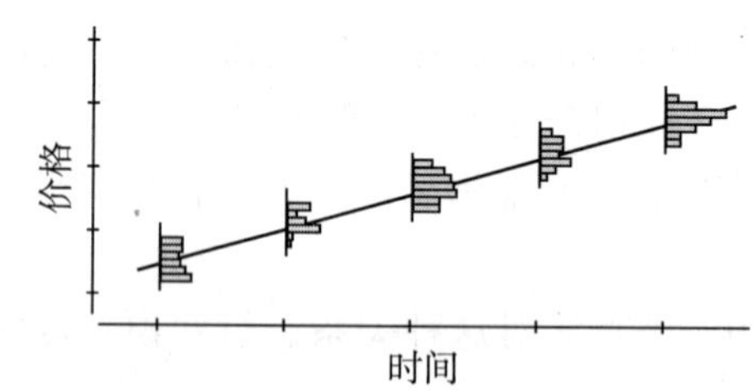

图 14.2　打磨时间的每个值都存在价格的一个分布，回归模型假设如图所示均值正好落在这条直线上。

标识符提示！

在回归模型中，我们使用小写的希腊字母 betas（β）来表示系数。在拟合的回归方程中，我们使用 b 来估计它们。先前我们使用 β 表示犯第二类错误的概率，但这里的 β 与之前所使用的 β 没有任何关系。

现在，只要我们有总体的所有数值，就能够通过使用最小二乘法精确地求出这条理想的回归直线的斜率和截距。

当然，并不是所有个体的 y 值都在这些均值上。实际上，这条直线会遗漏大多数——通常是全部——绘出的点。一些 y 值位于直线上方，一些位于直线下方，因而与所有模型一样，这个模型也会出现误差。如果我们想要解释模型中的每个单独的 y 值，就必须包括这些误差，这里用 ε 来表示：

$$y=\beta_0+\beta_1 x+\varepsilon$$

这个方程用 ε 来表示每个点的偏差，因而这个模型给出了对应于每个 x 值的 y 值。

与第 6 章中的做法一样，我们通过求出回归直线 $\hat{y}=b_0+b_1 x$ 来估计 β 值。残差 $e=y-\hat{y}$ 是样本残差，与 ε 相对应。我们将使用它们来帮助我们评价回归模型。

我们知道最小二乘回归方法可以使用随机样本数据得到这一模型参数的合理估计值。我们也知道估计值不会等于理想的或“真实的”模型的参数。与我们为均值和比例构建置信区间一样，我们的挑战是通过构建置信区间来解释估计值中的不确定性。为此，我们需要对模型和误差做出一些假设。

14.2 假设与条件

回顾第 6 章中，当对数据拟合直线时，我们同时需要线性假设和同方差假设，因而要检查四个条件。现在，当想对直线的系数进行推断时，我们必须做出很多假设，进而要增加更多条件。

此外，我们需要注意检查条件的顺序。因此，我们为假设编号，按顺序检查每个条件：(1) 线性假设，(2) 独立性假设，(3) 同方差假设，(4) 正态总体假设。

1. 线性假设

如果两个定量变量之间真实的关系远不是线性关系，使用一条直线来拟合数据时，我们的整个分析就是没用的，因而我们总是首先检查线性条件（我们也检查两个变量的定量变量条件）。

如果散点图看起来是直线，线性条件就会得到满足。当检查时，画出一条直线穿过散点图一般不是好的方法。那样可能会蒙蔽你的眼睛，使你认为这个图比实际上更笔直。回顾我们在第 6 章中为每个观测值计算的误差或残差。有时候通过观察 x 变量与残差的散点图或预测值 $\hat{y}$ 与残差的散点图能够更容易发现是否违反了这个条件。如果条件得到满足，散点图应该没有模式。

如果散点图足够直，我们可以继续对误差做一些假设。如果散点图不够直，我们到此停止，或者考虑对变量进行变换以使散点图更具有线性。

2. 独立性假设

真实的潜在回归模型的误差（ε）必须相互独立。正如通常情况一样，没有办法保证独立性假设是正确的。

当我们关注回归参数的推断问题时，通常是由于我们认为回归模型可以应用于更大的总体。在这些案例中，我们可以对个体是从总体中抽取的一个随机样本的随机化条件进行检查。

我们也可以通过检查回归残差图来找到模式、趋势或聚团等不满足独立性的证据。在时间序列的特殊情况下，违背独立性假设的常见情况就是误差之间相互关联（自相关）。（今天建立的模型的误差可能类似于昨天建立的模型。）我们可以通过绘制残差与时间（通常用 x 变量来表示时间序列）的图形并寻找存在的模式来检查对独立性假设的违背情况。

3. 同方差假设

与所有 x 值相对应的 y 值的变异性应该是大体上相同的。在第 6 章中，我们通过观察残差（s_e）的标准差来测度离散的程度。现在我们需要使用标准差来构建置信区间和进行假设检验。残差的标准差是所有回归参数标准误的构成部分。但它只有当残差的分散在任何位置都一样时才有意义。事实上，残差的标准差“合并”了对应于每个 x 值的所有 y 值的单个分布的信息。并且这种合并的估计只有当它们融合了方差相同的各组的信息时才是合理的。残差与预测值的散点图有助于我们看到离散程度是否发生了某种方式的变化。（你也可以绘制残差与 x 的散点图。）

我们一般通过观察残差与 x 或 $\hat{y}$ 的散点图来检查相同离散度条件。保证这条线周围的离散度基本不变。注意散点图中的“扇”形或者变异在散点图的一部分中扩大或收缩的其他趋势。

如果散点图足够直，数据相互独立，并且离散度保持不变，那么我们可以继续检验最后的假设和相关的条件。

4. 正态总体假设

我们假设位于理想回归直线周围的各个 x 值对应的误差服从正态分布模型。我们需要这个假设，这样我们就可以使用学生 t 模型进行推断。

正如与使用学生 t 模型的其他情形一样，我们会使残差满足近似正态条件。[①] 就像我们在前面注明的那样，随着样本容量的增大，正态性假设变得越来越不重要，其原因在于这个模型是关于均值的，并且中心极限定理发挥了作用。残差直方图是用来检查它们是否满足近似正态性的一种方法。另外一种方法是我们也可以观察残差的正态概率图（见图 14.3）。与直方图相比，正态概率图可以更有效地发现与正态模型的离差。如果数据分布是正态的，正态概率图看起来就像一条对角线。与一条直线存在离差就说明分布不是正态的。这个图通常比相应的直方图能更清楚地显示与正态性的离差，但通过观察直方图往往能更容易地理解一个分布为什么不是正态的。不满足正态性的另一种常见情况是存在异常值。因而，我们仍然要检查异常值条件，以确保没有点会对拟合的模型产生太大的影响。

① 这是我们按顺序检查条件的原因。之前我们检查残差的独立性与所有 x 值的变异是否相同，然后我们可以将所有的残差聚集起来以检查正态条件。

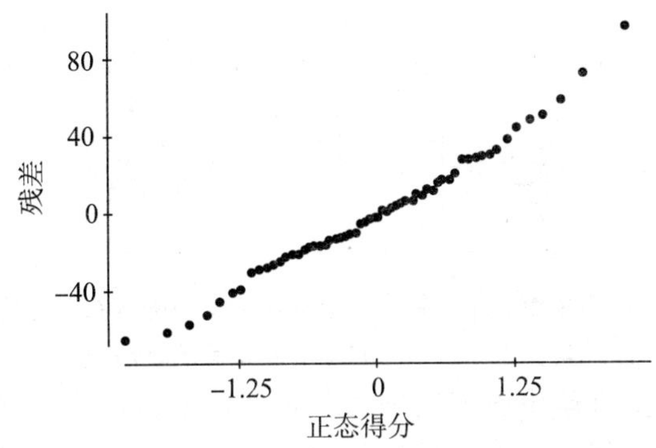

图 14.3　正态概率图描绘了实际的标准化残差与从一个包含相同数量观测值的标准正态总体中抽取的一个样本的期望值（正态得分）。

● 正态概率图如何发挥作用呢？正态概率图将每个数值（在我们的例子中是 59 个残差）与我们期望得到的数值进行比较，以确定是否从标准正态模型中抽取一个包含 59 个数值的样本。其关键之处在于将数字按顺序与期望的正态值相匹配。

这有助于我们根据标准化数值考虑问题。例如，我们例子中最低（最小的负数）的残差得分为－69.48 美元。对其进行标准化，我们发现它比均值低 2.03 个标准差，得到的 z 得分为－2.03。如果从标准正态模型中随机抽取一个包含 59 个数值的样本，我们期望它们的最小值为－2.39，这一点我们可以从理论中学习到。我们是从标准正态模型中进行推导的，因而它已经是一个 z 得分了。然后，我们可以看到，最小的残差对均值的偏离并不像我们期望的那么远（残差是完全正态的）。

我们可以继续通过这种方式来对各个观测值与我们从正态模型中得到的期望值进行比较。当然，做比较的最简单方式就是画图。如果我们的观测值看起来像是从正态模型中抽取的一个样本，那么概率图就是从左下方向右上方延伸的一条直线。但是如果我们的数值偏离期望值，图就会出现弯曲或跳跃。

我们期望从正态模型中得到的数值称作正态得分（Normal scores），有时称作 n 得分（nscores）。统计软件对于将正态得分画在 x 轴还是 y 轴上并没有达成一致看法，因而你需要确定一下。但因为你通常只是想要检查散点图是否为直的，所以它真的是无关紧要。

正态概率图是用于检查分布是否近似正态的好方法。但当图形不是直线时，做数值的直方图，同时确定数据是如何分布的，也是一种好方法。

关于运用正态概率图的最好建议是检查它是否为直的。如果它是直的，那么数据看起来就像是来自于正态模型。如果它不是直的，可以绘制出直方图以了解它们与正态模型如何不同。

对假设与条件的总结

如果所有的四个假设都为真，理想的回归模型看起来就如图 14.4 所示。

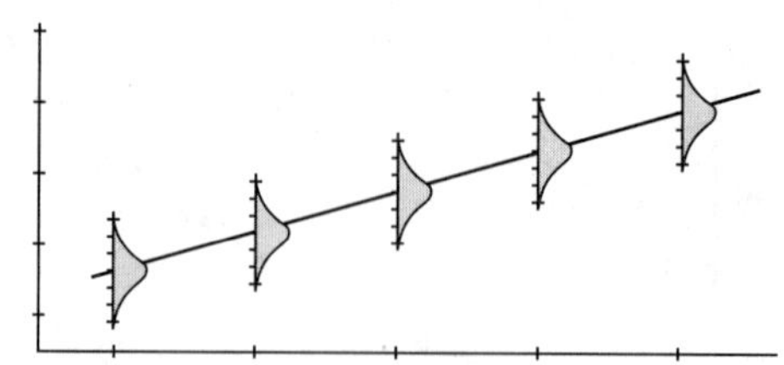

图 14.4　回归模型显示了每个 x 值对应的 y 值的分布，这些分布服从均值位于直线上且标准差相等的正态模型。

对于每个 x 值，y 值遵循正态模型的分布，每个这样的正态模型以这条直线为中心且标准差相同。当然，我们不期望假设是完全正确的。正如 George Box 所说："所有的模型都是错误的。"但是线性模型通常足够近似，因而是有用处的。

与混淆相比较，事实更易于从错误中出现。

——弗朗西斯·培根（1561—1626）

在回归中，有一个小难题。检查许多条件最好的方法是观察残差，但是我们只有在计算出回归方程之后才能得到残差。然而，我们在计算回归方程之前，应该至少检查其中一个条件。

因此，我们按下面的顺序开展工作：

1. 绘制数据的散点图以检查线性条件（并且同时总要检查变量是否为定量的）。（此为检查线性假设。）

2. 如果数据的散点图足够直，那么拟合回归模型并求出残差 e 和预测值 $\hat{y}$。

3. 如果你知道测度什么时候进行，那么绘制出残差与时间的图形以检查表明它们可能不独立的模式的证据。（独立性假设。）

4. 绘制对应于 x 或预测值的残差散点图。这个图形应该没有模式。特别要检查任何弯曲（它表明毕竟数据不是那么直）、任何稠密（或稀疏），当然也包含任何异常观测值。（如果你发现任何误差，纠正它们或删除那些点，并回到第 1 步。否则，考虑做两个回归——一个包含异常值，另一个不包含异常值。）（同方差假设。）

5. 如果散点图看起来很好，那么绘制出残差的直方图和正态概率图，以检查近似正态条件和异常值条件。（正态总体假设。）

14.3　回归推断

总体只有一个回归模型。样本回归试图估计出参数 β_0 和 β_1。我们期望任何样本估计出来的斜率 b_1 接近——并不是真正等价于——模型的斜率 β_1。如果我们能够看到从许多样本（想象的或真实的）中得到的斜率的集合，就能看到其真实斜率周围的一个分布。那就是斜率的抽样分布。

这个分布的标准差是什么？数据的哪些方面影响不同样本之间斜率的多大差异呢？

- 直线周围的离散度。图 14.5 显示两个总体的样本。哪个潜在的总体会给出更为一致的斜率呢？

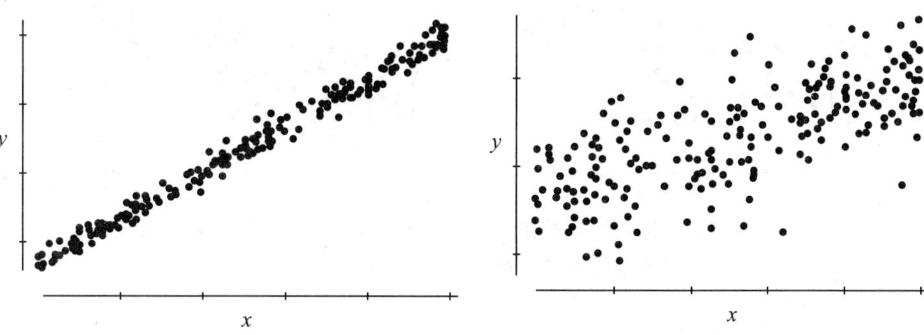

图 14.5　如果我们从潜在的总体中进行重复抽样，哪个散点图能够给出更加一致的回归斜率估计值呢？

在直线周围离散性越小，意味着不同样本间的斜率更为一致。回顾一下我们使用残差标准差（residual standard deviation）测度直线周围离散度的情况：

$$s_e=\sqrt{\frac{\sum (y-\hat{y})^2}{n-2}}$$

在直线周围离散性越小，残差标准差越小，且 x 与 y 之间的关系越强。

● x 的离散度。下面是来自两个总体的样本（见图 14.6）。哪个图会得到更为一致的斜率呢？

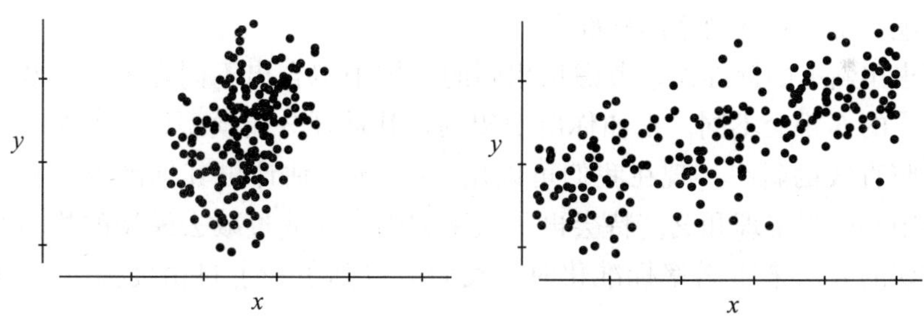

图 14.6　如果我们从潜在的总体中进行重复抽样，哪个散点图能够给出更加一致的回归斜率估计值呢？

如图 14.6 的右图所示，点的 x 值范围较大，因而它为斜率提供了更加稳固的基础。我们可能期望从不同样本之间变化较小的类似情形获得样本的斜率。x 的标准差 s_x 较大（如右图所示），将得到更加稳定的回归。

● 样本容量。图 14.7 中的两个散点图如何呢？

样本容量 n（位于右侧的散点图）越大，得到的不同样本的估计值越一致，这并不会使你感到震惊。

我们总结一下在这三个图形中所看到的信息：

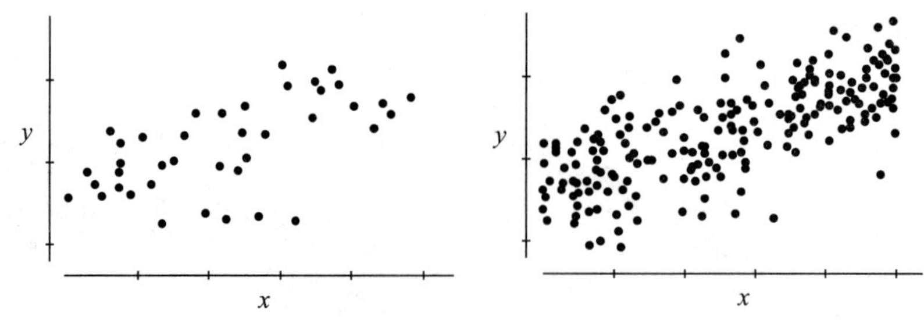

图 14.7　如果我们从潜在的总体中进行重复抽样，哪个散点图能够给出更加一致的回归斜率估计值呢？

回归斜率的标准误

散点图影响回归斜率的标准误的 3 个方面是：

- 直线周围的离散度：s_e。
- x 值的离散度：s_x。
- 样本容量：n。

实际上仅有这 3 个方面影响斜率标准误。斜率标准误的计算公式为：

$$SE(b_1)=\frac{s_e}{s_x\sqrt{n-1}}$$

因为直线周围更大的离散度会提高斜率的标准误，所以误差的标准误 s_e 在分子上。另一方面，分母中既有样本容量项（$\sqrt{n-1}$），又有 s_x，其原因在于提高两者之中任何一项，都会降低斜率的标准误。

为了求出斜率的标准误，考虑从相同的总体中拟合出不同样本的直线。我们知道不同样本的 b_1 都会不同。正如你所期望的，其抽样分布模型以 β_1 为中心，β_1 即为理想的回归直线的斜率。现在我们可以用 SE（b_1）估计出其标准差。它的形状如何？下面中心极限定理和戈塞特会再一次来解围。当通过减去模型的均值并除以它们的标准误的方法来将斜率标准化时，我们就得到了一个自由度为 $n-2$ 的学生 t 模型：

$$\frac{b_1-\beta_1}{SE(b_1)}\sim t_{n-2}$$

回归斜率的抽样分布

当条件满足时，标准化回归斜率的估计值，

$$t=\frac{b_1-\beta_1}{SE(b_1)}$$

服从自由度为 $n-2$ 的学生 t 模型。我们使用 $SE(b_1)=\frac{s_e}{s_x\sqrt{n-1}}$估计标准误，其中 $s_e=\sqrt{\frac{\sum(y-\hat{y})^2}{n-2}}$，$n$ 为数据的个数，s_x 是 x 值的标准差。

同样的推断过程也适用于截距项。我们写为：

$$\frac{b_0-\beta_0}{SE(b_0)} \sim t_{n-2}$$

我们可以用这个统计量来构建置信区间和进行假设检验，但是通常情况下我们对截距项并不感兴趣。回归的大多数假设检验和置信区间都是关于斜率的。但是如果你真的想要了解截距项的标准误的计算公式，我们将其放在脚注里说明。[①]

既然我们有了斜率的标准误及其抽样分布，就可以对它进行假设检验并构建置信区间。关于斜率的常见原假设是斜率等于 0。为什么呢？斜率为 0 表明两个变量之间不存在线性关系。如果斜率为 0，我们的回归方程就不会留下什么内容了。

斜率为 0 的原假设质疑两个变量之间线性关系的整个说法，并且通常这正是我们想要知道的。实际上，每种软件包或计算器得出的回归都只是假设你想要检验的原假设是斜率确实等于 0。

如果斜率为 0，那么会如何呢？

如果 $b_1=0$，我们的预测值为 $\hat{y}=b_0+0x$，并且方程变换为 $\hat{y}=b_0$。现在直线中没有 x，因而 y 一点都不依赖于 x。

在此情况下，b_0 会变成 $\bar{y}$。为什么呢？因为我们知道 $b_0=\hat{y}-b_1\bar{x}$，并且当 $b_1=0$ 时，就简化为 $b_0=\bar{y}$。这表明当斜率为 0 时，整个回归方程即为 $\hat{y}=\bar{y}$，因而对于每个 x 值，我们用均值（$\bar{y}$）来预测 y。

回归斜率的 t 检验

当假设和条件都满足时，我们可以使用标准化回归斜率的估计值来检验假设 H_0：$\beta_1=0$ 与 H_A：$\beta_1\neq 0$（或单边备择假设），

$$t=\frac{b_1-\beta_1}{SE(b_1)}$$

它服从自由度为 $n-2$ 的学生 t 模型。我们可以使用 t 模型来求出检验的 P 值。

这就像我们所看到的其他 t 检验一样：统计量与它的假设值之差再除以其标准误。这个检验即为回归斜率为 0 的 t 检验，通常被称作回归斜率的 t 检验（t-test for the regression slope）。

这些数值的另一个作用就是为斜率构建置信区间。我们可以通过常见的方法来构建置信区间，即用估计值加或减误差幅度。与通常情况一样，误差幅度正好等于标准误与临界值的乘积。

回归斜率的置信区间

当假设和条件都满足时，我们可以通过 $b_1 \pm t_{n-2}^{*} \times SE(b_1)$，求出 β_1 的置信区间，其中临界值 t^* 取决于置信水平，且其自由度为 $n-2$。

□ 指导性案例：Nambé Mills 公司

既然我们有一种通过回归方程进行推断的方法，我们就使用 Nambé Mills 公司

---

① $SE(b_0)=s_e\sqrt{\frac{1}{n}+\frac{\bar{x}^2}{\sum(x-\bar{x})^2}}$。

的数据来试一下。回归的斜率给出了"时间"对"价格"的影响。我们对斜率不为零的假设进行检验。

计划 准备：说明目标。 确定你想估计的参数。这里我们的参数是斜率。 确定变量及其背景。	我们想要检验 Nambé Mills 公司的某特定产品与所用打磨时间有关的理论。我们有 Nambé Mills 公司销售的 59 个产品的数据。这一关系的斜率将指明打磨时间对产品价格的影响。我们的原假设是回归斜率为 0。
假设：说明原假设和备择假设。	H_0：产品价格与打磨时间无关：$\beta_1=0$。 H_A：实际上，产品价格与打磨时间有关：$\beta_1\neq0$。
模型：检查假设和条件。	✓线性条件：在 y 和 x 的散点图中没有明显的弯曲。 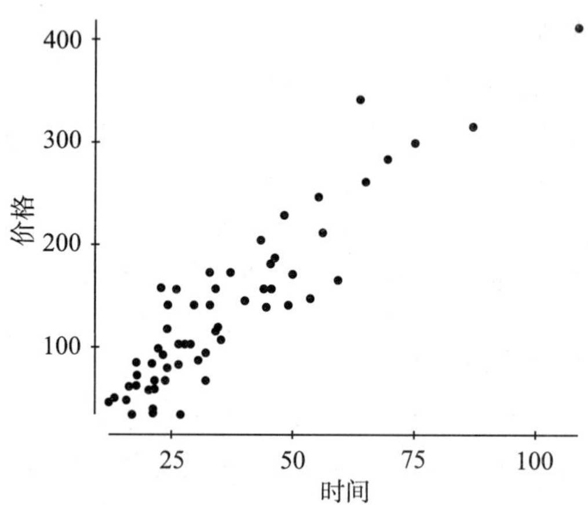 ✓独立性假设：这些数据是关于该公司制造的 59 个不同产品的。没有理由认为一个产品的价格误差会影响另一个产品。 ✓随机化条件：这些数据不是一个随机样本，但是我们假设它们对于 Nambé Mills 公司产品价格与打磨时间具有代表性。
绘图。因为我们所绘制的 y 与 x 的散点图看起来足够直，所以可以得到最小二乘回归方程，并绘制出残差图。 通常情况下，我们通过绘制残差与时间的散点图来检查无法满足独立性假设的说法。图中的模式或趋势引起来我们的怀疑。	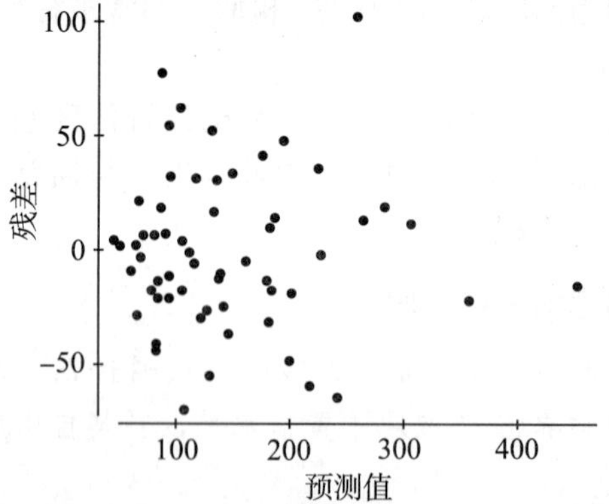 ✓相同离散度条件：残差与预测值的散点图表明不存在明显的模式。所有预测值的离散度都大体相同，且散点呈现出随机性。 ✓近似正态条件：残差的直方图是单峰和对称的，并且正态概率图呈合理的线性。

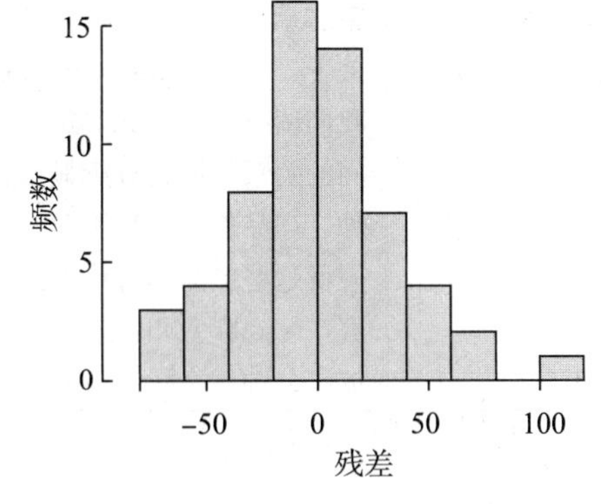

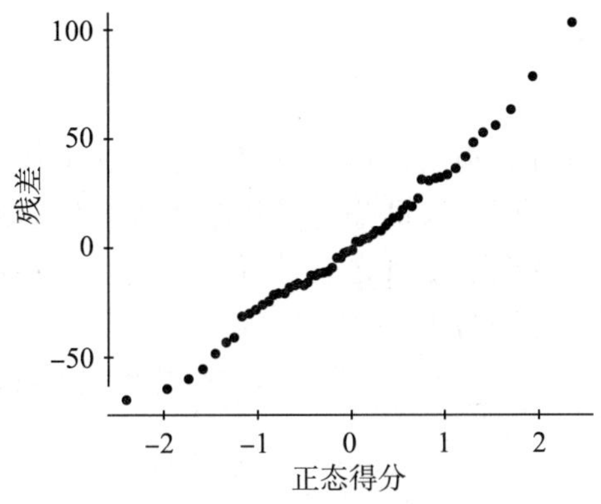

说明抽样分布模型。
选择方法。

在这些条件下，回归斜率的抽样分布服从自由度为（$n-2$）＝59－2＝57 的学生 t 模型，因而可以对回归斜率做 t 检验。

实施

技术性工具：可以从第 6 章的公式中求出回归方程，但是大多数情况下回归结果都是通过计算机程序或计算器得到的。

回归输出表格中给出的 P 值来自自由度为（$n-2$）＝57 的学生 t 分布。它们适用于双边备择假设。

下面是回归的计算机输出结果。

Variable	Coefficient	SE(coeff)	t-Ratio	P-Value
Intercept	−4.871	9.654	−0.50	0.6159
Time	4.200	0.2385	17.61	<0.0001

S = 32.54 R-Sq = 84.5%

P 值<0.000 1 意味着我们在数据中所看到的关系不可能是偶然存在的。因而，我们拒绝原假设，并得出有充分证据表明产品价格与打磨时间之间线性相关的结论。

对真实斜率构建一个置信区间。

为了获得自由度为 57 的 t 值，可以使用课本后面的 t 分布表。

斜率的估计值和标准误从回归输出结果中得到。

β_1 的 95%的置信区间为：

$b_1 \pm t^{*}_{n-2} \times SE(b_1)$ ＝（3.722，4.678）美元/分钟

解释置信区间。

简单地拒绝标准的原假设并不能保证效应大小达到足够大以至于变得很重要。

平均而言，我有 95%的把握认为打磨时间每增加一分钟，产品价格提高 3.72～4.68 美元。（从技术上来看，我有 95%的把握认为区间（3.72，4.68）美元/分钟包含产品价格随打磨时间增加而提高的真实比率。）

报告	备忘录
结论：在恰当的背景下陈述结论。	关于：Nambé Mills 公司的产品价格。 我们调查了 Nambé Mills 公司 59 个产品的价格与打磨时间之间的关系。回归分析显示，平均来看，打磨时间每增加一分钟，产品价格提高 4.20 美元。 假设这些产品具有代表性，我们有 95%的把握认为，平均而言，Nambé Mills 公司制造的金属产品需要的打磨时间每增加一分钟，实际价格提高 3.72～4.68 美元。

□ 快速测试

一般的经济学理论指出，随着失业的增加和工作变得更为难找，更多的学生将会申请到大学学习。研究人员分析了新墨西哥大学的入学人数与新墨西哥州失业人数的数据，以确定这两个变量之间是否存在统计关系。这些数据由新墨西哥大学收集，数据起止时间分别为 1961 年和 1989 年，共 29 年。变量 Enrollment 是录取的学生数，变量 Unemp 是百分比。下面是这些数据的回归输出结果。

```
Predictor     Coeff    SE(Coeff)   t-Ratio   P-Value
Intercept     3957       4000        0.99      0.331
Unemp         1133.8      513.1      2.21      0.036
S = 3049.50  R-Sq = 15.3%
```

1. 在对这个回归进行推断之前，你想要了解什么？为什么？
2. 假定回归的假设和条件都满足，求出斜率的 95%的置信区间。
3. 明确指出斜率的原假设和备择假设。请解释 P 值。
4. 入学人数与失业率之间是否存在很强的关联性？
5. 请解释输出结果中 R－sq 的含义。

14.4 预测值的标准误

我们已经了解了如何构建斜率或截距的置信区间，但是我们往往对预测很感兴趣。我们知道如何计算对应于任意 x 值的 y 的预测值。我们先前在第 6 章中已经做过预测。这个预测值应该是我们最好的估计值，但它也只是基于一定信息的猜测。然而，现在我们有标准误。我们可以使用那些标准误来构建预测值的置信区间，并诚实地报告我们的不确定性。

根据 Nambé Mills 公司产品的模型，我们可以使用打磨时间得到价格的合理估计值。假设我们想要预测出一个打磨时间为 40 分钟的产品的价格。置信区间可以告诉我们预测值的精确程度。然而，精确性取决于我们所问的问题，并且我们可能会问两个不同的问题：

我们是否想要知道打磨时间为 40 分钟的所有产品的平均价格?

或者，

我们是否想要估计一个打磨时间为 40 分钟的特定产品的价格?

两个问题之间的区别是什么？如果我们是制造商，就可能自然对打磨时间为一定时间的所有产品的平均价格更感兴趣。另一方面，如果我们对于购买一件产品感兴趣，那么可能对于了解一个单独产品的价格如何随着打磨时间的变化而变化更为感兴趣。这两个问题都很有趣。两个价格的预测值都是相同的，但是一个问题比另一个问题产生了更加精确的区间。如果你的直觉说明均值比个体数值更易于更加精确，你就是正确的。由于个体产品价格比均值更容易变化，与预测具有相同打磨时间的某个特定产品的价格相比，我们可以更加精确地预测出所有产品的平均价格。

我们从预测一个新的打磨时间的价格开始，这个时间数据并不一定是原始数据集的一部分。为了强调这一点，我们把这个 x 值记作 x_v。作为一个例子，我们将 x_v 赋值为 40 分钟。通过回归方程 $\hat{y}_v=b_0+b_1x_v$ 来预测价格。既然我们已经掌握了预测值，就可以围绕这个数字构建区间。两个区间都有如下形式：

$$\hat{y}_v \pm t_{n-2}^{*} \times SE$$

甚至两个 t^* 值都是相同的。它是自由度为 $n-2$ 且给定置信水平的临界值（从 t 分布表或技术分析中得到)。两个区间的差异在于标准误不同。

预测均值的置信区间

当条件满足时，我们求出预测均值 μ_v 在 x_v 的置信区间为

$$\hat{y}_v \pm t_{n-2}^{*} \times SE$$

其中，标准误为

$$SE(\hat{\mu}_v)=\sqrt{SE^2(b_1)\times(x_v-\bar{x})^2+\frac{s_e^2}{n}}$$

该节最后的数学专栏中有关于标准误的详细说明，但是置信区间背后的思想最好通过观察一个例子来理解。图 14.8 显示了预测均值的置信区间。在这个散点图中，对应于各个时间的所有平均价格的区间用置信带集中显示出来。注意，当我们试图预测偏离时间均值（35.82 分钟）较远的值时，置信带变得更宽。(即为标准误公式中的 $(x_v-\bar{x})^2$ 项。）当我们远离 x 的均值时，预测的不确定性变得更大。举例而言，我们可以看到一个打磨时间需要 40 分钟的产品其平均价格的 95%的置信区间为 150～170 美元。(实际上为 153.90～172.34 美元。）对于打磨时间需要 100 分钟的产品，区间变得更宽。

像所有置信区间一样，这些置信区间的宽度随着样本容量的变化而变化。比 59 个产品更大的样本会得到更窄的区间。

对 10 000 个产品进行回归，将得到更窄的置信带。最后一个影响我们置信区间的因素为直线周围数据的离散度。如果直线周围的离散度越大，预测就越不确定，并且置信带就越宽。

从图 14.8 中，很容易看出大多数点并没有落在置信带中——并且我们也不应该

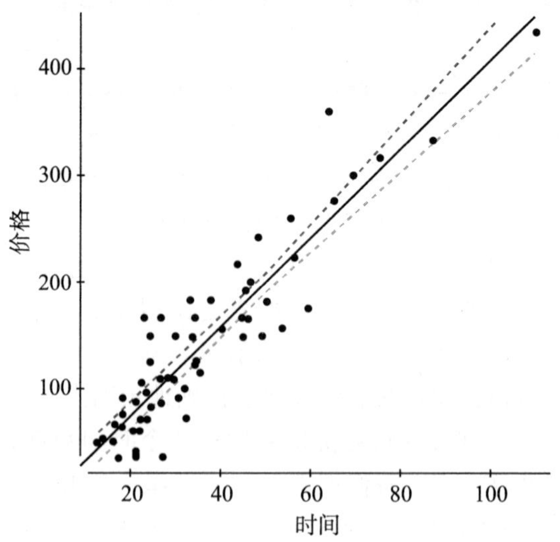

图 14.8 给定打磨时间的平均价格的置信区间显示为虚线。平均时间（35.8 分钟）附近，平均价格的置信区间比离均值较远的平均价格更窄，如 100 分钟。

期望它们如此。这些置信带显示了均值的置信区间。一个更大样本会得出更窄的置信带。那么我们期望更小比例的点落在该置信带中。

如果我们想要得到某一个体产品的价格，就需要使用更宽的区间，这一区间称为预测区间（prediction interval）。图 14.9 显示了 Nambé Mills 公司数据的这些预测区间。预测区间是基于与置信区间的数量相同，但是为了得到所有未来预测值的百分比，它们包含直线周围散落的额外项。正如我们在图 14.9 中所看到的，随着我们对 x 均值的偏离越远，这些置信带也随之更宽，但是并不明显，其原因在于整个 x 范围的额外宽度使得这种变化较难被发现。

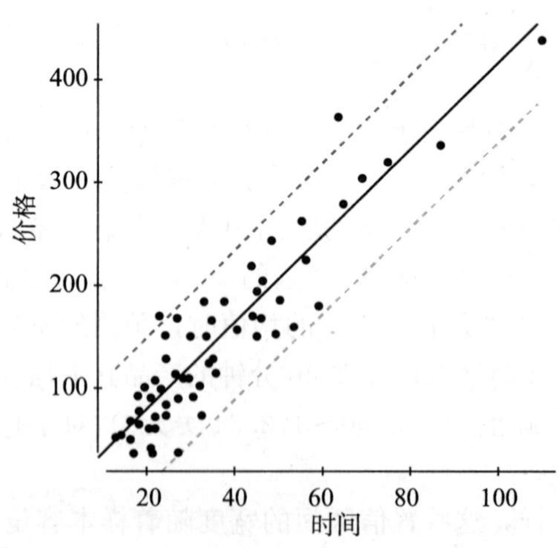

图 14.9 预测区间（用虚线表示）估计出每个给定的 x 值所对应的 y 的可能观测值的 95%的分布区间。如果假设和条件保持不变，那么这个区间包含对应于 x_v 的一个特定 y 值的可能性是 95%。

预测的标准误像系数的标准误一样，取决于相同的因素。如果直线周围的点分布越分散，那么当我们试图对回答进行预测时，就会更不确定。当然，如果我们对斜率更不确定，就会对预测更不确定。如果有更多的数据，我们的估计就会更为精确。并且还有另外一条。如果离数据的中心更远，我们的预测就会更不精确。预测离数据集中心近的点要比预测离数据中心远的点要容易很多。

单个值的预测区间

当条件满足时，我们可以求出对应于 x_v 的所有 y 值的预测区间，即

$$\hat{y}\pm t_{n-2}^{*}\times SE$$

其中标准误为

$$SE(\hat{y}_v)=\sqrt{SE^2(b_1)\times(x_v-\bar{x})^2+\frac{s_e^2}{n}+s_e^2}$$

临界值 t^* 取决于我们设定的置信水平。

当我们观察计算机输出结果时，请记住区分这两种区间的不同。窄一些的区间是均值的置信区间，而宽一些的区间是单个值的预测区间。

□ 数学专栏

通过观察两个区间的标准误公式及其产生原理来理解它们之间的差异。

为了预测对应于新的 x 值 x_v 的 y 值，我们有 $\hat{y}_v=b_0+b_1x_v$，其中，由于 $b_0=\bar{y}-b_1\bar{x}$，可以写为 $\hat{y}_v=b_1(x_v-\bar{x})+\bar{y}$。我们以两种方式利用 $\hat{y}_v$。首先，我们可以用它来估计对应于 x_v 的所有 y 的均值，在此情况下我们称其为 $\bar{\mu}_v$。

为了构建均值的置信区间，我们需要测度此预测值的变异性

$$Var(\bar{\mu}_v)=Var(b_1(x_v-\bar{x})+\bar{y})$$

我们现在需要使用统计学中的毕达哥拉斯定理：斜率 b_1 和均值 $\bar{y}$ 是相互独立的，因而它们的方差可以相加。

$$Var(\hat{\mu}_v)=Var(b_1(x_v-\bar{x}))+Var(\bar{y})$$

特定的 x 值与均值之间的水平距离 $x_v-\bar{x}$ 是一个常数，因而它可以从方差中提取出来。

$$Var(\hat{\mu}_v)=(Var(b_1))(x_v-\bar{x})^2+Var(\bar{y})$$

我们写出标准误的方程。

$$SD(\hat{\mu}_v)=\sqrt{(SD^2(b_1))(x_v-\bar{x})^2+SD^2(\bar{y})}$$

因为需要使用样本统计量来估计这些标准差，所以我们真正处理的是标准误。

$$SE(\hat{\mu}_v)=\sqrt{(SE^2(b_1))(x_v-\bar{x})^2+SE^2(\bar{y})}$$

我们知道均值 $\bar{y}$ 的标准差为$\frac{\sigma}{\sqrt{n}}$。下面我们使用 s_e 来估计 σ，其中 s_e 反映了所绘制的经过样本均值的直线可能在真实均值之上或之下的距离的变异程度。

$$SE(\hat{\mu}_v)=\sqrt{(SE^2(b_1))(x_v-\bar{x})^2+\left(\frac{s_e}{\sqrt{n}}\right)^2}$$

$$=\sqrt{(SE^2(b_1))(x_v-\bar{x})^2+\frac{s_e^2}{n}}$$

并且公式中它是标准误，我们需要为它的预测均值构建置信区间。①

当试图预测一个单独的 y 值时，我们也必须注意真实的点距离回归线多远。我们通过在原等式中增加另一项 e 来代表不确定性，以得出：

$$y=\hat{\mu}_v+e=b_1(x_v-\bar{x})+\bar{y}+e$$

为了使等式变短（且方程只是加长一点），另外的增加项只是在方差总和中多加了一个标准误。

$$SE(\hat{y}_v)=\sqrt{(SE^2(b_1))(x_v-\bar{x})^2+\frac{s_e^2}{n}+s_e^2}$$

我们已经将预测值写作 $\hat{y}_v$，而不是 $\hat{\mu}_v$，这次并不是因为它是一个不同的值，而是为了强调现在我们正在使用它来预测单个值，而不是预测对应于 x_v 的所有 y 值的均值。

14.5 使用置信区间和预测区间

既然我们得到了标准误，就可以询问一下关于预测所需打磨时间为 25 分钟的产品的平均价格的分析其精确程度如何。回归输出表提供了我们需要的大部分数字。

Variable	Coefficient	SE(coeff)	t-Ratio	P-Value
Intercept	−4.871	9.654	−0.50	0.6159
Time	4.200	0.2385	17.61	<0.0001

S = 32.54 R-Sq = 84.5%

回归模型给出了 $x_v=25$ 分钟时的预测值：

$-4.871+4.200\times25=100.13$ 美元

利用这个预测值，我们首先求出打磨时间为 25 分钟的所有产品的平均价格的 95%的置信区间。利用回归输出结果的数据，我们根据公式得到了标准误。

$$SE(\hat{\mu}_v)=\sqrt{(SE^2(b_1))(x_v-\bar{x})^2+\left(\frac{s_e}{\sqrt{n}}\right)^2}$$

$$=\sqrt{(0.2385)^2(25-35.82)^2+\left(\frac{32.54}{\sqrt{59}}\right)^2}=4.96 \text{ 美元}$$

自由度为 59−2=57 且排除两侧 2.5%数据的 t^* 值（根据表格）为 2.002。

① 你可能看到过利用其他等价的方式写出的标准误的表达式。最常见的替代形式为

$$SE(\hat{\mu}_v)=s_e\sqrt{\frac{1}{n}+\frac{(x_v-\bar{x})^2}{\sum(x-\bar{x})^2}},\ SE(\hat{y}_v)=s_e\sqrt{1+\frac{1}{n}+\frac{(x_v-\bar{x})^2}{\sum(x-\bar{x})^2}}$$

我们得到的误差幅度为：

$$ME = 2.002 \times 4.96 = 9.93 \text{ 美元}$$

因而，我们有 95%的把握认为置信区间

100.13±9.93＝（90.20 美元，110.06 美元）

包含了打磨时间为 25 分钟的产品的真实平均价格。

然而，假如我们想要知道的并非平均价格而是打磨时间为 25 分钟的产品的价值是多少。那么我们刚刚得到的置信区间就太窄了。它可能包含平均价格，但是它不可能包含许多单个产品的价格。为了得到打磨时间为 25 分钟的单个产品价格的预测区间，我们需要一个更大的标准误公式来考虑更大的变异性。使用公式

$$SE(\hat{y}_v) = \sqrt{(SE^2(b_1))(x_v - \bar{x})^2 + \frac{s_e^2}{n} + s_e^2} = 32.92 \text{ 美元}$$

我们得到的误差幅度为

$$ME = t^* SE(\hat{y}_v) = 2.002 \times 32.92 = 65.91 \text{ 美元}$$

因而预测区间为

$$\hat{y} \pm ME = 100.13 \pm 62.91 = (34.22, 166.04) \text{美元}$$

注意，这个区间比 95%的置信区间宽多少。在多数情况下，我们将使用一个软件包来计算和显示这些区间。多数软件包产生的图示显示的回归直线既有 95%的置信区间也有预测区间（将我们在图 16.8 和图 16.9 中显示的内容结合起来）。这更容易看出预测区间比对应的置信区间宽多少（见图 14.10）。

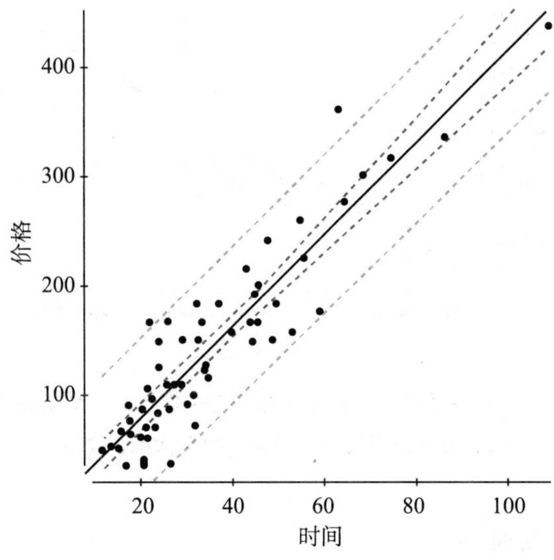

图 14.10　价格相对于时间的散点图包含一个最小二乘回归直线。邻近回归直线的内侧直线（深色虚线）显示 95%的置信区间的范围，外侧直线（浅色虚线）显示预测区间。大多数点都包含在预测区间中（它们应该如此），但并不包含在均值的置信区间中。

14.6 外推与预测

线性模型提供了数据中每个个案的预测值。在方程中代入一个新的 x 值，就会得出一个它对应的预测值 $\hat{y}$。但是当这个新的 x 值偏离我们用以建立回归模型的数据太远时，此预测的可靠性有多大呢？

简单的答案就是新的 x 值偏离 x 值的中心 $\bar{x}$ 越远，我们就越不能相信这个预测值。一旦我们冒险使用新 x 的范围，这种预测就称作外推（extrapolation）。外推是有风险的，其原因在于它们需要额外的——且可疑的——假设，即 x 与 y 之间的关系没有任何变化，甚至对于 x 的极端值或更加极端的值都是如此。外推会将我们带入很大的麻烦之中，特别是当我们试图预测关于未来很远的数值时更是如此。

作为一个提醒注意的例子，我们检验 1972—1981 年以 2005 年不变美元价表示的石油价格。[①] 20 世纪 70 年代中期，即能源危机爆发期间，石油价格急剧上升，而且加油站排长队是很平常的。1970 年，石油价格大概是每桶 3 美元。若干年之后，石油价格急剧上涨到每桶 15 美元。1975 年，对 15 个顶级计量经济预测模型（由包括获得诺贝尔经济学奖的学者在内的小组构建）的调查发现，对 1985 年石油价格的预测范围是每桶 50～200 美元——或者以 2005 年美元价格计价是每桶 181～726 美元。这些预测的精确度怎样呢？我们看一下图 14.11。

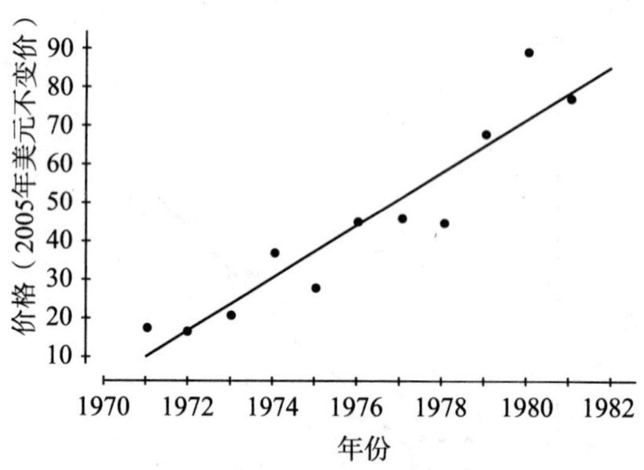

图 14.11　1971—1982 年以 2005 年美元不变价计价的每桶石油的价格呈现出线性趋势，每年大概上涨 7 美元。

当数据是年份时

我们通常不将年份表示成四位数的数字。在这里，我们用 0 表示 1970 年，用 10 表示 1980 年，以此类推。如果我们要处理时间序列数据，一般的做法是将 0 分配给数据集中的第一个观测值。另一种选择是用两位数的数字表示年份，

① 当 x 是时间变量时拟合数据的特殊模型，称为时间序列模型，这一内容超出了本书的讨论范围。但也经常使用简单的回归模型。即使使用更为复杂的方法，外推的危险也不会消失。

例如，用 88 表示 1988 年。像这样重新标度年份通常会使计算更加简单，且方程更加简化。但是需要很认真；如果将 1988 年表示为 88，那么 2004 年即为 104（而不是 4）。

由这些数据获得的石油价格相对于时间（自 1970 年以来的年份）的回归模型是：

$$\widehat{价格}=-0.85+7.39\ 时间$$

该模型显示，石油价格平均每年上涨 7.39 美元，或者 10 年内上涨约 75 美元。如果它们继续线性上涨，就很容易预测石油价格。的确，许多预测者都会做出这样的假定。那么，他们的预测如何呢？在 1982—1998 年这一时期，石油价格没有完全保持稳定的增长。实际上，1998 年石油价格（经通货膨胀调整）下降幅度很大，且下降到第二次世界大战之前的最低水平（见图 14.12）。

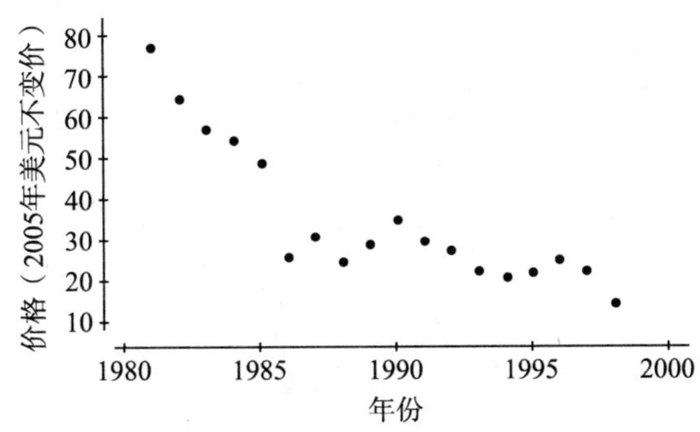

图 14.12　以 2005 年美元不变价计价的石油价格的时间序列图显示这一时期呈现出相当稳定的下降。

举例而言，1985 年石油的平均价格还不到每桶 30 美元——更不会是像模型所预测的每桶 100 美元。通过超出原始数据仅 4 年的外推得出了一些极不精确的预测值。虽然图 14.12 的时间序列图显示了一个相当稳定的下滑趋势，但是这种趋势很明显没有继续（否则现在石油会是免费的）。

20 世纪 90 年代，美国政府决定在他们的预测中包含这些情况。其结果是能源信息署（Energy Information Administration，EIA）在其《年度能源展望》（AEO）中提供了 1998 年之后关于 20 年内石油价格的两个预测。然而，这两种预测方案都预测了石油价格相对适度的上涨情况（见图 14.13）。

那么，这些预测数据的精确度如何呢？我们用 2005 年美元不变价对这些预测值与实际价格进行比较（见图 14.14）。

专家们似乎忽略了在 21 世纪第一个十年石油价格急剧上涨的情况。你认为在未来的十年内石油价格将会如何变化？你的猜测可能与任何其他人的同样好。显然，这些预测并未考虑自 2000 年以来所发生的不可预见的全球性经济事件。提供精确的长期预测是极其有难度的。

偏离数据很远的外推是有风险的。线性模型是基于所掌握的 x 值数据，而且超出这个范围就不足为信了。一些现象确实表现出一种惯性，即允许我们猜测当前观测到的系统性行为将持续超出这个范围。当 x 表示时间时，你应该特别地谨慎。这种规律性并不会在诸如股票价格、销售数据、飓风路径或公众民意等现象中发生。

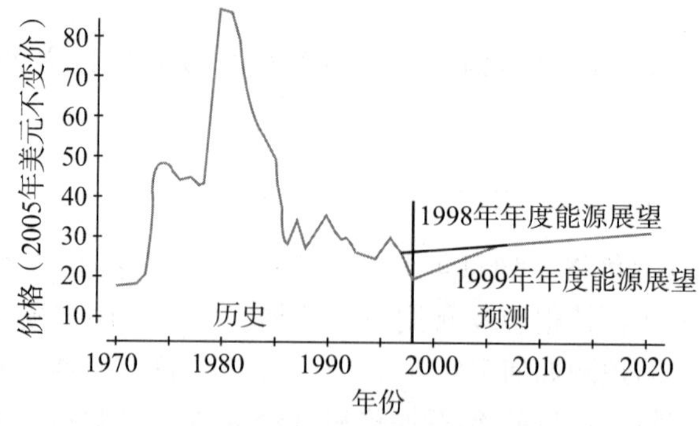

图 14.13 该图改编自美国能源信息署的一个图形，显示了根据 1970—1998 年石油价格对 1999—2020 年石油价格的两个预测集。

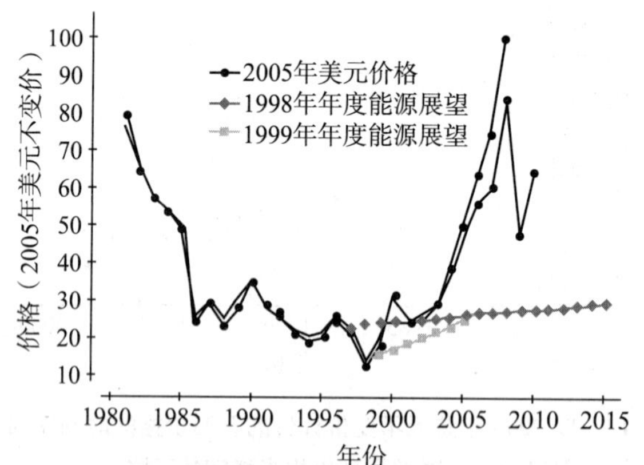

图 14.14 这里与图 14.13 中的美国能源信息署的预测相同，并将预测价格与 1981—2007 年的真实价格一并画出。任一预测价格都没有预测出过去几年内出现的急剧上涨。

预测是困难的，尤其是对未来的预测。

——尼尔斯·波尔，丹麦物理学家

根据当前趋势进行外推不仅仅是初学者或幼稚的人会犯的一种错误，专业的预测人员也容易犯同样的错误，并且有时所犯的错误很惊人。然而，由于预测未来的欲望如此强烈，为此我们在这里给出更具现实性的建议：

如果你外推到遥远的未来，就要对实际值（可能完全）不同于你的预测做好准备。

14.7 不寻常与异常的观测值

信用卡公司在你每次使用信用卡时都会赚钱。为了鼓励你使用信用卡，信用卡发行人会向你提供激励措施，如航空里程、折扣或礼物。[1] 当然，只有当信用卡使用量增加带来足够的收入能抵消这种激励措施的成本时，公司才能盈利。优惠的新想法（称为“创意”）通常在推广到整个细分人群或总体之前，要对一个持卡人样本进行测试，这个过程称为“推广活动”。一般地，新的优惠（“挑战者”）是在一个控制组进行测试的，这个控制组可能什么也不提供或提供当前最好的优惠措施（“冠军”）。

一项“推广活动”为表现最好的细分市场提供持续 3 个月的激励措施：每消费 1 美元可兑换 1 英里任意时间的航空里程。他们希望持卡人能够增加足够的消费以补偿推广活动的成本，但是他们担心部分持卡人会将消费转移到激励期，其结果是激励期之后的消费会减少。

对于这一特定的细分市场，一般持卡人每月消费约 1 700 美元。在推广活动期间，该组平均每月消费约 1 919.61 美元，这个差异既在统计上显著也在财务上显著。但是分析人员对于看到在推广活动期之后消费仍然继续增加而感到很惊讶。为了调查研究这一现象，他们绘制了如图 14.15 所示的散点图。

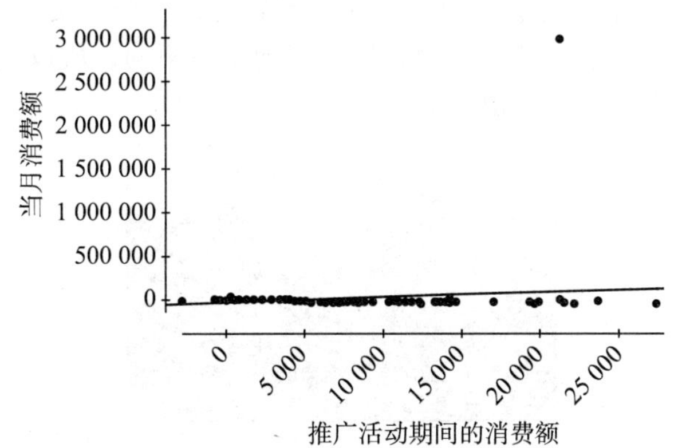

图 14.15　推广活动之后消费额相对于推广活动期间消费额的散点图呈现令人惊讶的数值和正回归斜率。

位于图 14.15 上方的异常值表示一个持卡人在免费航空里程活动结束之后的一个月内消费了大概 300 万美元。令人印象深刻的是，这个点被证实是真实的购买支出！然而，这个持卡人显然不是其余细分人群的典型代表。为了回答公司的问题，我们需要检查剔除异常点后的散点图（见图 14.16）。

图 14.16 确实显示出那些在推广活动期消费最多的人在推广活动期过后一个月内的消费变少。仅仅一个异常值就能够使斜率的方向由负转正。根据这一发现，分析人员决定只关注两个时期的消费每月低于 10 000 美元的人，认为如果一些人决定使用信用卡消费超过 10 000 美元，那么他们主要的动机可能并不是因为航空里程的激励措施。

① 在一些网站可以找到信用卡“交易记录”。搜索“信用卡奖励”。

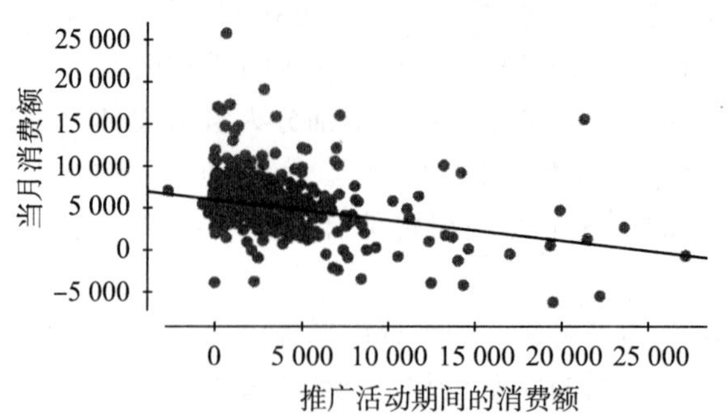

图 14.16　当月消费额相对于推广活动期间的消费额的散点图，撇开异常值数据集。现在的斜率为负，且很明显。

异常值、杠杆作用与影响点

通过对数据表现进行的简单描述，模型有助于我们了解数据值何时及如何出现异常。在回归中，一个点能够以两种方式表现异常。一个个案可能有很大的残差，就像 300 万美元的消费者一样。因为它们与其他个案不同，所以残差很大的点总是值得特别关注，且被称为异常值（outliers）。

给我一个支点，我将撬动整个地球。

——阿基米德（公元前 287—211 年）

如果一个数据点的 x 值偏离 x 值的均值很远，那么这个点也可能是异常的。这个点被称为具有高杠杆作用（leverage）。这与杠杆的物理形象是完全一致的。最小二乘线必须穿过（$\bar{x}$，$\bar{y}$），因而你可以将那个点绘制成杠杆的支点。正如坐在离跷跷板中心越远的位置能使你具有更高的杠杆作用一样，偏离 $\bar{x}$ 越远的点对回归直线的影响越强。

具有高杠杆作用的点拥有改变回归直线的潜力，但它并不总是利用这一潜力。如果一个点与其他点排成一条直线，那么它不能改变我们对这条直线的估计。尽管这个点偏离 $\bar{x}$ 很远，但是它可能表现出增强这种关系，使得相关系数和 R^2 变大。

如果一个高杠杆作用的点改变了模型，你如何辨别出来呢？只需要拟合线性模型两次，一次包含有问题的点，另一次不包含有问题的点。如果从分析中剔除一个点之后得到一个非常不同的模型（就像上述我们关于高消费持卡人的例子一样），那么我们称这个点是有影响的。①

回归中的异常点往往能够告诉我们比其他任何点更多关于数据和模型的信息。无论什么时候你掌握——或者怀疑你所掌握的——影响点，你应该对其他样本点单独拟合线性模型，然后比较两个回归模型以理解它们的差异所在。由一个单独的点决定的模型对于理解其他的样本点不可能很有用。理解异常点的最好方法是与根据其他数据值所建立的模型的背景进行比较。不要只是因为它们不能拟合直线而将其剔除，要避免这种尝试。那样做会给出模型能很好地拟合数据的一种假象。但通常情况下识别感兴趣的个案和子集最好的方法是记下它们是影响点，并找出哪里使得它们不寻常。

> 影响取决于杠杆作用和残差；具有高杠杆作用且 y 值正好位于由其他数据拟合的直线上的点并不是影响点。杠杆作用小且残差很大的点可能是影响点。确定它们的唯一方法就是分别在包含潜在影响点和不包含潜在影响点的情况下都拟合回归直线。

并非所有强影响点都有很大的残差。有时候它们的影响力使回归直线拟合得很好，从而使残差变得很小。像这样的影响点可以对回归产生惊人的影响。图 14.17 显示了根据一个对智力和脚的大小的奇异研究得到的智商与鞋码大小的散点图。小丑 Bozo 的鞋码是异常点，他以很大的鞋码和被誉为喜剧天才而著称。

知道大自然的存在方式的任何人会更容易注意到她的偏差；而且，另一方面，知道她的偏差的任何人能更准确地描述她的存在方式。

——弗兰西斯·培根（1561—1626）

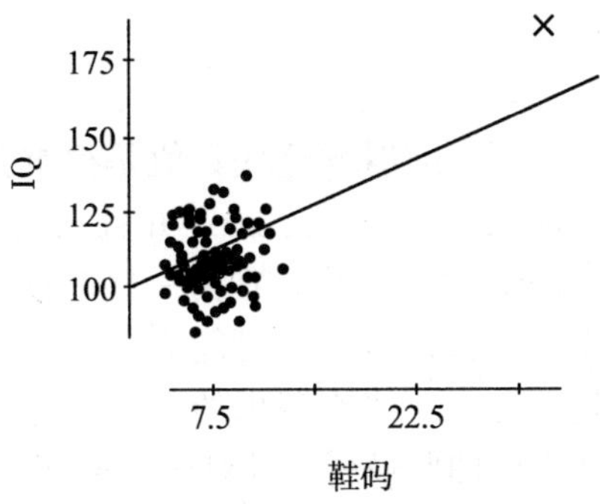

图 14.17　小丑 Bozo 异常大的鞋码使得他的数据点成为回归方程 $IQ=93.3+2.08$ 鞋码的高杠杆点，即使 $R^2=25\%$。无论小丑 Bozo 的智商位于图的什么位置，回归直线都会随着该数据点的变化而变动。

虽然这是一个滑稽的例子，但是它阐释了一个重要且常见的潜在问题。几乎所有解释的方差（$R^2=25\%$）都归结于一个点，称作 Bozo 点。如果没有 Bozo 点，鞋码与智商之间没有一点相关关系。如果在剔除 Bozo 点之后再进行回归，我们得到的 R^2 只有 0.7%——一个很弱的线性关系（正如人们所期望的那样）。一个单独的点对

① 一些教科书利用术语“影响点”来描述影响斜率、截距或 R^2 的观测值。我们将保留该术语来描述影响斜率的点。

回归分析产生了很大的影响。

□ 快速测试

每个散点图都显示出存在一个异常点。对于每个散点图，识别出各个异常点是否属于高杠杆点，是否有很大的残差，是否为影响点。

6

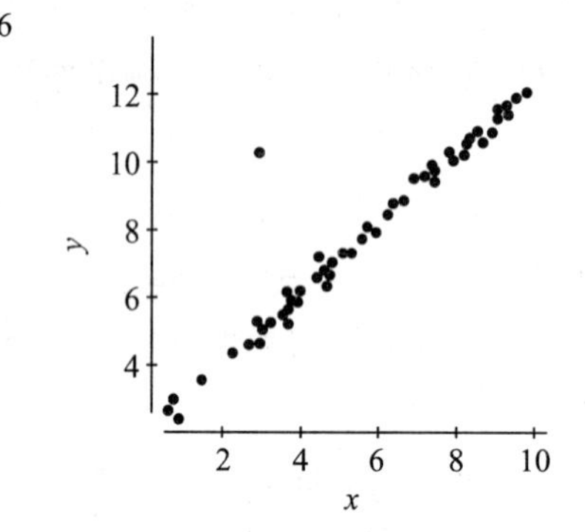

7

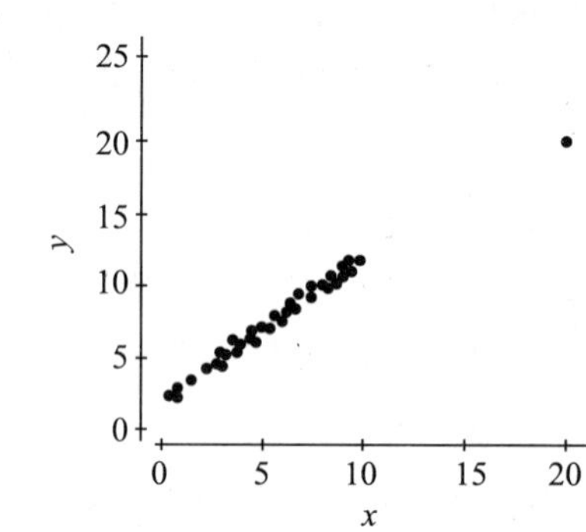

8

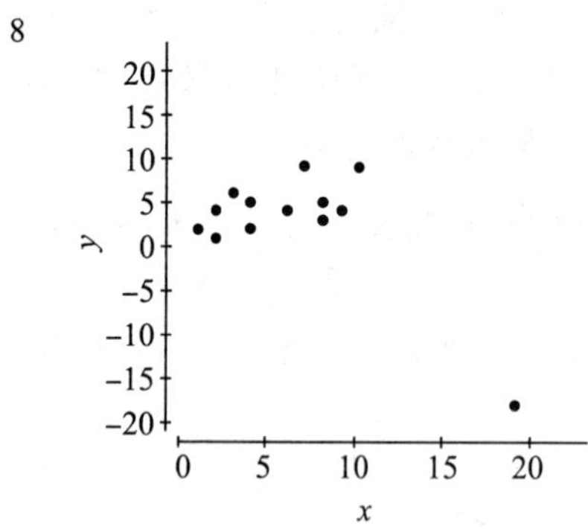

你应该如何处理高杠杆点呢？有时候这些数值是很重要的（它们可能是有极高收入的顾客或者是特别长时间工作的公司员工），并且它们可能会比其他任何数值提供更多关于 y 与 x 之间关系的信息。然而，在另一些时候，高杠杆作用点并非是那些实际上并不属于其他数据的数值。这些点可能应该被剔除，并且建立一个不包含这些点的线性回归以用于进行比较。当有疑虑的时候，通常情况下最好的办法就是分别建立包含和不包含这些点的回归模型，并对两个模型进行比较。

● 警示：影响点可能隐藏在残差图中。高杠杆点使直线紧靠它们，因而它们往往有较小的残差。在原始数据的散点图中你会更容易看到影响点，并且通过分别建立包含和不包含这些点的回归模型，你会发现它们的影响。

*14.8 处理汇总值

各组汇总统计量的散点图比我们测度个体的同样变量的散点图易于显示出更小的变异性。这是由于汇总统计量本身比个体的数据变化更小。

风能是正在逐渐引起人们关注的无碳发电方法的一个选择。当然，必须有足够的风使得它符合成本收益原则。在一项为风力发电机组选址的研究中，一年中每天记录 4 次（早上 6：00、中午、下午 6：00 和午夜）几个可能选址地点的风速。图 14.18 绘制出了其中两个选址地点的风速。其相关系数为 0.736。

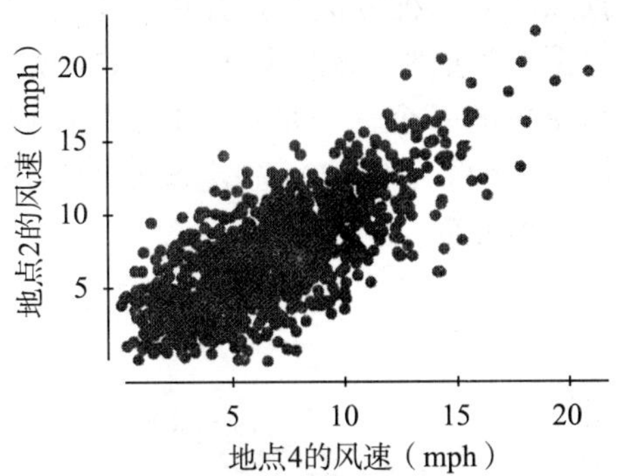

图 14.18　地点 2 与地点 4 的风速存在相关关系

如果我们每天只用一种测试结果，相关关系会出现什么变化？如果每天不绘制出 4 个数据点的图，而是记录每天的平均风速，得到的散点图显示出更小的变异性，如图 14.19 所示。这些数值的相关系数提高到 0.844。

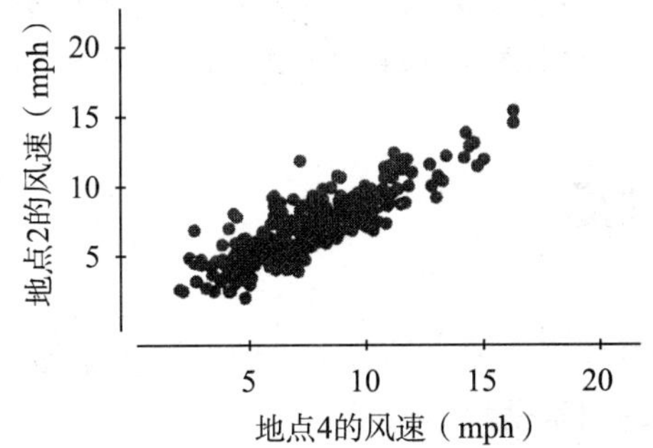

图 14.19　每日平均风速显示出较小的变异性

我们对一个更长的时期进行平均。图 14.20 显示了一年中逐月平均风速（在同样的坐标上绘图）。现在其相关系数为 0.942。

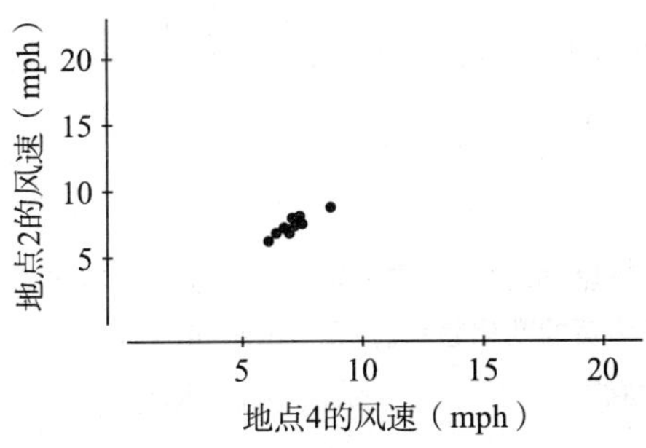

图 14.20　每月平均风速变化更小

这些散点图显示汇总统计量展现的离散性要小于它们所依赖的各个数据，这可能让我们产生一个错误的印象，即一条直线如此很好地汇总了这些数据。这个现象并不存在简单的关系。如果被提供的是汇总数据，我们通常并不能重新得到原始数据。你应该对基于汇总数据的回归而得到的结论有所怀疑。它们比其真实情况看起来更好些。

减少数据集中的数据点的另一种方法是选择或抽取一些点而不是将其平均。这对随时间变化而测量的数据尤为重要，例如风速。例如，如果不是找出每天的均值，我们仅仅选择每天测试结果中的一个——如每天中午的测试结果。我们会得到与图14.19中一样多的点，但相关系数为0.730——基本上与利用全部数据得到的结果是相同的。图14.21显示了这种关系。

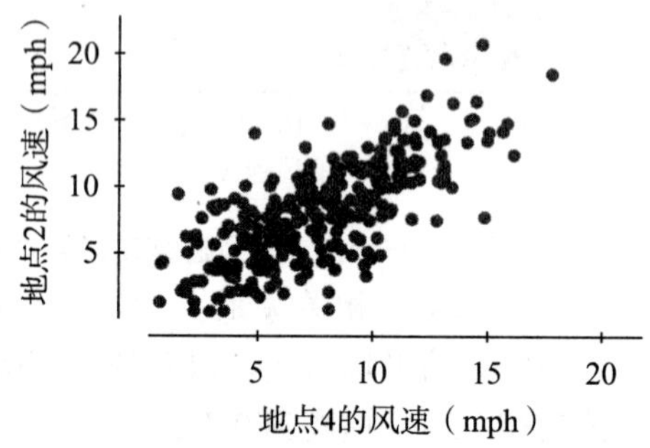

图 14.21　只选择中午的测试结果并不能降低变异性。将这个散点图与图 14.18 和图 14.19 进行比较。

*14.9 线性性质

汽油价格的提高与对环境的关心导致了人们对汽车燃油经济性越来越多的关注。影响燃油经济性最重要的因素是汽车重量。

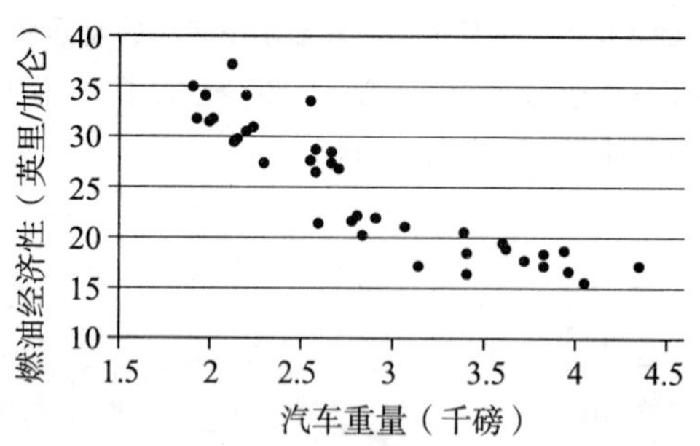

图 14.22　燃油经济性（英里/加仑）与汽车重量（千磅）的散点图显示了一个关联度大、近似线性和斜率为负的变化趋势。（用 Microsoft Excel 2010 绘制）

该图显示相关关系很强（$R^2=81.6\%$），很明显斜率为负且近似线性。回归方程

$$\widehat{\text{燃油经济性}}=48.7-8.4\text{汽车重量}$$

表明燃油经济性从48.7英里/加仑的数值开始，汽车重量每增加1 000磅，燃油经济性降低8.4英里/加仑。我们通过绘制残差与x变量或预测值的散点图来检查线性条

件（*Linearity Condition*）。

残差相对于汽车重量（见图 14.23）的散点图令人惊讶。残差图应该没有趋势，但是这个残差图存在一个弯曲。回顾一下最初的散点图。图中点的分布情况并不是真的很笔直。也有一点轻微的弯曲，但是在残差图中更容易看出这种弯曲。

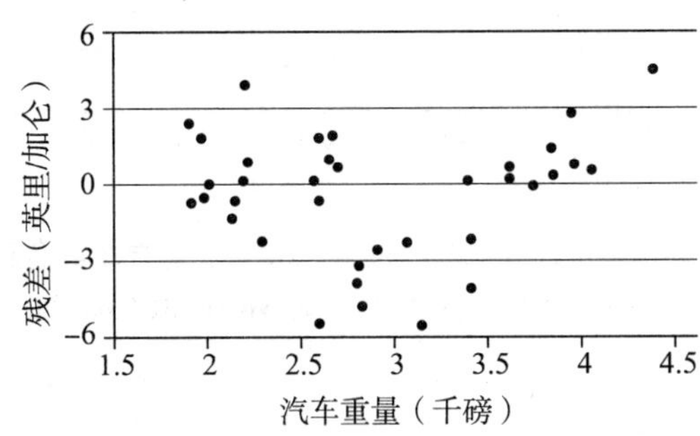

图 14.23　残差相对于汽车重量的散点图揭示存在一个弯曲。如果你认真观察原来的散点图，就能看到这一弯曲，但是这里更容易被发现。（用 Microsoft Excel 2010 绘制）

当关系并非直线时，我们不应该进行拟合回归或者用相关系数来概括关联的强度。但是通常情况下我们能够使这种关系变得更直一些。我们所需要做的就是用一个简单的函数来变换（或转换）一个或两个变量。在这个例子中，用的是自然函数。在美国，汽车燃油经济性用英里/加仑来测度。但是在世界上的其他地方，情况并不是这样。其他国家不但使用公制单位，如类似千米和升，而且还使用升/百千米来测试燃油经济性。它是英里/加仑的倒数（乘以一个刻度常数）。也就是说汽油数量（加仑或升）在分子上，且距离（英里或千米）现在在分母上。

没有任何理由偏好其中一种形式或另一种形式，因而我们试一下（负的）倒数形式。

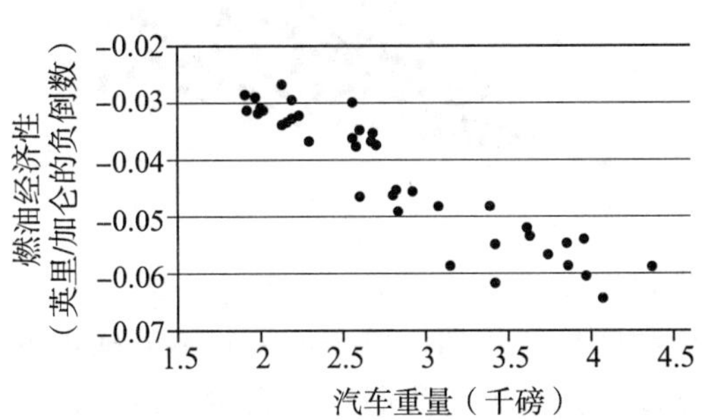

图 14.24　燃油经济性的倒数相对于汽车重量的散点图更直。（用 Microsoft Excel 2010 绘制）

残差看起来也比较好。

使用倒数之后出现了明显的改进，因此我们应该在回归模型中使用倒数作为响应变量。（关于如何有效地变换变量的更多信息可以在光盘中的选修内容“变换数据”中找到。）

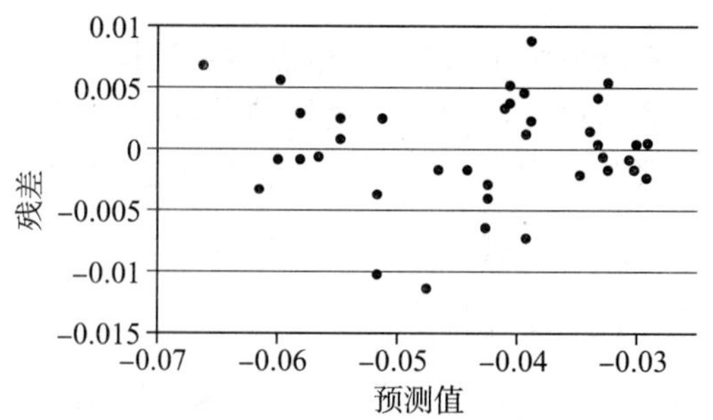

图 14.25　燃油经济性（英里/加仑的负倒数）与汽车重量回归得到的残差显示出更少的弯曲。（用 Microsoft Excel 2010 绘制）

可能出现的错误

通过推断，我们已经得到了估计值和预测值，但是这些数字仅仅与模型一样好。下面是需要注意的几个主要方面：

● 不要对那些非线性数据拟合线性回归。这是最基本的假设。如果 x 与 y 之间的关系不是近似线性的，那么对它拟合一条直线是没有意义的。

● 注意变化的离散度。置信区间与预测区间共同的部分是误差标准差的估计值，即直线周围的离散度。如果它随着 x 的变化而变化，估计值就没有意义了。假设这些数据得到的预测区间如下：

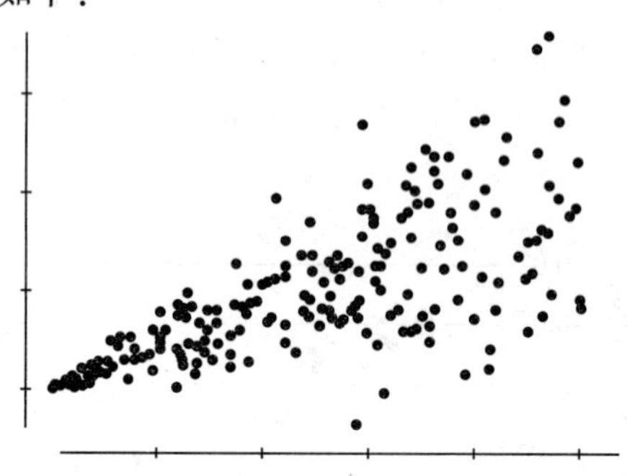

当 x 很小时，我们可以精确地预测 y，但是当 x 变大时，就很难精确地预测出 y 了。遗憾的是，如果离散度是变化的，单个值 s_e 并不能确定下来。预测区间就要使用直线周围的平均离散度，其结果是我们对于低的 x 值的精确度太悲观，并且对高的 x 值的精确度太乐观。对 y 重新进行变换通常是对变化的离散度的一种很好的修正方式。

● 注意非正态误差。当我们为一个单独的 y 值构建预测区间时，中心极限定理并不能帮助我们。为了让我们相信预测区间，那么误差必须服从正态分布模型。通过检查残差的直方图和正态概率图来判断这个假设看起来是否合理。

● 注意单边检验。因为关于回归系数的假设检验通常是双边的，软件包报告双边的 P 值。如果你正在使用该种类型的软件对斜率进行单边检验，你需要将报告的 P 值除以 2。

● 注意外推。注意用于拟合模型的 x 值之外的数据外推。尽管使用线性模型进行外推很常见，但是也要十分小心。

● 注意外推到很远的未来。对于使用线性模型外推到很远的未来，一定要特别小心。线性模型假设随着时间变化而发生的变化会以你在过去所观察到的相同比例永远持续下去。预测未来是特别诱人的，同时也是特别危险的。

● 寻找异常点。异常点总是值得关注，并且与其他联合的点相比能揭示更多关于数据的信息。总需要寻找它们，并努力理解它们为什么远离其他点。绘制数据的散点图是揭示高杠杆点和影响点的一种不错的方法。残差相对于预测值的散点图是找出残差大的点的良好工具。

● 注意高杠杆点，尤其是它们中的影响点。影响点可以在很大程度上改变回归模型。得到的模型可能会更多地说明一两个点而不是整体的关系。

● 考虑剔除异常值，并重新进行回归。为了观察异常值对回归的影响，努力建立两个回归模型，一个包含异常值，另一个不包含异常值，然后再讨论两者的差异。

● 公正地对待异常点。如果你足够认真地将选择的点剔除，你最终会得到一个 R^2 很大的回归模型。但是它不会让你偏离很远。一些数据对于很好地拟合线性模型并不是足够容易。当该情况发生时，报告失败并停下来。

实践中的伦理

随着美国人口老龄化程度不断提高，需要高级护理公司提供的陪伴和非医疗家庭服务也不断增多。一家这样的特许经营商——独立高级护理公司（Independent Senior Care）通过向未来的特许经营人提供额外的服务以努力从竞争对手中脱颖而出。除了提供工具、培训和指导机会的标准信息包之外，独立高级护理公司还有一名分析人员 Allen Ackman 以帮助潜在的特许经营人评估在其所在地开办老人护理业务的可行性。最近 Kyle Sennefeld 与 Allen 取得了联系。Kyle Sennefeld 最近刚从商学院毕业，是研究老年医学的少数人之一，对于在宾夕法尼亚州东北部创办高级护理特许经营很感兴趣。Allen 决定使用将年利润与在特许经营地周围 100 英里内 65 岁以上居民的人数关联起来的回归模型。尽管这个模型的 R^2 很小，但是变量具有统计显著性，并且该模型很容易向潜在的特许经营人解释。Allen 发给 Kyle 一份关于在 Kyle 建议的地点开办业务的年度利润估计值的报告。Kyle 惊喜地发现在宾夕法尼亚州东北部开办高级护理特许经营业务是一个很好的商业决策。

伦理问题 回归模型的 R^2 很小，因而它的预测能力是有问题的。与《美国统计学会道德指南》的第 A 条款和第 B 条款相关。

伦理解决方案 如果回归模型被用来对 x 值范围外的数值进行外推，那么在揭示预测结果的同时也要揭示 R^2 值。Allen 应该在提供利润的估计值的同时，也提供预测区间。由于 Kyle 会根据这个区间评估特许经营的盈利可能性，Allen 应该确保这是一个预测区间而不是所有相似地点平均利润的置信区间。

小结

学习目标

■ 将利用学生 t 模型对均值推断的理解应用到对回归系数进行的推断。

■ 了解关于回归系数的假设与条件的推断，并了解如何以下面的顺序来对它们进行检查：

● 线性假设，通过检验 y 相对于 x 或者残差相对于预测值的散点图来检查线性条件。

● 独立性假设，该假设不能被检验，但如果数据是根据恰当的随机化——即随机化条件收集的，那么它是更为合理的。

● 同方差假设，该假设要求回归模型周围任何位置的离散度都是相等的。我们依据同离散度条件对其进行检验，其中离散度条件是通过残差相对于预测值的散点图来评估的。

● 正态总体假设，除非样本容量很大，否则需要使用学生 t 模型。通过绘制直方图或残差的正态概率图，依据近似正态条件对其进行检验。

■ 了解斜率标准误的构成：

● 残差的标准差，$s_e=\sqrt{\frac{\sum(y-\hat{y})^2}{n-2}}$

● x 的标准差，$s_x=\sqrt{\frac{\sum(x-\bar{x})^2}{n-1}}$

● 样本容量，n

■ 能够求出和解释斜率的标准误。

● $SE(b_1)=\frac{s_e}{s_x\sqrt{n-1}}$

● 斜率的标准误等于斜率抽样分布的标准差的估计值。

■ 陈述和检验关于斜率的标准原假设。

● H_0：$\beta_1=0$。其含义是 x 与 y 不是线性相关的。

● 我们利用 t 统计量 $t=\frac{b_1-0}{SE(b_1)}$ 来检验这个原假设。

■ 构建和解释对应于特定值 x_v 的预测均值的置信区间。

● $\hat{y}_v\pm t_{n-2}^*\times SE$，其中 $SE(\hat{\mu}_v)=\sqrt{SE^2(b_1)(x_v-\bar{x})^2+\frac{s_e^2}{n}}$

● 构建和解释对应于特定值 x_v 的单个预测值的置信区间。

● $\hat{y}_v\pm t_{n-2}^*\times SE$，其中 $SE(\hat{y}_v)=\sqrt{SE^2(b_1)(x_v-\bar{x})^2+\frac{s_e^2}{n}+s_e^2}$

术语

预测均值的置信区间：不同的样本会给出回归模型的不同估计值，因而，对于相同的 x 值会得到不同的预测值。对一个给定的 x 值 x_v，我们求得这些预测均值的置信区间为

$$\hat{y}_v \pm t_{n-2}^{*} \times SE(\hat{\mu}_v)$$

其中

$$SE(\hat{\mu}_v)=\sqrt{SE^2(b_1)(x_v-\bar{x})^2+\frac{s_e^2}{n}}$$

临界值 t_{n-2}^{*} 取决于特定的置信水平和自由度为 $n-2$ 的学生 t 模型。

回归斜率的置信区间：当假设满足时，我们可以根据 $b_1 \pm t_{n-2}^{*} \times SE(b_1)$ 求出斜率参数的置信区间。临界值 t_{n-2}^{*} 取决于特定的置信区间和自由度为 $n-2$ 的学生 t 模型。

外推：尽管线性模型提供了对应于给定 x 值的 y 值预测值的简单方法，但是若 x 值远离用于拟合线性模型方程的那些值，预测并不可靠。当进行外推时，一定要注意。

有影响的：如果从数据中剔除一个点之后，回归模型发生了很大的改变，这个点就被认为是有影响的。

杠杆作用：那些 x 值远离 x 均值的数据点被认为会对线性模型产生杠杆作用。高杠杆点使直线接近它们，因而它们对直线有很大的影响，有时候能完全决定斜率和截距。具有足够大杠杆作用的点其残差可能很小。

异常值：任何远离回归直线且残差很大的数据点称为异常值。

未来观测值的预测区间：单个值的置信区间。观测值的预测区间与参数的置信区间一样。它们预测单个值的分布，而置信区间明确说明真实参数可能的取值。预测区间的形式是：

$$\hat{y}_v \pm t_{n-2}^{*} \times SE(\hat{y}_v)$$

其中

$$SE(\hat{y}_v)=\sqrt{SE^2(b_1)(x_v-\bar{x})^2+\frac{s_e^2}{n}+s_e^2}$$

临界值 t_{n-2}^{*} 取决于特定的置信水平和自由度为 $n-2$ 的学生 t 模型。$SE(\hat{y}_v)$ 中增加的 s_e^2 使得这个区间比相应的均值的直线区间更宽。

残差标准差：s_e 度量的是回归直线周围数据的离散度：

$$s_e=\sqrt{\frac{\sum(y-\hat{y})^2}{n-2}}=\sqrt{\frac{\sum e^2}{n-2}}$$

回归斜率的 t 检验：常见的原假设为斜率的真实值等于 0。备择假设是斜率不等

于 0。斜率等于 0 表明 x 与 y 之间完全不存在线性相关关系。

为了检验 $H_0: \beta_1=0$，利用统计量

$$t=\frac{b_1-0}{SE(b_1)}$$

其中 $SE(b_1)=\frac{s_e}{s_x\sqrt{n-1}}$，$s_e=\sqrt{\frac{\sum(y-\hat{y})^2}{n-2}}$，$n$ 为观测值的个数，s_x 为 x 的标准差。我们根据自由度为 $n-2$ 的学生 t 分布求出 P 值。

技术帮助：回归分析

所有的统计软件包都会以表格的形式给出回归结果。不同的软件包给出的表格略有差异，但它们本质上都是相同的。我们已经看到这种表格的两个例子。

所有的软件包提供对残差的分析结果。对于一些软件包，当你进行回归时必须加以设定才能输出残差图。其他软件包首先让你得到回归结果，然后再分析残差。无论哪种方式，如果你根据直方图或正态概率图及残差与 x 或预测值的散点图来对残差进行检查，你的分析结果就是不完整的。

当然，你应该总是在计算回归结果之前观察两个变量的散点图。

回归结果往往都是通过计算机或计算器得到的。对于任何合理大小的数据集而言，其计算过程都会由于太长而无法方便地手工计算出来。只要计算出回归结果，它往往都是以标准格式的表格展示的。下面是一个典型的回归结果表格的一部分，且标明了数字是如何得出的。

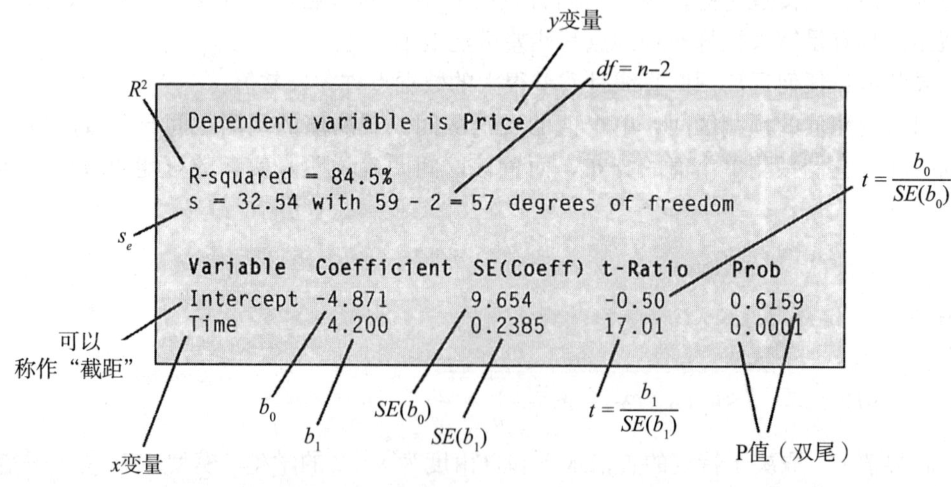

回归表格给出了系数（一旦你在其他所有信息之中找到它们）。这个回归是用 Time 预测 Price。回归方程为

$$\widehat{\text{Price}}=-4.871+4.200\text{Time}$$

且回归的 R^2 等于 84.5%。

t 值这一列给出了用以检验系数真值为零的各个原假设的统计量。通常也会报告相应的 P 值。

EXCEL

- 在 Excel 2007 和更早的版本中，从“Data”选项的“Analysis”组中选择“Data Analysis”。
- 从“Analysis Tools”列表中选择“Regression”。
- 单击“OK”按钮。(用 Microsoft Excel 2010 绘制图像。)

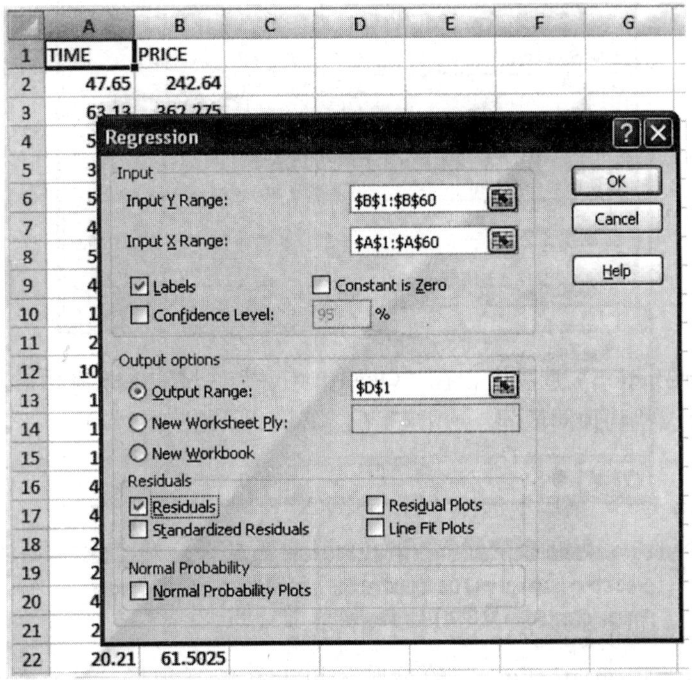

- 在“Input Y Range”的方框中输入 y 变量的数据范围。
- 在“Input X Range”的方框中输入 x 变量的数据范围。
- 选择“New Worksheet Ply”选项。
- 选择“Residuals”、“Residual Plots”和“Line Fit Plots”选项。
- 单击“OK”按钮。
- 通过右击线性拟合图数据，可以删除预测值和/或增加最小二乘直线，在Excel中称最小二乘直线为趋势线。

注释：

Y 与 X 的范围不必在表格的同一行中，即使它们必须涵盖相同数量的单元格。但是与在数据表格中一样，将数据置于平行的列中是一个很好的方法。

尽管对话框提供了残差的正态概率图，但是数据分析插件不能绘制正确的概率图，因而不要使用这个选项。

XLSTAT

为了分析回归统计量和图表：

- 选择“Modeling data”菜单，然后选择“Linear regression”。

● 在“Charts”选项中，选择“Regression charts”和“Predictions and residuals”以绘制散点图和残差图。这些图显示在工作表报告的底部。回归统计量和线性模型显示在报告顶部的附近。

为了构建预测区间：

● 在工作簿中将 x 值输入单元格。

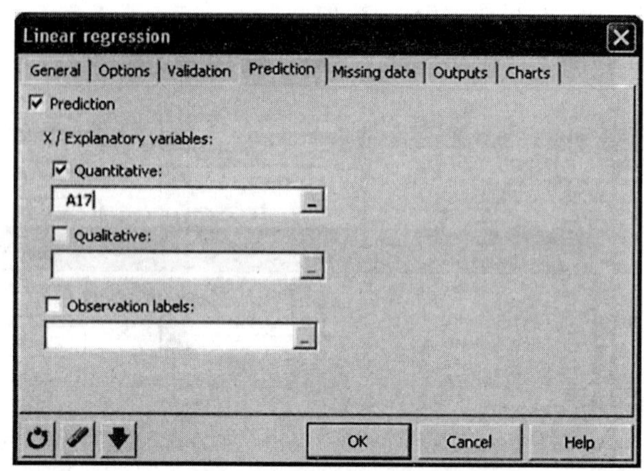

● 在“Prediction”选项上，在“Quantitative”区域输入该单元格。在所生成报告的结尾处可以找到预测区间。(用培生的 XLSTAT 绘制图像。)

JMP

● 从“Analyze”菜单中选择“Fit Y by X”。

● 选择变量：一个响应变量 Y 和一个因素变量 X。两个变量必须都是连续的(定量的)。

● JMP 绘制出散点图。

● 在标有“Bivariate Fit...”的标题旁单击红色三角形，并选择“Fit Line”。JMP 在散点图上绘制出最小二乘回归直线，并在图像下面的表格中显示回归结果。

● 标有“Parameter Estimates”的表格的部分给出系数和它们的标准误、t 值和 P 值。

注释：

当两个变量都是“连续的”，JMP 选择回归分析。如果你得到了不同的分析，就检查变量类型。

参数表格不包括残差标准差 s_e 。你可以在输出的拟合结果中找到 s_e ，它以均方根误差的形式出现。

MINITAB

● 从“Stat”菜单中选择“Regression”。

● 从“Regression”子菜单中选择“Regression...”。

● 在“Regression”对话框中，将变量 Y 放到响应变量方框中，将变量 X 放到解释变量方框中。

● 单击“Graphs”按钮。

● 在“Regression - Graphs”对话框中，选择“Standardized residuals”，并检查

"Normal plot of residuals", "Residuals versus fits" 和 "Residuals versus order"。

● 单击"OK"按钮，回到"Regression"对话框。

● 单击"OK"按钮，计算回归结果。

注释：

你也可以首先从"Regression"子菜单中选择拟合线图来查看散点图——这通常是个好的做法。

SPSS

● 从"Analyze"菜单中选择"Regression"。

● 从"Regression"子菜单中选择"Linear"。

● 在出现的线性回归对话框中，选择变量 Y 并将其移到因变量方框中。然后将变量 X 移到自变量方框中。

● 单击"Plots"按钮。

● 在线性回归对话框中，选择绘制 * SRESIDs 与 * ZPRED 的图。

● 单击"Continue"按钮，回到线性回归对话框。

● 单击"OK"按钮，计算回归结果。

□ 微型案例

冷冻比萨饼

Kraft 食品公司的一家子公司的产品经理对达拉斯、丹佛、巴尔的摩和芝加哥的冷冻比萨饼单价对销售量变化的敏感度问题的研究感兴趣。该产品经理已经掌握了 4 个城市近 4 年内每四个周的价格和销售量的数据（Frozen _ Pizza）。

检查每个城市中比萨饼的价格与销售量之间的关系。注意讨论这种关系的性质和有效性。它是线性的吗？它们负相关吗？相关关系显著吗？回归的条件满足吗？该产品经理所在部门的一些人怀疑在一些城市冷冻比萨饼的销售量对价格的敏感度比另一些城市更高。是否有任何证据证明这种说法？根据你的发现写出一篇简短的报告，其中包括价格为 2.50 美元时平均销售量的 95%的置信区间，并讨论如果价格为 3.50 美元，置信区间会发生怎样的变化。

全球变暖？

每年春天，阿拉斯加州的内南纳都要举行一项竞赛，要求参加者努力猜出一个放在冰冻的塔纳纳河上的木制三脚架穿过冰层的精确时间。这项竞赛自 1917 年开始举办，最初只是作为铁路工程师的一个娱乐项目，猜测最接近的人可以获得 800 美元的大奖。目前这项竞赛已经发展成为一项重大赛事，成千上万名参与者在网上录入他们的猜测，以争夺超过 30 万美元的奖金。

因为如此多的钱和兴趣取决于冰块融化的时间，所以自 1917 年以来就一直准确地记录了最接近的时间（Nenana）。同时，由于一直以来所使用的都是对融化时间的一种标准测量方法，因而数据都是一致的。《科学》杂志上的一篇文章（"Climate Change in Nontraditional Data Sets," *Science*, 294, October 2001）使用这一数据来调查研究全球变暖问题。研究者们对下面的问题很感兴趣。融化的日期随时间变化的比例是多大（如果有的话）？如果冰更早一点融化，你得出什么结论？这是否一定表明全球变暖呢？对于这种趋势，其他可能的原因是什么？2015年预测的融化日期是什么？（一定注意包括一个恰当的预测区间或置信区间。）请将你的答案写成一个简短的报告。

□ 快速测试答案

1. 我需要观察散点图以了解线性假设是否合理，以确保不存在异常值，并且需要绘制残差图来检查同分布条件。我也想通过观察残差的直方图或正态概率图以确保近似正态条件得以满足。最后，我想通过观察随时间变化的残差图，以分析残差是否独立。如果不确认这些条件，我就不知道分析是否有效。

2. 斜率的95%的置信区间为1 133.8±2.052×513.1或者（80.9，2 186.7）。

3. H_0：斜率$\beta_1=0$，H_A：斜率$\beta_1\neq0$。因为P值=0.036，我们拒绝原假设（$\alpha=0.05$），并且得出入学人数与失业率之间存在线性关系的结论。

4. 强度是一种主观判断，但是如果R^2只有15%就说相关性强，我对此表示怀疑。

5. 新墨西哥失业率的变异能够解释新墨西哥大学入学人数变异的大约15%。

6. 不是高杠杆点，不是影响点，残差大。

7. 高杠杆点，不是影响点，残差小。

8. 高杠杆点，影响点，残差不大。

第 15 章

多元回归

Zillow 公司

Zillow 公司是一家房地产信息公司，由 Rich Barton 和 Lloyd Frink 于 2005 年创建。两个创始人都是微软公司的前执行官；Barton 也创建了 Expedia. com 公司，这是一家在线旅游机构，Frink 是这家公司的高级副总裁。Zillow 公司收集公开可得到的且由用户提交的数据，并提供房屋价值的估计值（称作 Zestimate）。该估计值是根据 Zillow 网站所收集的各种预测变量数据建立的模型联合得到的，包括但不限于房屋过去的销售信息、房屋的地理位置及房屋的特征，这些特征就是其面积、卧室和卫生间数量等。Zillow 公司掌握的数据包含房屋价值的估计值（Zestimate）和房屋的租赁价格的估计值（Rent Zestimate），大约有 1 亿套美国房屋信息。除了 Zillow. com 网站，Zillow 公司也经营 Zillow 抵押信贷市场（Zillow Mortgage Marketplace），通过该市场，借款人与放贷人联系，以找到贷款和最优惠的抵押利率；此外，Zillow 移动（Zillow Mobile）是当今最受欢迎的房地产移动交易平台。

该网站很受潜在的房屋购买者、销售者和租赁者欢迎。2012 年 4 月，超过 3 200 万的不同用户访问 Zillow 公司的网站和移动应用平台。在这些用户中，超过3/4（77%）的用户正处于“市场中”，即接下来的两年内用户将购买或出售房屋，或者将寻求房屋租赁。除此以外，每个月超过 600 万的现有房屋租赁者访问 Zillow 网站。

调查对象（WHO）：房屋。
调查内容（WHAT）：关于房屋的出售价格和其他信息。
调查地点（WHERE）：美国纽约州北部靠近萨拉托加温泉。
调查原因（WHY）：了解房屋价格的影响因素及如何预测房屋价格。

Zillow 公司如何准确地评估房屋的价值？根据 Zillow. com 网站介绍：“我们收集众多的数据信息——这些数据信息大多是公开的——然后将它们输入一个公式中。该公式是根据我们的统计人员所谓的‘专有算法’——夸张地说，‘机密公式’——

构建的。当我们的统计人员开发模型来确定房屋价值时，他们研究某一特定区域的房屋相似程度（如卧室和卫生间的数量及一系列其他细节），然后观察真实销售价格与那些房屋细节之间的关系。”这些关系形成了一个模式，并且他们运用这一模式开发用以估计房屋市场价值的模型。换言之，Zillow 公司的统计人员所使用的模型很可能是一个回归模型，以根据房屋的特征来预测房屋的价值。我们已经了解到如何根据一个单独的预测变量来预测响应变量。这是很有用处的，但是我们想做出的商业决策的类型往往太复杂从而无法使用简单回归。① 在本章中，我们将拓展回归模型，以在所谓的多元回归模型中考虑许多预测变量。以我们对简单回归的了解为基础，学习多元回归并不是很大的跨越，而是非常重要和有价值的。如今，多元回归已经成为最强大和被广泛使用的统计分析工具。

正如任何一个曾经了解房屋价格的人所知道的，房屋价格取决于当地市场。为了控制这一因素，我们将注意力限制到一个单一的市场中。我们从纽约州北部萨拉托加温泉市附近区域公开的销售记录中得到了包含 1 057 个房屋销售价格的随机样本。在描述房屋出售情况中，首先提及的信息是卧室的数量。我们从仅仅使用一个预测变量开始。我们能否使用卧室的数量（Bedrooms）来预测房屋的价格（Price）呢?

卧室的数量是一个定量变量，但是它只有少量的取值（在本数据集中是从 1 到 5）。因而，散点图可能并非检验卧室数量与房屋价格关系的最好方法。实际上，对应于任何卧室数量，都有一个完整的价格分布。价格与卧室的并排箱线图（见图 15.1）显示随着卧室数量增多，房屋价格总体上是提高的，并且呈现近似的线性增长关系。

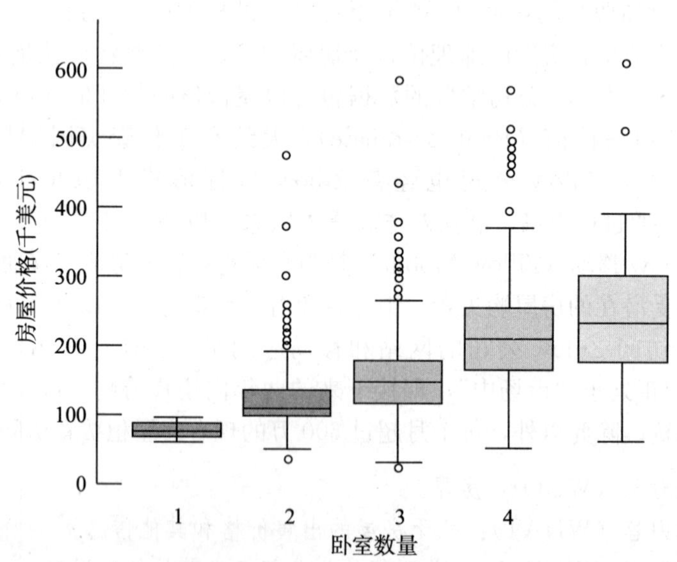

图 15.1　房屋价格与卧室数量的并排箱线图显示，平均而言，房屋价格随卧室数量的增加而提高。

图 15.1 也显示了从左到右的离散程度明显增加，违背了相同离散度条件，这是

① 当我们需要注明差异时，只有一个预测变量的回归即被称作简单回归（simple regression）。

一个可能的麻烦的迹象。现在，我们将谨慎地往下进行。我们将拟合回归模型，但是将谨慎地使用这一模型进行推断。接着，我们将增加更多的变量以增强模型的效力和实用性。

价格和卧室数量的线性回归模型的输出结果见表 15.1。

表 15.1 价格与卧室数量的线性回归

Response variable: Price

R^2 = 21.4%
s = 68432.21 with 1057 − 2 = 1055 degrees of freedom

Variable	Coeff	SE(Coeff)	t-Ratio	P-Value
Intercept	14349.48	9297.69	1.54	0.1230
Bedrooms	48218.91	2843.88	16.96	≤0.0001

很明显，仅仅知道卧室的数量，可以给我们一些关于销售价格的有用信息。该模型告诉我们：平均来看，斜率的取值为 48 219.90 美元，那么我们预测房屋中的卧室数量每增加一个，房屋价格将大约增加 50 000 美元：

$$\widehat{\text{Price}}=14\ 349.48+48\ 218.91\times\text{Bedrooms}$$

尽管这个模型确实告诉我们一些信息，但是注意到回归模型的 R^2 只有 21.4%。卧室数量的变异只解释了房屋价格变异的 21%。也许关于这些房屋的其他一些因素能够解释剩余部分的变异。

15.1 多元回归模型

对于简单的回归模型，我们根据一个预测变量写出预测值：

$$\hat{y}=b_0+b_1x$$

为了在模型中包含更多的预测变量，我们写出包含更多预测变量的回归模型。最终的多元回归方程如下所示：

$$\hat{y}=b_0+b_1x_1+b_2x_2+\cdots+b_kx_k$$

其中，b_0 仍然表示截距，b_k 表示对应于预测变量 x_k 的系数估计值。尽管该模型看起来比简单回归模型并非复杂很多，但是手工确定一个多元回归模型并不符合实际。这应该是通过计算机上的统计程序完成的。记住，对于简单回归，我们使用最小二乘法求出模型的系数，即这一组系数可以使得模型的残差平方和尽可能地小。对于多元回归，统计软件包可以做同样的工作，很容易求出最小二乘模型的系数。

如果你知道如何通过使用统计软件包建立房屋价格与卧室数量的回归模型，就可能仅仅通过在你的程序中增加其他预测变量的方法来计算多元回归模型。房屋价格与卧室数量（Bedrooms）和居住面积（Living Area）的多元回归得到的结果如表 15.2 所示。

表 15.2　根据卧室数量和居住面积预测房屋价格的线性模型的多元回归结果

```
Response variable: Price

R³ = 57.8%
s = 50142.4 with 1057 - 3 = 1054 degrees of freedom

Variable        Coeff      SE(Coeff)  t-Ratio  P-Value
Intercept     20986.09     6816.3       3.08    0.0021
Bedrooms      -7483.10     2783.5      -2.69    0.0073
Living Area      93.84        3.11     30.18   ≤0.0001
```

你应该读懂这个表格中的大部分数据，并且其中大多数数据的含义正如你所期望的那样。两个变量的回归模型的 R^2 值给出了由两个预测变量共同解释的房屋价格变异的部分。使用卧室数量单独预测房屋价格时，R^2 值为 22.1%，但这个模型解释了房屋价格变异的 57.8%。我们不应该对通过该模型已经解释的变异感到惊奇。由于这个原因——解释一些剩余变异的希望——我们尝试增加了第二个预测变量。房屋的面积，即以居住面积（Living Area）来测度，也对房屋价格的预测有很大的贡献，对此我们也不应该感到惊奇。从表 15.2 中整理房屋价格与卧室数量和居住面积的多元回归模型的系数，我们可以将估计的回归模型写为：

$$\widehat{\text{Price}}=20\,986.09-7\,483.10\text{Bedrooms}+93.84\text{Living Area}$$

正如前面所讲的，我们将残差定义为：

$$e=y-\hat{y}$$

残差的标准差仍被记作 s（或者在简单回归模型中有时也被记作 s_e——由于相同的原因——以与 y 的标准差 s_y 相区分）。自由度的计算正好源于我们的定义。自由度等于观测值数量（n=1 057）减去需要估计的系数的个数：

$$df=n-k-1$$

其中，k 为预测变量的个数，n 为观测值的个数。对于这个模型，我们减去 3（两个系数和一个截距项）。为了得到残差的标准差，我们在分母中使用了自由度的个数：

$$s_e=\sqrt{\frac{\sum(y-\hat{y})^2}{n-k-1}}$$

对于每个预测变量，回归分析结果显示了其系数、标准误、t 值和对应的 P 值。正如在简单回归中，t 值测度了系数偏离 0 有多少个标准误。利用学生 t 模型，我们能用 P 值检验系数的真实值为 0 的原假设。

与简单回归相比有什么不同之处吗？多元回归看起来有很多与简单回归相似的地方，为什么还要用一整章内容来讨论它呢？

对于这个问题，有几个答案。第一，也是最重要的一点，在某种程度上，回归模型中的系数的意义发生了微妙且重要的变化。因为这些变化并不明显，多元回归模型的系数往往被错误理解。我们将举出一些例子来解释其意义的这些变化。

第二，多元回归是一个非常实用的模型，也是许多广泛使用的统计方法的基础。

很好地理解多元回归模型也有助于我们理解其他统计方法的应用。

第三，多元回归首次向你展示了使用超过两个定量变量的统计模型。现实的世界是复杂的。目前我们看到的这种简单的模型只是个开始，但对于现实世界的许多情况的理解、预测和做出商业决策而言还是不够详细的。使用多个变量的模型对于建立一个现实且有用的关于复杂现象和关系的模型可能是很大的跨越。

15.2 解释多元回归的系数

卧室数量和居住面积都会影响房屋价格是有道理的。我们期望两个变量对房屋价格都有正向影响——通常情况下卧室数量越多，房屋价格也越高，就像大房子一样。但是观察一下多元回归方程中卧室数量这一变量的系数。该系数为负数：−7 483.09。多元回归中卧室数量的系数怎么会是负数呢？并且它不只是很小的负数，其 t 值对于我们而言相当大以至于有足够的理由相信其真实值为负数。然而，根据表 15.1，我们看到当只有卧室数量作为模型的（见图 15.2）单独的预测变量时，清楚地看到其系数为正值。

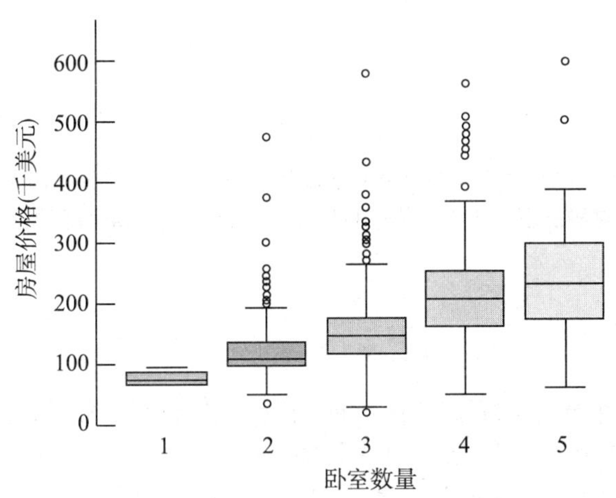

图 15.2 卧室数量的斜率为正数。根据表格 15.1 中的简单回归模型，每增加一个卧室，我们预测房屋价格提高 48 000 美元。

对于这一明显的矛盾的解释是，在多元回归模型中系数有着更微妙的意义。每一个系数都考虑了模型中的其他预测变量。

考虑一组面积大体相同的房屋。由于房屋的居住面积相同，卧室数量越多，卧室的面积可能越小。这可能确实意义不大。为了在数据中观察到这一点，我们观察一下居住面积为 2 500～3 000 平方英尺的相似居住面积的房屋组别，并检验仅仅针对这一面积范围的房屋的卧室数量与价格之间的关系（见图 15.3）。

对于居住面积为 2 500～3 000 平方英尺的房屋，平均来看，卧室数量少的房屋价格要比卧室数量多的房屋价格高。当同时考虑两个变量时，我们可以发现这种说法是有道理的。一个有 5 个卧室的 2 500 平方英尺的房屋，要么有相对较小且拥挤的卧室，要么共同居住空间不大。而一个只有 3 个卧室的相同大小的房屋，卧室更大且具有吸引力，共同居住空间也很充足。在多元回归中，卧室数量的系数说明了居住面积一定的条件下，卧室数量越多则房屋价格越低。换言之，我们房屋限制在面积一定的条件下，增加卧室数量对房屋价格有着负的影响，这一结论对所有大小的房屋都适用。似乎令我们感到困惑的是最初没有考虑居住面积时，房屋价格随着卧室数量的增加而提高。但那是因为居住面积与卧室数量也是相关的。多元回归系数必须总是根据模型中的其他预测变量来解释。这可以使得多元回归系数的解释比只考虑一个预测变量时更加微妙、复杂，也更富有挑战性。这也使得多元回归更加实用和有效。这样的解释也更加复杂、合理。

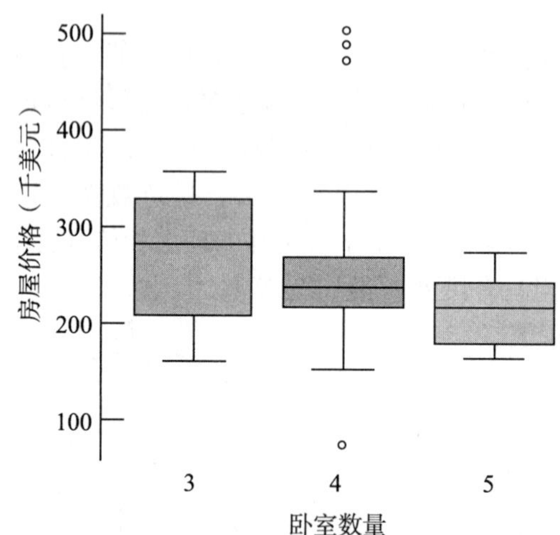

图 15.3　对于 96 个居住面积为 2 500～3 000 平方英尺的房屋，其价格相对于卧室数量的斜率为负数。限定于这种房屋大小的数据，每增加一个卧室，预测房屋的价格将大约降低 17 800 美元。

□ 快速测试

身体脂肪百分比是衡量健康的一个重要指标，但是很难精确地对其进行测度。一种方法是使用磁共振图像（MRI），其一幅图像的成本大约是 1 000 美元。保险公司想要了解是否能通过如身高（Height）和体重（Weight）这些较为容易测度的指标来估计身体脂肪百分比。身体脂肪百分比（Percent Body Fat）与身高（Height）的散点图没有显示出趋势，且相关系数为−0.03，统计上并不显著。运用身高（Height，英寸）、年龄（Age，岁）和体重（Weight，磅）建立的多元回归模型如下所示：

	Coeff	SE(Coeff)	t-Ratio	P-Value
Intercept	57.27217	10.39897	5.507	<0.0001
Height	−1.27416	0.15801	−8.064	<0.0001
Weight	0.25366	0.01483	17.110	<0.0001
Age	0.13732	0.02806	4.895	<0.0001

s = 5.382 on 246 degrees of freedom
Multiple R-squared: 0.584,
F-statistic: 115.1 on 3 and 246 DF, P-value: <0.0001

1. 解释该回归模型的 R^2。
2. 解释年龄（Age）的系数。

3. 当身高（Height）与身体脂肪百分比（Percent Body Fat）之间的相关系数与0没有存在显著差异时，为什么多元回归模型中身高（Height）变量的系数的P值会这么小？

解释多元回归系数还有第二个通常遇到的陷阱。注意，不要从因果关系的角度来解释回归系数。举例而言，这个分析无法告诉房主如果将其4个卧室中的两个合并成一个新的主卧室之后，房屋价格将变化多少。而且，它无法用于预测增加一个100平方英尺的儿童卧室将提高还是降低房屋的价格。该模型仅仅说明已有房屋价格与卧室数量和居住面积之间的关系。正如在使用回归分析中常常遇到的，我们应该注意不要假设预测变量与响应变量之间存在因果关系。

15.3 多元回归模型的假设和条件

我们可以写出像这样的多元回归模型：任意地对预测变量进行编号（顺序是无关紧要的），写出模型的系数β（我们可以从数据中估计其数值），且模型中包含误差项。这样的多元回归模型如下所示：

$$y=\beta_0+\beta_1 x_1+\beta_2 x_2+\cdots+\beta_k x_k+\varepsilon$$

多元回归模型的假设和条件几乎与简单回归模型相同，但由于模型中加入了更多的变量，我们必须做出一些调整，就像在下面的部分中所描述的那样。

线性假设

我们将要拟合一个线性模型。① 为了得到用于此分析的正确模型，我们需要验证存在潜在的线性关系。但是现在我们将考虑几个预测变量。为了证实假设是合理的，我们要检验每个预测变量的线性条件。

线性条件。y与每个预测变量的散点图都是合理的直线。散点图不需要显示出很大的（或任何大小的）斜率；我们只是检验以确保没有弯曲或其他非线性。对于房地产数据，卧室数量与居住面积的散点图都是线性的。

与简单回归一样，检查残差图以检验是否违背线性条件是一个不错的方法。我们可以进行回归拟合，并绘制残差与预测值的散点图（见图15.4），检查以确保我们不能发现趋势——特别是曲线或其他非线性关系。

① 对于线性，我们指的是每个x与其系数简单相乘，再加到模型中，并且没有出现x的指数形式或其他更复杂的函数形式。这将确保如果其他条件不发生变化，当我们使得任何一个x变量变化时，y的预测值将按固定的变化率变化（由系数确定）。

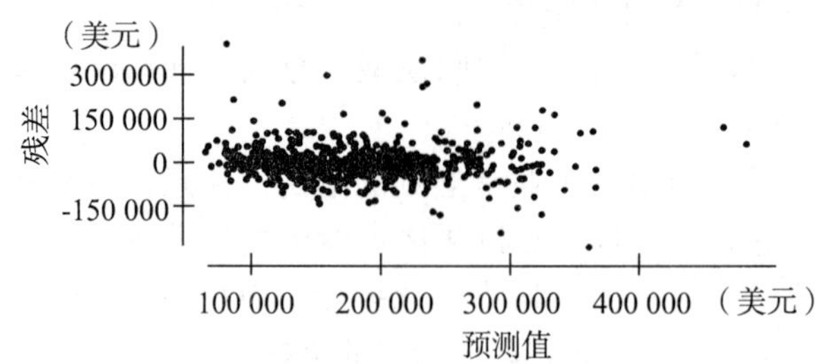

图 15.4　残差与预测值的散点图没有显示出明显的趋势

独立性假设

与简单回归一样，真正的基础回归模型的误差必定是相互独立的。正常情况下，没有办法来确保独立性假设是正确的，但我们应该考虑数据的收集方式以确保假设是合理的。我们也应该检验随机化条件。

随机化条件。理想情况下，数据应该来自随机样本或随机试验。随机化保证数据对于一些可识别总体具有代表性。如果你不能识别出总体，就可以将回归模型解释为对你所掌握数据的描述，但是你不能对假设检验有任何解释，其原因在于这样的检验是针对特定总体的回归模型的。回归分析方法通常应用于非随机收集的数据。对这些数据进行拟合得到的回归模型可能仍然很适用于手头上掌握的数据，但是如果无法确定数据对特定总体具有代表性，你就不能轻易认为模型通用于其他情形。

我们也要检验回归残差以证明数据是否存在模式、趋势和聚集分布等任何被认为不满足独立性的特征。在 x 变量与时间（或其本身的时间）相关联的特殊的情形中，应保证残差与这一变量的图形没有呈现出趋势。除了检查残差与预测值的图形，我们建议你检查残差与模型中每个解释变量或 x 变量的图形。这些单独的图形可以得出预测变量的必要转换或重新表示。

房地产数据是从一个限定时期的较大公开销售记录集合中抽样得来的。房屋之间没有任何联系，因而我们可以非常自信地认为关于它们的数据是相互独立的。

同方差假设

对于每个预测变量的所有取值而言，误差的变异性应该大致相同。为了判断这一假设是否有效，我们观察散点图并检查相同离散度条件。

相同离散度条件。残差与预测值同样的散点图（见图 15.4）是检查离散度一致性的好方法。当绘制价格与卧室数量的散点图（见图 15.2）时，我们看到似乎违背了相同离散度条件。但是在多元回归中，当我们观察散点图时，这一问题已经不存在了。很显然，卧室数量多的房屋价格的变异性大这一趋势的很大部分可以被将住房面积作为预测变量的回归模型所解释。

如果残差图没有呈现出趋势，如果数据似乎是相互独立的，并且如果散点图并未变得更密集，我们就能够对回归模型做出很好的解释。然而，在我们检验假设之前，必须检验最后一个假设：正态性假设。

正态性假设

我们假设在理想的回归模型中，任意给定的 x 变量的值的误差服从正态分布模型。我们需要这一假设，以便我们能够使用学生 t 模型进行推断。与其他使用学生 t 模型的情况一样，我们要检验残差是否符合近似正态条件。与均值一样，当样本容量变大时，假设变得不太重要了。如果样本容量足够大，即使残差有适度的偏斜，我们的推断方法仍然是有效的。如果残差的分布是单峰且对称的，也就没有什么可担心的了。[①]

近似正态条件。因为我们只有一组残差，所以与简单回归有相同的一组条件。观察残差的直方图或正态概率图。

房地产例子中的残差直方图看起来是单峰且对称的。正态概率图的两个尾部有些弯曲，这表明与正态分布数据相比，其尾部有更多的残差。然而，正如我们之前所提到的，随着样本容量的增大，正态性假设变得不太重要，这里的样本容量多于 1 000，且没有偏斜。（中心极限定理有助于我们得到大样本条件下基于 t 统计量的置信区间和检验。）

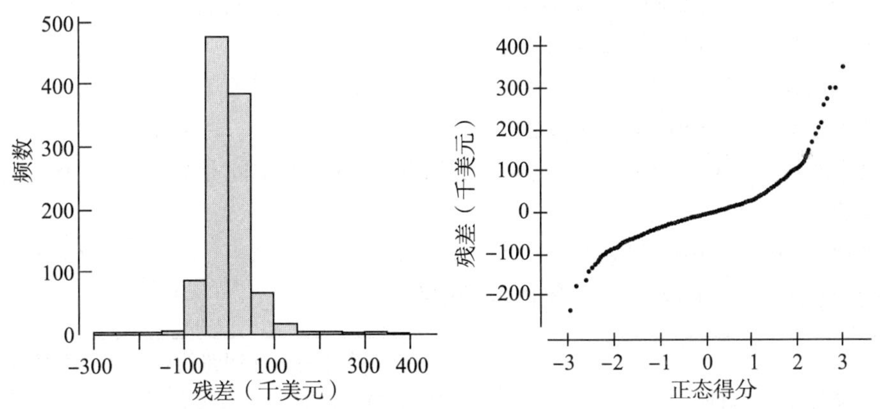

图 15.5　残差的直方图呈现出单峰且对称的分布，但其尾部比期望的正态分布模型要长一些。正态概率图形证实了这一点。

我们归纳一下我们所做的所有对条件的检验，并排列出检验的先后顺序。

1. 用 y 变量与每个 x 变量的散点图来检验线性条件。

2. 如果散点图足够直，就用数据拟合一个多元回归模型。（否则，要么停止，要么考虑对 x 变量或 y 变量进行变换。）

3. 求出残差和预测值。

4. 绘制残差与预测值的散点图（理想的情况是残差与每个预测变量的散点图）。这些图形看起来应该没有趋势。特别地，检查是否有任何弯曲（表明数据毕竟没有

① 多元回归中唯一要求残差严格服从正态分布的程序是计算变量的预测区间。因为它们是以正态概率为基础的，所以残差必须尽可能地服从正态分布模型。

那么直）与分布变得密集的情况。如果存在弯曲，考虑对 y 变量和/或 x 变量进行变换。如果在图形中从一边到另一边都存在变异，考虑对 y 变量进行变换。如果你变换了一个变量，那么要对模型重新进行拟合。（查阅光盘上有关变换数据和幂阶的部分）。

5. 考虑如何收集数据。它们应该是相互独立的吗？是否满足随机性呢？数据对于可识别的总体是否具有代表性？如果是随时间变换测量的数据，通过绘制残差与时间变量的图形观察是否存在趋势，当发现存在趋势时，可能表明它们不是相互独立的。

6. 如果上述假设条件都通过检验，就可以很自如地解释回归模型，并运用回归模型进行预测分析。

7. 绘制直方图和残差的正态概率图以检验近似正态条件。如果样本容量足够大，那么推断时正态条件不是很重要，但要时刻注意是否出现了偏斜或异常值。

□ 指导性案例：房屋价格

Zillow.com 网站每个月吸引了成千上万个对自己房屋价值是多少感兴趣的用户。我们看一下一个多元回归模型的作用如何。可得到的变量包括：

房屋价格（Price）：2002 年房屋的销售价格；

居住面积（Living Area）：以平方英尺表示的房屋居住面积；

卧室数量（Bedrooms）：卧室的数量；

卫生间数量（Bathrooms）：卫生间的数量（半个卫生间是指只有一个马桶和一个水槽的卫生间）；

房龄（Age）：房屋已建造的年数；

壁炉数量（Fireplaces）：房屋内壁炉的数量。

计划 准备：说明研究的目标。 确定变量。	我们想要构建用于预测纽约州北部一个地区房屋价格的模型。我们的数据包括房屋价格（Price，美元）、居住面积（Living Area，平方英尺）、卧室数量（Bedrooms，个）、卫生间数量（Bathrooms，个）、壁炉数量（Fireplaces，个）与房龄（Age，年）。
模型：考虑假设并检查条件。	线性条件： 为了拟合回归模型，我们首先要求满足线性条件。价格与各个可能的预测变量的散点图（或并排箱线图）如下所示。

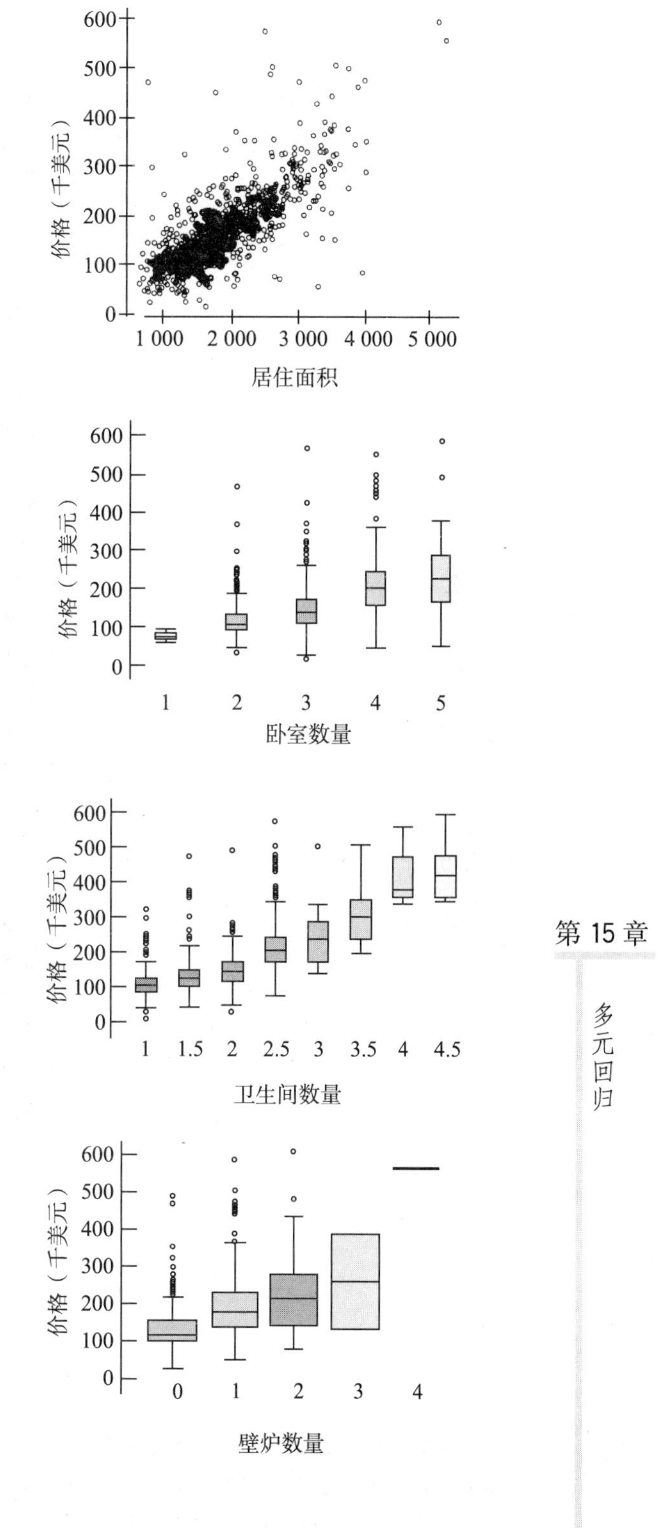
价格（千美元）
居住面积
卧室数量
卫生间数量
壁炉数量

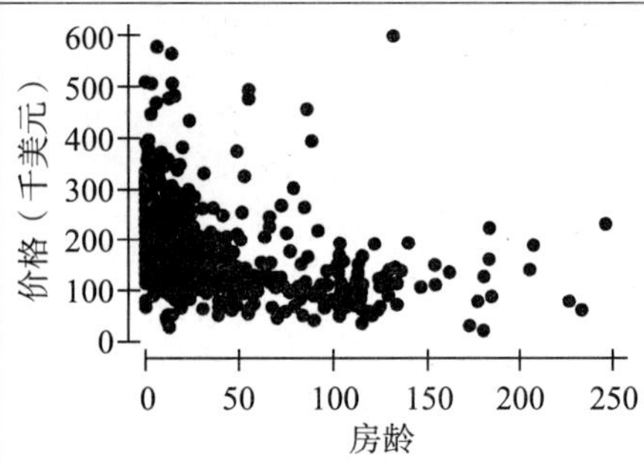

评论：

图中存在一些异常情况值得讨论。房屋价格与卧室数量的图形显示它们存在正相关关系，但是线性关系并不是很强。似乎存在两个斜率，卫生间数量为1～2时有一个斜率，卫生间数量为2～4时又有一个更陡的斜率。现在我们应该保持谨慎，并且认识到所求的斜率将是二者的平均值。房屋价格与壁炉数量的图形显示有一个异常值——一套有4个壁炉的、价格很高的房屋，我们试着剔除该套房屋并进行回归分析，但因为它对斜率的影响并不明显，所以我们决定将它包含在模型中。房屋价格与年龄的图形显示出可能存在一些弯曲。在解释斜率时，我们应该谨慎，特别是对于较新的房屋。

✓独立性假设：由于房屋价格来自相当大的地理区域，我们可以认为房屋价格之间是相互独立的。

✓随机化条件：1 057套房屋是一个更大集合的随机样本。

✓等离散度条件：残差与预测值的散点图表明不存在变化的离散度。有一组房屋的残差（既有正也有负）比其他大部分房屋都大。在残差直方图的长尾中也可以观察到这一点。

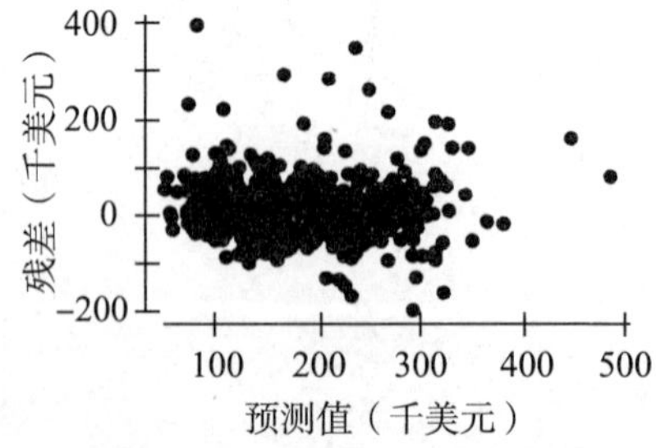

✓近似正态条件，异常值条件：残差的直方图是单峰且对称的，但是长尾的。正态概率图说明了这一点。

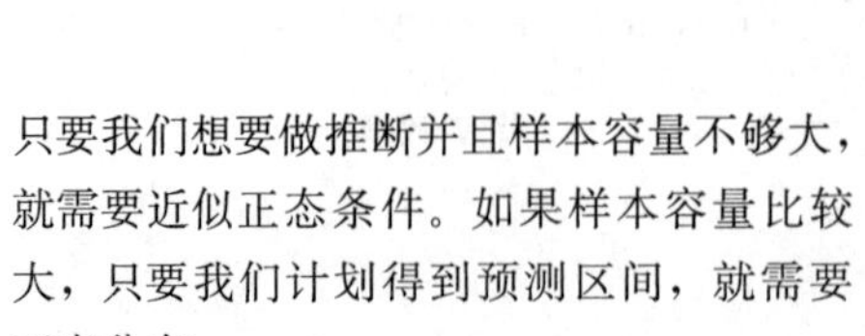
只要我们想要做推断并且样本容量不够大，就需要近似正态条件。如果样本容量比较大，只要我们计划得到预测区间，就需要正态分布。

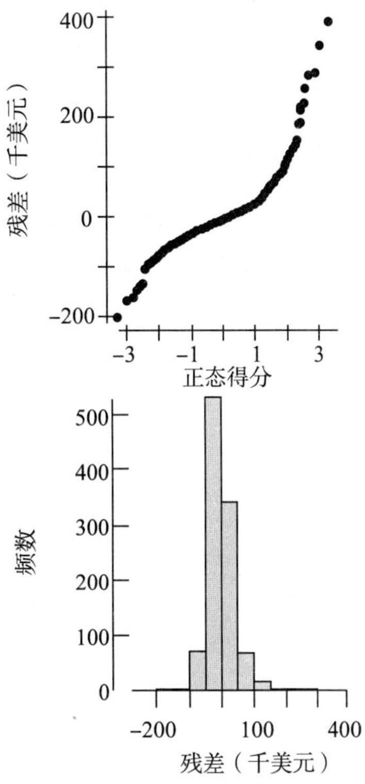

在这些条件下，我们可以谨慎地进行多元回归分析。我们将回到讨论中所关心的一些问题。

实施

技术性工具：我们总是使用计算机软件来拟合多元回归模型。这样的一个输出结果表并非完全是任何主要软件包的输出结果，但是看起来已经足够相似了。

下面是使用全部 5 个预测变量的多元回归的计算机输出结果。

	Coeff	SE(Coeff)	t-Ratio	P-Value
Intercept	15712.702	7311.427	2.149	0.03186
Living Area	73.446	4.009	18.321	<0.0001
Bedrooms	−6361.311	2749.503	−2.314	0.02088
Bathrooms	19236.678	3669.080	5.243	<0.0001
Fireplaces	9162.791	3194.233	2.869	0.00421
Age	−142.740	48.276	−2.957	0.00318

Residual standard error: 48615.95 on 1051 degrees of freedom
Multiple R-squared: 0.6049,
F-statistic: 321.8 on 5 and 1051 DF, P-value: <0.0001

估计得到的方程为：

$$\widehat{\text{Price}}=15\,712.70+73.45\text{Living Area}-6\,361.31\text{Bedrooms}+19\,236.68\text{Bathrooms}+9\,162.79\text{Fireplaces}-142.74\text{Age}$$

所有 P 值都很小，这表明即使模型中有 5 个预测变量，它们也都是有贡献的。R^2 为 60.49%，说明该模型对房屋价格变异的解释程度超过 60%。

	残差的标准误为 48 620 美元，这告诉我们可以在大约2×48 620美元＝97 240 美元的误差范围内粗略地预测房屋价格。如果这是足够精确的，那么我们的模型对于房屋价格的指导是有潜在作用的。
报告 总结和结论：总结你的结果，并在你初始研究目的的背景下说明模型的局限性。	备忘录 关于：房屋价格预测的回归分析。 房屋价格对居住面积、卧室数量、卫生间数量、壁炉数量及房龄的回归模型解释了纽约州北部地区房屋价格变异的 60.5%。每个系数的统计检验表明它们几乎确定都不为 0，因而每个解释变量都可能对该地区的房屋价格有影响作用。 这个模型反映了房地产行业的共同智慧，即认为房屋的各个方面的特征都具有重要性。模型中没有包含的一个重要变量是位置，每个房地产代理人都知道它对房屋的定价起着关键的作用。但由于所有的这些房屋都来自于同一地区，这一点就变得不那么重要了。然而，了解房屋地理位置的具体信息越多，几乎肯定有助于模型的建立。从这一模型得到的价格作为一个起点，可以用来比较这个地区可比的房屋价格。 通过变换一个或多个预测变量，尤其是房龄和卫生间数量这两个变量，模型可以得到改进。我们建议在这些预测变量的整个变化范围内对斜率进行解释时要保持谨慎。

15.4 检验多元回归模型

在多元回归输出结果中包含几个假设检验，但是所有这些检验都在说明相同的问题。每个假设检验关注的都是潜在的模型参数（斜率和截距）是否确实为 0。这些假设中的第一个就是在简单回归中我们忽略的假设（其原因很快就会清楚）。

既然我们有一个以上的预测变量，那么在我们考虑系数的推断之前，应该做一个总体上的检验。我们问一个综合性的问题：多元回归模型到底是否有效呢？如果房屋价格是随机定价的或者根据预测变量之外的其他因素进行定价的，那么最好的估计值就是平均价格。

简单回归的 F 检验？

为什么我们不能对简单回归进行 F 检验呢？实际上，我们做了检验。当你使用统计软件进行简单回归时，会在输出结果中发现 F 统计量。但是对于简单回归，F 统计量给出的信息与斜率的 t 检验是相同的。它是对斜率系数为零的原假设的检验，并且我们总是用斜率的 t 统计量进行检验。事实上，对于简单回归，t 统计量的平方与 F 统计量相等，因而两者本质上是相同的检验。

为了回答这一综合性问题，我们将对所有的系数为零的原假设进行检验：

$$H_0: \beta_1 = \cdots = \beta_k = 0,\ H_A: 至少有一个\ \beta \neq 0$$

我们可以用运用 F 检验（F-test）来检验这一假设。（它是对一个以上预测变量的 t 检验的演绎。）统计的抽样分布记作字母 F（为了纪念罗纳德·费希尔爵士）。F 分布有两个自由度：预测变量的个数 k 与 $n-k-1$。在指导性案例中，我们有 $k=5$ 个预测变量和 $n=1\ 057$ 套房屋，这意味着 $F=321.8$ 的自由度为 5 且 $1\ 057-5-1=1\ 051$。回归分析的结果显示其 P 值$<0.000\ 1$。原假设为回归模型的预测不比均值好。备择假设为回归模型的预测好于均值。该检验是单边的——较大的 F 值意味着较小的 P 值。如果原假设为真，F 统计量将接近 1。这里的 F 统计量的值相当大，因而我们可以很容易地拒绝原假设，并总结出使用 5 个变量预测房屋价格的多元回归模型要比只用均值估计好。[①]

当进行 F 检验并拒绝其原假设时——同时，如果我们很谨慎，只要我们拒绝原假设——我们可以逐个地对每个系数的检验统计量进行检验。那些检验类似我们在第 14 章中对简单回归的斜率所做的检验。对于每个系数，我们检验斜率为零的原假设与斜率不为零的（双边的）备择假设。回归分析表给出了每个系数的标准误以及估计的系数与其标准误的比例。如果假设与条件是满足的（并且现在我们需要近似正态条件或大样本），这些比例就服从学生 t 分布：

$$t_{n-k-1} = \frac{b_j - 0}{SE(b_j)}$$

自由度 $n-k-1$ 是从哪里来的呢？这里我们有一个发挥作用的经验法则。自由度的数值等于样本数据的个数减去估计参数的个数（包括截距）。对于包含 5 个预测变量的房屋价格回归模型，自由度为 $n-5-1$。几乎每个回归报告中都包含 t 统计量与它们对应的 P 值。

我们可以运用估计值加上或减去误差幅度的常用方法来构建置信区间。正如通常情况下的做法，误差幅度等于标准误与临界值的乘积。这里，临界值来自自由度为 $n-k-1$ 的 t 分布，并且标准误在回归表中。因此，每个斜率 β_j 的置信区间为：

$$b_j \pm t^*_{n-k-1} \times SE(b_j)$$

对于这些检验，其棘手的部分是系数的标准误现在需要更加复杂的计算（因而我们将其交给技术工具），并且系数的含义，正如我们所看到的，取决于多元回归模型中所有其他的预测变量。

最后一点很重要。如果我们没有拒绝多元回归系数的原假设，并不意味着相应的预测变量与 y 之间不存在线性关系。而是意味着在考虑所有其他的预测变量之后，相应的预测变量对 y 构建模型没有贡献。

多元回归模型看起来这么简单和直观。似乎每个 β_j 告诉了我们其相应的预测变

① F 分布表见 www. pearsonhighered. com/sharpe，并且多数回归表中包含了 F 统计量对应的 P 值。

量 x_j 对响应变量 y 的影响程度。但这并不正确。毫无疑问，人们在多元回归分析中通常会犯这类错误。实际上：

- 即使 y 与 x_j 之间可能不存在简单的线性关系，在多元回归中的系数 β_j 也可能与 0 存在显著的差异。

- 当在多元回归中加入一个新的变量时，甚至可能会显著地改变斜率的符号。在房屋价格与卧室数量回归分析的房产地案例中，当将居住面积加入模型中时，卧室数量的系数发生了明显的变化。

因此，我们再次强调：多元回归中 x_j 的系数除了取决于 x_j，也同样取决于其他的预测变量。在运用回归模型时不能正确地解释系数是常常出现的错误。

15.5 调整后的 R^2 与 F 统计量

在第 14 章中，对于简单的线性回归，我们将 R^2 解释为模型对 y 变异的解释程度。对于多元回归，解释也是一样的，只是多元回归模型中包含了不止一个解释变量。R^2 值告诉我们包含所有预测变量的模型对 y 变异性的解释程度（小数或百分数）。

残差的标准误 s_e、F 值与 R^2 对于理解如何评估多元回归模型的价值是很有作用的，它们之间也存在一定的相关关系。作为开始，我们将残差的标准误写为：

$$s_e=\sqrt{\frac{SSE}{n-k-1}}$$

其中，$SSE=\sum e^2$ 称为残差平方和（Sum of Squared Residuals，“E”代表误差）。正如我们所知道的，较大的 SSE（对 s_e 同样适用）意味着残差的变异性也较大，而相应的预测精度将会较低。

均方

用平方和除以其自由度后得到的结果称为均方。例如，你可能曾经看到的记作 MSE 的误差均方等于 $SSE/(n-k-1)$。它用于估计误差的方差。

类似地，$SST/(n-1)$ 等于总平方和除以其自由度。它有时被称作总均方，并被记作 MST。我们在前面的内容中已经看到过这个概念；MST 恰好就是 y 的方差。

此外，SSR/k 是回归均方。

我们可以看一下响应变量 y 的总变异，它被称为总平方和（Total Sum of Squares），并记为 SST：$SST=\sum(y-\bar{y})^2$。对于任一回归模型，我们无法控制 SST，但是我们想要通过找到对方差的解释程度尽可能高的预测变量以使得模型的 SSE 尽可能小。实际上，我们可以写出表明总方差 SST 与 SSE 相关关系的一个等式：

$$SST=SSR+SSE$$

其中，$SSR=\sum(\hat{y}-\bar{y})^2$ 称为回归平方和（Regression Sum of Squares），因为它来自预测变量，并且告诉我们回归模型对响应变量总方差的解释程度是多少。如果一个模型对 y 的变异性有很高的解释程度，我们需要 SSR 很大而 SSE 很小。实际上，R^2 正好是 SSR 与 SST 的比值：

$$R^2=\frac{SSR}{SST}=1-\frac{SSE}{SST}$$

当 SSE 接近于 0 时，R^2 值将接近于 1。

在第 14 章中，检验斜率的标准原假设 H_0：$\beta_1=0$ 也是检验模型中 x 是否可以用于预测 y。实际上，该检验等同于检验两个变量之间的相关系数是否为零。在这里多元回归中的结论是相似的。用 F 统计量检验总体假设 H_0：$\beta_1=\beta_2=\cdots=\beta_k=0$，等同于检验真正的多元回归中 R^2 是否为零。实际上，检验所有斜率是否同时为零的 F 统计量的计算公式为：

$$F=\frac{R^2/k}{(1-R^2)/(n-k-1)}=\frac{\frac{SSR}{SST}\frac{1}{k}}{\frac{SSE}{SST}\frac{1}{n-k-1}}=\frac{SSR/k}{SSE/(n-k-1)}=\frac{MSR}{MSE}$$

换言之，用 F 检验来判断任何一个真实系数是否与 0 存在差异，等价于检验 R^2 是否与 0 存在差异。拒绝两个假设中的任一个说明至少有一个预测变量可以解释 y 的足够多的变异，以使得 y 与噪声区分开。遗憾的是，检验不能指出哪个斜率是起作用的。你需要对单个斜率的检验进行观察，以判定哪个斜率起作用。因为从回归方程中剔除预测变量可以改变任何数量的斜率系数，所以判定使用哪些预测变量是正确的并非显而易见。

R^2 与调整后的 R^2

对多元回归方程增添一个预测变量并不总能增加模型对方差的解释程度，但是它从来不会降低解释程度。增添新的预测变量总会使 R^2 保持不变或增大。不能使之变小。但是，即使 R^2 值增大，也并不意味着最终的模型就是一个更好的模型或具有更强的预测能力。如果我们有一个包含 k 个预测变量的模型（在某一 α 水平下所有系数都具有统计显著性），并且想要知道如果增添一个新变量 x_{k+1} 是否合理，我们可以用所有 $k+1$ 个变量拟合模型，然后用斜率的 t 检验来简单检验所增添变量的斜率。

这一方法可以检验最后增添的变量是否能提高模型的统计显著性，但是选择"最优"的预测变量子集并不一定很直接。对模型的简约（极度简化）与数据拟合优度之间的权衡是任何复杂的回归模型建立中的巨大挑战之一。各种统计方法被提出来以提供此种研究的指标，其中最为常见的一种方法称为调整后的 R^2。调整后的 R^2（Adjusted R^2）对增添到模型中的新项目给予了"惩罚"，其目的在于使得不同规模（预测变量的个数）的回归模型具有可比性。调整后的 R^2 与 R^2 不同，是因为如果研究的预测变量对于模型没有贡献作用，那么当模型中增添一个预测变量时它变小，当从模型中剔除一个预测变量时它变大。事实上，它甚至可以是负值。

对于包含 k 个预测变量和样本容量为 n 的多元回归，调整后的 R^2 被定义为：

$$R_{adj}^2=1-(1-R^2)\frac{n-1}{n-k-1}=1-\frac{SSE/(n-k-1)}{SST/(n-1)}$$

在指导性案例中，我们看到房屋价格与卧室数量、卫生间数量、居住面积、壁炉数量和房龄的回归结果的 R^2 为 0.604 9。所有系数的 P 值均比 0.05 小很多。这个模型的调整后的 R^2 为 0.603 0。如果我们将变量地块大小（Lot Size）增添到模型中，我们得到了如下所示的回归模型：

	Coeff	SE(Coeff)	t-Ratio	P-Value
Intercept	15360.011	7334.804	2.094	0.03649
Living Area	73.388	4.043	18.154	<0.00001
Bedrooms	−6096.387	2757.736	−2.211	0.02728
Bathrooms	18824.069	3676.582	5.120	<0.00001
Fireplaces	9226.356	3191.788	2.891	0.00392
Age	−152.615	48.224	−3.165	0.00160
Lot Size	847.764	1989.112	0.426	0.67005

与 15.3 节指导性案例中的回归结果相比，这一结果最令人惊讶的特征在于尽管大多数系数变化很小，但地块大小的系数非常不显著，其 P 值为 0.670。然而，调整后的 R^2 与前面的模型相比确实提高了。这就是我们提醒不要过于信任这一统计量的原因。尤其是对于大样本，调整后的 R^2 并不总是会调整足够多以使得我们对模型做出明智的选择。比较这两个模型发现的其他问题是 9 个房屋没有地块大小的数据，这意味着我们没有在样本完全相同的情况下比较两个模型。当我们在一个更小的数据集的情况下比较两个模型时，调整后的 R^2 确实使我们“做出了正确的决策”，但是它的值只有 0.605 9——不含地块大小变量时模型的 R^2 为 0.606 0。由于考虑到我们增添的变量的 t 值比 1 小很多，可能会期望存在一个更大的差异。

这里得到的教训是，对于任何实际的商务决策问题，没有“正确的”预测变量集，并且建立合理的模型是一个融合科学、艺术、商务知识和常识于一体的过程。在研究你拟合的任一多元回归模型的调整后的 R^2 时，一定确保考虑包含或不包含任一给定预测变量的所有其他原因。

可能出现的错误

解释系数：

● 不要对一个单一的变量声称“保持其他一切不变”。把回归系数解释为当除了一个变量之外的其他所有变量保持不变时，我们所期望的预测变量的变化量，这往往是没有实际意义的。虽然这在数学上是正确的，但是通常没有任何实际意义。例如，一个薪酬与工作年数、受教育年数、年龄的回归模型，如果不将时间增加一年，研究对象无法保持年龄不变而使得工作年数和受教育年数增加一年。与之相反，我们能够考虑所有那些满足给定标准的预测变量，并探讨 y 与那些预测变量中的一个 x 之间的条件关系。

● 不要随意地解释回归。回归通常被应用于观察数据。没有特意的处理、随机化和控制，我们无法得出关于因果关系的结论。我们从来都不能确定是否存在潜在变量造成了所观察到的一切。不要把多元回归中 x_1 的系数 b_1 解释为"如果 x_1 变化一个单位（保持其他变量不变），y 将变化 b_1 个单位"。我们无法知道某个变量变化时会发生什么。

● 将回归模型解释为预测模型时应当谨慎。我们确实是将 x 称作预测变量，你肯定可以对每个 x 赋值，并且找到相应的预测值 $\hat{y}$。但是术语"预测"表明对未来进行外推或超出了数据的范围，并且我们知道当用不在数据范围内的 x 的模型去估计 $\hat{y}$ 时会出现问题。注意，在外推时不要偏离数据范围太远。在简单回归中，当你进行外推时是很容易辨明的。对于使用很多预测变量的情况，当你偏离原始数据的边界时，往往更难发现。① 我们经常考虑对数据拟合模型，与其说是预测，不如说是建模，因而这经常是一个恰当的术语。

● 不要认为系数的符号是特殊的。有时候我们对预测变量的主要兴趣在于其与 y 是正相关还是负相关。尽管正如我们已经看到的，系数的符号也取决于模型中的其他预测变量。不要孤立地看系数的符号并得出结论"相关关系的方向是正的（或负的）"。正像系数的数值一样，其符号表示在考虑了其他预测变量的线性影响后的关系。模型中增添或减少其他变量都可能会改变某个变量系数的符号。例如，在房屋价格的回归模型中，我们看到当居住面积作为预测变量增添到模型中时，卧室数量的系数发生了变化。卧室数量较多的房屋的平均销售价格较高或较低的任一说法都是不正确的。不但真相更为微妙，而且要求我们理解多元回归模型。

● 如果系数的 t 统计量不显著，就不要对它做任何解释。你不能保证潜在回归模型中相应的参数值确实不为零。

可能出现的其他错误

● 不要对非线性关系的数据拟合线性回归模型。这是一个最为基本的回归假设。如果 x 与 y 之间不存在近似的线性关系，对它们拟合线性模型是毫无意义的。所谓的"线性"是指我们写出的回归模型的形式。当我们有两个预测变量时，这是一个平面方程，它在平面的各个方向都是线性的。对于多个预测变量，这种几何关系很难从视觉上观察，但模型的简单结构是一致的；预测值随着任一预测变量的变化而发生等量一致的变化。

通常情况下，当绘制出来的 y 与每个 x 的散点图足够直时，我们会感到满意。为了检查是否存在非线性，我们也会检查残差与预测值的散点图。

● 注意密集的散点图。误差的标准误的估计值在所有推断公式中都会出现。但这个估计值假设在整体 x 的范围内误差的标准误是相等的，因此当我们估计时可以把所有残差组合在一起。如果 s_e 随着 x 的变化而变化，这些估计值就没有任何意义。最常做的是检查残差与预测值的散点图。如果残差与几个预测变量的散点图均显示变得密集，特别是也出现了弯曲，那么考虑对 y 进行变换。如果只与一个预测变量

---

① 对于多个预测变量，即使各个数值并不异常，我们也可能因为数值的组合而怀疑是否超出了数据的范围。例如，在房地产的记录中，能够找到有 1 个卫生间的房屋与有 5 个卧室的房屋，但是一套房屋有 5 个卧室却只有 1 个卫生间就很不正常了。我们找到的这个模型不适合预测此种特殊房屋的价格。

的散点图显示变得密集，那么考虑对该预测变量进行变换。

● 确保误差是近似正态的。我们所有的推断都要求真实的误差服从正态分布。检查直方图与残差的正态概率图，以判断这个假设看起来是否合理。

● 注意高影响点和异常值。我们在建立模型时必须注意一些对模型有重要影响的点，建立回归模型当然也不例外。

实践中的伦理

高山医疗系统公司是一家大型的医疗设备供应商，其产品提供给医院、医生、诊所和其他保健专业人员。高山公司的市场与营销副总裁 Kenneth Jadik 要求公司的一个分析人员 Nicole Haly 构建一个模型，用以预测公司销售人员的业绩。根据收集的上一年度的数据与人力资源部的记录，她考虑了 5 个潜在的解释变量：(1) 性别，(2) 初始基本工资，(3) 从事销售工作的年数，(4) 个性测试得分，(5) 高中成绩平均值。被解释变量（销售业绩）用每季度的销售额（美元）来衡量。在与 Nicole 讨论分析结果时，Kenneth 要求看一下包含 5 个解释变量的完整回归模型。Kenneth 注意到性别系数的 t 检验显示对销售业绩没有显著的影响，并建议将它从模型中剔除。Nicole 提醒他，公司以前给女性提供较低的初始基本工资，最近已在法律的要求下改正过来了。与之相反，如果从模型中剔除初始基本工资这个变量，那么性别变量在统计上就是显著的，而且其系数表明女性销售人员比男性销售人员业绩更好（考虑其他变量）。Kenneth 认为因为考虑所有变量时性别变量在统计上不显著，所以应该剔除性别变量。

伦理问题 回归模型中预测变量的选择是有政治动机的。因为性别和基本工资之间具有相关关系，所以不可能将它们对销售业绩的影响分开，并且认为某一预测变量或其他预测变量无关也是不合理的。与《美国统计学会道德指南》的第 A 条款相关。

伦理解决方案 该情况比简单回归模型所能解释的要复杂得多。包含性别变量而不包含基本工资的模型与包含基本工资而不包含性别变量的模型都应该进行分析。然后在讨论这些模型时应该指出，由于公司先前的政策，这两个变量是相关的，并且注意到较低基本工资员工有较好销售业绩的结论与女性员工有较好销售业绩的结论是等价的。

小结

学习目标

■ 了解如何使用你所选择的技术工具进行多元回归。

● 技术工具是不相同的，但是大多数技术性工具都输出了看起来很相似的表格，这些表格中都包含了回归分析结果。了解如何在你所用的技术工具输出的结果中找到你需要的数值。

■ 理解如何解释多元回归模型。

● 多元回归系数取决于模型中的其他变量的含义。特别地，它表示的是在移除了其他 x 变量的线性影响后 y 与相关的 x 之间的关系。

■ 在解释多元回归模型之前，保证检查假设与条件。

● 线性假设表明多元回归模型的形式是合理的。我们通过研究散点图来对其进行检查。如果图形看起来是线性的，我们就可以拟合一个多元回归模型。

● 独立性假设要求在拟合数据的过程中模型产生的误差是相互独立的。来自随机样本或随机实验的数据通常满足这个假设。

● 同方差假设表明围绕多元回归模型的变异性应该是处处相同。我们通常通过绘制残差与预测值的图形来检查等离散度条件。这个假设是必要的，因而我们可以将残差联合起来估计它们的标准差，我们将这些标准差用于对回归系数的推断。

● 正态性假设表明模型的误差应该服从正态分布。我们通过直方图或残差的正态概率图来检查近似正态条件。我们需要这个假设来使用学生 t 模型进行推断，但对于较大容量的样本，它并不是很重要。

■ 了解如何说明和检验关于多元回归系数的假设。

● 对于每个系数的标准假设检验为

$$H_0: \beta_j=0, \quad H_A: \beta_j\neq 0$$

● 我们通过将检验统计量 $\dfrac{b_j-0}{SE(b_j)}$ 应用于自由度为 $n-k-1$ 的学生 t 分布来检验这些假设，其中 k 为多元回归分析中估计的系数个数。

■ 解释由多元回归模型产生的其他相关统计量。

● R^2 是指通过多元回归模型解释的 y 的变异的比例。

● 调整后的 R^2 用于对估计系数的个数的调整。

● F 统计量检验回归模型不比使用均值对 y 进行简单建模更好的整体假设。

● 残差的标准误 $s_e=\sqrt{\dfrac{\sum e^2}{n-k-1}}$ 给出了回归模型如何精确地拟合数据的思想。

术语

调整后的 R^2：考虑模型中预测变量的个数之后对 R^2 统计量进行的调整。它有时用于比较包含不同预测变量个数的回归模型：$R^2_{adj}=1-(1-R^2)\dfrac{n-1}{n-k-1}=1-\dfrac{SSE/(n-k-1)}{SST/(n-1)}$。

F 检验：F 检验用于检验整体回归不比用均值对 y 建模更好的原假设：

$$H_0: \beta_1=\cdots=\beta_k=0, \quad H_A: \text{至少一个 } \beta\neq 0$$

如果这个原假设没有被拒绝，那么你不应该对单个系数进行检验。

多元回归：一个包含两个或多个预测变量的线性回归，其系数可以通过最小二乘法求得。当需要区分时，只有一个预测变量的最小二乘线性回归称为简单回归。多元回归模型为：

$$y=\beta_0+\beta_1 x_1+\cdots+\beta_k x_k+\varepsilon$$

回归平方和 SSR：对由模型解释的响应变量总变异的测度。

$$SSR=\sum(\hat{y}-\bar{y})^2$$

误差或残差平方和 SSE：对残差的变异的测度。

$$SSE=\sum(y-\hat{y})^2$$

总平方和 SST：对响应变量的变异的测度。$SST=\sum(y-\bar{y})^2$ 。注意：

$$\frac{SST}{n-1}=Var(y)$$

系数的 t 比例：系数的 t 比例可以被用于这样的检验：原假设为每个系数的真值为零，备择假设为每个系数的真值不为零。t 分布也被用于构建各个斜率系数的置信区间。

技术帮助：回归分析

所有的统计学软件包都能得出一个回归分析结果表。多元回归分析结果表看起来与简单回归分析结果表很相似。你会希望看一下方差分析表，并且你将会看到每个系数的信息。

大多数统计软件包提供残差与预测值的散点图。有些软件包也可以绘制残差与 x 变量的散点图。当你需要运用一些统计学软件包进行回归分析时，你必须绘制残差的散点图。其他的统计学软件包可以让你先做回归分析，然后再进行残差分析。无论是哪一种，如果你不用直方图或正态概率图以及残差与各个 x 变量或预测值的散点图对残差进行分析，你的分析就是不完整的。

进行多元回归分析前检验假设的一种好方法是运用矩阵式散点图。有时候在命令中将其简写为 SPLOM（或者 Matrix Plot）。

多元回归分析都是由计算机或可编程的计算器来完成。在使用计算机之前，一个完整的回归分析需要几个月甚至几年时间才能完成。

EXCEL

- 在 Excel 中，从数据菜单上的“Analysis”功能组中选择“Data Analysis”。
- 从“Analysis Tools”列表中选择“Regression”。
- 单击“OK”按钮。
- 在“Input Y Range”的方框中输入 Y 变量的数据范围。
- 在“Input X Range”的方框中输入 X 变量的数据范围。
- 选择“New Worksheet Ply”选项。

● 选择“Residuals”选项。单击“OK”按钮。（在 Microsoft Excel 2010 中生成图像。）

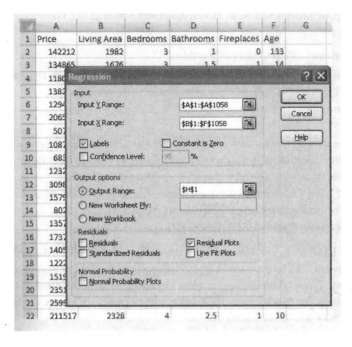

注释：

Y 与 X 的范围不必在表格的同一行中，即使它们必须涵盖相同数量的单元格。但是与在数据表格中一样，将你的数据置于平行的列中是一个很好的方法。X 变量必须位于相邻的列中。数据范围内的单元格不应该包含非数字的值或留有空白。

尽管对话框提供了残差的正态概率图，但是数据分析插件不能绘制正确的概率图，因而不要使用这个选项。

XLSTAT

在 XLSTAT 中构建多元回归模型与构建简单线性模型一样：

● 选择“Modeling data”，然后选择“Linear regression”。（在培生的 XLSTAT 中生成图像。）

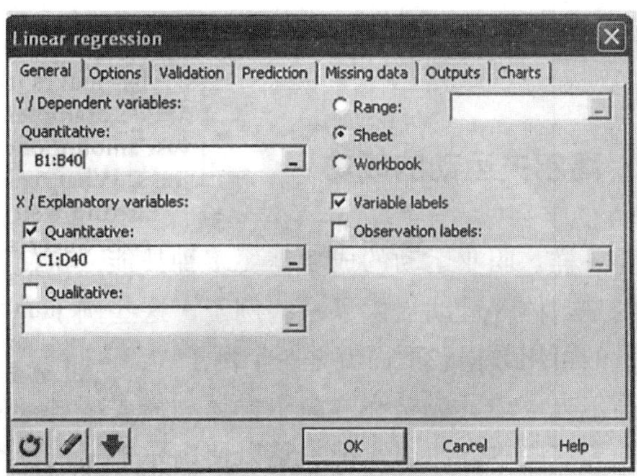

● 在“Y/Dependent variables”区域，在单元格内输入响应变量。

● 在“X/Dependent Variables”区域，检查“Quantitative”检验框，并且在“Quantitative”文本框输入解释变量数据的所有列单元格范围。

JMP

● 从“Analyze”菜单中选择“Fit Model”。

● 在“Construct Model Effects”对话框中设定响应变量 Y 和预测变量 X。

● 点击“Run Model”。

注释：

当影响是“连续的”时，JMP 选择回归分析。预测变量可以是定量变量或定性变量的任意组合。如果你得到不同的分析结果，就检查变量的类型。

MINITAB

● 从“Stat”菜单中选择“Regression”。

● 从“Regression”子菜单中选择“Regression...”。

● 在回归对话框中，将变量 Y 放到响应变量方框中，将变量 X 放到解释变量方框中。

● 单击“Graphs”按钮。

● 在“Regression-Graphs”对话框中，选择“Standardized residuals”，并检查“Normal plot of residuals”和“Residuals versus fits”。

● 单击“OK”按钮，回到“Regression”对话框。

● 单击“OK”按钮，计算回归结果。

SPSS

● 从“Analyze”菜单中选择“Regression”。

● 从“Regression”子菜单中选择“Linear”。

● 在出现的“Linear Regression”对话框中，选择变量 Y 并将其移到因变量方框中。然后将变量 X 移到自变量方框中。

● 单击“Plots”按钮。

● 在“Linear Regression”对话框中，选择绘制 * SRESIDs 与 * ZPRED 数值的图。

● 单击“Continue”按钮，回到“Linear Regression”对话框。

● 单击“OK”按钮，计算回归结果。

□ 微型案例：高尔夫运动的成功

像许多其他职业一样，职业运动的成功需要多种技能。这使得估计和预测成功的难度很大。幸运的是，体育运动提供了一些例子，这些例子为我们学习如何成功构建模型提供了大量的可用数据。下面就是一个例子。

哪些方面使得高尔夫运动员成功呢？高尔夫运动需要多种技能。球的位置放得好或者打出很远的距离这些单方面因素都不足以使高尔夫运动员获得成功。高尔夫运动的成功需要多种技能的结合。因而，这使得多元回归分析成为构建高尔夫运动员成功模型的一个良好选择。

许多网站提供了现在美国职业高尔夫球协会（PGA）在役运动员的统计信息。在文件 Golfers 中我们获得了 2006 年排名前 204 位的运动员的数据信息。

所有这些运动员都从比赛中挣得薪酬，但是他们参加的比赛场次却不相同。并且薪酬的分布是相当偏斜的。（Tiger Woods 参加每场比赛挣得 662 000 美元薪酬。排在第二位的 Jim Furyk 参加每场比赛只挣得 300 000 美元薪酬。平均每场比赛所挣得薪酬的中位数为 36 600 美元。）因此，取每场比赛薪酬的对数作为响应变量就是一个不错的主意。

数据文件中包括的变量如下：

Log $/E：参加每场比赛所得薪酬的对数。

GIR：标准杆上果岭率。果岭上的球两次或多次打进洞的百分比。

Putts：标杆上果岭每个洞的平均推杆数。

Save%：在果岭旁边高尔夫球员每击打一次障碍后还须增加 1～2 次击打才能进洞，称作救起得分的球。这是指实现救起得分的球所占的百分比。

DDist：平均击打距离（码）。它是用两次反方向击打距离的平均值来度量（考虑风的影响）。

DAcc：击打精度。救起得分的球落在球道上的百分比。

对这些数据进行研究。求出预测高尔夫运动员成功的回归模型（用每场比赛薪酬的对数来测度）。写一篇报告来展示你的模型，其中包含对模型局限性的评估。注意：尽管你可能考虑几个中间模型，但一个好报告是针对你认为最好的模型的，没有必要对搜索过程中你尝试的所有模型进行说明。

□ 快速测试答案

1. 通过使用身高（Height）、年龄（Age）和体重（Weight）作为预测变量的多元回归模型可以解释身体脂肪百分比（Percent Body Fat）变异的 58.4%。

2. 给定身高（Height）和体量（Weight），年龄（Age）每增加一岁，平均而言身体脂肪（Body Fat）含量将提高 0.137%。

3. 多元回归系数需在其他变量数值一定的情况下进行解释。对于相同体重（Weight）和年龄（Age）的人，身高（Height）每增加 1 英寸，平均而言身体脂肪（Body Fat）含量将减少 1.274%。当研究各种重量（Weight）和年龄（Age）的人时，不能得出相同的解释。

第 16 章 数据挖掘概述

美国残疾退伍军人协会

美国残疾退伍军人协会（PVA）是美国政府特许的慈善和服务组织，对深受脊髓损伤或疾病折磨的美国退伍军人提供服务。自 1946 年以来，PVA 募集资金以支持各种各样的活动，包括倡导退伍军人的医疗保健、对脊髓损伤和疾病的研究与教学、对退伍军人福利和权利的支持等活动。

PVA 募集资金的方式有很多种，但其中募集的大多数资金来自于直接邮寄，这种方式是将地址标签和问候卡片免费寄送给邮寄名单上可能进行捐赠的人并且向接受这些礼物的人请求捐赠。

PVA 定期将捐赠请求寄送给 400 多万名捐赠者。2006 年，PVA 接收到的捐赠额大约为 8 600 万美元，但它在邮寄、管理和礼品方面的支出却超过 3 400 万美元。其中大部分资金花费在对那些从未捐赠的人的邮寄上。事实上，在任何一份请求中，像 PVA 这样的组织还是很幸运的，它可以从他们联系的人中得到多于百分之几的回复。而对于像大型信用卡银行的商业公司，它们得到的回复率太低，以至于它们在衡量回复率时不用百分比，而是用基点——1%的 1%。如果 PVA 能正好减少一半对那些不会回复的人的寄送，它每年可以节省 1 700 万美元，并且只使用一半的纸张。统计方法能帮助它决定应该邮寄给哪些人吗？

16.1 直接的市场营销

与在各种媒体上刊登广告有所不同，有时候企业会努力直接吸引消费者。这种吸引力的通常形式包括：提供优惠价格购买某些产品，注册为特殊项目的会员，对慈善团体捐赠资金或做义工。无疑你已经见过类似信件、电子邮件或电话形式的市场营销。直接邮寄，通常被称作“垃圾信件”，每年产生大约 400 万吨废纸。直接发送的 e-mail，往往被称作“垃圾电邮”，根据欧洲网络与信息安全局（The European Network and Information Security Agency，ENISA）发布的信息显示，这些“垃圾电邮”在所有电子邮件中的占比达到 95%。

企业采用直接邮寄或发送 e-mail 的方式，其原因在于与其他可选方式相比，这一方式成本低且效率高。为了使这一方式更有效率，企业希望辨识出哪些人最有可能给予回应。换言之，企业想要确定它们产品促销和优惠的目标人群。

为了帮助企业确定某消费者对某个特定优惠给予回应的可能性，企业可以建立模型来估计概率大小。用于建模的数据往往都是企业收集的和其他购买的关于消费者的数据的组合。数据挖掘（data mining）是指运用各种数据分析工具发现数据中的趋势和关系以帮助构建有用模型并做出预测的过程。使用数据挖掘的企业的目的可能是将信件直接邮寄给那些更可能回应请求的人。例如，它们可能观察以往的消费者行为和其他人口统计信息，并且通过构建一个（或多个）模型来预测谁最有可能给予回应。我们在本书中讲授的许多建模方法——特别是多元回归和 logistic 回归——都可用于数据挖掘。但是因为数据挖掘可以从机器学习、计算机科学、人工智能和统计学等方面的工作受益，所以它拥有的工具比我们在本书中讨论的工具更加丰富。

16.2 数据

企业和慈善组织收集了其客户的海量信息。也许你并未意识到，你也是海量信息中的一员。当你使用信用卡购物时，当你在超市使用会员卡时，当你用电话或在网上或拨打 800 电话下订单时，你的交易信息已经被记录下来了。对于信用卡公司而言，每年每个客户的该种交易数据（transaction data）可能包含几百条。对于慈善组织而言，该种交易数据可能包括何时发出邀约、捐赠者是否对每个邀约均给予回应及捐赠金额的历史记录。对于信用卡银行而言，该种交易数据包含客户的每笔购物支出。每次交易将要达成时，信息都将返回到交易数据库来核实此卡是否有效、是否曾被挂失、是否超过信用额度——这也就是每次你进行购物支出的交易达成之前需要等待一小段时间的原因。尽管企业收集交易数据以使得交易本身更加便捷，但它们也认识到这些数据包含了关于其商业经营活动的丰富信息。而找到提取——挖掘——信息的方法却是一种挑战。

除了交易数据，企业通常掌握关于客户和产品（例如库存、价格和运输成本）信息的分类数据库。这些数据库可以在一个关系数据库中进行相互连接。在第 2 章讨论过关系数据库的性质与一些简单的例子。

客户数据库中的变量包括两种类型：个人的和区域的。个人变量通常是在客户开设账户、在网上进行注册或填写保修卡时首先收集到的，并且这些数据与特定客户有关。它们可能包括人口统计变量（demographic variables），如消费者的年龄、收入和子女数等。然后，企业将消费者与企业进行交易活动所得到的一些其他数据加入这些变量，这包括某些交易数据库中的许多汇总数据。例如，消费者数据库中的消费者每月总支出可能就是一个变量，它会根据消费者的个人购物行为而不断更新，并保存在交易数据库中。企业可能也购买其他的人口统计数据。一些人口统计数据是根据邮政编码进行划分的，这样的数据可以从类似美国人口调查局的机构获取。这些数据可能提供平均收入、受教育程度、住宅价值和消费者住宅周边居民的民族构成等信息，但这些数据并非针对特定消费者。

针对特定消费者的数据也能够从各种商业组织中购买获得。例如，某家信用卡公司想要为那些经常旅行的人提供免费的航空保险。为了有助于了解哪些客户经常旅行，公司可以购买消费者订阅杂志的信息，以辨识出订阅旅行和休闲杂志的客户。个人信息的共享和售卖尚有争议，引起人们对隐私的担忧，尤其是当购买的数据包含健康记录和私人信息时。事实上，在美国对于健康数据共享的担忧引致了一套严格的法规的诞生，这套法规就是著名 HIPAA 法案（Health Insurance Portability and Accountability Act）。收集和共享消费者信息的限制性规定在不同的国家差异很大。

PVA 消费者数据库①是典型的变量组合。它包含每个捐赠者的 481 个变量。有 479 个潜在预测变量和两个响应变量：TARGET _ B 是一个 0/1 变量，用来表示捐赠者是否为最新的活动捐款；TARGET _ D 给出了捐赠的美元数额。表 16.1 显示了 PVA 数据中 481 个变量某个子集的前 18 条记录。我们可以从它们的名称中猜测出其中一些变量的含义，而其他变量则显得更为神秘。

变量的信息，包括它们的定义、收集方法、收集数据的日期等，统称为元数据（metadata）。下面 PVA 数据集中的变量是在许多公司的客户记录中找到的典型数据类型。我们不应该对 AGE 表示以年为单位测度的捐赠者年龄与 ZIP 表示捐赠者的邮政编码感到惊讶。但如果没有这些元数据，将很难知道 TCODE 是用在地址标签标题之前的编码（0＝空白；1＝先生；28＝女士；等等）或者 RFA _ 2A 是对过去捐赠行为的总结。

大约 10％的 PVA 变量用以描述 PVA 自身收集的以往捐赠行为。一半以上的变量是极有可能从人口调查局购买的基于邮政编码的区域数据。其他的是由 PVA 收集或从其他组织购买的特别针对捐赠者的变量。

有时候将不同的数据库收集或融合到一个被称作数据仓库（data warehouse）的中央数字存储器中。维护数据仓库是一项非常艰巨的工作，并且公司每年仅仅为维护数据仓库就要在软件、硬件和技术人员方面花费数百万美元。一旦公司对创建和维护某个数据仓库进行了投资，它们就会自然而然地想从中获得尽可能多的价值。例如，在 PVA，分析人员可能使用数据建模以预测哪些人会对直接邮寄活动给予回应；相似地，一家信用卡公司可能想要预测出哪些人最可能接受办理新信用卡或某项服务的邀约。

---

① PVA 生成的一些数据被 1998 年的“知识发现与数据挖掘（KDD）竞赛”使用。这个竞赛的目标是基于人口统计信息和过去的捐赠信息构建预测哪些捐赠者应该收到下一个邀约的模型。其结果发布在 KDD 研讨会上（www. kdnuggets. com）。本章中所讨论的变量是 PVA 公开的变量。

表 16.1　PVA 数据集中的部分消费者记录。这里显示了用于 1998 年 KDD（知识发现和数据挖掘）数据挖掘竞赛①的 481 个变量中的 15 个变量与大约 100 000 名消费者记录中的 18 条记录。

ODA-TEDW	OSO-URCE	TCO-DE	State	Zip	DOB	RFA _ 2A	Age	Own	Inc	Sex	Wea-lth	AVGGIFT	TARG-ET _ B	TARG-ET _ D
9401	L16	2	GA	30738	6501	F	33	U	5	F	2	11.666 67	0	0
9001	L01	1	MI	49028	2201	F	76	H	1	M	2	8.777 78	0	0
8601	DNA	1	TN	37079	0	E		U	1	M		8.619 048	1	10
8601	AMB	1	WI	53719	3902	G	59			M		16.272 73	0	0
8601	ERL	2	TX	79925	1705	E	81	H	2	F	6	10.157 89	0	0
8701	LIS	1	IN	46771	0	F				M		8.871 333	0	0
9201	GRI	1	UK	60016	1807	F	79	H	4	M	6	13.8	0	0
9401	HOS	0	KS	67218	5001	G	48	U	7	F	7	18.333 33	0	0
8901	DUR	0	MI	48304	1402	F	84	H	7	M	9	12.909 09	0	0
8601	AMB	0	FL	34764	1412	F	83	H	2	F	3	9.090 909	0	0
9501	CWR	2	LA	70582	0	D		U	5	F		5.8	0	0
9501	ARG	0	MI	48312-	4401	E	54			F		8	0	0
8601	ASC	0	TX	75644	2401	G	74	U	7	F		13.208 33	0	0
9501	DNA	28	CA	90059	2001	E	78	U	1	F		10	0	0
9201	SYN	0	FL	33167	1906	F	79	U	2	M	3	10.090 91	0	0
9401	MBC	2	MO	63084	3201	F	66	H	5	F		10	0	0
9401	HHH	28	WI	54235	0	F		H	7	F		20	0	0
9101	L02	28	ML	36108	4006	F	58	H	5	F		10.666 67	0	0

16.3　数据挖掘的目标

数据挖掘的目的是想要提取隐藏在这些大型数据库之中的有用信息。使用与典型数据仓库一样大的数据库，这种探索研究可以看作是大海捞针。分析者如何才能找到他们想要的数据呢？他们可以从一系列调查开始研究工作，根据数据中的具体问题推断出消费者的行为。以具体业务知识为引导，他们可能尝试一种查询驱动的方法，探究一系列特定的问题而推断出规律。这种方法被称作在线分析过程（online analytical processing）或 OLAP。销售、市场营销、预算、库存和财务方面的分析人员通常使用 OLAP 方法解决包含多个变量的特定问题。对于 PVA 的某个 OLAP 问题可能是："西部地区有多少年龄在 65 岁以下、收入在 40 000 ～60 000美元之间且前两年没有捐赠的消费者在最新邀约中的捐赠超过 25 美元？"尽管 OLAP 在回答这种多变量询问时十分有效，但它是针对特定问题的。OLAP 只针对特定询问给予回答，通常用表格的形式表示，但并未建立预测模型，因而推广 OLAP 是不合适的。

① KDD 杯是世界上著名的数据挖掘竞赛，是由 ACM（计算机协会）的 SIGKDD 兴趣小组举办的。

与 OLAP 询问不同，数据挖掘分析得出的结果是预测模型（predictive model）——该模型使用预测变量来预测某种反应。对于定量响应变量（像在线性回归中的一样），该模型会预测响应变量的值，而对于定性响应变量，该模型估计响应变量取某值的概率（像在 logistic 回归中的一样）。线性回归与 logistic 回归都是数据挖掘人员常用的工具。与所有统计学模型一样，但与像 OLAP 以询问为基础的模型不同，数据挖掘可以通过预测模型将其推广到其他相似的情况。例如，使用 OLAP 询问的分析人员可能发现对近期产品促销有反应的特定年龄段的消费者。但如果没有建立模型，分析人员不能理解消费者年龄与促销成功之间的关系，因而可能无法预测出在更大范围的消费者中的产品销量如何。数据挖掘项目的目标就是通过建立模型来回答项目开始阶段所提出的某些具体问题，以增加对业务活动的了解和知识。

数据挖掘与涉及解释性数据分析和建模的传统统计分析相似。然而，数据挖掘有几个方面与更加传统的统计分析并不相同。尽管人们对于数据挖掘到底是什么以及它与统计学的区别尚未达成共识，但是仍可以总结出最为重要的差异，主要包括：

● 数据库的规模。尽管认为数据挖掘的分析对数据库规模大小并无特别的要求，但仅包含几百个案例或少数变量的分析往往不被看作是数据挖掘。

● 数据挖掘的探索性本质。与统计分析可能检验假设或构建置信区间不同，数据挖掘努力的结果通常是被用于预测的模型。一般情况下，数据挖掘人员对于具体模型的参数值或假设检验并不感兴趣。

● 数据是“偶然事件”。与从设计实验或调查获取的数据相比，数据挖掘所使用的数据并不是以系统性方法收集而得到的。因此，千万不要混淆关联关系与因果关系，这一点对于数据挖掘而言是尤其需要有耐心的。此外，所涉及的变量的绝对数量使得在研究任何变量之间的关系时容易犯第一类错误。

● 数据挖掘努力的结果是“可控的”。对于一些商业应用而言，应该在感兴趣的问题与模型如何帮助解决问题上达成一致意见。对于模型各种可能的结果应有相应的行动方案。仅仅因为好奇而探索大型数据库或只是想要了解数据库所包含的内容都是不可能有成效的。

● 建模选择是自动的。通常情况下，数据挖掘人员会尝试各种不同的模型来发现每个模型说明了什么，却不愿意花费大量时间选择哪个变量应该包含在模型之中，或者做出在更为传统的统计分析中可能的各种选择。与那些想要了解逐步回归中各个术语的分析人员不同，数据挖掘人员更关注模型的预测能力。只要得到的模型有助于对哪些人会接受下一轮优惠、哪些人最适合网上优惠券，或者哪些人最有可能转换有线电视台，数据挖掘人员就可能会感到满意。

16.4 数据挖掘的误区

数据挖掘软件通常包含各种探索性和建模的工具以及一个设计用于指导用户熟悉数据挖掘过程的图形用户界面。一些购买数据挖掘软件的人希望通过较少或不做努力或输入较少的信息，就可以让软件找出数据库中的信息并撰写出具有知识含量的报告。软件商往往利用这一愿望，通过夸大软件功能和数据挖掘的自动性本质来提高软件的销售量。数据挖掘经常能够协助分析人员找到有意义的模型，并帮助预测未来消费者的行为，但是分析人员对他或她的业务了解得越多，那么他或她成功运用数据挖掘的可能性就越大。数据挖掘并非克服数据的质量问题或数据采集问题的魔棒。一件产品可能有检测异常值的工具，并且可能可以虚拟缺失的数据值（对其赋值），但是你掌握的全部有效的统计分析仍然与数据挖掘相关。

下面是关于数据挖掘功能的更为一般性的误区。

- 误区 1：找到尚未提出的问题的答案。

尽管数据挖掘能建立模型以回答特定的问题，但是它不具备回答尚未提出的问题的能力。事实上，在任何一个数据挖掘项目中，提出一个准确问题是关键的第一步。

- 误区 2：对感兴趣的模式自动地监控数据库。

数据挖掘技术构建预测模型以回答问题，但是不能像回归模型那样自己找到感兴趣的模式。

- 误区 3：不需要了解商业活动。

实际上，分析人员对他或她的商业活动了解得越多，数据挖掘也就越有效。

- 误区 4：不需要收集良好的数据。

与你所遇到的任何其他统计模型一样，好数据对于数据挖掘模型同样重要。虽然一些数据挖掘软件包含有助于提供缺失数值与数据交换的工具，但是对于数据质量并无替代性。

- 误区 5：不需要具备良好的数据分析技能。

数据挖掘人员的数据分析技能越好——你在本书各章中学到的技能——那么当运用数据挖掘工具时，所做的分析就会越好。数据挖掘工具比类似于回归的统计工具更为有效和灵活，但是在工作方法和具体实施方法上具有相似性。

16.5 成功的数据挖掘

典型的数据仓库的规模对于任何数据分析都具有挑战性。存储数据的能力比有效使用它的能力增长得更快。商业数据仓库往往包含兆兆字节（TB）——超过 1 000 000 000 000（1 万亿）字节的数据（1 个 TB 相当于大约 26 万首数字化歌曲），并且包含拍字节（PB，1PB=1 000TB）的数据仓库现在很常见。美国联合包裹速递服务公司（United Parcel Service，UPS）的追踪数据库估计是约 16 个 TB，或者大约相当于美国国会图书馆全部图书数字化的规模。根据 *Wired* 杂志，每月大概有 20TB 的图片上传到 Facebook。美国普查局 1790—2000 年的全部数据大概有 600TB。然而，2008 年，Google 服务器每 72 分钟处理的数据估计有 1PB。[①] 数据挖掘人员希望发现隐藏在这些大规模数据集中的某些重要的战略信息。

为了得到成功的数据挖掘结果，第一步是定义明确的商业问题。对于 500 个变

① *Wired*，Issue 16.07，June 2008.

量，两两变量之间可能的双向关系组合超过 10 万个。仅仅偶然联系起来的两两变量组合的数量可能更大。发现许多感兴趣的关系是人类的本性，并且这一本性甚至为两种变量之间因何而联系找到合理的理由。这些变量中的部分可能看起来可以提供有用的预测模型，然而实际上它们并不能。一项定义明确的商业目标有助于你避免大量的弯路。

就像油漆房子一样，数据挖掘项目在准备、整理和检验数据方面需要付出很多努力。据估计，对于任何数据挖掘项目，用在数据准备（data preparation）方面的时间占用了 65%～90%。数据准备包括调查缺失数值、纠正错误和不一致的记录、确定数据定义与从初始数据中构造新变量。这些数据可能需要从几个数据库中进行提取并合并。必须纠正或避免错误，并且必须识别出异常值。

一项成功的数据挖掘工作通常在构建模型之前需要将大量的时间用在数据基础检验、整理和准备方面。一个相互协作、共担责任的数据挖掘团队需要具有清晰、一致的工作目标。一旦知道了数据挖掘的结果，就会有一个行动计划，无论那些结果是否为该团队所期望或想要的结果。最后，数据挖掘应该伴随着尽可能多的关于数据与商业问题的知识。对大型数据库模式的盲目研究很少能得到富有成效的结果，而且会浪费宝贵的分析资源。

□ 举例

数据准备

数据挖掘分析通常处理大量的变量。PVA 数据包含用于构建预测捐赠者是否在下一项活动中捐款的模型的 479 个潜在预测变量。这些变量中的每一个可能都面临在进入完整的分析之前是否应该被处理的问题。但通常情况下会选取较少的变量来检验。下面是一个例子。

问题：只观察变量 AGE，使它能够在基于回归的模型中成为更加有效的预测变量，对其做什么纠正或调整是恰当的呢？

答案：我们观察 PVA 数据集中的全部关于 AGE 变量的 94 649 条记录的直方图和箱线图。

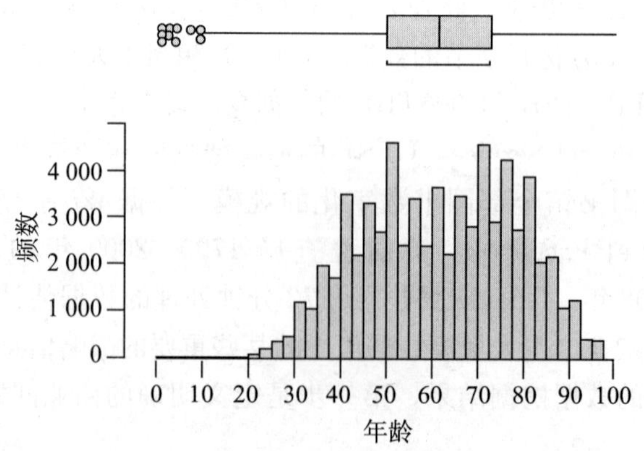

图 16.1　变量 AGE 的图形输出与统计概括有助于辨识问题值。

	分位数	
100.0%	最大值	98.000
99.5%		95.00
97.5%		90.000
90.0%		83.000
75.0%	四分位数	75.000
50.0%	中位数	62.000
25.0%	四分位数	48.000
10.0%		39.000
2.5%		31.000
0.5%		26.000
0.0%	最小值	1.000
均值		61.598 019
标准差		16.666 865
均值的标准误		0.062 474 9
均值 95%的置信区间的上界		61.720 469
均值 95%的置信区间的下界		61.475 568
N		71 170

有一组个案的年龄在 20 岁以下，这立即引起了我们的关注。年轻些的人可能是捐赠者吗？更细致地检查表明有少数个案的年龄低于 15 岁，这其中有 17 人的年龄低于 5 岁，9 人年龄为 1 岁。对于变量 AGE，还有 23 479 个缺失值。所掌握的知识（我们对于这样的组织所了解到的情况和可能的捐赠者）告诉我们数值低于一定年龄（可能低于 19，但肯定低于 10）或者高于一定年龄（100？110？）几乎可以肯定是错误的，因而我们可以看一下这些数值中的任意值是否能够根据其他记录进行纠正，或者可以根据分析将它们剔除。①

很难了解在其他变量中的数据是否要纠正。并且，尽管检查 1 个或 2 个变量的数值是否有意义具有可行性，但是检查 479 个变量的条形图、直方图和箱线图将会是一项艰巨的工作。

16.6 数据挖掘的问题

数据挖掘可以处理不同类型的问题，有些问题我们已经遇到过。当目标是预测一个定量的响应变量时，那么问题一般被称为回归问题（regression problem），无论是否线性回归用作（或被看作）其中的一个模型。当响应变量是定性的时，问题被称为分类问题（classification problem），其原因在于这种模型要么给出每个代码最可能划归的类别，要么为每个代码所属的类别指定概率。例如，对于预测某个捐赠者是否会为下一项活动捐赠的分类问题，模型要么得出该捐赠者最可能所属的类型（捐款或不捐

① 进一步的分析表明年龄是由计算机算法根据出生日期计算的，但只有出生年份日期的最后两个数字是有用的。因而，在数据库中一些年龄为 100 岁的人（或许已经离世）也会显示出过于年轻。

款），要么得出每种类型的概率。预测某个捐赠者的捐款金额则是一个回归问题。

前面提到的两个问题都被称作监管问题（supervised problems）。在监管问题的背景下，我们将给定所知道的响应变量的数据集。具体来讲，对于 PVA 数据而言，我们知道至少一组捐赠者的响应变量 TARGET-B 和 TARGET-D 的值。我们了解他们在上次互动中是否捐款和捐款金额是多少。数据挖掘人员会基于部分初始数据构建模型，这些初始数据称作训练集（training set）。为了获悉模型在未来遇到以前尚未遇到的数据时如何表现，建模者使用建模中的其他原始数据集来检验模型基于这些数据的预测能力。第二类数据集称作测试集（test set）。

相比之下，如果没有特定的响应变量也会有问题。在这些非监管问题（unsupervised problems）中，目标可能根据相似属性对个案进行归类。例如，某公司可能想根据消费者相似的购物行为和口味进行分类。这种分析像是市场营销人员所做的市场细分。在这个例子中，没有响应变量。所有的预测变量（或预测变量的子集）通常根据消费者相似度测度指标进行分类。许多不同的算法都可以用于进行分类。

16.7 数据挖掘的算法

在上一节内容中讨论问题所使用的方法通常被称作算法（algorithms），这一术语描述了具有特定目的的一系列步骤。你可能听说过方法（甚至像线性回归）被看作是模型、算法、工具或一般意义上的方法。这些术语似乎可以相互替换使用。本节内容只讨论在数据挖掘中使用的一些模型。一些最常见的用于预测的模型包括决策树和神经网络（下面将讨论）、支持向量机、信度网、在第 14 章和第 15 章讨论过的回归方法以及随机森林。这是一个活跃的研究领域，而且一直有新的算法出现。

决策树模型

在数据挖掘中，术语决策树（decision tree）被用于描述预测模型（predictive model）。这些决策树模型使用数据来选取能给出响应变量预测值的预测变量。模型完全由数据来驱动，而不需要用户输入信息。

决策树模型工作的原理非常简单。为了说明这一过程，设想我们想要预测某人是否拖欠抵押贷款。为了构建决策树模型，我们使用具有相似信息且了解其是否拖欠抵押贷款的消费者组的以往数据。对于这个简化的例子，假设我们仅根据下面的变量进行预测：

- Age：年龄（年）
- Household Income：家庭收入（美元）
- Years on the Job：工作年限（年）
- Debt：负债（美元）
- Homeowner：房屋所有者（是/否）

决策树模型尝试找到可以区分从不拖欠抵押贷款的人和拖欠抵押贷款的人的预

测变量。为了做到这一点，首先检验每个可能的预测变量与能将这个变量分成两组的每种可能的方式。例如，观察年龄（Age），对于年龄（Age）的每个值，它可以计算出大于或小于该值的拖欠率。对于每个可能的预测变量以每种可能的方式划分的两个组，跟踪它们拖欠率的差异，选择预测变量和分割点构成一对变量，这个分割点使得两组拖欠率之差最大。[①] 决策树算法通过尝试变量和分割点的（必要的）全部组合，以确定使用哪个变量与分割的位置，直到找出最好的分割点。对于定性预测变量，模型考虑将这些类型分为两组的所有可能的方式。有几个标准用于界定何种算法是“最好”的，但它们的共同之处在于尝试找到拖欠率被分割点最好地进行分割的两组。当算法找出第一个分割点后，它会继续在得到的两组中再次进行寻找，找出下一个最好的变量和分割点（可能再次使用与前次分割相同的变量）。它以这种方式继续进行，直到满足几个标准之一（例如，消费者数量太少，在拖欠率中没有找到足够大的差别），然后在所谓的终结点（terminal nodes）处停止，这就从模型产生了一个预测。终结点的预测值是在该节点处的简单平均值（如果这种响应变量是定量的）或者每种类型所占的比例（对于分类问题而言）。

我们假设抵押贷款例子的决策树模型如图 16.2 所示。为了理解决策树，从顶部开始，并假设用一位新的消费者作演示。决策树提出的第一个问题是“家庭收入（Household Income）超过 40 000 美元吗?”如果答案为“是”，那么继续转到右下方。对于这些情形，负债（Debt）是下一个变量分割点，这次是负债为 10 000 美元。如果这个消费者的负债（Debt）超过 10 000 美元，再次转到右下方。该决策树模型估计的消费者（其家庭收入＞40 000 美元且负债＞10 000 美元）的拖欠率为 5%（0.05）。左侧分支则表示消费者的家庭收入＞40 000 美元且负债＜10 000 美元。他们的拖欠率为 1%。对于收入少于 40 000 美元（第一个分割点的左侧分支）的消费者，下一个分割变量并非负债（Debt），而是工作年限（Job）。对于那些工作年限超过 5 年的消费者，拖欠率为 6%，而在当前岗位工作年限较少的消费者的拖欠率为 11%。建模者可能在这一点上标注结果作为风险类别，如称 1%为风险非常低，5%或 6%为中等风险，11%为高风险。

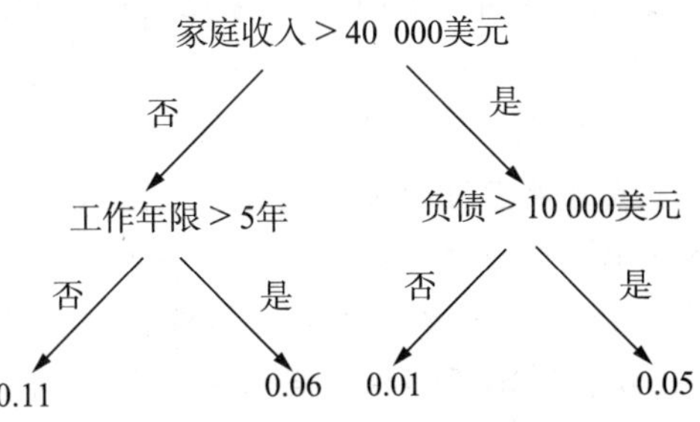

图 16.2 对抵押贷款拖欠情况进行假想的检验的决策树模型的一部分。该决策树模型选取家庭收入（Household Income）作为最重要的分割变量，且选择 40 000 美元作为分割点。对于那些收入大于 40 000 美元的消费者而言，负债（Debt）是下一个最为重要的变量，而对于那些收入低于 40 000 美元的消费者而言，他们在当前岗位的工作年限更为重要。

① 这是一个微小的简化。实际上，在分割标准上有几种可能的变形。想要了解细节的读者可以进一步阅读有关数据挖掘或决策树的高级读物。

决策树模型实施起来非常容易，而且原理上也易于解释。它们具备清晰地显示它们逻辑的优势，且很容易向没有深厚统计背景的人进行解释。即使在数据挖掘项目中不把它们作为最终模型，在选择较小变量进行深入分析方面也很有效。

与许多其他的数据挖掘算法不同，决策树可以处理大规模的潜在预测变量，无论这些变量是定性变量还是定量变量。这就构建了一个开始数据挖掘项目的良好模型。建模者既可以将其选为预测捐赠金额的最终模型，也可以将决策树所建议的变量输入到其他难以处理大规模预测变量的模型中。

□ 举例

决策树

决策树由数据挖掘软件计算出来。几个不同的算法可能被运用到，但其中重要的是知道如何理解得到的决策树对数据的有关说明。图 16.3 显示了一个以 TARGET _ B 作为响应变量求出的 PVA 数据的决策树模型。如果捐赠者向最新的一项慈善活动捐款，那么 TARGET _ B 为“是”；反之，则 TARGET _ B 为“否”。

问题：从这个决策树中我们可以了解到关于 PVA 的什么信息?

答案：决策树的目标是描述那些向最新的一次慈善活动给予回应并捐款的潜在捐赠者。PVA 决策树模型从拥有 94 649 名消费者（列在图框上方频数（Count）的下面）的根节点开始。

决策树的第一分支对应于变量 RFA _ 4，这个变量是以往的捐赠总额。该算法确定这个变量是 TARGET _ B 最好的单一预测变量。因而，第一分割点出现在将变量的水平分成两组，即将 29 032 名消费者分割到左侧，将剩余的 65 617 名消费者分割到右侧。你可以指出因为 RFA _ 4 首先列在第一个分割点的两个框中。变量 RFA _ 4包括关于最近一次附带礼物的邀约的接收方式、捐赠者的募捐频率及上次捐赠金额等信息的代码。(这些代码的例子有 A3C、S4B 等，可以在输出结果的变量名称后面的圆括号中看到)。接近水平 0 和 1 的百分比表示捐赠者在每个节点捐款与否的比例（分别用 TARGET _ B=1 或 0 表示）。因此，尽管在左侧节点中只有 7.3%进行了捐款，但是大约为右侧节点中没有捐款的人所占比例 4.1%的两倍。

决策树模型继续对每组消费者进行分割。注意，被选取用于分割决策树下一个左侧分支的变量（LASTGIFT）与被选取用于分割右侧分支的变量（EC7）不相同。终节点在最底部一行可以找到。注意，位于该图最左边的终节点表示这个组中有 12.4%的捐赠者进行了捐款。这比顶部根节点所显示的平均水平 5.06%有了大幅度的提高。甚至在分析的这个阶段，如果 PVA 将他们的邀约直接寄送给那些在清单上的满足通过决策树路径被找到的条件的捐赠人，那么他们可以显著地降低成本和提高效果。

有意思的是，可以看到在 479 个潜在预测变量中，被决策树算法选取的前 4 个变量中的 3 个涉及过去的捐赠情况，而并非人口统计方面的情况。变量 RFA _ 4 是以往的捐赠总金额，变量 LASTGIFT 测度了上一次捐赠的金额，并且变量 LASTDATE 报告的是捐赠人距上一次捐款的时间长短。只有变量 EC7 是一个人口统计变量，测度的是在捐赠人的邮政编码区域中学士学位以上人口所占的百分比。通过将决策树进一步延伸，我们可以将预测变量列表扩展到 20 或 30，这要比在此显示出来的大很多，但仍然是初始 479 个变量的一个可控子集。

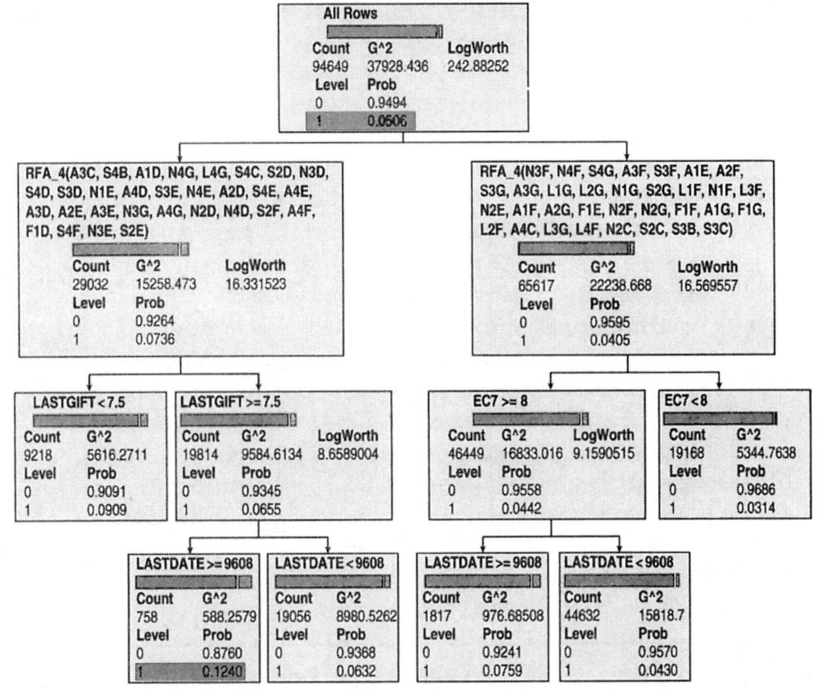

图 16.3　使用 JMP 软件对 PVA 数据进行运算得到的决策树模型的部分结果

神经网络

另一个流行的数据挖掘工具是多层感知器或（人工）神经网络（neural network）。该算法听起来比其实质给人的印象更为深刻。尽管神经网络受到了尝试模仿脑功能模型的启发，但它实际上仅仅是一个自动的、灵活的、非线性的回归工具。也就是说，它使用多个预测变量函数构建出一个单个响应变量的模型，但是与多元回归不同，它为这个关系构建了更加复杂的函数。这将具有更好地拟合数据的优势，但缺点在于这个复杂函数更难以解释和理解。事实上，甚至建模者自身往往也不会关注这些模型。通过研究神经网络如何建模，确实可以学到一些东西，但出于我们的目的，我们将其看作“黑箱”模型——模型不会产生我们能够检验的方程或图示，只是简单地预测响应变量，且不需要了解关于如何预测的很多信息。

尽管它们是黑箱，但是神经网络算法却留下一些线索。列出最重要的变量是输出结果的一个共同特征，并且一些神经网络软件甚至可以提供响应变量与最重要的变量之间预测关系的散点图，其中最重要的变量是以删除变量时预测值的变化情况来测度。表 16.2 显示了在 PVA 问题中按照“重要性”排列的前 15 个变量，这是通过被称作 Clementine 的数据挖掘软件包输出的神经网络的结果。

表 16.2 Clementine 中由神经网络节点按重要性排列的前 15 个变量。重要性百分比仅仅表明相对重要性，而并非意味着可以在绝对意义上对其进行解释。

RFA_2A	2.31%
RFA_2	1.64%
RFA_2F	1.27%
LASTDATE	1.18%
INCOME	1.03%
PEPSTRFL	1.00%
ADATE_4	0.83%
ADATE_3	0.74%
RDATE_7	0.73%
LIFESRC	0.73%
HVP1	0.69%
RDATE_6	0.61%
DMA	0.55%
GENDER	0.54%
RDATE_3	0.51%

许多其他的算法被数据挖掘人员所采用，并且新算法一直在不断被发现。通常情况下，一个数据挖掘人员会构建几个不同的模型，然后在选取使用之前对其进行检验，或者数据挖掘人员可能决定形成一个模型“委员会”，结合几个模型的输出结果，很像 CEO 从一组顾问的建议中进行选择以做出决策。对于分类问题而言，一个个案的最后预测可能是最经常被委员会中的模型所预测的类别。对于回归问题而言，预测可能只是委员会中所有模型预测值的简单平均值。平均模型对选择“错误模型”提供了预防措施，但一般情况下其代价是不能解释预测的结果。许多不同模型的最好组合方式是当前数据挖掘研究中一个活跃和令人振奋的领域。

16.8 数据挖掘的过程

完成一项数据挖掘项目需要多种不同的技能。正因为这样，数据挖掘项目应该由团队共同努力完成。一个人不可能掌握这一过程的所有步骤中需要的业务知识、计算机和数据库管理技能、专业软件知识和统计训练等。由于数据挖掘项目往往很复杂，为了成功完成该项目，绘制步骤图是很有用的。一组数据挖掘专家在一项被称作“数据挖掘的跨行业标准过程（CRISP-DM）”的项目中分享了他们的专业知识。CRISP-DM 数据挖掘循环图解如图 16.4 所示。

在这个图解中，该过程从业务理解阶段开始。在这个阶段应该对所提出的问题

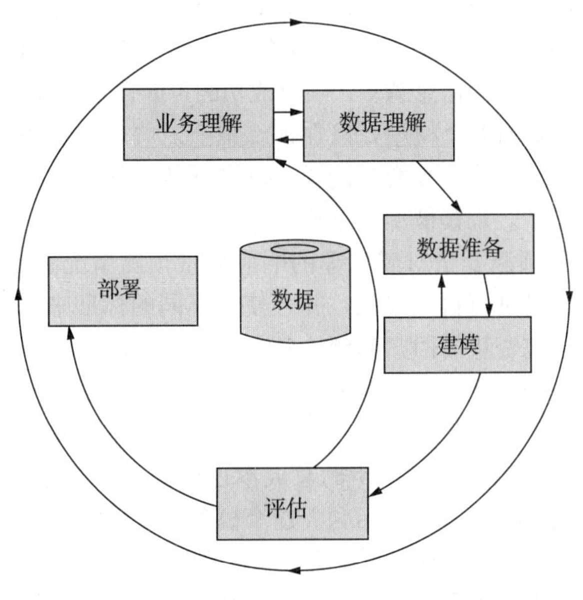

图 16.4　CRISP-DM 数据挖掘过程示意图

进行认真的研究。在开始之前，最好有一个具体的问题。探究管理客户的最佳方式的目标听起来很不错，但对于数据挖掘项目而言却不够确切。一个更好、更为具体的问题可以是了解哪些客户最有可能在接下来的 3 个月内更换手机服务提供商。在该阶段，数据挖掘项目团队的所有成员都参与进来是非常重要的，并且项目团队应该成为全部业务活动各个部分的代表，而每个部分可能都被最终业务决策影响。如果团队中没有核心部分的代表，模型就不可能正确地回答问题。在继续数据挖掘工作之前，对于所提问题在精确性、准确性方面达成一致的重要性，怎么强调也显得不过分。

数据理解阶段是整个数据挖掘项目的核心。如果你想了解哪位客户有可能更换手机服务提供商，你必须理解你的数据，并且掌握能够支持这一研究的数据。例如，你需要一个既包含最近更换服务提供商的客户又包含某段时间内的忠诚客户的样本。数据库中也应该包含能够合理解释或预测行为的变量。对那些变量的选择必须根据团队成员的业务知识。在项目的开始阶段，最好是将所有可能有用的变量都考虑进来，但是切记过多变量可能使模型选取阶段变得更难。理解数据仓库是非常关键的，包括其中的数据与此阶段的局限性。

一旦选定了变量，而且都对选定这个（些）响应变量达成了一致意见，就可以开始进入建模的数据准备阶段了。就像前面提及的，这可能是该过程中耗时的一部分，并且可能需要团队共同努力。检查缺失数值、修正错误和不一致的记录、协调数据的定义与合并数据来源都是极富挑战性的问题。其中一些可自动地处理，而其他则需要进行艰苦仔细的分析。在完成项目的时间和资源限定的条件下，团队必须决定要使数据集尽可能完整和可靠需付出多少努力才是合理的。

一旦准备好数据，分析人员就可以通过探索和研究模型进入建模阶段了。如果变量的数量非常大，为了将备选的预测变量缩减到一个合理的数目，就需要考虑一个初始的模型（如决策树模型）。如果预测变量的数量足够小，对于每个变量，建模者可以使用传统的图表分析（直方图、条形图），然后通过二维图（散点图、箱线图或分段条形图，根据变量的类型选择）来研究每个预测变量与响应变量之间的关系。模型中包含的数据和变量的信息越多，项目成功的可能性就越大。

现在分析人员应该有几个模型，以在训练集上对响应变量进行不同精确度的拟合。如果分析人员有几个看起来合理的模型（基于业务知识与在训练集上的表现），评估阶段就可以开始了。观察模型的结构与判断哪个预测变量对模型很重要，应该向分析人员提供关于预测变量对感兴趣的响应变量预测情况的信息。在评估阶段，运用测试集对备选模型进行再次检验，并且使用不同的标准来对模型进行辨别。例如，对于一个定量响应变量的回归问题，各个模型在测试集上预测响应变量的残差平方和可以进行比较。对于一个（两水平）分类问题，需要权衡所产生的两类错误（当真实的响应是“否”时预测结果却为“是”，反之亦然）。能够确定由两类错误所导致的不同成本，并且错误分类产生的总成本也应该反映出来。基于这一点考虑，有必要重新审视推进此项目的业务问题。这个模型有助于回答这个问题吗？如果不能，有必要回到前面的一个步骤以检查为什么出现问题。

如果该模型（或者几个模型的平均）看起来对业务问题提出了卓越的见解，就到了部署阶段。通常情况下，这一阶段意味着使用该模型预测比原始数据集更大的数据集的结果，或者使用比建立模型时所用数据更新的数据来建模。在 CRISP-DM 图表中有很多阶段的箭头是双向的，其原因在于这个过程不是单向行动——而是往复和相互连接的过程。在任一阶段获得的知识都将引发对前一阶段的再次检验。即使在“最后的”阶段——部署阶段，也并非实际的最终结束。在许多商业情况中，环境变化很快，因而模型可能很快就会过时。尽管数据挖掘项目很复杂，而且需要很多人的努力，划分出不同的阶段有助于确保项目尽可能地成功完成。

16.9 总结

数据挖掘建模过程与你在本书中学习到的基本建模方法有很多相似之处。真正使数据挖掘与众不同的地方在于对数据挖掘人员而言，有大量的算法与各种类型的模型可以使用，再加上数据集的规模很大且复杂程度很高。但是使数据挖掘项目成功的多数因素也能使任意统计分析获得成功。对于两个过程而言，用于理解和探索变量及其之间关系的相同原则都很关键。曾经有人问著名的统计学家 Jerry Friedman，统计学与数据挖掘之间是否有所不同。在回答这个问题之前，他问提问者想要得到长的答案还是短的答案。因为回答是“短的答案”，Jerry 简单地回答说：“没有啊。”我们从未听到过长的答案，但是我们怀疑它可能包含了本章所讨论的一些不同之处。

拥有一套优良的统计和数据分析工具是成为一名成功的数据挖掘人员的良好开端。总是乐于学习新的技术很有必要，无论是从统计学、计算机科学、机器学习还是从其他学科获得。学会与可以弥补你的技能的人合作，不但能够使工作过程更为愉快，而且也是数据挖掘项目成功的关键所在。在今后几年，理解大型数据库所包含信息的需求将不断增加，因而对这个快速增长的领域有所了解将仍然是很重要的。

可能出现的错误

- 保证被回答的问题是具体的。确保提出的业务问题足够具体，以有助于模型对其进行求解。对于类似“提高业务水平”的模糊目标，不可能使数据挖掘项目成功。
- 保证数据有回答问题的潜力。检查变量来发现是否可以合理地构建模型以预测响应变量。例如，如果你想要知道哪类消费者可能登录某个特定的网页，确保正在收集的数据可以将网页与访问该网页的消费者联系起来。
- 注意数据的过度拟合。因为数据挖掘工具很强大，而且用于训练它们的数据集通常也很大，所以很容易使你认为可以很好地拟合数据。确保你在一个测试集上的模型是有效的——测试集并不是用于拟合模型的数据集。
- 保证已经准备好用于数据挖掘模型的数据。通常情况下，数据仓库包含来自几个不同渠道的数据。确保在两个不同的数据库中名称相同的变量实际上测度的是同样的事情，这是非常重要的。在数据用于构建模型之前，缺失值、不正确的记录与不同时间尺度都是需要克服的、具有挑战性的问题。
- 千万不要单独尝试。完成数据挖掘项目需要各种各样的技术和大量的工作。对于完成项目而言，组成一个恰当的团队是至关重要的。

实践中的伦理

随着美国消费者变得越来越关注环境，市场上的环境友好型产品也大量涌现。其中一个引人注目的项目就是气电混合动力汽车。一个大型的非营利性环境组织想要确定可能在未来购买混合动力汽车的目标消费者，并向其传递买得越早越好的迫切心情。他们明白直接邮寄对此十分有效，但是出于对环保方面的考虑，他们想避免无目标的大规模邮寄。执行小组开会讨论运用数据挖掘以帮助确定目标消费者的可能性。初始的讨论是关于数据来源问题。尽管他们掌握了几个人口统计数据库和消费者的交易信息数据库，其中交易信息数据库是关于消费者购买绿色产品并向促进可持续发展的组织捐款的信息，有人建议他们通过政党关系来获取数据。毕竟这是一个绿色组织，民主党比共和党更关注环境问题。执行小组的另一个成员甚至对此事的可能性感到相当惊奇。她想知道如果使用了可能被假设的个人正被保密的信息，那么道德标准如何对其进行评判。

伦理问题 在个人未知的情况下，个人信息能被收集吗？数据挖掘引起了对隐私与保密性的担忧。与《美国统计学会道德指南》的第 D 条款相关。

伦理解决方案 如果没有获得数据相关者的同意，不应该使用该数据，除非对数据进行了处理，掩饰了数据相关者的身份，否则应该确保从数据本身无法推断出数据相关者的身份。

小结

学习目标

■ 理解在商务中数据挖掘的作用和价值。

■ 识别数据挖掘方法。

● OLAP 方法回答了关于可能包含许多变量的数据库中数据的特定问题。

● 预测模型方法构建出复杂的模型，以用于预测响应变量。

■ 注意数据准备对于成功的数据挖掘十分必要。

● 数据必须不包含错误的、不可能的或不合理的值。

● 缺失值可能是严重的问题。

● 数据准备可能需要花费数据挖掘项目的大部分时间和努力。

■ 能够清晰地表达数据挖掘项目的目标，并理解对应于各种自变量，数据挖掘所需要的努力并不相同。

● 当目标是预测一个定量响应变量时，该问题被称作回归问题。

● 当目标是基于定性变量对个体进行分类时，该问题被称作分类问题。

■ 注意，用于构建预测模型的各种模型和算法。

● 无论回归问题还是分类问题，决策树模型构建出选择预测变量和分割点来获得响应变量最佳预测值的可解释模型。

● 神经网络对回归问题和分类问题均构建出使用所有预测变量的黑箱模型。

● 许多其他的数据挖掘算法也被运用，并且新的算法也层出不穷。

■ 理解成功的数据挖掘需要掌握各种技能的团队来共同努力完成。

● 明确问题和感兴趣的目标是成功的关键所在。

● CRISP 数据挖掘过程提供了数据挖掘项目的良好框架。

术语

算法：一系列用于计算和数据处理的指令。算法说明了如何从数据中构建模型。

分类问题：涉及定性响应变量的预测问题。

数据挖掘：一个运用各种数据分析工具发现对预测很有用的数据中的规律和关系的过程。

数据准备：建模之前清理数据并检验其准确性的过程。数据准备包括调查缺失值、修正错误和不一致的记录以及协调数据的定义。

数据仓库：几个大型数据库的数字资源库。

决策树（数据挖掘版）：一个预测定性响应变量或定量响应变量的模型，它的分支代表分割变量，并且终结点提供预测值。

人口统计变量：一个包含消费者个人特征信息或消费者居住地区特征信息的变量。一般使用的人口统计信息包括年龄、收入、种族和教育程度。

元数据：关于数据何时何地被收集的信息。

神经网络：基于人脑处理程序构建的模型，运用预测变量与非线性回归的组合来预测定性响应变量或定量响应变量。

在线分析过程（OLAP）：一种对通常同时包含许多变量的问题进行回答的方法。

预测模型：对响应变量进行预测的模型。

回归问题：包含定量响应变量的预测问题。（参见分类问题。）

监管问题：向分析人员提供一系列数据的分类问题或回归问题，其中已知数据中的响应变量是用于建模的。

终节点：决策树的最终部分，在此处可以找到响应变量的预测值。

测试集：用于监管分类或回归问题的数据集，并非用于构建预测模型。测试集是从模型构建阶段保留下来的，模型在测试集上的预测结果被用于评估模型的预测效果。

训练集：用于监管分类或回归问题的数据集，用以建立预测模型。

交易数据：描述与交易活动有关的数据，通常用于表示物品和服务的交易货币量。

非监管问题：不同于分类或回归问题的问题，其中不含响应变量。非监管问题的目标通常是把相似的情况归入同质的组或类中。

□ 微型案例：市场营销实验

许多信用卡通过提供“免费”里程来鼓励客户增加信用卡的使用。这些里程可以根据信用卡的不同类型兑换成机票或宾馆客房，并且在持卡人中非常受欢迎。

这些里程对于信用卡公司并不是免费的，它们必须向提供给客户兑换里程所享受的服务的航空公司或宾馆连锁公司支付相应费用。

为了有助于评估在一项促销活动中获得多少收入就可以对一个标准里程信用卡提供双倍里程奖励，市场分析人员对 4 800 名持卡人做了一项实验，这些持卡人中的一半是随机选取的接受双倍里程奖励的新卡客户（Miles＝双倍里程），另一半是使用标准卡的客户（Miles＝标准里程）。

分析人员也阅读了一些声称使持卡人在网上注册可以提高他们使用信用卡的意识的研究，并且“使用”得越多，越能增加使用频率。因此，她要求每组客户的一半人于获得里程奖励之前在网上进行注册（Enroll＝是或否）。

最后，持卡人被分成了三种类型：信用卡主要用于零售商品购买的持卡人（Cardholder Segment＝Retail）、信用卡主要用于旅行和休闲支出的持卡人（Cardholder Segment＝Travel&Leisure）以及其他不能分类的持卡人（Cardholder Segment＝Unspecified）。

为了测度影响因素的效应大小，市场分析人员测度了该项目实施三个月之后信用卡支付金额的增长情况（Spend Lift）。

数据集 Market _ Experiment 包含了本实验中 4 800 名持卡人的相关数据。变量如下：

Miles：编码为双倍里程或标准里程。

Enroll：如果要求注册，编码为 Yes；如果不要求注册，编码为 No。

Cardholder Segment：编码为零售、旅行 & 休闲或不确定。

Spend Lift（美元）：项目实施三个月之后信用卡支付金额的增长或减少情况。

分析人员想要知道对于理解信用卡的使用任一因素是否重要。使用 3 个预测变量构建模型以预测 Spend Lift。

下面是需要考虑的一些情况：

1. 检验图示以确定是否满足你构建模型的条件。

2. 变量之间任意的交互作用显著吗？

3. 如果三方面的交互作用很重要，那么考虑对 Cardholder Segment 的三个水平运行单独的模型。对持卡人的每种类型使用交互作用图以理解持卡人三种类型的 Miles与 Enroll 之间两方面交互作用的变化。

4. 切记信用卡支付每增加 1 美元，信用卡公司可以获得 0.02 美元的利润。假设每奖励 1 倍里程，增加双倍里程的成本为 0.005 美元，但网上注册基本上是免费的。

5. 写出报告以给出双倍里程奖励项目是否成功的有关建议。确保包括对于Miles 与 Enroll 的因子效应信用卡公司所获效果与盈利的置信区间。对于你的建议，不同类型持卡人的反应如何？*

---

* 以下人员参与整理了本书的部分资料：王浩，张玉香，李燕，石雪利，李青，张红泽，陈琛，杜玲梅，刘闯，郑培华，时鑫，董岩，王玥，刘娜，刘继军，牛小莉，李欣，王红月。

附录

随机数表

行										
1	96299	07196	98642	20639	23185	56282	69929	14125	38872	94168
2	71622	35940	81807	59225	18192	08710	80777	84395	69563	86280
3	03272	41230	81739	74797	70406	18564	69273	72532	78340	36699
4	46376	58596	14365	63685	56555	42947	72944	96463	63533	24152
5	47352	42853	42903	97504	56655	70355	88606	61406	38757	70657
6	20064	04266	74017	73919	70170	96572	08523	56025	89077	57678
7	73184	95907	05179	51002	83374	52297	07769	99792	78365	93487
8	72753	36216	07230	35793	71907	65571	66784	25548	91861	15725
9	03939	30763	06138	80062	02537	23561	93136	61260	77935	93159
10	75998	37203	07959	38264	78120	77525	86481	54986	33042	70648
11	94435	97441	90998	25104	49761	14967	70724	67030	53887	81293
12	04362	40989	69167	38894	00172	02999	97377	33305	60782	29810
13	89059	43528	10547	40115	82234	86902	04121	83889	76208	31076
14	87736	04666	75145	49175	76754	07884	92564	80793	22573	67902
15	76488	88899	15860	07370	13431	84041	69202	18912	83173	11983
16	36460	53772	66634	25045	79007	78518	73580	14191	50353	32064

续前表

行										
17	13205	69237	21820	20952	16635	58867	97650	82983	64865	93298
18	51242	12215	90739	36812	00436	31609	80333	96606	30430	31803
19	67819	00354	91439	91073	49258	15992	41277	75111	67496	68430
20	09875	08990	27656	15871	23637	00952	97818	64234	5099	05715
21	18192	95308	72975	01191	29958	09275	89141	19558	50524	32041
22	02763	33701	66188	50226	35813	72951	11638	01876	93664	37001
23	13349	46328	01856	29935	80563	03742	49470	67749	08578	21956
24	69238	92878	80067	80807	45096	22936	64325	19265	37755	69794
25	92207	63527	59398	29818	24789	94309	88380	57000	50171	17891
26	66679	99100	37072	30593	29665	84286	44458	60180	81451	58273
27	31087	42430	60322	37465	15757	53300	97392	98035	05228	68970
28	84432	04916	52949	78533	31666	62350	20584	56367	19701	60584
29	72042	12287	21081	48426	44321	58765	41760	43304	13399	02043
30	94534	73559	82135	70260	87936	85162	11937	18263	54138	69564
31	63971	97198	40974	45301	60177	35604	21580	68107	25184	42810
32	11227	58474	17272	37619	69517	62964	67962	34510	12607	52255
33	28541	02029	08068	96656	17795	21484	57722	76511	27849	61738
34	11282	43632	49531	78981	81980	08530	08629	32279	29478	50228
35	42907	15137	21918	13248	39129	49559	94540	24070	88151	36782
36	47119	76651	21732	32364	58545	50227	57558	30390	18771	72703
37	11232	99884	05087	76839	65142	19994	91397	29350	83852	04905
38	64725	06719	86262	53356	57999	50193	79936	97230	52073	94467
39	77077	26962	55466	12521	48125	12280	54985	26239	76044	54398
40	18375	19310	59796	89832	59417	18553	17238	05474	33259	50595

Z 表

标准正态曲线下的面积

z 0

z 的第二位小数										
0.09	0.08	0.07	0.06	0.05	0.04	0.03	0.02	0.01	0.00	z
									0.0000†	−3.9
0.0001	0.0001	0.0001	0.0001	0.0001	0.0001	0.0001	0.0001	0.0001	0.0001	−3.8
0.0001	0.0001	0.0001	0.0001	0.0001	0.0001	0.0001	0.0001	0.0001	0.0001	−3.7
0.0001	0.0001	0.0001	0.0001	0.0001	0.0001	0.0001	0.0001	0.0002	0.0002	−3.6
0.0002	0.0002	0.0002	0.0002	0.0002	0.0002	0.0002	0.0002	0.0002	0.0002	−3.5
0.0002	0.0003	0.0003	0.0003	0.0003	0.0003	0.0003	0.0003	0.0003	0.0003	−3.4
0.0003	0.0004	0.0004	0.0004	0.0004	0.0004	0.0004	0.0005	0.0005	0.0005	−3.3
0.0005	0.0005	0.0005	0.0006	0.0006	0.0006	0.0006	0.0006	0.0007	0.0007	−3.2
0.0007	0.0007	0.0008	0.0008	0.0008	0.0008	0.0009	0.0009	0.0009	0.0010	−3.1
0.0010	0.0010	0.0011	0.0011	0.0011	0.0012	0.0012	0.0013	0.0013	0.0013	−3.0
0.0014	0.0014	0.0015	0.0015	0.0016	0.0016	0.0017	0.0018	0.0018	0.0019	−2.9
0.0019	0.0020	0.0021	0.0021	0.0022	0.0023	0.0023	0.0024	0.0025	0.0026	−2.8
0.0026	0.0027	0.0028	0.0029	0.0030	0.0032	0.0032	0.0033	0.0034	0.0035	−2.7
0.0036	0.0037	0.0038	0.0039	0.0040	0.0043	0.0043	0.0044	0.0045	0.0047	−2.6
0.0048	0.0049	0.0051	0.0052	0.0054	0.0055	0.0057	0.0059	0.0060	0.0062	−2.5
0.0064	0.0066	0.0068	0.0069	0.0071	0.0073	0.0075	0.0078	0.0080	0.0082	−2.4
0.0084	0.0087	0.0089	0.0091	0.0094	0.0096	0.0099	0.0102	0.0104	0.0107	−2.3
0.0110	0.0113	0.0116	0.0119	0.0122	0.0125	0.0129	0.0132	0.0136	0.0139	−2.2
0.0143	0.0146	0.0150	0.0154	0.0158	0.0162	0.0166	0.0170	0.0174	0.0179	−2.1
0.0183	0.0188	0.0192	0.0197	0.0202	0.0207	0.0212	0.0217	0.0222	0.0228	−2.0
0.0233	0.0239	0.0244	0.0250	0.0256	0.0262	0.0268	0.0274	0.0281	0.0287	−1.9
0.0294	0.0301	0.0307	0.0314	0.0322	0.0329	0.0336	0.0344	0.0351	0.0359	−1.8
0.0367	0.0375	0.0384	0.0392	0.0401	0.0409	0.0418	0.0427	0.0436	0.0446	−1.7
0.0455	0.0456	0.0475	0.0485	0.0495	0.0505	0.0516	0.0526	0.0637	0.0548	−1.6
0.0559	0.0571	0.0582	0.0594	0.0606	0.0618	0.0630	0.0643	0.0655	0.0668	−1.5
0.0681	0.0694	0.0708	0.0721	0.0735	0.0749	0.0764	0.0778	0.0793	0.0808	−1.4
0.0823	0.0838	0.0853	0.0869	0.0885	0.0901	0.0918	0.0934	0.0951	0.0968	−1.3
0.0985	0.1003	0.1020	0.1038	0.1056	0.1075	0.1093	0.1112	0.1131	0.1151	−1.2
0.1170	0.1190	0.1210	0.1230	0.1251	0.1271	0.1292	0.1314	0.1335	0.1357	−1.1
0.1379	0.1401	0.1423	0.1446	0.1469	0.1492	0.1515	0.1539	0.1562	0.1587	−1.0
0.1611	0.1635	0.1660	0.1685	0.1711	0.1736	0.1762	0.1788	0.1814	0.1841	−0.9
0.1867	0.1894	0.1992	0.1949	0.1977	0.2005	0.2033	0.2061	0.2090	0.2119	−0.8
0.2148	0.2177	0.2206	0.2236	0.2266	0.2296	0.2327	0.2358	0.2389	0.2420	−0.7
0.2451	0.2483	0.2514	0.2546	0.2578	0.2511	0.2643	0.2676	0.2709	0.2743	−0.6
0.2776	0.2810	0.2843	0.2877	0.2912	0.2946	0.2981	0.3015	0.3050	0.3085	−0.5
0.3121	0.3156	0.3192	0.3228	0.3264	0.3300	0.3336	0.3372	0.3409	0.3446	−0.4
0.3483	0.3520	0.3557	0.3594	0.3632	0.3669	0.3707	0.3745	0.3783	0.3821	−0.3
0.3859	0.3897	0.3936	0.3974	0.4013	0.4052	0.4090	0.4129	0.4168	0.4207	−0.2
0.4247	0.4286	0.4325	0.4364	0.4404	0.4443	0.4483	0.4522	0.4562	0.4602	−0.1
0.4641	0.4681	0.4721	0.4761	0.4801	0.4840	0.4880	0.4920	0.4960	0.5000	−0.0

†对于 $z \leqslant -3.90$，面积为 0.0000，保留了 4 位小数。

续前表

标准正态曲线下的面积	z 的第二位小数									
z	0.00	0.01	0.02	0.03	0.04	0.05	0.06	0.07	0.08	0.09
0.0	0.5000	0.5040	0.5080	0.5120	0.5160	0.5199	0.5239	0.5279	0.5319	0.5359
0.1	0.5398	0.5438	0.5478	0.5517	0.5557	0.5596	0.5636	0.5675	0.5714	0.5753
0.2	0.5793	0.5832	0.5871	0.5910	0.5948	0.5987	0.6026	0.6064	0.6103	0.6141
0.3	0.6179	0.6217	0.6255	0.6293	0.6331	0.6368	0.6406	0.6443	0.6480	0.6517
0.4	0.6554	0.6591	0.6628	0.6664	0.6700	0.6736	0.6772	0.6808	0.6844	0.6879
0.5	0.6915	0.6950	0.6985	0.7019	0.7054	0.7088	0.7123	0.7157	0.7190	0.7224
0.6	0.7257	0.7291	0.7324	0.7357	0.7389	0.7422	0.7454	0.7486	0.7517	0.7549
0.7	0.7580	0.7611	0.7642	0.7673	0.7704	0.7734	0.7764	0.7794	0.7823	0.7852
0.8	0.7881	0.7910	0.7939	0.7967	0.7995	0.8023	0.8051	0.8078	0.8106	0.8133
0.9	0.8159	0.8186	0.8212	0.8238	0.8264	0.8289	0.8315	0.8340	0.8365	0.8389
1.0	0.8413	0.8438	0.8461	0.8485	0.8508	0.8531	0.8554	0.8577	0.8599	0.8621
1.1	0.8643	0.8665	0.8686	0.8708	0.8729	0.8749	0.8770	0.8790	0.8810	0.8830
1.2	0.8849	0.8869	0.8888	0.8907	0.8925	0.8944	0.8962	0.8980	0.8997	0.9015
1.3	0.9032	0.9049	0.9066	0.9082	0.9099	0.9115	0.9131	0.9147	0.9162	0.9177
1.4	0.9192	0.9207	0.9222	0.9236	0.9251	0.9265	0.9279	0.9292	0.9306	0.9319
1.5	0.9332	0.9345	0.9357	0.9370	0.9382	0.9394	0.9406	0.9418	0.9429	0.9441
1.6	0.9452	0.9463	0.9474	0.9484	0.9495	0.9505	0.9515	0.9525	0.9535	0.9545
1.7	0.9554	0.9564	0.9573	0.9582	0.9591	0.9599	0.9608	0.9616	0.9625	0.9633
1.8	0.9641	0.9649	0.9656	0.9664	0.9671	0.9678	0.9686	0.9693	0.9699	0.9706
1.9	0.9713	0.9719	0.9726	0.9732	0.9738	0.9744	0.9750	0.9756	0.9761	0.9767
2.0	0.9772	0.9778	0.9783	0.9788	0.9793	0.9798	0.9803	0.9808	0.9812	0.9817
2.1	0.9821	0.9826	0.9830	0.9834	0.9838	0.9842	0.9846	0.9850	0.9854	0.9857
2.2	0.9861	0.9864	0.9868	0.9871	0.9875	0.9878	0.9881	0.9884	0.9887	0.9890
2.3	0.9893	0.9896	0.9898	0.9901	0.9904	0.9906	0.9909	0.9911	0.9913	0.9916
2.4	0.9918	0.9920	0.9922	0.9925	0.9927	0.9929	0.9931	0.9932	0.9934	0.9936
2.5	0.9938	0.9940	0.9941	0.9943	0.9945	0.9946	0.9948	0.9949	0.9951	0.9952
2.6	0.9953	0.9955	0.9956	0.9957	0.9959	0.9960	0.9961	0.9962	0.9963	0.9964
2.7	0.9965	0.9966	0.9967	0.9968	0.9969	0.9970	0.9971	0.9972	0.9973	0.9974
2.8	0.9974	0.9975	0.9976	0.9977	0.9977	0.9978	0.9979	0.9979	0.9980	0.9981
2.9	0.9981	0.9982	0.9982	0.9983	0.9984	0.9984	0.9985	0.9985	0.9986	0.9986
3.0	0.9987	0.9987	0.9987	0.9988	0.9988	0.9989	0.9989	0.9989	0.9990	0.9990
3.1	0.9990	0.9991	0.9991	0.9991	0.9992	0.9992	0.9992	0.9992	0.9993	0.9993
3.2	0.9993	0.9993	0.9994	0.9994	0.9994	0.9994	0.9994	0.9995	0.9995	0.9995
3.3	0.9995	0.9995	0.9995	0.9996	0.9996	0.9996	0.9996	0.9996	0.9996	0.9997
3.4	0.9997	0.9997	0.9997	0.9997	0.9997	0.9997	0.9997	0.9997	0.9097	0.9998
3.5	0.9998	0.9998	0.9998	0.9998	0.9998	0.9998	0.9998	0.9998	0.9998	0.9998
3.6	0.9998	0.9998	0.9999	0.9999	0.9999	0.9999	0.9999	0.9999	0.9999	0.9999
3.7	0.9999	0.9999	0.9999	0.9999	0.9999	0.9999	0.9999	0.9999	0.9999	0.9999
3.8	0.9999	0.9999	0.9999	0.9999	0.9999	0.9999	0.9999	0.9999	0.9999	0.9999
3.9	1.0000†									

† 对于 $z \geqslant 3.90$，面积为 1.0000，保留了 4 位小数。

t 分布表

t_α 值

$\frac{\alpha}{2}$ $\frac{\alpha}{2}$ $-t_{\alpha/2}$ 0 $t_{\alpha/2}$

双尾

α 0 t_α

单尾

双尾概率	0.20	0.10	0.05	0.02	0.01	
单尾概率	0.10	0.05	0.025	0.01	0.005	
df						df
1	3.078	6.314	12.706	31.821	63.657	1
2	1.886	2.920	4.303	6.965	9.925	2
3	1.638	2.353	3.182	4.541	5.841	3
4	1.533	2.132	2.776	3.747	4.604	4
5	1.476	2.015	2.571	3.365	4.032	5
6	1.440	1.943	2.447	3.143	3.707	6
7	1.415	1.895	2.365	2.998	3.499	7
8	1.397	1.860	2.306	2.896	3.355	8
9	1.383	1.833	2.262	2.821	3.250	9
10	1.372	1.812	2.228	2.764	3.169	10
11	1.363	1.796	2.201	2.718	3.106	11
12	1.356	1.782	2.179	2.681	3.055	12
13	1.350	1.771	2.160	2.650	3.012	13
14	1.345	1.761	2.145	2.624	2.977	14
15	1.341	1.753	2.131	2.602	2.947	15
16	1.337	1.746	2.120	2.583	2.921	16
17	1.333	1.740	2.110	2.567	2.898	17
18	1.330	1.734	2.101	2.552	2.878	18
19	1.328	1.729	2.093	2.539	2.861	19
20	1.325	1.725	2.086	2.528	2.845	20
21	1.323	1.721	2.080	2.518	2.831	21
22	1.321	1.717	2.074	2.508	2.819	22
23	1.319	1.714	2.069	2.500	2.807	23
24	1.318	1.711	2.064	2.492	2.797	24
25	1.316	1.708	2.060	2.485	2.787	25
26	1.315	1.706	2.056	2.479	2.779	26
27	1.314	1.703	2.052	2.473	2.771	27
28	1.313	1.701	2.048	2.467	2.763	28
29	1.311	1.699	2.045	2.462	2.756	29
30	1.310	1.697	2.042	2.457	2.750	30
32	1.309	1.694	2.037	2.449	2.738	32
35	1.306	1.690	2.030	2.438	2.725	35
40	1.303	1.684	2.021	2.423	2.704	40
45	1.301	1.679	2.014	2.412	2.690	45
50	1.299	1.676	2.009	2.403	2.678	50
60	1.296	1.671	2.000	2.390	2.660	60
75	1.293	1.665	1.992	2.377	2.643	75
100	1.290	1.660	1.984	2.364	2.626	100
120	1.289	1.658	1.980	2.358	2.617	120
140	1.288	1.656	1.977	2.353	2.611	140
180	1.286	1.653	1.973	2.347	2.603	180
250	1.285	1.651	1.969	2.341	2.506	250
400	1.284	1.649	1.966	2.336	2.588	400
1000	1.282	1.646	1.962	2.330	2.581	1000
∞	1.282	1.645	1.960	2.326	2.576	∞
置信水平	80%	90%	95%	98%	99%	

χ^2分布表

χ^2_α值

右尾概率 df	0.10	0.05	0.025	0.01	0.005
1	2.706	3.841	5.024	6.635	7.879
2	4.605	5.991	7.378	9.210	10.597
3	6.251	7.815	9.348	11.345	12.838
4	7.779	9.488	11.143	13.277	14.860
5	9.236	11.070	12.833	15.086	16.750
6	10.645	12.592	14.449	16.812	18.548
7	12.017	14.067	16.013	18.475	20.278
8	13.362	15.507	17.535	20.090	21.955
9	14.684	16.919	19.023	21.666	23.589
10	15.987	18.307	20.483	23.209	25.188
11	17.275	19.675	21.920	24.725	26.757
12	18.549	21.026	23.337	26.217	28.300
13	19.812	22.362	24.736	27.688	29.819
14	21.064	23.685	26.119	29.141	31.319
15	22.307	24.996	27.488	30.578	32.801
16	23.542	26.296	28.845	32.000	34.267
17	24.769	27.587	30.191	33.409	35.718
18	25.989	28.869	31.526	34.805	37.156
19	27.204	30.143	32.852	36.191	38.582
20	28.412	31.410	34.170	37.566	39.997
21	29.615	32.671	35.479	38.932	41.401
22	30.813	33.924	36.781	40.290	42.796
23	32.007	35.172	38.076	41.638	44.181
24	33.196	36.415	39.364	42.980	45.559
25	34.382	37.653	40.647	44.314	46.928
26	35.563	38.885	41.923	45.642	48.290
27	36.741	40.113	43.195	46.963	49.645
28	37.916	41.337	44.461	48.278	50.994
29	39.087	42.557	45.722	59.588	52.336
30	40.256	43.773	46.979	50.892	53.672
40	51.805	55.759	59.342	63.691	66.767
50	63.167	67.505	71.420	76.154	79.490
60	74.397	79.082	83.298	88.381	91.955
70	85.527	90.531	95.023	100.424	104.213
80	96.578	101.879	106.628	112.328	116.320
90	107.565	113.145	118.135	124.115	128.296
100	118.499	124.343	129.563	135.811	140.177

图书在版编目(CIP)数据

商务统计:第2版/(美)夏普,(美)德沃,(美)维尔曼著;张燕译.—北京:中国人民大学出版社,2016.2

(国际贸易经典译丛)

书名原文:Business Statistics:A First Course,2e

ISBN 978-7-300-22266-0

Ⅰ.①商… Ⅱ.①夏…②德…③维…④张… Ⅲ.①商业统计学 Ⅳ.①F712.3

中国版本图书馆CIP数据核字(2015)第310493号

国际贸易经典译丛

商务统计(第二版)

诺琳·R·夏普

理查德·D·德沃 著

保罗·F·维尔曼

张燕 译

Shangwu Tongji

出版发行	中国人民大学出版社		
社 址	北京中关村大街31号	**邮政编码**	100080
电 话	010-62511242(总编室)		010-62511770(质管部)
	010-82501766(邮购部)		010-62514148(门市部)
	010-62515195(发行公司)		010-62515275(盗版举报)
网 址	http://www.crup.com.cn		
	http://www.ttrnet.com(人大教研网)		
经 销	新华书店		
印 刷	三河市汇鑫印务有限公司		
规 格	185 mm×260 mm 16开本	**版 次**	2016年2月第1版
印 张	31 插页1	**印 次**	2016年2月第1次印刷
字 数	675 000	**定 价**	69.00元

PEARSON　　ALWAYS LEARNING

尊敬的老师：

您好！

为了确保您及时有效地申请培生整体教学资源，请您务必完整填写如下表格，加盖学院的公章后传真给我们，我们将会在2-3个工作日内为您处理。

请填写所需教辅的开课信息：

采用教材			□中文版 □英文版 □双语版
作　者		出版社	
版　次		**ISBN**	
课程时间	始于　年 月 日	学生人数	
	止于　年 月 日	学生年级	□专 科　□本科 1/2 年级 □研究生　□本科 3/4 年级

请填写您的个人信息：

学　校			
院系/专业			
姓　名		职　称	□助教 □讲师 □副教授 □教授
通信地址/邮编			
手　机		电　话	
传　真			
official email(必填) **(eg:XXX@ruc.edu.cn)**		**email** **(eg:XXX@163.com)**	
是否愿意接受我们定期的新书讯息通知：　□是　□否			

系 / 院主任：__________（签字）

（系 / 院办公室章）

___年___月___日

资源介绍：

--教材、常规教辅（PPT、教师手册、题库等）资源：请访问 www.pearsonhighered.com/educator；　（免费）

--MyLabs/Mastering 系列在线平台：适合老师和学生共同使用；访问需要 Access Code；　（付费）

100013　北京市东城区北三环东路 36 号环球贸易中心 D 座 1208 室
电话：(8610)57355169　　传真：(8610)58257961

Please send this form to：**Service.CN@pearson.com**